Istoria Generale Del Reame Di Napoli: Ovvero Stato Antico E Moderno Delle Regioni E Luoghi Che 'l Reame Die Napoli Compongono, Una Colle Loro Prime Popolazioni, Costumi, Leggi, Polizia, Uomini Illustri, E Monarchi, Volume 3

Placido Troyli

4º Otac 190.

ISTORIA
GENERALE
.DEL REAME DI NAPOLI,

O V V E R O

Stato antico, e moderno delle Regioni, e
Luoghi che 'l Reame di Napoli compongono, una colle loro prime Popolazioni, Coſtumi, Leggi,
Polizia, Uomini Illu-
ſtri, e Monarchi.

O P E R A

DEL P. ABATE D. PLACIDO TROYLI

*Dell' Ordine Ciſterciense, Patrizio della Città di
Montalbano, e Teologo della Fedeliſſima
Città di Napoli.*

TOMO TERZO.

IN NAPOLI MDCCXLVIII.

Con Licenza de Superiori.

TITOLI
DELL'OPERA.
TOMO TERZO.

Capi-

Para-

Ca-

IL FINE.

ISTORIA GENERALE

DEL REAME DI NAPOLI,

TOMO TERZO.

Della Caduta dell' Impero Romano, e delle
varie Mutazioni che si cagionarono nelle nostre Provincie dalla Venuta
de Barbari fino a Ruggiero
Normanno Primo Re
di Napoli.

Ssendosi considerata nel Tomo precedente la Polizia
delle nostre Regioni sotto i Romani, fa duopo ora
osservarne il cambiamento che vi introdussero le Nazioni straniere; le quali, per farne conquista, una
dopo l'altra quivi portaronsi: come furono i *Goti*,
i *Greci*, i *Longobardi*, i *Germani*, i *Saracini*, ed i
Normanni. E perche la venuta di queste Nazioni
presuppone la caduta dell' Impero Romano in Italia, di questa decadenza abbisogna che favelliamo
in primo luogo, per poi vedere le vicende delle
straniere Nazioni appo di noi, fin a tanto che
Ruggiero Normanno ridusse il tutto in forma di Monarchia; sotto qual prospetto le ravviseremo ne Tomi seguenti.

LIBRO PRIMO.

Della Mutazione a cui soggiacquero le nostre Regioni, prima della Caduta dell' Imperio Romano, da Augusto e Costantino.

A Due strani Cambiamenti in brieve spazio di tempo si vide sottoposta la Republica Romana: primo col perdere la conquistata Libertà, toltale da *Giulio Cesare*, quando di nuovo si se ritorno al Governo Monarchico sotto degli Imperadori: i, quali nel nome soltanto differivano da i Rè discacciati. Secondo col perdere il totale dominio dell' Occidente, quando sotto di *Augustolo* Imperadore entrarono i Barbari in Italia. Del primo Cambiamento favellaremo in questo Libro, riserbandoci di ragionare del secondo nel Libro seguente. E perché il primo introdusse la mutazione della Polizia nelle Provincie nostrali, perciò noi qui al proposito anderemo distendendo cinque Capitoli. Primo, *Delle cagioni che influirono al dicadimento della Repubblica Romana*. Secondo, *Della Forma di Polizia, che diede Augusto Imperadore alle nostre Regioni*. Terzo, *Della nuova Polizia che li diede Adriano*. Quarto, *De Tributi, Censi, e Vettigali, a cui furono sottoposte da quelli*. Quinto, *Della maniera, colla quale essi le governarono*.

CAPITOLO PRIMO.

Delle cagioni che influirono alla Caduta della Repubblica Romana.

I. Diversamente gli Autori discorrono intorno alla *Caduta della Repubblica Romana*. Alcuni con *Platone* ascrivono il tutto alla distonanza dell' armonia nel Mondo. Altri col *Cardano* vogliono, che a Roma ciò accadesse, perché fu fabbricata sotto l' influsso verticale dell' Orsa maggiore: ed altri in altre diverse maniere, come rapporta, e dottamente confuta *Valentino Forstero* (a). *Onofrio Panvinio* (b) però, con maggior fondamento afferisce, che il tutto accadesse per la corruttela de costumi, che si vide tratto tratto inoltrarsi nella Milizia e nel Ministero.

II. Gli Autori però più considerati, con *Monsignor Bossuetto* (c), e col Vescovo di Maus, appo il *Vallemon* (d) afferiscono, che per divina Disposi-

zio-

(a) Valentino Forstero in Histor. Civil. Roman. lib. 1. cap. 1.
(b) Onofrio Panvinio de Caufis Excidii Reipublicæ Romanæ.
(c) Bossuetto Istoria Universale pag. 455.
(d) Vallemon, Elementi della Storia, Par. 4. cap. 4. pag. 491.

A

zione ciò accadesse; avendo voluto l'Altissimo dopo la caduta delle altre
Monarchie, cioè di quelle de' Babilonesi, de' Medi, de' Persi, de' Greci,
col distruggimento dell'Impero Romano far risorgere il Regno Spirituale
della sua Chiesa, che deve eternamente durare. Perocchè la mutazione
de' Prencipi e de' Regni dipende unicamente dalla Divina Providenza, secondo Salomone (a) e 'l Profeta Daniello (b).

III. Ed in fatti, che questa fusse l'Idea divina nella Caduta dell'Impero Latino, l'abbiamo con evidenza dal lodato Daniello (c): presso il
quale apparve in sogno a Nabuccodonosorre una Statua, col Capo d'Oro, col
Petto di Argento, colle Coscie di Bronzo, colle Gambe di Ferro, e co' Piedi di Creta: in cui percuotendo un Sassolino caduto dal Monte, la fran-
se, e la riduffe in polvere. Dinotandofi nel Capo d'oro di quella Statua
il Regno di Babilonia; nel Petto di argento la Signoria de' Persiani e de'
Medi; nelle Coscie di bronzo la Monarchia de' Greci; e nelle Gambe di
Ferro e Piedi di creta la Repubblica ed Impero Romano, i quali al Nascimen-
to e Regno di Cristo (figurato in quel Sassolino che si spiccò dal Monte) furono abbattuti e ridotti al nulla, siccome si diduce dal contesto di
Daniello stesso, e da tutti i Sagri Interpreti concordemente si asserisce, a'
quali merita di essere considerato Cornelio a Lapide (d).

IV. Ma comeche la Divina Providenza si serve delle cause seconde nel
regolamento e governo dell'Universo, per distruggere la Monarchia Romana si valse delle Discordie Civili, secondo Orazio (e). Primieramente di
quelle di C. Gracco con Fulvio Flacco e C. Carbone, giusta il rapporto
dell'Epitomatore di Livio (f). Indi, con maggior furore, delle gare di Ca-
jo Mario con Lucio Silla, quando il tutto andò a ferro ed a sangue, al
_____ A 2 _____

(a) Proverbiorum 8. ver. 15. „ Per me Reges regnant, & legum
„ Conditores justa decernunt. Per me Principes imperant, & Potentes de-
„ cernunt justitiam.

(b) Danielis 4. vers. 22. Dominatur Excelsus in Regno dominum, &
cuicumque voluerit dabit illud.

(c) Danielis 2. vers. 43. „ In diebus autem Regnorum illorum, suscita-
„ bit Deus coeli Regnum, quod in aeternum non dissipabitur, & Regnum
„ ejus alteri Populo non tradetur: comminuet autem, & confumet om-
„ nia Regna haec, & ipsum stabit in aeternum.

(d) Cornelio a Lapide ibidem „ Deus singulis Regnis, & Regibus
„ suum tempus, vicissitudinem, terminum, & translationem constituit: ut
„ verbi gratia, Assyriorum Monarchia tot annis staret, & inde transferre-
„ tur ad Babylones, haec staret in Nabuchodonofor, & Baltassare, inde
„ transferretur ad Medos, & Persas, haec ad Graecos, haec ad Romanos,
„ haec ad Christum.

(e) Orazio in Epodon. 16. ad Popul. Roma.
        Altera jam teritur bellis civilibus etas
        Suis & ipsa Roma viribus ruit.

(f) Lucio Floro in Epitome Liviana lib. 59. & 60.

ragguaglio di *Sant'Agoſtino* (a). Poi di quelle che ſurſero tra *Giulio Ceſare* e *Gneo Pompeo*; allora quando, colla morte di *Pompeo*, ſi reſe *Ceſare* aſſoluto Signore della Repubblica. E finalmente delle altre tra *Ottaviano Auguſto* e *Marcantonio* : nelle quali, morto *Marcantonio*, tutto l'Impero ſi riduſſe in mano di *Auguſto*, facendoſi ſucceſſivo ed ereditario negli altri Ceſari: ſenza che mai più ritornaſſe quella Repubblica nella ſua primiera libertà , e nell' ampiezza del ſuo paſſato dominio, ſecondo và ſpiegando alla lunga *Agoſtino Calmet* (b).

V.　In tempo di *Silla* fu occupata l'Aſia da *Mitridate*, al dire di *Lucio Floro* (c); quando *Cornelio Silla* cominciò ad apparecchiare le catene alla libertà Romana, con arrogarſi perpetuamente la *Dittatura*: la quale per la ſovrana Autorità che portava ſeco , non potea durare per ordinario più che ſei Meſi . E di queſta Poteſtà egli abuſandoſi, ſe uccidere tutti i primarj Cittadini di Roma, ſecondo il *Nieupoort* (d): il quale numera ſino a quaranta mila di queſti ucciſi.

VI.　Anche *Giulio Ceſare* volle in tutto il reſto di ſua vita ritenere queſta ſovrana Dignità: onde fu chiamato comunemente il *Dittatore*. E dopo che ebbe vinto nella Battaglia Farſalica *Pompeo* ſuo Genero, con cui avea diviſo il Governo della Repubblica; ſi uſurpò, col nome di Imperadore, il Dominio aſſoluto di quella . E però *Svetonio* lui pone in primo luogo nel Catalogo degli Imperadori Romani . Divenuto perciò odioſo alla Patria (delle di cui Armi abuſavaſi in farli guerra, ſecondo *Lucano*) (e), fu

_____

(a) Sant'Agoſtino lib. 3. de Civit. Dei cap. 27. „ *Tam verò clariſſimis* „ Viris interfectis, lumina Civitatis extincta ſunt. Ultus eſt victoriæ cru-„ delitatem poſtea Sylla : nec dici quidem opus eſt quanta diminutione „ Civium , & quanta calamitate Reipublicæ . . . . Illo bello Maria-„ no , atque Syllano, exceptis his qui foris in Aciem ceciderant , in ipſa „ quoque Urbe cadaveribus Vici , Plateæ , Fora , Theatra , Templa com-„ pleta ſunt , ut difficilè judicaretur quanto Victores plus funerum edide-„ rint , utrum prius ut vincerent , an poſtea quia *viciſſent.*

(b) Agoſtino Calmet in Daniel. loc. cit.

(c) Lucio Floro in Epitome Liviana lib. 78. „ *Mithridates* Aſiam occu-„ pavit . Q. Oppilium Proconſulem , item Aquillium Legatum in vincula „ conjecit : juſſique ejus , quicquid Civium Romanorum in Aſia fuit, uno „ die trucidatum eſt.

(d) Nieupoort ſect. 2. cap. 2. parag. 3. „ *Poteſtas* Dictatorum plenè re-„ gia , immò regia poteſtate major fuit . . . . . Sed tamen quibuſdam ter-„ minis hæc poteſtas limitata fuit : & primò quidem ſemeſtris tantùm erat, „ nè diuturnitate potentiæ , in tyrannidem verteretur . Atque his rebus „ effectum eſt , ut per tot trecentos & plures annos , nemo hac poteſtate „ abuſus ſit ; donec L. Cornelius Sulla A. V. 672. per centum & vigin-„ ti annos intermiſſam DICTATURAM ARRIPUIT , EAMQUE IM-„ MANITER EXERCUIT , OCCISIS ULTRA QUADRAGINTA „ CIVIUM MILLIBUS , multiſque rebus iniquè & ſuperbè *geſtis.*

(e) Lucano lib. 2. Belli Civilis.

　　　　Bella per Emathios plufquam civilia campos,

fu miseramente ucciso da Congiurati.

VII. Morto *Giulio Cesare*, vieppiù crebbero l'angustie, della Repubblica Romana ; perche *C. Ottaviano Cesare* volendo far vendetta degli Uccisori dello svenato suo Zio, si unì con *Marcantonio*, e con *Marco Lepido* : occupando con essi, sotto nome di *Triumvirato*, il dominio della Repubblica. Indi mandato *Lepido* contro *Sesto Pompeo* in Africa ; perche questi volle ivi muover Guerra al suo Collega, abbandonato da suoi Soldati, cadde dal novero de Triumviri : avendo a grandi stenti ottenuta da *Ottaviano* la Vita, secondo l'Epitomatore di *Livio* (*a*). E perche *Marcantonio* poco indi, ripudiò *Ottavia* sorella di *Augusto*, per impalmare *Cleopatra*, Regina di Egitto, fu ancor egli perseguitato da *Cesare*, e fu vinto nella Pugna Attiaca, lasciando libero il dominio di *Roma* ad *Ottaviano* : il quale dall'ora in poi lo tenne da assoluto Monarca ; ancorche in apparenza restasse *Roma* collo specioso nome di Repubblica.

VIII. E quindi fù, che lo stesso *Lucio Floro* (*b*), descrivendo lo stato della Repubblica Romana, lo ripartisce in quattro Etadi : cioè nella sua *Infanzia*, che fu sotto de Regi ; nella *Gioventù* sotto de Consoli per i primi due sento Anni, quando conquistò l'intiera Italia ; nella *Virilità*, che durò insino ad *Augusto* ; e nella sua *Vecchiaja*, da questo Cesare in poi. E da quel punto cessò il Governo Aristocratico, ed incominciò la Monarchia : da cui originossi la mutazione della Polizia in tutto il dominio Romano.

CA

Jusque datum sceleri canimus Populumque potentem,
In sua victricem conversum viscera dextram.

(*a*) *Lucio Floro* lib. 103. „ *Lepidus*, qui ex Africa, velut ad societa-
„ tem belli contra sextum Pompejum à Cæsare gerendi, trajecerat ; cum
„ bellum Cæsari quoque inferret, relictus ab Exercitu, abrogato Trium-
„ viratus honore, Vitam *impetravit*.

(*b*.) *Lucio Floro* in Exordio lib. 1. „ *Si quis* ergo Populum Romanum
„ quasi hominem consideret, totamque ejus Ætatem percenseat, ut cepe-
„ rit, atque adoleverit, ut quasi ad quendam Juventutis florem pervenerit,
„ ut postea velut consenuerit ; quatuor *Gradus*, *Processusque* ejus inveniet. Pri-
„ ma *Ætas* sub Regibus fuit prope ducentos quinquaginta per annos, qui-
„ bus circa ipsam matrem suam cum finitimis luctatus est. Hæc erit ejus
„ Infantia. *Sequens* à Bruto, Collatinoque Consulibus in Appium Claudium,
„ & Q. Fulvium Consules, ducentos annos patet, quibus Italiam subegit.
„ Hoc fuit tempus viris armisque incitatissimum : ideo quis Adolescentiam
„ dixerit. *Dehinc* ad Cæsarem Augustum ducenti quinquaginta anni, qui-
„ bus totum Orbem pacavit. Hic jam ipsa Juventa Imperii, & quasi quæ-
„ dam robusta Maturitas. A *Cæsare Augusto* in Sæculum nostrum, QUA-
„ SI CONSENUIT, ATQUE DECOXIT.

CAPITOLO SECONDO.

Della Forma di Polizia che diede Augusto alle nostre Regioni.

I. Divenuto *Ottaviano Cesare* dispositore assoluto della Repubblica Romana, come si disse, incominciò tratto tratto a farla da Monarca. Conciossiacosache, sotto un mendicato pretesto di voler sollevare il Popolo Romano dalla cura nojosa di governare le Regioni lontane, volle dividere con essoloro questo Governo: riducendo sotto varie Provincie, tutte le Conquiste fatte dalla Repubblica in tanti anni, delle quali parte ne lasciò alla cura del Popolo, e parte le ritenne sotto la sua disposizione: ed allora prese il cognome di *Augusto*, al dire di *Lucio Floro* (a). E per dare una rimostranza di affettuosa attenzione al Popolo in tale occasione, volle a questo rilasciare il governo di quelle Provincie che erano più facili ad essere regolate; ritenendo per se l'altre, che erano più bellicose e tumultuanti, all'asserire di *Svetonio* (b). Bensì, come osserva *Dione* (c); egli fece tutto ciò per avere in sua possa gli Eserciti, senza de quali le dette sue Provincie non si potevan regere.

II. Le Provincie che *Augusto* lasciò al Senato e Popolo Romano per governarle, furono l'Africa, la Numidia, l'Asia, l'Epiro, la Grecia, la Dalmazia, la Sicilia, Creta, Cirene, Bitinia, Ponto, Sardegna, e la Spagna Betica: riserbando per se il restante delle Spagne Tarraconese e Lusitana, le Gallie Narbonese, Lionese, Aquitana, e Celtica; la Siria, la Fenicia, la Cilicia, Cipro, e l'Egitto, secondo lo stesso *Dione* (d). Solito

---

(a) Lucio Floro in Epitome Liviana lib. 134. ,, *C. Cæsar rebus com-*
,, *positis, & omnibus Provinciis in certam formam redactis, Augustus quo-*
,, *que cognominatus est; & MENSIS SEXTILIS IN HONOREM EJUS*
,, *AUGUSTUS EST APPELLATUS.*

(b) Svetonio in Augustum, cap. 74. ,, *Provincias validiores, & quas*
,, *annuis Magistratuum Imperiis regi nec facile nec tutum erat, ipse su-*
,, *scepit; cæteras Proconsulibus sortito commisit: & tamen nonnulla com-*
,, *mutavit interdum.*

(c) Dione Cassio lib. 53. ,, *Augustum, majoris illius ad eas regendas dif-*
ficultatis prætextu, sua semper Exercitus in potestate habuisse, inermi Po-
pulo, Senatuque.

(d) Dione loc. cit. ,, *Senatoria & Populares Provinciæ erant, Africa,*
,, *Numidia, Asia cum Epiro, Græcia, Dalmatia, Macedonia, Sicilia,*
,, *Creta, Cyrene, Babylonia cum Ponto finitima, Sardinia cum Hispania*
,, *Bætica. Imperatorias Provincias hasce constituit: Hispaniæ quod reli-*
,, *quum erat, ut Tarraconensem, & Lusitanam; omnem Galliam, Narbo-*
,, *nensem scilicet, Lugdunensem, Aquitanam, & Celticam, cum iis Popu-*
,, *lis qui eorum Coloni essent. Item Cælesyriam, Phœniciam, Ciliciam,*
,, *Cyprum, Ægyptum.*

lito per il Senato col Popolo inviare al Governo delle sue Provincie i Governatori *Consolari*, i *Prefetti*, ed i *Presidi*: laddove *Cesare* inviava i suoi *Procuratori*, siccome spiegaremo nel Cape 1., e *Strabone* (a) per ora_ l'asserisce.

III. Risperto poi alla nostra *Italia*, niuna considerazione vi si ebbe da *Augusto* nel divisato Compartimento: perche, come dice *Manuele Schelstrato*, (b) i Romani aveano per Provincie tutte le Regioni che erano fuori d'Italia, o alla medesima adjacenti: come la Sicilia, la Corsica, e la Sardegna. *Adriano* poi divise l'Italia in *Cispadana* ed in *Traspadana*: e finalmente *Costantino* l'annoverò trà le Provincie dell'Impero.

IV. Egli è ben vero però, che quantunque la nostra Italia non fusse stata annoverata da *Cesare Augusto* trà l'altre Provincie del Romano Impero; fu nondimeno divisa da lui in *undici Regioni*, giusta il rapporto di *Plinio* (c): essendosi allora l'Italia distesa sino all'Alpi secondo *Onofrio Panvinio* (d). E di queste undici Regioni cinque erano parte-

te-

(a) Strabone lib. 17. „ *Exponam ut nostro tempore Augustus divisit. Is* „ *totam Ditionem bifariam divisit, itaut partem sibi vindicaret, partem* „ *Populo daret. Utramque portionem in Provincias numero multas divi-* „ *sit: quarum aliæ Cæsaris, aliæ Populi dicuntur. In suas Præfecturas* „ *Cæsar ipse Procuratores mittit. At in suas Provincias Populus Præto-* „ *res, vel Consules mittit.*

(b) Manuele Schelstrato in Appendice Geographica cap. 1. „ *Cùm Pro-* „ *vincia proprie sit dicta Regio extra Italiam, bello, hæreditate, aut alio ju-* „ *re acquisita; recte scribit Hegesippus, Romanos, cùm in Jus suum vindican-* „ *do, vendegerint procul positas Regiones, appellavisse Provincias. Dicit au-* „ *tem procul positas; nulla enim Regio intra Italiam posita Provincia_* „ *vocabatur primis temporibus. Unde in Notitia Augusti apud Dionem* „ *Cassium lib. 5. inter Provincias Romani Imperii non enumeratur Italia.* „ *Videntur tamen à temporibus Adriani Imperatoris, Italiam, in duas par-* „ *tes divisam fuisse: quarum altera Regiones cis, altera trans Padanas* „ *complectebatur: quæ cum vicinis Regionibus, Provinciæ Italiæ nomen* „ *obtinuerunt sub Constantino Magno, cujus Metropolis Mediolanum fuit,* „ *reliquis Regionibus sub Vicario Urbis positis.*

(c) Plinio lib. 3. cap. 5. *Qua in re præfari necessarium est, Autorem* *nos Divum Augustum secuturos. Divisonemque ab eo factam Italiæ totius* *in Regiones undecim.*

(d) Onofrio Panvinio, de Romano Imperio pag. 681. „ *Postremò Trium-* „ *viri Reipublicæ constituendæ, nè Proconsul ullus cùm Exercitu intra* „ *Alpes esset, Galliam omnem Cisalpinam Italiæ adjunxerunt: eamque_* „ *usque ad Alpium radices protulere: ejusque termini à Mari supero Istro,* „ *Oppidum Pola, Fluviusque Arsia: ab Infera amnis Varus, qui a Liguri-* „ *bus Galliam Narbonensem dividit, facti. In Mediterraneis verò Alpium* „ *radices ejus fines esse voluerunt. Quam Cæsar Augustus, rerum poti-* „ *tus, cùm Romani Imperii novam formam constituerit, in UNDECIM* „ *REGIONES ut lib. 3. tradit Plinius, distribuit. Quarum I. Latium se-*
„ *tus*

tenenti alle Provincie, che oggi compongono il Regno di Napoli: cioè

   1. *Il Lazio con la Campagna.*
   2. *Il Picentino.*
   3. *La Lucania col Paese de' Bruzj, col Salentino e Puglia.*
   4. *I Frentani, con i Marrucini, Peligni, Marsi, Sanniti, e Vestini.*
   5. *Il Piceno.*

(benche il Lazio e 'l Piceno fiano ora in buona parte nel dominio dello Stato Ecclesiastico). Le altre Provincie d'Italia furono l'Umbria, la Toscana, la Gallia Cisalpina, la Liguria Venezia con Carni, Japudia, ed Istria; e l'ultima era la Gallia Transalpina.

V. Bensì gli Autori sovradetti, ancorche rammentino le già dette undici Regioni nella nostra Italia, e ne attribuiscano la divisione ad *Augusto*; pure non chiariscono chi governate le avesse; se *Augusto*, se il Senato e Popolo Romano, ovvero l'uno e gli altri insieme. E se io, in questa oscurità di cose, non temessi di errare, farei per dire, che almeno le cinque prime Regioni, delle quali in buona parte si compone oggidì il Reame di Napoli, fussero governate dal Senato e Popolo Romano. E ciò inferisco dalla congettura, che nel Governo di queste si destinavano i *Correttori*, e i *Presidi*, come vedremo nel Capitolo 5. E perche per testimonianza di *Strabone*, rapportato sovra nel *Numero 2.* il Popolo era quello che destinava nelle Provincie sue i Presidi; e quando gl'Imperadori mandavano nelle loro respettive altre Provincie, i Ministri per governarle, questi diceansi i *Procuratori di Cesare*; mi dò a credere, che le nostre Provincie fussero governate dal Senato e dal Popolo, più tosto, che dagl'Imperadori. Loche sia detto ne termini di una mera probabilità, e non come cosa certa, ò indubitata.

VI. Che che ne sia però, egli è certissimo, che per dividere tutto l'Impero Romano in varie Provincie, e per compartire l'Italia in undici di esse, fu duopo ad *Augusto* venire alle violenze con i Popoli che in questi Luoghi abitavano. Conciossiache egli tolse a medesimi tutta l'Autorità che aveano in governare le loro respettive Repubbliche: come era quella di formarsi le Leggi, di eliggersi i proprj Magistrati, di conchiudere la Pace, e d'intimare le Guerre: come altresì di condannare altri a morte, ed ad altri far grazia della vita: con altre somiglievoli Prerogative da noi ragguagliate nel Libro 6. del Tomo I. trattando nel Capo 2. della *Polizia* de primi Abitatori delle nostre Regioni. Attesoche, avendo il Popolo Romano colla Legge Reggia (*a*) trasferita in *Augusto* Imperatore tutta la sua autorità, e tutte le Ragioni di quella Repubblica; egli si arrogò in tutto l'Im-

                              pero

_____

» tus, & Campania fuit. II. Picentes. III. *Lucani, Bruttii, Salentini*
» *Apuli.* IV. *Frentani, Peligni, Marsi, Vestini, Samnites, & Sabini.*
» V. *Picenum.* VI. *Vmbri.* VII. *Etruria.* VIII. *Gallia Cisalpina.* IX.
» *Ligures.* X. *Venetia, Carni, Japudes, Istrique.* XI. *Gallia Transalpina.*
  (a) Leg. 1. de Constitut. Principi: *Vniversam Rempublicae potestatem per Legem Regiam transtulisse in Augustum.*

pero Romano una affoluta autorità ; facendo da se le Leggi , deftinando a
fuo piacere i Magiftrati , intimando Guerra , conchiudendo Pace , e determi-
nando tutto ciò che gli era in piacere .

VII. Tolfe via fimilmente quefto Imperadore tutti i Privilegj a' Municipj , alle Colonie , ed alle Città federate ; con eftinguerne anche i Nomi
(alla fola riferva della Città di *Napoli* , come dicemmo nel Libro 2. al Paragrafo 4. del Capo 3.) Talche dal fuo tempo in poi non vi furono
più Municipj , non più Colonie , non più Città federate : e quei Luoghi
che fin a quei giorni fi governarono da Repubbliche , e viffero colla loro
Libertà , da indi in poi divennero fudditi degl'Imperadori Romani : avendo egli fatti annoverare tutti quefti Luoghi frà gli altri fogetti alla
Romana Monarchia , come l' afferma *San Luca* (a) . Riduffe anche
l' Italia intiera a pagare Dazj e Tributi , come fpiegaremo nel Capo 4.
Avverandofi dell'Italia , come di Gerufalemme , il detto di *Geremia* (b) :
Princeps Provinciarum facta eſt ſub tributo. Onde in quefte circoftanze
di cofe non sò fe abbia luogo quel detto di *Pietro Giannone* (c) , che
fotto di quefto Monarca rifiorì il Secol d'oro in Italia . Dice egli : *Il Ge-*
nere umano ſi vide in tanto elevamento , ed eminenza , in quanto non fù
mai per l' addietro : e che non ſappiamo , ſe mai potrà ritornare in quella
Sublimità , in cui fu arrivato , mentre durò il Romano Impero.

CAPITOLO TERZO.

Della nuova Polizia , che diede Adriano Imperadore alle noſtre Regioni .

I. NOn contento l' Imperadore *Adriano* della Polizia , che *Otta-*
viano Augufto avea data all' Italia , ed ambiziofo di eternare
ancor egli in quefto genere le fue memorie ; dopo lo fpazio quafi
di cento anni , altra Forma di Polizia vi volle introdurvi : dividendola
a fuo piacere in dieciffette Regioni , in vece di undici ; e volendo che quefte fuffero chiamate *Provincie* : aggiungendo all' Italia l' Ifole di Sicilia ,
di Sardegna , e di Corfica , che in tempo di *Augufto* erano fuori della medefima . Qual nome non era ftato peranche intefo nell' Italia , come riflette l' Autore della *Storia Civile* (d) , dicendo : ,, Quefto Principe fu , che
,, ficcome diede nuovo fiftema alla Giurifprudenza Romana , così , dopo
,, Augufto , defcriffe in altra maniera l' Italia : poiche la divife non in
,, Regioni , ma in Provincie . . . . . Prefero per tanto nuova forma
Tom. III.   B   ,, di

(a) Lucæ 3. ver. 1. *Exiit Edictum à Cæſare Augufto , ut defcribere-*
tur univerfus Orbis.
(b) . Threnorum 1. verf. 1.
(c) Pietro Giannone Tom. I. pag. 45.
(d) Pietro Giannone lib. 1. cap. 5.

„ di Governo queſte Regioni, che oggi compongono il Regno di Napoli.
„ Allora incominciaſſi a ſentire in Italia il nome di Provincie: e ſecondo
„ queſta nuova diviſione di Adriano, quello che ora è Regno, fu diviſo
„ in quattro ſole Provincie. I. parte della Campagna. II. la Puglia, e la
„ Calabria. III. la Lucania, e li Bruzj. IV. il Sannio.

II. La differenza adunque, che vi fu fra la Diviſione primiera dell'
Italia, fatta da *Auguſto*, e quella che poi fece *Adriano*, fu, che in
tempo di *Auguſto* erano undici le Parti dell'Italia, e nell'Impero di *Adriano* giunſero a diecieſette. Di più, ſotto *Auguſto* ſi chiamavano *Regioni*,
ed in tempo di *Adriano* ſi diſſero *Provincie*. Riguardo poi a i Luoghi
che compongono oggidì il Reame di Napoli, vi fu queſta differenza di
più, che *Auguſto* diviſe la prima Regione in *Lazio*, ed in *Campagna*; comprendendo ſotto nome di Campagna il Lazio nuovo, che dal Fiume Sarno
all'Oriente veniva terminato, ed all'Occidente dalla Campagna Romana,
che era il Lazio antico: aſſegnando per il *Picentino* (ſeconda ſua Regione)
quel tratto di Paeſe, che ſpaziavaſi dal Fiume Sarno al Fiume Selo. Laddove *Adriano* tolſe da mezzo il Nome di *Lazio*, e ſotto voce di ſemplice
Campagna compreſe tutta la Regione da Roma al Fiume Sarno: annientando la ſeconda Regione del *Picentino*, ed incorporando alla Lucania
tutto il Paeſe dal Fiume Sarno al Fiume Selo, come ſi diſſe nel Libro 4.
del Tomo I. al *Numero* 16. del Capo 7.

III. Di più, *Auguſto* compreſe nella ſua terza Regione la *Lucania*, il
Paeſe de Bruzj, la *Puglia*, e la *Calabria*, o fuſſe l'antica Japigia: allorche *Adriano* di queſta ſola Regione ne formò due Provincie: una che
comprendea la Lucania, ed il Paeſe de Bruzj; l'altra, che abbracciava la
Puglia, e la Calabria. E dove la quarta Regione di *Auguſto* conteneva
varie Popolazioni, come i *Freutani*, i *Marrucini*, i *Peligni*, i *Marſi*,
i *Veſtini*, i *Sanniti*, ed i *Sabini*; nella nuova diviſione di *Adriano* tutte
queſte Voci ſi abolirono, e cominciarono a paſſare ſotto il ſolo nome di
Sannio. Aggiungendo egli ancora alla Regione del *Piceno* (la quale ſoltanto
in quella ſua punta dal Fiume Aterno all'Oriente e dal Fiume Tronto all'
Occaſo, apparteneva al noſtro Regno) il Cognome di *Suburbicaria*.

IV. Diede di più *Adriano* nuova Forma di Governo alle mentovate
diecieſette Provincie d'Italia: facendone otto *Conſolari*, tra le quali la
Campagna, ed il Piceno; due *Correttorali*, cioè la Lucania, a cui erano
uniti i Bruzj; e la Puglia colla Calabria; e ſette altre *Preſidali*, tra
quali fu il Sannio, giuſta la Tavola, che ne formò *Onofrio Panvinio* (a).

An-

(a) *Onofrio Panvinio de Imperio Romano pag. 884. Diviſio Italia
fatta ab Adriano Imperadore, cùm ſuis Gubernatoribus Conſularibus, Correctorialibus, Preſidalibus.*

Ancorche *Sparziano* (a) e *Giulio Capitolino* (b) infegnino , che quattro fuffero ftate propriamente le Provincie Confolari in Italia , al Governo delle quali s'inviavano i Proconfoli : vale a dire , Perfonaggi che erano ftati Confoli in Roma , o che colla poteftà Confolare nelle dette Provincie s'inviavano , come diraffi nel Capo 5.

B 2

CA-

Provincie XVII.

1. *Venetia , & Hiftria.*

2. *Æmilia.*
3. *Flaminia , & Picenum.*

4. *Liguria.*

5. *Tufcia , & Umbria.*   He octo Diacefes babebant Confulates.

6. *Picenum fuburbicarium.*

7. *Campania .*

8. *Sicula Infula.*

9. *Apulia , & Calabria.*
10. *Lucania , & Samnium.*) He due Diacefes babebant Correctores.

11. *Alpes Cottiæ .*

12. *Rhetia Prima.*

13. *Rhetia Secunda.*
14. *Samnium.*   He feptem Diacefes babebant Præfides.

15. *Valeria.*

16. *Infula Sardinia.*

17. *Infula Corfica.*

(a) Sparziano in Adrianum cap. 22. *Quatuor Confulares per omnem Italiam conftituit .*

(b) Giulio Capitolino in Antoninum Pium cap. 2. „ *Ab Adriano inter* „ *quatuor Confulares , quibus Italia committebatur , Antoninus Pius eft* „ *electus ad eam partem Italiæ regendam , in qua plurimam poffidebat.*

CAPITOLO QUARTO.

De Tributi, Censi, e Vettigali, a cui gli Imperadori sottomisero le nostre Regioni.

I. Ridotti pria in Regioni e poi in Provincie i Luoghi di Italia, come si è dimostrato ne due Capitoli precedenti, furono sottoposti a *Tributi*, a *Vettigali*, ed a *Censi* dagli Imperadori: essendo stato questo il Capitale più grande dell'Erario Romano, all'affermare di *Plutarco* presso *Paolo Manuzio* (a). E perche si confondono da taluni Scrittori i Tributi con i Vettigali e con i Censi, prendendosi per una cosa istessa, quando in fatti sono diversi, come si ricava dall'Apostolo *San Paolo* (b); perciò pria di ragionare del peso che ne portavano le nostre Provincie, fa mestieri di andar spiegando il proprio significato di essi.

II. Quindi, per quanto spetta al nome di *Tributo*, sia ben sapersi, che il *Tributo*, secondo *Marco Varrone* (c) e *Festo Pompeo* (d), propriamente importava quell'annuo pagamento, che ciascuno di ogni Tribu corrispondeva alla Republica. Il *Vettigale* poi era ogni altra straordinaria Imposizione, a cui i Popoli soggiacevano, come si ricava da *Livio* (e) allorche descrive la Multa che imposero i Romani a quei di Capoa, quando congiurarono con i Latini: obbligandoli a pagare il Vettigale a seicento loro Cavalieri, che non aveano in ciò consentito.

III. Anziche *Ambrogio Calepino* (f) è di parere, che propriamente

ii

(a) Paolo Manuzio V. Provincia: „ *Ex omnibus Provinciis VECTI-* „ *GAL CAPIEBAT ANNUUM RESPUBLICA*, ut a Plutarcho tra- „ ditum est, octuagies quinque decies centena *millia*.

(b) Ad Romanos 2. vers. 7. *Cui Tributum, Tributum; cui Vectigal, Vectigal.*

(c) Marco Varrone, lib. 4. Ling. Lat. „ *Tributum* erat Pecunia Popu- „ lo imperata: quæ tributim a singulis pro portione census exigebatur. Ve- „ ctigal ea Pecunia; quæ alio quocumque nomine *exigebatur.*

(d) Festo Pompeo V. Tributum: „ *Tributum* a tribuendo derivatur', „ quia ex privato in publicum *tribuitur.*

(e) Tito Livio, lib. 8. „ *Latini* Capuanique, Agro mulctati ... Extra „ pœnam fuere Latinorum Laurentes, Campanorumque Equites, quia non „ desciverunt .... Equitibus Campanis Civitas data. VECTIGAL quo- „ que eis Populus Campanus jussus pendere in singulos, quotannis (fuere „ autem mille & sexcenti), denarios nummos quadrigenos quinqua- „ genos.

(f) Ambrogio Calepino V. *Vectigal*: *Tributum*, Portorium, & ge- „ neraliter cujusvis generis fructus, aut redditus: ita dictum a VEHEN-

„DO.

il *Vettigale*, ne tempi primieri fosse stata una Gabella, che pagavasi per il trasporto delle Merci da un luogo ad un altro (quale noi chiamiamo *Dogana*): a cui si soggiaceva nell'introdurre o estrarre le Merci da qualche luogo. Volendo *Tullio* (a), che anticamente si dividesse in *Decima*, *Scrittura*, *e Portoria*, de' quali la Decima si ponea sopra i Campi, la Scrittura sovra il Pascolo degli Armenti, ed il Portoria sovra le Merci trasportate.

IV. E per il Vettigale che concerne le *Decime*; è di sapersi, che quando i Romani dividevano i Terreni tra i Coloni, alcuni pezzi di questi riservavano per la Repubblica; che poi si davano a coltura, con farsi contribuire la decima parte del fruttato di quelli, secondo fu detto nel Libro 2. del Tomo II. al *Numero* 15. del Capo 4. ed *Appiano Alexandrino* (b) anche lo afferisce. E questi erano i Campi *Decumani*, al dire di *Tullio* (c).

V. La seconda spezie di Vettigali era la *Scrittura*, che riguardava i Pascoli degli Animali: la quale ebbe la dinominazione dal Notamento, che faceano i Pubblicani di quei Animali che si immettevano ne pubblici Pascoli, e dalle Cautele che a Pastori si faceano sopra la detta immissione, come afferiscono *Festo Pompeo* (d) e *Samuele Petisco* (e); e noi lo rapporteremo nel Libro 19. del Tom. IV. allorche nel Capo 5. favellaremo della Dogana di Foggia.

VI.

„ DO. Propriè enim hac voce primùm significabatur Portorium, quod
„ Mercium e loco ad locum evehendarum, vel per locum aliquem tran-
„ svehendarum nomine solvebatur. Hodie tamen multo latius significatio
„ ejus extenditur, ut tam ad publicos redditus, quam ad privatos *exten-*
„ *datur*

(a) Tullio Orat. prò Manilio, cap. 6. „ *Ita* neque ex PORTU,
„ neque ex DECIMIS, neque ex SCRIPTURA Vectigal conservari
„ *potest*.

(b) Appiano Alessandrino, lib. 1. Belli Civilis, pag. 357. „ *Romani*
„ nunc hos, nunc illos Populos superando, ac subjiciendo, partem Agri
„ iis auferebant . . . . . Agri igitur, quod cultum erat, Colonis fere assi-
„ gnabant; quod incultum (ut multa per bellum), id aliis cupientibus
„ elocabant, PARTE DECIMA SIBI RETENTA IN AGRIS SATI-
„ VIS: in Plantariis, aut Arboratis, QUINTA.

(c) Tullio in Verrem: *Ager Vectigalis Populi Romani, ex parte de-*
cumanus dicitur.

(d) Festo Pompeo V. Scripturarius Ager: „ *Scripturarius Ager is dicitur,*
„ qui publicus est: in quo ut Pecora pascantur; necesse est, ut certum
„ Æs Pastor pendat *Publico*.

(e) Samuele Petisco V. Scriptura: „ *Scriptura*, Vectigal publicum;
„ quo cuiquam Pascua locabantur: accipiebatur a Pastoribus. Appellatur
„ ita, quia Pastores numerum Pecorum, quas in publica Pascua im-
„ mittere vellent, profiteri debebant; & Publicani in Tabulis suis nota-
„ bant, & scribebant. Ex qua Scriptura postea, ratio inter Pastorem &
„ Pu-

VI. L'altra fpezie di Vettigale, che *Portorio* chiamavafi, era quel danaro, che fi pagava o per il trafporto delle Merci da un luogo ad un altro, o per intrometterle in qualche Città eftranea, come fu detto fovra nel *Numero* 3.: facendo di quefti Portorj commemorazione molti fcrittori Antichi, come *Lucilio* (a), *Plauto* (b), e *Cicerone* (c).

VII. Da Tributi e da Vittigali facendo paffaggio al *Cenfo*; parimente intorno a codefto faper fi debbe, che febbene taluni han voluto che il Cenfo fuffe quel pefo, che dovea cadauno pagare annualmente al Regio Erario, ed al Principe, come i Farifei preffo *San Matteo* (d) dimandavano a Crifto: *Magifter, quid tibi videtur, licet Cenfum dare Cæfari, an non?* nulladimeno, fecondo *Samuele Petifco* (e), il Cenfo propriamente era la ftima della Roba, che da Sudditi fi poffedea. Effendo ftato il Tributo propriamente quel Teftatico che ciafcun Cittadino pagava alla Repubblica, ed al Principe; di cui i Farifei richiefero a Gesù, per poi calunniarlo, dicendo: *Negat Tributum dare Cæfari.* Vuole altresì *Carlo Sigonio* (f), che ogni pefo pecuniario che pagavano anticamente i Popoli, o era Tributo, o era Vettigale. E perche il Tributo era di due maniere, o Perfonale (che noi chiamiamo Teftatico), o *Reale*, che fi pagava fopra gli Effetti, che cadauno poffedea, (quale da noi fi fuol dire *Colletta*) come fi deduce da *Livio* (g) e da *Alicarnaffeo* (h); alcuni hanno penfato, che il Tributo fuffe il pagamento perfonale, ed il Cenfo il pagamento reale; quandoche il Cenfo era propriamente il *Cataftamento* della Roba di cadauno, che da Cenfori ogni cinque anni fi facea, dopo la Luftrazione e 'l Sagrificio: e però anche il Cenfo fi chiamò *Luftro*. Comprendendofi al-
tre-

" Publicanum conficiebatur. Inde Ager, five Pafcuum ipfum dicebatur
" AGER SCRIPTURARIUS.

(a) Lucilio, lib. 12.
    E Portu exportant clanculum, ne Portorium dent.

(b) Plauto in Afin.
    Jam ego hunc Portitorem privabo Portorio.

(c) Tullio, lib. 1. de Inventione: " *Nam fi Rhodiis turpe non
" eft Portorium locare; nec Hermacreonti quidem turpe eft condu-
" cere.*

(d) Matthæi 22. verf. 17.

(e) Samuele Petifco V. Cenfus: *Cenfum enim intelligimus, non annuum
effe Proventum, ut falfo nonnulli exiftimarunt; fed rerum, & bonorum alicujus exiftimationem, fecundùm quam Tributa pendebantur.*

(f) Carlo Sigonio lib. 1. de Antiq. Jur. Civ. Romani, cap. 16. *Omnis
pecunia, quæ à Cive Romano publicè pendebatur, ferè aut Tributi nomine
pendebatur, aut Vectigalis.*

(g) Tito Livio lib. 1. *Servius Tullus Cenfum inftituit, non* VIRITIM,
ut ante, fed pro HABITU PECUNIARUM.

(h) Dionigio Alicarnaffeo lib. 4. *Juftum namque exiftimabant, & Reipublicæ utile, ut qui multum poffiderent, conferrent multum; parum verò,
qui effent in re tenui.*

tresì sotto nome di Lustro lo spazio di cinque Anni, all'asserire di Ambrobrogio Calepina (a).

VIII. Quando da Censori si facea il Lustro, ciascun Cittadino dovea non solo rivelare tutto ciò che possedea; ma anche il nome della Moglie, il numero de Figli, e l'età di tutti essi; come pure il nome de suoi Servi, ed il luogo dove abitava. E mancandosi in questo, se li ponea all'incanto tutta la Roba; ed egli, dopo di una severa flagellazione, era venduto da Schiavo, giusta il raguaglio che ne dà il Nieupoort (b). Si numeravano però in Roma coloro solamente, che erano Originarj di quella Città: dovendo gli altri fare il loro Rivelo in quei Luoghi onde riconosceano la loro discendenza, secondo Tito Livio (c), e dove aveano i loro Beni, al dire di Ulpiano (d). Per la qual cosa, quando Cesare Augusto emanò l'Editto, che si dovesse fare la Numerazione di tutti coloro che erano sotto l'Impero Romano, ed annotarsi la loro Roba; San Giuseppe dove portarsi con la VERGINE sua Sposa in Bettelemme, per ivi esser descritto, secondo San Luca (e): perche era discendente dalla Famiglia di Davide, originario di quel Luogo.

IX.

(a) Ambrogio Calepino, V. Lustrum: ,, Lustrum item dicebatur quod-
,, dam Sacrificii genus, quod, Urbis lustrandæ gratia, Sus, Ovis, & Taurus
,, immolabantur. Sicque à Sacrificio illa Censua nomen Lustri obtinuit. Quia
,, verò Census ipse sive Lustrum quinto queque anno habebatur (quanto
,, tempore durabat Censorum Magistratus), invaluit consuetudo, ut Lustri
,, appellatione, spatium quinque annorum appellaretur, quod Olympias apud
,, Græcos dicitur, idest Quinquennium: ita tamen, ut quatrienio exacto,
,, quinto quoque anno ineunte, Lustrum peractum intelligeretur.

(b) Nieupoort sect 2. Rit. Romanor. cap. 7. part. 2. ,, Census est æsti-
,, matio Populi cùm æstimatione Facultatum. Instituit enim Servius Tul-
,, lus, sextus Romanorum Rex, sapientissimo plane consilio: qui jussit, ut
,, omnes Cives, sive intra, sive extra Civitatem habitarent, Bona sua
,, jurati censerent, hoc est æstimarent & illum Censum, ac simul nume-
,, rum, & nomina Uxorum, Liberorum, & suam Liberorumque ætatem, Servo-
,, rum, & Libertorum; item domicilii locum indicarent. Qui secus fecissent,
,, eorum Bona publicarentur: ipsi, virgis cæsi, venundarentur, quasi qui sibi
,, ipsi libertatem abjudicassent.

(c) Tito Livio lib. 4. ,, Eo anno Lustrum conditum est. Censa sunt
,, Civium Romanorum Capita 269. Millia, & 15. Minor aliquanto numerus:
,, quia L. Postumius Consul pro concione edixerat, qui Socium Latini no-
,, minis, ex edicto C. Claudii Consulis, redire in Civitatem suam debuissent,
,, nè quis eorum Romæ, sed omnes in suis Civitatibus censerentur.

(d) Ulpiano lib. 3. de Censibus: Is verò, qui Agrum in aliqua Civitate habet, IN EA CIVITATE PROFITERI DEBET, IN QUA AGER
EST. Agri enim Tributum eam Civitatem debet levare, in cujus territorio possidetur.

(e) Lucæ 2. ver. 1. ,, Exiit Edictum a Cæsare Augusto, ut describe-
,, retur universus Orbis. Hæc descriptio prima, facta est a Præside Syriæ
,, Cyrino. Et ibant omnes UT PROFITERENTUR IN SUAM CI-
,, VI.

IX. Questi *Tributi* furono introdotti in Roma fin dal tempo di *Romolo*, e di *Numa Pompilio*, pagandolo ciascheduno per ragion di Testa: ma poi in tempo di *Servio Tullo* fu imposto anche sopra gli Averi, come ricavasi da *Tito Livio* (a). Vi erano anche allora i *Vettigali*, ed i *Portorj*, come leggesi presso dell'anzidetto *Padovano* (b): quali poi *Cecilio Metello* cercò toglier via, per alleggerire i Popoli da tanti pesi, secondo *Dione Cassio* (d): non ostante che *Cicerone* (c) proclamasse contro di ciò fortemente.

X. A queste gravezze di Tributi e di Vettigali soggiacquero le Città Colonie delle nostre Regioni, nelle quali puranche facesi il Lustro, ed il Censo, a somiglianza della Città di Roma, come poco fa *Tito Livio* diceva nel *Numero* 3., e lo ripete altrove (e): loche debbe intendersi anche de Municipj, e delle Prefetture. Pagavano eziandio le Città federate un Tributo annuale alla Repubblica, siccome presso il medesimo *Livio* (f) il Console *Sulpizio* rispose a *Minione*, Legato del *Re Antioco*. E' vero bensì, che così le Città federate, come i Municipj, a i semplici Tributi, e non a Vettigali erano obbligati: essendo stati i Vettigali delle sole Colonie, e delle Prefetture.

XI. Divenuto poi *Ottaviano Augusto* sovrano Signore dell'Impero Romano, e sottomessi al suo assoluto dominio i Municipj, le Colonie, le Città federate, e tutti gli altri Luoghi d'Italia (come additossi nel *Numero* 7. del Capitolo 2.); per soddisfare a' continui lamenti de Popoli, incapaci a soffrire tanti pesi, con i quali dall'avarizia de Ministri Imperiali veniano sempre più premuti; destinò venti ragguardevoli Personaggi per l'Impero, acciò descrivessero con esattezza tutte le Persone, che in esso erano,

no,

„ VITATEM. Ascendit autem & Joseph à Galilæa, de Civitate Nazareth,
„ in Judæam; in Civitatem David, quæ vocatur Bethlehem, eo quod esset
„ de Domo & Familia David, ut profiteretur cùm Maria desponsata sibi
„ Uxore *pragnante*.

(a) Tito Livio lib. 1. *Servius Tullus Censum instituit*: NON VIRITIM UT ANTE, SED PRO HABITU PECUNIARUM.

(b) Lo stesso lib. 40. *Portoria quoque & Vectigalia iidem multa instituerunt*.

(c) Dione Cassio lib. 37. *Quia Vectigalia Urbem & reliquam Italiam vehementer affligebant; lex quæ ea tollebat, omnibus gratiosissima erat*.

(d) Tullio ad Atticum lib. 2. cap. 16. *Agro Campano diviso, Portoriis sublatis; quod Vectigal superest domesticum præter vicesimam?*

(e) Tito Livio lib. 29. „ *Duodecim* Coloniarum (quod nunquam antea factum erat), deferentibus Consulibus, Censum acceperunt; ut quantum „ numero Militum, quantum pecunia valerent, in publicis Tabulis monumenta „ extarent.

(f) Lo stesso lib. 35. „ *Ab* Rheginis, & Neapolitanis, & Tarentinis, „ ex quo in nostram venerunt potestatem, uno & perpetuo tenore juris „ semper usurpato, nunquam intermisso, QUÆ EX FÆDERE] DEBENT, „ exigimus.

no , una cogli Averi che vi poſſedeano, come ricavaſi da *San Luca* (*a*) , e viene, notato da *Suida* (*b*) . Ed aboliti con ciò tutti i Tributi, e tutti i Vettigali che per l' addietro erano ſtati impoſti nelle Provincie ; ſi riduſſe il tutto ad un *Tributo Perſonale* , che a ragion di Teſta cadauno era in obbligo di pagare ; e ad un altro *Reale* , che ſodisfar ſi dovea a proporzione degli Averi di ciaſcheduno, ſecondo *Carlo Sigonio* (*c*) , e *Samuele Petiſco* (*d*) .

XII. Fattaſi queſta nuova Numerazione da *Auguſto*, ogni Perſona ſoggiacque al pagamento dell'annuo Tributo , così *reale* che *perſonale* : da cui ne pur Criſto volle gire eſente , per non eſſere cenſurato da Fariſei , come preſſo *San Matteo* (*e*) .

XIII. Non è dubio però , che *Auguſto* , alle ſole Provincie fuori di Italia impoſe queſti Tributi, così reali che perſonali ; facendone eſente l'Italia, ſecondo *Carlo Sigonio* (*f*) . Con eſſere ſtato queſto uno de *Juſſ Italici* ſotto degli Imperadori , come aſſeriſce *Paolo Diacono* (*g*) : benche poi gli

Tom. III.   C   al-

(a) Lucæ 2. verſ. 1. *Exiit Edictum a Cæſare Auguſto, ut deſcriberetur univerſus Orbis .*

(b) Suida : *Cæſar Auguſtus* VIROS VIGINTI , *probatiſſimos vita delectos , in omnes Provincias miſit ; per quos & homines , & opes deſcripſit : edixitque , ut juſtam inde in ærarium partem inferrent .*

(c) Carlo Sigonio , de Antiq. Jur. Ital. lib. 1. cap. 22. ,, *Auguſtus* inde, ,, cùm Vectigalia omnia Provinciarum ſuſtuliſſet ; TRIBUTA ORDINA-,, RIA INSTITUIT , ALIA IN CAPITA , ALIA IN AGROS : ac ,, Cenſum denique in toto Imperii Romani Orbe indixit ; ut Capitum , ,, Fortunarumque ſummam , quæ in Imperio eſſent , *cognoſceret* .

(d) Samuele Petiſco in in Lexico : ,, *Auguſtus* publicæ quietis funda-,, tor , poſtquam Tributorum & Vectigalium exactiones Provincialibus fie-,, rent intolerabiles : omnes Vectigalium , & Tributorum eruſcationes , quas ,, avaritia Magiſtratuum Romanorum Provincialium , Proconſulum , Præſi-,, dum induxerat , ut malo publico repararet , velut uno ictu prædicit . ,, Et neglecta veterum ratione , NOVA TRIBUTA ORDINARIA IN-,, STITUIT ; ALIA IN AGROS, ALIA IN CAPITA .

(e) Matthæi 17. verſ. 23. ,, *Quid* tibi videtur , Simon ? Reges terræ ,, à quibus accipiunt Tributum , vel Cenſum ? à filiis ſuis , vel ab alienis ? Et ,, ille dixit , ab alienis. Dixit ergo ei Jeſus : ergo liberi ſunt ſilii . Ut au-,, tem non ſcandalizemus eos , vade ad mare , & mitte hamum : & eum ,, piſcem , qui primus aſcenderit , tolle : & aperto ore ejus , invenies ſta-,, terem : illum ſume , & da eis pro me , *& te* .

(f) Carlo Sigonio lib. 1. de Antiq. Jur. Ital. cap. 22. ,, *Cùm* autem ,, *Auguſtus* Provincias alias Tributo in Caput, alias Tributo in Solum one-,, raſſet , Italiam tamen immunem utriſque reliquit : idque Jus Italiæ *di-*,, *ctum* .

(g) Paolo Diacono de Curſoribus : ,, *Lacdicæa* in Syria , & Beritos in ,, Phenicia JURIS ITALICI SUNT , & Solum eorum ejuſdem juris ... ,, Divus Antoninus Antiochenſes Colonos fecit , ſalvis tributis . Imperator ,, noſter Antoninus Civitatem Emiſenorum Coloniam , & Juris Italici fecit. ,, D. Ve-

altri seguenti Imperadori l'avessaro imposti , e levati a lor piacere . E però troviamo presso *Svetonio*, (a), che *Caligola* l' impose anche al guadagno che facevano le Meretrici : e *Alesandro Severo* , presso *Lampridio* (b), l' impose a tutte le Arti , e Professioni (per tacere di *Pescennio Nero* , il quale , secondo *Sparziano* (c) : minacciò a' Popoli di Palestina , che volea imporglieli nell'Aria : come poi in fatti *Michele Paleologo* l' impose in Costantinopoli , secondo il *Cedreno*) (d).

XIV. Quindi le Regioni , che compongono oggidì il Reame di Napoli , comeche comprese nell' Italia , furono immuni da Tributi reali e personali . Bensì , invece de Tributi , erano sottoposte a' Vettigali degli Animali , del Grano , e del Vino : quale pagavano ogni anno all' Imperadore , secondo *Samuele Petisco* (e) . E questo Vettigale fu anche alterato e variato da seguenti Imperadori : conciossiache , siccome *Eliogabolo* prendea la de cima di queste cose , così *Alessandro Severo* ne volle la trentesima parte , secondo *Lampridio* (f) . Ancorche poi gli altri Imperadori lo riducessero all' ottava parte , al riferire di *Giulio Pangirolo* (g).

XV.

" D. Vespasianus Cæsarienses Colonos fecit , non adjecto , ut Juris Italici " effent : sed tributum his remisit Capitis . Sed D. Titus , etiam solum im- " mune factum interpretatus est .

(a) Svetonio in Caligulam cap. 40. *Nullo autem aut hominum genere omisso, cui non Tributi aliquid imponeret . . . . Ex Gerulorum diurnis questibus pars octava. Ex CAPTURIS PROSTITUTARUM, QUANTUM QUÆQUE UNO CONCUBITU MERUERIT.*

(b) Lampridio in Alexandrum Severum cap. 24. *Braccariorum , Linteariorum , Vitrariorum , Pellionum , Plaustrariorum , Artificum , & cæterorum Artium Vectigal pulcherrimum instituit : ex eoque jussit , Thermas , & quas ipse fundaverat superiores , Populi usibus exhiberi.*

(c) Sparziano in Pescennium Nigrum cap. 7. *Quibus rogantibus , ut eorum Censo levaretur , idcirco , quod esset gravata ; respondit : vos Terras vestras levari Censione vultis , ego verò etiam AEREM vestrum censere vellem .*

(d) Cedreno in Michaelem Paleologum : *Cùm igitur in omni genere injustitiæ ingeniosus esset ; omnem rationem injuriæ reperit . Addens supra solita Tributa , ut quisquis PRO HAUSTU AERIS aliquid penderet pro suis facultatibus .*

(e) Samuele Petisco V. Vectigal : *Vectigal locorum domui Augusta trahebant Provinciæ . Certus enim numerus Italiæ , & reliquis Romano Imperio parentibus Regionibus , Pecudum , tam Suum , quam Boum , & Ovium impositus est , quem quotannis tribuerunt .*

(f) Lampridio in Alexandrum Severum cap. 24. *Vectigalia publica in id contraxit , ut qui decem Aureos sub Heliogabolo præstiterant , tertiam partem auri præstarent ; hoc est tricesimam partem .*

(g) Guido Pangirolo , Comment. ad Notitiam Imperii Orientalis cap. 74. " *Imperante Heliogabalo, decima pretii Mercium solvebatur , quam Ale-* " *xander ad tricesimam redegit . . . . . Sed posteriores Pincipes octa-*

" vam

XV. Stante dunque questa imposizione, i *Lucani* ed i *Bruzj* erano tenuti pagare annualmente una quantità di Porci e di Buoi, secondo *Cassiodoro* (a) ; come pure una somma considerevole di Vino . Loche essendoli di grave incomodo, a cagion del trasporto ; i Lucani si transiggerono in Danaro, che annualmente soddisfaceano, al dire del *Pancirolo* (b) . Volendo *Samuele Petisco* (c), che i *Sanniti*, ed i *Campani* (e lo stesso si crede de *Pugliesi* e *Calabresi*, ancorche di questi niente si legga appo gli enunciati Scrittori) erano similmente obbligati a questo Tributo : somministrando molti di essi quantità di Cavalli per rimontare la Cavalleria . Ed il *Pancirolo* (d) soggiunge, che anche i Capoani si transiggerono in danaro per questo peso : con dare di vantaggio due mila moggi di Fave_

C 2 ogn'

,, vam pretii Mercium pendi voluerunt : idest, paulo plus duodecim prò ,, centum , l. ex præstatione 7. & seq. C. de Vectigal. l. ult. C. de Eu- ,, nuchis , l. 7. C. de locatis . . . . Pro Tributo populi solvebant ,, quantum Princeps, vel Præfectus Prætorio indixisset, l. ult. C. de suscept. ,, & ovat. Et quinquagesimam Vini, Hordei, Tritici ; Laridique quadra- ,, gesimam . Sed hæc in horreis, pro Militum necessitate & pauperum con- ,, debantur . Pecunia verò Vectigalium, & pro Tributis indicta, ad Comi- ,, tem Largitionum *spectabat*.

(a) Cassiodoro lib. 11. Epist. 39. *Hinc, montuosa Lucania Sues pendet ; hinc Bruttii Boves (pecus indigena): ubertate præstant . Fuit nimirum utrumque mirabile, ut & Provinciæ tantæ Civitati sufficerent, & ampla_ Civitas, eorum beneficiis, Victualium indigentiam non haberet . . . . justum his statutum fuisse pretium .*

(b) Pancirolo loc. cit. cap. 53. ,, *Lucani* Romanis Sues pendebant, ,, unde Lucania : Bruttii dabant Boves, sicut in 4. Strabo scribit . Dimidias ,, quoque Decimas Suum, & Pecorum, quæ alebant, & aliquot millia Am- ,, phararum Vini tradidisse videntur, l 4. C. Theodos. de Suariis . . . . ,, Lucani, ad evitandas difficultates, quæ oriebantur, 6400. solidorum, no- ,, mine Suum, permittente Principe, solvebant. Novella Valentiniani tit. ,, 37. de *Suariis*.

(c) Samuele Petisco : ,, *Lucani* & Bruttii, quorum Regio Pecore erat ,, fœcundissima ; Sues, & alias Pecudes repræsentabant . . . Samnium ,, & Campania, etiam hoc Vectigali atterebantur l. 3. C. Theod. de Suar. ,, Pecud. & Novella 15. Valentiniani . Quædam Provinciæ Equis præstandis ,, erant obnoxiæ. Probat dictum Probi apud Vopiscum, cap. 15. *Pascun- ,, tur ad nostram alimoniam gentium Pecora diversarum :* ÆQUITUM ,, PECUS NOSTRO JAM FÆCUNDATUR EQUITATUI.

(d) Pancirolo loc. cit. cap. 51. ,, *Addit* Symmacus : Magnam quoque ,, Suum copiam (forte duas decimas) Campani quotannis Romanis debe- ,, bant, l. 3. cap. ult. de Suariis : pro quibus tandem 1950. solidos sol- ,, verunt . Novell. Valentin. de Suariis tit. 37. Nec poterant Ludum Equo- ,, rum curulium Campani exercere, nisi prius duo millia modiorum Fabæ ,, pro singulis Factionibus ad alendos Equos, currentes Romæ, *contulis- ,, sent* .

ogn'anno per cadauna compagnia di que' Cavalli che correvano in Roma nel Circo.

XVI. Anche nel Grano furono dipoi angustiati i Campani, e gli altri Popoli convicini: peroche il solo bisognevole di quello poteano ritenere presso di se, ed il di più erano in obbligo rimandare ne pubblici Magazeni, per distribuirsi a' Popoli che ne scarseggiavano, siccome lo mostra *Simmaco* (*a*) coll' esempio di quei di Pozzuolo, a' quali l' Imperadore *Costantino* assegnò una determinata quantità di Grano per il loro sostentamento: qua le poi l' Imperador *Costante* variò: e dopo lui anche *Costanza* e *Giuliano* fecero lo stesso.

CAPITOLO QUINTO.

Della Maniera con cui venivano governate dagli Imperadori le nostre Provincie.

I. VEdutosi già nel Tomo I. al Capo 2. del Libro 6. che anticamente ogni Città nostrale si governava da se in modo di Republica; e consideratosi nel Tomo II. al Capo 3. e 6. del Libro 2. che le Colonie e le Prefetture riceveano da Roma i Ministri ed Uffiziali; ci resta ora ad esaminare la maniera, colla quale queste nostre Regioni furono governate dagli Imperadori, dopoche furono ridotte in Provincie. Il che debbe intendersi fino alla Caduta dell' Impero Romano Occidentale, ed alla venuta de Barbari in Italia, quando presero nuova Forma di Polizia (come pure la ricevè l' Italia dagl' Imperadori d' Oriente, e spezialmente da *Giustino II.*, quando *Longino* suo principal Ministro, nell' anno 568. mandato da lui, tolse i *Consolari*, i *Correttori*, ed i *Presidi* delle Provincie; ed introdusse i *Duchi* per le Regioni, ed i Giudici per i Luoghi particolari, coll' *Esarco* in Ravenna, dove appellar si potea da i giudizj de i Duchi.) Onde a meglio spianare questa materia, divideremo in tre Paragrafi il seguente Capitolo, come siegue.

PA.

(*a*) Simmaco lib. 2. Epist. 39. *Puteolanis Municipibus D. Constantinus* *250. millia modiorum in alimoniam Civitatis indulsit. Qua summa a D.* *Constante, regente Rempublicam, media parte mutilata est. Postquam* *Constantius Annonam Puteolani Populi 25. millia modiorum adjectionem cu-* *mulavit. Atque ita factum est, ut 100. millia modiorum ejusdem Populi* *Victus acciperet. Sed Juliano moderante Rempublicam, cum Lupus Con-* *sulari jure Campaniæ Præsidens, Tarracinensium contemplaretur angustias;* *quinque millia, & 700. Mod. Puteolanis Municipibus derogans, Tarraci-* *nensium usui deputavit.*

PARAGRAFO PRIMO.

De varj Ministri che si mandavano dagli Imperadori al Governo delle nostre Provincie.

II. PRiaché ci acciagiamo a descrivere i Ministri, che da Roma venivano a governare le nostre Provincie; sia bene premettere, che benche queste Regioni fussero divise in *Consolari*, ed in *Presidali*, giusta l' ultimo Stato di Polizia che *Adriano* Imperadore li diede, come fu detto sovra nel *Numero* 4. del Capo 3.; nientedimeno, sotto nome di *Presidi* eran tal volta compresi anche i Proconsoli, ed i Correttori che le reggeano, come insegnano *Emilio Magro* (a) e *Guido Pancirolo* (b). Talche trovandosi o presso qualche antico Scrittore, o in qualche Marmo, o in altro Monumento delle nostre Provincie il nome di PRESIDE, non deesi indi inferire, che detta Regione sia stata *Provincia Presidiale*: potendo essere stata anche Provincia Consolare, o Correttorale: giacche il nome di Preside, come si disse, comprendeva pure quello de Consoli e de Correttori.

III. Dobbiamo similmente ricordarci, che sotto *Augusto* le Provincie fuori d'Italia erano governate parte dal Senato e Popolo, e parte dall'Imperadore, come fu detto nel *Numero* 1. del Capo 2.; e che in quelle che erano del Senato, si portavano per governarle i *Consoli* e i *Pretori*; nell' altre, che erano dall' Imperadore, vi givano i *Procuratori di Cesare*, come ivi al *Numero* 2.: intendendo sotto nome di Consoli coloro, che furono già Consoli, secondo il *Pancirolo* (c), o che aveano le Insegne Consolari, al dire di *Samuele Petisco* (d). Essendo stata questa la differenza trà i Con-

---

(a) Emilio Magro in l. 1. D. de Officio Præsidis: *Præsidis nomen generale est: eoque Proconsules, & Legati Cæsaris, & omnes Provincias regentes, licet Senatores sint, Præsides appellantur.*

(b) Guido Pancirolo in Notitia Imperii cap. 100. *Et si speciali vocabulo, qui minores Provincias regunt, Præsides appellantur; omnes tamen sub generali Præsidis nomine, Proconsules, aliique Provinciæ Præfecti, continentur.*

(c) Pancirolo cap. 99. ,, *Antiquitus duæ factæ sunt Provinciarum* ,, species, Prætoriæ, & Consulares. Prætoriæ, in quas Prætores mittebantur: Consulares, in quas, qui ante Consules fuerant, cùm potestate ,, Consulari ibant.

(d) Samuele Petisco, V. Consularis: ,, *Consularis* Provinciæ dicebatur ,, etiam Rector Provinciæ, sive qui Provinciam jure Consulari administrabat. Non intelligitur Consulari dignitate functus, sed Infulis Consularibus ornatus.

Confoli e i Pretori, che i primi aveano dodici Littori, i quali con i Fa-
fci li precedeano; ed i fecondi ne aveano fei, al dire di *Plutarco* (a).

IV. Quanto poi alla noftra Italia (divifa in Regioni e non già in
Provincie da *Augufto*, e poi da *Adriano* ridotta in Provincie;) quefta venìa
governata da *Pretori*, e da *Confolari*, come afferifce il *Pancirolo* (b).
Dipoi, in luogo de Pretori, furono introdotti i *Correttori*, i quali non furono fuori d' Italia, al dire di *Sertorio Uriato* (c) (benche fecondo *Aurelio
Vittorino* (d) anche in tempo di *Augufto* vi fuffe ftato nella Lucania il
Correttore). Poi da *Adriano* s' introduffero i *Prefidi*: e così furono divifi
i Governatori delle Provincie d' Italia, in *Confoli*, in *Correttori*, ed in
Prefidi, giufta la Tavola di *Onofrio Panvinio*, trafcritta fovra nel Numero 4. del Capo 3. In cui (come pure in quella di *Coftantino* Imperadore,
da rapportarfi nel Capo 1. del Libro feguente,) per le fole Provincie di
Puglia e di Calabria, di Lucania e de' Bruzj fi leggono i Correttori: non oftante che *Sertorio Uriato* (e) li voglia in alcuni tempi in Venezia, in Iftria,
ed altrove.

V. I Miniftri *Confolari*, come fu detto fopra al *Numero* 3., aveano
l' Infegne de Confoli; ed erano i più riguardevoli in quefto genere. I
Correttori, che erano in fecondo luogo, non aveano Infegne Confolari,
ma folo la Spada, e la Clamide; a caufache comandavano a Soldati nelle
loro affegnate Provincie: cofa che era ftata interdetta a Confoli da *Augufto*,
al dire di *Guido Pancirolo* (f). I *Prefidi* poi, che erano i più infimi,
                                                                    fi con-

(a) Plutarco in Vita Pauli Æmilij: ,, *Prætor* in Hifpaniam miffus eft,
,, non cùm fex Securibus (tot enim Præfides habent,) fed totidem alijs
,, affumptis, ut imperij Confularis dignitatem *haberet*.

(b) Pancirolo loc. cit. ,, *In Italia verò*, Augufto Imperatore, PRÆ-
,, TORIJ Magiftratus, & CONSULARES erant . . . . Prætoribus
,, inde ablatis, Correctores fucceffere, ut in Apulia & Calabria; in Lu-
,, cania & *Bruttijs*.

(c) Sertorio Uriato, de Notis Romanorum; ,, *Correctores* erant Magi-
,, ftratus Provinciales quidem, & ferè per Italiam folùm; nàm extra eam
,, rarò *adhibiti*.

(d) Aurelio Vittorino in Auguftum, cap. 35. *Ipfe in Triumphum ductus*, LUCANIÆ CORRECTOREM *cooptavit*.

(e) Sertorio Uriato loc. cit. ,, *In Italia verò* diverfos diverfarum,
,, aùt ferè omnium Provinciarum Correctores, tùm Libri, tùm Lapides
,, antiqui referunt: puta Correctores Venetiæ & Iftriæ; Flaminiæ & Pi-
,, ceni; Tufciæ & Umbriæ; Campaniæ, Lucaniæ, & Bruttiorum; Apuliæ,
,, & Calabriæ. Et priores quidem Provinciæ, poft divifionem Conftantini,
,, pro Correctoribus Confulares acceperunt. Octo enim iu Italia enumerat
,, Notitia utriufque Imperij. Duo autem Correctores foli relicti fuerunt;
,, alter Apuliæ & Calabriæ; alter Lucaniæ & Bruttiorum: cæteræ Pro-
,, vinciæ Præfides *habuerunt*.

,, (f) Guido Pancirolo loc. cit. ,, *Provinciarum* tres Ordines, ut & Ma-
,, giftratuum, facti funt: quædam Majores, quædam Mediæ, quædam Mi-
,, nores . . . . Majoribus Provincijs majores Magiftratus, ideft SPE-
                                                                    CTA-

fi confideravano, come femplici Governatori delle picciole Provincie: e però fi deftinavano a quefto Impiego femplici Cavallieri: ficcome per Correttori fi fceglievano i Senatori; e per Confolari que' Sogetti, che o erano ftati Confoli, o erano in preggio al pari di effi, al foggiungere dell'anzidetto Autore.

VI. Oltre i Confolari, i Correttori, e i Prefidi, vi erano pure i *Conti*, o *Comiti*, per alcune Città particolari, le quali diceanfi *Comitive*, al dire di *Sidonio* (a) e di *Samuele Petifco* (b): e quefte Cittadi furono annoverate da *Giuftiniano* tra le Città maggiori, per infegnamento di *Guido Pancirolo* (c). Aveano quefti Comiti tanto l'amminiftrazione della Giuftizia per i Popoli, quanto il Governo della Milizia: fenzache vi fuffe bifogno di ricorrere al Conte Palatino in cafo di gravame: peroche ogn'uno avea il fuo Comite particolare; ficcome de Siracufani fi legge appo *Caffiodoro* (d) e *Gio. Garezio* (e), Monaco della Congregazione di *San Mauro*.

VII. Negli altri Luoghi d'inferior condizione, vi erano anche i *Giudici*, i quali da *Aufonio* (f) vengono chiamati *Giudici Municipali*, come anche

„ CTABILES, quales funt Proconfules: Medijs Correcturales; Minoribus „ Præfides funt præfecti . . . . Medijs Provincijs Correctores impe„ rabant: qui Confularibus in hoc inferiores erant; quod Ornamentis Con„ fularibus non utebantur. Sed, Militibus imperantes, Enfem, & Clamy„ dem geftabant, quibus Proconfules carebant. Minores Provinciæ à Præ„ fidibus regebantur . . . . Palestinam quondam Proconful tenuit: fed „ eo amiffo, ad Magiftratum quem vocant ordinarium devenit, ideft „ Præfidem.

(a) Sidonio Epift. 7. num. 2. *Summatibus deinceps, & tunc Comiti Civitatis non minùs opportunis, quàm frequentibus Excubijs agnofci.*

(b) Samuele Petifco. V. Comitiva: *Comitiva dicebatur Civitas, quæ Comiti ad Gubernium dabatur: & hic Comes Civitatis dicebatur, dùm pro fola Civitate dirigebatur.*

(c) Guido Pancirolo loc. cit. *In numero Proconfularium & Majorum fecit Juftinianus Novella 20, & 31. illas, quibus Comites, Prætores, & Moderatores dedit: qui Jus etiam in Milites habebant.*

(d) Caffiodoro. lib. 6. Variar. in *Formula Comitivæ Siracufanæ*, ibi: „ *Regalis* eft Providentiæ, tales Judicum perfonas eligere, ut ad Comita„ tum neceffitatem non habeant veniendi, quos in longinquis Regionibus „ contigerit immorari. Nullum enim talenegotium eft, quod Siculi itine„ ris tantas pati poffint expenfas: cùm commodiùs fit caufam perdere, „ quam aliquid per talia difpendia conquififfe. Non enim querelas de Sici„ lia volumus venire, fed *laudes*.

(e) Gio. Garezio ibidem: *Ut in Provincia Lites dirimantur: nè neceffe fit ad Comitatum Principis accedere.*

(f) Aufonio. Idyll. 10:
.... *Quos Curia fummos:*
Municipum vidit Proceres, propriumque Senatum:

Quis

che da *Emondo Merillio* (*a*): i quali però non aveano facoltà di condannar a morte. Volendo *Marino Frezza* (*b*) che da Roma si destinassero simili Pretori, non meno per amministrare Giustizia a Popoli, che per aver cura delle Strade, de Ponti, delle publiche Fabbriche, de Vettigali, e di cose somiglievoli. In sentenza di altri però, codesti erano destinati da i Consolari, da i Correttori, e da i Presidi delle Provincie, col titolo di *Giudici Pedanei*; come ricavasi dalla Costituzione di *Giuliano* Imperadore, rapportata da *Gotofredo*: in cui si dava la facoltà a Presidi delle Provincie di istituire simili Giudici inferiori: *Cùm superfluam sit Moderatorem Provinciæ expectare*. Ed essendo ciò vero, dir bisogna, che l' Autore della *Storia Civile*, seguendo i dettami di *Grozio*, gisse errato, nel volere, che i Goti introducessero questa Polizia nelle nostre Regioni, e non già i Romani. Ecco le sue parole. „ *In oltre*, Grozio ri„ ferisce, che i Romani mandavan per ciascheduna Provincia un Consu„ lare, e un Preside: il quale dovesse aver la cura di tutte le Città, e „ Castelli della Provincia: molti de quali erano assai distanti dalla sua Se„ de. Quindi avveniva, che non potendo il Preside esser presente in tut„ ti questi luoghi, venivano per ciò a gravarsi i Provinciali d' immense, „ e rilevanti spese: poiche bisognava, ch' essi ricorressero a lui da parti „ rimotissime. Presso de Goti la bisogna in altro modo procedeva. Aveano „ bensì le Provincie i loro Consolari, i Correttori, ed i Presidi: nulla „ di meno non solamente alle più principali Città, mà eziandio a cia„ scheduno, benche picciolo Castello, mandavansli i Comiti, o altri Magi„ strati inferiori, fedeli, ed incorrotti, e dal consentimento de Popoli ap„ provati, acciocche potessero render loro Giustizia, ed aver cura de Tri„ buti, e altri bisogni di quei luoghi. *Tantoche questa disposizione de Ma„ gistrati, che oggidì ancora nel nostro Regno osserviamo, di mandarsi Go„ vernadori, e Giudici in ogni Città, la dobbiamo non a Romani mà a „ Goti*.

VIII.

Quisque suas rexere Vrbes, purumque Tribunal
Sanguine, & innocuas illustravere secures.

(a) Emondo Merillio, lib. 4. observ. cap. 30. „ *Magistratus* Munici„ pales habuerant jurisdictionem, & coercitionem . . . . nihil quidquam „ Imperii meri habuerant; fures comprehensos ad Presidem transmittebant: „ & nè quidem eis de servo supplicium sumere licuit, nec quidquam Im„ perii mixti . . . . Etiam Preses Provinciæ videtur præscripsisse certam „ illam summam Magistratibus Municipalibus, intra quam Jus dicebant. „ Porrò Magistratus Municipales quinquennales *fuerunt*.

(b) Marino Frezza, de Subfeudis, lib. 8. num. 10., „ *Imperatores* Roma„ ni omnem Regni, quæ nunc est, tenebant oram. PRÆTORES IN OPI„ DIS, ET PRÆSIDES IN PROVINCIIS CREARE CONSUE„ VERUNT: qui subditis Populis Jura redderent, & exercerent: Vias ster„ nerent, fluminum meatus comprimerent, Paludes purgarent, Theatra, & „ Amphitheatra tutarentur, Pontes construerent, Fores locarent, prote„ ge-

VIII. Anche i *Questori* (a somiglianza de Tesorieri o siano Percettori di oggidì) vi erano anticamente per le Provincie : i quali maneggiavano le pubbliche Rendite, con tutto ciò che si apparteneva all' Erario Imperiale: governando le Provincie in assenza de Presidi, e facendo altre cose, che alla lunga ci descrive il *Nieupoort* (*a*) ne suoi antichi Riti Romani.

PARAGRAFO SECONDO.

Del modo come i Governadori andavano in Provincia, come vi dimoravano, e come ritornavano in Roma.

IX. DEstinati dall' Imperadore i Ministri per il Governo delle Provincie, questi, nell'atto di partire per la loro Residenza, ricevevano tutto il bisognevole dall' Erario pubblico, tanto in danaro, quanto in suppellettili, come Argento, Vesti, Servi, Cavalli, e tutto il resto dell' Equipaggio. Se non aveano Mogli, se li davano le Concubine, acciò in Provincia non insidiassero l' onore dell' altre Donne, secondo il ragguaglio di *Lampridio* (*b*) nella Vita dell' Imperadore *Alessandro Severo*: senzache potessero prendere picciolissima cosa da chi che sia per istrada, come si hà da *Paolo Manuzio* (*c*).

Tom. III.   D   X. Par-

,, gerent Portus, & Maria, dispositis Militibus : & Vectigal percipi ex
,, omni Commercio, ac impositum stipendium *potuissent*.

(a) Nieupoort, sect. 2. cap. 7. parag. 3. ,, *Provinciarum* Quæstorum munus
,, erat, Consules vel Pretores in Provincias quas sortiti erant comitari,
,, ut Stipendia, & Annonam Exercitui suppeterent : curare Vectigal, & Tri-
,, buta ; Frumentum publicum exigere, Manubrias vendere, & omnium
,, rationem ad Ærarium deferre : Jurisdictionem a Præsidibus suis deman-
,, datam exercere. Quod si Præses ante adventum Successoris sui decessis-
,, set, munus eorum Quæstores *obibant*.

(b) Lampridio in Alexandrum Severum, ,, *Cum* Judices promoveret,
,, exemplo Veterum, argento, & necessariis instruebat : itaut Præsides Pro-
,, vinciarum acciperent Argenti pondo vicena, Phialas senas, Mulos binos,
,, Equos binos, Vestes forenses binas, domesticas singulas, balneares singu-
,, las, Aureos centenos, Coquos singulos : & si Vxores non haberent,
,, Concubinas (quod sine his esse non possent) : reddituri, deposita ad-
,, ministratione, Mulos, Equos, Muliones, Coquos : & cætera sibi habitu-
,, ri si bene se gessissent ; quadruplum reddituri si *male*.

(c) Paolo Manuzio, V. Repetundarum : ,, *Eadem* lege Repetundarum
,, illud etiam sancitum erat, quod Rectoribus Provinciarum nihil a so-
,, ciis Populi Romani liceret *accipere*.

X. Partendo poi per il Governo, erano decorati colle loro *Insegne*, come riferisce *Accurzio* (a) (differenti però le Insegne de Consuli da quelle de Correttori, e de Presidi :) le quali, li precedeano a somiglianza di Bandiere spiegate. Ed oltre le *Imagini* delle loro Provincie, che pure portavano inalberate, come l'additaremo nel Paragrafo seguente, vi era sopra di un Asta il Volto di *Cesare*, intagliato in un Pomo d'oro, al dire di *Cassiodoro* (b): e marciavano nella maniera, che si marciava in Guerra, giusta l'insegnamento di *Vegezio* (c). E queste erano le *Abominazioni* predette da *Daniello* (d), e da Cristo in *San Matteo* (e): per essere le Imagini proibite agli Ebrei nella Sacra Scrittura (f); e però di notte tempo introdotte da *Pilato* nel Tempio di Gerusalemme, secondo *Eusebio Cesariense* (g).

XI. Portavano seco i Presidi e gli altri Governatori delle Provincie il *Libro de Mandati* sovra di un Leggio sostenuto da un pie solo (quale poi riponevano nel pubblico Uditorio, dove si decidevano le Liti), unitamente coll'Imagine dell'Imperadore: in quella guisa, che nelle Ruote de nostri Tribunali si tengono da Regj Ministri i Testi e 'l Crocefisso, secondo *Guido Pancirolo* (h).

XII. Tutti i Ministri delle Provincie avean seco la *Coorte Pretoriana:* la

(a) Accurzio in l. 2. dig. de his qui not. infam.: *Consularia Insignia sunt, quibus Consul ab aliis discernitur*.

(b) Cassiodoro lib. 6. Var. num. 20: „ *Vultus*, quia etiam Regnantium „ genita obsequii pompa, præmittit: & non solum summi Judicis, sed „ etiam dominorum reverentia cumulatus orneris. O magnum temperatio-„ nis inventum! de nomine Consulis premitteris clementissimus, & de „ Principum Imagine *metuendus*.

(c) Vegezio, lib. 2. cap. 6. *In secunda Acie, post Aquilam & Imagines, Cohors secunda*.

(d) Danielis 11. vers. 30. *Et venient super eum Romani; & polluent Sanctuarium fortitudinis, dabunt abominationem in desolationem*.

(e) Matthei 24. vers. 5. *Cum videritis abominationem desolationis, quæ dicta est a Daniele Propheta, stantem in Loco Sancto; qui legit intelligat*.

(f) Deuteronomii 7. vers. 25. „ *Sculptilia* Gentium igne combures. Non „ concupisces argentum, & aurum, ex quibus facta sunt; neque assumas „ tibi quidquam, neque offeras, quia. ABOMINATIO est Domini Dei „ tui.

(g) Eusebio Cesariense, lib. 8 Demonst. Evang. cap. 2. „ *Regias* Ima-„ gines Pilatus noctu in Templo dicasse: initiumque seditionum, & mutua-„ rum inter ipsos calamitatum ex illo Judæis *accidisse*.

(h) Guido Pancirolo in Notitia Imperii, cap. 100. „ *Omnes autem* Pro-„ vinciarum Rectores Insignia gerebant, scilicet Librum Mandatorum, „ Abaco impositum: cui Tapetum, venerationis gratia, substernebatur. Hic „ in Auditorio ubi Lites intimabantur, retinebatur; ut in Consulibus Palesti-„ næ, & Campaniæ Notitia ostenditur. Iisdem, præter Codicem præfatum, „ & Vultus Principum in summo aureæ Pilæ expressi, *præferebantur*.

la quale era composta di Soldati, scelti dalli stessi Presidi e Consolari, a fine che nel viaggio li precedessero col suono delle Trombe; e nella Provincia li servissero di Guardia, come abbiamo dalla Legge *Quinque C. de Cohortibus*. (Ed una di questa fu la Coorte che *Giuda* Traditore, ad istanza de Pontefici e Farisei, ottenne da Pilato nella cattura del Redentore, come si legge appo *San Giovanni*) (*a*). In ciascuna di queste erano tutti gli Uffiziali che bisognavano, come i Tribuni, i Prefetti, i Centurioni, ed altri simili rammentati dal *Nieupoort* (*b*).

XIII. Sovra tutto i Presidi aveano i Littori: e questi, per i Proconsoli erano dodici, e per gli altri erano sei: i quali, a somiglianza di Alabardieri, givano innanzi a quelli, portando le Scure, o sian Mannaje, dentro alcune Verghe ammazzate, ed avvolte in certi Fasci. Conciossiache, quando doveasi dicapitare qualche reo, uno di questi Littori, scioglieva i Fasci, e co'ligami de quali l'avvincea: e poi lo flagellava con quelle Verghe: e finalmente lo decollava con quella Scure: peroche alla dicapitazione dovea precedere sempre la flagellazione, come fu detto altrove, e lo abbiamo da *Ambrogio Calepino* (*c*). Dice *Plinio* (*d*), che l'Albero da far quelle Verghe chiamavasi *Bietola*; e che nelle Gallie ve ne fusse in quantità.

XIV. Gionti i Magistrati nelle Provincie, doveano soggiornare ne' Pretorj, che erano in ogni Città principale, come dicemmo nel Tomo II. al Capo 1. del Libro 9.: dando ivi udienza al Popolo, amministrando Giustizia, e tenendo sempre esposto in pubblico il Libro delle Leggi, che in quella Provincia osservar si doveano, e l'Imagine dell'Imperadore regnante.

D 2 te.

(*a*) Joan. 18. ver. 3. *Judas ergo cùm accepisset Cohortem, & a Pontificibus, & Pharisæis Ministros; venit illic cùm Laternis, & Facibus, & Armis ... Cohors ergo & Tribunus, & Ministri Judæorum comprehenderunt Jesum, & ligaverunt eum.*

(*b*) Nieupoort sect. 2. cap. 7. par. 2. *Postquam Provinciæ Præsidibus suæ obvenissent, Senatusconsulto ornabantur: hoc est, Stipendium, Viaticum, Comitatus, sive Cohors (in qua erant Legati, Tribuni, Præfecti, Centuriones, Ministri, Contubernales) decernebantur.*

(*c*) Ambrogio Calepino V. Lictor: ,, *Lictor*, minister Consulum, ,, Prætorum, Proconsulum, Præsidum, cæterorumque, qui cùm imperio ,, sunt. Sed duodeni Lictores Consulum erant, aliorum seni tantum, portantes Virgarum fasciculos, cùm securibus ligatos. Hi Magistratus præibant: & quoties jussi erant, Fasciculos solventes, primò virgis cædebant ,, damnatum; mox securi feriebant. Dicti autem sunt Lictores, à *ligando*: ,, eo quod Magistratus Populi Romani, priusquam quemquam verberare ,, jussissent, pedes & manus à ministris illis jubebat ligari. Quod & ipsum ,, non obscurè indicat Cicero Orat. pro Rabirio: *Lictor*, inquit, *colliga* ,, *manus*.

(*d*) Plinio lib. 25. cap. 8. *Betula arbor est Gallica, mirabili candore, atque tenuitate, terribilis Magistratuum Virgis: eadem circulis flexibilis, item corbium sportulis.*

te . (E però i Giudei non vollero entrare nel Pretorio di *Pilato* quando accufarono Crifto , perche vi era l'Imagine di Cefare , da loro aborrita come un Idolo , al riferire di *S. Giovanni*) (a) . Girando poi i Magiftrati per le Provincie ; dove non erano Pretorii, gli abbifognava albergare nelle pubbliche Ofterie, fenza andare in altra Cafa : la quale reftava incorporata al Fifco fe altrimenti fi facea, come abbiamo dalla Legge di *Valentiniano* (b) , e l'afferifce *Guido Pancirolo* (c) .

XV. L'Uffizio de Prefidi nelle Provincie era l'amminiftrare a' Popoli la Giuftizia, lo aver cura delle cofe appartenenti alla Repubblica, e fovrintendere a Soldati che ivi fi ritrovavano, come alla lunga il *Nieupoort* (d) . E per tenere quefti Magiftrati a freno, acciò con baratterie o altro non tradiffero la Giuftizia, vi era la Legge *Repetundarum*, fpiegata diffufamente da *Paolo Manuzio* (e) , ed in parte toccata da *Ambrogio Calepino* (f) : nella quale, fotto pena della Vita, fi proibiva a' Miniftri di prendere Danaro o Regali da Sudditi, per la Giuftizia che loro fi amminiftrava : così pure di far Negezj, di dare danaro a Cenfo , di contraervi Parentela , ed altro .

XVI. Dimoravano coftoro in Provincia per un Anno intiero : dopo del quale dipofitavano l'Uffizio in mano del Queftore, fe per anche il Succeffore non vi era pervenuto , al dire del *Nieupoort* (g) . Loche debbe in-

---

(a) Joannis 18. ver. 28. *Ipfi non introierunt in Prætorium, ut non contaminentur . . . . Exiit ergo Pilatus ad eos foras.*

(b) Lege 4. in Cod. Theodof. de Offic. Prætor. Provinc. *Quifquis Provinciæ Præfidentem propria poffeffione fufceperit , Ager quèm diverforium habuerit prædictus in tranfitu , Fifci juribus vindicetur. Ita enim Judices Manfiones inftruere & inftaurare nitentur.*

(c) Pancirolo in Notitia Imperii , cap. 100. *Nulli Rectorum, cùm Provincias circuibant, ad privatos divertere poterant : fed in Manfionibus Curfus publici hofpitabantur. Aliter Domus ad quas declinaffent publicabantur .*

(d) Nieupoort loc. cit. parag. 3.

(e) Paolo Manuzio V. *Repetundarum .*

(f) Ambrogio Calepino eodem Verbo : *Repetundarum lex , primum à L. Pifone, cognomento Frugi , lata ; deinde , cùm temporis tractu propè exolevifset ; à D. Julio relata. Hac cavebatur , nè quis cùm poteftate in Provinciam miffus , pecuniam ullam à Provincialibus , aliifque acciperet , præterquam à perfonis fanguine fibi conjunctis . . . .*

(g) Nieupoort loc. cit. par 4. „ *Finito annuo munere (annus autem ille* „ *putabatur à tempore, quo Provinciam ingreffi effent , non à tempore* „ *profectionis ab Urbe) , Proconful fucceffori, fi advenerat , Provinciam &* „ *Exercitum tradebat ; & intra triginta dies , juxta Legem Corneliam , Pro-* „ *vincia decedebat , poftquam (quod lege Julia cautum erat) Rationes Pro-* „ *vinciæ apud duas ejus Civitates depofuiffet. Quod fi Succeffor ejus non-* „ *dum advenifset , tamen decedebat , Legato vel Quæftore (quod frequen-* „ *tius erat , quia Quæftor erat Magiftratus Populi Romani) cùm potefta-* „ *te in Provincia relicto.*

intenderſi propriamente de Magiſtrati inviati dal Senato , e dal Popolo : imperciocche gli altri che vi mandava l' Imperadore , vi duravano quanto a queſti piaceva, ſecondo *Samuele Petiſco* (a). Avendo perciò da *San Luca* (b), che *Pilato* era Procuratore di *Tiberio*, e Preſide della Giudea ſul principio della Predicazione di Criſto; e che trè anni dopo li ſoſcriſſe la ſentenza di Morte.

XVII. Partendo poi dalla Provincia, ritornavano fino alle porte di Roma colla ſteſſa pompa con cui vi erano venuti. Ancorche il *Pancirolo* (c) ſia di parere, che a ſoli Proconſoli fuſſe ciò permeſſo : e che gli altri Uffiziali , uſciti dalla Provincia, toſto diponevano li Faſci e le Inſegne loro aſſegnate. Entrati in Roma , trà lo ſpazio di trenta giorni doveano dar conto della loro condotta o nel Luogo del pubblico Erario, o preſſo altri Miniſtri a ciò deputati . E trovandoſi di avere diſimpegnato il tutto con eſattezza, venivano accolti con ſegni di ſtraordinaria ſtima. Caſo contrario erano gravemente puniti, come *Lampridio* dicea più sù nel *Numero 9.*; e come aſſeriſce al propoſito aſſai acconciamente il *Nieupoort* (d).

PARAGRAFO TERZO.

De Magiſtrati che ſi mandavano da Roma nelle noſtre Provincie.

XVIII. DOpo di aver conſiderato ne' Paragraſi antecedenti il modo che tenevano gl'Imperadori nel mandare i Miniſtri al Governo dalle Provincie; e dopo oſſervato queltanto che queſti faceano nell'

andar-

(a) Samuele Petiſco V. Conſularis : *Conſulares qui Populi Provincias adminiſtrabant, poſt peractum tempus Magiſtratus, Provincia decedebant. Quæ verò Provincias Cæſaris, ad arbitrium ejus ad Provincias Cæſarianas ibant; & ad ejuſdem arbitrium revocabantur.*

(b) Lucæ 8. verſ. 1. *Anno quintodecimo Imperii Tiberii Cæſaris, procurante Pontio Pilato Judæam, factum eſt verbum Domini ſuper Joannem Zachariæ filium in deſerto: & venit in ommem regionem Jordanis, prædicans Baptiſmum penitentiæ in remiſſionem peccatorum.*

(c) Guido Pancirolo in Notitia Imperii cap. 100. *Regreſſi Romam, cùm ad portam Orbis veniſſent, Inſignia Magiſtratus . . . . Sed id Proconſules tantùm feciſſe, credo : Præſides verò egreſſos Provincia , Inſignia ſtatim depoſuiſſe.*

(d) Nieupoort loc. cit. ,, Cùm Romam rediiſſet Proconſul , privatus ,, Urbem ingrediebatur : inde rationes Provinciæ geſtæ ad Ærarium refe- ,, rebat, ut & beneficiarios , ſive eos , quos teſtimonio ſuo, ob negotium ,, aliquod in Provincia benè geſtum, honoratos volebat. Et hoc intra tri- ,, ginta dies poſt rationes relatas debebat fieri. Si Provinciam benè rexiſ- ,, ſent Proconſules, magnos honores à Sociis conſequebantur, Statuas, Fana ,, dies Feſtos . . . . Sin ſecus, judiciis Repetundarum, Peculatus, ,, aliiſque accuſari poterant.

andarvi, nel dimorarvi, e nel ritornarsene; ci resta a vedere, quali Magistrati in ispezie si mandavano da Roma nelle nostre Provincie. E come che, (secondo la Divisione di *Adriano* rammentata nel Capo 3.) delle quattro nostre Provincie la Campagna era *Provincia Consolare* (come fu anche il Piceno, compreso in parte nel Regno di oggidì); la Lucania co' Bruzj, e la Puglia colla Calabria eran Provincie Correttorali; ed il Sannio *Provincia Presidale*; perciò intorno a questi Magistrati qui brevemente ci aggireremo: e vi aggiugneremo eziandio la notizia della *Comitiva Napoletana*, la quale fu in vigore a tempo de Goti.

XIX. Il CONSOLARE adunque, che inviavasi da Roma al Governo della Campagna e del Lazio, risedeva in Capoa; stanteche questa era la Metropoli della Campagna in quei tempi, al dire di *Sant'Attanagio* Patriarca di Alessandria (*a*). Essendosi trovato anche in Napoli, innanzi la Chiesa di *Santa Maria della Rotonda*, un Marmo che dicea.

> Postumius
> Lampadius.
> V. C. Cons. Camp.
> Curavit.

Avea il Consolare il seguito de suoi Ministri; un Trombetta, due Tavolarj, l'Adjutore, il Commentatore, l'Attuario, lo Scrivano, i Camerieri, ed altri della Coorte, come si ha dalla *Notizia dell'Impero* (*b*).

XX. L'*Insegna* propia di questa Provincia, che 'l Consolare seco portava (come ravvisasi in un bellissimo Rame inserito nella Notizia anzidetta), rappresentava una Donna, che, assisa in trono, tenea un Asta nella man destra, ed uno Scudo nella sinistra, con in capo un Cimiero pennacchiato, ed a canto il Leggìo, sovra di cui era il Libro delle Leggi decentemente riposto. Tenendo altresì nella punta dell'Asta un Cartellone, in cui era scritto, CAMPANIA: con altre particolarità che descrive il *Pancirolo* (*c*).

XXI.

(a) Sant'Attanagio Epist. ad Solitarios: *Missis à Sancto Concilio in Legationem Episcopis, Vincentio Capuæ, quæ* METROPOLIS EST CAMPANIÆ....

(b) Notitia Imperii, Titulo de Consulari Campaniæ: ,, *Principem* de ,, Officio Præfecti-Prætorio Italiæ, quem solum ex ejus Apparitoribus re-,, cipiebat: item Cornicularium, Tabularios duos pro Numerario, Adjuto-,, rem, Commentariensem, ab Actis, Subadjuvam, Exceptores, & reliquos ,, Cohortarios: quibus non licet ad aliam transire Militiam sine annotatio-,, ne Clementiæ *Principalis*.

(c) Pancirolo in Notitia Imperii, cap. 100. ,, *Notitia* in Consulari ,, Campaniæ hæc Insignia ostendit: Imaginem Mulieris pro Tribunali se-,, dentis: è cujus dextero humero Cingulum suspensum ad sinistrum latus ,, obliquè descendit. Sinistra Scutum, dextera Hastam tenet; in cujus sum-

me

XXI. In tempo de Goti fi fpediva una Patente particolare per quefti Confolari, quale rapporta *Caffiodoro* (a), del Tenore feguente:

Quamvis dignitatem tuam a Confulibus defcendere, nominis ipfius videatur teftimonium declarare; tamen & Infignia tanta circumftant, ut nullius poffit ambigere, te de illius lampadis claritate lucere. Secures enim & Fafces, quas illius dicavit genio Antiquitas, tuis videantur phaleris deputata; ut jurifdictio conceffa vel tacitas poffit admonere Provincias. Sed quale tibi debet effe, quod caerules inclytas probatur ornare? Vultus quinetiam regnantium geminata obfequii pompa praemittit; ut non folium fummi Judicis, fed etiam Dominorum reverentia cumulatus orneris. O magnum temperationis inventum! de nomine Confularis praemitteris clementiffimus, & de Principum Imagine metuendus. In aliquibus autem Provinciis ornatus Penula, Carpenti etiam fubvectione decoraris: ut multis declaretur iudiciis, per expreffas Imagines rerum, vices te praecelfae gerere dignitatis... Quapropter opinionis tuae laude pellecti, per illam Indictionem, in illa Provincia Confularitatis te praecipimus agere dignitatem.

XXII. Quanto alle CORRETTURE rammentate da *Aufonio* (b), quella della Lucania e de Bruzj fi fuppone più antica dell'altra di Puglia e di Calabria, perche efiftente in tempo di *Augufto*, fecondo *Aurelio Vittorino* (c). Il di cui Correttore talvolta foggiornava in Salerno, come fi legge ivi in un Marmo nel Seggio di Porta Retefe:

Amnio. Victorino. V. C.
Correctori. Lucaniae
Et. Bruttiorum. Ob
Infignem. Benevolen
tiam. ejus. Ordo. Popu
lufque. Salernitanus.

Allevolte poi facea fua dimora nella Città di Reggio, giufta un'altra Lapida, che ivi rattrovafi, collocata in quella Chiefa Cattedrale:

Cor-

» mo praefixa eft Tabella, ubi fcriptum eft CAMPANIA. Ipfa in capite:
» Tutulum cùm prominentibus pinnis gerit. Nuda pedes, albaque palla
» fuccincta. Viride pallium à parte finiftra, brachio retentum, ad genua
» fluere permittit. Ad dexteram Abacus albo tapeto, ut in aliis, inftratus,
» Librum luteo tegmine tectum fuftinet. Ad finiftram Liber Mandatorum
» luteo tectus, albo atque furrecto tapeto, Abaco inftrato inhaeret. Un-
» de apparet Jufdicentes hunc Librum prope fe femper habuiffe.

(a) Caffiodoro lib. 6. Num. 20.
(b) Aufonio Paren. 24.
    Nam Correctura, tibi Terraco, Ibera Tribunal
    Praebuit; affectans effe Clienta tibi.
(c) Aurelio Vittorino in Auguftum, cap. 34. *Ipfe in Triumphum ductus, Lucaniae Correcturam cooptavit.*

Correctori. Lucaniæ
Et. Bruttiorum. Inte
gritatis. Constantiæ.
Moderationis. Anti
sti. Ordo. Populusque
Reginus .

Il Correttore della Puglia e dell'antica Calabria risiedeva nella Città di Venosa: come da un Epigrafe rammentata da *Ferdinando Ugbellio* nella sua Italia Sagra, allorche descrive i Vescovi di detta Città:

Lucullanorum. Prole. Romana
Æmilius. Restitutianus
V.C.   Corrector. Apuliæ. et. Calabriæ
In. honorem
Splendidæ. Civitatis. Venusinorum
Consacravit

XXIII. I *Ministri* inferiori di queste Provincie erano li stessi di que' de Consolari rammentati più sù nel *Numero 19.*, a riserva del *Principe*, secondo il *Pancirolo* (a), (che io crederei di essere stato qualche Uffiziale della Coorte). Avea il Correttore di questa Provincia per Insegna (la quale era comune così a quello della Lucania e de Bruzj, come a quelle di Puglia e di Calabria : soltanto differente nel Cartellone, leggendosi in una ; *APULIÆ ET CALABRIÆ*; ed in un'altra, *LUCANIÆ ET BRUTTIORUM*); avea, dissi, due Prencipi sovra d'una Colonna dorata; disposti in tal maniera, che sembravano un Corpo solo con due Volti : tenendo a fianco il Leggio col Libro de Mandati, siccome vedesi nella Notizia dell'Impero in un bellissimo Rame; e con maggior distinzione lo nota lo stesso *Pancirolo* (b).   XXIV.

(a) Pancirolo in Notitia Imperii cap. 53. *Unus enim Corrector utrique præerat Regioni, Apuliæ, & Calabriæ : item Bruttiorum, & Lucaniæ. Officium habebat ut Consularium, excepto Principe, qui ex eo Officio excipiebatur.*

(b) Lo stesso loc. cit. „ *Correctoris* Apuliæ & Calabriæ Insigne in ,, calce Operis à Notitia ostenditur : ut inde velut in Simulacro aliarum ,, Correcturarum Insignia, & Officium concipiantur. Sunt in summa auratæ ,, Columnæ duo aversi, sed ita connexi Principes, ut in unum desinant . ,, Ingeniosum inventum ad miram duorum Imperatorum concordiam osten- ,, dendam . Nigra tenuisque linea utriusque Caput & Corpus dividit : ut

,, fer-

XXIV. Nella detta Notizia dell'Impero niuna memoria si rattrova riguardo al PRESIDE del Sannio: solamente *Guido Pancirolo* (a) ci dice, che questi avea la stessa *Insegna* de Correttori, colla diversa Iscrizione, PROVINCIA SAMNII, ET VALERIÆ. Quale io credo che fusse fatta dopo la nuova divisione di *Costantino* (di cui favelleremo nel Capo 1. del Libro seguente): quando si unirono insieme queste due Provincie. Stimando io altresì, che 'l Preside del Sannio dimorasse in *Bojano*, per essere stata questa Città la Capitale di quella Regione, secondo *Ferdinando Ugbellio* ed altri Autori trascritti nel Libro 7. del Tomo II. al *Numero* 5. del Capitolo 14.: ancorche altri vogliano che fusse stata la Città di Benevento, spezialmente *Paolo Diacono* (b).

XXV. Venendo poi alla COMITIVA NAPOLETANA, è qui da notarsi, che la Città di Napoli maisempre in tempo de Romani si mantenne da Repubblica, come ci sforzeremo chiarire nel Libro 4. al Paragrafo 2. del Capo 1.: e soltanto i Goti li diedero questo Titolo di *Comitiva*, quando la sottomisero: ancorche ciò non avesse da lei rimossa la primiera forma di Repubblica, come ivi soggiungeremo. Non sembrando verisimile, che i Goti, tenaci dell'antica Polizia Romana, avessero voluto togliere alla Città di Napoli il Titolo di Repubblica, e darli quello di Comitiva. Onde è più probabile, che questi vi avessero inviato un Comite, per determinarvi le Cause de Goti: e perciò fusse chiamata *Comitiva*. Tanto più, che questo Titolo era annoverato fra maggiori dell'Impero, come notammo sopra nel *Numero* 6.

XXVI. La formola dell'anzidetta Comitiva trascritta da *Cassiodoro* (c) contiene una somma lode per la Città di Napoli; e però la rapporteremo qui per intiero. Ella è del tenore che siegue: ,, *Inter cætera vetustatis inventa, & ordina-* ,, *tarum rerum obstupenda præconia, hoc cunctis laudibus meretur efferri; quod* ,, *diversarum Civitatum decora facies aptis administrationibus videtur* ,, *ornari, ut & CONVENTUS NOBILIUM, cursione celebri colligatur;* ,, *& Causarum nodi Juris disceptatione solvantur. Unde Nos quoque non* ,, *minorem gloriam habere cognoscimur, qui facta Veterum annuis solem-* ,, *nitatibus innovamus. Nàm quid prodesset inventum, si non fuisset ju-* ,, *giter custoditum? Exeunt à Nobis Dignitates, relucentes quasi à Sole ra-* ,, *dii,*

Tom. III.　　　　　　　　　　E

,, *fermè ex invisibili hac divisione ipsorum unitas minimè tolli posse vi-* ,, *deatur. Prope est Abacus, albo tapeto instratus, qui Librum, rubro co-* ,, *rio tectum, sustinet. Infra Imago est Opidi, cum hac Inscriptione: Pro-* ,, *vincia Apulia, & Calabria. Unus enim Corrector utrique præerat Re-* ,, *gioni.*

(a) Guido Pancirolo loc. cit. *Præsides Samnii & Valeriæ habebant eadem Insignia ac Correctores Provinciarum, variato tantum Provinciarum nomine in Inscriptione.*

(b) Paolo Diacono lib. 2. cap. 20. *In Samnio sunt Urbes Theate, Aufidena, Esernia, & antiquitùs consumpto Samnio ipsarum Provinciarum Caput Beneventum.*

(c) Cassiodoro lib. 6. Variarum, Form. 23.

,, dii , ut in Orbis noftri parte refplendeat cuftodita Juftitia . Ideo enim
,, tot emolumentorum commoda ferimus, ut ferenitatem Provincialium col-
,, ligamus . Meffis noftra cunctorum quies eft : quam non poffumus aliter
,, recordari , nifi ut fubjecti non videantur aliquid irrationabiliter perdidif-
,, fe . Et ideo ad COMITIVAM te NEAPOLITANAM , per illam Indi-
,, ctionem libenter admittimus , ut civilia negotia æquus trutinator exami-
,, nes : tantumque famam tuam habita maturitate cuftodias , quantum
,, te illi Populo vel in levi culpa facile difplicere cognofcas . URBS OR-
,, NATA MULTITUDINE CIVIUM , abundans marinis , terrenifque
,, deliciis : ut dulciffimam vitam tam inveniffe dijudices , fi nullis amari-
,, tudinibus mifcearis . Prætoria tua Officia replent , Militum turba cufto-
,, dit . Confidis gemmatum Tribunal . Sed tot teftes pateris , quot te ag-
,, mina circumdare cognofcis . Præterea , LITORA USQUE AD PRÆ-
,, FINITUM LOCUM DATA JUSSIONE CUSTODIS : TUÆ VO-
,, LUNTATI PARENT PEREGRINA COMMERCIA , PRÆSTAS
,, EMENTIBUS DE PRETIO SUO : ET GRATIÆ TUÆ PROFI-
,, CIT , QUOD AVIDUS MERCATOR ACQUIRIT . Sed inter hæc
,, præclara faftigia optimum effe Judicem decet , quando fe non poteft
,, occultare , qui inter frequentes Populos cognofcitur habitare . Factum
,, tuum erit fermo Civitatis , dùm per ora fertur Populi , quod à Judice
,, contigerit aftitari . Habet ultionem fuam hominum frequentia , fi loquan-
,, tur adverfa ; & de Judice judicium effe creditur , quod multis adftipu-
,, lantibus perfonatur . Contra , quid melius , quam illum Populum gra-
,, tum refpicere , cui cognofceris præfidere ? Quale effe perftui favore
,, multorum , & illas voces accipere , quas & clementes Dominos delectat
,, audire ? Nos tibi proficiendi materiam damus : tuum eft fic agere , ut
,, fua beneficia Principem delectet *augere* .

XXVII. Da questa Formola apparifce , che la *Comitiva Napoletana*
non folo , fi eftendea all' amminiftrazione della Giuftizia , ma anche alla cuftodia delle Marine , ed all' efazione de Vettigali per le Merci che fi ven-
deano e compravano . Avea quefto *Conte* la fua Milizia , e gli altri Miniftri di fua Famiglia , come fcriffe il Re *Teodorico* al Comune di Napoli in
un altra Formola riportata dal medefimo *Caffiodoro* (a) . Con quefta nuova Polizia però , divenne la Città di Napoli tributaria de Monarchi Goti ,
come lo fteffo Re *Teodorico* preffo del medefimo fuo lodato Segretario (b)
fcri-

(a) Lo fteffo loc. cit. Formula 25. ,, *Omnes* Apparitores decet habere
,, Judices fuos . Nam , cui Præful adimitur ; & militia denegatur . Sed nos ,
,, quibus cordi eft , locis fuis univerfos Ordines continere ; indicavimus ,
,, illi COMITIVAM NEAPOLITANAM , Deo juvante , largitos ; ut ,
,, Judicibus annua fucceffione reparatis , vobis folemnitas non pereat actio-
,, nis . . . . . Quapropter , defignato Viro præftate competenter obfe-
,, quium : ut ficut vos non patimur emolumentorum commoda perdere ;
,, ita & vos parendi debeatis prifcam regulam *cuftodire* .
(b) Lo fteffo Formola 24. ,, HONORATIS POSSESSORIBUS , ET
,, CURIALIBUS CIVITATIS NEAPOLITANÆ. Tributa quidem No-
,, bis

scrive a Cittadini Napoletani . Peraltro queste annue rendite erano impie-
gate in servizio di que' Soldati, che guardavano le Marine : loche ridonda-
va in benefizio del Luogo .

LIBRO SECONDO.

*Della nuova Polizia nell' Impero Romano sot-
to Costantino : e della sua total caduta
in tempo di Augustolo.*

ALl' antica Polizia che *Ottaviano Augusto* e *Adriano* diedero all' Impero Romano , fa duopo pria aggiugnere la nuova forma di Governo ,
a cui lo sottopose *Costantino il Grande* , e poi la total rovina di esso in
tempo di *Augustolo*. Lo che farassi , con dividere in tre Capitoli il Libro
presente . Primo , *Dell' Imperador Costantino , e della di lui nuova Forma
di Polizia*. Secondo , *Della Caduta dell' Impero Latino sotto di Augustolo* ,
per la *Venuta de Barbari in Italia*. Terzo , *Se la Religione Cristiana avesse originata la Caduta dell' Impero Latino?*

CAPITOLO PRIMO.

*Dell' Imperador Costantino , e della sua nuova
Forma di Governo.*

I. IL primo tra Romani Imperadori , che abbracciò la nostra Cristiana
Religione , e che divenne difensore della Cattolica Fede (degno
E 3 per-

„ bis annua devotione persolvitis : sed non majore vicissitudine decoras vo-
„ bis reddimus dignitates, UT VOS AB INCURSANTIUM PRAVI-
„ TATE DEFENDANT , qui nostris jussionibus obsecundant : Erit no-
„ strum gaudium vestra quies : suave lucrum, si nesciatis incommodum .
„ Degite moribus compositis , ut vivatis Legibus feriatis . Quid opus est
„ quemquam facere , unde poenas possit incurrere ? Quærat in vos Judex
„ causas , & non inveniat. Ratio motus vestros componat , qui rationales
„ vos esse cognoscitis . Atque ideo illi Nos Comitivam Neapolitanæ Civi-
„ tatis per illam Indictionem dedisse declaramus , ut nostra gubernatione lau-
„ datus alteram mereatur de nostro judicio dignitatem . Cui vos conve-
„ nit prudenter obedire : quia utrumque laudabile est , ut bonus Populus
„ Judicem benignum faciat ; & mansuetus Judex gratissimum Populum ,
„ æquali ratione *componat.*

perciò, che ne fia fatta commemorazione fpeciale da noi), è ben conto nella Storia Ecclefiaftica, effere ftato il Grande *Coftantino*: ancorche fia grandiffima controverfia tra Scrittori Ecclefiaftici, quando egli propriamente
aveffe lavata la fua macchia Originale nell' Acque del sagrofanto Battefino.
Concioffiacofache, fe bene vi fieno gli Atti di *San Silveftro* Papa, appro-
vati da *Gelaffo* Sommo Pontefice (*a*), e con fommo ftudio difefi dal Cardinal *Baronio* (*b*), in cui fi legge, che *Coftantino* fu battezato in Roma
dal medefimo *San Silveftro*, nell' anno del comun Rifcatto 324.; pure il *Lambecio* (*c*), *Antonio Paggi* (*d*), *Natale di Aleffandro* (*e*), ed altri dotti
Critici hanno per apografi quefti Atti, e per falfo quefto Battefmo di *Coftantino*, ricevuto da San Silveftro: volendo, che egli, in ultimo di fua Vita, fuffe
ftato battezato in *Nicomedia* da *Eufebio* Vefcovo di detta Città, come fo-
ftengono *Eufebio Cefarienfe* (*f*) nella Vita del medefimo *Coftantino*, e
Sant' Ambrogio (*g*) nell' Orazione funebre di *Teodofio* Imperadore.

II. Ed

(a) Cap. Sancta Romana diff. 15,: ,, *Acta B. Silveftri*, Apoftolicæ Se-
,, dis Præfulis, licet ejus qui confcripferit nomen ignoremus; a mul-
,, tis tamen in Urbe Romæ Catholicis legi cognovimus, & pro antiquo
,, ufu multæ hoc imitantur *Ecclefæ*.

(b) Cardinal Baronio ad Annum 324.

(c) Lambecio in fine Tom. V. Bibliothecæ Cæfareæ.

(d) Antonio Paggi in Cronolog. Critic. Hiftor. ad Baronium, Anno 324.

(e) Natale di Aleffandro in Hiftor. Ecclef. Secul. IV. differt. 103.

(f) Eufebio Cefarienfe in Vita Conftantini Imperatoris lib. 4. cap. 62.
,, *Conftantinus* cum EXTREMUM VITÆ SUÆ DIEM SIBI JAM
,, IMMINERE SENTIRET, AD SUBURBIA NICOMEDIÆ DIGRES-
,, SUS; convocatis Epifcopis, fic ad eos verba fecit: *Hoc erat tempus,*
,, *quod jam dudum fperabam, cum inenarrabili cupiditate arderem, votif-*
,, *que omnibus defiderarem falutem à Deo confequi. Jam tempus eft, ut*
,, *fignum illud, quod immortalitatem confert, nos quoque percipiamus: tem-*
,, *pus eft, ut falutaris fignaculi participes fiamus. Equidem, olim ftatue-*
,, *ram id agere in Flumine Jordane, in quo Salvator ipfe, ad exemplum*
,, *noftrum, Lavacrum fufcepiffe memoratur. Sed Deus, qui optimè novit*
,, *ea, quæ nobis utilia funt; hoc in loco id ipfum nobis exbibere digna-*
,, *tur. Hæc cùm dixiffet; illi Solemni ritu Sacras Ceremonias injun-*
,, ctifque ei quæcumque neceffaria erant, Sacrorum Myfteriorum eum parti-
,, cipem fecerunt. Solus igitur ex omnibus qui unquam fuerunt Impe-
,, ratoribus, Conftantinus in Chrifti Martyriis renatus & confummatus eft:
,, & divino donatus Signaculo, exultavit Spiritu, renovatufque eft, ac divi-
,, na luce *repletus*.

(g) Sant' Ambrogio Orat. in Funere Theodofii: ,, *Nunc* fe auguftæ me-
,, moriæ Theodofius regnare cognofcit, quando in Regno Domini noftri Je-
,, fu Chrifti confiderat Templum ejus. Nunc fibi Rex eft, quoniam recipit
,, etiam filium Gratianum, & pulchra jam dulciffima fibi pignora, quæ
,, hic amiferat: quoniam Patrem fibi reditum gratulatur: quoniam Con-
,, ftan-

II. Ed in fatti quest' autorità di *Eufebio*, Scrittore contemporaneo, seguita da *Sant' Ambrogio*, e da molti altri, ha dato da penfare agli Autori Ecclefiaftici, per ifvilupparne l'intrico: vedendofi a brocca contraria a gli Atti di *San Silveftro*, che vogliono *Coftantino* battezato in Roma per mano dello ftesso Pontefice. Quindi *Anfelmo Avelburgefe* (a), per difciogliere quefto Nodo Gordiano, ne fuoi Dialoghi (che nell'anno 1145. dedicò a Papa *Eugenio III.*), fu di parere, che *Coftantino* fi battezzasse due volte, una in Roma, ed un altra in Nicomedia. Quale opinione fu da *Pietro Giannone* (b) riprefa in *Manuele Schelftrate*, dicendo; ,, *Ciò* che doveva ,, baftare ad Emanuello Schelftrate, e non ricorrere, come fece, a quella ,, ftrana ed infelice difefa, che Coftantino, battezato già in Roma, fu da ,, Eufebio fatto ribattezare in Nicomedia: poiche, anche fe fi voleffe con- ,, cedere, che Coftantino nell'ultimo di fua Vita inclinaffe alla Dottrina ,, di Arrio e de fuoi feguaci; non aveano però gli Arriani in quefti pri- ,, mi tempi del loro Errore ufato mai di ribattezare i Cattolici, che paf- ,, favano nella loro Credenza, come ben pruova Criftiano *Lupo*. Però il noftro *Giannone* (che che fia di *Manuelle Schelftrate* il quale fu di ciò premè l'orme di *Anfelmo Avelburgefe*,) effendo ftato molto applicato nelle Controverfie Forenfi, non potè impiegare tutto lo ftudio nelle Controverfie Domma- tiche. E per ben chiarire, fe gli Arriani aveffero praticato o nò di ribat- tezare i Cattolici, che paffavano alla loro feguela; farebbe a lui baftat- to leggere foltanto il *Cardinal Baronio*. (c) per averne una mediocre contezza.

III. La maggiore eccezione nonperò, che patifce la trafcritta opinio- ne di *Anfelmo Avelburgenfe*, fi è, che *Coftantino* vien rapportato per Santo nel Menologio Greco; e *Daniello Papebrochio* fotto il dì 22. Maggio da tale ne fa la Vita. Laonde non è credibile, che egli in ultimo de fuoi giorni confentiffe all'Erefia Arriana. E perciò *Monfignor Bianchino* (d), dopo aver moftrato coll'autorità di *Gio: Malila* di Antiochia (il quale fiorì in tempo di *Giuftiniano*), che *Coftantino* fu battezato in Roma con fua Madre, e con tutti di fua Famiglia, fi forza moftrare, che le para.

le.

,, ftantino adhæret. Cui, LICET BAPTISMATIS GRATIA IN UL-
,, TIMIS CONSTITUTO, OMNIA PECCATA DIMISERIT; tamen
,, quia primus Imperatorum credidit, & poft fe hæreditatem Fidei Prin-
,, cipibus dereliquit, magni meriti locum *reperit*.

(a) Anfelmo Avelburgenfe lib. 2. Dialogorum: ,, *Eufebius*, quondam
,, Nicomediæ Epifcopus, totus Arianæ hærefis fermentatus, Magnum Con-
,, ftantinum Imperatorem in Arianum Dogma rebaptizavit. Hunc enim
,, Conftantinum Beatiffimus Papa Sylvefter priùs in initio fuæ Converfationis,
,, Romam intra Palatium Lateranenfe *baptizaverat*.

(b) Pietro Giannone Tom. I. Hiftor. Neapol. pag. 98.

(c) Cardinal Baronio ad Annum 324. *Arianos enim baptizatos in Fide Catholica REBAPTIZARE CONSUEVISSE, exemplis mille, ac teftibus exploratiffimum eft.*

(d) Monfignor Bianchino in Notis Anaftafii Bibliothecarii, ad Silveftrum Papam.

le di *Eufebio* debbano intenderfi del Sagramento della Crefima, e non già di quello del Battefimo. Ma, l'aver detto *Coftantino* preffo del medefimo *Eufebio* dove fovra: *Statueram id agere in Flumine Jordane, in quo Servator ipfe ad exemplum noftrum Lavacrum fufcepiffe memoratur;* fa ben comprendere che del Battefmo ivi fi parlaffe, e non già della Crefima.

IV. Altri con *Sant' Ifidoro* (*a*), col *Platina* (*b*), e col Cardinale *Reginaldo Polo* (*c*) differo, che le parole di *Eufebio* fuffero ftate corrotte dagli Amanuenfi per riguardo di *Coftantino* di lui figliuolo, il quale in tempo di morte fi fè ribattezzare in Nicomedia da *Eufebio* Vefcovo di quella Città, come ricavafi dalla Cronaca, che va in giro fotto nome di *Damafo Papa* (*d*). Ed *Agoftino Steuco* (*e*) fu di parere, che *Giuliano Apoftata*, per ofcurare le glorie dell'Avo, aveffe adulterato quefto luogo. Ma io non faprei capire, perche i Copifti aveffero voluto inferire nella Vita di *Coftantino* Padre il Battefimo di *Coftantino* fuo Figliuolo: e come *Giuliano Apoftata* in quefto fol punto adulteraffe la Vita dell'Avo defcritta da *Eufebio*; quando quefta è un continuo Panegirico di quel Principe?

V. *Niceforo Callifto* (*f*) però, feguito dal Cardinal *Baronio* (*g*) e da altri affennatiffimi Scrittori, con maggiore fondamento penfò, che *Eufebio Cefarienfe*, infangato nell'Erefia Arriana, per fare il fuo colpo, inferì ma-

li-

<hr/>

(a) Sant' Ifidoro in Chronico anno 356.

(b) Platina in Liberium Papam.

(c) Reginaldo Polo, de Baptifmo Conftantini.

(d) Chronicon Damafi in Vita Felicis Papæ I. „ *Alterum ex filiis* „ Conftantini Magni, Conftantinum nominatum, qui in Imperio & avita „ pietate fucceffit, initio Imperii fui cum Patre Chriftianiffimo Arii ini- „ micum extitiffe. In extremo tamen Vitæ, in ipfius Dogma relapfum, „ ab Epifcopo Nicomedienfi *rebaptizatum*.

(e) Agoftino Steuco contra declamationes Laurentii Vallæ pag. 152.

(f) Niceforo Callifto lib. 7. Hiftor. Ecclef. cap. 35. „ *Qui in Oriente* „ olim Arianæ Sectæ fuere, Conftantinum Nicomediæ ab Eufebio ejus „ Urbis Epifcopo jam moriturum Baptifmum fufcepiffe prodiderunt: pro- „ pterea eum facrum Lavacrum diftuliffe dicentes, quod in Jordane perfi- „ cere voluit. Id verò ex eo facilè refellitur, quod Ecclefia, à Sylveftro „ eum Romæ baptizatum effe certò prædicat. Quapropter teftatum omni- „ bus effe volo, ut hoc fic etiam tuto opinentur, & credant. Ariani enim „ malè fentientes, ET ANIMO, ET CONSILIO DIABOLICO HOC „ CONFINXERUNT, non Romæ eum baptizatum effe: afferentes; aut for- „ taffe eadem cùm illis fenfiffe aftruentes; perinde atque ab ipfis Baptif- „ mi gratiam fufceperit: quod abfurditatis & mendacii plenum eft. Quod „ fi non dum facri Lavacri particeps fuit; confequitur, eum neque in Ni- „ cæna Synodo cùm Patribus congreffum effe, neque cùm eis Myfteria „ participaffe, ficut Hiftoria *tradit*.

(g) Cardinal Baronio ad Annum 324.

ziosamente nella Vita di *Costantino*, che questi ancorche favorevole in Vita alla Religione Cattolica, pure in punto di Morte aderì agli Ariani, facendosi battezzare da *Eusebio Nicomediense* (banderajo di quelli); in un Congresso di Vescovi suoi fazzionanti All'opposto poi, *Eusebio Cesariense* (a) avea altrove insegnato, che *Costantino*, per la sua gran pietà, più volte assistè a' Divini Sagrificj, e partecipò di quei sagrosanti Misterj. Quando peraltro nella Storia Ecclesiastica è ben conto, che i Catecumeni non poteano partecipare de divini Sagrificj; e che, finito l'Evangelo, si faceano uscir fuori di Chiesa: onde viene a contradire a se stesso.

VI. Ed infatti lo aver avuto *Costantino* per Madre *Elena* Cristiana, e per figlio *Crispo* Cattolico, come tutti i Scrittori Ecclesiastici comunemente asseriscono; sembra malagevole a credere, che egli si fusse mantenuto Catecumeno sino all'ultimo di sua Vita. Tanto più, che *Ottato di Millevi* (b) sempre *Cristiano* lo chiama; *Ruffino* (c) lo loda tanto per aver adoprati i Chiodi di Cristo nelle sue Armature contro i Barbari; e la Chiesa lo predica per *Santo*: quandoche in sì breve spazio di tempo, negli ultimi momenti di sua Vita, dopo il presupposto Battesmo di Nicomedia, non potea divenir tale, siccome lo dimostrò alla lunga *Francesco Borsato* (d) nel Concilio di Trento, dove a comandi del Cardinal *Gonzaga*, Legato della Santa Sede, per trè giorni continui perorò in favore del primo Battesmo di questo Imperadore.

VII.

(a) Eusebio Cesariense in Vita Constantini lib. 4. cap. 22. *Sacrorum Mysteriorum participem Pontificis atque Hierophantæ munere functum; & in Paschæ Vigiliis cum cæteris pernoctasse.*

(b) Ottato Millevi lib. 2. contra Parmenionem; *Redeat in memoriam Constantinus Christianus . . . . . . Sub Constantino Imperatore Christiano.*

(c) Ruffino in Addit. ad Eusebium, lib. 16. cap. 8. „ *Helena Clavos* „ *quoque, quibus Corpus Dominicum fuerat affixum, portat ad Filium; ex* „ *quibus ille Frænos composuit, quibus uteretur ad Bellum. Ex aliis ni-* „ *hilominus Galeam, belli usibus aptam, fertur armasse. Ligni ve-* „ *rò ipsius Salutaris partem detulit ad Filium. Interim verò Constantinus* „ *pietate fretus, Sarmatas, Gotthos, aliasque barbaras Nationes in solo* „ *proprio armis edomuit. Et quanto magis religiosius ac humilius Deo sub-* „ *jecerat, tantò ampliùs ei Deus universa subdebat. Ad Antonium quoque* „ *primum Eremi habitatorem, velut ad unum ex Prophetis, suppliciter mit-* „ *tit, ut prò se & Liberis Domino supplicaret. Ita non solum meritis suis,* „ *ac religione Matris, sed & intercessione Sanctorum, commendabilem à* „ *Deo fieri gestabat.*

(d) Francesco Borsato, Consil. 123. num. 59. „ *Si de iteratione Baptismi* „ *intelligendæ sunt præfatæ contrariæ Autoritates; quomodo verisimile est,* „ *ut Baptismum Silvestri, quo se corporaliter à Lepra, & spiritualiter à* „ *peccato mundatum cognoverat, ac Christum vidisse in Baptismo testifi-* „ *catus fuerat, sic viliter, ut rebaptizaretur, contempsisset? Si verò de* „ *unico Baptismo, Nicomediæ ab Arianis accepto, intelligatur; quid magis*

„ à ve-

VII. Che che fia però del Battefmo di quefto Imperadore; non fi chiama in controverfia, che egli fuffe ftato affai propenfo in favorire la Criftiana Religione: promulgando leggi molto favorevoli e fante per lei; fabbricando Tempj, ed arricchendoli con doni immenfi, ficcome diftintamente lo va notando *Eufebio Cefarienfe* (a), ed anche in parte l' Autore della *Storia Civile* (b), allorche ne inferifce, che quel Principe aveffe con ciò apportato danno più tofto, che utile alla Chiefa. Ecco le fue parole:
„ *Conftantino* cotanto della Criftiana Religione benemerito, arricchì le no-
„ ftre Chiefe . . . . . Ma ficcome quefto Principe per la nuova difpo-
„ fizione che diede all' Impero, fu reputato più tofto diftruttore dell' an-
„ tico, che facitore di un nuovo; così anche fu da molti accagionato, che
„ più tofto recaffe danno alla Chiefa, per averla cotanto arricchita, che
„ l'apportaffe *utile*.

VIII. Ritornando, dopo quefta neceffaria digreffione, alla *Divifione* del Romano Imperio, che dopo *Romolo*, *Augufto*, e *Adriano*, in quarto luogo intraprefe *Conftantino*, al dire di *Onofrio Panvinio* (c); fia bene quì premettere, che quantunque al noftro iftituto fi appartenghi vedere folamente la Polizia che egli introduffe in Italia; pure perche quefta univerfal Divifione è affai conneffa con quella dell' Italia; e della medefima dipende la cognizione dell'Autorità, che il Patriarca Romano anticamente efercitava (di cui ci bifognerà in appreffo favellare) ci prendiamo la licenza di portarla quì per intiera.

IX. E riguardo a ciò, prefupponghiamo effer conto a chi legge, che
che

„ à veritate alienum, cùm Conftantinum inter Sanctos commemorent, ac
„ fideliter benè terminaffe teftantur D. Gregorius, Ambrofius, & Ifido-
„ rus? In Niceno Concilio Chriftianus interfuit, tot Patribus multum
„ veneratus: ac ferè omnes in hoc conveniunt, Vitam Conftantini, meriti
„ maximi apud Deum fuiffe, continuòque in fide perfeveraffe, ut Eufebius,
„ Athanafius & *alii*.

(a) Eufebio lib. 9. Hiftor. cap. 10. „ *Juvabat* enim Chriftianorum Prin-
„ cipum favor: & legiflatione religiofa, alacres noftrorum animos eo am-
„ plius animabat, dum & ad perfonas Epifcoporum frequentiùs fcriberent,
„ & honorem Sacerdotibus cùm fumma veneratione deferrent, ut & im-
„ pendiorum fumptus benignius largirentur . . . . . Igitur cùm tali fim-
„ plicitate Ecclefiarum gloria apud Deum hominefque proficeret, & imago
„ quædam cæleftium haberetur in terris; fuper omnia quoque religiofus
„ Princeps Conftantinus exultaret in talibus, ac per dies fingulos, FIDE
„ ET RELIGIONE CRESCENS, inexplicabili gaudio de Ecclefiarum
„ profectibus repleretur; Sacerdotibus etiam Dei non credebat fufficere, fi
„ fe æqualem præberet, nifi eos longè præferret, & ad imaginem quandam
„ veneraretur divinæ *præfentia*.

(b) Pietro Giannone lib. 2. cap. ult. parag. 2.

(c) Onofrio Panvinio de Imperio Romano pag. 379. „ *Quatuor* omnino
„ in univerfo Imperio Romano fuere novæ Reipublicæ Formæ Autores:
„ quorum primus *Romulus*, fecundus *Auguftus*, tertius *Adrianus*, quar-
„ tus *Conftantinus* Imperator *fuit*.

che l'Impero Romano ne suoi tempi più floridi fi divideva in tredici Regni: sette de quali appartenevano all'Oriente, e sei all'Occidente. De sette Regni Orientali, il primo dicevafi semplicemente *Oriente*, ed avea Antiochia per fua Metropoli. Il secondo Regno era quello di *Egitto*, in cui Aleffandria era la Capitale. Il terzo era il Regno dell'*Afi*, della quale la Città primiera fu Efefo. Seguiva in quarto luogo il Regno di *Ponto*, ed il di lui Governatore traeva fua dimora in Cefarea di Cappadocia. Il quinto era quello di *Tracia*, che avea per Capo Eraclea. Venia dipoi l'*Illirico Orientale* o fuffe la *Macedonia*: e Teffalonica era la Città Principale. Il settimo Regno Orientale finalmente era la *Dacia*, la di cui Metropoli era Sirmio. Tra i sei Regni Occidentali poi, l'*Italia* ebbe il primo luogo, colla Sede in Milano. Il Secondo Regno era l'*Illirico Occidentale*, ovvero la *Dalmazia*; e Sardica era la Città Metropoli. Il terzo era quello dell'*Africa* colla Refidenza del Miniftro in Cartagine. Seguivano in quarto luogo le *Spagne* con Siviglia loro Metropoli: indi le *Gallie* colla Sede in Treveri: ed in fefto luogo la *Brettagna* con Jorch fua Capitale, o fia Ebora, giufta il pieno ragguaglio che n'abbiamo da *Antonio Paggi* (a) e da *Manuele Schelftrate* (b). Chiamandofi *Diocefi* appo i Greci quefti Regni: per effere preffo di loro la parola *Diocefi* lo fteffo che *Governo*, ed *Amminiftrazione*, fecondo la teftimonianza di *Teodoro Balfamone* (c).

X. Di vantaggio è da notarfi che quando *Ottaviano Augufto* fece la divifione dell'Impero Romano, dandone una porzione al Popolo per amminiftrarla, ed un altra parte riferbandola per il fuo particolar governo, come fu detto nel Capo fecondo del Libro precedente; egli deftinò un *Prefetto Pretorio* in Roma, acciocche amminiftraffe Giuftizia a que' Popoli. Ma perche l'autorità di quefto *Prefetto* in brieve fi avanzò in tanto, che alli fteffi Imperadori ponea timore, come fi ricava da *Caffiodoro*; perciò *Commodo* Imperadore divife quella Dignità, e la diede a due *Prefetti Pretorio*: ordinando, che uno di loro dicideffe le caufe de Cittadini Romani, e l'altro quelle de Foreftieri.

XI. Quando poi l'Imperadore *Coftantino* intraprefe la fua nuova Divifione, fi fervì del medefimo nome di *Prefetto Pretorio*, difpenzandolo a quattro ragguardevoli Perfonaggi, a' quali diede il governo di sì vafta Monarchia, ed affegnò i tredici Regni fovra divifati, cioè due per l'Occidente, e due altri per l'Oriente. De quali, il primo era il *Prefetto Pretorio d'Italia*, che governava l'Italia, l'Africa, e parte dell'Illirico. Il fecondo dicefi *Prefetto Pretorio delle Gallie*, ed avea la cura delle Spagne,

Tom. III.   F   gne,

(a) Antonio Paggi in Critica ad Annales Baronii Tom. I. pag. 49.

(b) Manuele Schelftrate, Antiq. Illuftrat. Part. II. differ. 4. cap. 4. art. 1.

(c) Teodoro Balfamone in Can. 6. Concilii Sardicenfis: *Exarchus autem Diœcefis non uniufcujufque Provinciæ Metropolitanus eft, fed Metropolitanus totius Diœcefis. Diœcefis verò dicitur, quæ multas in fe Provincias continet.*

(d) Caffiodoro lib. 9. Epift. *Poteftati Præfecti Prætorio nulla dignitas eft equalis.*

gne, delle Gallie, della Brettagna, e della Germania. Seguiva in terzo luogo il *Prefetto Pretorio d' Oriente*, che governava tutta l'Asia: e'l quarto era il *Prefetto Pretorio dell'Illirico*, che sovrasedea a tutte le altre Regioni di Europa, come con maggior distinzione *Onofrio Panvinio* (a) descrive il tutto.

XII. Quindi, dalle premesse notizie si deduce, che l'Impero Romano fù diviso in primo luogo in *Orientale*, ed in *Occidentale*. Indi l'Impero Orientale si compartì in sette *Regni*, o sieno *Diocesi*, ed in sei L'Occidentale. Poi l'Oriente si sottomise a due *Prefetti Pretorio*, cioè a quello dell' *Illirico* ed a quello di *Oriente*. Lo stesso si praticò coll'Occidentale, affidato al *Prefetto Pretorio d'Italia* ed al *Prefetto Pretorio delle Gallie*. Talche delle sette Diocesi Orientali cinque ne ebbe il Prefetto Pretorio d'Oriente, cioè l' *Oriente*, l' *Egitto*, l' *Asia*, *Ponto*, e *Tracia*; e due il Prefetto Pretorio dell'Illirico, la *Dacia*, e la *Macedonia*. Delle sei Diocesi Occidentali tre ne ebbe il Prefetto Pretorio d'Italia, cioè l' *Italia*, l' *Illirico*, e l' *Africa*; e tre il Prefetto Pretorio delle Gallie, come erano le *Spagne*, le *Gallie*, e la *Brettagna*, giusta il ragguaglio di *Carlo Sigonio* (b)

XI.I.

(a) Onofrio Panvinio de Imper. Romano pag. 879. ,, *Constantinus* Imperator universum Orbem Romanum in quatuor Diœcefes, five Administrationes divisit; idest, ITALIAM, GALLIAM, ILLYRICUM, & ORIENTEM: atque his omnibus Provinciis quatuor Rectores dedit, quos PRÆFECTOS PRÆTORIO vocavit. Quorum primus *Præfectus Prætorio Italiæ* dicebatur. Hic Italiam omnem & Africam, cum parte Illyrici regebat. Alter verò *Præfectus Prætorio Galliarum* appellabatur, qui Hispaniam, Gallias, Brittaniam, & Germaniam sub sui juris administratione habebat. Atque hi duo Præfecti Prætorio Occidentalis Imperii erant, atque Imperatori Occidentis (postquam primi erant) parebant. In Orientali verò Imperio *Præfectus Prætorio Illyrici* omnes Europæ Provincias Romani Juris administrabat. *Præfectus Prætorio Orientis* Asiæ omni eadem autoritate præerat. Atque hi duo primùm post Imperatorem in Oriente locum obtinebant in suis cujusque Administrationibus. Sub his quatuor Præfectis Prætorio omnes Magistratus Romani erant, variis nominibus appellati, dignitatibusque & administrationibus distincti: qui tam Provinciis, quam rei militari *præerant*.

(b) Carlo Sigonio lib. 4 de Imperio Occidentali: *Constantinus* Magnus, ,, cùm priores Principes Imperium in duas partes distribuissent, atque unam ,, Occidentis, alteram Orientis fecissent, in primis eam & ipse rationem ,, retinuit: illius Romam, hujus Byzantium Domicilium esse voluit. Atque utrumque Imperium in multas portiones sive divisit, sive ab aliis ,, ante divisum, paucis mutatis, servavit. Cæterum Occidentales partes duæ ,, sunt constitutæ, quæ Italiæ, & Galliarum nomine sunt appellatæ: atque ambæ in tres Diœcefes sunt partitæ, illa in Italiam, Illyrium, & ,, Africam, hæc in Hispanias Gallias, & Brittannias . . . . . Jam ,, verò Orientalis Imperii partes item duæ effectæ, Oriens, & Illyricum. ,, Orientis Diœcefes quinque institutæ, Oriens, Ægyptus, Asia, Pontus, Tracia: Illyrici duæ Macedonia, & *Dacia*.

XIII. Queſte tredici Diocesi, diviſe come ſovra in quattro Prefetture, comprendeano centodiciotto Provincie inferiori ſecondo i lodati quattro Autori, Paggio, Schelſtrate, Panvinio, e Sigonio. La Dioceſi d'Oriente avea ſotto di ſe quindeci Provincie, la Paleſtina, la Fenicia, la Siria, la Cilicia, Cipro, l'Arabia, l'Iſauria, la Paleſtina Salutare, la Paleſtina Seconda, la Fenicia del Libano, l'Eufrateſe, la Siria Salutare, la Oſroena, la Meſopotamia, e la Cilicia Seconda. La Dioceſi di Egitto comprendea ſei Provincie, la Libia Superiore, la Libia Inferiore, la Tebaide, l'Egitto, l'Arcadia, e l'Auguſtanica. La Dioceſi dell'Aſia contava ſotto di ſe dieci Provincie, la Pamfilia, l'Eleſponto, la Lidia, la Piſidia, la Licaonia, la Frigia Pagaziana, la Frigia Salutare, la Caria, e l'Iſole ivi adiacenti. Dieci altre Provincie ſimilmente contavanſi nella Dioceſi di Ponto, la Galazia, la Bitinia, la Onoria, la Cappadocia Prima, la Cappadocia Seconda, il Ponto Palemoniaco, l'Ellenoponto, l'Armenia Prima, l'Armenia Seconda, e la Galazia Salutare. La Dioceſi di Tracia comprendea ſei Provincie, cioè l'Europa, la Tracia, l'Emimonte, il Rodope, la Meſia Seconda, e la Scizia. Talchè il Prefetto Pretorio d'Oriente governava in cinque Dioceſi quarantaſette Provincie, quindeci in Oriente, ſei nell'Egitto, dieci nell'Aſia, dieci nel Ponto, e ſei nella Tracia.

XIV. Per contrario poi il Prefetto Pretorio dell'Illirico governava in due Dioceſi undici ſole Provincie, ſei nella Dioceſi di Macedonia, l'Acaja, la Macedonia, Creta, la Teſſaglia, l'Epiro Vecchio, e l'Epiro Nuovo, con una porzione della Macedonia Salutare; e cinque nella Dacia, cioè, la Dacia Mediterranea, la Dacia Ripenſe, la Meſia Prima, la Dardania Prevalitana, ed un altra parte della Macedonia Salutare.

XV. Il Prefetto Pretorio delle Gallie in tre ſue Dioceſi governava ventinove Provincie, cioè ſette Provincie nella Dioceſi delle Spagne, la Betica (oggi l'Antaluſia), la Luſitania (porzione della quale è il Portugheſe) la Gallecia (oggi la Galizia), la Tarragoneſe (parte di cui è oggidì Catalogna) il Cartagineſe, la Tingitana (nella quale comprendeaſi porzione della Mauritania) e l'Iſole Baleari. Nella Dioceſi delle Gallie vi erano diciſette Provincie, la Vienneſe, il Lioneſe Primo, la Germania Prima, la Germania Seconda, la Belgia Prima, la Belgia Seconda, le Alpi Maritime, le Alpi Pendici, e Greche, la Maſſima de Seguani (vale a dire la Gran Contea di Borgogna) l'Aquitania Prima, l'Aquitania Seconda, li Nove Popoli, il Narboneſe Primo, il Narboneſe Secondo, il Lioneſe Secondo, il Lioneſe Terzo, ed il Lioneſe Senario. Nella Dioceſi di Brettagna vi erano cinque ſole Provincie, la Maſſima Ceſarienſe, la Valeria, la Brettagna Prima, la Brettagna Seconda, e la Flavia Ceſarienſe.

XV. Per fine il Prefetto Pretorio d'Italia governava ventinove Provincie, ſei nell'Africa, ſei nell'Illirico, e diciſette nell'Italia. Le ſei Provincie dell'Africa erano il Bizantino, la Numidia, la Mauritania Ceſarienſe, Tripoli, e l'Africa Salutare. Le Sei dell'Illirico erano, la Pannonia Prima, la Pannonia Seconda (vale a dire l'Ungheria Superiore, e l'Ungheria Inferiore) la Servia, la Dalmazia, il Nort Mediterraneo, ed il Nort Ripenſe. E le diciſette Provincie d'Italia furono, Venezia, l'Emilia, la Liguria, la Flaminia col Piceno Annonario, la Toſcana coll'Umbria, il Piceno Suburbicario, la Campagna, la Sicilia colla Puglia, la *Calabria*, la *Lucania* colli *Bruzj*, le *Alpi Cozzie*, la *Rezia Prima*; la *Rezia Seconda*, il *Sannio*, la *Valeria*, la *Sardegna*, la *Corsica*.

XVII. Premessa questa non inutile digressione, e ritornando alla nostra Italia (di cui propriamente ci preme qu\ ragionare, per essere in lei comprese le nostre Provincie: e però ci siamo presa la pena di far s\ lungo giro; per far conoscere qual ella fusse tra tanti Regni di s\ vasto Impero) dobbiam sapere, che *Costantino* niente vi innovò fuori di quello, che vi avea stabilito *Adriano*, ed intieramente si uniformò alla Polizia di codesto, tanto riguardò al loro *Numero*, quanto rispetto alle loro *Qualità*: serbandone otto col titolo di *Consolari*, due con quello di *Correttùrale*, e sette colle prerogative di Provincie *Presidali*. Disponendo soltanto in esse, che 'l Prefetto Pretorio d' Italia avesse due Vicarj sotto di se: de quali uno dicesi *Vicario d' Italia*, ed un altro *Vicario di Roma*. In guisa tale che, alcune dell' enunciate diecisette Provincie venivano governate dal Vicario d' Italia, e le restanti del Vicario di Roma: l'uno, e l' altro sottoposti al Prefetto Pretorio d' Italia, giusta la Tavola, che 'l *Panvinio* (a) ne compose, che è la seguente: in cui appariscono, quali Provincie si governavano dal Vicario di Roma, e quali dal Vicario d' Italia.

In Italia.

„ Præfectus Prætorio Italiæ.
„ Præfectus Urbis Romæ.
„ Sub Præfecto Prætorio Italiæ duo Vicarii : quorum unus Vicarius Italiæ, alius Vicarius Urbis Romæ dicebatur.

Provinciæ octo CONSULARES.

1. Provincia Venetia, & Histria.	
2. Provincia Æmilia,	Quatuor Consulares
3. Provincia Liguria.	sub *Vicario Italiæ*.
4. Provincia Flaminia, & Picenum Annovarium.	

1. Provincia Tuscia, & Umbria,	Quatuor Consulares
2. Provincia Picenum Suburbicarium,	sub *Vicario Urbis*
3. Provincia Campaniæ,	*Romæ*.
4. Provincia Siciliæ.	

Provinciæ CORRECTURALES duæ.

1. Provincia Apuliæ, & Calabriæ,	Correcturales sub *Vicario*
2. Provincia Lucaniæ, & Bruttiorum.	*Urbis Romæ*.

Pro-

(a) Onofrio Panvinio *de Divisione Imperii Occidentalis* pag. 892.

Provinciæ PRÆSIDALES septem.

1. Provincia Alpium Cottiarum,	} Tres Præsidales sub *Vicario Italiæ*.
2. Provincia Rhetia Prima.	
3. Provincia Rhetia Secunda.	
1. Provincia Samnium,	} Quatuor Præsidales sub *Vicario Urbis Romæ*.
2. Provincia Valeria,	
3. Provincia Sardinia,	
4. Provincia Corsica.	

XVIII. Non tralasciandosi quì di avvertire, che, oltre al Prefetto Pretorio di Italia, e li due suoi Vicarj, uno d'Italia, ed un altro di Roma, come finora si è detto; nella Città di Roma vi era il suo Prefetto particolare, il quale dicesi *Præfectus Urbis Romæ*, giusta il ragguaglio del lodato *Panvinio*. E questi avea ancora il suo Vicario, che similmente chiamavasi *Vicarius Urbis Romæ*, ma diverso da quello, che era sottoposto al Prefetto Pretorio d'Italia : peroche questo secondo era Ministro del Prefetto di Roma, il quale non dipendea dal Prefetto Pretorio d'Italia, ma era Vicario Generale dell'Imperadore, ed a lui era immediatamente sottoposto : avendo la cura della sola Città di Roma, e delle Città *Suburbicarie* per lo spazio di cento miglia. Che però delle Sentenze del Prefetto di Roma, e del suo Vicario non si appellava al Prefetto Pretorio d'Italia, ma all'Imperadore a dirittura, giusta quel tanto scrivea *Costanzo* Imperadore (a) a *Toro* Prefetto Pretorio dell'Italia, e secondo spiega il *Nieupoort* (b). Loche si dee attentamente avvertire, ad ogetto di sfuggire gli equivoci, che sogliono nascere intorno alla Giurisdizione spirituale del Patriarca Romano, di cui ci occorrerà favellare nel Libro 4 del Tomo seguen-

(a) Legge 27. C. de Appellationibus : „ *De Sardinia, Campania, Ca-*
„ *labria, Bruttiis, & Piceno, Æmilia, & Venetia, cæterasque interpositas*
„ *Appellationes laudabilis Sublimitas tua more solemni debebit audire,*
„ *competenti Appellatione terminandas*. PRÆFECTUS ENIM URBIS,
„ NOSTRA RESPONSIONE *prædictis cognitionibus sibi temperan-*
„ *dum esse, cognovit.*

(b) Nieupoort sect. 2. Antiq. Rit. Rom. cap. 11. par. 3. „ *Augustus*
„ Imperator, consilio Mæcenatis, PRÆFECTUM URBIS INSTITUIT:
„ VALEBATQUE EJUS POTESTAS INTRA URBEM ET CENTE-
„ SIMUM AB URBE LAPIDEM , l. 1. §. 4. ff. de Offic. Præf. Urbis
„ . . . . Creabatur hic Præfectus plerumque ex iis , qui jam alios ho-
„ nores omnes cum laude egesserant , & quasi Vicarius Principis erat. Un-
„ de in Novella 63. §. 2. constituitur, *ut Urbicaria Præfectura omnibus*
„ *aliis præsideat dignitatibus* : & parem cùm Præfecto Prætorio dignita-
„ tem obtinebat. Unde eum AMICUM SUUM vocant Imperatores apud
„ Ulpianum l. 4. ff. de Offic. Præf. Vigil. Præfecto Urbis etiam addictus
„ fuit VICARIUS: qui, eo absente, vel mandante, Jurisdictionem exer-
„ cebat.

guente, al Paragrafo 3. del Capo 5. Confondendo taluni la Giurisdizione del Vicario di Roma, Ministro del Prefetto Pretorio d' Italia, con quella dell' altro, sostituto del Prefetto di quella Città. Quandoche il primo in nome del suo Principale avea il Dominio sovra quattro Provincie Consolari, due Corretturali, e quattro Presidali, come spiegossi nel *Numero* 17., ed il secondo da parte del suo Prefetto esercitava Giurisdizione nelle sole Città vicine a quella Metropoli.

XIX. Fuori de Prefetti Pretorio, e de loro Vicarj per l' amministrazione della Giustizia; vi erano i Generali, che sovrasedevano alla Milizia, chiamati *Magistri Militum*, *Magistri Equitum*, secondo l'autorità che esercitavano o nella Fanteria, o nella Cavalleria. Vi erano i Prefetti dell' Armate Navali, e gli Uffiziali dell' Imperial Palazzo, che con quest' ordine vengono notati dal *Panvinio* (a).

MINISTRI ET OFFICIALES IMPERII OCCIDENTALIS.

Magister Peditum : sub cujus dispositione erant,
    Sex Comites rei militaris,
    Duces Militum duodecim,
    Auxilia Palatina sexagintaquinque,
    Legiones Comitatenses decem & octo,
    Omnes Classes, idest, Veneta, Ravennas, Comensis, MISENAS,
       Viennensis, Bracaria, Massiliensis, Ararica, Anderetiana
       cum eorum Præfecturis,
    Tribuni omnes Cohortium, & Militum Præfecti per Occidentem.
Magister Equitum : sub cujus dispositione erant,
    Vexillationes Palatine, &
    Comitatenses omnes in Occidente.
Magister Equitum per Gallias.
Præpositus Sacri Cubiculi.
Magister Officiorum.
Quæstor Sacri Palatii.
Comes Sacrarum Largitionum.
Comes Rerum privatarum.
Comes domesticorum Equitum.
Comes domesticorum Peditum.
Primicerius Sacri Cubiculi.
Primicerius Notariorum.
Castrensis Sacri Palatii.
Magister Scriniorum.
Magister Memoriæ, Epistolarum, & Libellorum.

XX. Stando poi *Costantino* vicino a morire, introdusse una nuova Polizia nell' Impero Romano : conciossiache, avendo egli tre figliuoli *Costantino*, *Costante*, e *Costanzo*, con un Nipote per nome *Dalmazio*, li volle tutti quattro Imperadori, secondo *Manuele Tesauro* (b). Ordinando con suo

(a) Onofrio Panvinio de Imperio Occidentali, pag. 889.
(b) Manuele Tesauro Regno d' Italia pag. 32.

suo Testamento, che *Costanzo* suo Primogenito governasse le Gallie, e l'altre Regioni di là dell'Alpi : *Costante* Secondogenito avesse il Comando di Roma, dell'Italia, della Sicilia, e dell'Isole adjacenti, come pure dell'Illirico, della Macedonia, e della Grecia : *Costanzo* suo figliuol Minore godesse la Tracia, l'Asia, l'Oriente, e l'Egitto ; e *Dalmazio* avesse in porzione l'Armenia, e le Regioni contermine. Ancorche *Natale di Alessandro* (a), riferendo l'anzidetta Divisione, niuna commemorazione facci di *Dalmazio* suo nipote.

XXI. Egli è ben vero però, che questa divisione d'Impero, che *Costantino* fece tra suoi Figliuoli, non fu di molta durata : conciossiache *Costantino*, fratello maggiore, fu ammazzato poco indi da *Costante* per ambizione di Governo, e l'Impero di belnuovo si divise ugualmente tra *Costante* e *Costanzo* ; governando *Costante* l'Oriente, e *Costanzo* l'Occidente. Ed allora l'*Illirico* si divise in *Orientale*, ed *Occidentale*, secondo il Padre *Natale di Alessandro* (b) : comprendendo l'Illirico Orientale la Macedonia, la Tessaglia, l'Acaja, l'una, e l'altra Epiro : e Tessalonica ne fu la Città Metropoli : e questa porzione toccò all'Imperador *Costante*. L'Illirico Occidentale poi stendeasi nella Pannonia, nel Nort, ed in alcun altre Provincie adjacenti ; essendone Sirmo la Capitale. E questo tratto di Paese, restò soggetto all'Imperadore *Costanzo*.

XXII. Passato altro poco spazio di tempo, anche l'Imperadore *Costanzo* fu ammazzato nelle Gallie da *Magnenzio* Tiranno. E *Costante* portandosi in traccia del Micidiale, fè che questi da se stesso si uccidesse nel Lionese, dove si era ritirato : e quindi *Costante* rimase assoluto Imperadore dell'Oriente, e dell'Occidente. A cui poi succede *Giuliano* Apostata suo Figliuolo ; ed a questo fu istituito *Gioviniano*. Dopo il quale i di lui Figliuoli *Valente*, e *Valentiniano* I. nell'anno 364. del comun Riscatto si divisero nuovamente l'Impero : restando *Valente* con suoi Eredi Imperadore d'Oriente, e *Valentiniano* Imperadore di Occidente. *Teodosio* il Grande poi li riunì di nuovo ; e di nuovo un'altra volta li divise trà *Arcadio* ed *Onorio* suoi Figliuoli.

XXIII. Intorno alla cennata Polizia, che *Costantino* diede all'Impero, tanto nel compartirlo in quattro Prefetture, quanto in dividerlo a' suoi figliuoli ; vi furono alcuni Scrittori, che non seppero approvarne la condotta. E quindi *Giuliano Apostata*, di lui Nipote, l'ebbe per un *Novatore* delle cose antiche, e per un *Perturbatore* dell'Impero ; come appo *Ammia-*

(a) Natale di Alessandro Histor. Eccles. Sæculo IV. cap. ult. „ Constantinus, tres filios variis temporibus Cæsares declaravit : Constantinum anno Imperii sui decimo ; Constantium vigesimo ; Constantem trigesimo. Quos cum in arte regnandi, & in omnibus pietatis Officiis instituisset ; Imperii reliquit hæredes. Constantino Gallias, & quicquid trans Alpes erat ; Constantio Orientis Imperium ; Constanti Romam, Italiam, Africam, Siciliam, Insulasque reliquas, Illyricum, Thraciam, Macedoniam, & Græciam *assignavit.*

(b) Natale di Alessandro loc. cit. cap. 4. art. 2.

miano *Marcellino* (*a*). *Zafimo* , poi Autore Gentile (*b*) , inveifce contro di lui , e lo taccia come *Laceratore* de buoni Iftituti . Anche il noftro *Pietro Giannone* (*c*) lo va caricando, per aver divifo l'Impero in Orientale ed in Occidentale, dicendo: ,, *Tutte* , e sì ftrane mutazioni non folamente alla corrotta ,, Difciplina e depravati coftumi deon attribuirfi ;ma ancora a quella nuova ,, forma,che a Coftantino piacque di dare all'Impero Romano. Egli fu il primo, ,, che volle recare all'effetto cioche Diocleziano avea prima tentato,, ,, di dividere l'Orbe Romano in due principali parti , e di uno far due ,, ,, *Imperi* . Rapportando poi (*d*) queltanto , che gli altri Autori detto aveano ; foggiugne : ,, *La nuova* difpofizione dell'Impero di Coftantino, ,, ficcome portò taute mutazioni allo ftato Civile delle fue Provincie ; co- ,, sì ancora all'antica Giurifprudenza de Romani fu cagione di varj Cam- ,, biamenti . Quindi è che Giuliano folea chiamarlo *Novatore* , e *Perturba-* ,, *tore dell'antiche Leggi* , e *Coftumi* . . . . . Dal che fu , che Coftan- ,, tino lafciò di se varia e diverfa fama appo i Criftiani , e preffo li Gen- ,, tili . Li noftri per quefti fatti il colmarono di eccelfe lodi . . . Ma ,, preffo a' Gentili , i quali mal volentieri foffrivan quefte mutazioni ; così ,, lui , come Coftanzo fuo Figliuolo furono acerbamente biafimati , e mal ,, voluti .

XXIV. E in difefa di *Coftantino* (quanto alla divifione dell'Imperio) non tralafciamo di ricordare a chi legge,che non fu quefto *Cefare* il primo a divider-lo: concicfiache *Marco Aurelio*, affunto al Trono nell'anno 161.del comun Rifcat-to, ebbe per Collega *Lucio Vero* infino all'anno 180. : governando unitamen-te due Cefari in un medefimo tempo la Monarchia . Lo fteffo fece *Antonino Caracalla* nell'anno 211. : quando non folo ammife *Geta* fuo Fratello a parte del Governo ; ma anche l'affegnò in porzione le Provincie Orientali, ritenen-do per se l' Occidentali : benche poi ingelofitofi del Fratello , l'uccife in feno di *Giulia* , comune lor Madre . Così anche , quando *Diocleziano* nell' anno 284. fu affunto all'Impero , prefe per fuo Collega *Maffimiano* , facen-doli governare l'Occidente . E rinunciando dipoi effi le dignità Imperiale, governarono in loro vece *Galerio* e *Coftanzo Cloro* Padre di *Coftantino* :

ed

(a) Ammiano Marcellino, lib. 16. cap. 21. *Julianum memoriam Conftan-tini ut Novatoris, Turbatorifque prifcarum Legum, & Moris antiqui re-cepti , vexaffe.*

(b) Zofimo lib. 2. Hift. ,, *Conturbavit* & Magiftratuum Officia , jam ,, olim inftituta . Nam cum duo effent Præfecti Prætorio, qui hoc officium ,, communiter gerebant ; non Palatini tantùm ordines, eorum cura, pote- ,, ftateque gubernabantur , fed etiam ij, quibus Urbis erat commiffa cufto- ,, dia , & quotquot in omnibus Limitibus erant collocati . Hic enim Præ- ,, fectorum Prætorio Magiftratus (, qui poft Imperatorem fecundus æftima- ,, batur) , & Annonas erogabat & contra militarem Difciplinam admiffa ,, ,, convenientibus pœnis corrigebat . Conftantinus autem rectè conftituta ,, loco movens; unum hunc Magiftratum in quatuor Imperia *difcerpfit*.

(c) Autore della Storia Civile in Introduct. lib. 2.

(d) Lo fteffo ibidem cap. 5.

ed allora propriamente si divise l'Impero Romano in Orientale ed Occidentale: toccando l'Oriente a *Galerio*, e l'Occidente a *Costanzo*, al dire di *Paolo Orosio* (a), di *Eusebio Cesariense* (b) e di *Arrigo Valesio* (c). E però non deve incolparsi *Costantino*, di esser stato il primo, che dividesse l'Impero Romano, come vuole l'Autore della Storia Civile.

XXV. Rispetto poi all'aver egli sottoposto l'Impero al Governo di quattro Prefetti Pretorio; non saprei conoscere che gran delitto fu questo, che li facesse meritare la taccia di *Novatore*: allorche prima di lui *Augusto*, senza una cotal censura, avea mutata la Polizia introdottavi da *Romolo*; e *Adriano* anche con lode variò quella del medesimo *Augusto*, come dicemmo nel Capo 3. del Libro 1. Anche *Commodo* divise la Dignità del Prefetto Pretorio, istituita da *Ottaviano*; assegnandola a due, secondo fu detto sovra al *Numero* 10. ed il *Nieupoort* (d) similmente lo asserisce. Quando è certo, che la moltiplicità de Ministri nell'Impero fu a fine di provedere a bisogni de Sudditi, per non obbligarli sempre a piatire presso la sola Corte di Cesare in caso di gravame; ritrovandosi i Prefetti, ed i loro Vicarj in diverse Regioni della Monarchia: senza punto badare alle maldicenze ed alle dicerie di *Ammiano*, e di *Zosimo*: i quali, essendo Gentili di professione, in vedere che *Costantino* protegeva la Cattolica Religione, si attaccavano ad ogni filo per calunniarlo, e farne vendetta.

Tom. III. G CA.

(a) Paolo Orosio lib. 7. *Galerius & Costantinus Augusti primi Imperium Romanum* DUAS IN PARTES DETERMINAVERUNT.

(b) Eusebio Cesariense lib. 8. Histor. Ecclef. cap. 13. „ Porro, quod „ nunquam antea Imperio Romano accidisse memoratur; id tùm primum præ- „ ter omnium expectationem evenit. In hac enim Persecutione, quæ nostris „ temporibus grassata est; Imperium Orbis Romani IN DUAS DIVI- „ SUM PARTES.

(c) Arrigo Valesio in Notis ibidem: „ *Constantius* & Valerius Impe- „ rium Romanum, quasi hæreditatem quandam, inter se partiti sunt. Quæ „ prima fuit Imperii Romani divisio, ut hoc loco tradit Eusebius. Antea „ enim licet plures Augusti simul fuissent; tamen Imperium Romanum so- „ lidum atque indivisum gubernabant, ut contigit Marco, & Vero Impe- „ ratoribus: sed sub Diocletiano, & Herculeo Maximiano nulla facta fuerat „ Imperii divisio, cùm nec Provincias nec Legiones Augusti inter se par- „ titi *essent*.

(d) Nieupoort sect. 2 Ant. Rit. Roman. cap. 11. prag. 4. „ *Commodus* „ Imperator, ut ipse delitiis vacaret, Perenni, Præfecto Prætorio, omnes „ curas commisit: eoque interfecto, quia nimia potestas videbatur; DUOS „ CONSTITUIT, ut ait *Herodianus* lib. 1. cap. 9.

CAPITOLO SECONDO.

Della total caduta dell'Impero d'Occidente in tempo di Augustolo, per la venuta de Barbari in Italia.

I. SE la Romana Signoria, dopo che passò in balìa dell'Imperadori, e pria che si dividesse in Impero Orientale ed Occidentale, soggiacque ad infinite sciagure; molto più si vide abbattuta dopo la sua divisione in Impero Greco e Latino: spezialmente in tempo di *Momillo Augustolo* nell'anno 416. del comun Riscatto; allorache venuto in Italia *Odoacre* Re degli Eroli, dispose questo Cesare dal Trono, e tolse alla Monarchia Latina il nome d'Impero, dandoli quello di *Regno di Italia*. Essendo poi toccato a *Carlo Magno* la gloria di rinovarne la memoria nell'anno 800. di nostra Salute, quando calò egli in Italia, e fu coronato Imperadore dal Pontefice *Lione III.* secondo spiegaremo nel Capo 1. del Libro 7. e lo abbiamo dal *Sigonio* (a).

II. E per maggior intelligenza di ciò, debbe avertirsi, che sebbene sotto *Trajano* si dilatarono più che mai i confini dalla Romana Monarchia; pure sotto i seguenti Imperadori tentarono i Barbari farvi diverse irruzioni, ancorche in darno; discacciati sempre con bravura da Prencipi regnanti. Soltanto nell'anno 268. regnando *Gallieno*, i Sciti occuparono la Dacia, come scrive *Onofrio Panvinio* (b).

III. In tempo poi di *Costantino* cercarono di nuovo i Barbari penetrare nelle Provincie Romane: ma questo Monarca li fe una vigorosa resistenza se-

___

(a) Carlo Sigonio lib. 4. Regni Italiæ anno 800. „ *Hanc* dignitatis Imperatoriæ Titulum cùm in Momyllo Augustulo, ultimo Occidentis Imperatore, ante trecentos fermè annos, sub Regum Gothorum in Italia defeciffet; in eodem Occidente Pontifex renovavit, ut haberet Ecclesia adversus Infideles, Hæreticos, & Schismaticos Tutorem: cujus Officium jam pridem Imperator Orientis *repudiaffet.*

(b) Onofrio Panvinio de Excidio Imperij Romani, pag. 918. „ *Romanam* potentiam usque ad Trajani Principatum semper auctam, ejusque Imperii terminos sub ipso Principe longissimè propagatos fuisse, supra demonstravi. Postquam Imperii Romani Limites ab Adriano mutatos, à sequentibus verò Augustis restitutos etiam vidimus. Nec unquam Provincia ulla vel vi, vel sponte amissa, quæ non magno etiam cùm fænore recuperata fuerit. Primum omnium sub Gallieno, quem ignaviffimum Imperatorem Romana Respublica passa est; Provinciæ, non amplius receptæ, amissæ sunt. Nam eo imperante, Dacia Transdanubiana à Scythis occupata est Romanoque Imperio *adempta.*

secondo *Lodovico Vives* (*a*). Ancorche *Onofrio Panvinio* (*b*) , colla scorta di *Zosimo* , a lui più che ad altri imputi la prima origine della caduta di questa Monarchia : sì perche (dice egli) l' indebolì, con dividerla in due Imperj ; sì anche perche levò le Legioni dal Danubio , che *Augusto* vi avea collocate in custodia, acciò i Barbari non osassero oltrapassarlo.

IV. Morti poi *Costantino* e *Costante* suo Figliuolo ; regnando *Giuliano Apostata* , i Barbari più che mai invasero l'Impero Romano, uccidendovi lo stesso Imperadore in una sanguinosa Battaglia che li diedere. A questi succedè *Gioviniano* suo Figliuolo nell'anno 363. il quale nello spazio di soli otto mesi che regnò , venne a perdere cinque Provincie di là del Fiume Tigri , e buona parte della Mesapotamia , che in una Pace vergognosa con *Sapore* Re di Persia volontariamente cedè a quelli , secondo siegue a dire il *Panvinio* (*c*).

V. Sotto *Valente* e *Valentiniano* Fratelli, che nell'anno 364. si divisero l'Impero Romano ; regnando in Oriente il primo, che fu *Arriano* , e governando in Oriente il secondo di religion *Cattolico* ; i Barbari fecero ostinatamente sentire i colpi della loro fierezza alla Romana Monarchia . Conciossiache, avendo i Sciti (o sieno gli Unni) discacciati i Goti dalle loro proprie Sedi ; questi non trovando luogo dove abitare , ricorsero dall' Imperador *Valente* , e con supplichevoli Ambascierie li fecero istanza, che dasse loro ricetto nella Mesia , nella Tracia , e sù la riva del Danubio , da dove essi averebbero tenuti lontani i Sciti e gli Unni . L' Imperador *Valente* con tutto il suo piacere condescese alle loro dimande , destinando *Lupicino* e

G s

Mas-

(*a*) Lodovico Vives ad S. Augustinum in Exordio de Civit. Dei : *Flavius Constantinus , tanta illos cæde affecit ; ut cogeret tandem multos per annos quietos esse* .

(*b*) Onofrio Panvinio loc. cit. pag. 922. *Sæpe* exposui, præcipuam Im- ,, perii Casus causam fuisse novam illam, quam Constantinus Imperator fe- ,, cit Imperii constitutionem : quæ , authore Zosimo , Rheni & Danubii ri- ,, pis quindecim Legionum præsidio spoliavit : & quod unum firmissimum ,, & stabile erat ; cùm in duo divisisset, infirmum , & imbecille reddidit . . . ,, Barbarorum vim cùm Augustus providentissimus Princeps præsensisset ; ,, eam validissimis Legionibus super Amnium ripas collocatis, reprimere pos- ,, se existimavit . Cujus institutis à sequentibus Romanis Principibus con- ,, servatis & auctis ; Imperium Romanum integrum , atque à Barbarorum ,, furore illæsum custoditum est . Verum, Legionibus à fluminibus , tan- ,, quam foribus à portis remotis ; Legionum timore amoto, Barbari in Ro- ,, manas Regiones irruere cæperunt .

(c) Panvinio loc. cit. ,, *Cupidior* enim Imperii , quàm gloriæ Jovinia- ,, nus & Imperio adhuc rudis Pacem cùm Sapore , Persarum Rege , ne- ,, cessariam quidem , sed ignobilem in triginta annos fecit : redditis quin- ,, que Transtigranis Provinciis, quas Galerius, Persarum victor, fecerat, cum ,, Castellis quindecim cis Tigrim, Nisibi , & Singata Urbibus , & parte ,, Mesopotamiæ . Quod ante eum , ex quo Romanum Imperium conditum ,, fuerat , nunquam *acciderat* .

Maßimo fuoi Miniftri, acciò affegnaffero a Goti il Paefe da abitare, fecondo *Lodovico Vives*. Ma perche i Miniftri deputati, abufandofi dell' autorità loro conceffa dal Principe, cominciarono a maltrattare que' Barbari; furono cagione, che i medefimi fi ribellaffero all'Imperadore *Valente*; uccidendo i Miniftri, ed occupando la Mefia fuperiore, la Dacia, e la Tracia. E perche *Valente* cercò andar loro incontro con poderofiffimo Efercito; in una Giornata Campale preffo Adrianopoli il dì 9. Agofto 378. fù disfatto, prefo vivo, e bruciato. E averebbero anche in Bizanzio ftefe le loro Vittorie i medefimi, fe *Domenica*, Moglie del morto Imperadore, non aveffe virilmente difefa la Città fino a tanto che vi occorfe coll' ajuto *Valentiniano*, Imperadore di Occidente: il quale col valore di *Teodofio* fuo Capitano feppe a tempo reprimere l'audacia de' Barbari: effendo anche morto in Coftantinopoli il loro Re *Attalarico*, che vi fi era portato per vifitare *Teodofio*. Succeduto poi a Valente lo fteffo *Teodofio* nell'uno e l'altro Impero; quefti, come ottimo Principe, non permife mai che i Goti fi eligeffero nuovo Re; ma li tenne ftipendiati al fuo fervizio.

VI. Poco indi, morto con fama di infigne Monarca il Gran *Teodofio*; i fuoi Figliuoli *Arcadio* ed *Onorio* fi divifero dibelnuovo l'Impero; regnando *Arcadio* Fratel maggiore in Oriente fotto la tutela di *Ruffino*, come avea il Padre ordinato; ed in Occidente *Onorio* (il quale ftabilì la Sede in Milano) coll' affiftenza di *Stellicone*. Ma perche *Arcadio* mancò fomminiftrare a' Goti quello ftipendio, che *Teodofio* fuo Padre avea loro accordato; quefti ritirandofi in dietro, crearono *Radagaifo* per loro Re nella Pannonia, e *Vvimondo* nella Tracia. E perche in Ungheria molti voleano *Alarico* per loro Principe in vece di *Radagaifo*; per togliere da mezzo quefte difcordie, fu convenuto, che *Alarico* reftaffe in Governo nella Pannonia, e *Radagaifo* doveffe paffare in Italia per farvi nuove conquifte. Laonde egli poftofi, a capo di un poderofiffimo Efercito; per il Nort, e per l'Illirico, s'inviò verfo l'Italia. Ed effendofeli fatto incontro *Ruffino* Capitano di *Arcadio* alle vicinanze di Teffalonica; quefti in una Giornata campale reftò disfatto, ed ucciso: talche *Radagaifo* potè liberamente con fuo Goti paffare in Italia. Ma quivi oppoftofeli *Stellicone*, Capitan di *Onorio*, molto più valorofo di *Ruffino*, reftò co' fuoi Goti affediato e rinchiufo trà le Montagne di Fiefole a vifta di Firenze. Ed in quefto modo, confumati dalla fame e dalle miferie, furono detti Goti annientati in maniera, che fi fpenfe quivi la memoria di effi.

VII. Per quefto evento funefto di *Radagaifo* fdegnato *Alarico*, pensò di paffar egli colla fua Gente in Italia, e vendicare la morte de' fuoi. E perche da un canto egli era amico di *Onorio*, e dall' altro paventava il valore di *Stellicone*; pensò ingannare l' Imperadore, dimandandoli il paffaggio per le Gallie, dove diffe volerfi portare: loche fugli accordato da Cefare. Ma *Stellicone*, che fi era in ciò gagliardamente oppofto; prevedendo le confeguenze perniciofe, che averebbe feco portato quefto paffaggio de Goti nelle Gallie; da *Salvo* fuo Capitano li fece all' improvifo affalire, allorche piegavano verfo l' Italia, e gli obbligò a ritirarfi. Onde fdegnato fempre più *Alarico*, ritornò di nuovo in Ungheria, per provederfi di Soldati baftevoli a poterlo fronteggiare. Ciò fatto, fi avviò realmente per le Gallie, come avea promeffo all' Imperadore. Ma avendo in quefto mentre

pe-

penetrato, che *Stellicone* meditava innalzare al Trono Imperiale di Occidente *Eucbio*, suo figliuolo; ne fè tosto pervenire la notizia all' orecchio di *Onorio*. Il quale, siccome per gelosia di Regno fu troppo precipitoso in far ammazzare *Stellicone*; così per l'innata sua dapocagine fu neghettoso in provedersi di altro esperto Capitano, che sapesse difendere i Confini della sua Monarchia, minacciata da Barbari già vicini. Loche essendo noto ad *Alarico*, nell'anno 410. del comun Riscatto si pose in marcia improvisamente dalle Gallie, e penetrò con somma prestezza in Italia: ed assediando la Città di Roma, la prese con inganno, entrandovi trionfante, il dì 24. Agosto dello stesso anno, giusta il *Baronio* (*a*): facendovi dare il sacco da suoi Soldati, ed ordinando di bruciarsi gli Edificj più cospicui di quella Capitale. Benche con severo Editto proibisse a suoi lo sparger sangue per la Città; e volle che si facesse goder l'Asilo a coloro, che l'avean preso nelle Basiliche degli Apostoli *San Pietro*, e *S. Paolo*, giusta lo stesso Autore.

VIII. Egli è ben vero però, che *Alarico* non seppe far uso delle sue Vittorie, ne servirsi in bene di sua Fortuna: peroche, invece di andare per dirittura in Milano, ed assicurarsi della persona di *Onorio*; dopo tre soli giorni di mora in Roma, avviossi verso la nostra Campagna: passando per la Lucania, e pe'l Paese de Bruzj al Faro di Messina, su 'l disegno di scorrere in Sicilia, e di là traghettare in Africa. Nel qual mentre sovragiungendo in Roma i Soldati di *Onorio*, tantosto la ricuperarono, al dire del *Baronio* (*b*). Ed egli, obbligato da fiera Tempesta a ritornare indietro, si portò ad assediare la Città di Cosenza, dove con una morte repentina terminò i suoi giorni; e fu seppellito da suoi Soldati nella corrente del Fiume *Basento*, che bagna quella Città, come abbiamo da *Paolo Diacono* (*c*). Pena ben degna a suoi latronecci, e tirannici portamenti non meno contro Roma, che contro le nostre Regioni, spezialmente a danni di Nola: dove trovandosi Vescovo *San Paolino*; questi per liberare dalla servitù di quel Barbaro tanti miseri; dopo di avere speso tutto il suo avere, si vendè egli stesso in servitù, allo scrivere di *Sant' Agostino* (*d*), e al dire del *Bre-*
via.

(*a*) Cardinal Baronio ad Annum 410.
(*b*) Cardinale Baronio Anno 410. ,, *Barbarus* Gothus, quadam progres-
,, sus amentia; nec Vrbem, quam cœperat, tenuit, vel recedens, custo-
,, diam sibi, præsidio in eo relicto, curavit; neque in Honorium Exerci-
,, tum movit: sed ab Vrbe, nemine cogente, exire compulsus potius,
,, quàm sponte progressus, patebundo Milite magis, quàm ordine compo-
,, sitis Turmis, CAMPANIAM, LVCANIAM, BRUTTIOS PERVASIT.
(*c*) Paolo Diacono lib. 13. Histor. Miscell. ,, *Inter* hæc Alaricus dum
,, deliberat quid ageret; apud Consensiam, subita morte, defunctus est.
,, Gothi Basentium Amnem, alveo suo captivorum labore derivantes;
,, ALARICUM IN MEDIO ALVEO CUM MULTIS OPIBUS SEPE-
,, LIERUNT, Amnemque proprio meatui reddentes. Nè quis locum
,, scire posset; captivos, qui interfuerunt, *extingunt*.
(*d*) Sant' Agostino lib. 1. de Civit. Dei cap. 10. ,, *Paulinus* noster
,, Nolensis Episcopus ex opulentissimo divite, voluntate pauperrimus, &
,, CO-

viario Romano (a).

IX. Morto *Alarico* , come fopra , i Goti acclamarono per loro Principe *Atanulfo* , parente di *Alarico* , che avea fpofata *Placidia Galla* , forella dell' Imperadore *Onorio* , ritrovata in Roma , e fatta ivi fua prigioniera . Chepero colla mediazione di coftei fi compofero le differenze tra *Onorio* , ed *Atanulfo* ; lafciando quefti l' Italia , e ritirandofi nelle Spagne : dove fu ucciso a tradimento da fuoi l' anno 420.

X. Debilitato in quefto modo fotto di *Onorio* l' Impero Latino , con maggior facilità negli anni dipoi potè reftare oppreffo da Barbari. Peroche, morto *Onorio* nell' anno 423. ed in fua vece eletto *Valentiniano III.* , pafsò in Italia *Attila* , Re degli Unni con un numero innumerabile di Oftrogoti , Cepi , Rugi , Neruli , Quadi , Turgilingi , ed altri , oltre gli Unni: occupando tutta la Lombardia di là dal Pò , e diftruggendo la Città di Aquilea , che in tre anni di affedio li avea fatta vigorofa refiftenza . E fi farebbe egli certamente inoltrato all' affedio di Roma , fe San *Lione* Papa, fattofeli incontro , non l' aveffe diftolto dall' imprefa (*b*). E quindi per non effere *Attila* paffato in Roma ; le noftre Regioni furono libere da quel flagello.

XI. Nell' anno poi 455. di noftra Salute , l' Imperio Latino foggiacque a nuove difgrazie : poiche , avendo *Maffimo* Patrizio fatto miferamente uccidere l' Imperadore *Valentiniano III.* fi tolfe per forza in Ifpofa l' Imperadrice *Eudoffia* . La quale , mal volentieri foffrendo d' effer moglie di un Tiranno uccifore del fuo Conforte ; per vendicarne l' ingiuria , chiamò in Italia dall' Africa *Genferico* , Re de Vandali , con promeffa di farlo Imperadore. E quefto Barbaro , intefa una sì vantaggiofa propofizione , tofto vi fi portò con trecento mila Soldati , e con una poderofiffima Armata Navale. E gionto in Roma; dopo di aver prefo e fatto in pezzi l' Ufurpatore (facendolo buttare così lacero nel Tevere) pofe in ruba la Città , fenzache San *Lione* , (ancor vivente) aveffe potuto da ciò rimuoverlo ; benche ottenelle

,, copiofiffime Sanctus : quoniam , & ipfi Nolam Barbari vaftaverant . Cùm ,, ab eis teneretur , fic in corde fuo (ut ab eo poftea cognovimus) precabatur: *Domine , nè excrucier propter aurum , & argentum: ubi enim* ,, *funt omnia mea, tu fcifti* .

(a) Breviario Romano fub die 22. Junii : *Hujus Viri charitas praecipue celebratur , quod, vaftata à Gotbis Campania , omnem facultatem , nè relictis quidem fibi rebus ad Vitam neceffariis , in alendos pauperes , & captivos redimendos contulerit.*

(b) Breviario Romano fub die 11. Aprilis: ,, *Leo* Primus , Etrufcus , ,, eo tempore praefuit Ecclefiæ , cum Rex Hunnorum *Attila* , cognomento ,, Flagellum Dei , in Italiam invadens , Aquileam triennii obfidione captam dirupit , & incendit ; unde cum Romam ardenti furore raperetur , ,, jamque Copias ubi Mincius in Padum influit , traiicere pararet ; occurrit ,, ei Leo , malorum Italiæ impendentium , mifericordia permotus : cujus ,, divina eloquentia perfuafum eft Attilæ , ut regrederetur . . . Qua- ,, re in Pannoniam reverfus eft .

nesse da lui di non incendiarsi Roma, ne di riempirsi di sangue, come leggiamo nella Vita di questo Pontefice (a). Essendo *Genserico* poco dopo ritornato in Cartagine , seco menando i ricchi Tesori, che avea tolti a Roma , e la stessa Imperadrice *Eudossia*. E passando per le nostre Regioni, riempì di stragi , e rapine la Campagna , la Puglia, la Lucania , ed il Paese de Bruzj, al dir di *Aurelio Vittore* (b). Con distruggere Nola, Capoa, e Linterno ; avendo ritrovato solamente resistenza nella Città di Napoli, come il tutto si rapporta da *Gianantonio Summonte* (c), che così dice : *Genserico*, inteso il partito, con grossa Armata Navale, con 300. mila Combattenti nel medesimo anno passò in Roma , ponendola in preda, e rovina; ed avendo ucciso, e lacerato Massimo , lo fè buttare nel Tevere. Passò poi » in Campagna , e con gran crudeltà rovinò , e disfece Capua, e Nola da » fondamenti, e distrusse Linterno, or detta Patria. Solo Napoli , per la » fortezza delle mura, e valore de' suoi di tanto furore si difese , come » si legge nell' Officio di Santa Fortunata : benche il suo Contado patis » se qualche *danno*.

XII. Anche nell'anno 463., regnando *Libio Severiano* Imperadore , *Biorgo* Re degli Alani (detti poi *Alemani*), con una infinita moltitudine di Armati , per la via di Trento pervenne in Italia ; ponendo l' Istria , la Marca Trivisana , e porzione della Lombardia in preda , ed in rovina . Ma incontratosi con *Riccimedo*, Re de' Goti, e successore del Re *Attila* , fu da questi vinto , e disfatto alle vicinanze del Lago di Benaco , tra Verona, e Brescia , senza che potesse mai più risorgere . E così di tempo in tempo l'Impere Latino veniva sempre più invasato e lacerato da Barbari ; i quali da varj Regni con varj nomi quivi si portarono dalle Regioni Settentrionali ; come va descrivendoli con distinzione il *Panvinio* (d).

XIII. Fin

(a) Breviario Romano loc. cit. *Leo autem Roma , singulari omnium latitia exceptus , paulo post invadenti Urbem Genserico , eadem eloquentia vi , & Sanctitatis opinione persuasit , ut ab incendio, ignominiis , & cædibus abstineret.*

(b) Aurelio Vittore lib. 1.,, *At verò non Africa tantum , passum dirum Barbarum , acerbum Persecutorem , ingemuit ; sed & aliæ Romani* » *Orbis Provinciæ. Quæ autem in Hispania, Italia , Dalmatia , CALA-* » *BRIA , APULIA , Sicilia, Sardinia, BRUTTIIS, LUCANIA , Epi-* » *ro , vel Helladia gessit ; melius illi , qui passi sunt miserabiliter, lugen-* » *da narrabunt.*

(c). Gianantonio Summonte Tom. I. pag. 356.

(d) Onofrio Panvinio de Excid. Imper. Roman. pag. 921. ,, *Omnium* » *malorum , & ruinarum ab ejus Regionis Populis initium ortum est, qui* » *Rheno , & Danubio , Romani Imperii claustris olim firmissimis , claude-* » *bantur. Hi fuere Getæ, idest Gothi , (in Visigothos , & Ostrogothos di-* » *stincti) Hunni, Alani, Vandali, Franci, Burgundiones , Heruli, Lon-* » *gobardi ; & multi alii qui Regiones frigidas , & incultas obtinentes ;* » *in tam aliquando excrescebant multitudinem , ut natale Solum sæpe re-* » *linquere coacti ad nostras quærendas Sedes , Danubium , & Rhenum* » *transirent.*

XIII. Fin quì però le Invasioni de Barbari s'indrizzarono ad indebolire più tosto, che ad abbattere l'Impero Occidentale; peroche codesti, a guisa di un Turbine vi vennero, si caricarono di prede, e partirono, drizzando altrove il loro camino. Il maggior male propriamente fu circa l'anno 475., allorache eletto Imperadore *Giulio Nipote*; questi per tener nette le Gallie dall'infezione de Barbari, elesse per Capitano della sua Cavalleria *Oreste*, Uomo bellicoso e forte, ed in quelle Regioni inviollo. Ma questi infedele a Dio, e fellone al proprio Principe, tocco da ambizion di regnare, rivolse l'armi contro lo stesso suo Signore: e dopo averlo assediato in Roma, lo prese, e miseramente l'uccise. Indi, passato in Ravenna, fè acclamare per Imperadore un picciolo suo figliuolo, per nome *Augusto*: detto per dispregio, MOMILLO AUGUSTOLO. Ma i Fautori, e Parenti di *Giulio*, in veggendolo così vilmente tradito, arsero di sdegno contro di *Oreste*: e meditando contro di lui una condegna vendetta, chiamarono *Odoacre*, Re degli Eroli, che soggiornava nella Vallachia, di là dal *Danubio*. E questi, perche Uomo di sommo valore, tosto col suo valoroso Esercito portossi in Italia: ed incontratosi in Pavìa col perfido *Oreste*; lo vinse, e li diè morte. Indi, datosi in traccia del figlio *Augustolo*, che al primo suono delle Trombe nimiche fuggì a nascondersi; ritrovatolo finalmente, lo spogliò dell'Insegne Imperiali, e lo relegò a finire i suoi giorni nel Castello Lucullano, posto nelle vicinanze di Napoli, come dice *Cassiodoro* (a), e vicino il Lago di Agnano, e non già dove è oggidì il Castello dell'Uovo, come asserisce *Pietro Giannone* (b) colle parole seguenti: *Odoacre occise Oreste, e discacciato dall'Imperio Augustolo, lo manda in Napoli in esilio nel Castello di Lucullo, che ora noi diciamo dell'Uovo*. Rimettendoci su di ciò a quel tanto si disse nel Libro I. del Tomo I. al *Numero* 27. del Capo 2. Non volle *Odoacre*, ciò fatto, chiamarsi *Imperadore*, ma *Re d'Italia*, stimando un nulla il titolo Imperiale, perche avvilito da un Fanciullo. E così venne a mancare totalmente l'Impero Occidentale in persona di *Augustolo*, dopo che il Grande *Augusto* lo avea stabilito quasi cinquecento anni prima.

C A.

(a) Cassiodoro in Chronico ad Annum 476. „ *Sub* Odoacre Orestes, & „ frater ejus Paulus extincti sunt. Rebellaverant isti à Nepote Augusto, „ & Augustolo Imperii habenas tradiderunt. Ipse vero Augustolus in Lu- „ cullano, Campaniæ prope Neapolim sito Castello, ab eodem Rege bar- „ baro est relegatus. Sicque OCCIDENTALE IMPERIUM PENITUS „ COLLAPSUM EST, ET DEVOLUTUM AD BARBAROS.

CAPITOLO TERZO.

Se la Religione Cristiana avesse data causa alla caduta dell'Impero Occidentale.

I. DOpo aver baftantemente chiarito nel Capitolo precedente il total dicadimento dell'Impero in Occidente, non è fuori di propofito indagare, fe la Criftiana Religione aveffe cagionata in qualche maniera la caduta dell'Impero anzidetto. Attefoche non mancarono nel Mondo di coloro, i quali per porre in difcredito la noftra Cattolica Credenza, fi fecero lecito di afferire francamente, che un fimile diffordine non altronde fi originò nella Romana Monarchia, che dalla Criftiana Religione. Laonde per far vedere quanto vadino errati fimili Autori, abbiamo ftimato convenevole difciorne quì di paffaggio le oppofizioni.

II. Coloro adunque, che diedero prima degli altri in quefte inezie, furono i Gentili, i quali in Roma, ed altrove erano occultamente framifchiati con i Fideli, quando *Alarico* Re de Goti fottomife quella Città Capitale. Dicendo effi a piena bocca, che la Metropoli del Mondo non per altro era venuta in poffa de Barbari, che per la Criftiana Religione ivi diffeminata da Seguaci del Crocififfo: di che offefi i Dei, l'aveano abbandonata fenza darli foccorfo ne fuoi eftremi bifogni, come riferifce *Sant'Agoftino* (a) nell' Efordio de' fuoi Libri della *Città di Dio*: è la replica *Lodovico Vives* (b).

III. Anche l'Autore della *Storia Civile* (c) fi ha fatto ufcir dalla penna ultimamente qualche cofa intorno a quefto Argomento: ancorche non abbia ofato afferire, che la perdita dell'Impero cagionata fuffe dalla Criftiana Religione: conofcendo egli affai bene che 130. anni dopo la morte

Tom. III.   H   del

(a) Sant'Agoftino in Exordio Librorum de Civitate Dei: „ *Interea*, „ cùm Roma Gothorum irruptione, agentium fub Rege Alarico, atque im- „ petu magnæ cladis fubverfa eft; cujus everfionem Deorum falforum „ mutorumque Cultores, quos *Paganos* ufitato nomine vocamus, in CHRI- „ STIANAM RELIGIONEM REFERRE CONANTES, folito acerbius, „ & amarius Deum blafphemare cæperunt. Unde ego, exardefcens zelo „ Domus Dei adversùs eorum blafphemias vel errores, Libros de Civi- „ tate Dei fcribere *inftitui*.

(b) Lodovico Vives in Notis ibidem: „ *Auguftinus* ex Romana Capti- „ vitate occafionem fumpfit fcribendi de Civitate Dei: ut iis refponderet, „ qui eam cladem Chriftianæ Religioni imputabant . . . . Has ergo „ clades maledicentiffima Gens Chriftianæ Religioni imputabat: negans „ futurum, ut capta unquam effet Roma, fi Deorum religiones, à ma- „ joribus cultas, traditafque pofteris, *tenuiffent*.

(c) Autore della Storia Civile lib. 2. cap. 5.

del buon *Coſtantino* ciò accadde, e lunga pezza dopo che fu piantata la noſtra Fede. Dice egli però, che la Criſtiana Religione, abbracciata con tanto calore dall'Imperadore *Coſtantino*, diede il crollo all'antica Giuriſprudenza Romana; e parla coſì: ,, Per niun altra più potente ragione ſi recò ,, alla Giuriſprudenza antica de Romani tanto cambiamento, quanto che ,, PER LA VENERANDA RELIGIONE CRISTIANA, che abbrac- ,, ciata con tanto ardore da Coſtantino, lo rendè tutto inchinato, e deſide- ,, roſo di ſtabilir nuove Leggi, le quali, ſecondo le maſſime di queſta ,, nuova Religione, dovettero eſſere alquanto contrarie e difformi da quelle ,, de Gentili. Facendo egli veder altrove (a), che la *Felicità del Genere* *Umano*, non altronde originoſſi, che dall'antica Giuriſprudenza Romana: ſotto, di cui pervennero gli Uomini all'apogeo delle terrene contentezze: ,, Ecco in qual floridiſſimo ſtato erano queſte noſtre Provincie ne' tempi che ,, a Coſtantino precedero: quando ciaſcuna Città ſi ſtudiava di comporre ,, la Polizia, e Governo ad imitazione di Roma, della quale vantavano eſ- ,, ſe piccioli ſimulacri, ed imagini: quando ſecondo le ſue Leggi viveva- ,, no, e quando LA GIURISPRUDENZA ROMANA, CHE ERA LA ,, LOR NORMA, E REGOLA, ERA GIUNTA NEL COLMO, E ,, NELLA PIU' ALTA STIMA, ſe ſi pon mente o a' favori de Pren- ,, cipi, o alla prudenza delle loro Coſtituzioni, o alla ſapienza de Giuriſ- ,, conſulti, o alla Maeſtà dell'Accademie, e dottrina de Profeſſori, o alla ,, probità de Magiſtrati . . . . . e quando il GENERE UMANO SI ,, VIDE IN TANTO ELEVAMENTO ED EMINENZA, in quanto ,, non fu mai per l'addietro, e che non ſappiamo ſe mai potrà ritornare ,, in quella ſublimità in cui fu arrivato. Dal che ſi può in qualche mo- do inferire, che ſe, a ſuo credere, la Felicità del Genere Umano conſiſteva nell'antica Giuriſprudenza Romana, e la Veneranda Religion Criſtiana, ab- bracciata, con ardore dall'Imperador *Coſtantino*, li diede uno ſtrano cambia- mento; queſta medeſima Criſtiana Religione tolſe al Mondo la felicità, che gli Uomini vi godeano, ancorchè non aveſſe pregiudicato all'Impero Lati- no, come aſſerivano preſſo *Sant'Agoſtino* i Gentili.

IV. Per abbatter dunque l'ardimento de Gentili, che rifuſero nella Criſtiana Religione la caduta dell'Impero Latino; non poſſiamo meglio ciò fare, che con chiamar loro a memoria tutto ciò che il lodato *Sant'Agoſtino* con pen- na Angelica più toſto, che con mente umana ci laſciò ſcritto in quei ven- tidue ſuoi citati Libri della *Città di Dio*. Facendo egli vedere in primo luogo, che tutte le antiche Monarchie, le quali fiorirono avanti la Venu- ta di Criſto, come quelle degli *Argivi*, degli *Aſſiri*, de *Perſiani*, de *Gre- ci*, de *Trojani* ed altre, raccomandate alla tutela de falſi Numi, da per lo- ro caddero, ſenzachè la Criſtiana Religione l'aveſſe arrecato il menomo pregiudizio. Onde poi inferiſce, che l'Impero Latino venne a cadere, non per cauſa della Cattolica Fede, ma per quelle altre ragioni, che ca- gionarono la rovina dell'altre antiche Signorie.

V. Indi ſi impegna il Santo a moſtrare, di qual *condizione* foſſero ſtati i
Dei.

(a) Lo ſteſſo Tom. I. pag. 44.

Dei de Gentili: facendoli vedere un per uno Uomini scelerati, indegni, e pieni di mille difetti: peroche per tali li descrissero i medesimi Gentili nelle loro Tragedie, nelle loro Satire, ne loro Poemi. Onde non avendo avuta questi ideati Numi deità alcuna in sestessi, non poteano dar soccorso agli Imperj ed a i Regni, raccomandati alla loro tutela. Maggiormente che, a custodire una semplice Pianta più Dei, da essi si destinavano, uno per la Radice, uno per il Gambo, uno per le Fronde, uno per i Fiori, ed un'altro per il Seme, senza che un solo fusse stato valevole a custodirla intiera (a).

VI. Dipoi numera il Santo Dottore tutte le disgrazie e mali, a cui soggiacque la Repubblica prima della Venuta di Cristo o per Guerre, o per Peste, o per Discordie civili, senzache i Dei l'avessero arrecato menomo soccorso. Così nella Guerra de Galli, guidati da *Brenno*, Roma fu sottomessa da quelli, a sola riserva del Campidoglio. In tempo di *Annibale*, ebbero i Romani Rotte sanguinosissime alle Trebbie, al Trasimeno, ed a Canne. Nella Guerra Sociale mancarono più Consoli, oltre i Soldati in gran numero. Nella Guerra Servile Roma vide *Spartaco* alle sue Porte. Nelle Discordie civili trà *Mario* e *Silla*, trà *Pompeo* e *Cesare*, trà *Antonio* ed *Ottaviano* il fiore della Nobiltà Romana restò abbattuto dal furor baccante de sollevati: e con tutto ciò i Numi titolari della Republica ne se ne mossero a pietà, ne le diedero verun soccorso. Onde se in questi ed in mille altri mali i loro Dei non si presero pena alcuna di quella Città; nè tampoco l'avrebbero fatto nella venuta de Goti in Italia, se perallora si fossero trovati in venerazione presso i Romani.

VII. E, lasciando tanti altri argomenti, che il Santo adduce sù questo particolare in quei suoi Libri; fa egli veder chiaramente, che, col seguire la Cristiana Religione, i Monarchi si resero felici, e rinomati nel Mondo

H 2

e tra

(a) Sant'Agostino lib. 3. de Civ. Dei cap. 8. „ *Queramus* si placet, ex „ tanta Deorum turba, quam Romani colebant, quem potissimam, vel quos „ Deos credant illud Imperium dilatasse, atque servasse? . . . Non „ potuerunt unam Segetiam talem invenire, cui semel Segetes commenda„ rent, sed sata Frumenta, quandiu sub terra essent, praepositam volue„ runt habere Deam Sejam. Cùm verò jam essent super terram, & sege„ tem facerent, Deam Segetiam. Frumentis verò collectis, atque recon„ ditis, ut tutò servarentur, Deam Tutiliam praeposuerunt . . . „ Praefecerunt Proserpinam Frumentis germinantibus: Geniculis Nodisque „ culmorum, Nodotum: involumentis Folliculorum Deam Volutinam. Cùm „ Folliculi patescerent, ut spica exeat; Deam Patelenam: Cùm segetes „ novis aristis aequarentur, Deam Hostilinam. Florentibus frumentis Deam „ Floram, lactantibus Deam Lacturnam, maturescentibus Deam Maturam. „ Cum runcantur, Deam Runcinam. Nec omnia commemoro, quia me „ piget quod illos non pudet. Haec autem paucissima ideo dixi; ut intelligatur, „ nullo modo eos dicere audere, ista Numina Imperium constituisse, auxisse, „ conservasse Romanum, quae ita suis adhibebantur officiis; ut nihil uni„ versùm uni alicui *committeretur*.

e tra gli altri esempj, rapporta la felicità di *Costantino* (a), e di *Teodosio* il Grande: Prencipi amendue benemeriti della Cattolica Religione, e delle Cristiane Leggi.

VIII. Quindi bisogna conchiudere, che la Cristiana Religione sia il sostegno delle terrene Monarchie, e non già il loro distruggimento. E perciò il Santo colloca la soda felicità nel vero Culto divino, come prima di lui ve l'avea riposta il Real Profeta (b), esortando i Prencipi a riverire e servire il vero Dio. Così pure lo fan conoscere *San Cirillo* (c), e lo stesso *Teodosio* nella sua Pistola a Padri del Concilio Efesino presso 'l Cardinal *Baronio* (d). E Papa *Gelasio*, scrivendo ad *Andromaco* Senatore, come

(a) Sant' Agostino lib. 5. cap. 24. , *Felices* Imperatores dicimus, si
" juste imperant ; si suam potestatem ad Dei cultum maximè dilatandum
" Majestati ejus famulam faciunt ; si Deum timent , diligunt , & colunt .
" . . . . Tales Christianos Imperatores dicimus esse felices . . . .
" CONSTANTINUM Imperatorem, non supplicantem Dæmonibus , sed
" verum Deum colentem, tantis terrenis etiam implevit muneribus, quan-
" ta optare nullus auderet . Cui etiam condere Civitatem , Romano Impe-
" rio sociam , veluti ipsius Romæ filiam , sed sine aliquo Dæmonum Tem-
" plo , Simulacroque, concessit . Diù imperavit , universum Orbem Roma-
" num unus Augustus tenuit , & defendit . In administrandis , & gerendis
" Bellis , victoriosissimus fuit . In Tyrannis opprimendis, per omnia prospe-
" ratus est . Grandevus, ægritudine , & senectute mortuus est . Filios Im-
" peratores reliquit . . . . . THEODOSIUS , piissimus Augustus , Eu-
" genium (qui in illius Imperatoris locum non legitimè fuerat subroga-
" tus), fide certus, oppressit : contra cujus robustissimum Exercitum magis
" orando, quàm feriendo pugnavit . . . . Unde & Poeta Claudianus,
" quamvis à Christi nomine alienus, in ejus tamen laudibus dixit .

     O nimium dilecte Deo, cui fuit ab Astris
     Se Jovis armatus vehemens : tibi militat Æther ,
     Et conjurati veniunt ad Classica Venti .

" Initio Imperii sui non quievit justissimis , & misericordiosissimis Legibus
" adversus impios laboranti Ecclesiæ subvenire , quam Valens hæreticus ,
" favens Arianis , vehementer afflixerat . Simulacra Gentium ubique ever-
" tenda, præcepit .

(b) Psalm. 2. vers. 10. *Et nunc, Reges, intelligite : erudiemini, qui judicatis terram : servite Domino in timore , & exultate ei cum tremore.*

(c) San Cirillo Alessandrino , de recta in Deum fide : *Eximia in Deum pietas inconcussum robur Regiæ dignitatis existit.*

(d) Teodosio Imperadore apud Baronium ad Annum 449. *Catholicam verò Fidem firmissimam, & inconcussam custodiri disponite , quoniam nostra omnis spes est ; & NOSTRI IMPERII FIRMITAS EX CATHOLICA FIDE PENDET .*

me appo il medesimo Porporato (a) , il dice, che per causa de Giuochi Lupercali (che bramava estirpati da Roma)era gita in precipizio la Romana Monarchia .

IX.   Rispondendo a ciò che asserisce l' Autore della *Storia Civile* intorno alla Felicità proveniente dalla antica Giurisprudenza Romana , alla quale vuol egli che la Cristiana Religione sia stato di pregiudizio ; non saprei come dar principio : peroche la dilui assertiva fu fondata perlopiù in un inviluppo di parole , ripugnanti anche tra loro : presupponendo egli (tra le altre cose) che la Città delle nostre Regioni fussero vissute libere ne' tempi , che precedarono *Costantino* , e che sembrarono piccioli simulacri della Repubblica Romana , vivendo da se , e colle proprie Leggi . Quando che *Augusto* l' avea già tolta ogni Libertà , e l' uso di Leggi proprie , come fu detto nel Capo 2. del Libro 2. E poi non può capirsi quale grande felicità potè arrecare al Mondo l' antica Giurisprudenza Romana , e quale nocumento le apportò la Religion Cristiana , abbracciata da quel' pietoso Imperadore ; quando le Leggi degli Autori Gentili non solo furono in vigore in tempo di *Costantino* , ma anche a nostri giorni si leggono ne' Codici , e ne' Digesti , e si osservano da' Giureconsulti . Quando per l' opposto egli (b) riprende l' Imperadore *Teodosio* il Giovane , perche inserì nel suo Codice molte Costituzioni di Autori Gentili , dicendo : *Non dèe passar sotto silenzio quello gravissimo errore , e difetto , da non condonarsi a Teodosio , Principe Cristiano, DI AVER ANCHE IN ESSO MOLTE LEGGI EMPIE , ED ALLA RELIGIONE IN TUTTO OPPOSTE , INSERITE . . . . . Come potrà condonarseli di aver quivi inserite le leggi 4. e 6. di Giuliano de Sepulchris violatis ; che son piene di superstizione , e Gentilesmo ? Come la legge 2. de Paganis di Costantino , e l' altra di Valentiniano il Vecchio , come la 2. 3. 9. de Maleficis , & Mathematicis.*

X.   Aggiungasi a tutto ciò , che la maggior parte delle Leggi , che *Costantino* promulgò in favore della Cristiana Religione , e che l' Autore della *Storia Civile* presuppone contrarie alla Giurisprudenza degli antichi Romani ; si riduce , in aver egli banditi gli *Aruspici* ; tolte le pene contro il *Celibato* ; interdetto il *Ratto* delle Vergini , e l' uso di *Venere* vaga ; posto freno al *Concubinato* ; accresciute le *Feste* nella Chiesa ; e dato a' Fedeli il permesso di lasciare i loro *Averi* a Sagri Templi , come il medesimo *Giannone* (c) rapporta , col dire : ,, *La nuova* Religione , abbracciata da lui ,, con ardore , lo spinse a proibire in Roma (che fu la Città più attacca- ,, ta alle superstizioni dell' antica sua Religione) che gli *Aruspici* potessero ,, privatamente presaggire de futuri avvenimenti . . . . . Stabilì con più ,, tenace nodo la Santità de *Sponsali* , e delle *Nozze* . Abolì le pene del ,, *Celibato* . . . . . Seguendo i dettami di questa novella Religione ,, fu

(a) Gelasio Papa apud eundem ad Annum 496. *Ideo hæc ipsa Imperia defecerunt ; ideo Nomen Romanum , non remotis etiam Lupercalibus , usque ad extremum quoque pervenit . Et ideo nunc removenda suadeo .*

(b) Pietro Giannone Tom. I. pag. 124.

(c) Lo stesso Tom. I. Hist. Civil. pag. 202.

,, fu terribile co' *Rapitori* delle Vergini , e con coloro che , sprezzando
,, la Santità delle *Nozze* , si dilettavano di *Venere vaga* . Pose freno al
,, *Concubinato* , vietò qualsivoglia *Opera* nel dì di Domenica; e, secondo il
,, nuovo Rito della Chiesa , rendè *feriati* altri Giorni , che prima non era-
,, no . . . . . Concedè a tutti licenza , che liberamente potessero *la-*
,, *sciare* alla Chiesa per Testamento ciò ch' essi *voleano* .

XI. Ecco il male che fece *Costantino* . Nè sà capirsi qual *Felicità* si
avesse potuto mai godere nelle antiche costumanze , abolite dalle divisate
Leggi ; quandoche gli *Augurj* non erano creduti ne pur da' Gentili (come
fu dimostrato nel Libro 5. del Tomo II. al *Numero* 35. del Capo 6. , ed
Afianatte , antico Poeta , presso *Marco Varrone* (a) lo confessa con libertà .
Il nodo de *Matrimonj* per 500. anni fu indissolubile appo i Romani , senza ammettersi tra essi il Ripudio , giusta il rapporto fattone nel Libro 14,
del Tomo II. al *Numero* 6. del Capo 3 . E quantunque il *Celibato* fusse stato proibito sotto gravissime pene presso di loro , come si ragguaglió nel luogo anzidetto al *Numero* 2. del Capo 2. nientedimeno (come ivi si soggiunse) tutto ciò era drizzato ad un fine necessario di popolare la Repubblica . Dove poi questa fu popolata in maniera , che la moltitudine riu-
sciva di peso ; non fu male alcuno il permettere il *Celibato* : quando non
si volesse alzar la mira più alta , ed uniformarsi al Vangelo , che deve
essere lo scopo di un Principe Cristiano .

XII. Il *Ratto* delle Vergini era proibito anche dalle Leggi delle dodici *Tavole* (b) ; e Roma non volle mai aver per onesto il *Ratto* delle Donne Sabine , come si pose in chiaro nel detto Libro 14. del Tomo II. al
Numero 6. del Capo 2. Anche la *Venere vaga* fu proibita presso i Gentili ,
secondo *Orazio* (c) , e spezialmente presso i Crotoniati per Legge di *Pi-*
tagora , come abbiam da *Jamblico* (d) . Loche pure dir si debbe del semplice *Concubinato* , secondo queltanto che diffusamente si vide nel luogo
teste additato dal *Numero* 7. in poi del Capo 2. Ne giorni di Festa eziandio
i Romani vacavano da ogni opera , come fu dimostrato nel Libro 6. del
Tomo II. al *Numero* 10. del Capo 1. e lo afferma anche *Tullio* (e) : essendo state innumerabili le Feste de Gentili , come nel luogo anzidetto al
Paragrafo secondo , e terzo fu bastantemente chiarito . Anzi i Tarantini ,
al

(a) Marco Varrone lib. 5. de Ling. Latin.
Nihil credo Auguribus , qui aures verbis detinent
Alienas , suas verò ut locupletent domos .
(b) Leggi delle Dodici Tavole : *Vim ingenue Virgini inferre , aut eam*
suasione in suam sententiam trahere , caveto .
(c) Orazio de Arte Poetica.
. . . . . *Fuit hæc Sapientia quondam ,*
Concubitu prohibere vago , dare jura maritis .
(d) Jamblico in Vita Pythagoræ : *Pythagoras Crotoniates à pellicum ,*
& illegitimarum mulierum consuetudine abduxisse .
(e) Tullio lib. 2. de Legibus cap. 8. *Feriarum , festumque dierum ra-*
tio in Liberis requiem habebat litium , in Servis operum , & laborum .

al dire di *Strabone* (*a*), aveano più giorni festivi, che giorni di lavoro. Era anche in uso appo i Gentili il lasciare i beni loro a' Tempj per via di Testamento, come pur fu soggiunto ivi al *Numero* 17. del *Capitolo* 5. Siche, a un bel vedere, resta chiarito appieno, che la Cristiana Religione abbracciata con fervore da *Costantino*, niun danno arrecò alla felicità de' Romani antichi, checche in contrario altri ne senta. E sia ciò detto a solo fine di non inferir pregiudizio alla pietà di un Monarca tanto benemerito di nostra S. Fede.

LIBRO TERZO.

Del Regno de' Goti.

FRa gli altri Barbari, che vennero in Italia, e cagionarono la caduta dell' Impero Latino, vi furono anche i *Goti*, che poi vi fondarono il loro Regno, come toccossi nell' antecedente Libro al *Numero* 13. del *Capitolo* 2. E perche questi s'inoltrarono anche nelle nostre Regioni, e ne ottennero per lunga pezza la Signoria, fa mestieri ragionare qui di essi, descrivendo quanto fecero appo noi, senza che ci intrichiamo nelle Guerre, che ebbero con Greci e con altri Popoli fuori delle nostre Provincie, comeche non appartenenti al nostro istituto. E quindi compartiremo il Libro presente in quattro Capi. Primo, *Dell' Origine de' Goti, e de' loro Monarchi in Italia.* Secondo, *Delle Conquiste che essi fecero nelle nostre Regioni; e delle Guerre con Greci nella Città di Napoli.* Terzo, *Delle Guerre, che ebbero con è stesso Greci in varj nostri Luoghi.* Quarto, *Del Governo, e Polizia Gotica in queste Regioni.*

CAPITOLO PRIMO.

Dell' Origine de' Goti, e de' loro Monarchi in Italia.

I. DUe Punti comprende il Capitolo presente; uno, che riguarda l' *Origine de' Goti*, e l'altro, che si aggira intorno a loro *Monarchi*. Onde per maneggiar l'uno e l'altro con chiarezza, divideremo in due Paragrafi il presente Capitolo.

PA-

(*a*) Strabone lib. 6. *Postmodum, Luxus admodum apud eos invaluit ob res secundas; itaut*, PLURES PUBLICAS FESTIVITATES PER ANNUM CELEBRARENT TARENTINI, *quàm reliqui essent dies.*

PARAGRAFO PRIMO.

Dell' Origine de Goti.

II. TUtti gli Autori tra loro convengono, che i *Goti* di cui favelliamo, col nome di *Geti* si distinsero anticamente dagli altri Popoli: e poi coll' andar degli anni si corruppe questa Voce, ed invece di *Geti*, si dissero *Goti*. Così afferma *Sparziano* (a); così asseriscono *Paolo Orosio* (b) e *San Girolamo* (c); e *Lodovico Vives* (d) lo conferma colla comune degli antichi Scrittori. Ancorche *Vgone Grozio* (e) sia di parere, che que' Popoli conseguissero per la loro *bontà* un cotal nome appo i Germani.

II. Han voluto alcuni, che i *Geti* si nominassero tali della Città di *Get* in Palestina, tra *Geza* ed *Ascalona* (chiamata oggi volgarmente *Ibelim*): uno de' Luoghi primarj, che aveano i Filistei, di dove uscì il Gigante *Golia*, come abbiamo dal Libro primo de Regi (f). Ma perche *Strabone, Pomponio Mela*, ed altri antichi Giografi collocano in Europa questi Popoli, e non già nell'Asia; la comun opinione vuole, che la di loro Regione fusse stata nell'Oceano Germanico intorno alla Sarmazia nella parte Superiore di Europa, e ne' confini della Dania dove ora sono la Novergia, la Svezia, e la Gozia secondo *Lodovico Vives* (g): benche Filippo

(a) Sparziano in Vita Aureliani: *Getas dictos fuisse, qui postea Gotbi appellati sunt*

(b) Paolo Orosio in Historia: *Getæ, qui & nunc Gotbi: quos Alexander evitandos pronunciavit; Pyrrhus exhorruit; Cæsar etiam declinavit: relictis vacuèque factis sedibus, ac totis viribus tuti, Romanas ingressi Provincias.*

(c) San Girolamo in Quæst. Hebraic. cap. 10. *Gotbos ab eruditis, Getas nominatos esse, invenio.*

(d) Lodovico Vives in Exord. Sanct. August. de Civ. Dei: *Primum omnium fere video constare, quos posterior ætas Gothos, priorem Getas nuncupasse: sic Rutilius, & Claudius Poeta, cùm de Gotbis loquuntur, Getas semper eos nominant.*

(e) Ugone Grozio in Histor. Gothor. *Boni Germanis sunt Goten, aut Guten.*

(f) 1. Regum 17. vers. 4. *Et egressus est vir spurius de castris Philistinorum nomine Goliath de Getb.*

(g) Lodovico Vivos loc. cit. *Getæ verò sunt, qui circa Istrum Fluvium habitant, ut Autores sunt Strabo, Mela, Plinius, & alii: latèque Regionem possident incultam, magna parte ex rigoribus immitem, tenentque ulteriora Istri & Scytbiam, & citeriora ad Thraciam (ubi Thomus, Ovidii Votis exilio clara: qui se apud Getas agere non semel in Tristibus, & Ponto scribit): tum Mediterranea occupant Germaniam versus, & Istri son-*

lippo Ferraro (a) voglia la Gozia più vicino alla Svezia, che alla Norvergia. *Ambrogio Calepino* (b) però è di parere, che fuffero flati nella Scizia: il che fi niega da *Pandolfo Collenuccio*, che dice : ,, *I Gotti furon*
,, detti antichiffimamente Geti ; benche da molti Scrittori fieno detti *Sci-*
,, *ti* per origine . Nondimeno fecondo le vere defcrizioni de Geografi, ef-
,, fendo la loro origine in Europa , non poffono effere Sciti, che fono di
,, nazione Afiatica . Perciocche ufcirono d'un Paefe detto Scandia da Gre-
,, ci, Gozia dagl' Italiani, da molti Latini Hiftorici *Scandinavia*, e da Te-
,, defchi *Gotthlant*, che in loro Lingua fuona di *Gotti Terra*, ed è nell'
,, Oceano Germanico all'incontro di Sarmazia di quà del Fiume Tanai, ter-
,, mino dell'Europa, e dell'Afia per grande fpazio. In ambiguo , fe dee
,, effere nominata Ifola, o Penifola : perche fi tiene per una lingua, o ve-
,, ro braccio di Terra affai ftretto con Svezia overo Norvergia: e fecondo il
,, fluffo del Mare fi cuopre , & fi difcuopre quella lingua, in modo che
,, ora pare Ifola, & ora Penifola, & è più del tempo Penifola, per lo giac-
,, cio, che ftringe l'acque di fopra, che fon baffe, che par che effa fia
,, Terra concavata .

III. Quefte varie opinioni nonperò fi poffono conciliare tra effe, dicendo, che la Regione antica de Goti fi ftendea di quà e di là del Fiume
Tanai, ed in confeguenza fu in parte Afiatica, ed in parte Europea: giacche quel Fiume dviide l' Afia dall' Europa fecondo *Dionigio Africano* (c)
ed *Ambrogio Calepino* (d) . Se dunque la Gezia vien terminata dal Tanai,
che è Fiume della Scizia, e ferpeggiando va a fgravarfi nella Palude Meotide attaccata al Mar Nero ; con qualche fondamento dir fi puote, che i
Goti, o Geti fuffero Sciti di nazione. Maggiormenteche la Dacia (ove *Strabo-*
ne li colloca) era ne tempi trafandati la fteffa, che la Scizia Europea : quale
abbracciava la Vallachia d'oggidì, la Moldavia, e la Tranfilvania fino a' confini dell'Iftro, o fia Danubio, fecondo *Filippo Ferraro* (e).

Tom. III.   I   IV. Da

fontem . *Quos Strabo lib.* 7. *Dacos & olim Danos nominatos effe ait : cùm*
viciniores Ponto dicerentur à Græcis Getæ : eundemque utrifque Populis fer-
monem effe .

(a) Filippo Ferraro in Lexic, Geographic. *Gothia Svediæ feu Sveciæ*
potiùs contermina eft , quam Norvergiæ, & Daniæ . Gotbos autem alii à Scy-
thia Europæa profectos, & Getas priùs appellatos effe volunt .

(b) Ambrogio Calepino V. Gothia : *Gothia Regio Europæ, contermina*
Daniæ & Norvergiæ : ex qua Gotbi , immanes Populi , qui olim Italiam
armis fubegerunt , Romamque ipfam folo æquarunt , fuamque totum Orbem
invexerunt barbariem .

(c) Dionigio Africano in Periegefi .
Europam atque Afiam Tanaus difterminat Amnis.

(d) Ambrogio Calepino V. Tanais : *Tanais fluvius Scythiæ Afiam di-*
videns ab Europa, ferturque Nilo adversùs , inquit Strabo lib. 11.*, paulo*
tamen Orientalior : non folùm per Scythas in Meotim defluens , fed & per
Sauromatas .

(e) Filippo Ferraro loc. cit. *Dacia non folùm Vallachia eft , fed &*
Tranfilvania, & Moldavia : nàm in bas tres Provincias difpergitur.

IV. Da quanto finora si è detto, possiamo giustamente inferire, che sotto nome di *Goti* venivano anticamente tutti quei Popoli, che abitavano di quà, e di là del Fiume Tanai: con questo divario, che quei i quali soggiornavano ne' confini dell'Asia, furono detti *Sciti*, e *Geti*: e gli altri che albergavano più in quà, si dissero *Goti* propriamente: occupando le Regioni intorno alla Palude Meotide, cioè la Vallachia, la Moldavia, la Transilvania, la Svezia, la Sarmazia, o sia Polonia, ed altre Regioni lungo il Danubio, secondo *Ambrogio Calepino* (a). Dipoi i Geti ed i Sciti sortirono il nome di *Ostrogoti*, comeche più vicini all'Oriente; e gli altri Popoli quello di *Visigoti*, perche più verso Occidente. Benche coll'andar del tempo si confusero questi nomi, prendendosi per una stessa Gente i Goti, i Visigoti, e gli Ostrogoti, come osserva *Lodovico Vives* (b). Da questi poi si diramarono i *Vandali*, gli *Unni*, i *Cepi*, i *Rugi*, i *Neroli*, i *Quadi*, gli *Eroli* (o sieno *Turgilingi*) gli *Alani*, i *Longobardi*, i *Normanni* ed altri Popoli Settentrionali.

V. Tutti i divisati Popoli sotto nome di *Barbari* vengono descritti dagli Autori antichi e moderni, perche inculti nelle Lettere, aspri nella pronunzia, e feroci ne' portamenti, secondo *Ovidio* (c): (a differenza de' Greci e de' Latini, culti così nelle scienze e buone arti come nel parlare). E perciò *Orosio*, sovra nel *Numero* 1. dicea, che *Alessandro* si sfuggì, se ne schermì *Pirro*, e *Giulio Cesare* non volle con essi cimentarsi. Nati costoro in Regioni freddissime, in cui gli Abitatori viveano lungo tempo, gli Uomini erano robusti, e le Femine prolifiche; si moltiplicarono in sì gran numero, che non avendo da vivere (per essere sterile il Paese) si scacciavano l'uno l'altro, come nel Mare tempestoso un'Onda spinge l'altra con confusione e co' strepito. E quindi non contenti di avere tratto tratto occupate tutte le Regioni Settentrionali, cercarono inoltrarsi nella Provincia del Romano Impero. E perciò *Ottaviano Augusto*, prevedendo che essi un dì avrebbero oltrapassato il Danubio, ed inondata la Romana Monarchia, fortificò con quindici Legioni i vadi di quel Fiume, acciò non potessero passar più oltre, come dicea *Onofrio Panvinio*, citato nel Libro antecedente al *Numero* 3. del Capitolo 1. E subito che dette Legioni di là si ammessero, i Barbari cominciarono pian piano ad inoltrarsi in Europa: ed alla perfine fissarono la loro Sede nella nostra Italia, come fu detto.

VI. Dovendosi quì avertire, che sebbene i *Vandali* fussero passati dall'

Africa

(a) Ambrogio Calepino V. Ister. *Ister, Fluvius Europæ longè maximus: alio nomine DANUBIUS dicitur.*

(b) Lodovico Vives loc. cit. *Fama est, temporibus posterioribus Getas Ostrogothos esse dictos, Daces verò Visigotos patriis nominibus: quod hi Occidentem, ad Orientem illi magis spectarent. CONFUNDUNTUR TAMEN HÆ PLERVMQVE COGNOMINATIONES à rerum Scriptoribus non modò recensoribus, sed etiam antiquis.*

(c) Ovidio de Ponto.
Nulla Getis toto gens est truculentior Orbe.

Africa in Italia, chiamativi dall'Imperadrice *Eudossia* per vendicare la morte, che *Massimo* Tiranno avea data a *Valentiniano III.* suo primo Marito: (ed allora, dopo avere saccomessa la Città di Roma, predaron anche le noistre Provincie, come fu detto nel Libro 2. al *Numero* 11. del Capo 2.) con tutto ciò, anche costoro, come gli altri Barbari, conobbero da principio la loro origine nelle medesime Regioni Settentrionali, più sovra descritte. Avvengache tutti questi Mostri di fierezza, come capi serpentini, ripullularono da un Idra istessa: recisa più volte dal valore de Romani, ma non estinta. Uscirono dunque i Vandali dalla Germania Boreale, ove è di presente il *Meckelburgese*, al dire di *Filippo Ferraro* (a). Di quì passarono nelle Spagne, e vi occuparono l'Andalusia, che *Vandalusia* anticamente fu detta. Ma discacciati indi da *Atanulfo*, Re de Goti, successore di *Alarico*, e Marito di *Placida Galla*, Sorella di *Onorio* (come dicemmo nell'antecedente Libro al *Numero* 9. del Capitolo 2.) si ritirarono nell'Africa, e di là con *Genserico* passarono in Italia.

PARAGRAFO SECONDO.

De Monarchi Goti nell' Italia.

VII. PRemessa la contezza, che tutti i Barbari, calati in Italia, furono chiamati anticamente col nome generico di *Goti*, divisi indi in *Visigoti*, ed in *Ostrogoti*; e che da questi poi si diramarono le altre varie Nazioni sotto nomi diversi; trattandosi ora de loro Monarchi, i quali colle divisate Popolazioni in Italia fissarono la propria Sede; tutti li abbiamo collocati sotto un'istesso Titolo, col nome di Goti. Non ostante che *Odoacre* (il primo Monarca tra essi) fusse stato Re degli *Eroli*; e *Teodorico*, di lui successore, Re degli *Ostrogoti*. Conciossiache, il loro Nome (come si disse) anticamente fu uno commune a tutti; e gli altri Nomi furono come distintivi, o da qualche particolare circostanza di luogo, oppure da altro incidente. In quella guisa appunto, che uno è il Regno di Napoli, ed uno il Popolo, che l' abita: e con tutto ciò quei, che in esso ritrovansi, vengono compresi sotto varj Nomi, come di Campani, di Apruzzesi, di Lucani, di Pugliesi, e simili. Talche nominando i Napoletani, vengono comprese sotto tal nome tutte le divisate Nazioni del Regno.

VIII. Il *novero* di questi Monarchi si riduce a tredici da *Manuel Tesauro* nel suo Regno d'Italia: che sono *Alarico, Attila, Ricimedo, Genserico, Odoacre, Teodorico, Atalarico, Teodato, Vitige, Ildebaldo, Ararico, Totila, e Teja*. De quali tutti egli descrive brievemente la Vita, con frase

i 2   molto

(a) Filippo Ferraro in Lexico: *Vandalia Regio gemina est: Vandalia una in ora Germaniæ boreali, ubi nunc Meckelburg est Ducatus (unde Vandali Populi Tacito sub Ingevonibus in Hispanias, & demum in Africam penetrarunt.) Altera in Hispanica vulgò Andalusa.*

molto eroica. Ma, comeche *Alarico*, *Attila*, *Ricimedo*, e *Genferico*, fcorfero più tofto l' Italia, che la governarono, e ciò in tempo, che vi erano ancora gli Imperadori Latini; noi, lafciando di parte quefti quattro Preacipi, ragioneremo foltanto degli altri nove con la brevità più poffibile: incominciando da *Odoacre*, che difcacciò *Momillo Auguftolo* dal Trono.

IX. E priache ci accingiamo all' imprefa, fa duopo preventivamente, avvertire, che divenuti i Goti Padroni affoluti d' Italia, dopo avervi eftinto il nome dell' *Impero Latino*; effi collocarono la loro Reggia in Pavia; effendo allora la Città di Roma quafi deftrutta per il faccheggiamento di *Alarico*, e per le ftragi di *Genferico*. E ciò pur fecero, per non arrecar gelofia a *Zenone*, Imperadore d' Oriente, fe aveffero eletta Roma per loro Sede: concioffiacofache lo fteffo Imperadore avea animato *Teodorico* a paffare in Italia contro di *Odoacre*, come più innanzi foggiungeremo. Durò quefta Monarchia Gotica in Italia per lo fpazio di foli anni fettanta fette: cioè dall' anno 476, quando *Odoacre*, loro primo Re, difcaccionne *Momillo Auguftolo*; fino all' anno 553, allorche *Narfete*, Capitano dell' Imperador *Giuftiniano*, disfece, ed uccife il Re *Teja*, ultimo loro Principe: ed il nome di Goti affatto fpenfe in Italia. L' Epoca però di quefti pochi anni è molto confufa, e diverfamente vien notata dagli Autori, perche accaduta in quei Secoli ofcuri, quando non vi erano Lettere in Italia, e non vi fi trovarono Scrittori, che ne tramandaffero chiara, e diftinta la memoria a Pofteri.

Odoacre.

X. Il primo Re de Goti, che, come fi diffe, collocò in Italia la fua Reggia, fu *Odoacre*, Re de Turgilingi, o fieno Eroli (Popoli, che abitavano di là dal Danubio, ove è oggidì la Vallachia.) Egli, chiamato da Fautori, e da Parenti dell' Imperadore *Giulio* Nipote contro di *Orefte*, di lui Capitano (che dopo aver tradito, ed uccifo il fuo proprio Principe, avea innalzato ful Trono *Auguftolo* fuo figliuolo, come fi pofe in chiaro nel Libro precedente al *Numero* 15. del Capo 2.), tofto nell' anno 476. calò in Italia, dopo avere pofto in armi un poderofiffimo Efercito di Soldati, fuperftiti alla Rotta, che *Teodorico*, avea dato ad *Attila* in Catalogna. E dopo aver vinto, ed uccifo *Orefte* alle vicinanze di Pavia, donò per grazia la vita a *Momillo Auguftolo* di lui tenero figliuolo: quale racchiufe in un Caftello, come nel luogo anzidetto fi foggiunfe. Si crede certamente, che egli aveffe portate le fue Armi fino nelle noftre Provincie. Sì perche non avea Competitore, che li faceffe fronte; come altresì per aver mandato *Momillo Auguftolo* in arrefto nel Caftello Lucullano. Cofa, che egli non averebbe fatto, fe la Campagna non fuffe ftata fottopofta alla fua divozione, come meglio fpiegaremo nel Capitolo feguente.

XI. Non ebbe però lunga durata il Regno di *Odoacre* in Italia: perche nell' anno 489. fovravenendovi *Teodorico*, in tre Giornate campali lo vinfe,

fe , e lo disfece, fecondo *Caffiodoro* (a) . E dopo averlo tenuto tre anni riftretto di affedio in Pavia , l' ebbe finalmente prigioniero di Guerra , e lo
fece il dì vegnente morire, con un altro fuo figliuolo : non oftanteche ,
altramenti aveffe con lui convenuto , come da varj Scrittori lo rapporta ;l
Summonte (b) , col dire : ,, *Nell'* anno 492. paffò Teodorico di Pannoni a
,, in Italia, e con la forza del fuo Efercito, ruppe in tre Battaglie l' Inimi-
,, co : l' una al Fiume Lifozio , non molto lungi d' Aquilea: l' altra nella
,, Campagna di Verona, la terza nel 491. preffo Ravenna, dove Odoacre era
,, fuggito. Or, Teodorico, avendo affediato Ravenna, facea ogni sforzo di
,, efpugnarla ; e non potendo ottenerla, per la fua gran fortezza , continuan-e
,, do l' Affedio, Odoacre vinto dalla fame, a 14. Agofto del 493. fe li ref
,, fotto certi Patti : e nel giorno feguente , contro la fede, che gli diede
,, lo fe infieme col figliuolo *morire*. Talche il Governo di *Odoacre* in Italia
fu di fedici in diecefette anni, comprefivi i tre anni di Affedio, che fof-
ferfe in Ravenna : cioè dall' anno 476. all' anno 492. fecondo *Caffiodoro* : ov-
vera fino all' anno 493. , fecondo il *Platina* , ed il rapportato *Summonte*.

Teodorico.

XII. Il fecondo Re de Goti fu *Teodorico*, figliuolo di *Wimondo*, da loro
affunto al Trono in Tracia , allorquando fi ribellarono ad *Arcadio* , come
fu detto nel Libro antecedente al *Numero* 6. del Capitolo 2. Egli dunque
chiamato dall' Imperador *Zenone* nella Città di Coftantinopoli , fù deco-
rato colla dignità Confolare ; e col titolo di Patrizio. Anzi fu adottato
per figlio da Cefare, e fu animato dal medefimo a paffare in Italia co'fuoi
Oftrogoti, per abbattervi la tracotanza di *Odoacre*, che facea fofpirare quei
Popoli fotto 'l giogo prefente di fua tirannia. Dandoli con ciò la piena
facoltà d' impadronirfi d' Italia, fenza che egli ne concepiffe gelofia veruna, come rapportano *Procopio* (c) ed *Agazia* (d) . (E ciò con fovra-
fina prudenza, ad ogetto di tenerlo lontano dall' Impero di Coftantinopoli,

in

(a) Caffiodero in Cronicon : *Anno 489. feliciffimus , atque fortiffimus
Dominus nofter Theodoricus intravit Italiam : cui Odoacer ad Ifontium Pugnam parans ; victus cum tota Gente , fugatus eft . Eodem anno , repetito
conflictu Verona ; vincitur Odoacer.*
(b) Summonte Tom. I. pag. 360.
(c) Procopio lib. 1. Bell. Goth. ,, *At Zeno Imperator , gnarus rebus*
,, *uti , ut dabant tempora ; Theodorico hortatur , ut in Italiam iret : Odoa-*
,, *croque devicto, fibi ipfi, ac Gothis pararet Occidentis Regnum. Quippe*
,, *fatius homini , in Senatum allecto , Romæ atque Italis imperare , inva-*
,, *fore pulfo , quàm arma in Imperatorem cum periculo experiri.*
(d) Agazia lib. 1. ,, *Cùm tamen Theodoricus, non ipfis Gothis volentibus ,*
,, *fed Zenonis quondam Imperatoris conceffu , veniffet in Italiam , neque Ro-*
,, *manis eam abftuliffet , qui pridem eam amiferant ; fed, pulfo Odoacre ,*
,, *invafore peregrino, Belli jure quæfiviffet quæcumque ille poffederat.*

in cui facea temere di qualche violenza. Cheperò *Teodorico*, ragunata_ tutta la sua Gente, una colle loro Mogli, e figliuoli, e colle loro Masserizie, girò per terra tutto 'l Seno del Jonio; e per il Paese de Taolazi passando per l' Illirico, pervenne nella Pannonia (vale a dire in Ungheria): di dove passò poi in Italia, e vi oppresse *Odoacre*.

XIII. Divenuto *Teodorico* libero Signore d' Italia; si contentò godersela col semplice vocabolo di *Re*: con qual nome appunto presso i Goti si chiamavano i Capitani, giusta il rapporto di *Giulio Cesare Capaccio* (*a*). Avendo ricusato il titolo d'Imperadore, per non dar ombra a *Zenone*, (e perciò *Regno d' Italia* fu detta questa Monarchia, sotto i Goti). Avendone egli dilatati dipoi i confini coll' acquisto della Sicilia, della Dalmazia, della Liburia, dell' Illirico, della Gallia Narbonese, e della Borgogna. Strinse intanto ligame di parentela con *Clodoveo*, Re di Francia con impalmare *Andeslenda*, di lui figliuola. Avendo data parimente una sua figlia per Isposa ad *Onorio*, Re de Vandali; ed una sua sorella ad *Alarico* Re de Visigoti, al dire di *Platina* (*b*). E quindi, reso con ciò sicuro dagli attentati de suoi nimici, e rivali, si pose ad ornare con varj Edificj la Città di Roma, non ostante che facesse dimora in Ravenna.

XIV. La Città di Napoli fu decorata col titolo di *Contea* da questo Principe, e fortificata con buon numero di Soldati, come da i di lui Diplomi, da noi trascritti nel Libro I. al *Numero* 25. e seguenti del Capo 5. Mostrò egli ancora la sua pietà verso la Campagna Felice, allorche il Monte Vesuvio nell'anno 512. ne ricoverse colle sue ceneri buona parte: ordinando a *Fausto* Pretore, che esentasse quei Popoli dagli ordinarj Tributi, siccome leggesi presso *Cassiodoro* (*c*), e *Carlo Sigonio* (*d*). All' in-
con-

(a) *Giulio Cesare Capaccio* in Histor. Neapol. lib. I. cap. 10. „ *Interim Zeno, Orientis Imperator, qui permiserat Gothis, ut Thraciam incolerent; cum animadverteret, Barbaros contra Romanos facilè arma capturos; dato eis Duce Theodorico, Patricio viro, & Consulari, quem sibi in filium adoptaverat; ut Italiam peterent hortatus est: captoque Odoacre Tyranno, Hesperiæ Principatu potirentur. Theodoricus, Imperatoris monitu, cum Gothis in Italiam venit. Ostrogothi dicebantur hujusmodi Gothi, qui Orientem versus habitabant . . . . Sed, Odoacre trucidato, Theodoricus, hostium sibi animis conciliatis, Gothis, & Italis solus imperavit. Sed, nè in invidiam adduceretur; Imperatoris Insignibus rejectis; REX MALUIT APPELLARI; QUO NOMINE SUOS BARBARI DUCES APPELLABANT.*

(b) *Platina* in Vita Felicis Papæ III. & Gelasii I.

(c) *Cassiodoro* lib. 4. Epist. 50. *Campani, Vesuvii Montis hostilitate vastati, Clementiæ nostræ lacrymas profuderunt, ut, Agrorum fructibus exuati, subleventur onere tributariæ solutionis. Quapropter &c.*

(d) *Carlo Sigonio* de Regno Italiæ, ad Annum 512. *Symmacho Patricio Theatrum restaurandum, quo magna se mole solverat, commisit: & Campanis, quorum Agrum Vesuvius Mons exæstuans prævastaverat, Tributum remisit.*

contro i Napoletani , per contrasegno di gratitudine , alzarono l'Imagine di questo Monarca nella loro Città : la quale perche composta di Mosaico, tratto tratto si scastrava dal muro , allorche a Goti sovrastava qualche disgrazia , se *Procopio* (*a*) ci dice il vero .

XV. Regnò *Teodorico* per lo spazio di quaranta anni continui , che furono dal 493. di nostra Salute all' anno 533. Sorpreso indi da incurabile dissenteria, cesò di vivere. Fu egli Arriano di Religione , empio Perseguitore della Chiesa , e de' Cattolici (spezialmente di Papa *Giovanni* I. che fe morire in una Carcere) ; crudele con *Severino Boezio* , fatto ingiustamente dicapitare , una con *Simmaco* Patrizio ; e mancator di fede con *Odoacre* , Re degli Eroli , il quale dopo avergli a patti di Guerra aperte le Porte di Ravenna ; contro ogni legge , il dì vegnente lo fece miseramente trucidare. E perciò la di lui Vita viene molto biasimata da *Agnello* Abate di Santa Maria in Blachernas (*b*) : trascritto dal *Muratori* sul principio del Tomo I. L'Autore però della *Storia Civile* (*c*) lo colma di molte lodi, tanto riguardo al Politico , quanto rispetto al Morale , dicendo : *Fu veramente Teodorico di tutte quelle rare , e nobili Virtù ornato , che fusse mai qualunque altro più eccellente Principe , che vantassero tutti Secoli. Per la* SUA PIETA' E CULTO AL VERO DIO *fu con immense lodi celebrato da Ennodio , Cattolico Vescovo di Pavia.* Attribuendo egli l' Eresia di questo Principe a *Valente* Imperadore, che lo fece istruire da Maestri Arriani ; e rifondando a motivi politici la Tirannia contro della Cattolica Religione , e da
no.

(*a*) Procopio lib. 1. Bell. Gothic. cap. 24. „ Hoc interim spatio, Neapoli res hujusmodi contigit. In Foro visebatur Theodorici , Gothorum „ Regis Effigies , ex lapillis compacta , minutis admodum , & versicoloribus fere singulis. Hujus caput olim, vivente Theodorico, defluit, turbatis sponte sedibus lapillorum : ac brevi consequutus est Theodorici „ obitus. Octo post annis, dilapsis repente calculis , qui Imaginis ventrem „ conflabant ; decessit statim Atalaricus , Theodorici nepos ex filia. Aliquanto post , ceciderunt lapilli, qui circa verenda erant. Tum inter homines esse desiit Theodorici filia Amalasuntha. Quae cum ita se habuissent ; Gothis Romam obsidentibus , reliquae partes Imaginis à femoribus „ ad imos pedes corruerunt : itaque ex pariete Effigies prorsùs adolevit. „ Inde Romani , capto omine , belli victorem fore Imperatoris Exercitum „ asseverabant. Interpretantes, nihil esse aliud Theodorici pedes , nisi Gothos, quibus ille imperasset : unde meliorem in dies spem *capiebant*.

(*b*) Agnello Blachernense in Pontificali cap. 3. „ *Symmachus*, & *Boetius* Patritii , Theodorico jubente , carne propinqui , civesque Romani ; „ cum securibus capitibus amputati sunt. Et Joannes Papa Romanus, jussu Regis , Ravennam ductus , ab Theodorico coarctatus est , & tandiu detentus , quandiù mortuus , & infra carcere publico , in arca marmorea „ sepultus est. Theodoricus autem post trigintaquatuor annos Regni sui , „ coepit claudere Ecclesias Dei , & coarctare Christianos , & subito ven„ tris fluvium occurrens, *mortuus est*.

(*c*) Pietro Giannone Tom. I. pag. 213.

nobili Romani, col foggiugnere: ,, E fe bene, iftrutto nella Religione Cri-
,, ftiana, i fuoi Dottori glie l' aveffero renduta torbida, e contaminata col-
,, la peftilente Erefia d' Arrio, ficcome fecero a tutti i Goti; questa colpa
,, non a' Goti deve attribuirfi, ma a' Romani fteffi, e fpeaialmente all'Im-
,, peradore Valente, che, mandando ad iftruire questa Nazione nella Reli-
,, gione Criftiana, vi mandò Dottori Arriani . . . . . Sò, che alcuni
,, credono, effere queste tante Virtù di Teodorico bruttate dall' infidie, e
,, morte finalmente fatta dare ad Odoacre, e nell'ultimo di fua Vita d'
,, alcune crudeltà, cagionate per varj fofpetti del Regno fuo: con avere
,, ancora fatto morire Simmaco, e Boezio, fuo Genero, e Senatori . . .
,, Ma, fe vogliamo questi fatti attentamente confiderare; LA RAGION
,, DI STATO IL DIFENDE.

Atalarico.

XVI. Dopo la morte di *Teodorico* fenza Prole mafchile, fu eletto
per Re de Goti *Atalarico*, fanciullo di tenera età, nato da *Amalafunta*,
figliuola dello fteffo *Teodorico*, maritata ad *Eucario* nobile Oftrogoto.
Quefti regnò colla madre per otto anni, in tempo che le cofe tutte del
Regno erano tranquille: onde ebbe occafione di darfi in preda a tutti i
vizj: perloche i Goti lo privarono di vita; reftando *Amalafunta* fua
madre al governo del Regno. La quale poi, veggendo difperata nel fuo
Sangue la fucceffione della Monarchia, e mal contenta de fuoi Goti,
che l'aveano ucc[i]fo il figliuolo; cercò di foppiatto dare a *Giuftiniano* Imperadore l'Italia, ed ella ritirarfi in Coftantinopoli, fecondo *Giulio Cefare Capaccio* (a). Ancorche poi non fi faceffe di ciò cofa veruna: perche
come dice *Pietro Giannone* (b), l'Imperadrice *Teodora*, fofpettando che'l
Marito un giorno non aveffe da preporre gli amori di *Amalafunta* a i fuoi;
cercò che ella fi rimaritaffe con *Teodato*. Loche riufcì di piacere anche a i
Goti, che fi erano avveduti de' difegni della Regina.

Teodato.

XVII. Priva, come fi diffe, *Amalafunta* del genitore, del figlio, e
dello fpofo, prefe in feconde nozze per confone *Teodato* nobile Oftrogoto, perito nella Lingua Greca e Latina, e nella Filofofia Platonica:
avendo egli anche compofta la Storia de fuoi tempi, per effere ftato in di-
ver-

(a) Giulio Cefare Capaccio Hiftor. Neapol. lib. 1. cap. 20. *Poft mortem Theodorici, inauguratus eft Atalaricus, ex ejus filia Amalafunta nepos: puer juvenis, lafciviis immerfus, ac vita tandem privatus; Amalafunta
convenit cum Juftiniano fe Bizantium profecturam, & Italiam illi ceffu-
ram, quod non adimplevit.*
(b) Pietro Giannone Tom. I. pag. 200.

verfe Battaglie fotto di *Teodorico*. Or prevedendo *Amalafunta*; che trà breve farebbero inforte Guerre nel fuo Regno con *Giuftiniano* Imperadore (il quale avea già fiffata la mira fovra l'Italia), credè di efferfi proveduta di uno ottimo Capitano per foftenerne le ragioni. Ma il fuo difegno andò fallito: perche *Teodato*, datofi ad una Vita infingarda e diffoluta; per non fentire le rampogne della Conforte, con deteftabile ingratitudine la relegò in un Ifoletta, dentro il Lago di Bolfena, ove poco indi permife, che per mano de' fuoi nimici reftaffe priva di vita.

XVIII. Non andò guari però, che la crudeltà di *Teodato* reftò fulminato dal Cielo: peroche afpirando *Giuftiniano* alla conquifta d'Italia, quivi fpinfe *Belifario* con poderofo Efercito; il quale in primo luogo pofe l'Affedio alla Città di Napoli, come Fortezza di maggior confiderazione nelle Frontiere d'Italia. Ed avendola efpugnata, (non oftante il prefidio di ottocento Soldati Goti, che vi era dentro, fenza la Milizia urbana, ed una quantità di Giudei, che la difendeano)i Goti videro le cofe loro ridotte a mal partito. Che però non fidandofi punto alla condotta di *Teodato*; ragunatifi in un pubblico Parlamento, lo dipofero dal Trono, ed in fua vece prefcelfero *Vitige*, Soldato di maggior fenno e coraggio. Il che intefo da *Teodato*; cercò egli metterfi in falvo nella Città di Ravenna. Ma *Vitige* fpingendoli appreffo *Ottari* accorto Capitano; quelli lo raggiunfe nel camino, e di propria mano lo fvenò, dopo di aver regnato tre anni, al dire di *Procopio* (a).

Vitige.

XIX. Eletto *Vitige* in luogo di *Teodato* in quinto Re de Goti, non durò molto nel Regno: perche *Belifario* dopo l'efpugnazione di Napoli, per dritto fi portò in Roma, e la cinfe d'Affedio. E volendofeli *Vitige* opporre, li fu bifogno di venire a giornata Campale con quello; e nel fatto d'armi il Re Goto reftò prigioniero, con *Matafuenda* fua Moglie: e fu condotto da *Belifario* a Coftantinopoli in trionfo nel primo anno del fuo Regno.

Tom. III. X Ilde-

(a) Procopio lib. 1. cap. 10. „ *Gothi*, congregati apud Regetam (180. „ ftadiis diftat à Roma Regeta) fibi Italifque Regem eligunt Vitigem, „ virum haud illuftri quidem loco natum, fed clariffimum preliis ad Sir- „ mium antea editis. His Theodatus auditis, præcipiti fuga Ravennam „ petiit. Mox Vitigis Optarin, natione Gothum, inftare jubet, & Theoda- „ tum adducere feu vivum feu mortuum. Quam in rem Optaris & ani- „ mo fuo, & Vitigi obfequens; totum fe ad infequendum Theodatum „ lubentiffimè contulit, neque diem, neque noctem intermittens, donec il- „ lum affecutus in via, affixit humi, ac refupinum, inftar victimæ, ju- „ gulavit. Funeftum hunc habuit Theodatus exitum & vitæ & Regni; hoc „ per tres annos *potitus*.

Ildebaldo.

XX. Gitone *Vitige* in Coftantinopoli, i Goti pretefero eliggere in loro Principe *Uraja*, nipote del già incarcerato Monarca. Ma quefti lo ricusò, facendo con dotta orazione lor comprendere, che ciò a lui non conveniva, vivente ancora *Vitige* fuo zio ; e che per gli ftefsi Goti non era efpediente : perche *Belifario*, fdegnato contro di coftui, avrebbe rivolto contro di se le fue armi, ritornando per la feconda volta in Italia. Laonde mofsi coloro da sì efficace ragionamento, eleffero *Ildebaldo* in fua vece, giufta il racconto, che ne fà *Procopio* (a). Regnò quefto nuovo Principe due foli anni in Italia ; ucciso da fuoi nell'atto, che ftava definando : degna pena della morte, fatta dare ad *Uraja*, a fola iftanza di fua moglie. La quale trovandofi privatamente in un bagno, vi vide venire con pompa quafi regale la moglie del menzionato *Uraja*. Perloche, ingelofitafi ella di coftei, oprò tanto preffo il fuo fpofo che quefti fe privar di vita *Uraja* : del che fdegnati i fautori di colui, uccifero *Ildebaldo* nel modo già detto, come fegue a raccontare il medefimo *Procopio* (b).

Erarico.

XXI. Seguita la morte di *Ildebaldo*, prefcelfero i Goti in loro Principe *Erarico*, di cui niuna memoria particolare ritrovafi preffo i Scrittori antichi, perche fu uccifo da fuoi Sudditi dopo foli sei mefi di Regno, fenza che aveffe vedute le noftre Provincie (come nè pur le videro *Ildebaldo*, e *Vitige*) : perche involate quefte a *Teodato* dal valorofo *Belifario*, non tornarono mai più fotto i Goti, fe non che in tempo di *Totila*, come or ora foggiugneremo.

Totila.

XXII. L'ottavo Re Goto, fecondo la Cronologia di *Manuele Tefauro*,

---

(a) *Procopio lib. 2. cap. 30. Hac oratione, Urajam ea fuafiffe, quæ maximè expedirent, Gothi omnes cenfuerunt. Protinus Verona accitus Ildibaldus affuit. Quem cùm induiffent purpura ; Regem falutaverunt, rogaruntque, ut præfenti rerum fuarum ftatu confuleret.*

(b) *Lo fteffo lib. 3. cap. 1. Etenim prandenti Regi tùm alii multi adftare folent, tùm Protectores. Ergo ille, manu dapibus admota, thoro pronus accubabat : cùm Viclas repente gladio cervicem ejus percuffit : itaut, cibum tenentibus adhuc digitis, demiffum lapfumque in menfam caput, omnes, quæ aderent, magno ftupore defixerit. Sic demum Ildebaldus Uraja necem luit.*

ro, fu *Totila* nipote di *Ildebaldo*, forte e valorofo Capitano. Il quale, non folo ritolfe a Greci Roma, Napoli, e le noftre Provincie; ma di vantaggio fi portò con tanto valore nello fpazio di undici anni del fuo Regno, che poche, o niuna vittoria fe riportare a *Belifario*. E folo venuto *Narfete* in Italia in luogo di quello, le cofe di *Totila* mutarono afpetto; perdendovi egli 'l Regno e la vita: non oftanteche aveffe fprezzato ful principio *Narfete*, ftimandolo abile più tofto a governar Donne nel Serraglio di Coftantinopoli, che a guidare Eferciti in Campagna: per effere Eunuco Perfiano. Ma l'evento fe vedere tutto l'oppofto. Perche venuto *Narfete* a Giornata campale fotto Pavia con *Totila*, quefti vi reftò vinto e mortalmente ferito, colla disfatta del fuo Efercito; e poco indi fe ne morì in un Villaggio ivi vicino, all'afferire di *Procopio* (a).

XXIII. Quefto infelice fine era ftato già predetto a *Totila* dal noftro Patriarcha *San Benedetto*, allorche effendo egli alle vicinanze di Monte Cafino, volle far pruova, fe in fatti il Santo fuffe fornito di fpirito profetico, come ne correva la fama. A qual' oggetto, fattoli avanzare l'avifo, che farebbe andato a vifitarlo, veftì alla regale un fuo Gentiluomo, e l'inviò col fuo ftefo nome ful Cafino. Ma lo Scudiero, appena veduto dal Santo, fù conofciuto per quel che era. Dopo di che andovvi il Rè in perfona, ed il Patriarca li diffe, che in brieve fi farebbe impadronito di Roma, e dopo nove anni farebbe morto; come leggiamo nella di lui Vita, compofta da *S. Gregorio Magno* (b).

Teja.

XXIV. L'ultimo Re Goto in Italia fù *Teja*, eletto da fuoi dopo la morte di *Totila*, per dare colla fua fortezza e valore qualche riparo alla cadente loro Monarchia. Ed egli, raccogliendo quel rifiduo di Soldati rimafti in vita dopo la fconfitta, che diede loro *Narfete*; cercò in primo luogo portarfi al foccorfo di Cuma, che veniva affediata da Greci: peroche *Totila* avea ivi ripofto il fuo Tefovo. Ma ritrovando per ogni dove chiufo il paffo, li convenne girare per fentieri malagevoli, e fcabrofi;

K 2 coc-

(a) Procopio lib. 4. cap. 33. *Emenfi ftadia 84. Capras pervenerunt: id loco nomen. Ubi, intermiffa fuga, curarunt vulnus Totilæ: quem paulo poft mortuum inibi Comites mandarunt humo, & abfcefferunt. Annos undecim Gothis Totilas imperaverat, cùm huc Regni, & Vita finem habuit, indignum rebus, quas antea gefferat.*

(b) Breviario Romano, die 21. Martii: „ *Augebatur in dies magis* „ *divina gratia Benedictus, ut etiam prophetico fpiritu ventura prædice-* „ *ret. Quod ubi accepit Totilas, Gothorum Rex, exploraturus, an ita* „ *res effet, fpatharium fuum regio ornatu, & comitatu præmifit, qui fe* „ *Regem fimularet. Quem ut ille vidit: depone, inquit, fili, depone* „ *quod geris, nam tuum non eft. Totilæ verò prædixit adventum ejus* „ *in Urbem, Maris tranfmiffionem, & poft novam annos mortem.*

toccare colle sue milizie la Campagna di Nocera; e postarsi di là del Fiume Sarno. Quivi *Teja* combattè da Marte contro 'l Nimico, sino a lasciarvi
generosamente la vita, dopo un anno scarso di Regno. E così ebbe fine
il Regno de Goti in Italia l'anno 553. di nostra Salute; come meglio
spiegaremo nel Capo terzo.

CAPITOLO SECONDO.

*Delle conquiste fatte da Goti nelle nostri Regioni :
e delle Guerre avute con Greci nella Città
di Napoli.*

I.   ANche il Capitolo presente contiene in se due punti: uno, delle
      Conquiste, che fecero i Goti nelle Regioni, le quali compongono
oggidì il Regno di Napoli; ed un altro delle *Guerre*, che ebbero con
Greci nella Città di Napoli: riserbandoci per il Capitolo seguente la notizia dell' altre Guerre con essoloro avute in altri Luoghi tra noi. E
quindi per maggior chiarezza del tutto, procederemo a ragionare sotto due
Paragrafi diversi, de quali sia il

PARAGRAFO PRIMO.

*Delle conquiste, che fecero i Goti nelle nostre
Regioni.*

II.   BEnche sia indubitato, che, impadroniti i Barbari dell' Italia do-
      po la caduta dell' Impero Latino, avessero in seguela soggio-
gate le nostre Regioni, non essendovi allora Principe che a detti facesse
resistenza; pure è incerto sotto qual Monarca de' descritti nel Capitolo precedente tutto ciò accadesse. Conciossiacosache *Giulio Cesare Capaccio* (a)
                                                                          so-

_____

(a) Giulio Cesare Capaccio, lib. 1. Histor. Neapol. cap. 10. „ *Sub Theo-
„ dorico duce calamitates, quas tota Italia passa est, Neapolim esse pas-
„ sam; non veremur; nec bella inter Ostrogotthos, & Neapolitanos in-
„ tercessisse, dubitamus. Scimus, eos & si non voluntate, vi tamen ab
„ Imperatoribus Graecis, quibus parebant, defecisse: & novimus quas Co-
„ mitivas in ea Civitate Gotthus Rex miserit; quas Litteras ad Magi-
„ stratus alias ob causas dederit; quid decreverit de Judicibus inter Ro-
„ manos, & Gotthos Neapoli habitantibus. Nec illud mihi persuadere
„ possum, ut Gottho Milite, Neapolis absque praelio fuerit repleta: &
                                                                    „ Nea-

foſtiene, che ciò avveniſſe in tempo di *Teodorico*: preſupponendo egli, che Napoli fuſſe ſtata ſotto la divozione de Greci fino a quei tempi; e che poi il Re Teodorico, impadronitoſi di lei a forza d'armi, la dichiaraſſe *Comitiva*; fornendola di Milizie baſtevoli per far reſiſtenza a nimici, come ſi raccoglie dalle *Formole* con cui queſto Monarca ne diſpoſe la Polizia, e che noi traſcrivemmo nel Libro 1. dal *Numero* 24. in poi del Capo 5. Si muove egli a credere ciò, perche anche la Sicilia ſi diede alla divozione di *Teodorico* ſenza ſtrepito d'armi, ma ſolamente a perſuaſiva di *Caſſiodoro* ſuo Segretario, che fù perciò deſtinato da lui Correttore della Lucania, e del Paeſe de Bruzj, in cui era nato, giuſta la Piſtola a lui ſcritta, e che egli ſteſſo riferiſce (*b*).

III. Checche ſia però di queſta opinione, che il *Capaccio* pretende aſſentare con ragioni poco ſode, nel dicorſo della ſua lunga narrativa; noi per contrario diciamo, che alla caduta dell'Impero Latino per il paſſaggio di *Odoacre* Re degli Eroli in Italia, anche le noſtre Regioni, furno ſottomeſſe al dominio de Goti, e ſpezialmente la Città di Napoli. La quale ſebbene ſi fuſſe mantenuta in forma di Repubblica inſino a quel tempo, come chiariremo nel Capo 1. del Libro ſeguente; pure, alla venuta de Goti in Italia, paſſò ſotto il loro dominio: non eſſendovi ſtato Principe allora che aveſſe potuto fronteggiare que' barbari. Maggiormente che *Alarico*, e *Genſerico* aveano preventivamente dato il guaſto alle noſtre Provincie, e diſtrutte le Città primarie e forti, come diceminо nel Capo 1. del Libro paſſato.

IV. E per meglio porre in chiaro queſta noſtra aſſertiva, debbeſi in primo luogo richiamare a memoria quel tanto, che dicea *Caſſiodoro* (*a*) traſcritto nel Libro paſſato al *Numero* 13. del Capitolo 1. cioe che *Odoacre* rilegò *Momillo Auguſtolo* nel Caſtello Lucullano della noſtra Campagna, in vicinanza di Napoli: dalche ſi diduce, che non ſolo il Caſtello Lucullano era già del dominio di *Odoacre*, ma tale anche era Napoli, a cui ſi apparteneva il Caſtello. Concioſſiache, trattandoſi di un Imperadore ſpogliato

---

„ Neapolitanos, bellica virtute nobiles, ejus Imperii jugum ſine ſanguine ſubiiſſe.

(*a*). Caſſiodoro lib. 1. Epiſt. 3. „ *In ipſo quippe Imperii noſtri exordio, „ cum adhuc, fluctuantibus rebus, Provinciarum corda vagarentur, ut ne„ gligi novum dominium ipſa paterentur;* SICULORUM SUSPICAN„ TIUM MENTES AB OBSTINATIONE PRECIPITI DEVIASTI; „ *culpam removens illis, Nobis neceſſitatem ſubtrahens ultionis ... ſed „ non eo preconiorum fine contenti;* BRUTTIORUM, ET LUCANO„ RUM TIBI DEDIMUS MORES REGENDOS: *ne bonorum, quod „ peregrina Provincia merviſſet, genitalis ſoli fortuna neſciret.*

(*b*). Lo ſteſſo in Chronicon ad Annum 476. „ *Sub Odoacre Oreſtes, & frater ejus Paulus extincti ſunt ... Ipſe verò Auguſtulus in Lucullano, Campaniæ propè Neapolim Caſtello, ab eodem Rege barbaro eſt relegatus: ſicque Occidentale Imperium penitùs collapſum eſt, & devolutum ad barbaros.*

gliato del fuo Regno, non è credibile che il Vincitore lo avesse voluto mandare in arresto dentro una Fortezza, che non fosse di sua pertinenza, ovvero in un Castello non suo, e se pure suo, almeno circondato da altri Luoghi a se non sottoposti: i quali avrebbero prese l'armi in favore del loro Principe, e cercato metterlo in libertà, non senza pericolo di *Odoacre*. Bisogna dunque asserire, che Napoli con tutta la Campagna fin da primi tempi del Re *Odoacre* fù sottomessa da i Goti. Il che pure creder si dee dall'altre nostre Provincie.

V. E lasciando da parte l'autorità di *Cassiodoro*, che l'intiero Impero di Occidente pervenne a Barbari in tempo di *Odoacre*, e che perciò le nostre Provincie, che erano porzione di questo, doverono passare, colle altre d'Italia in possa de Vincitori; viene a confirmarsi la nostra Sentenza dal rilascio de Dazj, e degli altri pubblici Pesi, che *Teodorico* fece a Cittadini di Siponto, a causa de danni, che loro aveano apportati i Soldati di *Odoacre*, come dalla Lettera scritta a *Fausto*, suo Ministro, ragguagliata dal medesimo *Cassiodoro* (a). Fa memoria di questa Guerra anche il *Baronio* (b); e l'abbiamo parimente presso 'l nostro *Summonte* (c), che dice: ,, *Dal qual errore accorto il Baronio ne' suoi dottissimi Annali,*
,, dice, che quello, che gli Autori dicono della Guerra tra Napolitani, e
,, Sipontini, si dee dire tra Odoacre, e Teodorico: perciocche in quel
,, tempo l'Italia era vessata da quella Guerra (che durò tre anni) e non
,, da altra privata: e che, ESSENDOSI I SIPONTINI RESI A CA-
,, PITANI DI TEODORICO, FURNO MALTRATTATI DA ODOA-
,, CRE. Perloche, avendo Teodorico finalmente ammazzato Odoacre, ed
,, ottenuta tutta l'Italia; comandò che fussero rilasciati li Tributi alli Ne-
,, goziatori Sipontini. Del che vi è una Epistola del detto Re a Fausto
,, Proposto, registrata appresso Cassiodoro nel libro 3. Variarum num. 38.
,, nella quale appare, che Teodorico a richiesta delli Negozianti Siponti-
,, ni, li quali dicevano, essere stati rovinati dal saccheggio dell'inimi-
                                                  ,, ci,

(a) Cassiodoro lib. 2. Variar. Num. 38. ,, *Opes* nostras cupimus the-
,, sauro pietatis augere: exercentes commoda, quæ nobis fuerunt Vaxallo-
,, rum calamitatibus acquisita. Molesta est illatio nostræ Clementiæ, quæ
,, defletur: quia, quicquid sub lætitia ponitur, accipientis laudibus appli-
,, catur. URBIS ITAQUE SIPONTINÆ NEGOTIATORES, ho-
,, stium se asserunt depopulatione vastati; Et quia egentium levamina
,, nostras potius divitias æstimamus; illustris Magnificentia tua per hoc ju-
,, ge biennium nulla faciat commotione *vexari*.

(b) Cardinal Baronio ad Annum 493. ,, *Sub* hoc eodem anno fecundo
,, Gelasii Papæ, facta promitur Inventio Cryptæ Gargani Montis in Apulis,
,, quæ ex apparitione Sancti Michaelis Archangeli reddita celeberrima, pia
,, est cultui mancipata. Rei gestæ extat Historia: in eo tamen emendanda,
,, dùm ibi dicitur: *Bellum tunc viguisse inter Neapolitanos, & Siponti-
,, nos; restituendumque est, inter Odoacrem, & Theodoricum:* ejusmodi
,, enim Bello non alio privato tunc vexabatur *Italia*.

(c) Gianantonio Summonte Tom. I. pag. 365.

,, cÌ, ordina, ché per due anni non siano travagliati di niuna Esazione :
,, e che quelli aveano prestati denari alli detti Negoziatori, non li dasse-
,, ro fastidio per due anni . Presupposta dunque questa Zuffa tra soldati di
Odoacre , e quei di Teodorico in Siponto , come pure premesso il danno ,
che i Soldati di Odoacre a' Sipontini arrecarono , per essersi questi dati alla divozione di Teodorico ; si puote indi giustamente inferire , che la Puglia colla Città di Siponto era già posseduta da Soldati di Odoacre , quando vi giunsero quei di Teodorico , per farne l'acquisto . Sicche , resta fermo,
che la Puglia (il che pure creder conviene dell'altre nostre Provincie)
era in possa del Re Odoacre , allorche Teodorico cercò conquistarla . Ne ha
del verisimile , che la Città di Napoli avesse fatta resistenza a Teodorico ,
come asserisce il Capaccio : vedendosi , che questo Monarca , trattandola
con affezione particolare , vi fondò la Curatiae , come si legge nella dilui
Formola, da noi trascritta nel Libro 1. al Numero 25. del Capo 5. ed i Napoletani all'incontro , in segno di gratitudine , gli eressero il Simulacro in
mezzo il Foro , come fu detto nel Numero 4. del Capitolo passato : cose
che non presuppongono ostilità , ma una perfetta armonia tra essi .

PARAGRAFO SECONDO.

Della Guerra, che ebbero i Goti contro i Greci nella Città di Napoli.

VI. VOglioso l'Imperadore Giustiniano di togliere a' Goti l'Italia,
che aveano posseduto per lo spazio di sessanta anni in circa:
pose in ordine una poderosissima Armata : e datone il comando a Belisario,
sperimentato Capitano ; l'inviò primieramente in Africa per discacciarne i
Vandali , i quali l'aveano travagliata quasi per lo spazio di un Secolo ; e
poi lo fece all'improviso passare in Italia . Ed approdato nella Città di Reggio , fe scendere a terra i Soldati , ed alla volta di Napoli spinse le Navi:
dove non molto dopo egli giunse coll'Esercito ; essendosi prima impadronito
della Lucania e del Paese de'Bruzj , siccome lo ragguaglia con distinzione
Procopio (a) nella sua Storia della Guerra Gotica . Il quale , essendo stato
Segretario , o Medico di Belisario in questa Spedizione , come dicono ; potè ,
come testimonio di veduta , descrivere il tutto appuntino . Sicche noi non
averemo altra pena su di questo , senonchè di regolarci coll'anzidetto Scrittore in
tutto ciò che sarem per dire .

VII. Giun-

(a) Procopio lib. 1 Histor. Gothor. cap. 8. Belisarius , relicto Syracu-
sis , et Panormi praesidio , cum ceteris Copiis Messana trajecit Rhegium ....
Rhegia Exercitus terrestri itinere per Bruttiorum & Lucanorum oras pro-
cessit , prosequente Classe non procul à continente . Ingressi Campaniam devenerunt ad Urbem magnam (NEAPOLIM vocant) munitam admodum , &
magno Gothorum praesidio instructam .

VII. Giunto *Belifario* in vicinanza di Napoli, fe ancorar le Navi poco lontano dal Porto, ed egli fi accampò non lungi della Città. La quale perche ben fornita di Muraglie (che in altro tempo aveano arrecato timore ad *Annibale* , e poi a fuo tempo fecero arretrare *Genferico*) , e munita di fettecento Goti , oltra la Milizia urbana , ed una quantità di Ebrei , che vi prefero l'armi ; diede dell'apprenfione al Comandante Greco , e del timore di non poterla fottomettere . Che però fe fentire a' Cittadini , che deftinaffero a lui Perfone , le quali trattaffero la refa della Città con quelle convenienze più onorevoli che ftimaffero a propofito , che egli vi farebbe volentieri condefcefo . Quel Comune gl'inviò Ambafcieria per mezo di un tale *Stefano* (cognominato *Cataldo* fecondo *Gio:antonio Summonte*) , perfona molto accreditata preffo 'l Popolo , e di gran facondia nell'arringare . Il quale , giunto al Padiglione di *Belifario* , li fece primieramente vedere il torto che pretendea fare a quella povera ed innocente Città , col cingerla di Affedio , in tempo che non era in poter di lei aprirli le Porte : sì perche era molto ben prefidiata da Goti ; fi anche perche *Teodato* , per obbligare quei Soldati a refiftere con coraggio , avea fatto trafportare , come per oftaggio , in Roma quanto vi aveano di buono , la Roba , le Mogli , ed i Figliuoli . Quindi fi forzò di farli conofcere , e vedere , che era poco lodevole la fua Condotta , di volere incominciar la Guerra dalla Città di Napoli , quando potea portarfi primieramente all'affedio di Roma ; alla di cui caduta fi farebbero refe volontariamente tutte l'altre Città d'Italia . E per ultimo li pofe in confiderazione , che farebbero ftati infruttuofi tutti i fuoi tentativi : peroche la Città , fornita di gagliardiffime Mura , prefidiata da molti Soldati , e proveduta di tutto il bifognevole , avrebbe refiftita a fuoi affalti per lungo tempo ; ficcome apparifce dall'Orazione di quefto Ambafciatore , rapportata da *Procopio* colle parole feguenti : *Inique facis, Magifter Militum (ita differuit Stephanus , quem Neapolitani ad Belifarium deftinant) cùm Bellum infers Romanis infontibus , & Urbis parvæ incolis , ita conftrictis barbarorum præfidio ; ut fi libeat , expugnare non liceat . Accedit , quod ifti præfidiam apud nos agitaturi venerunt ; relictis fub Theodati manibus Liberis , Uxoribus , Rebufque pretiofiffimis . Quare fi quid in eum moliti nobifcum fuerint ; fe ipfi potius perdidiffe videbuntur , quàm Urbem . At fi verum liberè fatendum eft ; veftris rationibus adverfatur à vobis fufceptum confilium , nos invadendi . Vos quidem ubi Romam ceperitis , Neapolim quoque nullo negotio patiemini : ab illa autem repulfi ; neque hanc , ut par eft ; obtinebitis tutò . Itaque tempus in hac obfidione inutiliter traducitis . Hactenus Stephanus.*

VIII. A quefto libero favellare di *Stefano* , reftò alquanto attenito *Belifario* : il quale , dopo lungo penfare , fe vedere al Meffo che non apparteneva a Napoletani il vedere , in qual maniera poteffe egli diffimpegnare la fua condotta ; ma folo a medefimi dovea premere di prendere in buona parte le fue amorofe efortazioni , di renderfi all'ubbidienza dell' Imperadore d'Oriente , fenza efporfi alle violenze militari , fe la Città fuffe prefa a

for-

(a) Procopio loc. cit.

forza d'armi. Imperciocche l'esporsi a rigori di una Guerra, che non può
evitarsi, è effetto di necessità, che merita loda; ma il volersi addossare volontariamente un flagello che minaccia infiniti mali, è temerità, che non ammette ne
compatimento, nè scusa. E finalmente li soggiunse, che volendo i Goti (i quali vi erano di presidio) prendere partito sotto le sue bandiere, volentieri
glie l'avrebbe accordato; siccome il tutto scorger si puote dal di lui Arringo, riferito dallo stesso *Procopio* nella maniera che siegue: ,, *Recte*, ne an
,, secus (respondit Belisarius,) consulta, & provida re huc venimus? con-
,, siderandum Neapolitanis non proponimus: sed quæ à nobis institutam
,, modò consultationem merentur, ea volumus ut expendatis; ut quicquid
,, à re vestra est, amplectamini. Ergo missum, ad vos cæterosque Italos in
,, libertatem vindicandos, Exercitum Imperatoris accipite, nec bonis deter-
,, rima omnium præoptate. Qui, ne servitium aliudque dedecus patian-
,, tur, bellum suscipiunt; ij sanè, si rem prosperè gesserint, fructum inde
,, duplicem referunt, victores inde & malis liberi redeuntes: sin victi fuerunt;
,, hoc saltem reportant solatium, quod inviti fortunam infestam sequun-
,, tur. Quibus verò (cùm citra pugnam excutere jugum liceat), ut fir-
,, mius id retineant, pugnare libet; illos vel ipsa victoria, si forte cesse-
,, rit, in rebus maximo necessariis fraudi est: pejus autem quàm optabant
,, certaminè perfunctis, ad cæteras ærumnas calamitas cladis accedit. At-
,, que hæc Neapolitanis dicta sunto. Gothis verò, hic degentibus, optio-
,, nem facimus, utrum malint nobiscum Magno Imperatori deinceps pa-
,, rere, an redire domos incolumes. Jam si, his prorsùs repudiatis condi-
,, tionibus, arma in nos tollere audebitis; non poterimus facere, volente
,, Deo, quin obvium quemque hostiliter accipiamus. At si Neapolitanis sequi
,, partes Augusti placet, seque adeo dura servitute eximere; interposita
,, fide recipio: à nobis bona in vos eadem profectura, quorum spes Siculis
,, antea ita fecimus, ut nos præjudicii insimulare meritò nequeant. Hæc
,, Stephano Belisarius publicè referenda commisit: privatim magna spospon-
,, dit præmia, si Neapolitanorum animos ad Imperatorem *converteret*.

IX. Ritornato *Stefano* in Città, espose al Popolo tutto ciò che *Belisario* gli avea detto. E richiesto egli di dire sù questo affare il suo parere;
francamente rispose, che assai prudente consiglio sarebbe sottomettersi con
ispontanea volontà al Dominio Imperiale, e liberar la Patria da un escidio
lagrimevole; che esporsi a mali, a cui suol ridurre l'esito incerto della
Guerra. Approvò ancora questo parere un tal Mercadante Soriano (*Antioco* di nome) assai ben veduto, e molto accreditato appo i Napoletani.
Vi si uniformò parimente la Plebe, amica di novità: volendo che si
aprissero tantosto le porte, e vi si facesse entrare *Belisario*. Ma i due
Avvocati *Pastore* ed *Asclepiodoto* (Uffiziali cred'io primarj della Città)
inclinati al partito Gotico, ancorche in apparenza mostrassero sentire lo stesso,
per non opporsi al comun volere del Popolo; all' esterno fingendo di essere più degli altri amanti del bene della Patria; fecero sentire a quel Pubblico che in un affare cotanto premuroso, non bisognava correre in fretta;
ma era bene che *Belisario* accordasse prima alcune Condizioni vantaggiose per
essi, e le sofcrivesse di propria mano; acciò poi non venisse a pentirsi di
ciò, che prometteva, e lasciasse quel Comune deluso nelle sue speranze.
Piacque questo sentimento al Popolo, e fu di nuovo rimandato *Stefano* nel
Campo con un Foglio pieno di Privilegj ed Esenzioni, che la Città diman-

dava di effergli accordati, e firmati dal Capitano: figurandofi con ciò *Pastore* ed *Asclepiodoto*, che *Belisario* non farebbe mai a ciò condefcefo; e che così, irritato il Popolo, avrebbe prefe le Armi, per farli vigorofa refistenza. Ma la cofa andò tutta al roverfcio; attefo che *Belisario*, in fentire leggere quel Foglio; dato di mano alla penna, lo fofcriffe fenza riferba alcuna: promettendone con pubblico giuramento l'offervanza, come fiegue lo ftesso Autore.

X. Penfavafi *Belisario* di aver confeguito il fuo intento colla fofcrizione delle Grazie dimandateli da Napoletani, e che quefti li doveffero fubito aprir le porte, ficcome fe ne moftravano vogliofi, e fi era già concertato: effendo contenti ancora i Soldati del Prefidio di prendere partito fotto le di lui bandiere. Ma *Pastore* ed *Asclepiodoto*, fmafcherati finalmente, e moftrando chiaramente quale fuffe la loro idea; cercarono a tutto potere difciorre quefto Concordato. A qual'oggetto, ragunati in pubblico i Goti ed i primarj Cittadini cogli Ebrei più ricchi della Città; con una aperta concione fecero lor fentire, che non conveniva in conto alcuno confegnar la Piazza in potere di *Belisario*: sì perche quefta era in iftato di gagliardamente difenderfi; sì anche perche il Nimico non avea forze per foggiogarla: altrimenti non averebbe accordate a Napoletani condizioni cotanto vantaggiofe: quali poi, impoffeffatofi della Città, non fi farebbero adempite con quella prontezza, colla quale furono promeffe. Che però fi refifteffe pure con valore, fenza farfi adefcare dall'altrui fallaci lufinghe. E dove poi non voleffero prenderfi effi la briga di difendere le Mura; ne lafciaffero la cura a Goti, che quefti fi obbligavano di farlo da se foli, come in fatti in pubblico fe ne compromifero: promettendo anche gli Ebrei di provedere di tutto il bifognevole la Città. Onde fu conchiufo, far fentire a *Belisario*, che difcioglieffe l'Affedio, e partiffe, mentre effi non voleano ftare più al Concordato, giufta lo ftesso *Procopio*. Il quale foggiunge, che coftoro inviarono un' efpreffo al Re *Teodata*, acciò con follecitudine cercaffe di foccorrerli. E riferifce ancora la concione, che gli Avvocati fovradetti fecero al Popolo, di quefto tenore: ,, *Cùm Civitatis Plebs in præcipitem locum se, & falutem* ,, *fuam committit; id facit, quod in proclivi eft: præfertim fi cùm nullo* ,, *Procerorum communicato confilio de rerum fumma, ad arbitrium fuum* ,, *committit. Nos autem, communi inftante exitio, facere non poffumus* ,, *quin de Patria benè mereamur nunc ultimùm, hac faltem cohortatione.* ,, *Ergo, Cives, omni ut videmus ope contenditis, vos Urbemque permit-* ,, *tere Belisario, montes nobis pollicentis aureos, ac jusjurandum fan-* ,, *ctiffimum affirmanti. Ifta quidem vobis conducere non fateatur, fi id quo-* ,, *que promittere Belisarius pofsit se bello potiturum. Summæ quidem ef-* ,, *fet clementiæ non quilibet gratificari futuro Domino. Verùm fi hæc in* ,, *certo pofita funt, nec mortalium quifque fidejuffor eft fortunæ; videte* ,, *quas calamitates accerfere ftudeatis. Nam fi Gothi belli fuperiores eva-* ,, *derent; poenam nobis irrogabunt ut hoftibus infeftifsimis: quippe, qui* ,, *nulla adacti necefsitate, fed perfida adducti fegnitie, in proditionem in-* ,, *cubueritis. Ex quo etiam fiet, ut ipfe Belisarius, fi fortè vicerit nos;* ,, *infidos & proditores noftrorum Principum judicet, atque tanquam transfu-* ,, *gas, perpetuo ut par eft præfidio Imperator frænet. Et verè, qui pro-* ,, *ditorem quo utatur nactus eft; ejus quidem beneficio repente victor*

oble-

,, oblectatur: ut postea ob admissam fraudem suspectum odit, & talis be-
,, neficii autorem timet, signa illius perfidiæ apud se habens. Si quidem
,, hostem debellaverint; ab ipsis bona amplissima: si vicerit Belisarius; ab
,, eo veniam consequemur. Nemo enim nisi excors amorem infeliciter fi-
,, delem plectit. Quid verò nobis accidit, ut obsidentem hostilem expa-
,, veatis, cùm nec ab annona impari, nec à commeatibus interclusi, do-
,, mo sedetis in otio, mænibus, atque hisce præsidiariis præbentibus secu-
,, ritatem? Si quà certè spes expugnandæ Urbis Belisario foret; ad pa-
,, ctionem ejusmodi, ut equidem sentimus, non venisset: ac si justitiæ no-
,, stræque utilitati studeret; sibi non committendum putaret, ut terrorem
,, incuteret Neapolitanis, & nostro in Gothos scelere suam potentiam sta-
,, biliret, sed cùm Theodato, & Gothis conferret manum, ut in victoris
,, potestatem veniret Urbs sine periculo nostro ac proditione. Sic locuti Pa-
,, stor, & *Asclepiodotus*.

XI. Offeso *Belisario* da queste inaspettate procedure de Napoletani,
strinse con forte assedio la Città: e consapevole che *Teodato* colla sua
dapocagine niuno ajuto sarebbe per inviare agli Assediati; si comprometteva di poter ridurla colla forza alla sua divozione. Ma s' ingannò in
questo suo pensiere: peroche, essendo la Città circondata di fortissime
Mura su di una collina, che da ogni intorno difficilmente dava adito a'
nimici di avvicinarseli, e ben custodita dal numeroso presidio Gotico; rendea vano ogni attentato di *Belisario*, e non senza perdita de' suoi Soldati.
Pensò egli intanto far tagliare quei Canali, che portavano l' Acque in
Città; ed angustiare colla sete gli assediati: loche non fu di molto vantaggio per lui: conciossiache dentro la Città vi erano de' pozzi e delle
conserve ripiene già d' acqua; onde niuno incommodo per questo verso
sentirono i Cittadini. Per la qual cosa, vedendo *Belisario*, che era inutile
ogni suo tentativo; penzò disciorne l' assedio, e drizzarsi alla volta di Roma
contro 'l Re *Vitige*, per non consumare il tempo inutilmente intorno Napoli.

XII. Tra questo dibattimento di pensieri, ecco all' improviso aprirsi a
Belisario la strada di potersi impadronire di Napoli, senza spargervi molto
sangue, e senza che gli assediati li potessero fare resistenza. Un Soldato
Isaurico, curioso di osservare gli Aquidotti diroccati da *Belisario*, entrò in
uno di essi, e caminovvi per lunga pezza di strada (peroche eran fatti di
mattoni a volta, e vi si potea facilmente penetrare.) E si inoltrò tanto, che giunse ad un sasso perforato, sovra di cui era poggiata la Muraglia della Città: qual forame però non era capace di dare il passaggio ad
un Soldato carico d' armi, per cacciarsi dentro la Piazza. Osservò nondimeno, che ogni qualvolta si slargasse un tantino quel buco, ogni persona vi si sarebbe francamente introdotta. Quindi, ritornato egli indietro,
e confidato il tutto a *Pancaride* suo compagno, che era Scudiere di *Belisario*; questi riferì ogni cosa al Capitano, e li fe capire, che per quella
strada potea entrarsi in Napoli, ogni qual volta si trovassero Artefici, che
slargassero un poco più quel forame. Prese animo ad un tale avviso *Belisario*; e con promesse di un gran premio fe cuore a *Pancaride*, acciò si accingesse
a simil impresa. E questi, inoltratosi con altri suoi compagni, e con gli
Artefici per l' Aquidotto; fe slargare in modo quel sasso a colpi di scarpello e di altri stromenti (però con tutta la cautela possibile, acciò dal
rumore non se ne accorgessero coloro che sovra la Muraglia stavano in

L 2

sen-

sentinella), che liberamente vi fi potea cacciare ogni Soldato veftito di corazza , e carico delle fue armadure , come *Procopio* (a) alla lunga ci defcrive il tutto .

XIII. Apertafi a' Greci quefta nuova ftrada di poter penetrare dentro le Mura di Napoli; *Belifario* non volle farne fubito ufo , ma fe di nuovo chiamare *Stefano* al Campo , e li diffe , che egli avea già il modo di poterfi con ficurezza cacciare in Città , e fottometterla al dominio dell' Imperadore di Coftantinopoli : ma che ciò non volea fare , per non efporla al facco , come avrebbero pretefo giuftamente i fuoi Soldati . In qual cafo l'onor delle Donne reftarebbe oltraggiato ; la libertà de' Cittadini ridotto in catene ; e la riverenza delle Chiefe profanata fenza riparo . Che però cercaffero liberarfi da quefti mali imminenti , e gli apriffero volontariamente le porte , per farvelo entrare da amico ; col di più , che veder fi puote nella dilui Orazione , riferita da *Procopio* colle parole feguenti : *Captas Urbes perfæpe vidi : & quæ ufu tunc veniunt , ufu cognovi. Summa licentia defævit in Viros ferrum ad internecionem : Fæminis , licèt mortem peroptantibus , parcit , ad ludum contumeliofum refervans, in quo dira , ac miferatione digna patiuntur . Liberali cultu , & educatione privati Pueri fervire neceffe habent ; idque inimiciffimis, quorum manus, paterno cruore tinctas viderunt . Omitto incendia , amice Stephane , quæ divitias , atque Urbis nitorem delent . Nunc dum eadem , quæ captis antea Urbibus contigerunt , patientem Neapolim hanc tanquam in fpeculo contemplor : ipfius , & veftri me mifereT . In eam enim ita paratas habeo machinas ; ut fieri non poffit , quin capiatur . Nollem certè , ut Urbs antiqua, quæ incolas Chriftianos habet , & Romanos , jam inde olim in hujufmodi calamitates incideret : præfertim ducente me Romanum Exercitum , & habente in Caftris complures barbaros , quorum iram cohibere non potero , fi impreffione caperint Urbem , pro cujus manibus fratres , & confanguineos amiferunt . Ergo , dùm vobis integrum eft potiora eligere , & pacifci : in melius confilia referte , & calamitatem , quæ (ut apparet) , cum vobis inciderit , veftram meritò pertinaciam , non fortunam culpabitis . His dictis , remifit Stephanum Belifarius.*

XIV. Riferì *Stefano* con mefti accenti a' fuoi Cittadini quefte parole di *Belifario* ; ma furono prefe in derifione , fenza farne conto alcuno. Cheperò *Belifario* , dopo lo fpazio di venti giorni , conofcendo oftinati i Napoletani , rifolvè finalmente dar l'affalto alla Città : facendo paffare per quella cava all' imbrunir del giorno quattrocento de più valorofi foldati fotto la direzione di *Magno* , e di *Enne* , fuoi Capitani : coll' ordine che penetrati fotto la Città , ufciffero dall' Aquidotto , e colle trombe faceffero ftrepito , sì per ifpaventare i difenfori , sì anche per far capire a' loro compagni che erano fuori , in qual parte della Città effi fuffero giunti ; a fine di far la fcalata da quella banda , e cogliere in mezzo i Soldati , che aveffero voluto impedire da merli le loro opere . Intanto *Belifario* , con *Beffa* , e *Fozio* , altri fuoi Capitani , attendea a difporre le fcale , e gli altri ordi-

de-

(a) Procopio loc. cit.

degni neceſſarj della parte di fuori , per formentare le Muraglie , quando
da dentro ſe li dava il ſegno colle trombe , giuſta il loro concertato .
Entrati adunque i quattrocento Soldati nell' Aquidotto , dopo qualche timore (eſſendoſene ritornati la prima volta) , ſi inoltrarono nel cuore
della Città : dove incontrarono un grande intoppo , e fu che , eſſendo
l' Aquidotto fabbricato ugualmente a volta , non avea uſcita dalla parte
ſuperiore : e quei , che ſi erano prima avanzati , non poteano rivolgerſi in
dietro , perche erano premuti ſtrettamente da coloro , che l' inſeguivano .
Ma ecco che alle ſpuntare dell' alba , videro da un buco il Cielo alquanto
ſchiarito , e conobbero eſſere nel mezzo di un Palazzo diruto , in cui abitava una povera donnicciuola . E perche il pozzo , in cui ſi ritrovavano ,
era aſſai profondo , e non potevano ſortirne fuori ; uno di eſſi più agile ,
depoſte l' armi , ſi rampicò per alcuni forami , ed ebbe la ſorte di attac-
carſi ad un Olivaſtro , creſciuto vicino quella bocca ; donde potè con qualche fatiga uſcir fuori . Indi , a forza di minace , poſto timore alla donna ,
acciò non parlaſſe ; legò un correggiuolo a' rami di quella Pianta : e calan-
dolo nel pozzo , oprò in modo , che i compagni un dopo l' altro uſciſſe-
ro fuori da quel fondo , come ſiegue a dire lo ſteſſo Autore (a) .

XV. Scappati da quel chiuſo i ſoldati , diedero fiato alle trombe , per far
comprendere a Beliſario , dove erano : eſſendo egli ſtato inquieto , ed impa-
ziente tutta la notte per non ſapere coſa ſi fuſſe fatta di loro . Ed avendo eſſi occupate due Torri , che erano con poca cura cuſtodite da Goti ;
diedero agio a i Greci , che di là faceſſero la ſcalata , benche con qualche
fatica : peroche le ſcale ſi trovarono corte , come che tagliate ſenza giuſta miſura in tempo di notte . Onde fu biſogno farle giugnere , e di due
comporne una ; mediante le quali i Soldati ſalirno ſu i merli della Città ,
e ſi

(a) Procopio loc. cit. „ Cùm autem Neapolis Aquæductus non ſolùm
„ in omnes muros ipſos tectus ſit , ſed in Urbem etiam longè excurrat ,
„ altum habens fornicem ex coctili latere ; hinc factum eſt , ut intra
„ murum Urbis profecti omnes , quos Magnus , atque Ennes ducebant ; nec
„ ubi terrarum eſſent coniicere , nec uſpiam exire potuerunt , donec pri-
„ mi prævenere in locum , ubi cœlo Canalis patebat , eratque domus ad-
„ modum neglecta , quam ſola , atque pauperrima muliercula incolebat .
„ Ibique ſuper Aquæductum enata Olea in arborem creverat . Simul ac
„ videre cœlum , & in Urbe media ſe eſſe intellexerunt ; erumpere conſi-
„ lium fuit : ſed nulla ars ſuppetebat , qua præſertim cum armis , Cana-
„ le egrederentur . Erant enim alti parietes , nec aſcenſum præbebant .
„ Militibus , valde animo fluctuantibus , & anguſtieri in ſpatio ſe compri-
„ mentibus ; (jam enim penè ſequentium magnus numerus confluebat ;)
„ cuidam in mentem venit , aſcenſum tentare . Itaque , poſitis confeſtim
„ armis , manibus pedibuſque enitens ; ad mulieris domum evaſit : eam-
„ que ibi nactus ; ipſi mortem , ni taceret , minatus . Illa præ ingenti me-
„ tu obmutuit . Is verò , cum ex Oleæ caudice lorum validum religaſſet ;
„ alteram ejus partem extremam in Aquæductum dimiſit : qua ſinguli Mi-
„ lites apprehenſa , foras ægrè ſe ſuſtulerunt .

e si unirono agli altri di dentro: aprendovi improvisamente le porte, e facendovi entrare il restante dell'Esercito, che pose in fuga i'Goti. De quali, da duecento ne perirono nell'incontro, e settecento furono fatti prigionieri, però conservati vivi per ordine di *Belisario*. Essendosi per contrario fatta una grandissima strage di Ebrei: i quali, avendo in custodia le Mura, che guardavano il mare, e non potendo essere attaccati alle spalle; fecero fronte a' Greci con un vigore incredibile.

XVI. La costernazione, in cui si ritrovarono i Napoletani, vedendo i Nimici dentro la Città, fu grandissima: a segno tale che *Pastore* (uno de due Avvocati, che si erano opposti alle Capitolazioni di *Belisario*), sorpreso dal timore, restò morto all'improvviso: ed *Asclepiodoto*, di lui compagno, dopo un lungo contrasto con *Stefano*, il quale li rinfacciò il male irreparabile in cui avea ridotta la Patria, per fomentare il partito de Goti; fu messo in pezzi dalla Plebe tumultuante, che si vide a mal partito per causa di lui, e del suo Collega *Pastore*. Al primo impeto i Greci passarono molti Cittadini a fil di spada, e molti ne fecero schiavi: ed i Messageti posero in ruba i Tempj, con tutti coloro che si erano ivi ricoverati, dando un sacco generale alla Città. Non ostanteche *Belisario* con editto severo avesse a' Soldati proibito di inferir molestia a chi che fusse, bastando il *Sacco* che dato aveano alla roba, siccome diffusamente prosiegue lo stesso Scrittore (*a*). E così la Città di Napoli nell'anno 537.

pas-

(*a*) Procopio loc. cit. ,, *Ingens* tunc cædes facta. Nàm omnes, præser-
,, tim quicumque fratrem, vel propinquum io oppugnatione amiserant, ira
,, frementes, obviam quemcumque sine ulla ætatis discrimine mactabant.
,, Ingressi domos; pueros fœminasque sua faciebant mancipia, & opes di-
,, ripiebant: io primis Messagetæ, qui nè a Templis quidem vim abstinen-
,, tes; multis, qui se illis commiserant, necem intulerunt. Ita sævitum
,, est, donec Belisarius, quaque versum discurrens prohibuit, & advo-
,, cata concione, sic verba fecit: *Postquam Deus victoriam, & insignem*
,, *gloriam nobis tribuit, Vrbe, quæ hactenus irrespugnabilis fuerat, in*
,, *nostram potestatem subeundo; non oportet indignos præstare nos tali gra-*
,, *tia, sed multa erga victos humanitate ostendere, a nobis illos meritò*
,, *subactos esse. Nolite igitur odium in Neapolitanos exercere perpetuum,*
,, *neque ultra belli finem illud producere. Nemo victor jam victos odit.*
,, *Quod si ipsos interimatis; non jam tolletis hostes de medio, verùm sub-*
,, *ditos morte mulctabitis. Itaque nocendi his finem facite. Nec iræ sic*
,, *indulgete, ut illi omnia permittatis. Turpe enim est, iracundia vide-*
,, *ri victis victores hostium: vobis eorum omnes pecuniæ in præmium*
,, *bellicæ virtutis cedant, ac vivis reddantur cum liberis conjuges. Atque*
,, *hinc discant victi, quales amicos sua ipsis temeritas in tempore eripue-*
,, *rit. Hac Belisarius habita oratione, Neapolitanis uxores, liberos, &*
,, *cæteros captivos omnes dimisit, nullam vim turpem expertos: ipsisque*
,, *animos Militum reconciliavit. Ita factum est, ut Neapolitani illo uno*
,, *die libertatem amiserint recæperintque, & ad suas pretii majoris pe-*
,, *cunias redierint. Nam, qui aurum aliudque pretiosum habuerant, il-*

,, lud

paſsò in potere de Greci, ſecondo il Cardinal *Baronio*, ed altri, ancorche *Matteo Gizio* nelle ſue Note Cronologiche, voglia eſſere ciò accaduto nell' anno 536. del comun Riſcatto.

XVII. Ora, ſtante queſta narrativa di *Procopio*, teſtimonio di veduta, và a terra tutto ciò che l'Autore della *Storia Miſcella* (a) (ò ſia il *Vvernefrido*, detto anche *Paolo Diacono*) aſſeriſce intorno al *Sacco*, che ſe dare *Beliſario* alla Città di Napoli. Volendo egli, che da Soldati Greci ſi fuſſe fatto un macello de' Napolitani, ed una catena ben lunga di Donne, e di Fanciulli riſtretti in iſchiavitù: riducendo il luogo in un cimitero di morti, e cambiandolo in deſerto di ſolitudine. E ſoggiunge, che, paſſato poi in Roma *Beliſario*, e ripreſo da Papa *Silveſtro*; ritornò in Napoli a riparare il mal fatto, ripopolando la Città con Gente collettizia, fatta venire da Cuma, da Pozzuoli, da Piſcinola, da Somma, da Nola, da Sorrento, da Cimitirio, e non sò da qual altro Luogo della Provincia, come pure da Coſenza, da Mileto, e da altre Città della Calabria: anzi fin da Sicilia, dall'Africa, e da altre rimote Regioni. Dando con ciò queſto Autore occaſione a molti Scrittori moderni di avvilire l'antico Sangue Napoletano, come ſurto dalla feccia di Gente ſtraniera. E però ſi avanza a dire tra gli altri Monſignor *Falcone*, nella Vita di

» lud jam ante abdiderant, infoſſum terræ. Itaque; inſcientibus hoſtibus, » pecunias pariter cum domibus recuperarunt:

(a). Paolo Diacono, apod Muratorium Tom. I. Script. rer. Ital. pag. 106. „ *Beliſarius* conceptas contra *Theodatum* belli vires, in *Vitigem* » convertit: egreſſuſque de *Sicilia* in *Campaniam*, *Neapolim* adiit: quem » Neapolitani ſuique Cives noluerunt excipere. Qui indignatus acriter; » ad ejuſdem Vrbis expugnationem totis viribus ſe erexit. Aliquibuſque » fortiter impugnatam diebus; tandem per vim capiens ingreſſus eſt: » tantaque non ſolum in Gothos, qui ibi morabantur, ſed etiam in Cives » ira deſæviit; ut non ætati, non ſexui, poſtremò non *Sanctimonialibus* » parceret. Viros in conſpectu conjugum (. miſerabile viſu!) perimens, » ſuperſtites matres, & liberos captivitatis jugo abduxit. Beliſarius ve- » ro ſedulè a Papa *Sylveſtro* increpatus, cur tanta ac talia homicidia » *Neapoli* perpetraſſet? tandem correptus & pænitens, rurſus proficiſcens » *Neapolim*, & videns domos Civitatis depopulatas, & vacuas; tandem » reperto conſilio recuperandi Populi, colligens per diverſas Villas Nea- » politanæ Civitatis viros, & mulieres, domos habitaturos immiſit: ideſt, *Cu-* » *manos*, *Puteolanos*, & alios plurimos, *Liburia* degentes, & *Playa*, & *Sola*, » & *Piſcinula*, & *Lotatrovula*, & *Summa*, & aliis Villis: necnon & *No-* » *lanos*, & *Surrentinos*, & de Villa, quæ *Stabii* dicitur adjungens viros, » & mulieres, ſimulque, & de Populis *Cimiterii* adjunxit. Non poſt » longum tempus, rurſum pugnaturus cum Vandalis, in Africam pergens, » victoriam de eis adeptus eſt, ex quorum reliquis *Africæ* terræ captivo- » rum, necnon *Sicilia*, & *Syracuſanæ* Civitatis, ſimulque Civitatis *Ca-* » *labriæ*, ideſt, *Mileti*, *Conſenſia*, *Villarumque* earum Populos, atque to- » tius *Apuliæ* colligens depopulatam *implevit*.

di *San Gennaro*, da lui composta : *La rovina di Napoli* , *fatta da Belisa-*
rio , *si deve credere a Paolo Diacono per ogni verso* , *non a Procopio Ce-*
sariense , *che essendo Segretario di Belisario* , *non volle* , *o non potè scri-*
vere la crudeltà dal medesimo usata in Napoli. Ma a dirne il vero , *Vuer-*
nesrido visse da quattrocento anni dopo *Belisario* , allorche *Procopio* li fù
contemporaneo : *Procopio* fu appurato sempre nelle sue assertive , e *Paolo*
Diacono sovente prende degli abagli , come apparisce dal suo medesimo
contesto , in cui vuole vivo *Silvestro* Papa , che riprendea *Belisario* ;
quando questi da duecento anni prima era morto . Colloca *Monache* sagra-
te in Napoli , e violate dall' Esercito Greco : allorche queste non erano
state peranche introdutte in Italia . Afferisce , che *Cosenza* , e *Mileto* erano
in *Calabria* : quando queste erano una nel Paese de *Bruzj* , e l'altra
nella *Magna Grecia* : chiamandosi allora col nome di *Calabria* soltanto
Terra d'Otranto . E vuole , che da tutta la Campagna , dalla *Puglia* ,
dalla *Calabria* , dalla *Sicilia* , e fin dall' *Africa* venisse la Gente a riempir-
la : come se Napoli in quel tempo fusse stato il Gran *Cairo* , *Pechino* ,
o *Constantinopoli* , che vi abbisognassero centinaja di migliaja di Abitatori
per popolarla .

XVIII.   Quello però che possiamo asserire di certo intorno alla Città di
Napoli si è , che quantunque *Belisario* la involasse a' Goti per forza d'Armi ;
pure *Totila* poco dipoi colla stessa facoltà la ritolse a' Greci , non senza
notabil loro danno , sì riguardo a coloro che la difendeano , come rispetto
agli altri che vi si portaro a soccorrerla , con una Armata navale assai nu-
merosa . Conciossiache *Belisario* , presa la Città di Napoli , s'avviò contro
Vitige (diposto già e morto il Re *Teodato*) verso Roma , lasciando in
Napoli un grosso presidio di Soldati Isaurici sotto 'l comando di *Conone* .
Ed espugnata Roma , ritornò in Costantinopoli portandovi il Re *Vitige*
in catena . In qualmente morti *Ildebrando* , ed *Aratico* (i quali regnarono
pochi mesi) , i Goti elessero *Totila* in loro Monarca . E questi subitamen-
te portossi al riacquisto di Napoli , e dell'altre nostre Provincie già occupate
da Greci . Loche propriamente accadde nell'anno 543 . giusta il computo di
Matteo Gizio nelle sue *Note Cronologiche* . Ed avendo preso Benevento
nel camino ; vi rasò le Mura , acciò non servisse di ricovero a' Greci , se
mai pensassero ritornare in Italia . Indi si portò all'acquisto di Napoli : e
dopo avere con varie lusinghe indarno tentato l'animo di que' Cittadini ,
proveduti di mille Soldati Isaurici di presidio ; strinse la Città con vigoro-
so assedio : facendo scorrere nel tempo stesso le sue Squadre per il Paese
de *Bruzj* , per la *Lucania* , per la *Calabria* , per la *Puglia* , e per altri Luoghi vicini ; quali ridusse alla sua ubbidienza , ricevendole con maniere dolci ed obliganti : essendo que' Popoli malcontenti de' Ministri Greci , che
fuor di modo con i Tributi l'angustiavano , come *Procopio* (a) istesso rapporta .
                                                    XIX. Alla

(a)   Procopio lib. 3. Bell. Goth. cap. 6. *Deinde Totilas* , *trajecto flumine*
Tiberi , *Romæ finibus se abstinuit* : *& in Campaniam* , *& Samnium repen-*
tè ingressus ; *Beneventum* , *Urbem validam* , *nullo negotio in potestatem suam*
redegit , EJUSQUE MUROS ÆQUAVIT SOLO ; *nè advecta ex Byzan-*
tio

XIX. Alla nuova di tanti progressi che facea *Totila* in Italia, ed alle replicate istanze di molti (spezialmente di coloro, che erano assediati dentro la Città di Napoli), risolvè l'Imperadore *Giustiniano* inviare in queste parti una poderosa Armata navale sotto 'l comando di *Massimino*, nuovo Prefetto Pretorio, e di *Demetrio* Maestro de Soldati. Ma perche *Massimino* era mal pratico nel mestiere dell'Armi, e pusillanimo ancora, si fermò coll' Armata nell' Epiro senza navigare più innanzi; facendo solamente passare in Sicilia *Demetrio* con una semplice Coorte di Soldati. E questi, inteso da *Conone* lo stretto assedio che Napoli pativa da *Totila*, e la penuria, in cui era; sentì pena grandissima di non poterla soccorrere per mancanza di Truppe. Con tutto ciò, raccogliendo una quantità di Navi, finse di andare con un grandissimo soccorso in Napoli, ancorche in quelle non vi fossero Soldati. Ma perche egli non andò a Napoli a dirittura, (che forsi avrebbe arrecata dell'apprensione a Goti, e l'avrebbe obbligati a disciorre da colà l'assedio), ma si portò in Roma per arrollare Soldati; diè tempo al Re *Totila* di pienamente informarsi del vero stato, in cui ritrovavasi quell'Armata: e conosciuto, che era vuota di Milizie, dispose le sue Squadre intorno la spiaggia Napoletana. Quindi, provedutosi di molte Barche lunghe, e spedite; diverse di quelle vuote Navi predò, allorche si vollero avvicinare al lido. E tutto ciò per opra di un'altro *Demetrio* (il quale era Procurator di Cesare nella Città di Napoli) che dopo di avere molto sparlato dalle Mura contro *Totila*, salito sovra di un Legno, andò a ritrovare il Comandante *Demetrio* nella sua Armata, per sollecitarlo a comparire colle Navi a vista di Napoli, ed ispaventare i Goti. Ma dato egli in mano di *Totila*; questi li fe tagliare la lingua e le mani, e lo mandò via.

XX. Giunto poi *Massimino* in Sicilia col restante dell' Armata, e pressato non meno dalle minaccie Imperiali, che dalle moltiplicate istanze

Tom. III. M di

tio Copiæ: factis ex munito loco incursionibus, Gothos infestarent. Deinde Neapolitanos, ipsum licèt multa pollicentem recusantes in Urbem accipere, à Conone & Isauricorum mille præsidio defensam, obsidere constituit. Atque ipse quidem, haud procul mænibus castramentatus, cùm majori parte Exercitus remansit, missa verò altera ad Cumanum Castellum; & cæteras Munitiones ipse potitus est, magnamque vim pecuniæ ipse collegit. Senatorum Conjuges ibi nactus, nulla affecit contumelia: immo verò humanissimè dimisit liberas. Quo facto magnam prudentiæ, & benignitatis famam apud Romanos omnes est consequutus. Cùm autem nusquam hostes occurrerent; exigua Agmina identidem circummittendo, res egit momenti maximi. Bruttios, Lucanos, Apulos, Calabrosque in ditionem suam subjunxit: Vectigalia exegit publica; & pecuniarios proventus, à locorum Dominis in rem suam evertit, cæteraque constituit tanquam Italiæ Dominus. Ea de causa cùm stipendia consueta non procederent Romanis Copiis . . . graviter dolebant Itali: quippe qui & fortunis exturbati suis, & in periculum maximum relapsi essent. Milites magis quàm antea refractarios se reddebant Ducibus suis.

di Conone, che dentro la Città di Napoli era in estremi bisogni per la mancanza de viveri; risolvè inviare al soccorso della angustiata Città l'Armata tutta sotto 'l comando del Capitan Demetrio, Generale della Milizia. Ma perchecciò si fece in tempo d'Inverno, le Navi nell'imboccatura nel Cratere Napoletano furno rispinte da furiosa, ed inaspettata Tempesta su l'arena della spiaggia, dove erano col Campo i Goti: i quali a man salva presero molti Soldati, e trà questi lo stesso Demetrio. A cui ligando, Totila una fune al collo, lo fè salire sù le Muraglie della Città, per dire agli Assediati lo che era accaduto alla sua Armata; senza la quale non vi era per essi altra speranza di soccorso: e che perciò si arrendessero pure alla divozione de Goti, se non volevano soggiacere a miserie maggiori, come siegue a dire Procopio (a).

XXI. Ciò fatto, anche Totila salì sù le Mura: ed ivi chiamatosi il Comune di Napoli; con amorose parole l'esortò ad arrendersi alla sua clemenza: conciossiache egli a solo fine di liberarli dal giogo pesante de Goti, gli avea cinti di assedio, non già che li tenesse per nimici: memore che in tempo di Belisario si erano mostrati molto fedeli verso i Goti. Promise anche con giuramento di farne uscire senza molestia alcuna Conone co' suoi Soldati, se pur non volea sotto le sue insegne prendere partito; come dal di lui Arringo, che trascrive Procopio di questo tenore: „ Jam vos, Nea-
„ politani, non eò obsidere agressi sumus, quò de vobis quæremur aliquid;
„ sed potiùs ut à vobis inimicissimæ Dominationis depulso jugo, unicuique
„ vestrum liberè, & plenè persolvere possimus grates prò illo studio, quo
„ acerbissimam hostium importunitatem, nostra causa, bello hoc pertulistis.
„ Nam inter Italos omnes vos soli in Gothorum Gentem benevolentiam
                                                                    „ sin-

(a) Procopio lib. 3, cap. 6. Postea Maximinus cùm omni Classe appulit Siciliam: ac Syracusas pervectus, animo belli formidine occupato; ibi consedit. Qua de re certiores facti Romani Duces; ipsum per nuncios, ut venire auxilio maturet, enixè rogant; in primis Conon ex Urbe Neapolis instat, à Barbaris obsidione pressus arctissima . . . . . Ipse quidem ibi restitit: omnes verò Copias cùm Demetrio . . . . . Neapolim misit, ingravescente jam byeme. Neapoli Romana Classis appropinquaverat; cùm ventus vehemens insurrexit, tempestatemque excitavit gratissimam, quæ invitos ad littus impulit, ubi hostes castra posuerant. Quare Barbari in Romanorum Naves ad arbitrium suggressi; multos capere viros, atque in his Demetrium Magistrum Militum . . . . . Hæc Romanæ Classis fortuna fuit. Totilas verò Demetrii collo reste injecta, illum traxit ad Neapolis muros, jussitque obsessos hortari, nè seipsos perderent, spe freti insana; sed Urbe Gothis quam primùm dedita, magnis ærumnis se expedirent, cùm nihil amplius auxilii mittere possit Imperator, & vires suas omnes spemque in ea Classe amisissent. HÆC DEMETRIUS EX TOTILÆ PRÆSCRIPTO DIXIT. Obsessi jam fame, penuriaque pressi extrema; ubi infelicem Demetrii casum oculis, & orationem auribus perceperunt; spe omni deposita, lamentis se se dederunt, ignari quo se verterent. Erat Urbs tumultu ingenti, & luctu plena.

,, fingularem exhibuiftis, & in jus, poteftatemque hoftium veniftis maximè
,, inviti. Itaque, jam coacti cùm illis vos obfidere; fidem veftram ut par
,, eft reveremur fic prorsùs, ut hac obfidione, Neapolitanorum perniciem
,, nemo expectet. Quare fi vobis gravia funt obfidionis incommoda; nè
,, Gothis fuccendendum putetis. Etenim qui amicis benignè efficque nequeunt,
,, ut gratia nihil ingrati habeat; non fint digni reprehenfione: Neque
,, animos veftros timor hoftium fubeat, nec præterita vobis perfuadeant, il-
,, los ex nobis relaturos victoriam. Mirabiles enim eventus vitæ, quos ino-
,, pinate fors attulit; dies ipfa retrò fublatos referre folet. Porro hanc vo-
,, bis compofitionem offerimus, ut Cononi, cunctifque Militibus per nos li-
,, ceat recipere fe incolumes quocumque voluerint, fi modò dedita nobis
,, Urbe, quamprimùm excedant. Nec nos quidquam tenebit, quo minus
,, hæc illis, & falutem Neapolitanis, jurejurando habito, polliceamur.

XXII. A quefte dolci ed avvenenti maniere di *Totila*, non folo i Napoletani fi rifolverono di farlo entrare con fuoi Goti in Città; ma lo ftef-
-fo fece *Conone* ed i fuoi Greci, che fi trovavano in grandiffima penuria di viveri. Ma per non mancar di fede all'Imperadore, cercarono un mefe di tempo a confegnarli le chiavi, per vedere, fe in quefto mentre fovragiugneffe
loro qualche nuovo foccorfo: ed il Re *Totila* benignamente glie n'accordò
di vantaggio altri due, fenza darli in quefto mentre la menoma moleftia.
Effi però, perche muorivano della fame, non induggiarono tanto ad ar-
renderfeli; ma dopo alcuni giorni gli aprirono volontariamente le porte;
In quefto ingreffo più che mai fe *Totila* campeggiar la fua clemenza,
dando non folo la libertà promeffa a *Conone*, ed a tutti i Soldati del Prefidio; ma fomminiftrandoli proporzionatamente giorno per giorno il cibo,
acciocche colla fubitanea fazietà non veniffero ad ammalarfi, giufta quel
tanto che il medefimo *Procopio* (a) ammira in quefto barbaro Monarca.
E quefto fu il fine della Guerra trà Goti, e Greci nella Città di Napoli:
alla quale, a fomiglianza di Benevento, furono poi rafate le Mura, acciò in
appreffo non ferviffero di nuovo ricovero a' Greci.

M 3 CA-

(a) Procopio loc. cit. *Neapoli potitas Totilas; eam Captivis præftitit
humanitatem, quæ nec in Hoftem, nec in barbarum cadat. Cùm enim Romanos cepiffet fic affectos inedia, ut jam corporibus vires abfceffiffent; veritus, nè repente indigefto, ut fit, ad fatietatem cibo præfocarentur; hoc
confilium iniit: Cuftodibus ad portum & portas difpofitis, edixit, nè quis
exiret. Ac cibos ipfe provida parfimonia infra appetentiæ modum afferebat
omnibus: aliquid quotidie fic adjiciens, ut acceffio fenfim fufficere videretur.
Ita demum confirmatis eorum viribus, portas pandit, & cuique eundi quò libitum effet copiam fecit. Cononi, ejufque Militibus, quibus manere ibi
non placuit; in naves impofitis, curfum libere dedit . . . . Ipfe quoque difceffit, POSTQUAM NEAPOLIS MUROS ÆQUAVIT SOLO,
ne Romani recepta Urbe negotium Gothis facefferent, ex tuto impetum
facientes.*

CAPITOLO TERZO.

Dell'altre Guerre, che ebbero i Goti con Greci
in varj altri Luoghi delle nostre
Regioni.

I. DOpo che *Totila* si fu impadronito della Città di *Napoli* (non
senza grave danno di quei Greci, che nelle due Armate navali si erano quivi portati) e che *Procopio* chiama col nome di *Romani*;
niun altro Capitano Imperiale, che era in Italia, osò venire con lui a
cimento. Onde egli dopo aver preso il Castello di *Cuma*, che era la
Fortezza più considerabile dopo quella di Napoli, (riponendo quivi il
suo ricco Tesoro), facilmente si rese Signore di tutta la Campagna, di
tutto 'l Sannio, della Lucania, del Paese de Bruzj, della Puglia, e della Calabria, a riserva della Città di *Otranto*: la quale, passata
al dominio de Greci in tempo di *Belisario*, si mantenne sempre
ferma nella divozione dell' Imperadore Costantinopoletano. Che però risolvè *Totila* di espugnarla, e di torre con ciò a' Greci ogni ricovero in
queste Regioni. Intanto, vedendo *Giustiniano*, che a tutti i suoi Capitani che erano in Italia, mancava l'ardire quando trattavasi di combattere contro i Goti; richiamò *Belisario* dalla Guerra de' Parti, e prove-
dutolo di una fioritissima Armata, l'inviò la seconda volta in Italia.
Colla venuta di questo Capitano molte furono le Guerre, che videro tra
Greci e Goti queste nostre Provincie, nelle quali così gli uni come gli
altri, ora vinti, ed ora vincitori restarono. Quindi, per darne al Leggi-
tore una brieve contezza; l'anderemo notando una per una, con tutta
l'attenzione possibile.

II. Disposto adunque *Belisario* il tutto per il viaggio in Italia, fe
avanzare *Valentino* suo Capitano, acciò con porzione della sua Armata,
cercasse soccorrere la Città di *Otranto*, che era angustiata per la fame: a
cagion della quale, avea già capitolato con Goti la Resa trà lo spazio di
alcuni giorni. Ma perche *Valentino* prima di tal tempo vi giunse felicemente, e nel punto che i Goti per la fiducia delle passate capitolazioni
se ne stavano spensierati; potè egli senza contrasto alcuno entrare nel Porto, ed obbligarli a disciorre l'Assedio, allontanandosi i Goti da quelle vicinanze, ed aspettando nuovi ordini dal Re *Totila*, intorno a ciò che fare doveano, secondo il rapporto del lodato Scrittore (a).

III.

(a) Procopio lib. 3. cap. 9. ,, *His Totilas auditis*; Copiarum partem
,, in Calabriam destinat, & Castellum Hydruntinum tentare jubet. Dedere
,, se recusante illo Præsidio; obsidionem iis, quos eò miserat, mandat, &
,, cùm

III. Oſtinato non però *Totila* in voler di nuovo ridurre Otranto alla ſua ubbidienza ; ordinò a Soldati, che ſi accingeſſero all' Aſſedio di quella Fortezza, che a lui era molto a cuore, per togliere a Greci quel nido. E nel tempo ſteſſo egli ſi poſe all' ordine per l' aſſedio di Roma , dove penſava aſpettare a piè fermo *Belifario*, il quale era di già approdato in Ravenna col reſtante dell' Armata . Avea bensì laſciato queſti in Durazzo *Giovanni Vitelliano* , nipote dell'Imperadore : e a codeſto ingiunſe, che faceſſe a tempo proprio una ſcorſa nella Calabria ; e che indi, paſſaſſe alla volta di Roma , per giuntarſi con eſſolui . Ma perche *Giovanni* non era ancora all'ordine di far vela per Otranto, quale per la ſeconda volta venia ſtretto con aſſedio da' Goti ; vi andò *Belifario* in perſona , e le ſe ſubito diſciorre, fuggendo i Goti in Brindiſi , sfornito in quel tempo di Mura .

IV. Scioltoſi di nuovo l' aſſedio da Otranto, e partito *Belifario* per Roma ; i Goti, che in quella Provincia ritrovavanſi, ne ſtavano neghittoſi alle vicinanze di Brindiſi : e tenendo i Cavalli all' erba , penſavano, che ſolo in Roma ſi faceſſe Guerra contro *Totila* : ſenza badare, che *Giovanni* era in Durazzo col fiore della Milizia Greca . Il quale ſovragiugendovi poco dopo, e cogliendoli all' improviſo ; parte ne ſe paſſare a fil di ſpada, e parte ne ſe fuggire alla volta di Roma, per unirſi al Re *Totila* ; reſtando a lui libero il campo d' impadronirſi della Calabria, della Puglia, della Lucania , e del Paeſe de Bruzj. Ancorche egli fuſſe cagione della perdita di Roma : perche, chiamato da *Belifario*, che ſi trovava inferior di forze a quelle di *Totila* , ricusò di girvi per timore de Goti, che erano di Preſidio in Capoa, ed in Minturno : conche diede tempo a *Totila* di aſſediare e prendere quella Capitale, ſenzache *Belifario* ſe gli poteſſe opporre.

V. Saputoſi intanto da *Totila*, che *Giovanni* facea de progreſſi nella Puglia, nella Calabria, e nella Lucania ; e temendo, che non paſſaſſe in Roma a giuntarſi con *Belifario* ; ſcelſe trecento de ſuoi più valoroſi Soldati, e l' inviò in Capoa, acciò volendo i Greci paſſar di là, li contraſtaſſero il paſſo. Loche ſaputo da *Giovanni*, ſi perde di animo in modo, che non fu poſſibile farlo incaminare alla volta di Roma , dove *Belifario* impa-

---

” cùm majori parte Exercitus Romam verſus ire ſtatuit . . . Intereà , ” qui Hydrunte obſidebantur , re cibaria defecti penitus, habito cùm obſidentibus colloquio ; ſe illis Caſtellum in deditionem daturos receperant, ” & dies inter ipſos convenerat. Quando Beliſarius , Annona quæ in annum ſufficeret, in naves impoſita ; cum ea Valentinum Hydruntem navigare juſſit , & veteri quamprimum mutato Caſtelli præſidio, quod ” morbo & fame contabuiſſe, acceperat ; in ejus locum ſubjicere alios ex ” eorum numero, quos advexiſſet : cùm facilius , tutiuſque ſervaturi eſſent Caſtellum integri , & a cibariis affatim parati . Valentinus cùm ea ” Claſſe vento ſecundo uſus , Hydruntem appulit quatriduo ante diem ” eum hoſte ſdictam , & portum, quem offendit incuſtoditum, potitus ; ” nullo negotio in Caſtellum intravit. Etenim Gothi , pactis confiſi , nihil ” adverſi interventurum rati, remiſſa jam obſidionis curâ ceſſabant.

paziente l'aspettava. Passando intanto nel Paese de Bruzj, in cui era Ri-
chimondo, valoroso Capitan di *Totila*, per impedire il passaggio de Greci
della Sicilia in Italia; tra Reggio, e Vibona l'assalì, e lo vinse, perche
li fu improvisamente addosso, come siegue a narrare *Procopio* (a).

VI. All'avviso di queste nuove conquiste, che facea *Giovanni* nelle
Provincie anzidette, e de vantaggi, che riportava sopra i Goti; arse *Totila* di sdegno contro di lui: e, pensando, che col mandare i soli Goti in
quelle alpestri Regioni nulla si farebbe; risolvè inviare con essi un novero considerabile di Milizie paesane, pratiche delle Provincie, e delle
strade per donde si potesse liberamente girare. Ma *Giovanni*, che avea
tirato al suo Partito *Tulliano* figlio di *Venanzio* nobile Romano, il, quale
era in sommo credito appo i Lucani e i Bruzj, e che intorno il *Seno* del
Jonio avea grande autorità sovra i Coloni di varj Patrizj Romani, che quivi coltivavano i Terreni de proprj Padroni; gli ordinò, che colle sue
Squadre paesane si postassero ne' Luoghi più stretti di quelle Regioni, per dove poteano passare i Soldati di *Totila*: mandandoli anche *Anta*, suo Capitano, con trecento Soldati di milizia regolata, acciocche li servisse di ajuto. Sicche, appiattati costoro in alcune valli boscose, onde i Soldati Goti s'
incaminavano per passare nella Lucania, e ne Bruzj; nel giungervi questi
spensieratamente, ne fu fatto un sanguinoso macello. Perloche, avendo
Totila presa Roma, pensò rasarla, e portarsi di persona contro *Giovanni*,
che tanto facea nelle nostre Provincie a danno de suoi Goti. Ma *Belisario* sgridandolo con Lettere risentite, che non era gloria di un Capitano
seppellire sotto le ceneri le Città magnifiche e principali, spezialmente
la

(a) Procopio loc. cit. ,, *De his* certior factus Totilas, lectos 300. Go-
,, thos Capuam mittit: jubetque, ubi Joannis copias, inde Romam euntes
,, viderent, pone sequi incautas; curæ cætera sibi fore. Quapropter,
,, veritus Joannes, nè ab hostibus circumveniretur; omissa ad Belisarium
,, profectione, ad Bruttios, & Lucanos concessit. Quidam erat inter Go-
,, thos Recimundus, vir insignis, quem Totilas Bruttiis proposuerat, Go-
,, thos, ac Romanos aliquot Milites, Maurosque transfugas habentem, ut
,, cum illis Scylleum Fretum, & littus illud obsidens; caveret ne quis in
,, Siciliam solvere, vel ex Insula appellere illuc impunè posset. Joannes,
,, inopinata celeritate adventus sui famam præcurrens, copias illas inter
,, Vibonam, & Rhegium invasit, subitaque impressione adeo perculit; ut;
,, virtutis propriæ immemores, è vestigio terga verterent. In Montem,
,, qui prope eminebat, difficilis aditu, & præceps, se receperunt. Joannes
,, in acclivi hostes secutus, & antequam inter dirupta se munirent, ador-
,, tus; Maurorum, Romanorumque Militum, validissimè repugnantium,
,, maximam partem concidit. Re Joannes ita gesta, ibi restitit: diu ex-
,, pectans Belisarius, nihil movebat: & Joannem increpabat, quod quam-
,, vis Græcorum florem haberet secum; ferro, & collata cum 300. Capuæ
,, præsidiariis manu, viam sibi facere non tentaret. At, Joannes, despe-
,, rato transitu, in Apuliam cessit, & Cervarii (illi loco nomen) stativa
,, habuit.

la Metrópoli dell'Univerſo ; *Totila* temperò lo ſdegno ; e laſciandola ſola-mente intera nella terza parte delle ſue Mura ; incendiato il Campidoglio, e le Fabbriche più magnifiche, s'incaminò a dirittura contro *Giovanni*. Il quale inteſe la venuta, e temendone la forza ; laſciò la Puglia, e ritiroſſi in Otranto, di dove potea avere lo ſcampo per la Grecia, caſoche quivi veniſſe attaccato da *Totila*. In qualmentre, trovandoſi molti Patrizj Romani prigionieri nella Città di Capoa ; a conforti del Re Goto, mandarono Meſſi, e Lettere a' loro Coloni, che teneano nella Lucania, e ne' Bruzj ; imponendo loro, che attendeſſero al deſtinato meſtiere ſenza più perdere il tempo in combattere contro i Goti. Onde, mancando a *Tulliano* queſta aſſiſtenza ; fu in obbligo di abbandonare la cuſtodia di quei paſſi ; ed i Soldati di *Anta* ſi ritirarono in Otranto preſſo *Giovanni*. Ed in queſta guiſa il Re *Totila* potè di nuovo ricuperare le Provincie che li avea tolte, *Giovanni* : a riſerva della Città di Otranto, la quale, preſidiata da Greci, non volle mai paſſare alla divozione de Goti, come ne fa fede l'Autor citato (a).

VII. Baldanzoſi per queſte nuove conquiſte i Goti, niun conto faceano de Greci : andando per le Provincie baccando ſenza ordine, e ſenza militare diſciplina, come ſe fuſſero all'intutto ſicuri da nimici. Il che ſaputoſi da *Giovanni*, ſpinſe contro di loro all'improviſo tutte quelle Milizie, che avea ſeco in Otranto, e ne fece una grandiſſima ſtrage : a ſegno tale che *Totila* ſgomentato pe'l ſucceſſo, ſi ritirò ſul Monte Gargano, dove, per tutta quella State ſi trattenne, come proſiegue l'Autore (b).

VIII. Dopo di ciò, *Totila* penſò fare un paſſaggio in Ravenna (peroche *Beliſario* nella di lui aſſenza ſi era impadronito di Roma ; entrandovi per quella parte, in cui erano diroccate le Muraglie). Ma pria di partire, fortificò aſſai bene la Città di *Acerenza* col preſidio di ſeicento Goti, come:

(a) Procopio lib. 3. cap. 22. ,, *Cujus* allato nuncio, ſtatuit Romam
,, ſolo æquore Totilas : ibique relicta majori parte Exercitus, cum altera
,, Joannem, & Lucanos petere . . . . . Ubi Joanni renunciatum eſt, ad-
,, verſus ipſum tendere Totilam ; diutius in Apulia morari noluit, ac cur-
,, ſu ſe ſe recepit Hydruntem. Abducti in Campaniam Patritii, quoſdam
,, de ſuis domeſticis in Lucaniam miſerunt, de ſententia Totilæ, ſuiſque
,, villicis impoſuerunt, ut cœptis abſtinerent, & agros de more colerent,
,, quos in poteſtatem Dominorum redituros ſignificabant. Illi, deſerto Ro-
,, mano Exercitu, in agris quieverunt. Tullianus aufugit, Antæ trecenti
,, ad Joannem ſe receperunt, atque ita, QUICQUID EST CITRA SI-
,, NUM JONIUM, PRÆTER HYDRUNTUM, in Gothorum, & To-
,, tilæ ditionem iterum *venit*.

(b) Lo ſteſſo loc. cit. ,, *Jam* pleni fiducia barbari, manipulatim
,, ſparſi, hac illacque circumcurſabant. Monitus Joannes, in eos numero-
,, ſam mittit ſuorum manum : qui facto in hoſtes impetu, multos intere-
,, merunt. Hinc Totilas affectus metu, ſuos omnes collegit, & in Montem
,, Garganum, media aſſurgentem Apulia, metaos ; in Caſtris Annibalis Pœ-
,, ni ſtativa *habuit*.

ne ſi diſſe nel Libro 7. del Tomo I. al *Numero* 48. del Capo 6. Laſciando-
ne ancora un numero competente in Capoa , acciò vi cuſtodiſſero quei Patrizj , che egli avea quivi da Roma traſportati. In queſto tempo *Giovanni*
fece , che i Tarantini , laſciata l' antica loro Città , ſi portaſſero ad abitare
ſu l' Iſola , in cui oggi ſono , come rapportammo nel Libro ſovradetto al
Numero 24. del Capo 9. E dopo avere tentato in darno l' aſſedio di Acerenza , penſò di ſorprendere all' improviſo il Preſidio Gotico , che era in
Capoa , e liberare tutti quei Patrizj Romani , i quali con un numero grande
di Matrone ivi ſi trovavano prigionieri. Come in fatti li riuſcì : peroche
applicato *Totila* al riacquiſto di Roma , pochi ſoldati avea in queſti Luoghi ; e di queſti ſettanta Cavalieri Romani ſi diedero al ſervizio di *Giovanni* , allorche lo videro all' improviſo entrare in Capoa , come pure lo teſtimonia *Procopio* (a). E per renderli in appreſſo più ſicuri ; l' invio in
Sicilia con quei Soldati Romani , che nel ſuo Eſercito aveano preſo partito.
Io però , ſe non erro , ſono di opinione , che queſti Nobili Romani , riſpin-
ti nel camino da contrario vento , approdarono nelle coſtiere di Amalfi , e
vi popolarono quella Città ; come meglio ci ſpiegaremo nel Capo 2. del Libro 5. allorche favellaraſſi di queſta nuova Repubblica.

IX. Queſti vantaggi di *Giovanni* irritarono in tal guiſa il Re *Totila* , che meditò ad ogni coſto vendicarne le perdite. Perloche trovandoſi all' aſſedio di Perug-
gia , ed inteſo , che *Giovanni* era accampato ne' confini della Lucania ;
laſciò all'aſſedio un picciol Corpo di Soldati , e col pieno dell'Eſercito avvioſ-
ſi contro di lui per il Piceno , per il Sannio , e per altre occulte vie , in
modo che i Greci non poteſſero averne notizia : ed in fatti li fu addoſſo pria
che quelli dalle ſpie ne riceveſſero l'avviſo. Ma la fortuna de' Greci fu , che
Totila , invaſato dalla rabbia contro *Giovanni* , volle con improvido conſiglio

al-

(a) Procopio loc. cit. : *Interea* Joanni Caſtellum Acherontidem fruſtra
,, obſidenti , audax conſilium natum eſt , quod Senatui Romano ſalutem , &
,, ſibi magnam inſignemque apud omnes gloriam peperit. Certior enim
,, factus , Totilam Gothorumque Exercitum , oppugnationi murorum Ro-
,, mæ intendere ; delecto Equitatus flore , nemini propoſito conſilio , in
,, Campaniam contendit , neque diem neque noctem intermittens. Nam ,
,, cum ejus Provinciæ Opida mœnibus carent , illic Totilas Senatum re-
,, liquit : ut improviſo incuſu , illum reciperet , ſibique ſervare poſſet .
,, . . . Jam ante conceſſerant ad Campaniam Milites non minus ſeptua-
,, ginta ex eorum numero , qui ab Gothis defecerant. Hi ſeſe contule-
,, runt ad Joannem : qui paucos quidem Senatores , eorum vero Uxores fer-
,, mè omnes ibidem invenit. Etenim , capta Roma , plerique viri , ſequu-
,, ti milites ex fuga , portum tenuerunt : Fœminæ venerunt in manus ho-
,, ſtium. Clementiſſimus Patricius cum in quoddam Regionis illius Tem-
,, plum perfugiſſet , Romanum Exercitum ſequi noluit : Auguſti iram me-
,, rito veritus , quod antea Totilæ , & Gothis Caſtellum Neapoli proxi-
,, mum tradidiſſet. Oreſtes ; qui Conſul Romanus fuerat , cum proximè
,, abeſſet ; equis non ſuppetentibus , illic invitus reſtitit. Nec mora Sena-
,, tores cum deditiis Militibus ſeptuaginta , in Siciliam Joannes miſit.

attaccarlo la medesima notte in cui lo raggiunse, senza aspettare il dì vegnente, per riconoscere il luogo in cui era accampato, e per poterlo inseguire
in caso di fuga. Che però se bene molti Greci in questo improviso Assalto
fussero restati morti, pure *Giovanni* col benefizio delle tenebre potè uscire
dagli Alloggiamenti, e fuggendo per la parte opposta, salvarsi colla fuga dentro
Otranto: dove tratto tratto lo seguirono le altre sue sbandate milizie, come
pur l'abbiamo dall'Autor citato (*a*).

X. Mentre sù questo piede stavano le cose in Italia; *Giustiniano* Imperadore avisatone da *Belisario*, che di tutto il bisognevole lo tenea ragua-
gliato, pensò mandare quivi un nuovo rinforzo di Soldati sotto il comando di *Valeriano*, Maestro delle Milizie, con altri bravi Capitani, trà quali uno
fu *Vero*, che seco menava trecento Cavalli Eroli. Il quale per altro, perche alquanto borioso, e dal vino sovente sorpreso, sdegnò in Otranto di
sottomettersi a *Giovanni Vitelliano*. Onde lasciate le sue Navi in Otranto, passò ad acquartierarsi con proprj Soldati in Brindisi, Città sfornita di
Muraglie. Il che saputosi da *Totila*, questi disse: o egli è un valoroso, e potente
Soldato, e bisogna sperimentarlo; o è temerario ed insolente, e necessità opprimerlo. Laonde all'improviso assalendolo, lo ridusse all'ultime angustie, ucci-
dendoli duecento di quei suoi Soldati. Ed avrebbe fatto con lui, e col restante lo stesso, se una quantità di Navi che venivano da Grecia, ivi all'istesso tempo non approdassero. Imperciocche credendoli *Totila*, che esse fossero piene di Milizie; diè luogo al medesimo di potersi in quelle salvare,
come dice *Procopio* (*b*).

XI. All'incontro poi *Valeriano*, che era stato spedito col maggior corpo dell'Esercito in Italia, vedendo che sovraveniva l'Inverno e pensando
che i viveri non erano sufficienti per i Soldati e per i Cavalli; pensò fermarsi in Grecia sino alla Primavera vegnente; mandando trecento Soldati
per allora a *Giovanni*, oltra quelli che seco avea portati il Capitan *Vero*,
Ma perche *Belisario* era stato prevenuto dall'Imperadore *Giustiniano* di
questo passaggio di *Valeriano* in Italia, ordinandoli che si giuntasse con
quello, per aggire di comune consenso contro i Goti; egli s'imbarcò ne' Mari
di Roma con settecento Cavalli, e duecento Pedoni de più bravi che avesse, e si avviò alla volta di Taranto, dove lo aspettava a *Giovanni*; abbenche
dalla tempesta fusse obbligato a fermarsi nel Porto di Cotrone. E perche quivi
non vi erano Pascoli bastanti per la Cavalleria, pensò farla passare nelle
maremme di *Rossano* più abbondanti di Erbaggi. Quivi i Greci s'incontrarno
con un numero considerabile di Goti, fatti avanzare da *Totila* per assediare il Castello di Rossano: ma essi restarono vinti da Greci, che erano in
maggior numero. Questa vittoria però li costò molto: perche essendo giunta la notizia a *Totila*, egli meditò di rifarsene, assalendoli all'improviso,
in modo che appena due o trè ne scapparono, per avanzarne la notizia à
Belisario, che si salvò sbigottito sù le Navi. Ponendo dopo di ciò il Vincitore l'assedio al fortissimo Castello di *Rossano*, che trovavasi ottimamente

Tom. III.   N   pre-

(*a*) Procopio lib. 3. cap. 22.
(*b*) Lo stesso loc. cit. cap. 27.

prefidiato da Greci, ma fenza viveri : onde il Comandante ne capitolò la Refa per un certo giorno prefiffo : che fu quello appunto, in cui *Belifario* da Cotrone, *Giovanni* da Taranto, e *Valeriano* da Levante giunfero col foccorfo, e accoppiandofi alla vifta di quello : lo che fu cagione, che il Comandante non volle più renderfi a *Totila*, come avea pattovito. I Goti non però, poftatifi a piè fermo su la fpiaggia, non permifero in conto alcuno, che i Greci faceffero lo fbarco dalle Navi. Laonde, difperando *Belifario* di potere più foccorrere quella Fortezza, pensò portarfi in Roma per mare, facendo avviare per Terra *Giovanni* e *Valeriano* con i Cavalli e molti Fanti, per fare un diverfivo nel Piceno, e nell'altri Luoghi dello Stato Romano. Ma *Totila* con tutto ciò non volle di là partirfi prima di prendere quel Caftello : in cui al folo Comandante fe pria tagliare le mani, ed i genitali, e poi li tolfe la vita, perche non gli avea refa la Fortezza nel giorno promeffo : dando la libertà, e la roba a tutti quei Soldati Greci, che vollero prender Partito nel fuo Efercito ; e minacciando di fpogliare tutti coloro che ricufaffero di farlo. Che però tutti fi fermarono al fuo foldo, a riferva di ottanta, che mezo ignudi fi ritirarono in Cotrone, per teftimonianza del noftro *Procopio*. (*a*).

XII. Impoffeffatofi *Totila* del Caftello di Roffano, fi difpofe a paffare in Sicilia : e nel viaggio, dopo aver fatta ftringere con forte Affedio la Città di *Cotrone*, e mandato un diftaccamento di Soldati ad efpugnare la Fortezza di *Taranto*; attaccò il Caftello di *Reggio*, che al principio bravamente fi difefe : ma poi, per mancanza di viveri, bifognò che fi arrendeffe, come raguaglia l'Autor citato (*b*). Talche (a riferva di Otranto, fortemente prefidiato da Greci, e di Cotrone ftrettamente affediato), tutti gli altri Luoghi delle noftre Regioni ritornarono alla divozione di *Totila*, non oftante i progreffi, che *Giovanni Vitelliano* per l'addietro vi avea fatti.

XIII. Fin quì le imprefe de Goti andarono a feconda ; ma da quefto punto in poi mutaron faccia. Concioffiache, richiamato *Belifario* in Coftantinopoli, l'Imperadore *Giuftiniano* fpedì in Italia *Narfete* con altra poderofiffima Armata. A quale avifo, lafciando *Totila* quattro fuoi Capitani in Sicilia, ritornò con fretta in Italia, per quivi apparecchiarfi a ben ricevere il

Ni-

(*a*) Procopio loc. cit.

(*b*) Lo ft. ffo lib. 3. cap. 3. „ *Gotbi*, foluta obfidione, converfoque itinere in Siciliam, cùm Rhegium preveniffent ; non prius Fretum, quod illic eft, tranfiere ; quam Rhegii Caftellum tentarent. Parebat illud Præfidium Therimuto, atque Himerio, quos ibi Belifarius conftiterat. Hi, cùm multos, & fortiffimos fecùm haberent Milites ; impreffionem hoftium repulerunt ; factaque eruptione, à pugna rediere fuperiores. At deinde illi, longè cedentes numerò, continuerunt fe, inclufi mænibus. Totilas verò Exercitus Gothici partem ibi, ut cuftodiam ageret, reliquit : fpe maxima incenfus : fore poftea, ut Romanos illos cibariorum penuria damaret. Miffis Tarentum copiis ; fitum illic Caftellum, labore multo, in poteftatem fuam *redegit*.

Nimico, e a difporre a tempo le cofe bifognevoli. Or ficcome *Artabade*, Capitan di *Narfete*, paffando con parte dell'Efercito nella Sicilia, ricuperò quell'Ifola al fuo Signore, e ritornando di Tà fe levare l'Affedio da Cotrone; così *Narfete*, venuto a Battaglia con *Totila* fotto Pavia, lo vinfe, e l'uccife nell'anno 553. di noftra Salute, come fu detto nel Numero 21. del Capitolo 1.: avverandofi in lui queltanto, che 'l noftro Patriarca *San Benedetto* li predifie molto innanzi.

XIV. E febbene, dopo la morte di *Totila*, i Goti acclamarono *Teja* per loro Principe; nientedimeno il valore di quefto Rè ad altro non fervì, che a rendere più celebri le noftre Provincie con la dilui totale ruina. Conciofiiacofache, avendo *Narfete* intefo da una Donna Gota, fua prigioniera (ftata Concubina di *Totila*) che quefti avea ripofto il fuo ftraricco Teforo parte in Pavia, e parte nel Caftello di Cuma; penzò di poterfene impoffeffare: ed a tale effetto, inviando de Soldati in Cuma, egli fi fermò in Roma per dar fefto alle cofe, che ivi erano in confufione. E perche poi *Teja* difponeafi a paffare in Cuma, per difendere quel Caftello; *Narfete* mandando innanzi *Giovanni Vitelliano* per impedire a codefto le ftrade, fi difpofe a feguirlo egli ancora. Ma *Teja*, non oftante gl'impedimenti, che 'l Nimico per ogni dove gli avea frapofti, penetrò per fentieri obliqui, e fcabrofi nella campagna Nocerina, giungendo fenza contrafto al Fiume Sarno (che *Procopio* (a) chiama *Dragone*), ed accampofii alla riva di quello, avendo a fua difpofizione il ponte. *Narfete* però non perdendo tempo, li tenne dietro, ed occupò l'altra fponda della Fiumana. Laonde fù abaglio di *Pandolfo Collenuccio* (b), feguito da altri moderni Scrittori, il dire, che ciò accadde in Lucera di Puglia, alle vicinanze del Fiume Fortore. Ecco come egli dice: ,, *Teja*, Re de Goti, Huomo belli,, cofifiimo, effendo nel Piceno, ed intendendo Cuma affediata, ed il Te-,, foro in pericolo; deliberò foccorrerla: e vedendo non poter paffare

N 2   ,, l'ap-

(a) Procopio lib. 4. cap. 34. ,, *Ticini* quidem partem aliquam Gazæ To-,, tilas repofuerat; maximam vero commiferat Caftro munitiffimo, quod ,, Cumis eft in Campania: locatoque in præfidio Fratrem fuum cum He-,, rodiano præfecerat. Hos Narfes expugnare conftitutum habens; mittit ,, Cumas, qui Caftellum obfideant: moratur ipfe Romæ, conftituendis re-,, bus Vrbis intentus. Tùm Tejas Cumano præfidio Gazæque timens; ita ,, fuos inftruxit, ut pugnandi cùm hofte confilium præfeferret. . . Verum ,, Tejas, ubique relictis a dextra breviffimis itineribus; per multos longif-,, fimofque anfructus, & per oram finus Jonii in Campaniam pervenit, ne-,, mine hoftium adverfante. Qua de re factus certior Narfes; collectis vi-,, ribus, cùm univerfo Exercitu ad prælium inftructo, in Campaniam con-,, tendit. Ad radices Vefuvij funt Fontes Aquæ dulcis, & apræ potui, ,, Amnifque ab his ortus, nomine *Draco*, prope Urbem Nuceriam labitur: ,, tunc autem utraque ejus ripa fedem prebuit utriufque caftris Exercitus. ,, Et fi aquis non abundet Draco; tranfitum tamen Equitibus pariter, ac ,, Peditibus negat: eo quod in anguftum fe contrahens, humumque ca-,, vans altiffime, præruptas utrinque rupes efficit.

(b) Collenuccio lib. 2. Comp. Hiftor. Neapol.

,, l' Appennino per lo paſſo d' Iſernia, ne per quello di Venafri, e di Caſ-
,, ſino, perche erano guardati dalle Genti di Narſe; fece la via per i
,, Marſi, & Peligni, & paſsò in Puglia, & accampoſſi a *Lucera*. Narſe
,, benche inteſo queſto, ſubito moveſſe da Roma, & per Campagna
,, n' andaſſe; non potè così preſto giungere, che Teja avea già preſa Lu-
,, cera. ... Onde dubitando, di non eſſere aſſediato, ed rinchiuſo in Lu-
,, cera uſcendo fuora, ſi poſe ſopra il Fiume vicino, chiamato *Fortore*,
,, e fortificò per ſe il paſſo, ed il ponte, che *vi era*. ... Quando che
Procopio, Autore ſincrono, e di veduta, deſcrive il tutto alle vicinanze
del Fiume Dragone, nelle radici del Veſuvio.

. XV. Diſpoſti sù le ſponde del Fiume i due Eſerciti nimici, quello
di *Teja* verſo Nocera, e quello di *Narſete* verſo Napoli: ſi mantennero
ivi fermi per lo ſpazio di due Meſi, ſenzache l' uno offendeſſe l' altro, non
potendoſi guazzare il Fiume, per la ſua profondità; e tenendo i Goti occupato il Ponte, donde ſolamente potea farſi il paſſaggio. I Soldati di *Teja*
ricevevano i viveri dall' Armata navale, che aveano nel Porto di *Stabia*,
di dove per la corrente del Fiume ſopra Barchette giungeano nel Campo:
ma perche il Comandante di Stabia mancando di fede al Re *Teja*, ſi diede
alla divozione di *Narſete*; l' Eſercito Goto per mancanza di proviſioni da
bocca ſi vide nell' ultima diſperazione, e penſò ſalire ſu'l Monte Lattari-
co ivi vicino. E perche quivi tampoco avea baſtanti paſcoli per i Cavalli,
ricalò all' improviſo nel Campo: dove il Re *Teja* combattendo col nimico
diſperatamente; trà ſuoi reſtò ferito mortalmente nel petto, allorche cam-
biava lo Scudo, tutto ricoverto di dardi: onde finì glorioſamente ſua Vita,
come l' Autore (*a*) ne narra con diſtinzione il fatto. *Manuel Teſauro* però

(a) Procopio loc. cit. *Prælium hoc deſcribam memorabile, in quo ſe
beroum nemini virtute bellica ſecundum probavit Tejas, illuſtriſſimo argumento. Gothis animum dabat præſentis fortunæ deſperatio. ... Inita
mane Pugna, Tejas cunctis conſpicuus, protectus clypeo, baſtamque intendens, primus ante Aciem cùm paucis ſtetit. Quem ut Romani conſpexerunt;
protinus diremptum iri Certamen rati, ſi is caderet; in ipſum conſpirarunt
quicumque valebant. animo, quorum magnus erat numerus. Cuncti in eum
baſtas partim impellebant, partim jaculabantur: quas omnes clypeo, quo
tegebatur, excipiens; ſubito impetu, multos de medio tollebat. Scutum in-
fixis plenum baſtilibus animadvertens; illo ſcutariorum cuidam tradito, alterum arripiebat. Cùm ſic decertans, partem diei tertiam exegiſſet; accidit,
ut bonuſtum, hærentibus duodecim baſtilibus clypium, haud poſſet movere
ad libitum, neque aggreſſores eò repellere. Tùm unum è ſcutariis contentè
evocat; nec tranſverſum quidem digitum ſe loco movens, nec referens pedem,
neque hoſtem progredi finens. Immò, nec ſe convertit, nec ſcuto tergum
applicuit, nec ſe flexit in latus: ſed tanquam ſi affixus eſſet ſolo; ſic in
veſtigiis hærebat cùm clypeo; hoſtium cædem efficiens dextera, impetum
ſiniſtra reprimens, & nomine inclamans armigerum. Qui, ubi recentem
clypeum attulit, hoc ille ſtatim mutavit in alterum, baſtilibus gravem.
Interea, puncto temporis, PATUIT ILLIUS PECTUS: TUNC FOR-
TE*

rò vuole , che fù ferito nella Gamba , dicendo : ,, Narfete , avifato dalla
,, Concubina di Totila , che l'altra parte del Teforo di lui giaceva in Cu-
,, ma ; s'era inviato a quella preda . Teja per fegreti canali , frà colli
,, velocemente precorfo , gli occupa i guadi . Sorprende Nocera , di dove
,, ad ogni momento con importuni affalti offerifce le difperate fue fquadre
,, agli affalitori di Cuma . Non con tanto furore i volanti Leoni defen-
,, dono i Tefori contro i rapaci Arimafpi . Teja in tutti gli Affalti pugnò
,, da Eroe , ma nell'ultimo più che da Marte . Mille volte la morte lo
,, rifiutò ; ma pure alla fine fu dal fuo Fato tradito . Sai come vinto?
,, come l'invincibile Achille : peroche mentre inferifce , e ferifce ; un PIE',
,, CADUTA L'OCREA, SE GLI NUDO' : E FERITO IN QUELLA
,, PARTE perdè il Sangue , la Vita , e la Vittoria . Alzato da Vincitori
,, fovra un afta quel formidabil Capo di Teja ; cadde il cuore a tutti i
,, Goti .

XVI. Morto Teja , mancò , non è dubio , in qualche modo il coraggio
a Goti , perche fi vedeano fenza Capo ; ma non fi avvilirono tanto , che
nel refto di quel dì , nella notte e nel dì vegnente non combatteffero con
bravura contro i Greci . Ma ftanchi alla fine , ed incapaci di più regere al
pefo dell' Armi (dopo averle valorofamente maneggiate per lo fpazio di
due giorni continui e di una notte intiera) , al tramontar del Sole del
giorno feguente mandarono Ambafciaria a Narfete , dicendoli : che giacche
il Cielo , irato contro di loro , fe li moftrava implacabile , erano rifoluti for-
tire d' Italia , purche fe li daffe libero il paffaggio , fenza obbligarli a combattere nell' Efercito Imperiale , e fe li concedeffe il danaro che teneano
afcofo nelle Fortezze Italiane . Narfete gli accordò il tutto . Ed in quella
guifa finì 'l Regno de Goti in Italia nell'anno 553. del comun Rifcatto ,
partendo effi affatto da noi ; come conchiude Procopio (a) .

XVII. Ec-

TE JACULO CONFIXVS , MOMENTO EFFLAVIT ANIMAM . Ipfius
Caput conto impofitum elatumque circumferentes Romani quidam ; utrique
Exercitui oftendebant : Romano , ut contra iret audacior ; Gothico , ut omni
fpe depofita , arma componeret .

(a) Procopio loc. cit. ,, Denique , miffis Procerum nonnullis , Narfeti
,, fignificarunt , fe jam intelligere , fibi bellum effe cùm Deo : fentire fe
,, vim adverfam : ductaque ex ijs quæ acciderant conjectura , rei veritatem
,, tenere : velle impofterum ab armis ceffare ; non tamen ita , ut Impera-
,, tori fervirent , fed cum alijs quibufdam Barbaris , fuis legibus , viverent .
,, Rogabant nè difceffum Romani fuum turbarent ; neu fecum benignè age-
,, re gravarentur : fed , viatici loco , donarent pecunias , quas antea quifque
,, in Italiæ præfidiis repofuiffet . Narfes , pacto convenit , ut qui fupererant
,, Barbari cùm rebus fuis omni Italia confeftim excederent ; neque ulla ra-
,, tione cùm Romanis bellum ampliùs agerent . Hoc interim fpatio Gothi
,, mille caftris egreffi , Ticinum Urbem , ac Regiones Trafpadanas pe-
,, tierunt . . . . Itaque Romani Cumas , ac reliqua omnia cæpere præ-
,, fidia , & Annus exiit 18. Belli hujus Gothici , cujus Hiftoriam Procopius
,, fcripfit .

XVII. Ecco il fine della Guerra con i Goti nelle nostre Regioni, e del loro Regno in Italia. In cui, quantunque *Belifario* aveffe molto cooperato; pure toccò a *Narfete* la gloria di fottometterla per intiero all'Imperadore di Oriente, e di efterminarne i Goti. Benche poi, morto *Giuftiniano*, e fuccedutoli *Giuftino* di lui Nipote, l'Italia foggiacque a nuove fciagure, per caufa dello fteffo *Narfete*: effendo venuti a dominarla i Longobardi. Concioffiache, dopo aver *Narfete* ucciff *Totila*, e *Teja*, togliendo loro Ravenna in cui avean la Reggia; rimafe egli per lo fpazio di fedici anni con titolo di Proconfole in Italia: nel qualmentre aggravò di molti Tributi i Popoli: obbligandoli perciò a far giugnere i loro lamenti in Coftantinopoli. E quantunque l'Imperador *Giuftino II.* meditaffe fodisfar le brame de Sudditi col richiamare *Narfete* da Italia; nientedimeno avendo riguardo alla potenza di lui, penfò farlo con tutta la riferba; richiamandolo coll'onorato pretefto di mandarlo a raffrenare l'audacia de Perfiani. Ma l'Imperadrice *Sofia* piena di mal talento verfo di quefto Capitano, alle lettere del marito aggiunfe le fue; facendoli fentire, che ritornaffe pure in Coftantinopoli a filar Lana trà le Donzelle: peroche come Eunuco, li ftava meglio il Fufo alla mano, che la Spada. Il che fpiacque tanto a *Narfete*; che le rifpofe, che egli non folo fapea filare, ma anche teffere: e che avrebbe ordita una Tela, la quale ne ella, ne'l fuo marito avrebbero faputo difciogliere. Quindi, ritiratofi in Napoli, chiamò *Alboino* Re de Longobardi della Pannonia in Italia, come meglio chiariremo nel Libro fefto.

CAPITOLO QUARTO.

Del Governo, e Polizia Gotica in quefte noftre Regioni.

I. Effendo ftati i Goti Gente dedita più tofto al maneggio dell'Armi, che allo ftudio delle Lettere, e fempre in guerra con Greci da *Teodato* a *Teja*; niuna particolar *Polizia* poterono introdurre in quefte parti: a riferva del Re *Teodorico* (niente fapendofi del Re *Odoacre*, di lui Predeceffore), Principe affai culto di Lettere, verfato per lunga pezza di tempo nella Corte di Coftantinopoli, ed affiftito da dotti e prudenti Perfonaggi, come tra gli altri furono *Severino Boezio*, *Simmaco* Patrizio Romano, e'l celebre fuo Segretario *Gio: Aurelio Caffiodoro*: il quale eterno ne' Pofteri la memoria di quefto Monarca, e fi refe al fommo benemerito della Repubblica Letteraria, per le tante notizie che di quei Secoli barbari, ed ofcuri dottamente tramandò a ftudiofi, mediante i fuoi Scritti. Quindi in quefta materia di Gotica Polizia ci regolaremo con le difpofizioni dello fteffo *Teodorico*: a cui fi crede, che fuffe ftato conforme *Odoacre* di lui Anteceffore. Non effendo verefimile che quefti aveffe introdotta una nuova polizia nel nafcente fuo Regno diverfa dalla primiera vi avean fondata i Romani;

mani ; e che poi *Teodorico*, togliendola da mezzo, volesse appigliarsi all'antica, stabilitavi da *Augusto*, da *Adriano*, e da *Costantino*. Rimettendoci per quello, possa spettare alle *Leggi Gotiche*, a ciò, che sarem per addurre nel Tomo IV. al Capo 2. del Libro 10.

II. Diciamo pertanto, che 'l Re *Teodorico*, per quello riguarda il Governo di Italia (in cui erano comprese le nostre Provincie), niente ne mutò nel decorso del suo Regno ; ma in tutto si confermò a queltanto, che gli anzidetti Imperadori *Augusto*, *Adriano*, e *Costantino* vi aveano stabilito, come lo testimonia *Carlo Sigonio* (a), e con lui il dotto *Muratori* (b), ed il nostro *Giannone* (c), le cui parole sono: *Teodorico resse l'Italia e queste nostre Provincie non come Principe straniero, ma come tutti gli altri Imperadori Romani. Ritenne le medesime Leggi, i medesimi Magistrati, l'istessa Polizia, e la medesima distribuzione delle Provincie.* E si puote il tutto dedurre da ciò, che lascionne scritto *Cassiodoro* nel l'intiero suo Libro sesto delle *Cose Varie*, in cui si leggono, per ordine descritte le Formole, a tenore delle quali si spedivano le Patenti per i Ministri annuali del Regno.

III. Lo stesso dir si dee delle disposizioni intorno le nostre Provincie : cioè che egli vi ritenne la medesima Polizia, che vi aveano introdotta gli Imperadori Romani. Essendo stata la *Campagna* Provincia Consolare, come dall'Editto, che il medesimo *Teodorico* cacciò fuori in tempo, che 'l Vesuvio allagò colle sue ceneri tutto quel ricinto di Paese, presso dell'anzidetto *Cassiodoro* (d). Le Provincie di *Puglia*, e della *Calabria* si mantennero col Titolo di Correttorali, come dalla *Pistola* (e) scritta a *Fausto*, Moderatore delle medesime. La *Lucania*, ed il *Paese de Bruzj* goderono la stessa prerogativa, giusta la Formola, che se ne legge appo il lodato *Cassiodoro* (f), il quale vi fu destinato per Correttore. La Provincia di *Apruzzo* ebbe il suo Preside in persona di un tal *Gennaro*, inviatovi da quel Monar-

CA 2.

(a) *Carlo Sigonio* lib. 16. Regni Italiae ad Annum 493. *Jam verò Theodoricus nullum Romanorum Institutum mutavit. Siquidem & Consules, Patricios, Praefectosque Praetorio, Praefectum Urbis, Quaestorem, Comitem Sacratum Largitionum, Comitem Rerum Privatarum & Militiae, Comitem Domesticorum, Magistros Peditum, & Equitum, caterosque qui fuerant in Imperio Magistratus, retinuit ; eosque tantùm Romanis hominibus mandavit.*

(b) *Lodovico Antonio Muratori* Antiquit. Ital. med. Aevi differt. 18. *Gothis Italia potitis, nil fermè immutatum est de pristinis Moribus in Italici Populi regimine. Magni enim animi, & ingenii vir Theodoricus Rex, in nova Roma educatus, optimè perspecit, nihil prudentiùs, & suaviùs instrui servarique posse, quam quod Romanis antiquis tantum pepererat potentia, & laudis ; diùque apud eos Imperium stabile retinueret.*

(c) *Pietro Giannone* Tom. I. pag. 163.

(d) *Cassiodoro* lib. 4. cap. 50.

(e) Lo stesso lib. 2. Epist. 20.

(f) Lo stesso lib. 12. cap. 14.

ca , per testimonianza dell' Autore (*a*) precennato . E solo vi fu istituita
di nuovo la *Contea Napoletana*, la quale prima non vi era (perocche questa Città visse da Repubblica fino a quel tempo , come dissimpegoaremo
nel Capo 1. del Libro seguente) , giusta le Lettere Patentali che da *Cassiodoro* trascrivemmo nel Libro 1. al *Numero* 26. del Capo 5.

IV.   Anche ne Luoghi particolari delle Provincie destinò *Teodorico* i
Giudici sotto nome di *Conti* , acciò all' uso degli antichi Romani deter-
minassero le differenze , che tra quei Abitatori potessero insorgere : volendo che il Giudice Goto facesse Giustizia a' Goti , ed il Giudice Romano a'
Romani . Ed in quei Luoghi ove erano controversie tra Romani e Goti, un
Giudice Goto coll' assistenza di un Giureconsulto Romano ne decidesse
le differenze , come ricavasi da *Cassiodoro* (*b*), e da *Gio: Garezio* Monaco
Benedettino di *San Mauro* nelle Note sopra lo stesso Autore (*c*) ; non
ostanteche *Carlo Sigonio* (*d*) dica, che due Giudici in questo caso giudicavano , un Goto ed un Romano , a somiglianza de Giudici antichi per i
Cittadini e per i Pellegrini , da quali discorremmo nel Libro 6. del Tomo I.
al *Numero* 48. del Capo 2.

V.   I *Tributi* però , che imposero i Goti alla nostra Italia , furono molti : avendoli in primo luogo inventati *Odoacre*, e poi accresciuti *Teodorico*, con uno tra gli altri chiamato *Asse pubblico*. Al quale soltanto si di-
spensava in caso di grave necessità de Popoli : loche praticossi con i Campani, allorache furono sommamente interessati dal Vesuvio colle sue ceneri,
come fu detto nel *Numero* 14. del Capitolo 1. Laonde da questi Tributi ,
ed Imposizioni (de quali favella bastevolmente *Carlo Sigonio* (*e*) con
mol-

(*a*)   Lo stesso lib. 3. cap. 13.

(*b*)   Cassiodoro lib. 7 Formul. 3. „ *Cum Deo juvante, sciamus, Go-*
„ *thos vobiscum habitare promiscuos; ne qua inter Consortes, ut assolet,*
„ *indisciplinatio nasceretur; necessarium duximus, illum sublimem Virum,*
„ *bonis nobis moribus hactenus comprobatum , ad vos Comitem destinare :*
„ *qui secundum Edicta nostra inter duos Gothos litem debet amputare .*
„ *Si quid etiam inter Gothum , & Romanum natum fuisset fortasse Nego-*
„ *tium; ADHIBITO SIBI PRUDENTE ; certamen possit aequali ratio-*
„ *ne discindere. Inter duos autem Romanos , Romani audiant , quos per*
„ *Provincias dirigimus Cognitores , ut unicuique sua Jura serventur , &*
„ *sub diversitate Judicum, una Justitia complectatur universos.*

(*c*)   *Gio: Garezio* in Notis ibidem : *Adhibito sibi Prudente , idest , JV-*
RISCONSVLTO.

(*d*)   *Carlo Sigonio* loc. cit. *Lites porrò in singulis Provinciis cognosci a*
Comitibus voluit : inter Gothos a Gothis , inter Romanos a Romanis , inter
Gothum, & Romanum ab utroque : quos ipse ea de causa Cognitores, & Ju-
dices in Provincias destinavit , Jusque omnibus severissime dixit.

(*e*)   *Carlo Sigonio* loc. cit. *Tributum porrò , ab Odoacre institutum ,*
conservavit, ex eo quia scripsit: Se statuere , ut Gravasiani, sicut Odoacris
tempore, Tributum solverant, ita & suo , pensitarent : & aliud novum
imposuit , quod ASSEM PVBLICVM appellavit . Id , quod afflictis
etiam

molti altri Autori ;) nacquero i tanti *Tesori* da *Totila* accumulati, e ripo-
sti parte in *Pavia*, e parte nel Castello di *Cuma*, come additossi nel *Numero* 23. del Capitolo antecedente.

LIBRO QUARTO.

Della Repubblica, e Ducea Napoletana infino alla Venuta de Normanni.

PRefuppofto da quel tanto fi diffe nel Capo fecondo del Libro paffato,
che la Città di *Napoli* primieramente pafsò al Dominio de Goti, e poi
a quello de Greci: avanti di accingerci a defcriverne il Regno de Greci, e
quello de Longobardi tra noi, abbiamo ftimato dar qui un breve ragguaglio dell' *Antica Repubblica Napoletana*: lafciando per il Tomo feguente
tutto ciò che dir conviene così della grandezza, magnificenza, ed altre prerogative di quefta Città, come di effere Capitale e Metropoli del noftro Regno.
Sarebbe convenuto veramente ragionare di quefta *Repubblica* ne Libri paffati, comeche antica, ed efiftente a tempo de Romani; e della di
lei *Ducea*, bafterebbe favellarne nel Libro feguente, quando fi par-
lerà del *Dominio Greco* appo noi, unaffieme coll' altre Signorie, come furono quelle di Amalfi, di Sorrento, di Gaeta, e fimili: oppure
annoverarla nel Libro 6. frà le altre Ducee Longobarde, come Benevento,
Salerno, e Capoa; ciò non oftante, perche la chiarezza di quefto difcorfo
dipende dalla prefa, che ne fece *Belifario*, e dal Dominio, che vi efercitarono
i Goti; e perche ne Libri feguenti molte Guerre fi defcriveranno trà Longobardi e Napoletani, e tra quefti e Saracini e Napoli accaduta, perciò abbiam penfato premetterne in quefto Libro la contezza: dividendolo in cinque Capitoli, Primo, *fe la Città di Napoli anticamente fi governò in forma di
vera Repubblica?* Secondo, *fe Napoli fu fottopofta all' Imperadori Latini
e Greci, o ad altre eftere Nazioni?* Terzo, *fe Napoli riceuè i Governadori
e Miniftri dagli Imperadori Greci, caduto già l' Impero Latino?* Quarto:
della varia Polizia a cui anticamente foggiacque la Città di Napoli. Quinto, *de Dogi che governarono quefta Città.* E tutto ciò s' intenda fino alla
venuta de Normanni, come fu premeffo nel Titolo: peroche, dopo che
quefti dominarono nelle noftre Regioni, la Polizia Napoletana foggiacque ad
altro cambiamento, come addimoftraremo nel Libro nono.

*etiam aliqua calamitate Populis remittere pro summo beneficio confue-
vit.*

CAPITOLO PRIMO.

Se la Città di Napoli si governò anticamente in forma di vera Repubblica?

I. **I**Ntorno al proposto Quesito, tre diverse opinioni si trovano presso i nostri Scrittori Napoletani, che hanno toccato questo Punto. La prima è di *Camillo Pellegrino* (a), il quale nel descrivere le glorie della sua diletta Capoa (degna peraltro di ogni loda, e di ogni encomio) cerca togliere a Napoli questa prerogativa, di essere ella vissuta anticamente in forma di vera *Repubblica*. E ciò forse per non porre Napoli in competenza coll'antica Capoa, la più celebre della Campagna Felice. Dice pertanto egli così : ,, *Io seguirò a scuoprire il resto dell'inganno, preso da* ,, alcuni intorno all'antico Stato della medesima Città loro. Pensarono co- ,, storo, che fu già Napoli Repubblica di quella stessa dignità, della quale ,, sarebbe stata, se per avventura non avesse mai contratta Confederazione ,, con Romani. E si persuasero, che ne fusse una gran pruova questa, per- ,, cioche si legge il nome della Napoletana Repubblica in più d'una antica ,, Iscrizione, ed in più d'uno antico Autore. Essendo loro caduto dalla ,, mente, che nella Lingua Latina quel vocabolo dinota la *Comunità*, non ,, la *Dignità* delle pubbliche cose, talche nelle Prefetture ancora, le quali ,, eran prive d'ogni publico Confeglio; *erat* (come dice Festo) *quædam* ,, *earum Respublica : neque tamen Magistratus suos habebant*. E che può ,, dirsi più ? *Servis* (per usare le parole di Plinio Cecilio nell'Epistola 6. ,, del Libro 8.) *Respublica quædam, & quasi Civitas domus est*. A questo ,, lor modo sarebbero state Repubbliche nel tempo di Seneca (mi avvalerò ,, dagli esempj domestici, tralasciando una gran copia di stranieri.) Capoa ,, ancora, e Teano, o vero Atella : avendo egli mentovati li Confini de' ,, Territorj della Campana Repubblica, e della Teanese, e della Atel- ,, lanese nel Capo 4. del Libro 7. de Beneficj (le di cui parole ho emen- ,, date, ragionando di essa Città di Teano ;) *Fines Athenensium* (Atel- ,, lanensium, aut Teanensium), *& Campanorum vocamus, quod deinde* ,, *inter se vicini, privata terminatione distingunt, & totus Ager ISTIUS,* ,, *VEL ILLIUS REIPUBLICÆ EST*. Siche egli con questo suo razio- cinio pretende mostrare, che sebbene Napoli visse da principio in forma di Repubblica; pure perdè questo pregio dapoiche federossi con Roma : e che benche presso di molti Autori antichi, ed in varj Marmi si ritrovi il No- me della Napoletana Repubblica ; questo vocabolo ivi dinota il *Comune*, non mica la *Dignità*, e le Proprietadi di una vera Repubblica, come fu Roma, priache dagli Imperadori fusse depressa ; o come oggidì sono Ve- ne-

(a) Camillo Pellegrino disc. 2. de Campania num. 38.

nezia , e Genova nella nostra Italia , e come era Napoli pria di federarsi con Roma . Dopo di che li restò il solo nome , come in tempo di Seneca anche l'aveano Teano , ed Atella , che vengono chiamate Repubbliche da codesto Autore , non ostanteche allora fuffero semplici Colonie.

II. Della stessa opinione si mostra l'Autore della *Storia Civile* (a), volendo , che Napoli avesse goduto questo Titolo di *Repubblica* per sola benevolenza de Romani , de quali fu Colonia , e non giache fusse stata in fatti Repubblica : il che anche fu praticato coll' altre Colonie . Ecco le di lui parole , „ *Napoli* ancorche picciola Città , ritenne tutte quelle nobili „ prerogative : ebbe propria Polizia , proprj Magistrati , e proprie Leggi.... „ Egli è vero però , che tratto tratto questa Città andava dismettendo questi „ usi proprj de Greci ; ed essendo stata lungamente Città federata de Ro- „ mani , e da poi ridotta in forma di Colonia , divenendo sempre più sog- „ getta a Romani ; cominciò a lasciare i Nomi de suoi antichi Magistrati , „ come degli *Arconti* , e de *Demarchi* , de quali parole si valesse a tempo „ di Adriano . . . . . Ma poi divezzandosi col correre degli anni dagli „ Istituti Greci , e divenuta Colonia di Romani ; seguì in tutto l'orme di „ Roma , con valersi de Nomi di *Senato* , di *Popolo* , di *Repubblica* , e di „ *Magistrati minori* , a somiglianza degli Edili , ed altri Ufficiali di quella „ Città , non altramenti , che tutte l'altre *Colonie Romane* . Dicendo si- milmente in un altro luogo (b) : *Non fu dunque , che lasciò Ruggiero il Ducato Napoletano all'intutto libero , ed indipendente : lo lasciò bensì col- le medesime Leggi , e Magistrati , e coll' istessa forma di Repubblica . Il che non denota altro , se non la COMUNITA', non la Dignità delle pub- bliche cose.*

III. La seconda opinione è di *Giannantonio Summonte* (c) con altri Autori nostrali : la quale sostiene , che Napoli visse da Repubblica insino a tempi di *Augusto* , quando fu ridotta in Colonia ; e non già , che ella per- desse questo pregio allorache si federò colla Repubblica Romana , come più sovra il *Pellegrino* difendea . *Hor si come (dice egli) n'è oscuro , in che tempo fusse introdotto l'Arconte in Napoli ; così n'è chiaro , ella essere stata Repubblica libera dalla sua origine fin nell' ultimi tempi d' Augusto : che havendola privata della libertà , la fè sogetta come l'altre Città dell' Italia.*

IV. *Giulio Cesare Capaccio* (d) all' opposto fino al tempo dè' Norman- ni prolonga la Polizia Napolitana in forma di Repubblica con i suoi Con- foli , e Magistrati , senza che il Re *Ruggiero* l'avesse in ciò pregiudicata . Trovando egli che Napoli nell' anno 1190. avea i suoi Consoli ; e solamente in tempo di *Tancredi* , per un Tumulto accadutovi , se li tolse questo Pri- vilegio . Opponendosi in ciò a *Falcone Beneventano* , il quale volea che Napoli avesse prima perduta la libertà , e che poi il Re *Ruggiero* nell'an-

O 2

(a) Pietro Giannone lib. 1. cap. 4.
(b) Lo stesso lib. 11. cap. 3. paragr. 1.
(c) Gianantonio Summonte Tom. I. pag. 114.
(d) Giulio Cesare Capaccio lib. 1. cap. 12.

no 1140. glie la ridonaſſe; ſiccome lo rapporta e lo confuta *Pietro Gian-*
none (a) dicendo: „ *Ruggiero* laſciò a Napoletani lo ſteſſo modo politi-
„ co nel governare, colli iſteſſi Magiſtrati, e Duchi, che durarono in appreſſo,
„ come un altro Sergio, ed Alierno: non giache ſi daſſe la primiera li-
„ bertà, come prima, ſincome credettero alcuni, ingannati da Falcone
„ Beneventano, che deſcrivendo l'Ingreſſo pompoſo e manifeſto fatto in
„ Napoli dal Re Ruggiero nell'anno 1140. dove fu nel Caſtello del Uovo
„ *de libertate Civitatis & utilitate tractavit*. Perche queſta libertà s'in-
„ tende deſſi Privilegj, e Franchigie, non già di eſenzione di Giuriſdizio-
„ ne come oſſerva Pellegrino ſopra Falco Beneventano all'anno 1140. E fu
„ quella libertà che l'iſteſſi Napoletani diedero ad Amalfitani . . . . .
„ Avendo Ruggiero fatto come Teodorico, quando ordinò, che godeſſe di
„ quelle iſteſſe prerogative che avea. Onde ſi ha, che Ruggiero laſciaſſe
„ la Giuriſdizione intorno all'Annona a Nobili, ed al Papolo, che ſotto no-
„ me d'ordini di Eletti, o Decurioni ovvero Conſoli venivano deſigna-
„ ti: e la Giuriſdizione intorno alle coſe della Giuſtizia il Re la volle
„ *per ſe.*

V. Che che ſia però di tante diverſe opinioni; noi c'ingegneremo moſtrare, che Napoli governoſſi in forma di vera Repubblica dal ſuo principio ſino alla venuta de Greci in Italia: anche ſotto gli Imperadori Romani, ed in tempo che era federata colla Repubblica di Roma, come pure quando la governarono i Goti. Loche faraſſi dividendo in quattro Paragrafi il Capitolo preſente: moſtrando in primo luogo queltanto, che ſi richiede per formarne una perfettiſſima Repubblica. Indi, che tale fu Napoli inſino alla venuta di *Beliſario*, e di *Narſete* in Italia. Dipoi, che ella
non ebbe Polizia di libero Governo ſotto 'l Re *Ruggiero*. E per ultimo
quanto fuſſe ſtata l'ampiezza di queſta Città, quale il ſuo Dominio, e quale la ſua Potenza: ad ogetto di ovviare con ciò alle varie oppoſizioni che
far ci potrebbero gli Autori delle opinioni contrarie.

PARAGRAFO PRIMO.

Di ciò che ſi richiede per coſtituire una
perfetta Repubblica.

VI. PEr fare pienamente conoſcere, che la Città di Napoli ebbe in
fatti la qualità di vera *Repubblica*, uopo è premettere la notizia di tutto ciò, che ſi richiede a render tale una Città: acciocche poi
al paragone di queſto principio generale, ſenza molta fatica appariſchi, che
Napoli fu tale, ancorche picciola riguardo a quella di Roma, come ſarebbe
eggigiorno la Repubblica di *Lucca* riſpetto a quella di *Venezia* o di *Genova*.

Im-

(a) Pietro Giannone loc. cit.

Importa dunque il Nome di *Repubblica* un Popolo libero ed indipendente da qualunque Principe, e che vien retto da suoi proprj Magistrati, e dalle sue proprie Leggi, come di proposito l'addimostra il dotto *Muratori* (a) allorche tratta *de Republica, Parte Publica, & Ministris Reipublicæ antiquis temporibus*: e va cercando: *An Civium Communitates uti nunc, ita vetustis Sæculis fuerint in Civitatibus Italis?*

VII. E quantunque talvolta vi fusse stato nella Città l'Imperadore, il Re, o altro Principe; quello non impediva che la Città non fusse perfetta Repubblica, ogni qualvolta che quell'Imperadore, quel Re, quel Principe non se toglieva la sua sovrana Autorità; ed ella era libera in eligersi i suoi Magistrati, in governarsi senz'altra dipendenza, ed in istabilirsi le proprie Leggi. Apportando l'Autore (b) lodato l'esempio di Roma, che quantunque avesse il suo *Imperadore*, pure non cessò di essere Repubblica: perche ella avea il suo Senato, i suoi Consoli, ed i suoi Magistrati: facea le Leggi, e disponeva le cose a suo arbitrio. Il che pure si può comprovare colla polizia di Atene, in cui vi era il *Re*, come dicemmo nel Libro 6. del Tomo I. al *Numero* 31. del Capo 2. e pure non fu in lei pregiudicato il titolo di Repubblica.

VIII. Fuori di Roma, molte altre Città nell'Italia egli numera (c) in

(a) Lodovico Antonio Muratori, Antiquitates Italiæ medii Ævi, Dissert. 13. *Quid ergo, petas, Reipublicæ nomine olim significatum est? Ea voce significabatur Principatus, Regnum, Imperium, Fiscus. Neque enim aliud fuit Romana Respublica nisi ditio Imperatoris Romanorum, cui nihil publici Principis seu Fisci Ministri, sive Imperator, sive Rex, sive Princeps, aut Dux supremo jure Dominus esset.*

(b) Muratori loc. cit. *Cur verò Imperium Romanum Reipublicæ nomine donaretur, postea quam sub Imperatoribus rerum Dominis Reipublicæ autoritas à tanto tempore deferat? Illud in causa fuisse puto, quod Imperatores quanquam suprema, immò cuncta Populi Romani jura in se transtulissent; nomen tamen Reipublicæ intactum sinere, ejusque Magistratus plerosque retinuerunt, Consules, nempe Senatum &c. Et quamvis in Monarchiam res transivisset; ii nihilominus videri voluerunt, non regio titulo, ac potestate regnare; sed Reipublicæ, velut adhuc stante, præesse.*

(c) Lo stesso loc. cit. ,, *Inquirendum* enim mihi statuo, num, anti-
,, quis Sæculis, in Italicis Urbibus, quanquam illæ Regibus, & Imperatori-
,, bus parerent, ac ab eorum Magistratibus regerentur; aliqua tamen for-
,, ma fuerit *Communis, sive Communitatis? Nos* autem ita appellamus *Uni-*
,, *versitatem, & Corpus Civium, cui* sunt proprii Magistratus, proprii Reddi-
,, tus, & Jura multa, & Privilegia in regimine Urbium. POSTQUAM
,, VERO PRINCIPIBUS SE SE TRADIDERUNT CIVITATES LI-
,, BERÆ IN ITALIA; PERREXIT ADHUC DURARE NOMEN
,, COMMUNITATIS, ET UNIVERSITATIS CIVIUM; fuitque il-
,, lis nihilominus non levis Autoritas: atque erant, & adhuc sunt Latifundia,
,, Vectigalia, Tributa, ad id Commune spectantia. Præerat, & imperabat cun-
,, Ctis Princeps: sed supremum illius Jus, Vectigalia, & Autoritas mini-
,, me

in forma di Repubblica con i loro Magiftrati , Leggi , ed Erarj , da quali fi pagavano le Milizie , fi rifacevano le Strade , i Ponti , i Teatri , e l'altre fabbriche del Comune . Avendole tolerate gl' Imperadori , e miratele con piacere la Repubblica Romana : perche , oltre di quella Libertà , niente poteafi temer di loro .

IX. Vuol' egli (*a*) di vantaggio , che anche in tempo de Goti duraſ-fe queſta Polizia in Italia : ſtanteche queſti niente mutarono di ciò , che gl' Imperadori Romani vi aveano ſtabilito , come pur ſi diſſe nel Libro paſſato, al *Numero* 2. del Capo 4. Laonde il nome di *Repubblica* durò ancora in varj Luoghi d' Italia ne Secoli barbari : non già a ſomiglianza di Roma in tempo de ſuoi Conſoli e Senatori, dal Re *Tarquinio* a *Giulio Ceſare* : ma bensì com' ella fu da *Ottaviano Auguſto* ſino alla caduta dell' Impero Latino, Non oſtante che poi i Longobardi l' aveſſero in parte variata : rinovando-ne ſolamente in qualche maniera la memoria nelle noſtre Regioni , e ſpe-zialmente nel Principato di Salerno , e nella Ducea di Benevento , dove ſotto di quei Signori fu inteſo il nome di *Repubblica* eziandio , giuſta i Di-plomi , che in conferma di queſto il medeſimo rapporta.

X. Da

,, me obſtabant , quin & Commune , ſeu Reſpublica ſuis (quamquam Sub-
,, jecta Principi) juribus , & prerogativis uteretur . . . . . Sub Ro-
,, manis , rerum dominis , pleræque ex iis Civitatibus quandam Reipublicæ
,, formam ſervarunt . . . . . Quæ Regiminis forma amorem ejuſmodi
,, Civitatum tum Romanæ Reipublicæ , tum Imperatoribus ipſis non parum
,, reconciliavit . . . . . Sub ipſis quoque Chriſtianis Auguſtis po-
,, litia iſta viguit , quanquam interdum aliquid in ea eſt *immutatum* .

(*a*) Lo ſteſſo loc. cit. ,, *Gothis* , Italia potius , nihil fermè immuta-
,, tum de priſtinis moribus in Italici Populi regimine . . . . . Verùm,
,, alia fuit Longobardis in Italiam illapſis politicæ Gubernationis ratio .
,, ... Factum propterea fuit , ut REIPUBLICÆ NOMEN ad
,, barbara Sæcula pertranſierit : non ut ea voce ſignificaretur Romani
,, Senatus , ac Populi libera Dominatio qualis ante Julium Cæſarem fuit ;
,, ſed Romanum Imperium , cui præerant Imperatores . . . . . Adeo
,, hæc vera ſunt , ut vel ipſi Principes Beneventani , ac Salernitani Rei-
,, publicæ voce uterentur , eadem ratione qua Reges , atque Auguſti .
,, Rem prodet Diploma , quod in Tabulario inſignis Monaſterii Cavenſis exi-
,, ſtit : nempè , Giſolfi I. Principis Salernitani donatio facta Eccleſiæ San-
,, cti Maximi , ſitæ intra Salernitanam Civitatem anno 955. ibi : *Nos Giſol-*
,, *fus , divina protegente Clementia , Princeps Gentis Longobardorum , pro*
,, *amore Omnipotentis Dei , & Salvatoris Animæ noſtræ concedimus in Ec-*
,, *cleſia Sancti Maximi , iſita in hanc noſtram Salernitanam Civitatem de*
,, *Aquario antiquo* NOSTRÆ REIPUBLICÆ . Apud Ughellum Tom.
,, VIII. Ital. Sac. in Archiepiſc. Benevent. Pandulphus , & Landulphus ,
,, Principes Beneventani , Landulpho Beneventanæ Sedis Archiepiſcopo , Si-
,, pontinam Eccleſiam aliaque jura confirmant , *ab ipſo perpetualiter ha-*
,, *benda , poſſidenda , abſque ulla Comitis , Gaſtaldei , ſeu Judicum* REIPU-
,, BLICÆ *inquietudine* .

X. Da ciò che abbiàm finora trascritto dal *Muratori*, con chiarezza apparisce, che la *Repubblica* può prenderfi in due fenfi : o in iftretto modo di favellare ; ed in tal cafo bifogna , che ella non abbia Superiori di forte alcuna, come fu la Repubblica Romana dal difcacciamento de Regi all' introduzione degl' Imperadori . O in larga maniera ; ed allora bafta, che la Comunità non fia violentata dal Principe , nè limitata nella fua Giurifdizione ; come accadde a Roma da *Giulio Cefare* in poi , quando benche avefle gl' Imperadori ; fi ferviva non però della fua Libertà , del fuo Magiftrato , e delle fue Leggi . Il che pure in quei tempi fu praticato in molti altri Luoghi d' Italia , durante il dominio degl' Imperadori , ed anche in tempo del Governo Gotico : ancorche poi in tempo de Longobardi la cofa fuffe già altramenti .

XI. A tutto ciò fi puote aggiugnere , che ad effere perfetta una Repubblica , fi richiede fimilmente , che 'l Popolo fia divifo in *Nobili* ed in *Plebei* : badando i primi al Governo della Patria , ed i fecondi impiegandofi alla cultura de Campi , giufta quel tanto , che dicemmo nel Libro 6. del Tomo I. al *Numero* 18. e 40. del Capo 2. e *Cicerone* (a) fimilmente l' afferma .

XII. Richiedefi fimilmente per una perfetta Repubblica , che 'l *Magiftrato* fia compofto di Nobili ; ed il Comun *Configlio* , o fia la *Concione* , di Popolari , in cui effi approvino , o riprovino queltanto , che dal Senato lor fi propone , come pure dimoftrofsi nel Tomo I. al Capo 2. del Libro 6. trattando della Repubblica di Atene , e di quella di Roma . E perciò *Marco Tullio* (b) e *Tito Livio* (c) , difcorrendo della Città di Capoa , afferifcono , che i Romani , per toglierli ogni fembianza di Repubblica , abolirono colà il Senato , il pubblico Configlio , e gli altri Magiftrati .

PA

(a) Tullio pro Sexto Rofcio : ,, *Duo genera in hac Civitate femper ,, fuerunt , eorum qui verfari in Republica , atque in ea fe excellentius ,, gerere ftuduerunt . Quibus ex generibus alteri* POPULARES , *alteri ,,* OPTIMATES & *haberi , & effe voluerunt . Qui ea , quæ faciebant ,, quæque dicebant , multitudini jucunda effe volebant , Populares . Qui ,, autem ita fe gerebant , ut fua confilia , optimo cuique probarentur , ,,* Optimates *habebantur* .

(b) Lo fteffo contra Rullum : ,, *Majores noftri Capua Magiftratus , Senatum , Confilium commune , omnia denique* INSIGNIA REIPVBLICÆ *fuftulerunt : neque aliquid quidquam , nifi inane nomen Capuæ reliquerunt* .

(c) Tito Livio lib. 26. *Caeterum habitari tantum tanquam Vrbem Capuam , frequentarique placuit . Corpus nullum Civitatis , neque Senatus , neque Plebis Confilium , nec Magiftratus effe : fine Confilio publico , fine Imperio multitudinem , nullius rei inter fe fociam , ad confenfum inhabilem fore* .

PARAGRAFO SECONDO.

Si mostra che la Città di Napoli si mantenne in forma di vera Repubblica sino alla venuta de Greci in Italia.

XIII. DOpo di aver veduto nell' antecedente Paragrafo tutto ciò, che si richiede per formare una vera, e perfetta Repubblica; resta ora a mostrare, che Napoli ebbe in fatti queste Proprietadi, e che in conseguenza ella godè i privileg di perfetta Repubblica; ancorche non con quel vasto dominio, che ebbe Roma trà Latini, ed Atene trà Greci. E perche la Città di Napoli considerar si puote sotto varj tempi; cioè della sua fondazione sino che si federò con Romani; da questa federazione sino ad *Augusto*; da *Augusto* sino alla caduta dell' Impero Latino; dalla venuta de Goti sino al passaggio de Greci in Italia; e da questi sino a Normanni; perciò, a togliere di mezzo gli equivoci, che potrebbero insorgere, anderemo brevemente scorrendo tutti questi tempi: con dimostrare, quando Napoli fu Repubblica, e quando perdè un tal pregio.

XIV. E per quel che riguarda il primo tempo, cioè dalla sua Fondazione sino alla federazione co' Romani; non credo che vi sia Scrittore, il quale voglia privare la Città di Napoli di una sì gloriosa prerogativa. Conciosiache in quei primi tempi ogni Città vivea co' suoi Magistrati, colle sue Leggi, col suo Senato, col suo Popolo, senza essere ad altri soggette. Loche con maggior fondamento debbe affermarsi della Città di Napoli, la quale non era in que' tempi di inferior condizione dell' altre: ma potente sino a cozzare colla stessa Romana Repubblica, allor che tanto travagliò i di lei Coloni che erano in Capoa: sino a rifiutare i Legati, che quella d'inviò per istringere amistanza con lei; sino a volere far pruova delle forze de' Romani, quando questi li spedirono contro il Consolè *Q. Publilio Filone* con poderoso Esercito; e finalmente sino a confederarsi con Roma, mercè la savia Condotta di *Corilao*, e *Ninfio* Prencipi in quell'anno della Città anzidetta, al ragguagliare di *Tito Livio* (a). E dove tutto ciò non basti,

si dia

(a) Tito Livio- lib. 8. ,, Hæc Civitas, cùm suis viribus, tùm Samnitium ,, infida societate freta, sive pestilentiæ, quæ Romanam Urbem adorta ,, enunciabat, fidens; multa hostilia adversus Romanos, Agrum Campanum ,, Falernumque incolentes fecit. Igitur L. Cornelio Lentulo Q. Publilio ,, Philone iterum Consulibus, Feciatibus Palæpolim ad res repetendas missis, ,, cùm relatum esset à Græcis (Gente lingua magis strenua, quàm studiis) ,, ferox responsum, ex autoritate Patrum, Populus Palæpolitanis bellum ,, fieri jussit . . . . Charilaus, & Nymphius, Principes Civitatis, com-

,, mu-

sì dia un occhiata a *Dionigio Alicarnasseo* (a) : il quale descrive distintamen-
te la Legazione, che i Romani in questa emergenza inviarono in Napoli , e
le contese , che i Legati Romani ebbero ivi con i Legati Tarantini, Nolani,
e Sanniti (i quali voleano che Napoli non si fusse collegata con Roma
promettendoli gente, danaro, navi, e quanto occorrea, per intraprendere contro
coloro la Guerra, ed uscirne con onore) ; non solo dà a Napoli il Titolo di *Repubblica* , ma anche ci descrive tutto ciò che si richiede allo stato di una
Repubblica perfetta ; cioè l' *Ordine* de Patrizj distinto dal *Plebeo*, il *Senato*, i *Magistrati*, la pubblica *Concione* col Voto del Popolo, e cose somiglievoli , che con evidenza ci fan conoscere , Napoli essere stata Repubblica.
Loche pure egli (*b*) afferma in un altra Legazione , mandata da Romani
a Sanniti per lamentarsi con essoloro, di avere istigati i Napoletani a farli
Guerra : dove anche col titolo di *Repubblica* chiama la Città di Napoli.

XV. Dal tempo poi, in cui Napoli federossi colla Repubblica Romana
(il che accadde nell'anno 428. di Roma) insino ad *Augusto* , questa Città pur
visse in forma di perfettissima Reipubblica , che che ne dica in contrario
Camillo Pellegrino con *Pietro Giannone* . Imperciocche le Città federate,
come fu Napoli, a riserva di una certa risposta che o in Denaro, o in Milizie, e in Navi corrispondevano in tempo di Guerra alla Repubblica Romana, niun'altra dipendenza aveano colla medesima, siccome fu chiarito nel
Tomo II. al Capo 5. del Libro 1. regolandosi nel restante colli proprj Ma-

Tom. III. P gistra-

"municato inter se consilio ; partes ad rem agendam se divisere, ut alter
" ad Imperatorem Romanum transfugeret, alter *sustineret &c.*

(a) Dionigio Alicarnasseo lib. 11. de Legationibus : " *Ibi* , coacto SE-
" NATU, multisque coram eo habitis *Orationibus*, partim à Legatis, par-
" tim ab eorum Advocatis ; variarunt SENATORUM sententiæ : & ele-
" gantissimi quique in Romanorum partes inclinare visi sunt. Cùm igitur eo
" die nullum *Senatusconsultum* factum esset, sed Legatorum cognitio in aliud
" Consessum esset dilata ; Potentissimi Samnitium , Proceres frequentius Nea-
" polim convenere, ac REIPUBLICÆ PRIMORIBUS in partes suas pel-
" lectis, Senatui persuasere, ut POPULO potestatem facerent eligendi,
" quod ex usu futurum videretur. Mox in CONCIONEM progressi ; pri-
" mùm sua in Neapolitanos merita commendaverunt ; deinde prolixè Popu-
" lum Romanum accusaverunt . . . . . Ad extremum obtinuit pars de-
" terior vicitque majorem : itaut *Romanorum Legati*, re infecta, discesse-
" rint. Quibus de causis, Senatus contra Neapolitanos Expeditionem de-
" crevit.

(b) Lo stesso loc. cit. " *Post haec* alia Legatio Romanorum ad Samnites
" mittitur, quâ subditur : *Anno praeterito Neapolitanos adversùm nos Bel-
" lum suscipere volentes ; omni studio, ac promptitudine Instigastis , vel po-
" tius coegistis ; sumptusque ad eàm rem suppeditastis* ! Sed Samnites Roma-
" no Legato responderunt : *Ad Neapolim verò quod attinet , in quâ nostro-
" rum quidem sunt ; tantùm abest , ut aliquam vobis faciamus injuriam,
" dùm periclitantibus ad tuendam REIPUBLICÆ salutem, aliquid auxilii
" mittimus ; ut ipsi nobis magnam à vobis fieri injuriam arbitremur.*

giftrati, col proprio Senato, e colle proprie Leggi. In fegno di che abbiamo, che quando *Annibale* fovragiunfe in Italia contro i Romani, i Napoletani inviarono a quelli quaranta Tazze di oro, come a loro *buoni Amici,*
non come a *Superiori*, giuftache fu apportato nel Libro 3. del Tomo II. al
Numero 5. del Capo 6.

XVI. Laonde quefto libero ftato della Città di Napoli efprimono quelle
Greche Ifcrizioni, che *Giulio Cefare Capaccio*, *Giamantonio Summonte*, ed
altri Scrittori noftrali rapportano, nelle quali ella vien chiamata *Repubblica*: ancorche con i fuoi *Arconti*, a fomiglianza di Atene. Vna delle
quali vien rapportata dal *Summonte* a carte 110 del *Tomo* I. efiftente a fuo
tempo nel Palazzo di *Camillo San Felice*, che tradotta in Latino, dicea
così:

Marciae. Melissae. conjugi. incomparabili. Felix
Ark. Reipubl. Neapolitanorum. L. D. Exper
Magiftr. &. Maritus. Felix. Matri B. M.

Un altra era nelle Cafe di *Giovanne Pontano*, trafcritta dal medefimo *Summonte* a carte 111. del *Tomo* I. la quale, tradotta in Latino, fi leggeva:

Octavius. Caprarius. Octavio
Caprario. Filio. Piiffimo. Sena
tus. Confulto. X. ante Kalen. Januarias
Scribentibus. aderant. Petronius. Scapla. Manejus
Priscus. Severus. Qua. de. re. retulerunt. ad
Senatum. Paccius. Caledus. &. Vibius. Polio. Archontes. de
ea. re. fic. cenfuerunt. Quemlibet. Civem
Condolere. debete. fuper. Filij. morte. maxime. vero
         Octavio Capra
sio. Viro. laudabili. viventi. fine. querela. Ædilitate. funcio
       magnifice. qui ama
vit. Filium. Caprarium. juniorem. probatum. nobis
Et. propter. morum. venuftatem. &. propter. fimilem patri
              fuo
Geftam. ipfam. Ædilitatem. Solatium. ergo. queri. illi
Publice. &. dari. locum. ad. Sepulturam. quem. pater
  ipfius elegerit
L. D. P.   D.   D.
Locus. Datus. Publice. Decreto. Decurionum.

M'induco a credere tutto ciò, perche in quefta Epigrafe fi veggono framifchiati Uffiziali Greci e Latini, come gli *Arconti*, gli *Edili*, e li *Decurioni*.

ni . Il che forſi accadde in Napoli prima di *Auguſto* , quando per una differenza inſorta con i Cumani, che abitavano nella nuova Città, queſti ne furono diſcacciati , ed in loro vece vi s'introduſſero i Campani, come meglio ſpiegaremo nel Tomo ſeguente al Capo 5. del Libro 1. ; e *Strabone* (*a*) , che viſſe in tempo di *Auguſto* , ſimilmente lo aſſeriſce. E perciò *Auſonio* (*b*) e *Stazio* (*c*) chiamano i Napoletani Popoli di due Lingue.

XVIII. La difficoltà maggiore però, che s' incontra in queſto punto, ſi riſtringe dal Tempo di *Auguſto* alla venuta de Goti appo noi ; quando i noſtri Scrittori, poggiando il capo uno ſu la groppa dell' altro a ſomiglianza de Cervi che paſſano il Mare ; vogliono Napoli per Colonia Romana, fatta tale da *Ottaviano* , come trà i molti lo dicea più ſovra il *Summonte* nel *Numero* 3., e gli altri Autori da noi ragguagliati nel Libro 1. del Tomo II. al *Paragrafo* 4. del *Capo* 3. Ma perche nel luogo anzidetto fu dimoſtrato tutto l'oppoſto ; quì niuna pena ci prendiamo in confutare queſta opinione erronea e ſenza fondamento, per i motivi, che colà ſi adduſſero : e ſpezialmente perche *Svetonio* (*d*) la chiama col nome di *Repubblica* , allorche vuole, che *Auguſto* cambiaſſe l'Iſola di Capri colla Repubblica Napoletana, dandole in ſua vece l'Iſola Enaria . Al che anche ſi puote aggiugnere queſtanto, che ſovra dicea il *Muratori* , nel *Numero* 8., cioè che in tempo degli Imperadori Romani molte Città noſtrali ſi mantennero da Repubbliche . Loche dee ſpezialmente crederſi di *Auguſto* , il quale ebbe piacere in mantener molti Luoghi in quella glorioſa Libertà, ſecondo *Dione Caſſio* (*e*), e *Strabone* (*f*). Che però, ſe trovoſſi Città in Italia, chè

P 2   go-

(a) Strabone lib. 5. *Aliquanto poſt* , *obortis diſſidiis* , *Campanos quoſdam in Urbe civium loco receperunt* ; *coactique ſunt inimiciſſimos loco familiariſſimorum habere* , *cùm ſuos a ſe abalienaſſent* . ARGUMENTO REI SUNT NOMINA MAGISTRATUUM, PRINCIPIO GRÆCA, POSTERIORIBUS TEMPORIBUS, CAMPANA GRÆCIS PERMIXTA .

(b) Auſonio Epiſt. 11.
    . . . . . *Latiæque* , *Camenæ*
    . . . . *Sermone alludo bilinguâ* .

(c) Stazio lib. 3. Silvarum:
    Quam Romanus honos , *& Greca licentia miſcent* .

(d) Svetonio in Auguſtum cap. 11. *Apud Inſulas Capreas veterrimæ Ilicis demiſſos jam ad Terram langueſcenteſque ramos* , *convaluiſſe adventu ſuo, adeo lætatus eſt* ; *ut eas cùm* REPUBLICA NEAPOLITANA *permutaverit* .

(e) Dione Caſſio lib. 54. *Subditos* , *ex Romanorum lege præſcripto* , *compoſuit* : FÆDERATOS UTI MAJORUM SUORUM INSTITUTIS PERMISIT : *neque illud addimere* , *vel bello acquirere* , *ſed contentum eſſe partis* , *ſtatuit* .

(f) Strabone in fine librorum ſuorum: *Verum* , *quæ Romanis obediunt; partem Reges tenent* , *aliam ipſi habent Provinciæ nomine* ; *& Præfectos, & Quæſtores in eos mittunt* . *Sunt &* NONNULLÆ CIVITATES LIBERÆ, ALIÆ AB INITIO PER AMICITIAM ROMANIS ADJUNCTÆ ; ALIÆ AB IPSIS, HONORIS GRATIA, LIBERTATE DONATÆ .

godeſſe un tal Privilegio ; queſta ſenza dubio fu la Città di Napoli : la quale non ſolo ſi moſtrò ſempre parziale alla Repubblica Romana (ora mandandoli de doni ſtrabbocchevoli , per ſervirſene ne ſuoi urgenti biſogni ; ed ora ſerrando in faccia le Porte ad *Annibale*, nimico del Popolo Romano) ; ma anche perche fu molto cara ad *Auguſto* , che intervenne colà di perſona a Giuochi Quinquennali dedicati al ſuo Nome , e fe dono alla medeſima di annui docati ventimila per rapporto di *Plinio* (a) . E coſì poi ella fu frequentata da *Claudio* , da *Nerone* , e da altri Imperadori come a Città libera .

XIX.   Quindi , alto Stato , in cui fu Napoli ſotto gli Imperadori , ſi poſſono ridurre quelle Iſcrizioni , nelle quali ſovente queſta Città vien nomata col Titolo di *Repubblica* ; benche vi ſieno nominati i Padroni delle Colonie. Come è quella , che ſi legge preſſo il *Grutero* a Carte 374. ; ed appò il *Summonte* a Carte 113. del Tomo I. , che dice :

S. P. Q. Neapolitanus.
D. D. L. Baebio. L. F.
Gal. Cominio. Patrono
Coloniæ.

L'altra preſſo del medeſimo *Grutero* , a Carte 366. , e dello ſteſſo *Summonte* , a Carte 116.

S. P Q. Neapolitanus
D. D. L. Abruntio. L. F.
Gal. Baebio. Cenſori
Reipub. Neapol.

Come pur quella , che dalla Tipografia di *Proſpero Pariſio* il *Summonte* traſcrive nel luogo anzidetto.

S. P. Q.
Neapolitanus
D. D. L. Baebio. L. F. Gal. Cominio
Patrono. Coloniæ
Ordo. et. Populus. Neapolitanus
Genio. Coloniæ. Neapolitanæ
Patrono. Coloniæ. Neap.

Pero

(a)   Plinio lib. 18. cap. 11. *Extat Divi Auguſti decretum , quo annua vicena millia Neapolitanis enumerari juſſit a Fiſco ſuo , Coloniam deducens Capuam.*

Perocche in tempo degl' Imperadori anche le Repubbliche confederate con Roma ebbero colà i loro Protettori, i quali erano chiamati *Coloniæ Patroni*; ancorche fussero Protettori di qualche Republica, come fu detto altrove.

XX. Rispetto poi all'ultimo stato di Napoli sotto i Goti, e difficile il dimostrare, che allora la medesima già fusse vissuta da Repubblica: stante che *Teodorico* la dichiarò Contea, inviandovi il suo Ministro, per far Giustizia a quei Popoli; sottomettendola ad annui Tributi; e facendola Piazza d'Armi, come fu detto nel Libro 1. dal *Numero 29.* in poi del Capitolo 5, dove ne furono notate le Formole. Ma perche *Lodovico Antonio Muratori* sovra al *Numero 9.* dicea, che i Goti non immutarono la Polizia antica de Romani in Italia (il che riguardo a Napoli con ispezialità avertisce, l'*Autore della Storia Civile* (a), col dire : *da essa può anche raccogliersi, che Teodorico lasciasse a Napoletani quella istessa forma di Governo ch'ebbero in tempo de Romani*) e perche giusta lo stesso Autore, la Superiorità del Principe non iscema la dignità di Repubblica, quando non toglie la Libertà, il Magistrato, l'Erarie, ed il pubblico Consiglio, come lo comprova coll'esempio di Roma in tempo degli Imperadori; si puote anche asserire, che la Città di Napoli in questo mentre visse da Repubblica; benche non nella maniera perfetta di prima, giusta la distinzione premessane sovra nel *Numero 10.* Niente in ciò pregiudicando il Comite, che vi mandava il Re *Teodorico*; perche questo Comite serviva per determinare le Pendenze tra Goti, e Goti : essendovi stato il Giudice separato per i Napoletani. E quando abbisognava terminare qualche Lite tra Napoletani e Goti; allora il Comite si serviva di un Giureconsulto Napoletano, giusta quel tanto fu detto nel Libro passato al *Numero 4.* del Capo 4. (Polizia praticata in Roma intorno a i Pretori Urbani, e Pretori de Peregrini; ed anche riguardo i Comiti destinati in varj Luoghi particolari della Repubblica, come fu addimostrato nel Libro 1. al *Numero 6.* del Capo 5.) Tanto più che 'l medesimo Re *Teodorico*, pretendendo la sodisfazione de Tributi dalla Città di Napoli, non ne avanza l'ordine suo al Comite, ma bensì lo fa sentire al Comune di Napoli, con questo Titolo : *Honoratis Possessoribus, & Curialibus Civitatis Neapolitanæ*, come della Formola apportatane nel Libro 1. al *Numero 27.* del Capo 5. Dalche s'inferisce, che egli considerava la Città di Napoli come una Città libera, la quale vivea con suoi proprj Magistrati, e si governava da se.

XX. Nè questi Tributi esatti da *Teodorico* pruovano, che Napoli non fusse Città libera; conciossiache somiglianti Tributi si sogliono pagare oggidì da molte ben formate Repubbliche all'Imperador di Germania, a quello de Turchi, ed a molti altri Sovrani di Europa, ò di altre Regioni dell' Orbe senza niun pregiudizio della loro piena libertà. E Napoli istessa nel secondo suo Stato, ancorche Città libera, come fu dimostrato sovra nel *Num. 19.* pagava eziandio in questo il suo Tributo o in Navi, o in Danaro alla Repubblica Romana, secondo quel tanto dicea l'Inviato Romano al Mi-

(a) Pietro Giannone pag. 271. Tom. I.

Miniftro del Re *Antioco* preffo *Tito Livio* (a).

XXII. Riguardo poi alla Milizia, che vi mandò *Teodorico* ; diciamo, che quefta ferviva folamente per cuftodia della Città, e non per tenerla in foggezzione. Avendo ancor noi da *Tito Livio* (b) che pria di fociarfi la Città di Napoli colla Repubblica Romana, ed in tempo che portoffi il Confole *Q. Publilio Filone* per affediarla, vi erano dentro duemila Soldati Nolani, e quattro mila Sanniti ; non oftanteche per allora fuffe ftata Repubblica perfettiffima, come dicemmo fovra nel *Numero* 14. E quando nel fecondo fuo ftato andò *Annibale* per efpugnarla, vi trovò il Pretore *M. Giulio Silano*, che la difendea, fecondo il lodato *Paduano* (c).

XXIII. Quello però, che dà maggior pefo a quefta noftra affertiva, fi è, che Napoli nella medefima maniera fi governava in tempo de Goti, che fi regolava pria di federarfi co' Romani. Peroche, quando i Romani fi portarono all' Affedio di Napoli, ed indi fi conchiufe con effoloro la federazione, quefta Città veniva governata da due *Prencipi* annuali, che erano come Confoli nella Repubblica Romana fecondo il favellare di *Tito Livio* (d): i quali col nome di *Avvocati* vengono chiamati da *Dionigio Alicarnaffeo* (e): effendovi ftato nel tempo fteffo il Senato, la Concione, i Nobili, e la Plebe, come addiroffi fovra nel *Numero* 14. Ed in tempo, che l' affediarono i Greci, ed era poffeduta da Goti ; la fteffa Polizia vi fi offervava : effendovi ftati parimente i due *Prencipi* per il comune Governo, che in quel tempo erano *Paftore*, ed *Afclepiodoto* (quali *Procopio* (f) chiama

ma

(a) Tito Livio lib. 35. *Ab Rheginis, & Neapolitanis, & Tarentinis ex quo in noftram venerunt poteftatem, uno & perpetuo tenore juris, femper ufurpato, nunquam intermiffo, quæ ex federe debent, exigimus.*

(b) Tito Livio lib. 8. *Publilius, duo millia Nolanorum militum, & quatuor Samnitium, magis Nolanis cogentibus, quàm voluntate Græcorum, recepta Palæpoli, miferat.*

(c) Lo fteffo lib. 23. ,, *Sub adventum Prætoris Romani Pœnus agro* ,, *Nolano exceffit, & ad mare proximum Neapolim defcendit : cupidus* ,, *maritimi Opidi potiundi, quo curfus Navibus tutus ex Africa effet. Cæte-* ,, *rum, pofteaquam Neapolim à Præfecto Romano teneri accepit (M. Julius* ,, *Silanus erat, ab ipfis Neapolitanis accitus ;) Neapolim quoque, ficut* ,, *Nolam non admiffus, petiit Nuceriam.*

(d) Tito Livio lib. 8. *Charilaus, & Nymphius*, PRINCIPES CIVITATIS, *communicato inter fe confilio ; partes ad rem agendam divifere* . . . . . *ad quem Græci, figno accepto à* PRINCIPIBVS, *quieverunt.*

(e) Dionigio Alicarnaffeo lib. 11. Legationum : *Ibi, coacto Senatu, multisque coram eo habitis Orationibus, partim ab eorum* ADVOCATIS, *variarunt Sententia.*

(f) Procopio de Bello Gothico lib. 1. cap. 8. ,, *Ingreffi Campaniam,* ,, *devenerunt ad Vrbem Magnam (Neapolim vocant,) munitam admo-* ,, *dum, ac magno Gothorum præfidio inftructam. At Naves quidem Be-* ,, *lifarius in Portu, extra teli jactum, hærere juffit* . . . *Ibidem erant Pa-* ,, ftor,

me fimilmente col nome di *Avvocati*). Vi era ancora la *Comunità*, ed il *Popolo*, divifo in *Nobili*, e *Plebei*, col *Comun Configlio*, ed altro, appartenente ad una perfetta Repubblica: fenzache i Goti godeffero parte alcuna in quefto Governo: avendo *Belifario* colla *Comunità* di Napoli, e non colli Goti trattata la Refa della Città: quale fu dibattuta nella Concione dagli Avvocati, da Nobili, e da Plebei, fenza avervi avuta i Goti parte alcuna. Anziche, conofcendofi quefti incapaci a potere in ciò refiftere al volere de Napoletani, non intervenivano ne Parlamenti. Segno evidente, che allora Napoli fi governava in forma di Repubblica, e quafi con indipendenza da Goti, che la prefidiavano al numero di fettecento.

XXIV. Venuti bensì i Greci in Italia, la cofa pafsò altramenti: avvegnache *Belifario*, refofi Padrone della Città, vi lafciò per Vicario Imperiale (partito egli per Roma) *Conone*: il quale infiftè per il foccorfo a *Maffimino*, Prefetto Pretorio d'Italia, arrivato coll'Armata in Sicilia; e diede il fuo confenfo di renderfi a *Totila* la Città di Napoli, fecondo *Procopio* (a). Effendofi poco indi introdotti colà i *Duci*, ed i *Confoli*: i quali fe ne ufurparono l'affoluto Dominio; fecero ereditaria quella Signoria; e molte fiate tirannicamente la governarono, ficcome lo metteremo in chiaro nel Capitolo, allorache defcriverafi il Catalogo di coftoro. E giunfe intanto l'autorità loro, che *Configno* cercò farfene *Re* affoluto, come nel luogo citato fi farà chiaro. E quindi fu che *Paolo I.* Semmo Pontefice, lo chiamò col Titolo di RE in una fua Lettera, che fcriffe al Re *Pipino*, riferita dal *Muratori* (b). Laonde fotto la Tirannia e difpotico Governo di quefti Duci e Confoli, affatto non fi potè mantenere mai più in Napoli la Polizia di una perfetta Repubblica.

XXV.

" ftor, & Afclepiodotus ADVOCATI, & inter Neapolitanos admodum
" clari. Deinde CIVIBUS, quod petebant conceffit, ut quæcumque
" vellent, elocuti, viciffim quæ ex ipfo audiffent, PUBLICE renuncia-
" rent. Confeftim NEAPOLITANI Stephanum deftinant: qui ad Belifa-
" rium admiffus, ita differuit.... His autem offenfi Gothi, nec valentes
" obfiftere, abfcedebant, cum & Populum & Gothos omnes Paftor, atque Afcle-
" piodotus unum in locum CONVOCARUNT, & ita funt locuti. Cum
" Civitatis PLEBS in præcipitem locum fe, ac falutem fuam commit-
" tit; id facit, quod in proclivi eft, præfertim fi cum nullo PROCE-
" RUM communicato Confilio, de rerum fumma ad arbitrium commit-
" tit.... Paftor, qui PLEBEM ad infaniendum perpulerat, ubi
" captam Vrbem animadvertit; in apoplexiam incidit, & repente effla-
" vit animam; Afclepiodotus verò cum OPTIMATIBVS, qui fupererant,
" ad Belifarium *obiit*.

(a) Procopio lib. 3. cap. 6. & 7. " Poftea Maximinus cum omni Claf-
" fe appulit Siciliam.... Qua de re certiores facti Romani Du-
" ces, ipfum per nuncios ut venire auxilio maturet, enixè rogant. Im-
" primis Conon ex Vrbe Neapolis inftat.... Orationem hanc To-
" tilæ, cum Neapolitani, tùm Conon, militefque omnes *approbarunt*.

(b) Paolo I. Epiftola 26. apud Muratorium Scrip. Rer. Ital. Tom. III.
pag. 148. " *In Enabolim verò direxit nobis à Deo protecta Excellentia*
" *Ve-*

XXV. Egli è ben vero peraltro, che quantunque la Città di Napoli perdesse sotto i Greci, e de Longobardi la prerogativa di *Repubblica*; ne mantenne non però un ombra nell'ordine de' Nobili e ceto de' Plebei (in cui consiste il primario fondamento della Repubblica, come dicemmo più sovra, nel *Numero* 11.) In mode-che, scrivendo S. *Gregorio* (a) alla Città di Napoli, dà alla Lettera questo titolo: *Clero, Ordini, & Plebi consistentibus Neapoli*. Intendendosi sotto nome d'*Ordine* la Nobiltà, secondo il *Muratori* (b): siccome pur si ricava da una Iscrizione rapportata dal *Summonte* a carte 327. del Tomo I. che dice:

Imp. Cæs. L. Septimi. Severi. Pii. Pertinacis. Augusti. Arabici
Adiabenici. Parthici. M. Tribunitia. Potestate. VII. Imp. XI.
         Cos. II.
&. Imp. Cæs. M. Aurelii. Antonini. Aug. Tribun. Potest.
         Domino
Indulgentiss. Ordo. P. Q. Neapolit. D. D.

Volendo lo stesso *Muratori*, che i Nobili fussero chiamati anche col nome di *Militi*; come appunto li chiama *Innocenzio III*. Sommo Pontefice (c) in un altra Pistola diretta a questa Città, colla Iscrizione, *Clero, Militibus, & Populo Neapolitano*. E Papa *Giovanni VIII*. (d) li chiama *Giudici*, così dicendo: *Omnibus eximiis Judicibus & universo Populo Neapolitano*.

                                                      PA.

,, Vestra, Præfectum vos Desiderium admonuisse, REGES NEAPOLITA-
,, NOS, & Cajetanos constringere ob restituenda Patrimonia Protectori ve-
,, stro Beato Petro, illic Neapoli sita; & largiri Electis solitè ad suscipien-
,, dam Episcopalem Consecrationem ad hanc Apostolicam properandi Se-
,, dem. Quapropter maximas de hoc, & de omnibus Excellentiæ Vestræ re-
,, ferimus *grates*.
   (a) San Gregorio Papa lib. 2. Epist. 6.
   (b) Lodovico Antonio Muratori Tom. I. Rer. memor. Ital. disser. 17.
,, *Nomine* autem ORDINIS, & PLEBIS duo veluti Corpora in Civitate
,, designata mihi videntur, quorum unam *Nobiles* appellati (serius *Milites*)
,, constituebant: alteram reliqua inferioris *Populi* pars . . . . . Liceat
,, tamen cuique, prout ipsis rectius videatur, Ordinem interpretari *Magi-*
,, *stratuum publicorum Cœtum*, sive *Senatum*; nihil enim moror. Certè,
,, sub Romanis, ante barbarica tempora, Ordo designabat Decuriones, &
,, Senatum in *Civitatibus*.
   (c) Innocenzio III. lib. 4. pag. 547.
   (d) Giovanni VIII. Epist. ad Neapolit. de anno 878.

PARAGRAFO TERZO.

Che la Città di Napoli niuna libertà ricuperò dal Re Ruggiero Normanno.

XXVI. Confutate nel Paragrafo antecedente le due trascritte opinioni, che toglievano a Napoli la prerogativa di Repubblica o in tempo della federazione colli Romani, o in tempo di *Augusto*; fa mestieri adesso vedere, se in tempo del Re *Ruggiero* avesse riacquistata la perduta libertà, come volea in terzo luogo *Giulio Cesare Capaccio*, rapportato sovra nel *Numero* 4. Rispetto a che, diciamo con *Pietro Giannone* (a), che tutto ciò è falso. Benche *Giannone* anche prende errore nel volere, che *Ruggiero* si portò con Napoli riguardo alla di lei libertà, in quella guisa che si era con lei dimostrato il Re *Teodorico*; dicendo: ,, *Avendo* Ruggiero fatto come Teodorico, quando ordinò, che ,, godesse di quelle stesse prerogative, che avea. Indi si ha, che Ruggie-,, ro lasciasse la Giurisdizione intorno all' Annona a Nobili, ed al Popolo, ,, che sotto nome d' Ordini, di Eletti, e Decurioni, ovvero Consoli veni-,, vano designati; e la Giurisdizione intorno alle cose della Giustizia il Re ,, la volle per se, come appunto fece Teodorico, che mandava li Comiti ,, ad amministrarla. Costituendovi ora Ruggiero il Capitano col Giudice, ,, siccome nell' altre Città, e Castelli del Regno si *praticava*. Quando noi nel *Numero* 20. in poi abbiamo fatto conoscere, che in poco, o in niente *Teodorico* alterò lo Stato della Repubblica Napoletana; mantenendolo in quel sistema istesso, nel quale l' avea ritrovato. E per l' opposto, avendo il Re *Ruggiero* ritrovata la Città di Napoli sotto de Duci, e de Consoli, che l' avean tolta ogni libertà; non potea lasciarli quello, che non avea. Anziche, egli vi creò Duca *Anfuso*, suo figliuolo: il quale venne a toglierli ogni libertà, che in essa prefigurare per l' addietro vi si potea, come l' abbiamo da *Falco Beneventano* (b) nella sua Cronaca.

XXVII. Si aggiunge a tutto ciò, che 'l Re *Ruggiero* ebbe l' Investitura della Ducea Napoletana dell' Antipapa *Anacleto* unassieme colla Sicilia, Calabria, Puglia, e Principato di Capua, come lo ragguaglia l' Autore della *Cronaca Cassinese* (c). Laonde, portatosi questo Principe in

Tom. III.   Q   Ca-

(a) Pietro Giannone lib. 11. cap. 3. par. 1.

(b) Falco Beneventano ad Annum 1139. *In his diebus Cives Neapolitani venerunt Beneventum, & Civitatem Neapolim ad fidelitatem Domini Regis tradentes; Ducem, filium ejus duxerunt, & EJVS FIDELITATI COLLUM SVBMISERVNT.*

(c) Cronaca Cassinese lib. 4. cap. 27. ,, *Interea*, Papa Honorio vita ,, decedente, electi sunt Gregorius, Diaconus Cardinalis Sancti Angeli, in ,, Papam Innocentium II. & Petrus, Presbyter Cardinalis Sancti Calixti,
,, in

Capoa, vi chiamò *Sergio*, Duca di Napoli, a preſtarli omaggio di fedeltà. E perche *Sergio* ricuſava di farlo, l'atterrì colle minaccie di volerli porre l'aſſedio alla Città : che però egli ſi portò a far queſt' atto in Capoa ; e ciò fatto fece ritorno in Napoli , come l' abbiamo da *Aleſſandro Teleſino* (*a*). Benche non molto dopo ſi ribellò a *Ruggiero* ; e riconciliatoſeli di nuovo , non andò guari che ſe ne morì nella Battaglia avuta in Raignano : ed allora il Re *Ruggiero* s'impoſſeſsò della Ducea Napoletana , e ne diede ad *Anfuſo* , ſuo figliuolo , l' Inveſtitura, come meglio ſpiegheraſſi nel Capo 5. del Libro 9. Non è dunque vero, che *Ruggiero* aveſſe governata la Città di Napoli per mezzo de' ſuoi Capitani, e Giudici : concioſſiache , ſino a tanto che viſſe il Duca *Sergio* , ultimo di queſto nome , egli ve lo mantenne ſotto la ſua dipendenza ; ed alla morte di quello, vi deſtinò *Anfuſo* ſuo figliuolo, come poco fa diceva *Falcone Beneventano*.

XXVIII. La difficoltà maggiore nonperò, che in ciò s' incontra , ed in cui molto ſidano gli Autori della contraria opinione, naſce da un Diploma , rapportato da *Marino Frezza* (*b*), dal *Tutino* (*c*), e dal *Summonte* (*d*), nel quale ſi leggono i nomi di varj *Conſoli* colla data dell' anno 1190. regnando il Re *Tancredi* in Napoli. E perche *Tancredi* fu poſteriore al Re *Ruggiero* ; i Soſtenitori della oppoſta ſentenza ſanno di ciò una gran pompa, e penſano , mercè di queſto documento , aver chiarito il loro punto , di aver Napoli avuta la ſua libertà dal Re *Ruggiero* : peroche

che

» in Anacletum , Innocentius verò per aliquantum temporis ſpatium in Vrbem permanens ; cum Cardinalibus , & Epiſcopis, qui ſuæ parti favebant , ad Civitatem Piſanam perrexit , Conradum , Sabinenſem Epiſcopum , Vicarium in Vrbe relinquens . Petrus præterea Cardinalis Rugerio Duci Apuliæ Coronam tribuens , & per privilegium Principatum Capuanum , & *Ducatum Neapolitanum* cum Apuliâ, Calabriâ , & Siciliâ, illum in ſuam partem attraxit : præcipiens, ut Epiſcopi , & Abbates, qui in ſuæ ditionis Terra manebant, ei Hominium *facerent* .

(*a*) Aleſſandro Teleſino in Vita Rogerii lib. 2. cap. 67. „ *Cum ergo* Civitatem ipſam , jam ſibi ſubditam , Rex introiturus eſſet ; a præordinata Clericorum totiuſque Populi Proceſſione honorifice ſuſpicitur , atque ad Archiepiſcopatum uſque cum hymnis , & laudibus perducitur . Deinde continuò foras ad expeditionem egreſſus ; *Sergium* , *Magiſtrum Militum, præſtolabatur* , quatenùs citò veniens , ſibi ſubderetur : alioquin ſciret, ſe ſine dubio obſidione conſtringendum . Verum , ille veritus ne Rex ab eo contemptus ſuper ſe irrueret , Civitatemque ejus aggrederetur ; depoſita mentis cervice , venit ad eum . Qui , genibus flexis, manuſque ſuas manibus ejus immittens ; ſuum ei hominium ſubdidit , fidelitatemque juravit. Res, inquam , valde ſtupenda ; nàm Neapolis, quæ poſt Romanum Imperium vix unquam ferro potuit ſubdi ; nunc quoque verbo tantum viſa eſt *conſtringi*.

(*b*)   Marino Frezza in fine operum ſuorum .
(*c*)   Camillo Tutino de Sedil. Neapol. cap. 9.
(*d*)   Giannantonio Summonte Tom. I. pag. 139.

che (dicono) fi governava à fomiglianza della Repubblica Romana co' fuoi Confoli , dopoche queßo Principe era già morto, e vi regnava il Re Tancredi.

XXIX. Noi però pria di porre in chiaro su di ciò il parer noßro, abbiam giudicato di trafcrivere intieramente queßo dicantato Diploma, che è del tenore feguente.

In Nomine Dei Æterni , Amen . Anno Incarnationis Dominicæ mil-
,, lefimo centefimo nonagefimo , die 9. menfis Maii , VIII. Indictionis.
,, Quia gloria, & corona illußrium Civitatum eß diverforum Officiorum
,, concors Populi multitudo , & quanto *in diverfis Mercimoniis* , & variis
,, utilitatibus vivendi fibi invicem , & aliis hominibus, quorum frequen-
,, tatur accefus , jußius copiofiufque minißratur , & celebrioris nominis
,, Civitates ipfæ , & majoris opinionis dilungatione clarefcunt ; idcirco
,, nos *Aliernus Cutonus* , *Confules* , *Comeßabuli* , *Milites* , & univerfus Po-
,, pulus egregiæ Civitatis Neapolis , provida & falubri deliberatione con-
,, filii attendentes quid honoris , quid commodi nobilißimæ Civitatis
,, Neapolis vos Viri prudentißimi *Scalenfes* , *Ravellenfes* , & cæteri *Nego-*
,, *tiatores* , & *Campfores* de Ducatu Amalphiæ conferatis; vobis , veßrifque
,, hæredibus , & fuccefforibus , in prædicta Civitate Neapolis habitantibus ,
,, (falvo in omnibus Privilegio Neapolis, quod eß inter Nobiles , & Popu-
,, lum ejufdem Civitatis ,) concedimus , autorizamus , & in perpetuum
,, hoc fpeciali Privilegio confirmamus , ut ficut ißa Civitas Neapolis PRI-
,, VILEGIO LIBERTATIS PRÆFULGET ; ita & vos Negotiatores ,
,, Campfores , (five Apocrifarii de præfato Ducatu Amalphiæ , ut negotia-
,, tiones exerceant in hac eadem Civitate , ad habitandum , feu ad Apothe-
,, eas tenendum , venerint ;) EADEM OMNI MODO LIBERTATE
,, IN PERPETUUM GAUDEATIS ; nulla conditio de perfonis , vel
,, rebus veßris , five hæredum , vel fuccefforum veßrorum Negotiato-
,, rum in Neapoli habitandum requiratur , ficut non requiritur de Ci-
,, vitate Neapolis ; falvo honore ipfius Civitatis in libero , & franco
,, ufu veßrorum negotiorum . Infuper hoc eodem Privilegio concedimus ,
,, & confirmamus vobis , veßris hæredibus , five fuccefforibus Negotiato-
,, ribus , Campforibus , & Apocrifariis de memorato Ducatu Amalphiæ ,
,, in Neapoli habitantibus , vel habitaturis ad negotiationes exercendas , ut
,, LICEAT VOBIS , VEL EIS IMPERPETUUM DE GENTE VE-
,, STRA INTER NOS CONSULES STATUERE AC MUTARE IN
,, CIVITATE NEAPOLIS DE ILLIS QUI NEAPOLI MANSERINT,
,, ficut vobis , veßrifque hæredibus, feu fuccefforibus in Civitate ißa ne-
,, gotiationes exercentibus paruerit expedire ; quorum arbitrio , & judicio
,, fecundum veteres bonos ufus VESTRAS CAUSAS , SIVE LITES ,
,, QUÆ INTER VOS, VEL EOS EMERSERINT, TERMINENTUR ;
,, nec liceat Civitati , vel alteri , pro ea nobis feu hæredibus , vel fuccef-
,, foribus noßris vos five hæredes , & fuccefores veßros de prædicto Du-
,, cato Amalphiæ in Civitate ißa manentes , feu negotia exercentes , de
,, veteri , & bono ufu noßro , feu confuetudine trahere , vel mutare ; fed
,, debeamus nos in omnibus bonis ufibus veßris , & in Confulatu veßro in
,, perpetuum confervare : ET VOS GUBERNATIONE , ET JUDICIO
,, VESTRORUM CONSULUM TANTUM IN PERPETUUM VI-

,, VE-

„ VERE DEBEATIS. Et ut hoc Privilegium nostræ concessionis omni mo-
„ do , & perpetua firmitate lætetur ; sigillo Civitatis , & Consulum ac sub-
„ scriptione plurium de nobis communi consilio , & voluntate Civitatis
„ Neapolis est roboratum . Actum Neapoli per Maurum, Clericum San-
„ ctæ Neapolitanæ Ecclesiæ, Notarium Domini Sergii Venerabilis Neapo-
„ litani Archiepiscopi, Anno, Die, Mense, & Indictione superius præno-
„ tatis.

„ Ego Aliernus Cutonus subscripsi .
„ Ego Joannes de Griffis subscripsi .
„ Ego Joannes Falconerius Consul subscripsi .
„ Ego B. Domini Boni Consul subscripsi .
„ Ego Joannes Crispanus Consul subscripsi .
„ Ego Marcus de Licio Consul subscripsi .
„ Ego B. de Marcodeo Consul subscripsi .
„ Ego Joannes Boccatortus Consul subscripsi .
„ Ego Donodeus Mormil Consul subscripsi .
„ Ego Stephanus Stelmotius Consul subscripsi .
„ Ego Joannes Pignatellus Consul Comestabul subscripsi .
„ Ego Joannes Commina Consul subscripsi .
„ Ego Sergius Matula Consul subscripsi .
„ Ego Petrus Arbata Consul subscripsi .
„ Ego Bernardus Gizzo Consul subscripsi .
„ Ego Joannes Imperator Consul subscripsi .
„ Ego Stephanus Spada Consul subscripsi .
„ Ego Joannes Joannis Rudicella Consul subscripsi .

XXX. Ed in conferma di questo documento si puote ancor soggiugnere , che *Alierno Cotono* (il quale si soscrive senza titolo di *Console* , come pure *Gio: de Griffs* ; firmandovisi soltanto *Gio: Pignatelli* col Titolo
di *Console* e di *Contestabile*) vivea in Napoli circa l'Anno 1190. allorche
regnava il Re *Tancredi* : peroche vien mentovato dal *Caffaro* (a) negli
Annali di Genova (rapportati dal *Muratori* a carte 248. del Tomo VI.
Scriptorum Rerum Italicarum,) in occasion che descrive l'Ubbidienza che
diede la Città di Napoli all'Imperadore *Arrigo VI* nell'anno 1104. insieme con detto Conte *Alierno* . Quale , come io credo , morto già il Re
Tancredi, governava quella Città in nome di *Guglielmo III.* Leggendosi
presso *Riccardo di S. Germano* (b) , che allorche vivea *Tancredi* nell'anno

no

(a) Caffaro in Cronicon : „ *Anno Dominicæ Nativitatis* 1194. Indi-
„ ctione XI. Exercitus Henrici Imperatoris applicuit apud Civitatem Nea-
„ polim in Vigilia Sancti Bartholomæi Apostoli . Quæ siquidem Civitas
„ una cùm COMITE ALIERNO reddidit se , & cùm prædictis Princi-
„ bus Exercitus pactum iniit : & Juramentum , & Fidelitatem Imperatori
„ ipsi *fecerunt*.

(b) Riccardo di San Germano in Cronicon : „ *Anno* 1191. Imperator
„ Henricus Regnum intrat Mense Martio .... Et ex deinde super
„ Neapolim vadens ; eam posita obsidione coarctat . In qua cùm se recepis-
„ set

no 1194. ed *Arrigo VI.* venne per la prima volta in Napoli coll'Imperadrice *Cofanza* fua Moglie; la Città era difefa da *Riccardo* Conte dell'Acerra, cognato del Re *Tancredi*; il quale non permife che *Arrigo* vi entraffe. E perche *Riccardo* Conte di Fondi, avendo fatta la compra di Seffa, e di Tiano dall'Imperadore anzidetto, fuggì poi dal Regno; *Tancredi* dichiarò Conte di Fondi quefto *Alierno Cotono.*

XXXI. Ciò fuppofto, diciamo primieramente, che fe dall'effere ftati i Confoli in Napoli in tempo del Re *Tancredi* inferir fi poteffe, che dal Re *Ruggiero* ebbe quefta Città il Privilegio di mantenerfi libera, ed in forma di Repubblica con i Confoli ed altri Magiftrati; per lo fteffo motivo potremmo noi dire, che affai prima di *Ruggiero* ed in tempo de Duchi quefta prerogativa li farebbe competuta. Sì perche i Duchi erano chiamati Confoli ancora, *Dux & Conful* (come fpiegaremo nel Capo 4.); fi anche, perche il *Tutino* e'l (a) *Summonte* (b) rapportano altrove un altro confimil Diploma in data dell'anno 1009. vivente il Duca *Sergio* (Quarto di quefto Nome.); in cui fi legge: ,, *Nos Olingamus Stella Dux, Ginellus Capicius, Balda-*
,, far Jovanus, & Sarrus Brancatius CONSULES Magnificæ Civitatis Nea-
,, polis, quæ in præfentia eft in magna penuria Tritici, Olei, Cafei, &
,, Ordei, promittimus quibufcumque falmariis vallis Beneventanæ, Avel-
,, lini, aliorumque locorum, qui Venerabili in Chrifto Patri Mundo, Præ-
,, fuli Beneventano fubjecti funt; prò qualibet falma Farinæ, vel Tritici
,, tarenos duos: pro qualibet falma Ordei Tarenum unum: pro qualibet fal-
,, ma Olei, & Cafei Tarenos tres: qui ipfis in introitu Portarum fol-
,, ventur, ultra pretium quod prò illis rebus accipiant. Et ideo nos vobis
,, Venerabili Antiftiti præfentes fcripfimus, ut Civitati noftræ gratiam fa-
,, cientes; ad vocem præconis bandire faciatis per omnes Terras vobis obe-
,, dientes, quæ nobis promittimus, & ratum habemus. Datum Neapoli die
,, 11. Maii Indict. IX. Sedente S. *Sergio IV.* Qual documento per altro
viene ftimato apocrifo da *Pietro Giannone* (c) per i motivi che ne adduce, col dire: ,, *Qual* Carta rapportata dal Summonte, e creduta per ve-
,, ra del noftro Iftorico Giannettafio, traduttor del Summonte, dove fi
,, fi fa menzione di Olingamo Stella Duca (che 'l Giannettafio lo fa fucceffore di Giovanni,) di Ginello Capece, Baldaffare Giovane, e Sarro Bran-
,, caccio Confoli; fu goffamente fuppofta, così perche in quefti tempi
,, l'ufo de Cognomi non era ancora ripigliato; come perche il Capaccio,
,, ed altri teftificano quella carta non efferfi mai trovata frà le Scritture
,, delle Monache di S. Sebaftiano, ove fu finto *confervarfi.*

XXXII.

,, fæ Acerrarum Comes, prò fæpe dicto Rege fatis ftrenuè defendit eam ...,,
,, Tonc Riccardus, Fundanus Comes, prò eo quod ab Imperatore ipfo Suef-
,, fam emerat, & Theanum; metus caufa, Comitatu relicto, in Campaniam
,, feceffit: & Comitatus Fundanus ALIGERNO COTTONI de Neapoli
,, ab ipfo Rege concreditur.

(a) Camillo Tutino loc. cit.
(b) Gianantonio Summonte fol. 447. Tom. I.
(c) Pietro Giannone fol. 489. Tom. I.

XXXII. Diciamo in secondo luogo (lasciando da parte la censura che di questo diploma far si potrebbe, se sia leggitimo o nò), che sotto nome di *Consoli* nel trascritto documento si debbano intendere i Capi di ciascuna Negoziazione: siccome oggigiorno i Capi di ciascuna Professione son chiamati i *Consoli dell'Arte*. Altramenti se con tal vocabolo si dovessero dinotare i Consoli della Repubblica, simili a quelli che furono un tempo in Roma; ne seguirebbe, che dove per il Governo della vastissima Romana Monarchia bastavano due soli Consoli; per la picciola Repubblica Napoletana venti e più di essi sarebbero stati mostruosi, per non dire ridicoli. E che dove in Roma i Consoli occupavano il primo luogo; in Napoli vi sarebbero stati altri sopra di loro: lo che non sarebbe esser Consoli. Vedendosi in fatti, che *Alierno Cotono*, e *Gio: de Griffis*, senza titolo di Consoli, si firmano prima de Consoli.

XXXIII. E che in fatti questa sia la naturale Interpretazione del Diploma anzidetto; si ricava con evidenza dallo 'ntiero contesto, in cui si parla puramente di *Negoziazione*, e si concede a Negozianti Amalfitani di eleggersi ancor essi in Napoli i proprj Consoli, i quali dovessero colà determinare le differenze, che trà loro potessero insorgere: *Liceat vobis de Gente vestra inter vos Consules statuere . . . . quorum arbitrio, & judicio, vestras causas, sive lites, quæ inter vos emerserint, terminentur.* Vedendosi anche a tempi nostri che allorche il Serenissimo Monarca, regnante *Carlo di Borbone* istituì nell'anno 1739. il Tribunale del Commercio in Napoli, ve ne creò un altro inferiore, col nome di *Consolato*, che poi anche dilatossi per le Provincie del Regno, e per le Città mercantili, acciò ivi si terminassero le Cause de Negozianti da loro Giudici, che *Consoli* furono detti. Mostrando altresì *Antonio Paggi (a)* coll' autorità del *Dufresnè* nel suo Glosario, che *Consoli* propiamente eran chiamati questi Giudici ne' Secoli di mezzo.

XXXIV. Soggiungiamo ancora, che sotto nome di *Consuli* si possono anche intendere gli Eletti della Città (e spezialmente nel secondo Diploma sotto nome di *Olingamo Stella*, e degli altri Consoli rapportato sovra nel *Numero* 31.): essendo stato solito di chiamarsi con tal vocabolo in quei tempi i Sindaci, e gli altri Deputati de Luoghi considerevoli d'Italia, al soggiungere del medesimo Paggi (*b*). Che però si legge in un

Bre-

(a) Antonio Paggi in dissert. Ipatic. part. 4. num. 22. „ *Ex Glossario*
„ enim mediæ & infimæ Latinitatis, Verbo CONSUL, discimus variorum
„ Ordinum Viris nomen illud postea tributum fuisse: CONSULESQUE
„ DICTOS, QUI IN EMPORIIS, SEU MARIS PORTIBUS, MER-
„ CATORUM JVRA ET MERCES TVENTVR. Codinus lib. 7. cap. 7.
„ num. 9. Pachymeres lib. 2. cap. 32. & Gregoras lib. 4. observant; Pisa-
„ norum Magistratum, qui Constantinopoli degebat, Consulem *appella-*
„ *tum.*

(b) Lo stess'Autore loc. cit. *Dufresnius, ejusdem Glosarii Autor, observat, Magistratus Urbanos (In multis Civitatibus SCABINOS vocatos) CONSULES etiam dictos: quod & in Gallia frequens.*

Breve di Papa *Martino IV.* appo 'l dotto *Muratori* (a), che in Benevento, con difpiacere di quefto Pontefice, gli Eletti della Città nell' anno 1281. prefero il Nome di Confoli. E preffo *Ottone Moreno* (b) nella Storia di Lodi leggiamo, che l'Imperador *Federigo I.* convocando un pubblico Parlamento in Roncaglia per iftabilirvi le Coftituzioni Feudali, vi chiamò tutti i Sindaci di Lombardia col nome di Confoli. Facendo per ciò vedere il *Muratori* (c), che nel Secolo Dodicefimo di quefti Confoli ve n'era un numero infinito nelle Città d'Italia, deftinati al pubblico Governo dalle loro rifpettive Patrie. Laonde effere puote, che nell'anno 1190. *Alierno Catono*, e *Gio: de Griffi* foffero in Napoli primarj Uffiziali del *Re Tancredi*; e gli altri che fi fofcriffero in quella Carta, foffero i Governatori, o Eletti della Città: fenza effervi bifogno di decantarla per Repubblica in quei tempi, per il fievole motivo di effervi ftati i Confoli.

PA-

(a) Martino Papa IV. apud Muratorium Rer. Memor. Italic. Differt. 46. de Civitatum Italicarum Magiftratibus: ,, *Martinus Epifcopus*, fervus ,, fervorum Dei dilectis Filiis, Populo Beneventano falutem, & Apoftoli- ,, cam benedictionem. Nuper non abfque perturbatione plurima accepimus, ,, quod ad enervationem jurifdictionis, & pleni dominii, quod Ecclefia ,, Romana in vobis, & Civitate veftra habere dignofcitur, indebitè afpi- ,, rantes, prætextu cujufdam abufus, qui meritò dici debet corruptela; ,, quofdam ex vobis affumitis ad OFFICIUM CONSULATUS, qui re- ,, gimini Terræ imprudenter fe ingerunt . . . . . Nos diftrictè præ- ,, cipiendo mandamus, quatenus hujufmodi Confules, vel aliquos alios, ,, quocumque nomine cenfentur, ad gerendum, vel exercendum in Civi- ,, tate veftra Officium Confulatus affumere, vel creare nullatenus præ- ,, fumatis . . . . . Datum apud Urbem Veterem, 4. Idus Septembris ,, Pontificatus noftri anno *primo*.

(b) Ottone Moreno ad Annum 1138. *Interea Dominus Imperator in Roncalia Colloquium in Sancto Martino proximo veniente maximum fe conftituit habiturum: præcepitque, omnibus ferè Italiæ Principibus, atque* CIVITATUM CONSULIBUS, *ut ipfi Colloquio interfint.*

(c) Muratori Script. rer. Italicar. Tom. V. pag. 52. ,, *Fuit* autem in ,, more non paucis ex Italicis Urbibus hujufmodi poft Annum Chrifti mil- ,, lefimum fexagefimum Reipublicæ formam fufcipere; & à Confulibus re- ,, gi, tanquam à fupremo Magiftratu. Iique modò quatuor, modò fex, ,, & interdum majori numero electi ad tantum munus ex eifdem Civibus. ,, In Pace Lucenfi Anno 1114. Lucæ peracta, numerantur fexaginta Con- ,, fules ejufdem *Civitatis*.

PARAGRAFO QUARTO.

Della Grandezza, Dominio, e Potenza della Repubblica Napoletana.

XXXV. PResuppofto già, che Napoli fuffe anticamente Città libera, e che viveffe in forma di Repubblica dal primo fuo nafcimento finò alla venuta de Greci in Italia, come dimoftrammo nel Paragrafo Secondo; ci refta a vedere, fe ella veramente fu degna di sì gloriofo pregio: giache *Pietro Giannone* (a) ce la defcrive per un Luogo anticamente molto picciolo, dicendo: *Napoli, ancorche picciola Città, ritenne tutte quefte nobili prerogative*. A tale oggetto duopo è chiarire, di qual *Grandezza* in quei tempi ella fofle; quanto fi eftefe il di lei *Dominio*; ed a qual *Potenza* crebbe: accioche da quefte circoftanze inferir poffiamo, che ella fu una non difprezzevole Repubblica in quei tempi. Non già come Roma, con un Dominio fterminato, o come Atene colla Signoria in quafi tutta Grecia; ma ben fimile alle altre Greche Repubbliche in Italia, come Reggio, Taranto, Locri, Sibari, Cotrone, Capoa, ed altre di quefta fatta.

XXXVI. Intorno a che, non mi diftendo a defcrivere le circoftanze più minute, per non avvilirne il pregio, col dirne poco del molto. Nè tampoco mi diffondo in indagare fin dove l'antica Palepoli fi fuffe fpaziata: perche tutto ciò fu veduto nel Libro 4. del Tomo II. al *Numero* 11. del Capo I. e farà meglio pofto in chiaro nel Tomo feguente al Capo 3. del Libro 4. Soltanto diciam perora, che Napoli fu in ogni tempo Città molto ampia, dilatandofi per lungo fpazio il circuito delle fue Mura: conciosfiache a *Mezzogiorno* (come meglio fi vedrà nel Tomo IV.) fi ftendeva nella parte che riguarda 'l Mare, da *Santa Maria la Nuova* per *San Gio: Maggiore*, pe 'l *Gesù Vecchio*, per *San Marcellino*, fino a *Santo Agoftino della Zecca*, ed oltre ancora; a proporzione che fi ftendea la Collina: fovra la quale, avendo le Mura affai alte e ben difpofte col Mare di fotto, facea da lontano una moftra fuperba. Così pure, da *Settentrione* fpaziavafi dalla Porta dello *Spirito Santo* per quella di *Coftantinopoli*, per *Santo Agnello*, per gl' *Incurabili*, e lungo quell' altra Colle, che per fovra il largo di *San Giovanni a Carbonara* fi fporge verfo *Santa Caterina a Formello*. Nella Parte *Orientale* congiungea i due lati per fotto la *Vicaria*, per la *Maddalena*, e per la *Santiffima Annunciata*. E nell' *Occidente* abbracciava gli altri due Capi da *Santa Maria la Nuova* al Largo dello *Spirito Santo*, ed alla Porta di *Coftantinopoli*. Era ella, come fi diffe, intieramente circondata di gagliardiffime Muraglie,

fecon-

(a) Pietro Giannone lib. 1. cap. 4.

fecondo il rapporto di *Tito Livio* (a) , allorche defcrive il tentativo di *Anibale* di volerla efpugnare : ed avea ne' fuoi lati delle molte Rupi, all'afferire di *Procopio* (b) , in occafione che raguaglia l'Affe dio, che ne fece *Belifario*. Laonde, prefuppofto, che 'l giro delle Muraglie occupava tutto il divifato tratto ; fi puote giuftamente inferire, che Napoli non era tanto picciola Città, come la prefuppone l' *Autore della Storia Civile* ; ma un Luogo ben ampio : fpezialmente, che in que' tempi fi abitava affai ftretto, ed i Palazzi non erano di quella fmifurata grandezza, che vi fi vede oggigiorno.

XXXVII. Si può aggiugnere a tutto quefto, che quando i Romani fi portarono ad affediarla ; oltre la Milizia Urbana, (la quale, come apprefso vedremo, non era poca), ed oltra i Cittadini, che l'abitavano, vi erano dentro fei mila Soldati aufiliarj : vale a dire due mila Nolani, e quattro mila Sanniti, all'affermare di *Tito Livio* (c). Cheperò a dar ricetto ad un novero sì grande di Soldatefca, e di Popolo, vi volea del luogo molto. Quindi fu che 'l Re *Teodorico*, allorche vi mandò il Comite, la defcrifse per una Città popolatiffima ; come preffo *Caffiodoro* (d). E *Procopio* (e) raguagliando l'arrivo di *Belifario* nel di lei Porto, ce la moftra per una Città molto grande. Ce ne danno una chiara teftimonianza i Tempj nobiliffimi, le Terme, i Teatri, i Circhi, l' Anfiteatri, i Ginnasj, le Bafiliche, i Fori, e le belliffime Fabbriche che vi erano, con quel di più che fu defcritto nel Tomo precedente ; e che attirò tanti Cefari, e de primarj Patrizj Romani per godere di fue magnificenze, e bellezze, fecondo *Strabone* (f), e fecondo il favellare di *Marco Tullio*

Tom. III   R

(a) *Tito Livio lib. 23. Ubi fines Neapolitanorum intravit* . . . . *ab Urbe oppugnanda Pœnum abfterruere confpecta Mœnia, haud quaquam prompta oppugnanti*.

(b) Procopio de Bello Gothorum lib. 1. cap. 8. ,, *Tentato fæpe Muro repulfus eft, amiffis Militibus, iifque generofiffimis. Ad Muros enim Neapolis qua mare, qua dirupta loca negabant aditum ; & tum ob alia, tum propter acclivitatem, infuperabiles erant aggredientibus*.

(c) *Tito Livio lib. 8. Publilius, duo millia Nolanorum Militum, & quatuor Samnitium, magis Nolanis cogentibus, quàm voluntate Græcorum, recepta Palæpoli, miferat*.

(d) Caffiodoro lib 6. Variarum, Formul. 23. *Ad Comitivam Neapolitanam libenter admittimus* . . . . . VRBS ORNATA, MVLTITV. DINE CIVIVM, *abundans marinis, terrenifque deliciis*.

(e) Procopio loc. cit. *Ingreffi Campaniam, devenerunt ad VRBEM MAGNAM* (*Neapolim vocant*.) *munitam admodum, & magno Gothorum præfidio inftructam*.

(f) Strabone lib. 5. ,, *Plurimum vero ab Roma Neapoli fecceffum facientes, victum Græcenico ritu ducunt, aut quietis, aut otii gratia præfertim, qui eruditioni dant operam, aut remiffioris vitæ defiderio, & quos fenectus affligit, & diverfa valetudo. Plerique etiam Romani eodem vivendi genere delectati ; cum TANTA MORTALIVM MVL- TI-*

lio (a) sù di questo proposito.

XXXVIII. Per quel che poi concerne il di lei antico Dominio; questo poco, o nulla fuori del Distretto di quella Città si stendea: avendo avuto soltanto da principio alla sua divozione l'Isole di *Capri*, di *Procida*, e d' *Ischia*, e qualche altro Luogo del Continente, secondo *Tito Livio* (b). E le mancò poi anche l'Isola Enaria, che in tempo di *Augusto* li fu cambiata, secondo *Strabone* (c). Onde non ben s'intende con qual fondamento l' *Autore della Storia Civile* (d) afferisca, che in tempo di *Maurizio* Imperadore furono cedute alla Città di Napoli l'Isole anzidette; così dicendo: „ *Il Ducato* Napole-
„ tano, che nel suo nascere ebbe angustissimi Confini, la Città sola di Na-
„ poli colla sue pertinenze abbracciando; nel tempo di *Maurizio* Impera-
„ dore d'Oriente fece notabili acquisti: poiche questo Principe aggiunse
„ stabilmente al suo dominio l' Isole vicine, come Ischia, Nisida, e
„ Procida; nella cui possessione confermò li Napoletani, come scrive San
„ *Gregorio Magno*. Quando l' Isole anzidette erano anticamente della
Repubblica Napoletana; ed in tempo di *Maurizio* Imperadore, avendo cercato taluni spogliarne questa Città; *Cesare* anzidetto ordinò, che non fussero i Napoletani molestati su di questo, ma che restassero nello stabile possesso dell' Isole divisate, come testimonia l' allegato Sommo Ponte-fice. (e).

XXXIX.

„ TITVDINE, in simili degentem instituto, in ipsa Civitate versari
„ contemplantur; studiose, ac libenter Vrbem incolunt, ibi ducentes
„ ætatem.

(a) Cicerone pro C. Rabirio: *Delectatum causa & voluptatis, non modò Cives Romanorum, sed nobiles adolescentes, & quosdam etiam Senatorei, summo loco natos, non in Hortis, aut Suburbiis suis, sed Neapoli, in CELEBERRIMO OPIDO, cùm mitella sæpe vidimus, clamydatum illum L. Syllam Imperatorem.*

(b) Tito Livio lib. 8. *Palæpolis haud procul inde, ubi nunc Neapolis sita est: duobus Vrbibus Populus unus habitabat. Cumis erant oriundi. Classe qua advecti ab domo fuerant; multum in ora Maris ejus, quod accolunt, potuerunt. Primùm in Insulas Ænariam, & Pithecusas egressi; deinde in Continentem ausi Sedes transferre.*

(c) Strabone lib. 5. *Pithecusas, inde Neapolitani occupauerunt . . . . Capreas quoque Neapolitani tenuerant. Cum verò per Bellum amisissent Pithecusas, has illis Augustus Cæsar reddidit, Capreas propriam sibi faciens possessionem, Villisque instruens.*

(d) Pietro Giannone Tom. I. pag. 263.

(e) San Gregorio Magno lib. 10. Epist. 53. *Peruenit ad nos, quod quidam prava voluntatis studio contra Seniores, & Cives Neapolitanæ Civitatis de Insulis eorum, Leontio glorioso filio nostro, nitantur subripere . . . . Licèt retro Principum jussionibus omninò de Insulis sint muniti; nobis tamen dum in regia Vrbe fuimus suffragantibus; ità Sanctissimi Domini Mauritii Principis elicita jussione eorum strictè jura munita sunt; ut non habeant unde justè debeant formidare.*

XXXIX. Ne' Secoli di mezzo poi, essendo Napoli sotto i proprj Duchi, dilatò molto i Confini del suo dominio: comprendendo sotto la sua Signoria la Città di *Sorrento*, e di *Amalfi*, come abbiamo da una Lettera, che scrive Papa *Adriano I.* a *Carlo Magno* (a); e si ricava con maggior chiarezza dal Capitolare di *Sicardo*, Principe di Benevento, con *Andrea* Duca di Napoli, nell'anno 836. trascritto dal *Muratori* (b), e che noi rapporteremo per intiero nel Capo 7. del Libro 5. Vi aggiugne di vantaggio *Camillo Pellegrino* (c) la Città di *Stabia*. Insomma si distese la dilci Signoria dalla parte di Terra sino alle *Forche Caudine*, *Sarno*, *Acerra*, ed *Atella*, donde il Console *Buono* scacciò i Longobardi, come dalla Iscrizione del di lui Sepolcro (d).

XL. Anche *Aversa* si apparteneà anticamente al Ducato di Napoli: che poi il Duca *Sergio III.*, ad onta del Principe di Capoa, diede a *Raidolfo* Normanno suo Cognato, giusta l' Autore della *Cronaca Cassinense* (e).

R 2

II

(a) Adriano I. Epist. 17. ,, *Vestræ* Regali Potentiæ innotescimus, quia ,, Arechis, Beneventanus Dux, justicias de hominibus suis quærens; Exerci-,, tum duxit SUPER AMALPHITANOS, DUCATUS NEAPOLITA-,, NI : & undique eos circumvallans ; incendit omnes possessiones eo-,, rum , atque habitacula foris posita . Quo audito, Neapolitani direxe-,, runt in adjutorium eorum plures homines : qui vincentes eos, interfe-,, cerunt plurimam multitudinem Ducatus Beneventani : unde tùm cæteros ,, plures , tum Optimates captivos apud se habent .

(b) Capitulare Sicardi apud Muratorium , Scriptur. rer. Ital. Tom. I, ,, Part. II. pag. 232. ,, *Nos* Dominus Vir gloriosissimus Sicardus, Longo-,, bardorum Gentis Princeps , vobis Joanni electo Ecclesiæ Neapolitanæ , ,, & Andreæ Magistro Militum , & Populo vobis subjecto Ducatus NEAPO-,, LITANI , & SURRENTINI , & AMALPHITANI , & cæteris CA-,, STELLIS , vel LOCIS, in quibus Dominium, tenetis terra, marique, ,, pacem veram & gratiam nostram vobis daturos ab hac quarta die men-,, sis Julii 832. Indict. III. usque ad annos quinque *expletos*.

(c) Camillo Pellegrino dissert. 4. de Ducatu Beneventano : ,, *Ex iis* di-,, judicare facile quoque est , proximè post Neapolim , ejusdem Tyrreni ,, Maris Urbes STABIAS, SURRENTVM , & AMALPHIM , nec Lon-,, gobardis in eorum primordiis , nec per plures alios annos cessisse . Si-,, quidem eas sub regimine Ducis Neapolitani diù fuisse, Pontifices Gre-,, gorius Magnus, & Adrianus suis in Epistolis innuunt , & palam aperit ,, Capitulare Principis *Sicardi*.

(d) Ex Sepulchro Boni , Ducis Neapolitani.
    Sic ubi Bardos, agnovit, ædificasse Castellos
    Acerra, Atella, diruit, custodesque fugavit:
    Concussa loca Sarnensis, incendit Fursulas.

(e) Cronaca Cassinense lib 2. cap. 58. *Sergius , recuperata Neapoli , Raidulphum , strenuum virum , affinitate sibi conjunxit, & AVERSÆ IL- IVM COMITEM FACIENS ; cum Sociis Normannis ob odium , & in- sectationem Principis , ibi manere constituit. Tunc primum Aversa capta est habitari.*

Il Duca *Attanagio* parimente nell'anno 885. tolse a *Guaimero* Principe di Benevento il Castello di *Avella*, al dire dell' *Anonimo Salernitano* (a). E l'Autore della *Storia Civile* (b) molte altre Cittadi e Luoghi vi aggiunge con queste parole: ,, *Anticamente al Tema di Sicilia apparteneva Napoli, Amalfi, Gajeta. Poi crebbe il Ducato di Napoli sotto il Governo di Stefano Vescovo, e Console; abbracciando l' Enaria, Ischia,*
,, *Nisita, e Procida, Pozzoli, Baja, Miseno, la Palude Stigia, il Lago*
,, *di Averno, Stabia, Sorrento, Amalfi, e l' Isola di Capri, e poi No-*
,, *cera de Pagani. Onde Rachedisio, Principe di Benevento, avendo man-*
,, *dato in esilio Dauferio; questi se n' andò in Nocera, utpote Urbs tunc*
,, *juris Ducatus Neapolitani*, come dice Pellegrino.

XLI. La Città di *Cuma* ancora viene ascritta dal *Giannone* (c) alla Ducea Napoletana. Sicche, al vedere, la Signoria Napoletana crebbe col tempo in forma di Provincia, e fu chiamata la CAMPAGNA, come lo stesso Autore in questi termini l'afferisce; ,, *S' aggiunsero da poi Cu-*
,, *ma, Stabia, Sorrento, ed Amalfi ancora . . . . Tantoche ridotto*
,, *questo Ducato quasi in forma di una Provincia; venne volgarmente*
,, *chiamato anche Campania: onde sovente il Duca di Napoli dicesi Dux*
,, *Campaniæ: e li Vescovi di questa Città soleano perciò appellarsi Vescovi*
,, *Napoletani. Onde è, che nell' Epistola di San Gregorio sovente si leg-*
,, *ge: Episcopis Neapolitanis; come nell' Epistola* 24. *lib.* 12. *Ind.* 7. Avendo già noi ragguagliato nel Libro 7. del Tomo I. al *Numero* 23. del Capo 4. il modo come e quando *Giovanni*, Duca di Napoli, ritolse questa Città a Longobardi. Laonde Napoli, ancorche semplice nel suo nascere, coll' andar del tempo divenne una Ducea considerevole; giusta queltanto che *Tito Livio* (d) in altra occasione asseriva della Città di Roma.

XLII. Da queltanto, che finora detto abbiamo dell' ampiezza e dominio della Città di Napoli, si puote molto bene inferire quale fusse stata la dilei *Potenza* ne' tempi antichi. E però avendo ella avuto un circuito competente di Mura, con un Porto commodo sul Mare, con molte Isole adjacenti, ed altri luoghi in Terraferma; dovè per ogni ragione essere fornita di *Milizie*, e di *Navi*. Onde fu poi, che avendole i Romani intimata Guerra, ella non ricusò di accettarla: peroche era ben proveduta di Milizie, così per Terra, come per Mare, siccome i Legati Tarantini

e No-

_____

(a) Cronaca Salernitana cap. 137. *Per idem tempus dum Princeps Guaimarius Constantinopolim adhuc degeret; Athanasius, dolo concepto, & in opus erumpens; Græcos, & Neapolitanos suos generaliter convocans, super AVELLANUM MISIT CASTELLVM, cui tunc præerat Landulphus Suessanus. Mox autem ut illic supervenit Exercitus; fraude filiorum, qui intus erant, captum est.*

(b) Pietro Giannone lib. 6. cap. 2.
(c) Lo stesso Tom. I. pag. 263.
(d) Tito Livio lib. 1. *Vrbes quoque, & cetera, ex infimo nasci: deinde, quas sua virtus ac Dii juvant, magnas Opes, magnumque Nomen sibi facere.*

e Nolani, ricordarono a quel Popolo, quando giusta il riferire di *Dionigio Alicarnasseo* (a) lo persuadeano a non temere delle minaccie, che li faceano i Romani. E sebbene Napoli allora avea due mila Nolani, e quattro mila Sanniti in soccorso; niente dimeno non è credibile, che colle sole Milizie forestiere ella s'accingesse ad una Guerra tanto pericolosa, senza avere da sè Milizie bastanti a resistere.

XLIII. Per quanto si appartiene all'Armata Navale, (colla quale *multum in ora maris, quod accolunt, potuere*, come *Tito Livio* (b) asserisce); dello stesso Autore (c) abbiamo, che non con altro pretesto i due Prencipi *Ninfio*, e *Carilao* fecero uscir fuori dalla Città i due mila Nolani ed i quattro mila Sanniti (per introdurvi i Romani, con cui di già secretamente avea contratta la Federazione), senonche col darli a credere, di volerli di notte tempo inbarcare sù le Navi, e condurli a predare i Lidi Latini, nel tempo stesso che i Romani s'intrattenevano all'assedio di Napoli. Siche per imbarcare sei milla Soldati ausiliarj, oltra i Napoletani, era necessario avere molte Navi; le quali perallora deveano esser pronte, ed allestite nel Porto, verso dove di già s'avviarono le Truppe anzidette per imbarcarsi: ed in conseguenza le Forze maritime de Napoletani furono in quei primi tempi di non mediocre conto.

XLIV.

(a). *Dionigio Alicarnasseo* lib. 11. de Legationibus: ,, *Acciderat autem ut eadem tempore à Tarentinis quoque Legati ad Neapolitanos missi essent, Viri illustres, & à Neapolitanis acciti Hospites: necnon & alii à Nolanis, Populo finitimo, & Graecae Gentis studiosissimo, ut contrarium à Neapolitanis peterent: ne quos cùm Romanis, aut eorum subditis contractus inirent; ne à Samnitium amicitia discederent. Unde, si Romani occasionem Belli captarent; ne metuerent, nec vires eorum tanquam invictas pertimescerent: sed constantes manerent, atque, ut Grecos decet, Bellum sustinerent, freti TUM SUIS IPSORUM COPIIS, tàm Samnitium auxiliis. At si fortè navali quoque manu opus foret, NEC DOMESTICA SUFFICERET; affuturas à Tarentinis numerosas, fortesque suppetias . . . . Demum admirandas Neapolitanis promissiones fecerunt, si Bello implicarentur: missuros se quantiscumque Copiis opus foret ad Maeniorum custodiam: clarissimos queque Milites, aut totum Remigium praebituros.*

(b) *Tito Livio* lib. 8.

(c) Lo stesso loc. cit. ,, *Publilius* duo millia Nolanorum militum, & quatuor Samnitium, magis Nolanis cogentibus, quam voluntate Graecorum, recepta Palaepoli miserat . . . . Eodem tempore & Nymphius Praetorem Samnitium arte aggressus perpulerat ut quoniam omnis Romanus Exercitus aut circa Palaepolim, aut in Samnio esset, sineret se CLASSE CIRCUMVEHI AD ROMANUM AGRVM; non oram modò Maris, sed ipsi Vrbi propinqua loca depopulaturum, sed ut falleret: nocte proficiendum esset, EXTEMPLOQVE NAVES DEDVCENDAS. Quod quò maturius fieret; omnis Juventus Samnitium praeter necessarium Vrbis praesidium ad littus missa, dùm Nym-

XLIII. Quando poi *Annibale* per la prima volta si portò ad assediar Napoli, quei Cittadini niente di lui temendo, non solo li chiusero le Porte in faccia, ma li uscirono contro in Campagna aperta con un buon numero di Cavalleria. Che sebbene ne ebbero la peggio; ciò avvenne non già pe'l poco numero de Soldati in confronto del novero grande de Cartaginesi; ma solo bensì dalle stratagemme militari, di cui *Annibale* serviasi in tutte le sue Imprese; tirando i Napoletani negli aguati, che tesi gli avea: ove restò morto *Egea*, Prefetto della Cavalleria, e prigionieri molti Nobili Giovanetti, che gli erano usciti contro a petto scoverto, come ragguaglia *Tito Livio* (a). Dal che poi avvedutisi i Napoletani; chiamarono da Roma *Giulio Silano* a fine di ben regolarli in appresso. E perciò *Annibale* tornatovi per la seconda e terza volta, non volle più cimentarsi con essoloro, al soggiungere del *Padovano* (b). Onde resta da ciò a bastanza chiarito, che la Repubblica Napoletana anticamente avea tutto ciò, che richiedeasi per esser tale; ed era fornita di forze non disprezzevoli tanto per mare, quanto per terra. Senza entrar per ora nelle Guerre, che ella ebbe ne' Secoli di mezzo co' Longobardi, co' Saracini, e con altre Nazioni; atteso di ciò ne faremo discorso ne' Libri seguenti.

CA-

„ Nymphius in tenebris, & multitudine semetipsa impediente, sedulo
„ alius alia imperia turbans, terit tempus: Charilaus ex composito ab So-
„ ciis in Vrbem recepto, cùm summa Vrbis Romano milite implesset;
„ tolli clamorem jussit. Ad quem Græci, signo à Principibus accepto quievere,
„ Nolani per aversam portam Vrbis, via Nolam ferente, effugiunt: Sam-
„ nitibus exclusis ab Vrbe, ut expeditior in præsentia fuga, ita se-
„ dior.

(a) Tito Livio lib. 23. „ *Annibal* per Agrum Campanum Mare in-
„ ferum petit, oppugnaturus Neapolim, ut Vrbem maritimam haberet.
„ Vbi sues Neapolitanorum intravit; Numidas partim in insidiis (& ple-
„ ræque cavæ sunt viæ, sinusque occulti) quacumque arte potuit dispo-
„ suit: aliis præ se actam prædam ex agris ostendentes, obequitare portis
„ jussit. In quos quia nec multi, & incompositi videbantur, cùm turma
„ Equitum erupisset; à cedentibus consulto tracta in insidiis, circumventa
„ est. Nec evasisset quisquam, ni Mare propinquum, & haud procul litto-
„ re Naves piscatoriæ pleræque conspectæ, peritis nandi dedissent effugium.
„ Aliquot tamen eo prælio nobiles Juvenes casi sunt: inter quos He-
„ geas PRÆFECTVS EQVITVM, intemperantius cedentes sequendo,
„ cecidit. Ab Vrbe oppugnanda Pœnum abterruere conspecta mœnia
„ haud quaquam prompta oppugnanti.

(b) Lo stesso loc. cit „ *Annibal* Capua recepta, cùm iterum Neapo-
„ litanorum animos, partim spe, partim metu nequicquam tentasset, & in
„ Agrum Nolanum Exercitum traducit . . . . . Sub adventum Præ-
„ toris Romani sœnus Agro Nolano excessit, & ad Mare proximè Nea-
„ polim descendit, cupidus maritimi Opidi potiundi, quò cursus Navibus
„ tutus ex Africa esset. Cæterum, postea quam Neapolim à Præfecto Ro-

„ ma-

CAPITOLO SECONDO.

Se Napoli fu sottoposta all' Imperadori Latini, o Greci, o ad altre estere Nazioni?

I. Ancorche siasi fatto vedere nel Libro 2. del Tomo precedente al Paragrafo 4. del Capo 3., che mai la Città di Napoli fu sottoposta agl'Imperadori Romani; e nel Capo 2. dell'antecedente Libro si fusse posto in chiaro, che *Belisario* la sottomise alla divozione di *Giustiniano*, Imperadore di Costantinopoli; nulladimeno non è improprio lo indagare, *se ella fu sottoposta agl'Imperadori Latini o Greci?* Intendendo qui per *Imperadori Latini*, non già quelli, che da *Ottaviano* ad *Augustolo* regnarono in Italia ed altrove; ma bensì gli altri seguenti, da *Carlo Magno* a *Lotario II.*, in tempoche vennero ad occuparla i Normanni. E si estende il quesito anche riguardo a que' Greci *Imperadori* che furono dopo *Giustiniano*: cercandosi, se la Città di Napoli fu veramente suddita di questi, oppure ne gode soltanto la protezione? Ed in ciò, che concerne il dominio, che vi poterono avere le altre forestiere Nazioni; questo si ristringe a' soli *Longobardi*, ed a *Pisani*, stante alcuni documenti, che intorno a tal particolare, si trovano.

II. E perciò che riguarda gl'Imperadori Latini (i Franchi o Germaniche fussero), sia bene qui presupporre, che quando *Carlo Magno* fu eletto Imperadore di Occidente nell'Anno 800., regnava in Oriente l'Imperadrice *Irene*, Madre di *Costantino* VI. quale ella medesima avea fatto accecare, a cagione della di lui crudeltà. Questa adunque o per tema de' suoi Greci, o perche tirata dal genio, cercò segretamente congiungersi in Matrimonio con *Carlo Magno*, ed unire di belnuovo i due Imperj, Greco, e Latino. Loche penetratosi da *Niceforo* Logoteta, alla presenza degli Ambasciatori Francesi, che erano venuti per effettuarne i Sponsali, li tolse di mano lo Scettro, e la confinò nell'Isola di Lesbo, dove dopo un anno se ne morì di cordoglio. E perche questo *Niceforo*, divenuto Imperadore con la fellonia, temea non meno de' Greci sdegnati, che di *Carlo* da lui schernito; cercò fare amicizia con questo: convenendo col medesimo, che l'Italia si dividesse in due parti, e che Napoli con la parte Orientale restasse unita all'Impero di Costantinopoli; e l'altra metà occidentale all'Impero Latino: con in mezzo per Limite la Ducea di Benevento, come meglio si porrà in chiaro nel Libro seguente, trattando del *Dominio Greco* nelle nostre Regioni. Dal che resta provato, che

in

>> mano teneri accepit (M. Junius Silanus erat, ab ipsis Neapolitanis ac-
>> citus), Neapolim quoque seu Nolam non admissus, petit Nuce-
>> riam.

in virtù di quelle convenzioni, firmate nell'Anno 802., gli altri seguenti Imperadori Latini niuna ragione vantar poterono così sovra questa Città come sovra le altre Provincie nostrali da Napoli a Siponto . Avendo *Arrigo VI.* e *Federigo II.* posseduto bensì i Regni di Napoli, e di Sicilia, non mica già come appartenentino all'Impero Latino, ma come Retaggio, che ad essi per ragion di successione si dovea . Che però, quanto la Santa Sede protese che a lei spettasse il Regno di Napoli, come a Feudo della Chiesa; i Prencipi Germani, uniti in Franford il dì 23. Aprile dell' Anno 1229., dichiararono con volontaria, ed espressa manifestazione, che i due Reghi di Sicilia niuna connessione aveano coll'Impero Romano, giusta il Diploma che per intiero ne trascrive *Gio: Cristiano Lunig* (a) .

III. Si dee pure in secondo luogo premettere, che venendo *Andrea* Duca di Napoli travagliato da *Sicardo*, Principe di Benevento, fe ricorso a *Lodovico Pio* Imperadore, acciò si fusse compiaciuto mandarli qualche rinforzo contro quel potente suo Avverfario . E l'Imperadore l'inviò *Costardo*, famoso Capitano: il quale avendo trovato morto *Sicardo*, non servì ad altro che a fare il sicario al Duca *Andrea*, quale miseramente uccise, per non averli data sua Figlia in Isposa . Che però si crede, che in questi frangenti il Duca *Andrea* avesse resa tributaria la Città di Napoli agli Imperadori Latini; giusta quel tanto che *Ludovico II.* (b) figliuolo di *Lotario* scrisse a *Basilio* Imperadore di Costantinopoli; di che anche fa menzione il *Capaccio* (c); e solo prende abbaglio nel dire, essere ciò accaduto in tempo di *Grimoaldo* Principe di Benevento . E vero però che lo stesso *Lodovico II.* venuto in queste parti per liberarle dalle invasioni de Saracini (dopo esser stato in Capoa, in Benevento ed in altri Luoghi vicini) non volle passare in Napoli, per non dare gelosia ad *Attanagio* di lei Vescovo suo amico, il quale allora quivi molto prevaleva, come . .

(a) Gio: Cristiano Lunig. de Re diplomatica Tom. IV. Cod. 19, pag. 74.

(b) Ludovico II. Epist. ad Basili. Imperat. apud Anonymum Salernitanum cap. 106. ,, *Postremo de Neapoli Fraternitas tua nobis monuit, qua-* ,, *si miserimus Populum nostrum ad cedendas arbores, & messes* ,, *igne cremandas, & hanc ditioni nostræ subdendam venissemus . Cùm* ,, LICET OLIM NOSTRA FUERIT, ET PARENTIBVS NOSTRIS ,, PIIS IMPERATORIBVS TRIBVTA PERSOLVERIT ; *verùm ab* ,, *ejus Civibus præter solitas Funtiones, nihil exigimus, nisi salutem* ,, *ipsorum; videlicet, ut deferant contagia perfidorum, & plebem desiste-* ,, *rent persequi Christianam.*

(c) Giulio Cesare Capeccio de Campania pag. 843. *Quod tributa Francis pensa, hoc videtur dicendum : quod cùm Neapolitani recepto Dauferio, maximas calamitates à Grimoaldo accipientes ; qui ad portam Capuanam Exercitum, nemine resistente, insequutus fuerat . . . . ad Francorum præsidia confugerunt: quibus Ludovicus I. Caroli filius imperabat : ut non mirum sit , si Ludovicus ad Basilium scribens ; suam Neapolim dicat .*

come afferifce *Giô: Diacono* (a) nella Vita di coftui.

IV.   *Ottone* il Grande poi, che vivea nell'anno 973., venuto in Italia, e calato nelle noftre Regioni, affediò Napoli, perche 'l Duca *Marino* fi era affociato con *Eugenio*, Straticò de Greci, contro del quale egli fi era portato in Capoa col fuo Efercito. Ma facendoli una vigorofa refiftenza i Napoletani; fu nell'obligo di difciorne l'Affedio, come afferma *Pietro Giannone* (b), dicendo: *Si unì Marino ad Eugenio Straticò, devaftando il Territorio di Capoa con Efercito. Ma venendo Ottone in Capua con Efercito, Eugenio fi ritirò in Puglia, e Marino in Napoli. Affediata poi indarno la Città da Ottone, ancorchè devaftata nella Campagna.* Avendo appreffo incontrata miglior fortuna con Napoletani *Ottone II.* di lui Figliuolo: il quale venuto pure in Italia contro i Greci, fu da quefti ammeffo in Napoli, e di vantaggio proveduto di Soldati, al favellare di *Carlo Sigonio* (c). Ma poi *Ottone IV.* di Branfuic, Duca di Saffonia, coronato Imperadore da Papa *Innocenzio III.* nell'anno 1210., da Roma fi portò in Napoli, e l'iavolò al picciolo *Federigo II.*, come rapporta *Riccardo di San Germano* (d). Fuori di quefte notizie altre non ne abbiamo intorno agl'Imperadori Latini, per quel che concerne il dominio fovra di Napoli.

V.   E quanto a Greci, è dubio preffo molti, *fe Napoli fuffe ftata affalutamente fuddita di quefti, o ne aveffe goduta foltanto la protezione*: avendo noi da *San Gregorio Magno* (e), che Napoli era governata dagli

Tom. III.   S   Efar-

___

(a)   *Gio: Diacono in Vita Athanafii : Praeterea , mortuo Sergio Confule , & Gregorio filio ejus Ducatum regente ; Saracenorum ferocitas ita in his praevaluit Regionibus ; ut multarum Urbium , atque Caftrorum quotidianum fieret excidium. Idcirco Lodovicus Imperator, fupplicatione commotus Longobardorum ; ad eorum libertatem validum commovit Exercitum . . . . .   Hujus autem adventui omnium circumquaque Urbium patuit introitus: SOLUMMODO NEAPOLITANAM NON EST INGRESSVS CIVITATEM: quia tantam ipfe Dominus Epifcopus Athanafius familiaritatem apud ipfum obtinuit ; ut, faltem in modico ab ejus non amaricaretur poteftate .*

(b)   Pietro Giannone lib. 8. cap. 1.

(c)   Carlo Sigonio de Regno Italiae ad Annum 981. *Otho II. Vrbe cùm Exercitu egreffus, Neapolim, & Beneventum petiit: ibique firma Neapolitanorum, Salernitanorum, Capuanorum manu fumpta, grave cùm Grecis, & Saracenis in Apulia Bellum geffit.*

(d)   Riccardo di San Germano in Cronicon : *Anno 1210. Otho dictus Imperator, fpreto juramento, quod Romanae Ecclefiae fecerat ; Regnum intrat . . . .   Civitas Neapolis in odium Averfae, ipfi Othoni fe reddit. Qui, ad inftantiam Neapolitanorum, Averfam obfidet. Quae facta cum eo compofitione, remanfit indemnis.*

(e)   San Gregorio Papa lib. 2. Epift. 32. *De Neapolitana verò Vrbe, Excellentiffimo Exarchae inftanter imminente vobis indicamus ; quod Arrichis, ut cognovimus, cùm Afenulpho fe facit, & Reipublicae contra fidem venit ; & valde infidiatur eidem Civitati. In quam fi celeriter Dux non mittitur, omnino inter perditas habetur.*

Efarchì di Ravenna. Scrive egli dunque a *Giovanni* Vefcovo di quella Città, che folleciti l'Efarco ad inviar foccorfo in Napoli, minacciata da *Arrechì*, e da *Aftolfo*: e foggiugne, che altramenti la Città farebbe paffata in mano de Longobardi. Abbiamo ancora del Principe *Arrechi*, che effendo perfeguitato da *Carlo Magno*, come Genero del Re *Defderio*, fe ricorfo a *Coftantino* Imperadore di Oriente, acciò fi compiaceffe di darli la Ducea Napoletana e gli altri Luoghi a lei fottopofti: pregandolo ancora a fpedirli in ajuto *Adalgifio* fuo Cognato (il quale dopo la perdita di *Defderio* fuo Padre fi era ritirato in Coftantinopoli); che egli all'incontro fi farebbe obbligato di vivere fuo fuddito, ed alla Greca, tanto nella Tonfura, quanto nelle Vefti: inviandoli per oftaggio *Romualdo* fuo Figliuolo. Condefcefe a quefto l'Imperadore, e fpedì in Napoli i fuoi Legati per crearlo *Patrizio*: mandandoli anche la Forbice e'l Pettine (acciò fi tofaffe alla Greca), ed una Vefte teffuta con oro, e fecondo la foggia di quella Nazione: come pure una Spada riccamente gemmata. E furono ricevuti in Napoli quefti Legati con fommo rifpetto ed onore, come fcrivea *Adriano I*. Sommo Pontefice (a) all'Imperadore *Carlo Magno*. Ancorche in quefto mentre, morte *Romualdo* in Coftantinopoli, e poco indi per il dolore anche il Principe *Arechi*; nulla intorno a ciò fu conchiufo.

VI. Anche l'Imperador *Coftante*, venendo da Coftantinopoli in Italia, contro i Longobardi nell'anno 663.; fu in Napoli nell'andare e ritornar da Roma, fecondo *Pandolfo Collenuccio* (b), che dice: „ *Sentendo* quefti „ movimenti di Grimoaldo Coftanzio Imperadore; con groffo Efercito ven„ ne in Italia a danni de Longobardi, per occupare Benevento . . . . „ Coftanzo fi levò dall'affedio di Benevento, e verfo Napoli prefe il ca„ mino . . . . Giunto in Napoli Coftanzo; volendo andare in Roma, „ fece Capitano fuo un Gentiluomo Napolitano chiamato *Saburro*, & die„ deli un Efercito di venti mila Perfone . . . . Coftanzo ftette fette „ dì

(a) Adriano I. Epift. (apud Muratorium Tom. III. Part II. Script. rer. Italic. pag. 252.) „ *Ob nimium* fuavemque amorem, quem erga invicliffi„ mum veftrum gerimus Regnum; nullo modo valemus prætermittere „ liquidius de omni caufa vobis infinuare. Venientes quippe ad nos de „ Capua Gregorius Presbyter; Saducus Pergulus, Audemuadus, Haimo, „ Laudemarus, Warnefridus, Sigulfus, Andualdus, & Garbulus; intima„ verunt nobis, quod dùm Atto Diaconus ad veftram reverfus eft Excel„ lentiam, ftatim Miffi Græcorum duo Spadarii Imperatoris, cùm Dia„ ceta (quod latinè Difpofiter Siciliæ dicitur) in Lucaniæ Acropoli de„ fcendentes; terreno itinere Salernum ad relictam Arigifi Ducis pera„ grantes, tertio Kalendas Februarii pervenerunt. Qui ibidem cùm ipfis „ tres dies confiliantes Beneventani; poft tertium diem USQUE NEA„ POLIM deduxerunt. Neapolitani verò cùm magno obfequio, cùm Signis „ & Imaginibus eos fufcipientes, Neapolim ingreffi funt pariter: & ufque „ hactenùs cùm ipfis Neapolitanis, atque Stephano Epifcopo ejufdem „ Neapolitanæ Ecclefiæ pertractantes, *exiftunt*.

(b) Pandolfo Collennuccio lib. 2. Compend. Hifter. Neapol.

„ di in Roma, ne altro fece in quel mezo, che rubare tutte le belle co-
„ fe, che vide . . . . Da Roma poi in dodici dì tornò a Napoli;
„ & quivi ftato pochi giorni, fenza più curare d'Italia o Longobardi, pafsò in
„ Sicilia . Con apportare fimilmente *Coftantino Porfirogenito* (a) nella
Notizia dell'Impero Greco, che Napoli fuffe fpettata a quella Signoria, ed
effere ftata quefta Città il Pretorie de Patriaj Coftantinopolitani, che fi mandavano a governare la Sicilia.

VII. Per contrario poi, non folo da *Carlo Sigonio* abbiamo, che i Napoletani fi unirono ad *Ottone II.* Imperador de Latini contro i Greci,
che erano in Puglia, come lo rapportammo fopra nel *Numero* 4 ; ma anche nella Cronologia de Duchi, e Confoli Napoletani fi legge, che 'l Popolo di quefta Città il più delle volte fi fceglieva a fuo arbitrio i Duchi;
e che poi la Signoria paffava da Padre in Figlio per ereditaria fucceffione, come fi porrà in chiaro nel Capitolo 5. in occafione che rapportaremo di quefti Duchi il catalogo . Dicendo anche al propofito *Pietro Giannone* (b), che ne Ducati di Napoli, Gaeta, Amalfi vi tenevano li Greci
un picciolo veftigio di autorità; governandofi a guifa di Repubblica, ed eligendo da fe i loro Duci.

VIII. A conciliare non però quefte contrarie opinioni; diciamo, che
caduta la Città di Napoli in poffa de Greci, allora che pria *Belifario*, e
poi *Narfete* la tolfe a Goti; (partito da Italia il refiduo di quei Barbari),
ella fempre fu fottopofta agli Imperadori di Coftantinopoli : da quali fe li
mandavano i Miniftri per governarla, ficcome lo pruovaremo chiaramente
nel Capitolo feguente (Loche vien confirmato da quel tanto, che fovra dice-
no *San Gregorio*, *Adriano*, *Pandolfo Collennuccio*, e *Coftantino Porfirogenito*). Poi intorno all'anno 740., per le roitture inforte trà Papa Gregorio II. e l'Imperadore *Lione Ifaurico* a caufa delle Sagre Imagini; o
perche 'l Pontefice, fcomunicando l'Imperadore (come vogliono molti)
affolveffe i di lui Sudditi del Giuramento di fedeltà; o perche i Popoli
fdegnati contro 'l medefimo, fe li ribellarono, caldeggiando coll'Armi il
partito del Romano Pontefice (come difende *Matteo Gizio* (c) nelle fue

S a   Note

(a) Coftantino Porfirogenito, de Adminiftr. Imper. cap. 27. *Longobardi, excurfione in omnem ditionem facta, fubzecerunt eam Themati Longobardiæ, & Calabriæ, excepta Hydrunte, Callipoli, Rufiano, Neapoli, Cajeta, Surrento, & Amalphi* . . . . . . *NEAPOLIS, AMALPHÆ, ET
SURRENTUM AD ROMANUM IMPERIUM SEMPER PERTI-
NUERUNT* . *Poft translatam Conftantinopoli Sedem Imperii, ad Italiam
miffos ab Imperatore Conftantinopolitano Patricios duos, quorum unus Siciliæ,
Calabriæ, Neapoli, & Amalphiæ præerat* . . . . . *Et Tributa quotannis Fifco Imperatoris pendebant* . . . . *NEAPOLIS AUTEM ERAT
PRÆTORIUM PATRICIORUM, QUI MITTEBANTUR : & illam
qui tenebat; in poteftatem quoque Siciliam habebat* . . . *Cumque Patricius Neapolim appellaret ; Dux Neapoleos in Siciliam abibat* .
(b) Pietro Giannone lib. 8. cap. 3.
(c) Matteo Gizio ad annum 726.

Note Cronologiche) ; i Napoletani cominciarono ancor essi pian piano a sottrarsi dall' ubbidienza de Greci Imperadori, e si elessero i proprj Duchi; quali col tempo fecero ereditaria quella Signoria, come ricavasi da i Scrittori dell' opinione contraria.

IX. Oltra gl' Imperadori Greci, e Latini, che ebbero il dominio di Napoli; vuole il *Blondo* (a) che anche i LONGOBARDI avessero un tempo questa Città sottoposta alla loro divozione. Ma una tale affertiva vien convinta di falso da *Camillo Pellegrino* (b) e da *Lodovico Antonio Muratori* (c), che dimostrano tutto l' opposto, non ostante che *Costantino* Imperadore la promettesse ad *Arechi* (pria Duca, e poi Principe di Benevento, come dicemmo sovra nel *Numero* 5.): peroche poi non glie la diede, conforme fu ivi soggiunto.

X. Egli è benvero però, che *Pandolfo Sant' Agata*, Principe di Capoa; nell' Anno 1026. si resè Padrone di Napoli, discacciandone *Sergio III.* Maestro de Soldati: e la ritenne sotto di se per tre anni, come dice l' Autore della *Cronaca Cassinese* (e): o pure un anno e cinque mesi, secondo

(a) Blondo lib. 8. decad. 1. *Longobardos, haud multo post tempore triginta sex Ducum in suis partibus habuisse Neapolim.*

(b) Camillo Pellegrino differt. de Ducat. Benevent. „ *Atqui*, nonne „ ipsum nomen MAGISTER MILITVM (ut hinc exordiar) quo Nea- „ politanos Præsides per omne tempus Longobardorum, tunc nuncupatos, „ observamus, Vrbem eam probat, Longobardis non cessisse unquam, quos „ nunquam sive inter Militares, sive inter civiles Magistratus, Magistros „ Militum habuisse firmiter *tenemus?*

(c) Lodovico Antonio Muratori differt. 24. rer. memor. Italic. „ *Duca-* „ *tus* Neapolitanus celebris olim fuit. NUNQUAM REGIBUS LON- „ GOBARDIS, aut Augustis Latinis, aut Principibus nuper laudatis con- „ tigit, ut præclarissimam illam à seris Sæculis Vrbem, quanquam non „ semel pertentatam, suæ ditioni adderent. Eligebatur ibi a Populo Dux. „ Is verò suprema Autoritate fruebatur: nisi quod interdum, aut portus „ ferè semper tùm Civitas, tùm Duces ut supremum Dominum venera- „ bantur Imperatorem *Græcum*.

(a) Cronaca Cassinense lib. 2. cap. 58. „ *Princeps* Pandulphus . . . „ Capuam per annum integrum atque dimidium obsessam, & expugna- „ tam, tandem ingreditur. Pandulphus autem Teanensis (quem Principem „ Capuæ factum ab Imperatore prædiximus;) receptus a Catapano Boja- „ no, unà cum Joanne filio, & omnibus suis Neapolim est profectus. Sed „ & anno sequenti, IPSA QUOQVE NEAPOLI A CAPUANO PRIN- „ CIPE CAPTA, & Sergio Magistro Militum inde pulso; rursùs Tea- „ nensis Pandulphus à facie ipsius Romam aufugiens; ibi exul defun- „ ctus est. Tenuitque Neapolim Capuanus Princeps per ANNOS FERME „ TRES. Deinde Sergius, recuperata Neapoli, Rainulphum strenuum „ virum, affinitate sibi conjunxit, & Aversæ illum Comitem faciens; cum „ Sociis Normannis, ob odium & infestationem Principis, manere ibi „ constituit. Tunc primum Aversa cœpta est *habitari*.

condo *Gio: di Ceccano* (a) nella Cronaca del Monistero di Fossanova del nostro Ordine Cisterciense, riportata da *Ferdinando Ughellio* nel fine del suo
Tomo I. dell' Italia Sagra. Ma poi *Sergio* ricuperò di nuovo la sua Ducea, mercè 'l valore de Normanni, che chiamò da Puglia: a' quali donò in
premio *Averfa*, come meglio spiegheremo nel Capo 5. descrivendo la Vita di questo Duca; e per ora le abbiamo dal sovracitato Autore della Cronaca Cassinese.

XI. Non solo le divisate Nazioni ebbero in lor potere per qualche
tempo le Città di Napoli; ma di vantaggio vogliono taluni, che i *PISA-
NI* eziandio l' avessero posseduta, come l' apporta la *Cronaca* di tal Città (b)
trascritta dal *Muratori*, e dall' *Ughellio*; ed anche una Lapida appo 'l
Capaccio (c), che dice.

Annis millenis terdenis octo ducentis
Post Christum natum hoc Opus ædificatum.
Quarto Septembris, dena Inditione Kalendas
Condidit hanc Consul Oddo Gueldulius Aulam
Rogerius Piscis cum suis Compatriotis.
De Fusarello Sanctus Petrus hic erat ante.
Cum Pisis Urbanæ laudem, famamque decusque
Cui parent Terræ, cui parent Æquoris undæ
Jacob in Petra voluit tunc sculpere petram.

XII. Però, siccome questa Lapida debbe intendersi del Console della
Nazione, che in tempo di *Federigo II.* e propriamente nell' anno 1238.
vi fabbricò quel Palazzo (in quella maniera che lo hanno oggidì in Napoli somiglianti Ministri di alcune Nazioni); così la Cronaca rapportata dovrà parimente intendersi del soccorso che i Pisani portarono alla Città di
Napoli in tempo del *Re Ruggiero* Normanno, allorche questi indarno ten-
tò assediarvi *Ruberto* Principe di Capoa, *Randolfo* Conte di Airola con
alcuni Baroni, che l' aveano disfatto in vicinanza del Fiume Scafato. Ed
allora fu, che 'l Principe *Ruberto* si portò in Pisa, ed ottenne da quella
Repubblica una Squadra di Galèe, con cui difese Napoli con i Baroni che
si erano ivi ritirati; ed i Pisani, servendosi dell' occasione, tolsero a *Ruggiero* Amalfi, Scala, Ravello, ed altri luoghi della Costiera. E questo al-
l'in-

(a) Gio: di Ceccano in Cronicon Fossænovæ : *Idem ingressus est Nea-
politm, & obtinuit eam ANNO UNO, MENSIBUS QUINQUE.*
(b) Cronaca Pisana ad annum 1140. apud Muratorium Tom. VI. pag.
97. & apud Ughellium Tom. III. pag. 864. Anno 1140. *Pisani habuerant Guer-
ram cum Rege Siciliæ, & tenuerunt Neapolim per annos septem, aliaque
multa egerunt.*
(c) Giulio Cesare Capaccio Histor. Neapol. lib. 1. cap. 8.

l'incontro, andando all'improviso sovra i Pisani, li disfece, e l'obbligò a ritirarsi in Napoli colla loro Armata navale; giusta quel tanto, che l'*Anonimo Salernitano* (a) nella sua Cronaca con distinzione ci và dicendo: a cui, per esser Scrittore sincrono, tutta la credenza dar si dee.

XLII. E qui, ragionando delle Guerre, degli Assedj, delle altre calamità che da varie nazioni soffrì la Città di Napoli; non dobbiamo passare in silenzio un fatto, che non sò se verrà in acconcio farne parola in altro luogo: Ed è, che *Lorenzo Surio* (b) nella sua Storia del Monte Gar-

---

(a) Anonimo Salernitano in Cronicon ad annum 1130. ,, *Interea Robertus*, Capuanus Princeps, & Raydulphus, Comes Ayrolæ, cum aliis Comitibus, & Baronibus Apuliæ, Regi Rogerio rebelles sunt effecti. Quo cognito, Rex Rogerius, congregato navali Exercitu, & magna multitudine Militum, & Peditum, Salernum venit, & apud Scaphatum Fluvium in Territorio Nuceriæ, cum Roberto Capuano Principe, & Raydulpho Comite pugnavit, & deletus est. Qui fugiens, Salernum se recepit. Postmodum verò, reassumptis viribus . . . . cum magno Exercitu in Terram Laboris venit; Nuceriam cœpit, & diruit; & totam Terram Laboris occupavit. Princeps verò Capuanus cum Comite Raydulpho NEAPOLIM SE RECEPERUNT. Sed quia Civitas illa partim situ loci, partim militia munita erat; eam expugnare non potuit: sed militiam suam apud Aversam, & in aliis vicinis locis relinquens; eam continuò impugnari, & devastari fecit. Robertus verò Capuanus Princeps, PISAS AD IMPLORANDUM PISANORUM AUXILIUM IVIT: relictis apud Neapolim Sergio Magistro Militum, & Duce ejusdem Civitatis, & Comite Raydulpho. Qui postmodum cùm magno navali Exercitu Pisanorum Neapolim venit, & maximam audaciam, & fortitudinem Baronibus, qui Neapoli erant, præbuit. Galeæ verò Pisanorum supra Amalphiam venientes; eam immunitam, & hujus rei nesciam, cœperunt, & expoliaverunt. Quod audiens Rex Rogerius, qui tunc temporis in Terra Laboris erat; misso Exercitu suo, Pisanos, qui adhuc in partibus Amalphiæ morabantur, fugavit . . . . . qui devicti, & confusi, primò Neapolim, postea Pisas redierunt . . . . Rogerius posteaquam inimicos & rebelles suos à Regno repulit, & fugavit; totam Terram in pace, & tranquillitate possedit, PRÆTER NEAPOLIM, QUOD EXPUGNARE NON POTUIT.

(b) Lorenzo Surio in Historia Apparitionis S. Michaelis. ,, *Neapolitani, PAGANIS RITIBUS OBNOXII*, Sipontinos, & Beneventanos bello lacessere conati sunt. At Sipontini, Antistitis monitis edocti; triduanum ab iis petiit Jejunium, ut Sancti Michaelis auxilium imploraret. Victoriam noctu per visionem pollicetur Sanctus Michael. Quapropter alacriter Sipontini hostibus occurrere non dubitarunt. Primo belli apparatu, Garganus mons immenso terræmotu concussus est, crebris coruscavit fulgoribus, densa caligine obductus. Perterriti rei novitate, Neapolitani, terga verterunt, & ad ipsa Neapolitana mœnia ab insequentibus sunt cæsi.

Gargano dell'anno 493. in tempo di Papa *Gelasio* , afferisce , che i Napoletani (*Pagani* allora di Rito) , avendo voluto affalire unitamente i Sipontini ed i Beneventani ; quefti (come che *Criftiani di Profeffione*) implorarono l'ajuto dell' Arcangelo *San Michele* : il quale con evidente miracolo fece , che i Criftiani poneffero in fuga , ed infeguiffero i Gentili infin alle porte di Napoli , facendo di loro una gra' ftrage . Dal che ingannati *Gioviano Pontano* (a) e *Pietro di Natale* (b) , fi diedero a credere , che i Napoletani infino a quel tempo fuffero viffuti nella cecità del Gentilefimo .

XIV. La falfità di quefta narrativa (dottamente confutata da molti Scrittori , e fpezialmente dal *Cardinal Baronio* , il quale pruova che tutto ciò fia un errore , e che il fatto debba intenderfi dalla Guerra , che in detto luogo accadde tra i Soldati del Re *Teodorico* , e quei del Re *Odoacre* , come fu detto nel Libro 3. al *Numero* 5. del Capo 2.) , fi rende chiara dal riflettere , che la Città di Napoli e quella di Siponto , non fono tanto vicine , che i Sipontini aveffero potuto infeguire i Napoletani da Siponto a Napoli fempre col ferro fguainato alla mano : contandovifi una diftanza di più di centoventi miglia . Di vantaggio , nell' anno 493. le noftre Provincie erano foggette al Re *Odoacre* , il quale vi era venuto fin dall' anno 476. e nell' anno anzidetto 493. vi erano anche le Milizie di *Teodorico* , il quale con altro Efercito fi era portato ad affediare *Odoacre* in Pavia. Cheperò i Napoletani non erano in tempo di portarfi in Siponto per far guerra a quei Popoli. E fovratutto non è da crederfi , che la Città di Napoli folamente fuffe in quei tempi dedita all' Idolatria , quando già la Criftiana Religione fi era pienamente dilatata per l' intiera Italia . Tanto più , che allorquando quefta Città nell' anno 536. fu prefa da *Belifario* , era piena di Fedeli , ed avea di molti Tempj , ne' quali buona parte di quei Abitatori che vi fi erano ricoverati , furono uccifi da Meffageti ; come ricavafi dal colloquio di *Belifario* co' *Stefano* , Ambafciadore de Napoletani ; e da ciò che foggiugne *Procopio* . (c) .

XV. Potrebbefi ancor dire , che l' Autor della Cronaca prefe equivoco colla rotta che diedero i Beneventani (a quali erano uniti i Sipontini) all' Efercito Greco dell'Imperador *Coftante* , Signore in quei tempi de Napoletani ; allorche quefti fi portò in Benevento , e vi pofe l'Affedio : e poi fciogliendolo , fi ritirò in Napoli (come fu detto fovra nel *Numero* 6.) e *Vitolo* Capitano di *Romoaldo* , li di diede alla coda , come afferifce il *Collenuccio* (d) a tal propofito , dicendo : „ *Coftanzio* adunque fi levò dall'affe-

„ dio

(a) Gioviano Pontano in fine libri de Bello Neapolitano .

(b) Pietro di Natale in Catalogo Sanctorum lib. 8. cap. 230.

(c) Procopio lib. 2. de Bello Gothorum cap. 8. *Nollem certè , ut Urbs antiqua , quæ INCOLAS CHRISTIANOS habet in hujufmodi calamitates incideret . . . . In primis Myfageta , qui ad TEMPLIS quibufdam vim abftinentes , multis qui fe illis commiferant , necem intulerunt.*

(d) Pandolfo Collenuccio lib. 2. Comp. Hiftor. Neap.

,, dio , & verſo Napoli preſe il camino : & dietro gli andò alla coda un
,, Capitano di Romoaldo detto Vitola Capuano : & ſopraſtato tanto, che
,, una parte dell'Eſercito Greco paſsò il Fiume Calore; aſsaltò il reſto con
,, grandiſſimo impeto : nè tornando mai a lor ſoccorſo alcun di quelli che
,, paſſati erano; quaſi tutti furono morti. Or dunque perche Coſtante era infetto
dell'Ereſia Monotelita; e da credere che tale foſse il dilui Eſercito. E così l'ignoranza dallo Scrittore di quella Iſtoria, confondendo l'Ereſia col Pa-
ganeſmo , ed equivocando tra Greci, e Napoletani ; confuſe anche trà Sipontini e Beneventani ; ed attribuì a danno de' Napoletani la rotta che i Beneventani diedero a' Greci nel Fiume Calore, allorche queſti ſi ritiravano
in Napoli.

XVI. *Lodovico Antonio Muratori* (a) non però, riduce queſto equivoco ad un altro principio: cioè che, avendo i Napoletani con Greci e Longobardi di Benevento data una rotta fieriſſima a Saracini , che abitavano
nel Garigliano, o ſia nell'antica Città di Sinope , chiamata poi Sinveſſa
(come fu detto nel Libro 7. del Tomo I. al Numero 7. del Capo 3. e meglio
glio ſi chiarirà più appreſso nel Capo 4. del Libro 8. trattando de Saracini in queſte noſtre Regioni); taluni equivocando trà 'l Monte del Garigliano e 'l Monte Gargano ; e frà la Città di Sinope e quella di Siponto,
confondendo eziandio i Saracini con Napoletani loro inſeguitori ; riempirono la loro Storia di innumerabili pregiudizj.

CAPITOLO TERZO.

Se Napoli ricevè i ſuoi Miniſtri dall'Imperadori Greci , caduto già l'Impero Latino?

I. IL preſente queſito , e un'appendice all'antecedente Capitolo, in
cui fu dibattuto, ſe la Città di Napoli foſſe ſtata maiſempre ſud-
dita de Greci Imperadori. Peroche, ſe Napoli era Città dipendente da Monarchi di Coſtantinopoli ; dovea ſenza dubio di là ricevere i ſuoi Miniſtri;
ſiccome in fatti lo vogliono *Paolo Diacono* (b) *Coſtantino Porfirogenito* (c)
e Ca-

(a) Lodovico Antonio Muratori in Notis ad Camillum Pellegrinum
diſſert. 7. num. 7. *Ubi dicunt Autores, Neapolitanos cùm Saracenis bellum
duxiſſe ad Montem Garganum, debet legi ad Montem Gariglianum.*
(b) Paolo Diacono lib. 2. *Propterea annualiter Neapolitanis dirigebat
Prætor Siciliæ Virum nobilem, & ſapientem, qui judicaret, & diſcerne-
ret ea, quæ illi minime ſciebant.*
(c) Coſtantino Porfirogenito lib. de Admiſtr. Imper. cap. 27. *Poſtquam
Coſtantinopolim translata fuit Inperii ſedes, omnis Italiæ ditio in duos Principatus fuit diviſa, & ex eo tempore miſſos ab Imperatore Conſtantinopolitano Patritios duos; quorum unus Siciliæ, Calabriæ, Neapoli, & Amalphiæ præerat.*

e *Camillo Pellegrino* (*a*).

II.   Anche l'Autore della *Storia Civile* (*a*) ci dice lo stesso: e vuole che sino alla venuta de Normanni si fusse ciò praticato: „ *Il Ducato Na-* „ *poletano* (dice egli) si mantenne colla fede di Lione Isaurico. Era in „ Napoli il Duca Esilarato, che volea far osservare l'Editto; ma sollevan„ dosi il Popolo, l'uccise. Onde in luogo di Esilarato sostituendosi Pietro „ per Duca di questa Città, continuarono essi a vivere sotto l'imperio da „ Greci in fin a tanto, che da Normanni non fu il lor Ducato, dopo il „ corso di molti, e molti anni a' Greci finalmente *tolto*. Ed altrove (*c*) anche asserisce: „ *Il Ducato Napolitano* (che pure comprendeva Amalfi), „ il Ducato di Gaeta, quasi tutta la Calabria, ed il Bruzio furono sotto„ posti all'Imperadori d'Oriente, che vi mandarono i Duchi, e Maestri de „ Soldati; come fu Teodoro nell'anno 717. come dalla Storia di Paolo Dia„ cono: che non fu ricevuto in Napoli, che per ordine di Costantino Co„ pronimo volea introdurvi la destruzione delle *Sagre Imagini*. Vi fu Esi„ latato, vi fu Teofilatto, che edificò il Monastero de SS. Quirino, e „ Giulitta, la Chiesa di S. Paolo *Apostolo* . . .

III.   Ed in fatti abbiamo dalla Vita di *Gio: Consino*, che essendo egli Duca in Napoli, cercò togliere a Greci quella Signoria con tutte l'altre Città, che aveano in questa Provincia. Laonde *Eleuterio*, Esarco di Ravenna, portossi in Napoli per opprimerlo, come metteremo in chiaro nel Capo 5. e per ora lo abbiamo dal *Sigonio* (*d*). Lo stesso si ha di *Esilarato*, il quale inviato da Costantinopoli per Duca di Napoli, cercò persuadere a' Popoli della Campagna, che uccidessero il Pontefice *Gregorio II.* ; e si rendessero benemeriti dell'Imperadore *Lione Isaurico* in distruggendo le Sagre Imagini, secondo *Anastagio Bibliotecario* (*e*).

Tom. III.   T   IV. All'

(a) Camillo Pellegrino differt. 5. *Firmiter igitur tenendam est, Duces à Græcis Imperatoribus Neapoli fuisse datos.*

(b) Pietro Giannone lib. 5. parag. 2.

(c) Lo stesso lib. 5. cap. 3.

(d) Carlo Sigonio lib. 2. de Regn. Ital. ad Annum 615. „ *Neque verò* „ *res magis quietæ in Campanià, alterius Joannis Consini Ducis Neapolitani* „ *causâ, fuere. Is, libidine dominandi incensus; fide violata, Neapolim occu-* „ *pavit, atque ibi validis adversùs Imperatorem præsidiis se confirmavit.* „ *Quibus rebus in Græciam auditis, Heraclius Eleuterium Patricium, & Cu-* „ *bicularium suum, hominem consilio virtuteque præstantem, Exarchum in* „ *Italia destinavit* . . . . . *Eleuterius Neapolim adiit, eamque (cum* „ *à Joanne excluderetur), admotis castris, expugnare instituit. Urbs mu-* „ *nita aliquandiu se sustinuit. Denique, qui in præsidio erant, crebris præ-* „ *liorum contentionibus fatigati; una cùm ipso Joanne venit in ditionem;* „ *Joanni vita adempta, Opidanis venia data.*

(e) Anastagio Bibliotecario in Vita Gregorii II. *Ipsis interea diebus* *Exbilaratus, Neapolis Dux, deceptus diabolica instigatione, cùm suo filio* *Adriano, Campaniæ partes tenuit seducens Populum, ut obediret Imperatori,* *& occideret Pontificem.*

IV. All'oppoſto poi, da *Gio: Diacono* (*a*) nella Cronaca de Veſcovi Napoletani abbiamo, che, morto il Conſole *Antimo*, i Napoletani non volendo i proprj Cittadini per loro Duchi, chiamarono *Teotiſto*, e poi *Teodoro Protoſpada* da Sicilia. Dalche ſi deduce, che i Cittadini colà aveano il diritto di eliggerſi il proprio Duca, come oſſerva *Lodovico Antonio Muratori* (*b*) in detta Cronaca colle ſue Note marginali. E ſebbene *Giulio Ceſare Capaccio* (*c*), ſpiegando le parole anzidette di *Gio: Diacono*, voglia che vi fuſſe l'alternativa trà i Cittadini Napoletani e gl' Imperadori di Coſtantinopoli nell' elezione di queſti Duchi ; nulladimanco queſta ſua interpretazione non ha ſuſſiſtenza : peroche quando gli Imperadori da Coſtantinopoli ve l' inviarono, ciò fecero ſucceſſivamente e ſenza interruzzione : ancorche qualche volta, ma ben di raro, lo aveſſero eletto Napoletano ; come frà gli altri fu *Ceſario*, su 'l di cui Tumolo ſi leggea :

    Rex Roma præcelſa nova, quo ſceptra reguntur,
    Prætulit hunc noſtra Ciuibus Vrbe ſuis :

col di più, che rapporteremo nel Capo 5. allorche ſaremo per deſcriverela di lui Vita ; e come anche riflette il *Muratori* (*d*) su 'l medeſimo Epitaffio. Eſſendoſi poi fatta quaſi ereditaria trà Duchi Napoletani queſta dignità, ſenzache gl' Imperadori Coſtantinopolitani vi aveſſero avuto più diritto.

V. Vuole *Marina Frezza* (*e*), che anticamente dalla Grecia venivano.

                                                no.

(*a*) *Gio: Diacono in Cronicon Epiſcop. Neapol. in Vita Pauli Epiſcopi* num. 43. ,, *Càm hæc gererentur, defunctus eſt* Anthimus, & *inter* Neapoleos *ob Conſulatum eſt orta ſeditio, cupientibus quidem multis honorem* ,, Ducatus accipere. *Tunc* Neapolitani, *cuplentes magis extraneis, quàm* ,, *talibus ſuis ſubeſſe ; miſerunt* Siciliam : & *inde advectum quendam* ,, Theoctiſtum, *ſibi Magiſtrum Militum ſtatuerunt. Cui aliquantis diverſis* ,, *temporibus* (UT GRÆCORUM MORIS EST), *ſucceſſit* Theodorus ,, *Prothoſpatarius.*

(*b*). Muratori *Tom. II. Script. rer. Ital. pag.* 287. *Conſtat hinc, & aliis ſubſequentibus locis, tunc Neapolitano Populo liberum fuiſſe ſuum ſibi eligere Ducem, ſive Conſulem, ac Magiſtrum Militum.*

(*c*) Giulio Ceſare Capaccio : *Hæc verba* (UT GRÆCORUM MORIS EST) *aliquo pacto inducunt, aliquando Populum Neapolitanum elegiſſe Ducem, aliquando Imperatorem. Mos enim Græcorum videtur, ut Duci Neapolitano aliquis ex Imperiali Palatio ſuccederet, velut hic* Theodorus *Duci à Neapolitanis electo, ſucceſſit.*

(*d*) Muratori *loc. cit. pag.* 342. *Rex nova Roma Ceſarium prætulit ſuis Ciuibus, qui Conſtantinopoli mitti olim conſueverant ad regendum Ducatum, ut apud Sanctum Gregorium lib.* 2. *Indit.* 10. *cap.* 33. & 37.

(*e*) Marino Frezza *de Subſeudis lib.* 8. num. 13. ,, *Regni Opida, Vrbes* ,, & Regiones, *atque Provinciæ ab Imperatore* Conſtantino *tenta, & poſſeſ-* ,, *ſa ſunt, varioque nomine Rectores Græci conſtituti : ut* Catapani *in Apu-* ,, *lia : in* Bruttiis & Calabria *Protoſpatarii : in* Salentinis, & Barenſi *Regione*

no in Napoli i Governatori, come pure in tutte l'altre nostre Regioni sogette a Greci: ed erano diftinti nel nome, fecondo le Provincie che governavano. Cioè nella Puglia diceanfi i *Catapani*; nella Lucania e nel Paese de Bruzj i *Protofpatari*; ne Salentini ed in Bari i *Protofcribi*; nella Campagna ed in Napoli i *Duci*, ed i *Confoli*; in Amalfi il *Patrizio*, ne Sanniti il *Seniore*, ed in Salerno lo *Stratico*. E foggiugne, che in Napoli dall' anno 900. in poi, i Duchi ed i Confoli fi eligevano da medefimi Cittadini, ed erano dipendenti da Greci Imperadori. Loche pure afferifce il *Muratori* (a) altrove.

VI. Noi però, a tenore di quel tanto che nel *Numero* 6. del Capitolo antecedente dicemmo, quì foggiungiamo, che fino a tempi di *Lione Ifaurico* i Miniftri in Napoli venivano da Coftantinopoli. Poi, perche l'Italia fi fottraffe dall' ubbidienza di quefto Cefare a caufa della di lui Erefia, e perche mancò l'Efarca di Ravenna, che in luogo del Prefetto Pretorio d'Italia vi prefiedeva per l'Imperadore di Coftantinopoli; la Città di Napoli incominciò ad eligerfi di propria autorità 'l Duca, ed il Confole; non curandofi la Corte di Coftantinopoli inquietarfi per una fola Città in Italia. Ed in tal guifa coloro che in Napoli dall' ora in poi governarono, furono indipendenti dagl' Imperadori Greci, giufta quel tanto, che fi ricava dalle autorità allegate più sù nel *Numero* 4. Reftò bensì il coftume di porre gli anni degl' Imperadori Greci ne' loro pubblici Refcritti, e non già quei degl' Imperadori Latini, come da ciò che rapporteremo ne' Capitoli feguenti fi farà noto.

„ gione *Protofcribæ*: in Campania *Duces & Confules* (ut Neapoli *Dux & Conful*): Amalphiæ *Ducem*, quandoque *Patritium*: & Samnitibusquandoque *Ducem*, quandoque *Seniorem* conftitutum legimus, dùm Græcos ibi imperaffe confpicimus. Sic etiam Salerni *Straticoros*; quod clari nominis Opidum, Metropolifque illuftris, Lucanis imperabat, Græcis Autoribus. Et ufque ad annum 800. viguiffe ufum hujus Regiminis, confpeximus. Cæperunt etiam Populi Græca auteritate *Duces* fibi ipfos eligere, qui imperiali nomine jus dicebant, maris cuftodiam retigebant, atgis Monetam cudere fas erat.

(a) Muratori Tom. II. Part. II. pag. 171. *Civitas Neapolitana iis temporibus ab Italico Regno exclufa, a fuis regebatur Ducibus, qui & Confules & Magiftri Militum appellabantur, fi tamen fupremam Græci Imperatoris ditionem fupra fe agnofcebant.*

CAPITOLO QUARTO.

Della varia Polizia, a cui anticamente soggiacque la Città di Napoli.

I. NOn oſtante che, giuſta la noſtra opinione, la Città di Napoli debba eſſer conſiderata ſecondo due ſtati, cioè di *Repubblica*, dalla ſua fondazione ſino alla venuta de Greci con *Beliſario*, che la tolſe al dominio de Goti; e di *Ducea*, da *Beliſario* al Re *Ruggiero* Normanno, che la unì all'altre noſtre Regioni, formando di tutte un Regno (non ammettendo noi il terzo Stato di *Colonia*, dalla federazione de Romani ſino ad *Auguſto*, o da *Aguſto a Beliſario*, come ſoſtengono *Camillo Pellegrino*, *Pietro Giannone*, *Gianantonio Summonte*, ed altri Autori:) niente-dimanco non è facil coſa il ſaperſi, quale ſia ſtata la di lei *Polizia* in tempo che fu Repubblica: ancorche ci ſia conto tutto ciò che in lei ſi praticò ſotto de Duci e de Conſoli in tempo de Greci. E però c'ingegneremo al poſſibile di chiarire in primo luogo la *Polizia* del ſuo primo ſtato, per ſoggiugner poi quel tanto che concerne i Duchi e gli altri Titolati, che ne Secoli di mezzo la governarono.

II. E quanto al primo ſtato, i noſtri Scrittori Napoletani aſſeriſcono, che avendo la Città di Napoli avuta ſua origine da Atene; ſi governò a ſomiglianza di quella Repubblica con gli *Arconti*, con i *Demarchi*, *Polimarchi*, ed altri ſimili, da noi rammentati nel Libro 6. del Tomo I. al Paragrafo 2. del Capo 2. Dicendo *Gianantonio Summonte* (a) a tal propoſito: *La Città di Napoli in diverſi tempi ha goduto diverſi Regimenti. Però, attendendo la ſua Origine, e Principio; dico, che eſſendo ella derivata da Atene, e da Cumani; per lungo tempo ſi godè quelli generi di Polizia, che denominarono Ariſtocrazia, cioè Governo di più ottimi; e la Democrazia, cioè Governo di tutti i buoni: nel qual modo leggemo, che per lungo tempo (dopo il Reggimento Regio) Atene, e Cuma ſi reſſero. E poi, dopo avere traſcritti due Epitaffj, in cui ſi legge il nome degli Arconti (con volere, che Napoli ſi fuſſe cogli medeſimi Arconti governata) ſoggiunge: Se queſto Magiſtrato fuſſe in Napoli, ſi come da principio fu iſtituito in Atene, durabile per tutta la vita, o per dieci anni, ſi come doppo piacque; o pur fuſſe fino al numero di dieci Arconti, come ſimilmente nella Repubblica di Atene fu in ultimo oſſervato; ciò in tanta lunghezza di tempo ed in tanta oſcurità dell'antiche memorie di queſta Città, non è noto.* Lo ſteſſo preſuppone l'Autore della *Storia Civile* (b) col dire: *Egli è vero però, che tratto tratto queſta Città andava diſmettendo que-*

(a) Gianantonio Summonte Tom. I. pag. 101.
(b) Pietro Giannone Tom. I. pag. 16.

questi usi proprj de Greci : ed essendo stata longamente Città federata de' Romani , e da poi ridotta in forma di Colonia , divenendo semprepiù soggetta a Romani ; cominciò a lasciare i nomi de suoi Magistrati , come degli Arconti , e de Demarchi . . . . Divezzandosi col correr degli anni dall' Istituti Greci , e divenuta Colonia de Romani , seguì in tutto l'orma di Roma , con valersi de nomi di Senato , di Popolo , e di Repubblica , e de Magistrati minori a somiglianza degli Edili , Questori , ed altri Vfficiali di quella Città , non altrimenti , che usavano l'altre Colonie Romane. E sebbene Giulio Cesare Capaccio (a) con molta riserva proceda su questo punto , volendo , che per congettura solamente si possa dire , che vi fussero stati gli Arconti , come erano in Atene ; pure Nicolò Partenio Falcone (b) nella Vita di San Gennaro al solito va pensando , che gli Arconti fussero stati istituiti in Napoli da Giafet , figliuolo di Noè , quando vi gittò i primi fondamenti : così dicendo : Fu ella edificata , ed accresciuta da molti : onde in diversi tempi con diversi nomi fu detta. Nel MMCLVII. del Mondo , DII. anni dopo il Diluvio , Giafet , il terzogenito di Noè , morì nell' Opici : avendo stabilite in più Luoghi , particolarmente dove è Napoli , qualche Colonia de suoi nipoti . . . . In fine pensò che AVESSER ARCONTE , Dinasta , o Re , a cui prestassero ubbidienza.

III. Checche sia però delle opinioni di questi , e di altri somiglianti Scrittori ; noi semo di parere , che niuna certezza si ha della Polizia , con cui si governò la Città di Napoli ne' suoi primi tempi , se con Arconti , se con Regi , o con Superiori di altra fatta , per non trovarsene ne pur ombra di memoria presso gli antichi Scrittori. E soltanto possiamo dir di certo , che quando Napoli fu assediata da Romani (il che accadde nell' anno 439. di Roma ,) colà non vi erano Arconti , non Dimarchi , ne altri di questa sorta , ma solamente due Governadori annuali , simili a Consoli Romani , che Prencipi vengono chiamati da Tito Livio (c) : com' erano appunto nella Città di Taranto in tempo di Annibale , secondo lo stesso Padovano (d). E Dionigio Alicarnasseo (e) parimente , che li dà nome di
Re-

(a) Giulio Cesare Capaccio lib. 1. cap. 8. Nibil certi de primo Neapolitanae Urbis gubernio habeamus , nisi argumentando , quod fuerit condita , & ad morem Graecarum Reipublicarum fuisse gubernatam cum suo Magistratu , Archonte , & similibus.

(b) Nicolò Partenio Falcone lib. 3. cap. 1.

(c) Tito Livio lib. 8. Charilaus , & Nymphius , PRINCIPES CIVITATIS , communicato inter se consilio , partes ad rem agendam divisere.

(d) Lo stesso lib. 24. Ex iis tresdecim fere Nobiles Tarantini conjurarunt , quorum PRINCIPES Nico , & Philomenus erant.

(e) Dionigio Alicarnasseo lib. 9. Legationum : „ Ibi , coacto Senatu , „ multisque coram eo habitis orationibus , partim à Legatis partim ab eo„ rum ADVOCATIS , variarunt Senatorum sententiae. Cùm igitur eo die „ bullum Senatusconsultum factum esset , sed Legatorum cognitio in alium „ Consessum esset delata ; potentissimi Samnitium Proceres frequentes Nea„ po-

Repubblica ; dice , e che vi fuffe anche il *Senato* ; vi diftingue la Plebe da' Nobili ; e chiama *Avvocati* quei , che *Tito Livio* dicea *Preucipi* : e ciò non oftante niuna menzione fa degli *Arconti* , de *Dimarchi* , e di altri di quei Uffiziali , che erano anticamente nella Repubblica di Atene . Segno evidente , che non vi erano in quei primi tempi . Concioffiache , dato che non ne avéffe voluto far parola *Tito Livio* , Scrittor Latino ; almeno dovea farne memoria *Dionigio Alicarnaffeo* , Autor Greco , a cui non erano incogniti quefti titoli di Arconti , e fimili .

IV. Di vantaggio , nell' anno 534. di Roma (cencinquantacinque anni dapoiche Napoli fi federò con Romani ,) quando *Annibale* vi fi portò ad affediarla ; ne tampoco vi era l' *Arconte* , o il *Demarco* , ma bensì il *Prefetto della Cavalleria* (e forfi anche quello della Fanteria) , il quale ufcì ad incontrare i Cartaginefi , all' afferire di *Livio* (*a*) . E quando i Romani le mandarono un Comandante per regolarli contro quel aftuto Capitano ; non altro nome , che di *Prefetto* li diedero , al foggiungere del medefimo Autore (*b*) : fenza farfi menzione di *Arconti* , di *Demarchi* , o di altri Miniftri Greci .

V. Ma quì potrebbono gli Autori fovralodati convincermi , che fia cofa ben conta nella Storia profana , di effere ftati in Napoli gli *Arconti* , i *Dimarchi* , i *Polimarchi* , ed altri Miniftri di nome Greco . Concioffiache , per quanto tocca agli *Arconti* , fono celebri i Marmi , che da noi ancora furono più su riportati nel *Numero* 17. del Capitolo primo ; e fi legge in un altro preffo il *Capaccio* (*c*) (che afferma aver veduto in cafa di *Guglielmo Spadafora*) :

Ͳ. Licinius. Procius. & Mecionia
C. F. Secundilla. Parentes
Decimo. ante. Kal. Aprilis. fcribendo. interfuerunt. Fulvius
Probus. Lucius. Pudes. Neapolitanus. Pulcher. de ea. re. detulit
ad Senatum. Cerealis. Archon. ea. confecuta eft. Sententia
Licinio. Pollioni. noftri. Exercitus. Ductori. placenter. & digno
Locum. in. Sepulturam. dari. quem. Parentes. ejus. elegerint
extra. Sacra. Loca. in. confolationem. Genitorum.

Ri-

„ polim convenere , ac Reipublicæ Primoribus in partes fuas pellectis , Senatui perfuafere , ut Populo poteftatem facerent eligendi , quod ex ufu „ futurum , *videretur* .

(*a*) Tito Livio lib. 23. *Aliquot tamen eo prælio Nobiles juvenes cafi funt* : *inter quos & Hegeas , Præfectus Equitum* .

(*b*) Lo fteffo loc. cit. *Ceterum poftquam Neapolim à Præfecto Romano teneri accepit* (M. *Julius Silanus erat , ab ipfis Neapolitanis acciflui*) *Neapolim quoque , ficut Nolam non admiffus , petiit Nuceriam* .

(*c*) Giulio Cefare Capaccio lib. 1. cap. 8.

Riguardo poi a' *Demarchi*, oltre a quello, che *Sparziano* scrive nella Vita di *Adriano* : *Apud Neapolim* DEMARCHUS, & *in Patria sua Quinquennalis*, *quasi, in alia Patria*, & *Athenis Archon fuit* ; il medesimo *Capaccio* (a) trascrive due altri Epitaffj in Lingua Greca, ne' quali vengono commemorati i *Demarchi*.

VI. Anziche questo Autore (b), descrive nel luogo citato tutti gli Uffizj, che erano in Atene, e che probabilmente (come suppone) doveano essere in Napoli ; e ne fa anche il confronto con quei della Repubblica Romana, a cui corrispondeano : dicendo, che l' *Arconte* era come il Console di Roma ; il *Demarco* simile al Tribuno della Plebe, ed anche di autorità maggiore ; il *Fratriarca* era come il Decurione ; il *Calcologo*, come il Questore ; il *Fronista* come il *Curatore* de Romani ; il *Dietete* simile a Ministri Sagri ; e gli *Agronomi* somiglianti agli Edili, ed a' Prefetti dell' Annona.

VII. A queste opposizioni nonperò rispondiamo, che non è nostro pensiero togliere all' antica Città di Napoli il pregio di aver ella avuti gli *Arconti*, i *Demarchi* ed altri rammentati Ministri Greci : ma soltanto intendiamo far conoscere, che per verità non vi furono questi Magistrati in que' primi

---

(a) Lo stesso Tom. I. pag. 900. ,, *Ad rem Neapolitanam* faciunt Lapi- ,, des. ex antiquis domus Marcelli Muscettulæ, Neapolitani Equitis, fun- ,, damentis eruti : qui, ex tanta antiquitatis jactura servati, nobilissimum ,, illum Græcorum Reipublicæ Statum cum Studiosorum consolatione repræ- ,, sentant. In altero, Gymnasiarcam, Quatuorviratum, *Demarchiam*, ,, Quinquennalitatem, Venerisque Sacerdotium habemus. In altero *Demar-* ,, *chiam*, Secretarii Munus, & Quinquennalitatem, cum veteri Eoeniondeo- ,, rum *Phratria*.

(b) Giulio Cesare Capaccio loc. cit. ,, *Archontes* apud Græcos erant ,, Principes Senatus, & pro Popularibus aderant *Demarchi*, sicut Romæ Con- ,, sules loco Archontum, & Tribuni loco Demarchorum. Licet Neapoli ,, Demarchus fuisset majoris authoritatis ; cùm Imperator Adrianus eodem ,, officio inibi functus fuisset, ex Spartiano in illius Vita. Aderant etiam ,, inter Græcos Magistratus *Phretarchi*, qui Curiarum, & Tribuum capita ,, erant, juxta Suidam. Phratria erat tertia pars Tribus, & Pharetharcus ,, hujus partis Moderator. Romæ poterant respondere Decuriones. Ade- ,, rant *Chalcologi*, qui Quæstoribus Romanis comparati, de Pecunia sacra ,, tractabant pro Sacrificiis. Erant *Phronistæ*, qui Curatores, & Soliciti voca- ,, bantur apud Romanos pro aliorum cura gerenda. Curabant sacra Myste- ,, ria. & Curiis sacras aperiebant disciplinas. Aderant *Diætetes*, seù Sacer- ,, dotes, Tribulium negotiorum administratores. Unde Cicero pro C. Ra- ,, birio Postumio : *Diætetes regius homo est*. *Id enim facere non poterat*, ,, *nisi Diætetes*. *Hoc enim nomine utuntur*, *qui à Rege sunt constituti*. ,, Aderat *Agoronomus*, Annonæ Præfectus, loco Ædilium ; de quo Plautus ,, in *Captivis* :

Euge, *editiones Ædilitatis hic habet*, *mirumque*
Nisi hunc fecerunt sibi Aetoli Agoronomum.

mi tempi; ma in loro vece vi erano i *Prencipi*, gli *Avvocati*, ed i *Prefetti* come da *Livio*, e da *Alicarnasseo* poco fa fu notato. Avendo avuto principio (se pur non erro) gli *Arconti*, ed i *Demarchi* in Napoli dopo la caduta della Città di Capoa : quando, insorte alcune discordie civili tra Cittadini Napoletani; molti di questi furono scacciati dalla Città, ed in loro vece vi furono chiamati i Capoani raminghi, siccome lo ragguaglia *Strabone* (a). E quindi, essendo in Napoli i Greci framischiati co i Campani si cominciò ad introdurre un nuovo Magistrato; con Uffiziali parte alla Greca, che furono gli *Arconti*, e i *Demarchi*; e parte alla Latina, come furono i *Decurioni* e gli *Edili*. Peroche nelle Iscrizioni, in cui si fa commemorazione degli *Arconti*, vengono nominati anche gli *Edili*, come fu da noi avvertito nel *Numero* 17. del Capitolo 2. e dall' Epigrafe, ivi rapportata, con maggior chiarezza si deduce. Durò in Napoli questa nuova forma di Polizia fino a tempi di *Adriano*, che pur fu uno de Demarchi in Napoli. Ma fu presto mutato quest' ordine, e ridotto all' antico stato de *Prencipi*, e degli *Avvocati*; introdotti già in tempo de Goti, allorache la governavano *Pastore*, ed *Asclepiodoto*, all' affermare di *Procopio* (b). E venuti poi i Greci in Italia con *Belisario*, si ridusse il Governo Napoletano in persona de DUCHI; e così durò fino alla venuta de Normanni.

VIII. E facendo ora passaggio a i DUCHI; sia bene premettere, che i Scrittori nostrali vogliono per lo più i Duchi in Napoli fin del tempo di *Costantino* il Grande. Così scrive *Marino Frezza* (c), così *Giulio Cesare Capaccio* (d), e così *Gio: Villani*, rapportato e seguito da *Gianantonio Summonte* (e), che dice : ,, Il *Villani* nella Cronica al Capo ,, 42. dice, che Costantino, partito insieme col Papa per andare in Nicea ,, al Concilio Generale, venne prima in Napoli, ove dimorato mentre si ,, se l'apparecchio del passaggio : e ritrovato, che la Città si governava in ,, forma di Repubblica con Senatori, e Consoli (come scrive il Frezza

in

(a) Strabone lib. 5. *Aliquanto post, obortis diffidiis, Campanos quosdam in Urbe, Civium loco, receperunt : coactique sunt, inimicissimos, loco familiarissimorum habere, cum suos a se abalienassent. Argumento rei sunt* NOMINA MAGISTRATUUM, PRINCIPIO GRÆCA, POSTERIORIBUS TEMPORIBUS GRÆCIS ADMIXTA.

(b) Procopio lib. 1. cap. 8. IBIDEM ERANT PASTOR, & ASCLEPIODOTUS ADVOCATI, ET INTER NEAPOLITANOS ADMODUM CLARI.

(c) Marino Frezza lib. 8. num. 13. *A Constantino Imperatore Neapoli Ducem atque Consulem prælectum, ut in Archivii Siclæ inter Regesta Roberti insertum est Privilegium, quod legi persepe, & autenticum sumpsi.*

(d) Giulio Cesare Capaccio lib. 1. cap. 8. *Quartus status Reipublicæ Neapolitanæ fuit à Constantino ad Rogerium Normannum, sub Ducibus, Consulibus, & Comitibus ad formam Reipublicæ deductus.*

(e) Gianantonio Summonte Tom. 1. pag. 319.

,, in fine num. 25.) egli vi coftituì il Duce, e volle che da lui dipendef-
,, fe; ma dal Popolo fuffe eletto.

IX. In fentenza però di *Pietro Giannone*, il quale fermamente foftiene, che mai l' Imperador *Coftantino* fu in Napoli, facilmente può confutarfi la rapportata opinione. E noi ancora contro il *Frezza* e 'l *Capaccio* diciamo, che dall' effere ftati in Napoli i *Prencipi*, o gli *Avvocati* quando vi venne *Belifario* (come nel *Numero* precedente affermava *Procopio*), non è vero che da *Coftantino* in poi fuffero ftati i Duci qui deftinati. Anziche, non ef-fendo andato *S. Silveftro* in perfona al Concilio Niceno, ma per mezzo de fuoi Legati Apoftolici, come è ben conto nella Storia Ecclefiaftica; refta femprepiù convinta per fallace la fentenza di *Gio: Villano*, feguita dal *Summon-te*. E perciò noi diciamo, che i DUCHI furono in Napoli introdotti da-gl'Imperadori Greci, dipoiche la Città fu fottomessa da *Belifario*. Avendove-li quei Monarchi ful principio deputati ora col nome di DUCHI, ora con quello di CONSOLI, ora con quello di MAESTRI DELLA MILIZIA, ed ora col nome di PROTOSEBASTI. Talvolta gl'Imperadori li diede-ro il Titolo di PATRIZI: e gli Efteri li chiamarono ora RE, ora PRO-CONSOLI, ed ora GIUDICI, come ne' Paragrafi feguenti con maggior diftinzione anderemo fpiegando. Paffando fotto filenzio quegli altri che, MAJORES POPULI eran chiamati, oppure LOCI SERVATORES; perche come afferifce il *Muratori* (a), quefti erano Uffiziali fubalterni de Duchi, o loro Luogotenenti.

(a) Lodovico Antonio Muratori Tom. II. fcript. rer. Italic. pag. 339.
,, *Præter* Duces Neapolitanos, fuerunt MAJORES POPULI: qui non fummo
,, Imperio, fed, juxtà demandatam fibi definitamque poteftatem, res publi-
,, cas adminiftrabant. Quorum præ cæteris munus fuiffe, Vectigalia, Red-
,, ditufque curare, non negabis, modò Sancti Gregorii Papæ expendas Epi-
,, ftolam 70. lib. 7. ubi Theodoro Veftano pauperi, fed nobili viro, annuas
,, per biennium 10. Vrnas Vini de Infula Prochita, Neapolitanæ utique
,, Vrbi tunc fubdita, mifericordiæ intuitu donaverat. Talis autem major
,, Populi nonnihil diverfus ab eo, qui LOCI SERVATOR, hoc eft Vica-
,, rius, & Locumtenens dicebatur. Quo nomine in antiqua Chartula de
,, anno 47. Imperii Coftantini, & 10. Romani ejus filii, die 2. menfis . . .
,, 2. Inditionis, data Neapoli, nempe anno Chrifti 958. five 959. indigita-
,, tum quidem reperi Gregorium, filium bonæ recordationis Domini Joan-
,, nis gloriofi Ducis: ibique fubfcripfiffe hac forma: *Ego Gregorius, LO-*
,, *CI SERVATOR, fubfcripfi.*

PARAGRAFO PRIMO.

De varj Titoli, con i quali eran decorati i Duchi di Napoli in tempo de Greci.

X. PRiache ci accingiamo a spiegare la Dignità, e l'Uffizio de' Duchi nella Città di Napoli, fa duopo premettere la notizia dell' altri suoi TITOLI, per meglio intendere quali e quanti fussero: e con ciò rendere più nota la *Polizia Napoletana* intorno a Ministri, da quali veniva governata. E quindi riguardo a questi *Titoli*, sia bene sapere, che essi erano di tre maniere. Alcuni venivan usati da' Duchi stessi ne loro Rescritti; come erano (oltre il proprio di Duchi) quelli di *Consoli*, di *Maestri della Milizia*, di *Protosebasti*, o di *Primi Augusti*. Altri erano loro dati da Persone estere nelle Lettere, che ad essi, o ad altri scriveano, come di *Regi*, di *Proconsoli*, e di *Giudici*. Ed altri erano quelli, che i Greci Imperadori loro dispenzavano, quando l'inviavano al Governo della Città di Napoli: trà quali era specialissimo quello di *Patrizio*. Onde di tutti favelleremo qui brevemente.

XI. E quanto a' *Titoli*, che essi adopravano ne loro Rescritti, il tutto resterà pienamente chiarito da ciò che faremo per dire alla lunga nel Capitolo seguente; e da ciò che 'l *Muratori* compruova con varj Documenti (a). Alla serie di questi primi Titoli Monsignor *Falcone*

(a) Lodovico Antonio Muratori Disser. 4. Rer. memorab. Ital. „ Eximiam fuisse Neapolitanorum Ducum autoritatem, ex hoc nomine patet:
„ atque aliunde constat, Ducatum illum non solum Neapolim, sed etiam
„ Campaniæ Urbes in littore maris fuisse complexum. Et diù quoque
„ illorum Ducum potentia perduravit: itaut vel Sæculo Christi XI. Leo
„ Ostiensis in Cronico Cassinensi meminerit Sergii Consulis, & Ducis Cea-
„ politani. Ad hunc ipsum pertinet Charta, quam debeo diligentiæ, &
„ amori Josephi Muschæ, Sacerdotis Neapolitani, ex Archivio Monasterii
„ antiquissimi Sanctorum Severini & Sosii depromptum: *In nomine Dei Sal-*
„ *vatoris nostri Jesu Christi. Imperante Domino nostro Basilio, Magno Im-*
„ *peratore, anno 38. sed Constantini Imperatoris fratre ejus 35 Die 17*
„ *Januarii, Indictione II. Neapoli. Nos Sergius in Dei Nomine EMINEN-*
„ *TISSIMUS CONSUL & Dux concessimus, & firmavimus vobis Domi-*
„ *no Roccio, Venerabili Abbati Monasterii Sanctorum Severini, & Sosii*
„ *&c.* Anno quoque Domini 1065. dominabatur Neapoli Sergius EMINEN-
„ TISSIMUS CONSUL, & DUX & Domini gratia MAGISTER MI-
„ LITUM: uti fidem faciunt Tabulæ, quas ad me misit Cl. Vir Joannes
„ Car-

ve (a) aggiugne anche quello di *Protofebafte*, col dire: *Circa i medefimi tempi prefero a dirfi i Duchi di Napoli* CONSUL, DUX, ET MAGISTER MILITUM, ET PROTOSEBASTOS, *cioè, Primi Augufti: onde fi veggono col Mondo Imperiale in mani . . . . Il Gran Duca Sergio fè fabricare altre Medaglie al Santo. Ed è vestito alla Ducale col Mondo Imperiale su le mani, col suo Nome ne lati:* SERGIUS CONSUL: *nel diritto il Santo col* SCS. JANV. *Vi è pure una Conceffione di Sergio V. Confole, farta a Stefana sua zia, Badeffa di San Sebaftiano (quale rapporteremo nel Capitolo feguente), dove fi legge: *Sergius Conful & Dux* PROTOSEBASTOS *fubfcripfi. E Cefare di Engenio* (b) *trafcrive uno Stromento in Lingua barbara di quei tempi, in cui vien ripetuto più volte il nome di Protofebafte.*

XII. I Titoli poi, che fe li davano da Perfone eftere, erano (come fi diffe) di *Re*, di *Proconfoli*, e di *Giudici*. E quanto a quello di *RE*, e celebre la Lettera che fcriffe *Paolo I. Sommo Pontefice* a *Pipino Re di Francia* appo 'l *Muratori* (c) in cui chiama *Re di Napoli* coloro, che ne

V

„ *Carminius Falco nunc Epifcopus Marturanenfis, ex Neapolitanis Pergamenis defcripta. Joannis II. Archiepifcopi, & Sergii V. Charta, per quam Itte, Urfi Comitis filie, quædam Neapolitanæ Ecclefiæ bona contendunt anno 1065. . . . Et neque à nobis jam dictus Sergius in Dei nomine Eminentiffimus* CONSUL & DUX, *atque Domini gratia* MAGISTER MILITUM.

(a) Monfignor Falcone in Vita S. Januarii lib. 4. cap. 7.

(b) Cefare d'Engenio pag. 42. „ *Imperante Domino Joanne Porphirogenito, Magno Imperatore, anno 44. fedente Alexio Perphirogenito, Magno Imperatoris filio, anno 13. menfis Maji. Ind. 10. Certum eft, me Joannes Clericus & Archiprimicerius Stauricæ Ecclefiæ, Siberianæ; filie quondam idem Domino Joannis, qui nominatur de Primicerio, & quondam Anna jugalium; à præfenti die, promptiffima voluntate, reddo & trado vobis Domino Sergio in Dei nomine* EMINENTISSIMUS CONSUL, & DUX, *atque Domini gratia,* MAGISTER MILITUM, *filie quondam bonæ recordationis Domini Joannis in Dei nomine Eminentiffimus* CONSUL, & DUX, *atque domini gratia* Magifter Militum, & IMPERIALIS PROTOSEVASTO, *& quondam Domina Ebba gloriofa Duciffa, quæ fuit filia bonæ memoriæ Domini Josfrida, qui nominatur Ridello, qui fuit Dux Civitatis Cajetæ, jugalium; integram medietate, quam ego detinui da vobis à veftra publica poteftate, feu da memorato quondam Domino Joanne in Dei nomine Eminentiffimus Conful & Dux, atque Domini gratia Magifter Militum, & IMPERIALIS PROTOSEVASTO, genitore veftro: feu & quæ genitore meo detinuit ab ipfa publica poteftate quondam Domino Sergio in Dei nomine Eminentiffimus Conful & Dux, atque Domini gratia Magifter Militum, & IMPERIALIS PROTOSEVASTO, quod fuit abio veftio de memorata integra ftaurita ipfius Ecclefiæ Siberiana &c.*

(c) Paolo 1. Epift. 27. apud Muratorium Tom. III. Par. II. pag. 148. „ *In Enabolim verò direxit vobis à Deo protecta Excellentia veftra Præfectum*

ne aveano il governo. Col Nome di PROCONSOLE poi vien chiamato il Duca *Giovanni* dal Pontefice. *San Gregorio* (*a*) (qual nome era frequente in quei tempi, giusta le Nòte de Padri Benedittini di *San Mauro* (*b*) nel luogo anzidetto). Il nome di *GIVDICE* si vede praticato da Papa *Gio: VIII.* nella Pistola (*c*) che scrisse a Napoletani, allorache scelsero *Attanagio* Vescovo per loro Duca. E *Arechi* Principe di Benevento si servì dello stesso nome nel suo Capitolare (*d*) col Duca di Napoli. Volendo *Onofrio Panvinio* (*e*), e *Lodovico Antonio Muratori* (*f*) che 'l nome di *Giudice* fusse molto familiare ne' tempi de Longobardi.

XIII. E per quello poi che concerne i Titoli, che a' Duchi dispensavano gli Imperadori Costantinopolitani; vuole il *Capaccio* (*g*) che questi

,, sectum vos Desiderium admonuisse, REGES NEAPOLITANOS. &
,, Cajetanos constringere ad restituenda Patrimonia Protectori vestro Beato
,, Petro, illic Neapoli sita; & largiri electis solitè ad suscipiendam Epi-
,, scopalem Consecrationem, ad hanc Apostolicam properare Sedem. Qua-
,, propter, maximas de hoc, & de omnibus Excellentiæ Vestræ referimus
,, *grates*.

(a) San Gregorio Papa lib. 1. Epist. 31. *Gregorius Joanni EXCONSU-LI, Patritio, & Quæstori*.

(b) Padri di San Mauro in Notis ibidem: ,, *Exconsulatus*, tempore
,, Gregorii, erat nudum honoris nomen. Ut enim nunc fiunt quidam
,, Sacri Consistorii Comites per Codicillos, seù Literas, Gallicè per Bre-
,, ves; ita tunc concedebantur honoris causa Exconsulatus Chartæ, vel po-
,, tiùs *mandabantur*.

(c) Gio: Papa VIII. Epist. ad Nobiles Neapolitanos: *Et quia illo ab-jecto, Pastorem, & Episcopum animarum vestrarum Athanasium, dilectum Confratrem nostrum, in JVDICEM unanimes elegistis* . . . . .

(d) Capitulare Arichis apud Muratorium Tom. II. pag. 339. *De Pacto Arichis Principis Beneventani, cùm JVDICE Neapolitanorum*.

(e) Onofrio Panvinio lib. 1. Fastorum cap. de Patritiis, & Senatoribus:
,, *Senatus*, qui & amplissimus Ordo dicebatur, Romæ usque ad Justi-
,, nianum Imperatorem, & Bellum Gothicum Italicum perduravit: in quo
,, omnis ferè nobilitas Romana, atque in primis Viri Senatorii, omnes a
,, Gothis excisi sunt: sensimque Exarchorum tyrannide cum Imperii Oc-
,, cidentalis novissimo casu tùm Ordinis nomen, tùm dignitas ipsa defe-
,, cit, DUCE, & JUDICIBUS aliquot Urbem pro Imperatore Constan-
,, tinopolitano *administrantibus*.

(f) Muratori dissert. 6. Rer. memor. Italic. ,, *Extra omnem dubita-*
,, tionem positum reor, sub Regibus Longobardis inauditum in Italia fuis-
,, se, aut certe nusquam usurpatum nomen, nè dùm munus Marchionum.
,, Regnantibus iis, in eorum Ministerio nullos alios invenies, nisi Duces,
,, Comites, aut *Judices*.

(g) Giulio Cesare Capaccio lib. 1. cap. 8. ,, *Cum verò Totilas anno*
,, 545. Italiam occupasset, Neapolim cœpit. Expulsis a Narsete Gothis,
,, Græcorum Imperatoribus eam Civitatem iterum subjecisse: qui PRIN-
CI-

ſi foſſero, di *Principe*, di *Prefetto*, di *Duca*, e di *Pretore*. Ma perche
tolſone il Titolo di *Duca*, degli altri non ſe ne ritrova memoria alcuna
preſſo i noſtri Scrittori ; noteremo qui ſolamente quello di PATRIZIO :
il quale, come un onore preggiatiſſimo, veniva diſpenzato da quei Ceſari
a Duchi, che s'inviavano in Napoli, giuſta il dire di *Coſtantino Porfira-*
genito (a). Leggendoſi nella Vita del Duca *Gregorio* (b), che l'Imperadore di Coſtantinopoli, inviandolo a debellare i Saracini, che erano nelle noſtre Regioni; l'onorò col titolo di Patrizio. E però *San Gregorio* Papa, poco fa rapportato, anche il Titolo di *Patrizio* diede al Duca di Napoli.

XIV. Noi però, laſciando di parte i Titoli di *Re*, di *Protoſebaſte*, di
Giudice, di *Proconſole* ed altri (non communi a tutti i Governatori della
Città di Napoli) riſtringiamo il noſtro ragionamento a queſti quattro Titoli, di *Duchi*, di *Maeſtri di Soldati*, di *Conſoli*, e di *Patrizj* : de quali
parlaremo ſeparatamente ne' quattro ſeguenti Paragrafi; acciocche chi legge
poſſa averne la piena contezza.

PARAGRAFO SECONDO.

Della Dignità Ducale, che goderono i Governatori della Città di Napoli.

XV. LA *Dignità Ducale*, che anticamente fu goduta da' Governatori Napoletani; in due modi conſiderar ſi puote, e quanto
a i *Luoghi* in cui ella eſercitavaſi, e quanto all' *Impiego* al quale ſi eſten-
dea. Noi però dell'uno e dell'altro di eſſi anderemo quì ragionando: tanto più, che una cotal Polizia fu comune coſì a' Greci, che a Longobardi, ed a Normanni in queſte noſtre Regioni. Riſerbandoci favellare de' *Duchi*
del noſtro Regno (che godono di preſente un conſimil Titolo) nel Tomo
IV. al Capo 3. del Libro 20. per eſſer queſti molti differenti dagli altri antichi, de quali quì ora diſcorriamo.

XVI.

„ CIPEM, vel PRÆFECTUM, vel DVCEM, vel PRÆTOREM (ſic
„ appellat Zoſimi Interpres) Civitati gubernandæ præfecerunt.

(a) Coſtantino Porfirogenito, de Admin. Imper. cap. 27. *Neapolis an-*
tiquum erat Pretorium PATRITIORVM, qui mittebantur; & illum qui
tenebat, in poteſtate quoque Siciliam habebat. Cumque PATRICIVS Nea-
polim appelleret, Dux Neapoleos in Siciliam abibat.

(b) Giulio Ceſare Capaccio loc. cit. *Anno* 914. *Nicolaus Patricius,*
cui Cognomen Pacilio erat, cum maximo Græcorum numero in Campaniam
venit, atque Imperatoris juſſu, Duces Gregorium Neapolitanum, & Joannem
Cajetanum PATRICIATV inſignivit.

XVI. E quanto a i Luoghi, si debba presupporre, che i *Ducati* erano di due sorte: alcuni chiamati *Maggiori*, altri *Minori*. I primi eran quelli, che per il meno aveano dodici Città sotto il loro Governo, ed in cadauna di esse venticinque Cavalli, per formare un Ala di trecento, in cose di bisogno, secondo il *Piteo* (a), e *Camillo Pellegrino* (b). Tale fu il Ducato di *Roma* sotto i Greci in Italia; tale fu quello di *Venezia*, lasciato per termine frà i due Imperi di Oriente e di Occidente; e tale in tempo de Longobardi fu in Italia la Ducea di *Benevento* in sentenza del *Muratori* (c); ed in opinione di *Matteo Palmieri* (d) anche quella del *Frivoli*, e quella di *Spoleto*.

XVII. Passando ora a ragionare delle Ducee inferiori; è opinion comune de' Scrittori, che una semplice Città era bastante a renderle tali; spezialmente presso i Greci, i quali ancorche avessero voluto, che le Ducee

---

(a) Piteo in Appendice ad Aimonem lib. 4. cap. 61. *Pipinus Domum reversus, Grifonem, more Ducum, duodecim Comitatibus donavit.*

(b) Camillo Pellegrino dissert. 3. de Ducat. Benev. „ *Terminos Ducatus Beneventani vel ab ejus primordiis latè protensos, haud pauciores* „ *duodecim sive Urbes sive Opida conclusisse: eopse Ducatus & Ducis vo-* „ *cabulo novit, velut ex lege quadam totidem Urbibus praefici consuevis-* „ *se. Atque adeo est verum; ut Robertus Guiscardus, qui Apulæ (dum* „ *eam solam obtinebat) dicebatur Comes; postquam Bruttiis sive Calabria* „ *potitus est, ampliorisque dynastiæ factus est compos; appellari voluit Dux,* „ *ut tradit Ostiensis lib. 3. cap. 10. . . . . Qui trecentos in solidum* „ *vel plures Milites, vel dicas Equites sub se habebant, ut eodem loco* „ *idem habet Autor, vigintiquinque scilicet Milites cuilibet Capitaneo tri-* „ *butis.*

(c) Lodovico Antonio Muratori dissert. 5. de Ducibus, & Principibus „ *antiquis Italiæ medii Æni.* „ *Duces duplicis autem generis fuere, vide-* „ *licet, Minores, quibus una Civitas agenda, vel defendenda tradebatur;* „ *& Majores, quorum Imperio suberant plures Civitates, seu integra Pro-* „ *vincia . . . . Iis autem ducibus peculiaris potestatis mensura tribu-* „ *ta fuit, & quidem non in unam tantùm Urbem, sed in plures. Neque* „ *ij precarij Gubernatores erant, sed supremi penè Domini, sive Reguli* „ *earumdem Provinciarum, in quibus filii parentibus succedebant. Immo cum* „ *defecissent Reges, ex Longobardorum Gente; Beneventani Duces, quasi* „ *eorum successores, aut hæredes, suis Titulis alterum quoque addiderunt,* „ *se inscribentes: GENTIS LONGOBARDORUM PRINCIPES, uti* „ *multa eorum diplomata apud Peregrinum, & Ughellium, atque in hoc* „ *Opere fidem faciunt.*

(d) Matteo Palmieri in Cronicon ad Annum 776. *Regia eorum apud Ticinum constituta, varios præterea Principatus per Italiam habebant, quibus Gentium suarum præponebant Duces. Inter quos præcipui, & per successiones observati sunt, unus apud Forum Julii in ipso Italiæ ingressu: alius apud Spoletum, & in media penè Italia: tertius Beneventanus, ad inferiorem Italiæ partem regendam.*

eee maggiori foffero compofte di molte Città da lei dipendenti ; nondimeno vollero, che le altre Ducee fi riftringeffero perlopiù in una fola Città, come anche offerva il *Blondo* (a). Rammentando a quefto ogetto il *Muratori* (b) le Ducee di *Amalfi*, di *Sorrento*, di *Gaeta*, di *Fondi* ; e adducendo degli autentici documenti, mercè de quali femprepiù conferma la fua fentenza.

XVIII. La Ducea NAPOLETANA non però, ancorche uguagliar non fi poteffe all'altre maggiori d'Italia, come furono quella di Venezia, di Roma, di Puglia, di Benevento, di Spoleto, e fomiglievoli ; non era contuttociò come le altre Ducee inferiori di Amalfi, di Sorrento, di Gaeta, e di Fondi, e fimili : concioffiache ella avea fotto di fe Capri, Procida, ed Ifchia ; e per qualche tempo le furono foggette anche Amalfi, Sorrento, ed altre Città adjacenti, come fu pofto in chiaro nel Paragrafo 5. del Capitolo 1.. Avendo ancora il *Maeftro della Milizia*, che non era nelle altre, come noterafsi nel Paragrafo feguente. Laonde ella potè dirfi una *Ducea Mezzana* trà le Maggiori, e le Minori : e perciò *Camillo Pellegrino* (c), e *Lodovico Antonio Muratori* (d) parlano di lei con maggior ftima, che degli altri Ducati inferiori.

                                                                XIX.

(a) **Blondo** lib. 8. Hiftoriæ : *In adminiftratione Vrbium, quæ in Juftini Imperatoris partibus cùm Roma, & Ravenna duraverunt ; hunc primum fervavit morem, ut non Provinciæ, aut Regioni præeffet Præfes five quifpiam Magiftratus ; fed fingulæ Vrbes, fingula Opida à fingulis cuftodirentur regerenturque Magiftratibus, quos appellavit DVCES...*

(b) **Muratori** loc. cit. „ *Quod eft ad minores Duces... ut AMAL-* „ FITANA Civitas : cujus Populus Navigationi, & Mercimonia in primis „ addictus, forma Reipublicæ affumpta, Præfidem fibi eligere confuevit : „ cujus Titulus Confulis, Comitis, ac demum DVCIS fuit . . . . Ve- „ nio nunc ad SVRRENTVM, & CAJETAM : quæ Vrbes & ipfæ olim „ DVCIS nomen fuis Præfectis cedere, quo tempore fui erant Juris : Ve- „ rum finitimis Principibus potentioribus cedere coactæ ; honoris tamen „ gradum in illorum Titulis fervarunt . . . . . Immo fuos etiam Recto- „ res FVNDANA Civitas Saeculo X. DVCIS Titulo *honorabat*.

(c) **Camillo Pellegrino** differt. 3. de Ducatu Beneventano : „ *Magi-* „ *ftri* Militum vocabulum frequentius audiri cæpiffe poft Imperii declina- „ tionem ; & ab Imperatoribus, potiffimùm Exercitium Ducibus, ufurpatum : „ quando & Magiftri Peditum quoque, & Magiftri utriufque Militiæ apud „ eos invaluere nomina. Equidem haud vereor, ex hac Neapolitani Præ- „ fidis nomenclatura, conjicere me poffe Neapolitanæ Vrbis Duces perpe- „ tuos fuiffe in his maritimis Campaniæ Locis Græci Imperii propugnato- „ res : quos *non Magiftros Militum Neapolis*, ut Recentiores ferè omnes „ credunt ; fed abfolutè MAGISTROS MILITVM à prifcis probatifque „ Autoribus nuncupatos *fcimus*.

(d) **Lodovico Antonio Muratori** loc. cit. „ *Præter Principatum Bene-* „ ventanum, Salernitanum, & Capuanum (à poftremo hoc excifum) DV- „ CATVS NEAPOLITANVS CELEBRIS OLIM FVIT . Nunquam „ Re-

XIX. Per quello poi che tocca la *Dignità*, ed *Uffizio* de Duchi ; egli è certo che 'l tutto ebbe sua origine dal Comando dell'Armi : e perciò *Tullio* (a) col nome di Duchi chiamò *Pirro*, ed *Annibale*. E *Lodovico Antonio Muratori* (b) confermando lo stesso, fa vedere che la dignità Ducale era la maggiore dopo la Regia, ed Imperiale : perche avea la cura della Milizia in tutta la Provincia in cui rattrovavasi. E comeche nell'Impero, trà gli altri Uffizj vi erano dodici di questi Duci (come dalla *Notizia dello stesso Impero* (c) ; a questi era commesso invigilare alla riscossione de' Vettigali per lo stipendio dalla Milizia, come abbiam dal *Sigonio* (d).

XX. Quindi il lodato *Muratori* (e), dopo aver come sovra mostrato, che la dignità Ducale fu la più onorevole dopo quella de Re, e degl' Imperadori ; rapporta con ammirazione, che *Arechi* lasciò il Titolo di *Duca*, e prese quello di *Principe*. E siegue a dire, ch'egli non sa intendere come in Napoli i Cavallieri bramino più tosto intitolarsi PRENCIPI, che DUCHI, quandoche 'l Titolo di Duca anticamente era molto più glorioso di quello di Principe. Si può rispondere però in difesa di questi, che non solo abbiam da *Livio* (f), che ne' tempi primieri il Titolo di *Principe* era in uso in Napoli, e non già quello di Duca ; ma di vantaggio, che

il

,, Regibus Longobardis, aut Augustis Latinis, ac Principibus nuper laudatis contigit, ut praeclarissimam illam à seris saeculis Urbem, quanquam ,, non semel pertentatam, suae ditioni adderent . . . . Eximiam fuisse hujus Ducatus autoritatem ; ex hoc monumento patet, atque aliunde ,, constat, Ducatum illum non solùm Neapolim, sed & alias Campaniae ,, Urbes, & Littora Maris fuisse *complexum*.

(a) Cicerone de Amicitia: *Cùm duobus DUCIBUS de Imperio in Italia decertatum est, Pyrrho, & Annibale*.

(b) Muratori dissert. 5 Rer. memor. Italic. ,, *Post Augustalem, & Regiam dignitatem olim fuit, & adhuc est magno in honore DUCALIS ,, DIGNITAS. A Militia nomen Imperatorum aequè ac Ducum proculdubio profluxit ; & mentio Ducum vel sub ipsis antiquis Imperatoribus occurrit : apud quos significabat splendidam in Exercitu praefecturam. Complures in Notitia Imperij enumerantur DUCES, seù PROVINCIAE PRAEFECTI, & ad fines tuendos deleeti*.

(c) Notitia Imperij lib. 2. cap. 2. num. 20. *Duces Militum duodecim*.

(d) Carlo Sigonio lib. 4. de Imper. Occident. ad Ann. 313. *Duces etiam Vectigalia exigere statuit, ex his stipendia Militibus numerare, quod ante Praefectus Praetorio fecerat*.

(e) Muratori loc. cit. ,, *Arichis*, Caroli Magni temporibus, abjecto ,, Ducis titulo, quo dum stetit Longobardorum Regnum ejus praedecessores usi fuerant, titulum Principis assumpsit : significaturus, ut puto, se ,, ipsum veluti Regem Regionis illius. Nunc etiam inter NEAPOLITANOS PROCERES, pluris aestimatur Principis quam Ducis appellatio ,, cùm tamen aliis in locis diversa opinio jam diù *invaluerit*.

(f) Tito Livio lib. 8. *Charilaus, & Nymphius Principes Civitatis* . . .

Il nome di PRINCIPE è proprio de Monarchi, e de Sovrani, come ricavasi da *Ovidio* (a), da *Tullio* (b), e da *Plinio il Giovine* (c), e lo stesso *Muratori* altrove lo afferma (d).

PARAGRAFO TERZO.

Del Titolo di Maestro di Soldati, che adopravano i Duchi Napoletani.

XXI. NOn contenti i Duchi di Napoli del loro proprio nobil Titolo, che li competeva come a Capitani; usarono anche ne' loro Rescritti quello di *Maestri di Soldati*, o sia MAGISTRI MILITUM, come sovra nel Num. 11. si disse, e lo conferma il *Muratori* (e). Il quale non sa discernere, se sia di maggiore o minor condizione rispetto a quello di Duca: e dice, che un tal titolo fu praticato per qualche tempo in Venezia ancora.

XXII. In tempo degli antichi Romani non vi era questo titolo di Maestro di Soldati, perche allora i *Consoli* comandavano da se gli Eserciti. Dove poi s'introdussero i *Dittatori* colla sovrana autorità nel Senato e nel Popolo; essi cominciarono a comandar la Fanteria, ed ebbero il *Maestro de Soldati* per la Cavalleria, siccome fu spiegato nel Libro 8. del Tomo II. al Paragrafo 2. del Capo 4 trattando degli Ordini diversi nella Milizia. *Silla*

Tom. III.   X   però

(a) Ovidio lib. 6. Fastorum.
          Dearum Princeps Juno.
(b) Tullio pro Domo sua : *Civitatis longè Princeps Pompejus.*
(c) Plinio Secondo in Panegirico Trajani : *Tanta benignitas Principis, tanta securitas temporum est ; ut ille nos principalibus rebus existimet dignos.*
(d) Muratori Script. rer. Italic. Tom. IV. pag. 699. *Principis nomen pressius sumptum, Augustis tantummodo, ac Regibus, Despotisque à nullius temporalis dominii superioritate pendentibus, tribui antiquitùs consuevit.*
(e) Lo stesso Autore, dissert. 5. rer. memor. Italic. „ *Ducatus Nea-* „ *politanus celebris olim fuit . . . MAGISTRI quoque MILITUM* „ *olim appellati Principes, quibus ejusdem Civitatis regimen committeba-* „ *tur. Qui Titulus aut majorem, aut breviorem quam Ducis autoritatem,* „ *nescio, an indicare possit. Venetiis quoque anno 737. uti Dandalus scribit* „ *in Chronico, interempto Urso Duce, cum jam successoris electione discor-* „ *des essent Civium animi : annualem Praetorem sibi praeesse statuerunt, quem* „ *MAGISTRUM MILITUM appellaverunt. Quae quidem dignitas, se-* „ *cundum Graecorum usum, Tribunatu major, super eos, & cunctum Po-* „ *pulum potestatem obtinet. Neapoli tamen non praecaria, sed stabilis fuit* „ *Magistri Militum appellatio.*

però volle unire in sè l'Uffizio di Dittatore e di Maestro della Cavalleria, secondo *Cicerone* (a). Poi s'introdusse un altra sorta di *Magister Mili-tum*, il quale comandava alla Cavalleria, ed alla Fanteria insieme : in quella maniera che l'aveano gli Egiziani in tempo di *Giuseppe* (b); e l'ebbe ancora il Re *Davidde* (c) nel suo Regno.

XXIII. Vuole *Camillo Pellegrino* (d), che solo nella caduta dell'Impero Latino incominciò a sentirsi il nome di *Maestro di Soldati*. Però il contrario ci fa sapere *Vegezia* (e). Si legge ancora nella Vita di *Santo Eusta-chio* (f), che questi fu Maestro de Soldati di *Trajano* Imperadore. *Costantino* il Grande poi annoverò questo Uffizio tra gli altri dell'Impero, come dicemmo nel Libro 2. al *Numero* 19. del Capo 1. ed il *Tiraquella* (g) rapporta la Iscrizione, che era nell'Avello di *Flavia Stelicone*, Maestro della Milizia dell'Imperadore *Teodosio*, in cui leggevasi:

Fl.

(a) *Tullio ad Atticum, Sylla potuit efficere, ab Interrege ut Dictator diceretur, & Magister Equitum.*

(b) *Genesis* 27. verf. 38. *Mediante vendiderunt Joseph in Ægypto Putiphari, Eunuco Pharaonis* MAGISTRO MILITUM.

(c) 2. *Regum* 19. verf. 13. *Hæc faciet mihi Deus, & hæc addat, fi non* MAGISTER MILITIÆ *fueris coram me omni tempore pro Joab.*

(d) *Camillo Pellegrino* differt. 4. de Ducat. Benev. ; *Idque fanè Voca-*
,, *bulum frequentiùs audiri cæpiffe poft Imperii declinationem, & ab Im-*
,, *peratoribus, potiffimè Exercituum Ducibus, usurpatum, quando & Magiftri*
,, *Peditum quoque, & Magiftri utriufque Militiæ apud eofque invaluere*
,, *nomina.*

(e) *Vegezio* lib. 2. de re Militari cap 9. *Legati Imperatoris ex Confu-*
,, *laribus mittebantur : quibus Legiones, & Auxilia universa obtemperabant*
,, *in ordinatione pacis, vel neceffitate bellorum. Quorum loco illustres Vi-*
,, *ros, conftat* MAGISTROS MILITUM *fubftitutos : a quibus non binæ*
,, *tantum Legiones, fed & plures gubernantur.*

(f) *Breviarium Romanum fub die* 20. Septemb. *Eustachius, qui & Pla-*
citus, genere, & opibus, & militari gloria inter Romanos infignis, fub
Trajano Imperatore MAGISTRI MILITUM *titulum meruit.*

(g) *Tiraquello* de pact. nupt. lib. 2. cap. 8. num. 19.

Fl. Steliconi V. C.
Flavio Steliconi, Illuftriffimo Viro,
Magiftro Equitum, Peditumque,
Comiti Domefticorum, Tribuno Prætoriano,
Et ab ineunte ætate per gradus clariſ-
ſimæ Militiæ ad columen gloriæ
ſempiternæ, & regiæ Affinitatis evecto,
Progenito Divi Theodoſii, Comiti Divi
Theodoſii Augufti in omnibus Bellis,
atque Victoriis, & ab eo in adfinitatem
Regiam coaptato, itemque Socero D. N.
Honorii Augufti. Africa conſiliis ejus
Ex proviſione liberata. ex Sm. Cm.

XXIV. L'impiego, che avea il Maeſtro della Milizia; era lo ſteſſo che
quello de Conſoli, de Dittatori, e de Generali riguardo alla direzione degli
Eferciti, come teſte *Vegezio* dicea. E quantunque il *Muratori* richiami in
dubio, ſe la dignità del *Magiſter Militum* ſia ſtata maggiore di quella del
Duca (come ſovra); pure è certo che in tempo del *Re Teodorico* il Mae-
ſtro della Milizia avea un'autorità molto grande, ed anche maggiore di
quella del *Prefetto Pretorio*, come ſi legge nella Formola di queſto preſſo
Caſſiodoro (a).
XXV. Il Duca di Napoli poi con ragione fu chiamato *Maeſtro della
Milizia*; peroche egli non ſolo comandava a Soldati, che erano nella ſua
Città, e ne'Luoghi a ſe ſottopoſti; ma anche a gli altri, che trovanſi in
Amalfi, in Sorrento, in Gaeta (i Duchi de quali non aveano Titolo di
Maeſtri della Milizia), o in altra Città appartenente a'Greci, come nel
Numero 28. diceano il *Pellegrino*, e 'l *Muratori*. Talche il Titolo di Maeſtro
X 2   *della*

(a) Caſſiodoro lib.6. Varior. n.u.3. „ *Si honoris* alicujus orig o laudabilis,
„ ſi bonum initium poteſt dare Prætorium; tali auctoritate Præfectura Præ-
„ toria glorietur, qui & mundo prudentiſſimus, & Divinitati maximè pro-
„ batur acceptus . . . . Quædam enim huic dignitati, & nobiſcum
„ jura communia ſunt. Exhibet enim ſine præſcriptione longinquos, ma-
„ gna quantitate mulctat errantes; Fiſcum pro ſua deliberatione diſtri-
„ buit; Evectiones ſimili poteſtate largitur; vacantia Bona proſcribit; de-
„ licta Provincialium Judicum punit, verbo ſententiam dicit
„ Vice Sacra inibique judicat . . . . Nullus ei Miles de Fori ſui au-
„ tornate præſcribit, excepto Officiali MAGISTRI MILITUM. Credo ut
„ vel illis aliquid antiquitus cederet, qui videbatur pro Republica bella
„ tractare.

della Milizia era più gloriofo in Napoli, di quel che foffe il titolo di Duca. Concioffiache quefto diea una autorità fovra i foli Napoletani e loro dipendenti; e quello fi ftendea fopra tutti i Luoghi che in quefte Regioni erano abitati da Greci, o coll' Impero di Coftantinopoli aveano attinenza : volendo que' Monarchi, che'l folo Duca di Napoli fovraftaffe alla loro Milizia. E quindi *Teodorico* pofe il *Comite*, e non il Maeftro de Soldati in Napoli, acciò invigilaffe alla cuftodia di quei vicini Mari, come fi legge nella Formola della Comitiva Napoletana, da noi trafcritta nel Libro 2. al *Numero* 25. del Capo 5. *Litora ufque ad præfinitum locum, data juffione, cuftodis*, peroche il primo che usò in Napoli il Titolo di *Magifter Militum*, intorno all' anno 592. fu *Maurenzio*, come da una Piftola di *San Gregorio Papa*, che riportaremo nel *Numero* 9. del Capitolo feguente. Onde fu errore di Monfignor *Falcone* (a) allorche diffe: *Verfo il CML. cominciarono i Duchi di Napoli ad ufare il Titol di Conful, & Dux, & Magifter Militum.*

PARAGRAFO QUARTO.

Del Titolo di Confole adoprato da Duchi Napoletani.

XXVI. AL Titolo di Maeftro della Milizia aggiunfero i Duchi di Napoli quello di CONSOLE, come fu pofto in chiaro più sù nel *Num.* 11. Loche fu praticato da' Duchi di Amalfi, di Sorrento, e di Gaeta, fecondo il *Muratori* citato nel *Numero* 17. E quindi, perche quefto nome di *Confole* non folo fu celebre in Napoli, ma eziandio nell' antica Repubblica Romana; fa duopo che ne diamo quì una brieve, ma diftinta notizia per intelligenza di chi legge. Con dimoftrare fimilmente, in qual modo quefta Dignità tratto tratto fu avvilita ne Secoli di mezzo, e finalmente pofta in oblio.

XXVII. Or quanto alla fua origine, non è dubio che'l nome di *Confole* fu introdotto in Roma da *L. Giunio Bruto*, e da *L. Tarquinio Collatino* nell'anno 245. della fondazione di quella Città; allorche, bandito da quel dominio il Re *Tarquinio Superbo*, fu ripofto il Popolo Romano in piena Libèrtà, ed in iftato di Repubblica fotto due primarj Miniftri: i quali col nome di *Confoli* annuali da indi in poi la governarono: godendo di tutte le regie Prerogative, a riferva delle Infegne, e del Nome Regio, all' afferire di *Tito Livio* (b). Volendo *Cicerone* (c) e *Pomponio Giureconſ-*

(a) Monfignor Falcone in Vita Sancti Januarii lib. 5. cap. 6.
(b) Tito Livio lib. 1. *Libertatis autem originem inde magis, quia annuum Imperium Confulare factum eft, quamquod diminutum quidquam fit ex Regia Poteftate, numeres.*
(c) Cicerone lib. 1. Legum: *Regio Imperio duo funto: ijque præeundo, judicando, confulendo, Prætores Judices CONSULES appellanto.*

confulto (a), che i Confoli fortiffero un tal nome dal _Configlio_, dal _Giudi-_
zio, e della _Cura_ con cui fi impiegavano in vantaggio di quel Pubblico.

XXVIII. L'impiego de' Confoli ful principio era affai decorofo in Roma : dovendo effi proporre al Senato tutto ciò che vi fi dovea difcuotere :
ed andando in Guerra, aveano il fovrano Comando degli Eferciti. Si mantenne in Roma quefta loro dignità fino al tempo di _Giulio Cefare_: il quale
poi, ufurpata in fua perfona la _Dittatura_ perpetua, e 'l dominio affoluto nel
Popolo e nel Senato, riduffe la dignità Confolare ad un femplice titolo
di onore, che egli difpenzava a fuo arbitrio; e talvolta lo dava, o per fei
mefi, o per due, o per pochi giorni, anzi per poche ore, per far piacere a
molti; come dice _Svetonio_ (b) nella di lui Vita. Il che anche fi praticò
fucceffivamente dagli altri Imperadori, al foggiungere del _Nieupoort_ (c).
Onde il Confolato reftò totalmente avvilito.

XXIX. Egli è ben vero però, che quantunque quefta Dignità fuffe
ridotta ad un ombra dagli Imperadori; era nonperò ambita da molti, ed era
in grandiffimo pregio : ftanteche facea loro godere tutti quelli apparenti
onori de' quali andavano adorni i Confoli antichi. Leggendofi nella
Formola Confolare del Re _Teodorico_ appo _Caffiodoro_ (d), che in quei tempi
anche dal poffeffo de' Confoli fi contavano gli Anni. Effi adopravano la
Vefta Palmata, ed aveano i _Fafci_, le _Scuri_, ed i _Littori_. Portavano anche lo _Scettro di Avorio_, ed aveano la _Sedia Curule_: la quale effendo
pie-

(a) _Pomponio Giureconfulto_ lib. 2. dig. de Orig. Jur. par. 2. _Confules di-_
di funt ab eo, quod plurimum Reipublicæ confulerent.

(b) _Svetonio in Julium Cæfarem_ cap. 76. „ _Nullos_ non honores ad li-
„ bidinem cepit & dedit. Tertium, & quartum Confularum titulo tenus gef-
„ fit, contentus Dictaturæ poteftate. Atque utroque anno binos Confules fub-
„ ftituit fibi in ternos noviffimos menfes . . . . Pridie autem Kal.
„ Januarias repentina Confulis morte, ceffantem honorem in paucas horas pe-
„ tenti _dedit._

(c) _Nieupoort_ fect. 2. cap. 2. par. 5. „ _Poteftas_ penès Confules manfit
„ ufque ad Julium Cefarem : qui Patriæ fuæ vim nefario fcelere inferens;
„ Libertatem à Republica fuftulit, & Confulum autoritatem labefactavit,
„ Sub Principibus quidem ex more creati funt, & nullam ferè poteftatem
„ habuerunt. Tum quoque non in annum, fed in fex & in tres, vel in
„ duos menfes, vel etiam in paucos dies, imò horas creati funt, ut ita
„ Princeps pluribus gratificari poffet.

(d) _Caffiodoro_ lib. 5. Variar. num. 2. „ _Præmia_ vincentium _nomen_
„ _Annorum_ . . . Nos habuimus labores Confulum, & vos gratia di-
„ gnitatum. Palmatæ fiquidem veftræ noftræ probant effe victoriæ; & pro-
„ fperrimæ conditionis eventu, vos in pace ingenuitatem ceditis famulis,
„ cum nos fecuritatem demus per bella Romanis. Pinge vaftos humeros,
„ vario colore Palmatæ : validam manum victoriali Scipione nobilita,
„ Lares proprios etiam Calceatis aureis egredere, Sellam Curulem, pro fua
„ magnitudine, multis gradibus enixus, _afcende, &c._

piegata ; quando volean federe nel Foro, nel Senato, o altrove, fi fpiega-
va e fi pofava su 'l fuolo. Davano parimente la libertà a' Servi, che aveano valorofamente combattuto : portavano le Scarpe colle lune dorate ; e godeano molte altre preeminenze de Confoli antichi.

XXX. Durò questo nome di *Confole* fino al tempo dell' Imperadore
Giuftiniano, il quale nell' anno 541. tolfe affatto la dignità Confolare dall'
Imperio, e foltanto l' ufarono poi gli isteffi Imperadori, per dare il nome
a gli Anni ; i quali da i Confoli prendeano il loro diftintivo : e volendofi
dire, nell' anno tale ; fi dicea, *Confulibus N. N.* Lo che poi anche cefsò ;
cominciandofi nel tempo di *Carlo Magno* a numerarfi dagli anni degl' Imperadori, dicendofi : *Regnante Carolo Magno, anno Imperii ejus 15.* come
dal *Nieupoort* (a).

XXXI. E per maggior intelligenza di quanto finora abbiam detto ;
fà duopo notar di paffaggio, che febbene fia incerto, fe innanzi la prima
Guerra Cartaginefe aveffero i Confoli incominciato l' anno del loro Governo del primo giorno di Marzo ; pure è certiffimo, che dal 598. in poi di
Roma nel primo giorno di Gennajo effi prendevano il poffeffo del loro
Uffizio, come l' afferifce il tefte citato *Nieupoort* (b). E fe in questo mentre effi o morivano, o erano rimoffi dal Confolato ; gli altri che occupavano le loro veci, non eran foliti di dare il nome all' Anno, ma
questo continuava fotto de Confoli morti, o rimoffi. Non vi era efempio poi, che i Confoli, finito l' anno, fuffero confermati per l' anno
vegnente in quella carica, al dire di *Antonio Paggi* (c), a riferva de *Cefari*, che colla prepotenza a loro arbitrio vi durarono per due e
tre anni continui : quali poi terminati, fi faceano eligere un' altra
volta : quando diceafi : *Q. Fabio Maximo II. M. Claudio Marcello III. Confulibus*.

XXXII. Si deve di vantaggio avvertire, che, fatta la divifione dell'
Impero in Greco e Latino ; i Fasti Confolari restarono preffo gl' Imperadori
d' Oriente : e da questi fi eliggevano i Confoli per dare la denominazione
agli anni, non già dagl' Imperadori d' Occidente ; non oftante che quefti
Confoli foffero in Roma, dove dagl' Imperadori Greci fe li mandavano le
Lettere patentali, ficcome lo tefti monia *Procopio* (d). E perciò *Antonio*

Pag.

(a) Nieupoort loc. fup. cit. „ *Verùm* tandem, Justiniano Imperatore,
„ A. V. 1293. post Christum natum verò 541 planè creari Confu-
„ les defierunt ; nifi quod primo adhuc Imperii anno Confulatum fufci-
„ perent. Idque obtinuit, donec à S. P. Q. R, per minifterium Leonis
„ Papæ, Imperium Carolo Magno *deferretur.*

(b) Lo steffo loc. cit. pag 4. „ *Antiquis* temporibus, five ante pri-
„ mum bellum Punicum, Kalendis Martii Confulatum iniiffe videntur, ex
„ Ovidio Fast. 3. Quod tamen non fatis certum est. Sed post annum Ur-
„ bis 598. Kalendæ Januariæ huic rei deftinatæ funt.

(c) Antonio Paggi in Apparatu ad Annal. Baronii, num. 116. *Gemina-
tus continenfque Confulatus nemini, præter quàm ac Cæfaribus conceffus re-
peritur, ut Faftos noftros percurrenti liquebit.*

(d) Procopio de Bello Gothorum lib. 2. cap. 5. „ *Omnibus* præterea
„ Ur-

Paggi (*a*) afferifce, che anche i Goti dagl' Imperadori Greci ricevuano la Dignità Confolare . Loche per altro mi fi rende alquanto fofpetto ; peroche dalla Formola del Re *Teodorico*, rapportata più su nel Numero 29. apparifce , che egli e non altri difpenzava fimile dignità : *Præmia vincentium nomen Annorum* . Si potrebbe dire però, che *Teodorico* per concessione de Greci Imperatori difpenzaffe fimili Privilegj, come s' inferifce dallo fteffo *Procopio*.

XXXIII. In tempo di *Giuftiniano*, e propriamente nell' anno 541. fecondo il riferito *Nieupoort* (ovvero nell' anno 566. nel Confolato di *Bafilio*, giufta il *Paggi*, il *Cardinal Noris*, ed altri Cronifti più appurati,), fi tralafciò (come fu detto) l' elezione de Confoli nell' Impero Greco : e gl' ifteffi Imperadori nel dì della loro Coronazione s' intitolavano Confoli, e davano il loro nome agli Anni, dicendofi : *Confolatus Mauritii Imperatoris anno primo* . Il che durò fino all' anno 920. allorsquando trovandofi Imperadore *Coftantino Porfirogenito*, e ftimando cofa vana quefta dignità Confolare ; in una fua *Novella* (*b*) ne fpenfe affatto la memoria, fenzache fi nominaffe maipiù nell' Impero Greco, e molto meno nel Latino.

XXXIV.

» Urbanis antehac Magiftratibus Romani perfungebantur, Gothus vir nemo » eorum particeps factus, vel procedat in medium, qui profari nos ifta » non vere exiftimet : addet & CONSULAREM QUISPIAM DIGNITA- » TEM. QUA ET SI GOTHI AB ORIENTIS IMPERATORE DONA- » TI, ROMANIS TAMEN PERFUNGI PERMISERUNT.

(*a*) Antonio Paggi in differt. Ipatica, five Confulari in Prolegom. nu. » 41. *Obferva cum Valefio* in Notis ad Autorem Anonymum, quem in cal- » ce Hiftoriæ Ammiani edidit : quandiù Gothi in Italia regnavere, Magi- » ftratus publicos penès Romanos manfiffe, hisque femper permiffum fuiffe, » ut ab ORIENTIS IMPERATORE QUOTANNIS CONSULATUM » ACCIPERENT . . . . . Et Caffiodorus lib. 8. Variarum Epift. 1. do- » cet : Eutharicum, Theodorici Regis Italiæ generum, qui anno Chri- » fti 519. Faftis nomen dedit ; Trabeam Confularem à Juftino Augufto ac- » cepiffe : *Vos Genitorem meum in Italia Palmata claritate decoraftis*, in- » quit Athalaricus, Gothorum Rex Eutharici filius Juftiniano Augufto loquens .

(*b*) Coftantino Porfirogenito Novella 95. ex 113. collectis à Leone Phi- lofopho : » *Quoniam* noftra Legum repurgatio hunc fibi propofitum finem » habet, ut non modò illa, quæ fubinde rerum ftatum labefactarunt, ve- » rum etiam, quæ longo tempore filentio obruta, inutilia prorsùs, & tan- » quam, propter cariem, publico ufu non contrectata effe videantur, a » legali folo deleat ; confequens eft, ut eam, quæ de CONSULATU TRA- » CTAT, tanquam nihil ad Rempublicam pertinentem, cum aliis inutili- » bus legali Corpori eximat. . . . . . Illam de Confulatu legem, » quam propterea altum filentium occupavit, cum aliis inutilibus (ut di- » xi) fruftra legalibus Conftitutionibus innixam, decreto Majeftatis noftræ, » illinc *eximimus* .

XXXIV. Vuole *Antonio Pagg i* (a), che dall' avere i Saracini intorno all' anno 778. dato il titolo di *Console* ai loro Principe ad imitazione dell' Imperadori di Costantinopoli; questi cominciarono ad abborrirlo, e lo posero affatto in oblio. Loche apparisce dalla stessa rapportata *Novella di Costantino Porfirogenito*, in cui la dignità Consolare si descrive affatto abolita nell' Impero di Costantinopoli pria del suo Governo.

XXXV. E che infatti i Prencipi de Saracini in quei tempi s' intitolassero Consoli; l' abbiamo da *Santo Eulogio* (b): il quale ci assicura, che *Abderamne*, Re de Mori nelle Spagne, fu chiamato col nome di *Console*. E perche que' Barbari capitarono nel Secolo VIII. in queste Regioni, e si strinsero in amicizia co' Napoletani (come pure con quei di Gaeta, di Sorrento, e di Amalfi, secondo faremo per chiarire nel Libro 8.); facil cosa esser puote, che da questi apprendessero un tal nome i Duchi Napoletani. Non ostanteche l' Autore della *Storia Civile* (c) insegni; che dall' Imperadori Greci fu conceduta una tal dignità a' Duchi Napoletani, come a loro Luogotenenti, dicendo: *Il Consolato, tenuto in pregio dall' Imperadori Greci, fu nell' ultimi anni del loro Impero dispreggiato, ed estinto. Ei Latini succeduti e loro lo assunzero, freggiandosene essi . . . Onde non deve recare ammirazione, se nel Secolo VIII. il Nome di Console, proprio dell' Imperatori, si trovasse nel Duca di Napoli, che tenea le veci dell' Imperadore d' Oriente.* Non riflettendo egli, che in quel tempo era quasi spenta la memoria della dignità Consolare; e che ne il Duca di Napoli, nè quelli di Gajeta, di Amalfi, e di Sorrento usavano di questo Titolo: non avendolo usato ne pur *Gio: Consino, Eslareto*, ed altri che vennero da Costantinopoli. Fu dunque *Teodoro* il primo che intorno all' anno 738. ve lo introdusse

dusse

(a) Antonio Paggi loc. cit. Part. IV. cap. 1. num. 10. ,, *Denique Saracenorum, qui Hispanias occuparunt Duces; postquam Civitates, & Præfecturas à se administratas Regio nomine usurpavere; quod non nisi longo post temporis intervallo ab iis factum esse, Hieronymus Zurita ad annum* ,, 778. *docet; Constantinopolitanorum Imperatorum exemplo,* SE CONSU- ,, LES DIXERE: *Imperiique, & Consulatus annos non distinxere.* ,, *Hinc hujus nominis neglectus contemptusque ortus. Cum enim honorum* ,, *tituli à pluribus usurpati, splendorem amittere, sensimque negligi, at-* ,, *que extingui solet; cæpit Consularis dignitas, ab aliis Principibus assum-* ,, *pta vilescere, & ab Imperatoribus Constantinopolitanis in minimis ponit* ,, *ac demùm post annum Christi nongentesimum ab ipsis abolita est . . . .* ,, *Illiusque Dignitatis, Titulique umbra & imago quædam penès privatos* ,, *remansit.*

(b) Santo Eulogio in Memoriali Sanctorum lib. 2. cap. 8. *In nomine Domini: regnante in perpetuum Domino nostro Jesu Christo, anno Incarnationis ejus* 850. *Æra* 888. CONSULATVS. AVTEM HABDERAGENAM 29. *cujus temporibus rebus & dignitate Gens Arabum in Hispania aucta, totam penè Hiberiam diro privilegio occupavit.*

(c) Pietro Giannone lib. 3. cap. 4.

duſſe (come ſi farà chiaro nel Capitolo ſeguente), nel tempo appunto che Napoli incominciò ad eliggere da ſe i ſuoi Duchi, giuſta quel tanto che dicemmo ſovra nel *Numero* 8. del Capitolo 2.

XXXVI. In appreſſo ſi abbaſsò queſto nome di Conſole in maniera, che da Duchi, e da Prencipi fu trasferito(come fu detto) ne' Prefetti della Negoziazione : poi paſsò a Sindaci ed Eletti delle Cittadi ; ed oggidì in Napoli viene occupato da i Periti dell'Arti, che determinano le Controverſie civili in cadaun Meſtiere.

PARAGRAFO QUINTO.

Della Dignità di Patrizio, che ſoleano dare gli Imperadori Greci a Duchi Napoletani.

XXXVII. DA quel tanto, che dicemmo più su nel *Numero* 13., appariſce baſtantemente, che la Dignità di *Patrizio*, di cui andarono glorioſi molti Duchi Napoletani ; fu un Onore ſpeciale, che gl' Imperadori di Coſtantinopoli lor ſolean diſpenzare. Del che ſi ha un picciol lume da un Marmo antico eſiſtente nella Chieſa de' Padri Domenicani di *Santa Maria della Sanità* in Napoli, in cui ſi legge:

Patrici.

„ Patritium Domus hæc, æterna laude tuetur:
„ Aſtra tenent Animam, cætera Tellus habet.
Requieſcit in pace ſub B. Con.

E ſebbene ciò dipendea dalla munificenza Imperiale, e non già che fuſſe un Titolo proprio de' Prencipi e Signori di Napoli ; pure, perche ſoventi di queſta dignità ſi fa memoria nella Storia Napoletana antica ; ſia bene che quì ſe ne dia una brieve contezza a chi legge.

XXXVIII. Intorno a che ſaper ſi debbe, che quantunque in tempo di *Romolo* ſotto nome di *Patrizj* veniſſero in Roma i Nobili, di cui era compoſto il Senato, come ne fa fede il Principe della Storia Latina (a) (e da queſti poi ebbe origine, che i Nobili di qualunque Città furon chiamati Patrizj); nulladimeno la dignità di Patrizio, che l' Imperadore di Coſtantinopoli diſpenzava a' Duchi Napoletani, era una ſpezie di onore, che compartivaſi da quei Monarchi a' primarj loro Miniſtri, come un pregio da farne

Tom. III.   Y   farne

(a) Tito Livio lib. 1. *Romulus centum creavit Senatores, qui Patres ab honore, PATRITII quoque progenies eorum appellati.*

farne conto . E di questa sorta appunto furono i due Patrizj commemorati da *Carlo Sigonio* (a) nella divisione dell'Impero fatta da *Costantino*. Ella era in Roma in molto pregio ne' tempi di Papa *Stefano II*. e di *Adriano I*. Sommi Pontefici : in modo che essi la conferirono rispettivamente al Re, *Pipino*, ed a *Carlo Magno*, come rapportaremo nel Capo 1. del Libro 7. Dicendoci *Onofrio Panvinio* (b), che per questa dignità insursero molte discordie tra 'l Popolo Romano ed i Pontefici *Innocenzio II. Eugenio III. Alessandro III.* e *Lucio III*. Anzi per cagion di lei ne furono discacciati *Urbano III.* e *Gregorio VIII*. E quindi fu , che per togliere ogni seme di discordia , in tempo di *Clemente III*. fu affatto annientata , al soggiugnere del medesimo.

XXXIX. Anche i Goti ebbero in grandissima stima la dignità di Patrizio , giusta la Formola, che presso *Cassiodoro* (c) si legge : in cui (a riserba della dignità Consolare) ella era la più nobile e la più prezzata , come spiega *Giovan Garezio* (d) nelle sue Note Marginali . Il di lei distintivo era un Cingolo, con cui erano dichiarati Padri , e Consiglieri del Principe , ed erano esentati dalla patria potestà coloro , che vi erano soggetti , secondo il *Nieupoort* (e) . Avendola avuta anche in molto pregio i

Lon-

(a) Carlo Sigonio lib. 4. Regni Italiæ ad annum 313. *Patricios inde binos , in singulis Imperiis singulos fecit . Consulum numerum consecravit : eosque promiscuè ex utroque Imperio legi voluit .*

(b) Onofrio Panvinio in Notis ad Platinam in Vita Clementis Papæ III. ,, *Perpetua per annos plus minus quinquaginta inter Populum , Pontificef-* ,, que Romanos ab Innocentio II. usque ad Clementem III. discordia civilis ,, fuit , Regiminis Urbani occasione excitata : cùm Populus Romanus , Pon- ,, tifici suo Urbis administratione submota , Senatores qui Reipublicæ præ- ,, essent , cum *Patricio* quodam , summa cum autoritate creassent . . . . ,, Ex cujus rei occasione , Innocentius II. penè est interfectus : Eugenius III. ,, Alexander III. & Lucius III. Urbe pulsi : Urbanus III. & Gregorius VIII. ,, exules fuere : donec novissimè tanti dissidii utraque parte pertesa . ,, Populus Romanus cum Pontifice suo Clemente III. pacem æquis conditio, ,, nibus fecit : Senatoribus confirmatis, PATRITII VERO LOCO (QUEM. ,, MAGISTRATUM ABOLEVERANT) PRÆFECTO REFECTO.

(c) Cassiodoro lib. 6. Variar. num. 2. ,, *Si antiquitatis* ordinem per- ,, scrutemur ; originè dignitatum , Patritiorum familia Jovi noscitur fuisse ,, dicata : ut Summi Dei (sicut putavere) cultura , locum primarium pos- ,, sideret . . . . *Præfectorios* & aliarum dignitatum Viros præcedit : ,, uni tantum cedens fulgori , quem interdum à nobis constat assumi . . . ,, . . Nàm ut mox datus fuerit , in vitæ tempus reliquum homini con- ,, vus. Ornatus individuus : CINGULUM FIDELE , quod nescit ante ,, deserere , quam de Mundo homines contingat *exire* .

(d) Gio: Garezio in Notis ibidem : *Patritiatus summus bonos , ut Cu-* ria sic PATRIA POTESTATE *liberet ; uni tantùm cedens fulgori , in-* telligi , Consulatum.

(e) Nieupoort sect. 6. cap. 5. part. 4. ,, *Labente* Imperio , dignitate
,, Pa-

Longobardi: peroche *Adelgifo*, figliuolo del Re *Defiderio*, che da Italia era paffato in Coftantinopoli, la ottenne da *Coftantino Copronimo*, ficcome ne fa fede *Eginardo* (a).

XL. Quindi gli Imperadori Greci, per far cofa grata a' Duci Napoletani, li difpenfavano l' onor di Patrizj. Volendo *Pietro Giannone* (b) che gli Imperadori anzidetti fempre Patrizj aveffero mandati al governo delle noftre Ducee: *Li Greci mandarono Patrizj a governare li Ducati*. Vero è che *Coftantino Porfirogenito* (c), come un onor fingolare, lo concedè a Napoli folamente: ma perche poi i Duchi fi cominciarono ad eligere dal Popolo Napoletano; quefta prerogativa fu communicata anche ad altri: avendola quegli Imperadori conceduta eziandio a *Giovanni* Duca di Gaeta nell' anno 914. quando fu mandato a fcacciare i Saracini, che erano nel Garigliano, come dicemmo fovra nel *Numero* 13.

CAPITOLO QUINTO.

Della Serie de Duchi, che governarono la Città di Napoli.

I.   SE vi è cofa intricata nella Storia Napoletana, e che con difficoltà poffa dilucidarfi; quefta fenza dubio è la *Serie de Magiftrati*, che in varj tempi fignoreggiarono in Napoli. Conciolfiache, fe vogliam favellare dello Stato antico di quefta Città; da fuoi primi tempi fino ad *Augufto*, a riferva di *Carilao* e *Ninfio*, che erano in lei *Prencipi* nell' anno 429. di Roma, fecondo *Tito Livio* (d), non trovafi altra memoria di loro

Y 2   ro

„ Patriciatus, PATRIA POTESTAS tollebatur . Patricius autem dice-
„ batur, non ea notione, quæ Reipublicæ tempore obtinuit; fed fumma
„ planè dignitas fuit: qua quis, curulibus honoribus functus, IN CONSI-
„ LIUM PRINCIPIS ADSCISCEBATUR, ET EJUS QUASI PA-
„ TER VOCABATUR, ex Claudiano Prol. lib. 11. Eutr. 49. & in ipfo
„ lib. 5. 68.

(a) Eginardo ad annum 774. *Adalgifus ex Italia in Greciam ad Conftantinum Imperatorem fe contulit: ibique in Patriciatus dignitate confenuit* .

(b) Pietro Giannone lib. 7. cap. 3.

(c) Coftantino Porfirogenito de Adminiftr. Imper. cap. 27. „ *Neapolit*
„ *antiquum erat* PRÆTORIUM PATRICIORUM: & illud, qui tene-
„ bat, in poteftate quoque Siciliam habebat. Cumque Patricius Neapolim
„ appelleret; Dux Neapoleos in Siciliam *abibat*.

(d) Tito Livio lib. 8. *Chatilaus & Nimphius, Principes Civitatis, communicato inter fe confilio, partes ad rem agendam divifere*.

ro preſſo gli altri Scrittori antichi . Se poi ſi vuol vedere ne Secoli di
mezzo , e rivolgere tutti gli Annali Greci , e Latini da *Ottaviano* à *Giuſti-*
niano ; altro non vi ſi trova di ſodo preſſo *Procopio* (a) , ſe nonche di
eſſere ſtata Napoli governata da *Paſtore* , e da *Aſclepiodoto* ſotto nome di
Avvocati nell' anno 537. di Criſto , quando fu preſa , e ſottomeſſa da *Beli-*
ſario . Ne poſſiamo noi aſſentire a quegli Autori , che vogliono Napoli ſud-
dita de Romani da *Auguſto* a *Giuſtiniano* , e perciò governata a ſomiglianza degli altri Luoghi dell' Impero Latino ; peroche ſi è dimoſtrato tutto l'
oppoſto nel Capitolo 1. E molto meno ci convien ſoſcrivere le altre cotanto pregiudicate aſſertive di molti Scrittori Napoletani , che intorno a
queſto tempo han favoleggiate coſe ſtrane . Coſì , per ragione di eſempio,
Giovan Villano (b) il Napoletano (Uomo credulo e ſemplice) , con fran-
chezza aſſeriſce , che *Virgilio* fu Conſole , e Vicerè in Napoli per l' Imperadore *Auguſto* . E pur *Virgilio* fu un ſemplice Poeta , che albergò in Napoli per qualche tempo ; e poi portatoſi in Grecia , nel ritorno morì in Taranto , come dicemmo nel Libro 4. del Tomo II. al *Numero* 11. del Capo 1.
Coſì pure *Gianantonio Summonte* (c) colloca *Marcello* , Nipote di *Auguſto*,
per Duca di Napoli : quando che egli medeſimo altrove (d) dice , che i
Duchi in Napoli furono introdotti da *Coſtantino il Grande* . Anche *Giulio*
Cefare Capaccio (e) , dopo aver in primo luogo collocato trà Duchi Napolitani *Teodoro* (il quale viſſe intorno all' anno 740. come in giù vedraſſi)
ve ne ripone altri due , uno in tempo di *Santa Patrizia* , Nipote di *Co-*
ſtantino , ed un altro a tempo di *San Severo* , Veſcovo di Napoli . Quando , in ſentenza del *Summonte* (f) (che aſſeriſce lo ſteſſo) , *Santa Pa-*
trizia ſi vuole morta nell' anno 361. , e *San Severo* nel 381. ; in tempo che i Greci non erano peranche venuti in queſte Regioni , e de' Duchi non ve n' era memoria in Napoli : peroche queſti , (come fu detto) furono introdotti da' Greci , dapoiche *Beliſario* ne fece la conquiſta nell' anno 537.

II. Se poi vogliam volgere lo ſguardo alla baſſa Etade , quando furono
in fatti i Duchi in Napoli ; anche una grande confuſione ſi oſſerva preſſo i
noſtri Scrittori , non meno riguardo alla Cronologia de Duchi , che all' Epoca de Tempi . Fingono taluni i nomi di coſtoro a capriccio : come (tra i
molti che ne poteſſimo addurre) fa appunto *Tommaſo Coſto* ne ſuoi Opuſco-
li , aggiunti al Compendio di *Pandolfo Collennuccio* : ne' quali teſſendo la
Serie de Duchi , e de Vicerè di Napoli ; tutti i Miniſtri Greci , che furono
nelle Provincie noſtrali (come in Bari , in Benevento , in Sorrento ed altrove)

(a) Procopio lib. 1. Bell. Goth. cap. 8. *Ibi erant Paſtor & Aſclepiodo-*
tus Advocato, & inter Neapolitanos admodum clari .
   (b) Gio: Villano lib. 1. Hiſtor. Neapol. cap. 17.
   (c) Gianantonio Summonte Tom. I. pag. 290.
   (d) Lo ſteſſo loc. cit. pag. 329.
   (e) Giulio Cefare Capaccio lib. 1. cap. 12.
   (f) Summonte Tom. I. pag. 341. & pag. 343.

trove) colloca trà il novero de Duchi Napoletani . Il simile fanno altri, formando le serie degli Anni a capriccio , e riponendovi i Duchi a lor piacere (. Male per altro inevitabile riguardo alle cose antiche ; delle quali sempre si è dovuto parlare al bujo , e frà le tenebre di una invincibile ignoranza , al dire di *Fozio* Patriarca di Costantinopoli) (a) .

HI. E quindi è , che dovendo noi tessere il Catalogo de Duchi , che governarono la Città di Napoli in tempo de Greci , tutta la difficoltà incontriamo a porlo in chiaro : spezialmente perche si tratta di cosa , che da soli Scrittori Napoletani vien maneggiata ; senza che se n'abbia contezza da Autori forestieri . E però bisogna succhiar le acque bramate da limacciosi , e torbidi fonti , come dicea *Camillo Pellegrino* (b) . Nulla perodimanco , scortati da *Gio: Diacono* nella sua Cronaca de Vescovi Napoletani (in cui và toccando molte cose intorno a questi Duchi) , ed ajutati al possibile da altri Scrittori così esteri , che nostrali ; ci sforzeremo a darne quelle notizie , che a noi sembreranno più verisimili . Non credendo contuttocciò poter giugnere all'evidenza , ma solo ad una prudente probabiltà , tanto rispetto a *Nomi de* Duchi , quanto riguardo al *Tempo* del loro Governo . Rimettendo noi la gloria di colpire al segno ad ingegni più illuminati , che sapranno con ciò rendersi benemeriti della Repubblica Letteraria Napoletana : come tra gli altri si spera che debbia essere , riguardo a questo argomento , il Sacerdote D. *Scipione di Cristoforo* nella sua Giunta alla nuova Edizione del *Summonte*.

Conone Duca I. nell'Anno 537.

IV. Avendo *Belisario* presa la Città di Napoli , come si disse nell'antecedente Libro al Capo 2. vi lasciò al governo *Conone* con un Presidio di mille Soldati Isaurici : peroche egli dovè passare in Roma col Corpo maggiore dell'Esercito , siccome abbiam da *Procopio* (c) . Difese questo Duca brevemente la Città da tutti gli Assalti del Re *Totila* : ne mai avrebbe ceduto alla violenze ostili , se la fame irreparabile non l' avesse obbligato a ciò fare,

---

(a) Fozio in Bibliotheca Codic. 97. „ *Quod* priora (ut & alii ferè omnes „ affirmant) nullum accuratum , verumque Scriptorem sint nacta , sed ali„ ter , atque aliter ea in quæ forte inciderunt , neque inter se convenientia scripserunt , etiam ij , qui ex hac scriptione gloriam *quæsivis*„ sent .

(b) Camillo Pellegrino in Histor. Benevent. pag. 327. „ *Series* Neapo„ litanorum Ducum eodem hoc vexatur incommodo , per quæ certa anno„ rum intervalla duci haud valent : cui antiquæ Chartulæ , Neapoli datæ , „ nullo esse præsidio probantur , sola cùm exprimant nomina , & tempora „ Græcorum Imperatorum : secus ac in pluribus apparet Amalphitanis , & „ Cajetanis ; quæ suorum Ducum prænotatæ nominibus *fuerunt*.

(c) Procopio lib. 3. cap. 6. „ *Deindè* Neapolitanos ipsum (multa licet „ blandissimè pollicentem) recusantes in Urbem accipere , a CONONE & „ Isauricorum mille præsidio defensam , obsidere *constituit*.

re, dapoiche vide due volte mancato il foccorfo, che l'inviava per Mare l'Imperadore *Giuftiniano*; caduto a vifta del Porto in mano de Goti, come ragguaglioffi nel luogo tefte citato. Che però a patti di buona Guerra ne capitolò la refa, fortendone egli co' fuoi Soldati. I quali, ancorche fcheletri fpiranti per la fame, non vollero prendere partito nell'Efercito di *Totila*, al foggiugnere di *Procopio* (a). Quefto Duca *Conone* governò Napoli per lo fpazio di otto anni continui, cioè dall'anno 537. infino all'anno 545. allorache *Totila* la tolfe a Greci, fecondo il calcolo di *Santo Antonino* (b).

V. Vuole *Tommafo Cofto* nella fua Giunta al *Collennuccio*, che il primo Duca in Napoli fuffe *Belifario*: e foggiugne l'Autore della Vita di Sant' *Attanagio* (c), Vefcovo Napoletano, che *Belifario* fu quello il quale cinfe di Muraglie la Città: loche, fecondo il *Summonte* (d), propriamente accadde nell'anno 540. Ma quefte affertive vanno affai lontane dal vero: peroche *Belifario*, appena prefa Napoli; lafciandovi *Conone*, s'inviò alla volta di Roma contro del Re *Vitige*; quale, vinto ed incatenato, menò feco in Coftantinopoli, giufta i comandi che ne li diede l'Imperadore. Ed ancorche poco indi ritornaffe per la feconda volta in Italia; nientedimeno egli, dopo di aver dato il foccorfo alla Città d'Otranto, anguftiata da Goti; fi portò colla fua Armata in Ravenna. Poi di là ripaffando nelle noftre Provincie per via di Mare, e non potendo afferrare il Porto di Taranto, fi fplofe in Cotrone, ed andò al foccorfo di Roffano. Di qui poi fece vela un altra volta per Roma, e da Roma per Coftantinopoli: effendo venuto *Narfete* a fupplire le fue veci. Inguifache *Belifario*, dopo che ebbe prefa Napoli, partendone, non la vide mai più. Ne vi fu bifogno che la cinceffe di Mura; peroche ella era baftantemente murata: attefo egli vi entrò per l'Aquidotto, fenza aprir breccia, e diftruggere le Muraglie antiche, come fi diffe nel Libro precedente al Capo 3. coll'autorità di *Procopio* (e). Anzi l'Uffizio, e la Vita di S. *Attanagio*, dove coftoro fi fondano; furono compofti dopo

po

(a) Lo fteffo loc. cit. ,, *Orationem* hanc Totilæ cùm Neapolitani, tùm ,, CONON Militefque omnes probarunt: urgentes illos plurimum famis ne- ,, ceffitate . . . . Cùm enim Totilas Romanos cepiffet fic affectos inedia, ut jam Corporibus vires abfceffiffent . . . . CONONI ejufque ,, militibus, quibus manere ibi non placuit, in Naves impofitis, curfum li- ,, berum *dedit* .

(b) Sant' Antonino in Cronic. Part. II. cap. 5. tit. 12.

(c) Vita S. Athanafii: ,, *In* Italia Provincia Campaniæ, Civitate ,, Neapolis; natale S. Athanagii Præfulis hujus Civitatis, quæ Turribus, ,, & Mænibus per Belifarium Patricium (ex præcepto Juftiniani Imperato- ,, ris) & Narfetem Patricium, & Cubicularium Auguftorum, eft munita; ,, defenfores apud Deum fuerunt .

(d) Summonte Tom. I. pag. 63.

(e) Procopio lib. 2. cap. 8. ,, *Tentato fæpe muro, repulfus eft multis amiffis militibus, iifque generofiffimis. Ad Muros enim Neapolis, qua mare qua direpta loca, negabunt aditum.*

po la morte del Santo, che seguì nell'anno 877. centinaja d'anni appresso. Tanto più che lo stesso *Procopio* (a) dice, che *Totila* fu quello che ruinò le Muraglie della Città di Napoli, e non già *Belisario*.

Interregno nell'Anno 546.

VI. Avendo dunque *Totila* nell'anno 545. sottomessa Napoli, e rasate le di lei Mura (come poco fà dicemmo), acciò non servisse di ricovero a Greci, se mai questi pensassero di farvi ritorno; non fu destinato al dilei governo alcun Duca: credendosi che questo Rè la lasciasse come in abbandono, ed in libertà di governarse a suo piacere. Laonde, perche non sappiamo propriamente con qual formola di Polizia su questo mentre ella si regolasse; abbiam pensato di collocare questo spazio di tempo sotto un *Interregno*, che si suppone durasse per lo spazio di otto in nove anni; cioè dal 545 (quando *Totila* ne fece acquisto) infino al 553., allorche il General *Narsete*, ucciso *Teja*, ultimo Re, discacciò da Italia i Goti, e vi ristituì la Polizia antica; destinandovi di bel nuovo il Duca intorno all'anno 554., o 555.

Narsete, Duca II. nel 555.

VII. Con ragione collochiamo *Narsete* per secondo Duca di Napoli: peroche avendo egli presa tutta l'Italia, e rassettate le cose in Roma, in Ravenna, ed altrove; si ritirò a vivere in Napoli, allettato delle di lei delizie, e dall'amenità del Clima, con rifarvi le Muraglie, diroccate da *Totila*. Intanto, morto in Costantinopoli l'Imperadore *Giustiniano*, e succedutoli nell'anno 565. *Giustino* II., l'Imperadrice *Sofia*, fusse per odio antico contro *Narsete*, fusse per istigazione di altri Capitani, invidiosi delle glorie di lui; con maniere improprie, e con parole sprezzanti lo richiamò in Grecia, come altrove si disse col *Muratori* (b). Lo che fu causa che egli chiamasse

Al-

(a) Lo stesso lib. 3 cap. 6. *Ipse quoque discessit, postquam Neapolis muros æquavit solo, ne Romani, recepta Urbe, negotium Gothis facesserent, ex tuto impetum facientes.*

(b) Lodovico Antonio Muratori Tom. V. script. rer. Italic. pag. 252. ,, *Barbaricæ* hujus invasionis Dux fertur Alboinus; Autor, & illicium Nar,, ses Eunuchus, Copiarum Justini in Italia ductor: qui post egregias pro ,, Imperatore victorias, cùm sibi præferri Longinum Patricium indignè tu,, lisset; Sophiæ Augustæ, muliebria instrumenta Fusum, & Colum ipsi ,, per ludibrium mittenti, cùm Litteris hujusmodi: *Accipe hæc, quæ tibi* ,, *conveniunt: vere enim te æque judicamus, quàm Armis uti;* respondisse, ,, narratur: *Talem se ei Telam orditurum, qualem ipsa, dùm viveret, de*,, *texere non posset:* Furore itaque exardescens, dimisso Militiæ imperio, & ,, Neapoli se recipiens; Longobardos ad invadendam Italiam, nunciis mu,, neribusque missis, auxiliisque promissis, incitavit, atque *incendit.*

Alboino Re de Longobardi ad invadere l'Italia, come meglio fi farà noto nel Capo 1. del Libro 6. E perche non è verifimile, che *Narfete* voleffe ftarfene in Napoli da femplice privato, allorche era in fuo potere lo averne il dominio; perciò ci è parfo di numerarlo trà de Duchi, (come è probabile), dal cennato anno 555. fino al 567., quando partì da Napoli. Non e certo però, che tutto quefto tempo vi dimoraffe (benche così voglia il *Sigonio*): perocche il lodato *Muratori* afferifce, che *Narfete* fi ritirò in Napoli folamente, dopoiche cadde in difgrazia dell'Imperadrice: benche altri dicano altrimenti.

Interregno nell'Anno 567.

VIII. Gionta in Roma la notizia, che *Narfete* avea chiamati i Longobardi in Italia, e che quefti fotto la condotta di *Alboino* fi erano avviati a quefta volta; Papa *Giovanni III.* in perfona portoffi in Napoli, a pregar *Narfete*, che non permetteffe la ruina irreparabile dell'Italia. E quefti convinto dall'efficaci ragioni del Pontefice, partì con quello da Napoli, alla volta di Roma, per ritrovare il modo, con cui fi poteffe riparare al mal fatto. Ma in quefto mentre forprefo *Narfete* da febbre mortale, finì di vivere in Roma nel medefimo anno 567. fecondo *Carlo Sigonio* (a): e pofto in una Caffa di piombo, fu da *Longino* Patrizio fatto trafportare in Coftantinopoli. Nella dilui partenza da Napoli per Roma, non abbiamo da noftri Scrittori, che altro Duca fuffe ftato colà da lui foftituito. Tantopiù, che era già in Italia *Longino*, nuovo Miniftro di Coftantinopoli: il quale, inviluppato fra le turbolenze de Longobardi, che da ognidove invadevano l'Italia, non badò forfi a porre un nuovo Duca in Napoli. E fe mai ve lo fè deftinare dalla Corte Imperiale perche ciò non ci è noto; fiamo in neceffità di collocarvi per la feconda volta l'*Interregno*: che dovè durare per lo meno fino all'anno 592. effendo Papa *San Gregorio* (b). Il quale in una Lettera, che fcrive a *Giovanni*, Vefcovo di Ravenna, in data dell'Indizione decima (che, fecondo *Camillo Pellegrino* (c) viene a cadere nell'anno 592.) li dice tra l'altre cofe, che Napoli era fenza Duca.

Mau-

(a) Carlo Sigonio lib. 1. Regn. Ital. ad Annum 567.

(b) San Gregorio Papa lib. 2. Epift. 32. *De Neapolitana verò Urbe Excellentiffimo Exarcho inftanter, imminente vobis, indicamus: quia Aricis ut cognovimus, cùm Atenulpho fe fecit, & Reipublica contra fidem venit, & valdè infidiatur eidem Civitati. In quam, SI CELERITER DUX NON MITTATUR; omninò jam inter perditas habetur.*

(c) Camillo Pellegrino differt. 5. de Finibus Ducatus Beneventani.

Maurenzio Duca III. e Maeſtro della Milizia, intorno all' Anno 592.

IX. Il medeſimo Pontefice *San Gregorio Magno* (*a*), che avea prima ſcritto a *Giovanni* Veſcovo di Ravenna, acciò inſinuaſſe a quell' Eſarco, di inviare un Duca in Napoli; non molto dopo indrizza una Lettera a *Maurenzio*, Duca di queſta Città, in cui gli avanza le ſue premure in favore dell' Abate *Teodoſio*, acciò lo diſpenzi di fare la Sentinella ſu le Mura della Città, come era forſi coſtumanza in que' tempi, ſecondo i Padri della Congregazione di *San Mauro* (*b*), e come moſtraremo ancor noi con diſtinzione nel Libro 8. del Tomo IV. al *Numero* 9 del Capo 5. (Se non vogliam dire, che ciò fuſſe una ſoverchieria di queſto Duca; il quale fece anche prendere alloggio a' Soldati in un Convento di Monache di detta Città, del che molto ſi dolſe lo ſteſſo Pontefice, come pure diviſaremo nel luogo anzidetto). In queſta Lettera dunque *San Gregorio* li dà il Titolo di Maeſtro della Milizia: *Gregorius Maurentio* MAGISTRO MILITUM. Segno evidente, che in tempo di queſto Duca cominciò a ſentirſi in Napoli un ſomigliante Titolo. Governò coſtui la Città di Napoli per lo ſpazio di dieci anni in circa: vale a dire fino all' anno 602. quando ſi vuole che li ſuccedeſſe *Gondoino*.

Gondoino Duca IV. nell' Anno 602.

X. Vcciſo in Coſtantinopoli *Maurizio* Imperadore con ſua moglie e figliuoli per opera di *Foca* Governadore della Scizia il dì 24. Novembre 602.; queſti occupò tirannicamente l' Impero, e lo ritenne per otto anni continui, inſino all' anno 610. quando ancor egli fu miſeramente dipoſto, e privato di vita. Egli adunque giunto al Trono, per meglio aſſicurarſi dell' Italia, inviò *Gio: Lamigio* ſuo Eſarco in Ravenna, ſecondo il *Summonte* (*c*): e *Pietro Giannone* (*d*) dice, che non fu *Lamigino*, ma *Smeraddo* co-

Tom. III.   Z

(a) San Gregorio Papa lib. 7. Epiſt. 70. *Filius noſter Theodoſius, Abbas Monaſterii, quod à Liberio quondam Patritio in Campaniæ partibus naſcitur eſſe conſtructum, à nobis precibus impetravit, ut eum cum Congregatione ſua veſtræ debeamus Gloriæ commendare. Aſſerit enim, ſe in MURORUM VIGILIIS ultra vires ſuas vehementer affligi. Petimus enim Gloriam veſtram, ut ſi quidem eſt poſſibile, de eodem per vos onere relevetur.*

(b) Gloſſa ibidem: *Non Clericis modò, ſed & Monachis Murorum cuſtodia incumbit. Vide Caput, Convenior, Cauſ. 23. q. 8. & ejus Sentenciam concoque.*

(c) Gianantonio Summonte Tom. I. pag. 343.

(d) Pietro Giannone lib. 4. cap. 4.

colui, che fu mandato; e con essolui *Gondoino* per Duca di Napoli. Si crede che questo Duca vi susse durato sei anni, cioè sino al 608. quando finì di vivere: ed in sua vece, da Costantinopoli fu sostituito *Gio. Consino*. Trovandosi una Lettera di *San Gregorio* Papa (a) scritta al primo, col Titolo di Duca: *Gregorius Goduino. DUCI Neapolis*: in cui mostra di maravigliarsi, che un uomo amante della castità, avesse procrastinato di castigare un Soldato, il quale avea violata, o uccisa una Vergine.

Giovanni I. detto il *Consino*, Duca V. nell' Anno 608.

XL. Gionta appena in Costantinopoli la notizia della morte di *Gondoino*, l' Imperadore *Foca* costituì (come si disse) in sua vece *Giovanni Consino*, o sia *Capsina*, o *Compsina*, come altri lo chiamano. Il quale, avendo inteso, che, ucciso *Foca*, avea *Eraclio* nell' anno 610. occupato quel Trono, e che in Ravenna quei Cittadini aveano similmente ucciso *Gio. Lemigio*, loro Esarco; pensò profittare del tempo: e ribellandosi ad *Eraclico*, s' intruse nella Ducea Napoletana. Loche pervenuto all' orecchio del nuovo Imperadore; questi spedì tosto in Italia *Eleuterio* Eunuco, suo Cameriere, ed uomo di prudenza e valore, colla carica di Esarco di Ravenna, e coll' ordine insieme di passare in Napoli a reprimere l' audacia del *Consino*: (che che *Antonio Beatilla* (b) dica, riguardo alla Puglia ed alla Calabria, similmente da lui soggettata, e ridotta al suo dominio, loche non costa da_ *Paolo Diacono* (c) e da *Anastagio Bibliotecario* (d) Autori sincroni: i quali soltanto fan memoria di Napoli e non della Puglia). Vi giunse presto l' Esarco *Eleuterio*: e posto l' assedio alla Città, prese finalmente ed uccise il *Consino* dopo sette anni di tirannico Governo, per essere caduta la dilui morte nell' anno 615. secondo il calcolo di *Carlo Sigonia* (e).

In-

(a) San Gregorio Papa lib. 12. Epist. 15. *Cum inter multa bona, quæ nobis de Magnitudine vestra sæpius numerantur, illud in vobis plus laudabile dicatur existere, quod castitatem diligitis; & disciplinam, sicut dignum est, custoditis. Satis mirati sumus, quod in milite illo, qui Ancillam Dei, diabolo instigante, perdiderit: districtissima vindicta hactenus facta non fuerit.*

(b) Antonio Beatillo in Histor. Barens. pag. 12.

(c) Paolo Diacono in Histor. Longob. lib. 4. cap. 35. *Hac ætate Joannes Consinus INVASIT NEAPOLIM: quem de eadem Civitate non multos post dies Eleutherius Patricius expulit, eumque interfecit.*

(d) Anastagio Bibliotecario in Vita Deusdedit Papæ: *Eodem tempore, veniens Eleutherius Patricius, & Cubicularius Ravennam: occidit omnes, qui in nece Joannis Exarchi, & Judicis Reipublicæ fuerant mixti. Hic venit Romam & susceptus est à Sanctissimo Deusdedit Papa optimè. Qui egressus de Roma, venit Neapolim, quæ tenebatur à Joanne Compsino Insarta. Qui Eleutherius Patricius pugnando ingressus est Neapolim, & interfecit Tyrannum: reversusque est Romam.*

(e) Carlo Sigonio lib. 2. ad annum 615.

Interregno nell'Anno 615.

XII. Eftinto il *Confino*, e ridotta di belnuovo la Città alla divozione di *Eraclio*; non è da dubitare, che *Eleuterio* lafciaffe altro Duca al governo di Napoli. Ma a chi quefta forte toccata fuffe; non convengono i noftri Scrittori. *Tommafo Cofto* vi colloca *Saburro*, Gentiluomo Napoletano. Ma perche quefti viffe in tempo di *Coftanzo II.* da cui fu fatto Capitano di un Efercito compofto di 20. mila Soldati, in tempo che l'Imperadore da Napoli pafsò in Roma; e un tal paffaggio, fecondo *Paolo Diacono e Carlo Sigonio*, accadde nell'anno 663.; non è credibile, che quefti cinquanta anni prima fuffe ftato Duca in Napoli, e poi, dopo sì lungo fpazio di tempo, fuffe abile a governare Eferciti. All'incontro il *Capaccio* vi vuole *Giovanni Cumano*: quello appunto, che tolfe Cuma da mano de Longobardi. Ma effendo accaduta la liberazione di Cuma nell'anno 714. fecondo *Anaftagio Bibliotecario*, ed altri, che trafcriveremo più innanzi (vale a dire cento anni dopo la morte di *Confino*); quefta opinione ha molto dell'inverifimile. Finalmente *Gianantonio Summonte* (a) afferifce, che tale carica si fuffe conferita a *Teodoro* (quello che il *Capaccio* (b), fuori d'ogni probabilità, colloca per primo Duca di Napoli) dicendo: *Il Duca, che Eleuterio lafciò in Napoli, non potè effer altro, che Teodoro, fundatore della Chiefa di San Giovanni e Paolo, come fi leggeva gli anni a dietro in un antico Marmo in Lettere Greche in effa Chiefa, con la data della 4. Indizione, che viene appunto nell'anno 616.* Al che ofta fimilmente la vera, e genuina Interpetrazione della Lapida iftefla: la quale fecondo l'opinione di *Gio: Mabillonio* (Principe veramente in quefto genere, e Maeftro, come l'addita la fua celebre Opera *de Re Diplomatica*; anzi fingolare nell'intelligenza delle Ifcrizioni e Caratteri antichi) viene a cadere nell'anno 717. fotto *Lione Ifaurico*, e *Coftantino Copronimo*, come diremo appreffo. E però noi, per evitare quefte contradizioni, giudichiamo, che fia più probabile di effervi ftato il terzo *Interregno*: principiando dall'anno 615. e terminando all'anno 663. quando *Coftanzo* pafsò in Sicilia: non fapendofi chi mai fuffe ftato Duca in quefto mentre in Napoli.

Saburro, Duca VI. nell'Anno 663.

XIII. Ancorche non fi abbia una certezza pofitiva, che quefto *Saburro* fuffe ftato veramente Duca in Napoli; nulladimanco per via di congruenze lo collochiamo tra effi. Concioffiache, effendo venuto in Napoli nell'anno 663. l'Imperadore *Coftanzo*, e poi, paffato in Roma; acciocche i Longobardi di Benevento non li teneffero dietro; diede il comando di un buon' Efercito

Z 2　　　　　　　　　　　　cito

(a) Gianantonio Summonte Tom. I. pag. 394.
(b) Giulio Cefare Capaccio lib. 1. cap. 52.

eito (come fi diffe) a *Saburro*, Cavaliere Napoletano (il primo forfi trà Nazionali, che occupò quefta carica) a fine di guardarli le fpalle. E comeche a Duchi propriamente, ed a Maeftri della Milizia fi appartene la condotta degli Eferciti, come dicemmo nel Paragrafo 2. dell' antecedente Capitolo; fe veramente l'Imperador *Coftanzo* diede a lui il comando delle fue Milizie, probabilmente fi crede che egli fuffe ftato allora il Duca di Napoli: altramenti al Duca, e non a lui avrebbe conferita l'Imperadore quella fovrintendenza. L'Amminiftrazione di quefto Duca (fe mai lo fù) durò poco; poiche accampatofi egli in Formia (*Gio: Antonio Sergio*, fotto nome di Autore del Supplemento alla Storia del Langlet, dice che fu in Benevento), come moftrammo nel Libro 7. del Tomo I. al *Numero* 17. del Capo 2., e lo ripeteremo nel Libro feguente, parlando dell' Imperador *Coftanzo*; reftò disfatto, ed ucifo da *Romoaldo*, Figlio di *Grimoaldo*, Re de Longobardi, che l' andò contro da Benevento, ficcome anche ragguaglia *Giulio Cefare Capaccio* (a). In modo che il Governo di quefto Duca viene a ridurfi a pochi Mefi.

Interregno nell' Anno 662.

XIV. Dopo *Saburro* non trovafi altro Duca in Napoli preffo i noftri Scrittori, fino a *Gio: Cumano* intorno all'anno 715. Onde per tutto quefto tempo bifogna porre un altro *Interregno*.

Giovanni II. detto il Cumano, Duca VII., e Maeftro della Milizia nell' Anno 715.

XV. Con ragione in queft' Anno 715. collochiamo nel Ducato di Napoli *Giovanni* (cognominato il *Cumano*, perche ricuperò Cuma da mano de Longobardi ad iftanza di Papa *Gregorio II.*). Effendo ancora probabil cofa, che pria di quefto tempo egli fuffe ftato prefcelto a quella Carica; e che poi, eletto al Papato *Gregorio II.* nell' anno 714., nell' anno vegnente 715. cercò ricuperare da Longobardi Cuma, occupata da *Romoaldo II.* Duca di Benevento. E comeche quefti, più volte richiefto dal Papa, ricusò riftituirla alla Santa Sede, fotto il di cui patrocinio fi era pofta ne rivolgimenti d'Italia contro *Lione Ifaurico*; il Pontefice fcriffe a *Giovanni*, Duca di Napoli, che

---

(a) Giulio Cefare Capaccio lib. 1. cap. 20. ,, *Conftans* . . . . foluta ,, obfidione, Neapolim contendit. Erat in ea Civitate ftrenuus Miles, Sa- ,, burus nomine, optimus Civis, quem 20. millibus Militum præfecit, qui- ,, bufcum Campaniæ fines a Longobardis tueretur, ipfe Romam petijt . . . . ,, fed cùm Grimoaldus cùm fuis Copijs FORMIAS, propé Cajetam, ve- ,, niffet . . . . collatis fignis, incerto marte pugnabatur. At Ante- ,, longus quidam, qui Regis Haftam ferre confueverat; tanto impetu in ,, Saburum irruit; ut ex equo fublatum in cælum *ejecerit*.

che fi accingeffe a quella Imprefa : promettendoli fettanta libre d'Oro per guiderdone. E quefti, pofte all'ordine le fue Milizie, andò in Cuma con Teodimo, Suddiacono della Campagna, e che in Napoli amminiftrava la Diaconia di Sant' Andrea, per quello che riguardava le rendite di San Pietro in quefte noftre Regioni. Ed affalendo di notte, ed all' impenfata i Longobardi in Cuma; fi ritolfe la Città, dopo avervi uccifo il Comandante con trecento Soldati, e fattevi prigioniere più di altre cinquecento perfone, come raguaglia *Anaftagio Bibliotecario* (a). E 'l Papa, offervandoli la promeffa, fi fe sborzare le fettanta libre d'Oro, delle quali fi era obbligato.

XVI. Nota quivi *Gio: Diacono* (b), che ftando il Duca *Giovanni* (che egli chiama MAESTRO DELLA MILIZIA) per portarfi alla forprefa di Cuma, volle effer pria benedetto da un Sacerdote. Ed avendo fatto cercare uno di effi, fu ritrovato un tal *Sergio*: i dicui portamenti tanto piacquero al Duca, che promife di farlo Vefcovo di Napoli, fe fuffe ritornato vittoriofo da Cuma, e fe a fuo tempo fuffe vacata quella Chiefa. Il che avvenne giufta il di lui defiderio: peroche avendo egli trionfato de' Longobardi in Cuma; morto nell'anno 723. *Lorenzo* Vefcovo Napolitano, fe eligervi *Stefano*, come promeffo l'avea. Il Governo di quefto Duca fi crede che duraffe fino all'anno 742.

Efi-

(a) Anaftagio Bibliotecario in Vita Gregorii II. „ *Cumanum* Caftrum ipfo „ fuit tempore a Longobardis pacis dolo pervafum . Quo audito , omnes „ funt redditi trifles. Adhortans etiam Sanctiffimus Pontifex, & commonens „ Longobardos, ut redderent. Qui, fi non acquieviffent, in iram Divinam „ fe incidere pro dolo, quem fecerant, fuis fcriptis detefabatur: nam & „ munera eis dare, fi refipuerint, voluit multa. Sed illi, turgida mente, ne „ que monitis audire, neque reddere funt paffi. Unde nimis idem Sanctus „ Pontifex indoluit, fe feque fpei contulerat Divinæ: atque in munitione „ Ducis Neapolitani, & Populi vacans; ducatum eis qualiter agerent, quo „ tidie fcribendo, præfentabat. Cujus mandato obedientes, confilio inito, „ mænia ipfius Caftri nocturne fub filentio ingreffi funt, Joannes fcilicet „ Dux, cùm Theodimo Subdiacono, & Rectore, atque Exercitu, & Lon „ gobardos penè trecentos cùm eorum Caftaldione interfecerunt: vivos autem „ amplius quingentos comprehenderunt, captos Neapolim duxerunt: fic Ca „ ftrum recipere potuerunt. Pro cujus redemptione feptuaginta auri libras „ ipfe Sanctiffimus Papa, ficut promiferat antea, *dedit* .

(b) Gio: Diacono in Cronico Epifcop. Neapol. ad annum 755. „ Cum „ Joannes MAGISTER MILITUM cùm fuis adire feftinaret Cumanum „ Caftrum; ad exequendam Benedictionem Sergius Sacerdos inventus eft. „ Data illicò Oratione, Dux illi prævius votum devovit, dicens: *Si Do* „ *mino annuente, profperè recepturus Caftrum advenero; poft deceffum Pon* „ *tificis fi advixero, iftum Epifcopum ordinabo.* Quod & factum eft „ Cumque propria morte Beatus Laurentius de hac luce fubtractus fuiffet, „ Sergium elegerunt Pontificem; & prædicentis votum *adimpletum eft* .

Efilarato Duca VIII. nell'Anno 724.

XVII. Dopo *Gio: Cumano* fu inalzato alla dignità di Duca in Napoli *Efilarato*, deftinato al governo di quefta Città dall'Imperadore *Lione Ifaurico*: fu la fiducia, che doveffe porre le mani addoffo all'enunciato Pontefice *Gregorio II.* il quale agl'Imperiali Editti, emanati per diftruggere le Sagre Imagini, fi era oppofto con fommo fpirito: non effendo baftato l'animo ne ad *Eutichio*, Efarco di Ravenna, ne ad altri fuoi Miniftri di efeguire sì empio difegno. In fatti, *Efilarato* accingendofi a quefta fagrilega impresa, portoffi nella Campagna di Roma con *Adriano* fuo Figliuolo, e con altri Miniftri Imperiali: perfuadendo a quei Popoli che doveffero uccidere il Papa. Ma i Romani, fdegnati a quefte diaboliche infinuazioni, prefero lui e 'l fuo Figliuolo, e miferamente li tolfero di vita, come fcrive *Anaftagio Bibliotecario* (a). Che però il fuo Governo fu di pochiffima durata, e meno di tre anni: per effere accaduta fua morte nell'anno 726. fecondo il Cardinal *Baronio*.

Pietro Duca IX. nell'anno 727.

XVIII. Nell'anno 727. fuccedè ad *Elifarato* nella carica di Duca di Napoli *Pietro*, non inferiore nell'empietà al fuo Antecefore. Imperciocche ancor egli per via di Lettere cercò travagliare il Pontefice *Gregorio II.* Per la qual cofa i Popoli praticarono con lui la medefima maniera tenuta con *Efilarato*, privandolo di vita nell'anno iftefo, che avea prefe le redini del Governo, come in qualche maniera fi può ricavare dal medefimo *Anaftagio Bibliotecario* (a).

Teodoro I. Confole, e Duca X. circa l'Anno 728.

XIX. Ancorche i noftri Scrittori non fappiano chi collocar debbano dopo la morte di *Pietro* per Duca di Napoli; nientedimeno noi vi riponghiamo *Teodoro I.*: quale ritroviamo col Titolo di CONSOLE (o forfi il primo

in

(a) Anaftagio Bibliotecario in Vita Greg. II. „ *Ipfis* interea diebus Exhilaratus, Nefpolis Dux, deceptus diabolica inftigatione, cùm fuo filio Adriano, Campaniæ partes tenuit, feducens Populum, ut obediret Imperatori, & occideret Pontificem. Tunc Romani omnes eum infecuti, comprehenderunt, & cum fuo filio *occiderunt*.

(b) Anaftagio Bibliotecario loc. cit „ Tunc Romani omnes eum infecuti, comprehenderunt, & cùm fuo filio occiderunt. POST HÆC, ET „ PETRUM DUCEM: dicentes, turbati, quod contra Pontificem quoque „ fcripfifet.

in quefto genere); come da un Marmo, efiftente oggidì nella Chiefa di Donna Romita (quale Marmo, prima era nella Chiefa de' Santi Giovanni, e Paolo, dove fu poi fabbricato il Collegio de' Padri Gefuiti). Leggendofi in quefta Lapida, che egli fiorì fotto Lione Ifaurico, e Coftantino Copronimo, giufta la favia interpretazione fattane dal dottiffimo Gio. Mabillonio (a), allorche
portoffi in Napoli nell'anno 1696. E quantunque Giannantonio Summonte (b)
la rapportò interpretata altrimenti dal Padre Ignazio Braccio Gefuita; ed
in altro fenfo la riferifca il Canonico Carlo Celano, (c) per intelligenza di
Bernardo di Criftoforo. Ciò non oftante noi non ci appartiamo su di ciò dal medefimo Padre Mabillonio; il quale, perche chiariffimo in quefto genere, fi
crede che meglio di ogn'altro abbia colto al fegno. Che però egli deride
l'altre interpretazioni, col dire : Ibidem nonnullas Sepulcrales interpreta-
,, tiones legimus, quæ infimi Ævi imperitiam præfeferunt. Nimirum Græ-
,, ca Lingua his in partibus diù in ufu fuit, cujus hodieque veftigia in__
,, populari idiomate deprehenduntur . . . . . In Ecclefia Sanctæ Mariæ
,, DONNA ROMITA, ut vocant, eft infcriptio Græca, quam plerumque
,, editam cùm MENDIS PENE MULTIS, NEQVE FELICIUS EX-
,, PLICATAM, hic reftituere vifum eft . . . . . . Infcriptionis igitur
,, hæc eft fententia :

Theodorus Conful. &. Dux cum a. fundamentis. Templum
   hoc excitaffet. &. Diaconiam de novo perfeciffet. Ind. quarta. Leone. &. Conftantino. pijs. Imperatoribus. præclarus.
 • Fide. &. Moribus. duxiffet. Menfe. Octobri. hic. repofitus. eft
   cum. vixiffet. Annos. quinquaginta.

,, Imperatores hic notati funt ni fallor Leo Ifauricus, ejufque filius, &
,, fucceffor Conftantinus Copronymus. Infcriptio porrò ex Ecclefia SS. Joan-
,, nis, & Pauli, cujus Fundator erat Theodorus, in Ecclefiam S. Mariæ
,, DONNA ROMITA tranflata eft, poftquam illa SS. Joannis, & Pauli
,, Jefuitarum Collegio attributa, ac diruta fuit. E perche Lione Ifaurico
finì di vivere nell'anno 741. fuccedendoli Coftantino Copronimo fuo Figliuolo, fecondo il Cardinal Baronio, e Teodoro nell'Impero dell'uno e dell'altro fu Duca in Napoli ; giuftamente lo abbiamo collocato in quefto Ordine
dopo 'l Duca Pietro; prolongando il di lui Governo fino all'anno 741. quando finì di vivere Lione Ifaurico, e li fuccede il figlio Coftantino.

XX. Dall'effere ftato poi il Duca Teodoro cotanto pietofo fotto di due empj
Imperadori, e dopo due fcelerati Duchi, Eflarato e Pietro ; avendo quì fabbricata la Chiefa de Santi Gio. e Paolo (e forfi per quelle Greche Monache, le quali, fuggendo lo fdegno degli Iconoclafti, fi portarono da Bizan-
zia

(a). Gio: Mabillonio in Diario Italico cap. 21.
(b). Gianantonio Summonte Tom. I. pag. 394.
(c). Carlo Celano Tom. II. pag. 172.

zio in Napoli: dette perciò DONNE ROMITE, siccome il di loro Moniftero ne ritiene oggidì il nome); mi fa giuſtamente dubitare che egli non fuſſe ſtato quivi mandato dagli enunciati Imperadori, ma che 'l Popolo Napoletano l'aveſſe eletto, dandoli anche il Titolo di CONSOLE o ad imitazione degli Imperadori di Coſtantinopoli, oppure de' Prencipi Saracini, ſecondoche notizioſſi nel Paragrafo quarto del Capitolo precedente. Inducendomi a ciò credere, perche gli altri Duchi ſeguenti ſi vedono anche eletti dal Popolo, ſiccome tratto tratto ſi anderà diviſando. Eſſendoſi, ſecondo me, queſta coſtumanza introdotta in Napoli, dall'avere i Popoli odiato i due Duchi precedenti, *Eſilarato*, e *Pietro*, i quali inſidiarono la Vita al Sommo Pontefice, ed in tempo che anche gli altri Popoli d'Italia ſi andavano ſottraendo dalla divozione degl'Imperadori di Coſtantinopoli, come fu detto nel *Numero 6.* del Capitolo 3.

Stefano I., Conſole, Duca XI. nell' Anno 742.

XXI. Al morto *Teodoro* fu coſtituito nel Conſolato, e nel Ducato di Napoli *Stefano I.*, ſecondo la noſtra opinione (che che in contrario altri Scrittori ne dicano). Il quale, ſecondo il rapporto del *Platina* [a], dopo dodici anni di Governo, fu da quel Popolo (a cui in quel tempo ſi apparteneа la Nomina de' Veſcovi) ſcelto per loro Prelato: eſſendoli di già morta ſua moglie, e paſſato a miglior vita *Paolo* Veſcovo Napoletano, da' Greci Imperadori fieramente perſeguitato. E Papa *Stefano III.* (che fu eletto Pontefice nell'anno 752. ſecondo il vero calcolo dagli appurati Croniſti, dopo dieci anni di Conſolato in perſona di *Stefano*: il quale perciò nell'anno 742. vien da noi collocato); non oſtante che allora queſto Duca non fuſſe Chierico, per ſodisfare alle iſtanze del Popolo, e per provedere a' biſogni di quella Chieſa, che era non ſolo ſenza Veſcovo, ma anche ſenza Clero, a cauſa di una fiera Peſtilenza, che avea convertita la Città di Napoli in un Cimitero, lo promoſſe *per ſaltum* a quella dignità, per rapporto di *Gio: Diacono* [b]:

il

[a] Platina in Vita Stephani Papæ III.
[b] Gio: Diacono in Cronicon. Epiſc. Neapol. ad Stephanum: „ *Stephanus* Epiſcopus XL. ſedit annos 33. menſes 5. dies 20. In eo ſiquidem „ anno quo Paulus Epiſcopus defunctus eſt, irato Deo, tanta dæſevit cla- „ des Neapoli, quæ a Medicis *Inguinaria* vocatur; ut patris interitum „ mors ſequeretur filiorum, & ad ſepeliendum rarus ſuperſtes inveniretur: „ Inde & omnes prope Clerici ejuſdem Epiſcopi vitam finierunt. Ac per „ hoc omnes Neapolitæ ad prædictum accedentes Præſulem, magnis po- „ ſtulant precibus, ut Eccleſiæ providus Paſtor acceleret. Quorum petitio- „ nibus non renuens; Romanam Sedem LAICUS, ET ADHUC CONSUL, „ ADIIT: nam Parthenopenſem Ducatum, laudabili quiete, duodecim re- „ xit annis. Cùm autem Dominus Stephanus Romam veniſſet, & ſuus Apo- „ ſtolicus tantam Populi devotionem in eum cerneret; TONSVM IBI- „ DEM, ABSQUE REGULARI PROMOTIONE, EPISCOPUM CON- „ SE-

(il che per altro in que' tempi era in ufo, fecondo la comune opinione de Canonifti (a), e giufta un Concilio del medefimo Pontefice *Stefano III.* nella caufa di *Coftantino* Vefcovo di Nepi, ordinato parimente *per faltum*). Mi dò a vedere, che quefto *Stefano* fuffe ftato eletto Duca e Confole in Napoli dal Popolo, e non dall'Imperadore *Copronimo*: altramenti non farebbe egli ftato di tanta perfezione, che fi poteffe di falto elevare al Vefcovato; ne il Romano Pontefice l'avrebbe di leggieri confegrato, fe lo conofceva dipendente da quel Cefare *Iconoclafta*. Viffe egli in Napoli dedici anni da Confole, e trentatrè da Vefcovo e Confole infieme: fiche potè giugnere all'anno 787. del comun Rifcatto, in tempo che regnava *Irene* in Oriente con *Coftantino* fuo Figliuolo.

Cefario Confole XII.

XXII. Affunto al Vefcovado di Napoli il Duca *Stefano*, come fovra fi diffe, e non potendo egli folo fodisfare alle parti di Vefcovo e di Principe; giudicò bene di affumere per Collega del Ducato *Cefario* fuo Figliuolo: al quale diede Titolo di *Confole*. Loche fi fece coll'annuenza della Corte di Coftantinopoli, dalla quale in molte cofe i Duchi Napoletani cominciarono di nuovo a dipendere: fpezialmente per effere ormai fpenta l'Erefia Iconoclafta. Ma premorendo *Cefario* al Padre in età ancor tenera; quefti con fommo dolore lo pianfe, come fi fà noto da un lungo Cenotaffio fopra il di lui Avello, che fu nella Chiefa di *San Gennaro* fuori le Mura; e poi (come dice *Camillo Pellegrino* nella Storia de Longobardi, appò del *Muratori* a Carte 342. del Tomo II.) fu trafportato in *Salerno*, e ripofto nel Convento de Padri Minori Offervanti: in cui fi legge:

„ Cæfarius Conful, teneris fublatus in annis,
„ Hic recubat moriens: væ tibi Partenope;
„ Æternum medio geftas in pectore vulnus:
„ Militibus perit Murus, & Arma tuis.
„ Et mea, qui eum genui, vos vulnera flete, parentes,
„ Qui Sobolum cupitis tàm benè forte frui.
„ Sors mea deterior dulcis in funere Nati,
„ Cuius flamma meum pectus ubique cremat.
„ Aptus erat cunctis verbo, fed probus in actu:
„ Confilio folers, fortis ad arma fimul.   (GUNTUR,
„ REX ROMÆ PRÆCELSE NOVÆ, QUO' SCEPTRA RE-
„ PRÆTULIT HUNC NOSTRA CIVIBUS URBE SUIS.
„ Iftius auxilio longeva paterna fenectus

Tom. III.   A a   „ Tu-

„ SECRAVIT. Qui mox ab eo benedictione dimiffus, fuam repetijt ad
„ Urbem, in qua honorificè fufceptus eft. Sic de divinis cæpit ftudere;
„ ac fi parvulus in eis fuiffet edocatus. Uxorque ejus, illo Confule, ex
„ multis objerat *Annis*.
(a) Canoniftæ in Cap. *Statuimus*, dift. 61.

,, Tuta regebatur: jamque quietus eram.

,, Virtus, Ingenium, Pietas, Sapientia multa,
,, Væ cui cùm genito tot periere bona.

,, SIC BLANDUS BARDIS ERAT, UT FÆDERA GRAIS
,, SERVARET SAPIENS, INVIOLATA TAMEN.

,, Consul, post Præsul, genitor monumenta paravi,
,, Cui fuerat curæ condere membra patris.

,, O mihi non prolis tantùm, sed COLLEGA fidus,
,, Cui tantos linquis, quos tuus auxit amor?

,, Nutricius obses Arichis, moderamine sancto,
,, Salvasti patriam, permemorande, tuam.

,, Sex, quater & binos hic jam conscenderat annos,
,, Cum Flamen Christo reddit æthere summo.

,, Vita senis tenuis post nati funus acerbum,
,, Post illum paucis credo diebus eam.

,, Lux te præcedat Christi, charissime fili.
,, Sancte Januari, quod peto, posce Deum.

Depositum est XII. Kal. Octobr. Imperatore IX. Constantino, & Irene Aug. Anno XIII.

XXIII. Dalla lettura di questa Epigrafe molte cose si possono inferire per illuminazione della nostra Istoria, e per la maggiore intelligenza della Epigrafe istessa. La *prima* si è, che 'l Duca *Stefano* prese solamente per Collega il Figlio *Cesario*, e non già che li rinunziasse il Consolato affatto, come han supposto alcuni de nostri Scrittori: il che si ricava da quel verso:

O mihi non prolis tantùm, sed Collega fidus.

La *seconda*, che *Cesario* fu un Giovane di ottima indole, e di grandissima aspettativa; e che perciò il Padre ne pianse così amaramente la perdita: dicendo, che avea sotterrato un ottimo Capitano; il quale l'avrebbe senza dubio liberata Napoli dagl' insulti de Longobardi, che da ogni dove l'angustiavano.

. . . . . *Væ tibi, Parthenope,*
Æternum medio gestas in pectore vulnus,
Militibus periit Maxus, & Arma tuis.

S'inferisce ancora, che *Cesario* morì in età di anni ventisei:

Sex quater & binos jam transegerat annos:

e che ciò accadde in tempo, che l'Imperadrice *Irene* avea regnato tredici anni; e nove *Costantino* di lei figlio: *Depositus est XII. Kal. Octobr. Imperatore IX. Constantino, & Irene Aug. Ann. XIII.* E comeche *Irene* incominciò a regnare nell'anno 770. secondo il Cardinal *Baronio*, quando *Costantino* era di dieci anni; perciò la morte di *Cesario* viene a cadere nell' anno 784.: senza saperfi quanti anni avesse regnato col Padre. Di più, vi è di notabile non solo, che egli fu Collega del Genitore, come si disse; ma di vantaggio, che Napoli allora era governata colla dipendenza dell'Imperadore di Costantinopoli: e che, con l'annuenza di questo, fu sublimato a quel Posto, giusta quegli altri Versi:

Rex Romæ præcelse novæ, quod sceptra reguntur,
Prætulit hunc nostra civibus Urbe suis:

come

come riflette il *Muratori* (trascritto nel *Numero* 5. del *Capo* 3.) sovra i versi enunziati: ancorche *Cesario* fusse stato Napoletano , e non Greco . (Si continuò poi, come io suspico , la Polizia di eligersi i Nazionali , e non i Forestieri per Duchi di Napoli , come si deduce da quella parola *Prætulit* .) Si ricava parimente , che , avendo *Arechi* Principe di Benevento assediata Napoli in tempo del Duca *Stefano* ; questi , per venire con essolui ad una Capitolazione convenevole (siccome alla lunga lo trascriveremo nel Capo 6. del Libro 6.) , fu duopo , che li dasse *Cesario* suo figliuolo , per ostaggio . Il quale , ancorche fanciullo allora , diede nonperò un gran saggio di sua assennatezza ; come da Versi seguenti :

> Sic *blandus Bardis erat , ut federa Grais*
>   *Servaret sapiens , inviolata tamen . . . .*
> *Nutritius obses Arichis , moderamine Jancto ,*
>   *Salvasti Patriam , permemorande , tuam .*

E per ultimo si deduce che , morto *Cesario* , il Genitore continuò il suo governo ; ancorche vivesse poco tempo , sì per la vecchiaja , sì per il dolore del figlio . Che però dicea :

> *Consul , post Præsul , pater monumenta paravi*
>   *Cui fuerat cura condere membra patris . . . .*
> *Vita Senis tenuis post Nati funus acerbum :*
>   *Post illum paucis credo diebus eam .*

Antimo Console , e Duca XIII. nell' Anno 788.

XXIV. Vuole *Gio: Villano* (a) nella sua Cronaca, che *Teofilo* succedesse al morto Console *Cesario*. Di qual opinione , è ancora il *Capaccio* (b) : il quale afferisce , che in tempo di Papa *Gregorio II.*, venuti in Napoli i Saracini , fu ucciso ; e che fu Genero di *Stefano* , per avere sposata *Euprasia* , di lui figliuola . Ed il *Summonte* (c) a questo stesso proposito dice : ,, Nel ,, l' anno 788. come racconta Gio: Villani nella sua Cronica di Napoli il ,, Capo 52. del primo Libro , la Città di Napoli fu assediata da una grossa ,, Armata di Saracini , venuta d' Africa , e da Spagna , ed avendo preso mol- ,, ti Luoghi intorno alla Città , non perdonò ad età , nè a sesso . Nell' ulti- ,, timo di Giugno assediarono la Città per mare , e per terra , entrando in ,, quella per la Porta detta *Don Orso* , all' hora ove al presente è il Mo-

A a 2   ,, na.

<hr>

(a)   Gio: Villano lib. 1. cap. 52.
(b)   Giulio Cesare Capaccio lib. 1. cap. 12. ,, *Theophilus* vel Theophila- ,, ctus , Dux XIII. Hunc Ducem nominat Joannes Villanus in suis Cronicis ,, Neapolitanis , qui , Gregorio II. Papa imperante , advenientibus Neapo- ,, lim Saracenis , in pugnam ab eis occiditur , & precibus Beati Agnelli , ,, Civitas ab his liberatur , clavo in murum fixo , ubi adjungere Saraceni . ,, Hunc Theophilactum Ducem dixerunt , & Stephani , Superioris Ducis , ac ,, Episcopi , generum , maritum *Euphraxiæ* .
(c)   Gianantonio Summonte Tom. I. pag. 410.

„ naftero di San Pietro a Majella ; ed anco per le cave fotterranee , occu-
„ pando buona parte della Città. Era all' hora, fecondo l' Autore predetto,
„ Duca della Città uno ftrenuo Uomo, chiamato Theofilo, che per avven-
„ tura era ftato prepofto, per l' inabiltà di Cefario, detto di fopra. E mi
„ induce a crederlo, perche morendo poco appreffo Cefario, nel fuo Sepol-
„ cro fi fa mentione effere ftato folamente Confole. Hor Theofilo infieme
„ col Popolo opponendofi a nemici ; fu percoffo da una lancia, e fubito
„ morì. Per il che i Cittadini mandarono in Roma a Carlo Magno : dal qua-
„ le ebbero Aimone, e Bernardo Duchi Francefi, con due mila Cavalli, e
„ mille Pedoni. Suppone quefto Autore tra l' altre cofe, che Cefario fu de-
crepito ; e che li fu dato Teofilo per Coadjutore. Per contrario Pietro Giannone (a) dice, che Teofilo (chiamato da lui Teofilatto) fu Genero di Stefano ; e lo vuole in Napoli da poiche Cefario, era già morto ; così fcrivendo. Cefario premorì all' infelice padre. Onde Siefano continuò folo il Governo fino al 791. anno della fua morte..Teofilatto li fuccedette nel Ducato.
Cofiui era fuo Genero, come quegli, che s' avea fpofata Eupraffia fua figliuola, ed averlo anche, dopo Cefario, fatto fuo Collega. Onde, morto Stefano, reftò egli folo Confole, e Duca.

XXV. Tutte quefte Opinioni però fi veggono affai piene di anacronifmi,
di equivoci, e di altre incongruenze. Primieramente, perche fi vuole Papa
Gregorio II. nell' anno 788., quandoche egli finì di vivere nell' anno 731.
Di più, fuppongono Carlo Magno in Roma nel 788. : e pur quefti vi fù a
prendere la Corona nell' anno 800. Poi figurano i Francefi in Napoli per di-
fcacciarne i Saracini ; quandoche quefti non vi vennero, fe nonche in tempo di Lodovico Pio. Di vantaggio credono, che Cefario fuffe vecchio, ed
affumeffe Teofilo per fuo Collega : e pur è certo, che Cefario di anni ven-
tifei premorì al Padre. E per ultimo (lafciando le tante, e tante improporzioni, che vi fi potrebbero fcuoprire,) vogliono Teofilo per Collega, e Genero di Stefano, per avere fpofata Eupraffia di lui Figliuola ; allorche coftei fu figliuola del Duca Andrea, promeffa da lui a Contardo Capitan Fran-
cefe, mandato da Lotario Imperadore in Napoli per fuo ajuto. E perche
poi Andrea non volle dargliela ; reftò da Contardo miferamente trucidato ;
giufta quel tanto che fi dirà poco giù.

XXVI. Quindi noi, lafciando tutte quefte opinioni, ponghiamo Antimo per fucceffore di Stefano nella Duchea, e Confolato Napoletano. Affidati
a Gio: Diacono (b), il quale rapporta molte Chiefe fondate da Antimo in
                                                              Na-

---

(a) Pietro Giannone Tom. I. pag. 347.
(b) Gio: Diacono in Cronicon: Iflis igitur diebus, Anthimus, Neapolitanus Conful, ad honorem Sancti Pauli amplam confruxit Ecclefiam ;
quam pulcriori decoravit Pictura : ubi res multas, multofque obtulit fervos.
Et PROPTER EPISCOPATUM LEONIS, ROMULEI PAPÆ, cujus
tunc juris erat, Monafterium Sanctæ Andreæ, quod Cella Nova dicitur,
convectit. Fabricavit & idem Conful cam Conjuge fua Monafterium S. Cy-
riaci, & Julittæ in quo duodecim flatuit Cellulas, quas hofpitibus, pere-
grinifque cenfuit habitari, qui ex ipfius Ecclefiæ alerentur rebus. In ifis,
                                                              atque

Napoli in grazia di *Lione III.* Sommo Pontefice, ed arricchite di Reliquie, di Servi, e di Doni. E comeche *Lione III.* fu eletto Pontefice nell'Anno 795., e visse nel Papato fino all'anno 817.; perciò collochiamo in questo luogo *Antimo* per Duca di Napoli: supponendo, che vi durasse venti anni per lo meno, cioè infino all'anno 808.: altrimenti non averebbe potuto ridurre a perfezione tante Fabbriche, che vi fece.

Teotisto Duca XIV. e Maestro de Soldati, nell'Anno 808.

XXVII. Per la morte del Duca *Antimo* si pose in moto il Popolo e la Nobiltà Napoletana: stante che molti dell'uno e l'altro Ceto a quella dignità anelavano. E perche l'elezione del nuovo Duca appartenea allora al Comune di Napoli, come dicemmo nel *Numero* 4. del *Capo* 3., per togliere da mezzo ogni disparere, chiamarono *Teotisto* da Sicilia per loro Duca, e Maestro della Milizia, come rapporta *Gio: Diacono* (*a*): anteponendo un Estero a proprj Nazionali. E sebbene non si sappia per quanto tempo vi regnò questo nuovo Duca; pure possiamo probabilmente inferire, che vi signoreggiasse per lo meno diece in dodici anni. Conciossiache il dilui successore fu *Teodoro II.*, il quale ascese a quella dignità nell'anno 818., e mosse fierissima Guerra a Napoletani, per averlo diposto dalla sua Carica, ed eletto in di lui vece *Stefano II.*, come vedrassi più giù.

Teodoro II. Duca XV. nell'Anno 820.

XXVIII. Terminato il Governo di *Teotisto* in Napoli (non si sà, se per cambio, per rinunzia, o per morte; parlando sù di ciò *Giovanni Diacono* (*b*) con parole ambigue, ed oscure), li succedè *Teodoro II. Protospatario*, per testimonianza dello stesso Autore. E perche questo nuovo Duca con i suoi strani portamenti irritò al sommo qual Popolo; lo diposero dalla

Ca-

---

atque duabus Basilicis prædictus Episcopus sacras collocavit Reliquias. In ipsis denique diebus Theodovanda, uxor Antimi quondam Ducis, & in suo Prætorio fecit Monasterium Sancti Marcellini, in quo Abbatissam suam neptem cùm Ancillis Dei posuit.

(a) Gio: Diacono loc. cit. ,, *Cùm autem hæc gererentur, defunctus est* ,, *Anthimus Consul: & inter Neapoleos causa Consulatus orta est seditio,* ,, *exoptantibus quidem multis honorem Consulatus eripere. Tunc Neapoli-* ,, *tani, cupientes magis extraneis, quàm suis subesse; miserunt Siciliam, &* ,, *inde adductum quendam Theoctistum, sibi Magistrum Militum statue-* ,, *runt.*

(b) Lo stesso Autore loc. cit. *Theoctisto, aliquantis decursis temporibus, ut Græcorum moris est, successit Theodorus Prothospatarius . . . . Eodem in tempore, Theodorum successorem Teoctisti Ducis propellentes; Stephanum, nepotem præscripti Stefani Præsulis, Consulem levaverunt.*

Carica; e la conferirono a *Stefano II.*, nipote dell' altro Stefano, che vi fu Confole, e Vefcovo. Non fi sà per quanto tempo vi aveffe *Teodoro* regnato. Si crede però che duraffe nel Governo per lo fpazio di fette anni, fino al 828. : ftanteche *Sicone* Duca di Benevento nell'anno 829. moffe Guerra a Napoletani, perche aveano difcacciato *Teodoro*.

Stefano II. Duca XVI. nell' Anno 828.

XXIX. La rimozione di *Teodoro* coll'elezione di *Stefano II.* fatta da' Napoletani, fu cagione della rovina di Napoli e del Duca *Stefano*. Concioffiache, *Sicone* Duca di Benevento (fuffe veramente per amore che portava al Duca *Teodoro*, fuffe per odio che nutriva contro i Napoletani), su'l pretefto di avere quel Comune rimoffo *Teodoro* fuo amico; nell'anno 829. con forte Affedio cinfe Napoli. Ed ancorche a perfuafive di *Tiberio* Vefcovo della Città fi fuffe fciolto tale Affedio; nulladimanco non fi quietò *Sicone*, fe prima non fu miferamente uccifo il povero Duca *Stefano* per mano delli fteffi Napoletani malcontenti innanzi il Palazzo Vefcovile, dove fi era portato per conchiudere la Pace con i Legati di *Sicone*; come teftimonia *Giovanni Diacono* (a). Della Guerra però che *Sicone* fece alla Città di Napoli (come fopra fu cennato), ci riferbiamo di favellare nel Capitolo 7. del Libro 6.

XXX. Il Governo di quefto Duca non pafsò i quattro anni: e la di lui Moglie, che era Figliuola del difcacciato *Teodoro*, li fece ergere un Avello nella Chiefa di *San Gennaro* fuori le Mura, colla feguente Ifcrizione, rapportata da *Giulio Cefare Capaccio*:

> *Seba cùm facinoribus invafit me horror mortis;*
> *Tellus in pulverem redacta Caro mea quiefcit,*
> *Expectans venturum meum de cœlis Factorem: cùm fide*
> *Promiffionis, Refurrectionifque fuftinens diem, ut Jofeph.*

Hæc

(a) Gio: Diacono loc. cit. ,, *Eodem* in tempore Neapolitani Theodorum, fuccefforem Theoctifti Ducis, propellentes; Stephanum, nepotem præfcripti Stephani Præfulis, Confulem levaverunt. Cujus invidia commotus Sico Beneventanorum Princeps, multa mala, nunc obfidendo, nunc deprædando, Parthenopenfium irrogavit Civitati, cupiens eam aliquo modo fuo peffimo dominatui fubjugare. Sed cùm non valeret ad effectum fuum venire; impios Cives ejufdem Urbis, datis multis muneribus, mifit in lethale confilium ipfius Ducis. Quid multa? æftivo tempore, quando fegetes reponuntur, eidem Duci pacem petenti, fuos tranfmifit Legatos, dans eis præceptum, ut dolofis loquerentur Neapolitanis. Illi quoque venientes, ut conceptum (irato Deo) perficerent malum; fimulaverunt fe in ipfius Epifcopij Ædibus applicare. Poftera igitur die Stephanus Conful, cupiens defideratam pacem fancire; junxit fecum eis ante Fores Ecclefiæ Stephaniæ. Tunc fautores Siconis, impetum facientes, peremerunt fuum Confulem coram Legatis ejus.

Hæc Christi Martyr Januarii deposco ,
   Ut per te meis delictis ignoscat Sabahot.
Attendite , quid Mundi mihi profuit gloria ?
   Huc dormiens sileo , Baptismi habens fiduciam : tamen
Vehementer Conjux deflet , & mœrens luget me diu.
   Sodales etenim mei cuncti me sunt obliti viventes,
Cum ex illis sit nullus , qui sententiam evadat hanc .
   Omnis ergo maledictus , cujus cor recedit à Deo .
Nec ullus salvatur vivens , nisi Dei crebrà
               invocaverit nomen .
  Sed Dei Genitrix Virgo, meritis me tuere tuis ,
   Ut æterni examinis die , & perpetua eripiar interitu .
  Lætarique cùm Sanctis, mereat , dum ad judicandum venerit
              Emmanuel .
Requiescit hic Stephanus Dux , & Consul. Vixit Annis XXXIV.
Obiit XVI. Mensis Maij , Indit. VIII. sed & ejus Conjux cum viro ,
Theodori Neapol. Ducis F. ponitur hic .

Buono , Duca XVII. nell'Anno 832.

XXXI. Uno de principali uccisori del trucidato Stefano, fu Buono ; il quale poi col favore di Sicone , in premio dell' eseguito tradimento, fu eletto Console della Città. Ma perche il Cielo dispone altramenti le cose da quello , che pensano gli uomini ; permise Iddio, che egli appena asceso a quel Posto , si ponesse a perseguitare gli altri uccisori del Duca Stefano , ad alcuni togliendo la vita , e ad altri dando l' esilio dalla loro Patria . E fin qui sarebbe stata lodevole la sua condotta ; se poi non avesse sfogato il suo sdegno contro la Chiesa , e contro 'l proprio Vescovo Tiberio . Peroche non potendo soffrire le di lui paterne ammonizioni , anzi prendendole in mala parte ; lo fe racchiudere in oscura , e fetida prigione, macerandolo in pane ed acqua , ed eligendo Giovanni Acquarolo in nuovo Vescovo della Città, come soggiunge Gio: Diacono (a) nella sua Cronaca . Quindi , adirato

(a) Gio: Diacono loc. cit. „ Sed Dominus judex , justus redditor , qui „ nihil sinit abire inultum ; unum ex his interfectoribus , Bonum nomine , „ Ducatum permisit arripere Parthenopensem . Qui mox ut Consul effectus „ est , ex suis complicibus , alios lumine privavit , alios perpetuò relegavit „ exilio . . . . Præfatus igitur Bonus , Stephani Ducis necator , in eo „ anno quo Consulatum Neapolitanum regere orsus est , contra Sanctam „ Ecclesiam , ad cumulum suæ perditionis , multa cœpit mala peragere , „ Cui cum idem Antistes , in quantum virium erat , obsistere non dubita„ ret (eligens terreni , quam cœlestis iram incurrere Iudicis) , ei jugiter „ examen comminabatur divinum . Sed ille , antiqui aspidis cauda aures „ cordis obturans , adhuc spernebat monita salutis . insuper ut funes pec„ catorum ad suum prolungaret interitum ; lictorum verbositates magis at„ ten-

tato il Cielo contro di lui, dopo un anno e mezzo di Governo, lo tolſe dal Mondo.

XXXII. Tra le altre coſe indegne, che fece il Conſole *Buono*, una fu, di obbligarſi colla riſpoſta di un annuo tributo al Duca di Benevento: l'altra di fare, che *Sicone* ſi prendeſſe il Corpo di *San Gennaro*, e ſeco lo portaſſe via colle Reliquie de Santi *Feſto* e *Deſiderio* di lui Compagni (reſtando quì ſoltanto il Capo e 'l Sangue del Glorioſo Santo) come ricavaſi da *Erchemperto* (a) e da *Lione Oſtienſe* (b). Ma perche *Sicone* poco di poi morì, e *Buono* (che lo ſeguì al Sepolcro il dì 9. Gennajo 834.) non volle pagare al Succeſſore il ſolito tributo; ſi acceſe una fieriſſima Guerra tra Napoletani e Longobardi in tempo di *Andrea* Duca di Napoli, come poco appreſſo ragguagliaremo; e perora lo conferma il *Muratori* (c), rapportando l' Iſcrizione del Sepolcro di queſto Duca, ſeppellito in *S. Maria a Piazza*: quale Iſcrizione traſcrive egli dal *Pellegrino*, e da altri noſtri Iſtorici. In cui per altro ſi ravviſa, che *Buono* portoſſi da prode e valoroſo Capitano contro i Longobardi, allorche (pria ch' egli moriſſe) incominciarono le rotture tra queſti ed i Napoletani. L' Epigrafe anzidetta è del tenore ſeguente:

BONUS, CONSUL, ET DUX.

Bardorum beſla, invida hinc inde vetuſta,
    Ad lacrymas, Parthenope, cogit ſæpe tuos.
Ortus, & Occaſus norit quò Sico regnavit,
    Suadendo Populos, munera multa dabat.
Nam mox hic recubans, ut Principatu refulſit
    Eoſque perdomuit bellis, triumphis ſubdit.
Ut reor, affatim nulluſque referre diſertus
    Enumerando Viri facta decora poteſt.
Sic ubi Bardos, agnovit ædificaſſe Caſtellos
    Acerræ, Atellæ, diruit, cuſtodeſque fugavit.
Concuſſa loca Sarnenſis incendit: Furculas
    Cunctas lætus depredans; cum ſuis regreditur Urbem.
Omnibus excluſis, iſto tantum retinebitur antro.

                                           -Men-

" tendebat. Quid multis major? Ad ultimum injecit in eum manus, & " comprehendit eum, atque carceralibus tenebris relegatum, artò in pane, " & aqua macerabat . . . . Bonus interea Conſul, expleto unius anni, " & ſex menſium circulo, defunctus eſt.

(a) Erchemberto in Cronicon: *Princeps Sico Sancti Januarii Martyris Corpus de Baſilica, ubi pro longo temporis ſpatio requievit, elevans; cum magno triumpho Beneventum regreditur.*

(b) Lione Oſtienſe in Cron. Caſſin. lib. 1. cap. 20. " *Ipſe Sico*, cùm diù " Neapolim obſediſſet, & afflixiſſet; tandem Sanctiſſimi Martyris Januarii " Corpus de loco, quo fuerat reconditum, auferens; Beneventum detulit, & " cùm Sanctiſſimo Feſto & Deſiderio in ipſo Epiſcopio honorabiliter recondi- " dit, ſicut in hiſtoria Erchemperti *refertur*.

(c) Lodovico Antonio Muratori Tom. I. pag. 345. Scrip. rer. Ital.

Mensium, & anni breve ducatum gerens.
Nam, moriente eo, Tellus magno concussa dolore,
    Inde vel inde pauper luxit & ipse senex.
O sibi quàm duris Uxor cedit pectora palmis,
    Subtili clamans voce, mori parata satis!
Ululatu potiùs communia damna gementes:
    Pax quia nostra cadit, sed decor ipse simul.
Loquax, vigil tantus habebatur ab omni;
    Ut moriens Populi cremaret idem.
Ehù teneras quàm lacrymas patiuntur infantium!
    Clamitans, hic nobis, pax, paterque fuit.
Turmatim properant diversi sexus, & ætas
    Funere de tanto voces ubique gemunt.
Dapsilis, & fortis, sapiens, facundus, & audax,
    Pulcher erat specie, defensor ubique totus.
Virgo præcipua, Mater Domini, posce benigne,
    Ut sociari dignetur Beatorum amœnis locis.
XLVIII. hic vixit annos, obiit die nona
Mensis Januarii per Indictionem duodecimam.

Lione Duca XVIII. nell' Anno 835.

XXXIII. Al morto Console *Buono* succedè *Lione* suo figliuolo, ma per lo spazio di sei mesi solamente : perche venendo odiato da *Andrea* suo Socero; questi oprò in modo, che lo fè diporre, e poi lo tolse anche di vita, come il tutto si legge presso lo stesso *Gio: Diacono* (*a*).

Andrea Duca XIX. nell' Anno 835.

XXXIV. Dopo che *Andrea* ebbe discacciato *Lione* suo Genero dal Governo di Napoli, facendosene egli padrone; nello spazio di un anno e giorni che lo ritenne, altro non assaggiò che amarezze. Peroche, morto *Sicone* Duca di Benevento, e succedutoli *Sicardo* di lui figliuolo, questi mosse fiera Guerra a Napoletani, a cagione del Tributo promesso dal Console *Buono* al suo Genitore, e poi non pagato. Laonde *Andrea* per poterlo fronteggiare, chiamò i Saracini in suo soccorso: i quali posero talmente in sogezione i Longobardi, che obbligarono *Sicardo* a far pace col Duca di Napoli, come asserisce *Gio: Diacono* (*b*); e si fa noto dal di lui *Capitolare,*

Tom. III.   B b

(a) Gio: Diacono in Cronicon Episcop. Neapolit. „ *Bonus* interea „ Consul, expleto unius anni ex sex mensium circulo, defunctus est : cui „ successit filius ejus. Hunc autem Leonem post sex mensium dies, Socer „ ejus Andreas pepulit, & factus est ipse Consul.
(b) Il medesimo loc. cit. *Contra hunc Andream Sicardus, Beneventanorum*

zare, che alla lunga trascriveremo nel Capo 6. del Libro 6. in occasione di rapportar le Guerre, che occorsero trà Longobardi, e Napoletani.

XXXV. Questa pace di *Sicardo* col Duca *Andrea* fu di pochissima durata: imperciocche appena partiti i Saracini da quelle vicinanze, *Sicardo* cominciò di nuovo ad inquietare i Napoletani: inguisatale che *Andrea* fu astretto ricorrere da *Lodovico Pio* Imperadore per ajuto contro costui (nelle quali circostanze si crede che Napoli si fusse resa tributaria degli Imperadori, come fu avertito nel *Numero* 3. del Capitolo 2.). E *Ludovico* gl'inviò *Contardo* suo fido Capitano: il quale in questa impresa non potè dar gran saggio del suo valore, per aver ritrovato morto *Sicardo*, e cessate le amarezze de Napoletani con i Longobardi mediante il Capitolare, che *Sicardo* fermogli; dopo aver tenuto ristretta di lungo Assedio la Città di Napoli, come raguaglieremo nel Libro 6. al *Numero* 10. del Capo 7. Che però appena giunto in Napoli *Contardo*, fu in voto di far ritorno al suo Principe. Ma perche il Duca *Andrea* dubitava della fede de Longobardi: pregò *Contardo* a fermarsi in Napoli, promettendoli di darsi in isposa *Euprassia* sua figliuola, la quale era rimasta vedova di *Lione* suo secondo Marito, e Duca di Napoli. Accettò *Contardo* il partito: e perche poi *Andrea* ne giva procrastinando l'adempimento; *Contardo* sdegnato del tratto, una mattina avanti la Chiesa di *San Lorenzo in Fonte* miseramente l'uccise, secondo lo stesso Autore (a). Morte per altro a lui ben dovuta, per quel che egli avea fatto contro *Andrea* suo genero: e solo degno di qualche loda per l'atto pietoso, che usò col Vescovo *Tiberio*, racchiuso in Carcere per comando del Console *Buono* (come fu detto più su): rimettendolo nella sua Sede: in cui egli poco dopo morendo, raccomandò al Popolo, che li sostituissero l'anzidetto *Giovanni Acquarolo*, che questa seconda volta fu vero e legitimo Pastore.

Con-

norum Princeps, filius Siconis, innumerabiles molitus est irruptiones. Pro quibus, commotus Andreas Dux; directo Apocrisario, VALIDISSIMAM SARRACENORUM HOSTEM ASCIVIT. Quorum pavore Sicardus perterritus; insido cùm illo quasi ad tempus inito foedere, omnes ei Captivos reddidit.

(a) Gio: Diacono loc. cit. Nec multo post repedantibus ipsis Sarracenis, Sicardus disrupit pacem, & ampliavit adversùs Neapolim insidias. Mox autem Andreas Consul Franciam direxit, deprecatus Domìnum Ludovicum, ut saltem ejus praeceptione à tantis malis sopiretur Sicardus. Quapropter misit ille Contardum fidelem suum, ut si nollet cessare persequi Parthenopensem Populum; vesanum ejus furorem ipse mederetur. Hic autem Contardus cùm Neapolim pervenisset; audiens, Sicardum peremptum à suis Concivibus; ad suum Seniorem reverti voluit. Quem Andreas, Magister Militum, propter ingentem Longobardorum inimicitiam, tenere curavit, PROMITTENS EI EUPRAXIAM FILIAM SUAM DARE IN MATRIMONIUM, QUAE UXOR FUERAT PRAEDICTI LEONIS FILII BONI DUCIS. Qua sponsione accepta, consistens, repedare contempsit. Sed ubi cognovit id Contardus, hujusmodi copulam illudendo protelari; conjuravit cùm inimicis Andreae Consulis, & eum in loco Basilicae Sancti Laurentii, qui ad Fontes dicitur, gladio percussit. Consulatu suscepto, eandem duxit Eupraxiam.

Contardo Duca XX. nell' Anno 836.

XXXVI. Se per il Governo di tre soli giorni merita taluno essere riposto nel novero de' Duchi Napoletani; potrebbe numerarvisi anche questo perfido sicario *Contardo*. Il quale, ucciso *Andrea*, occupò la carica dell'estinto, ed isposò *Euprassia*: che per altro non ebbe alcun ribrezzo di stringere quella mano, che era peranche imbrattata del sangue paterno. I Napoletani però non potendo soffrirne l'Indegnità, congiurarono contro di essi: e nel terzo giorno di loro nozze assalendoli nel Palazzo Vescovile, uccisero ambedue: trucidando di vantaggio i loro familiari, non ostante che avessero fatta sul principio una gagliarda difesa, secondo *Gio: Diacono* (a).

Sergio I. Console, e Duca XXI. nell' Anno 836.

XXXVII. Tolto dal Mondo l'usurpatore dell'altrui Dominio; pensarono i Napoletani inalzare a quella Dignità un soggetto di valore e di senno. A quale effetto fissarono lo sguardo in *Sergio*, figliuolo del primo letto di *Euprassia* e di *Marino*. Il quale, nel dì che *Contardo* ammazzò il Duca *Andrea*, era stato da suoi Cittadini inviato a *Benevento* per ritrovare *Sichenolfo* Principe di Salerno, che si era portato all'Assedio di quella Città (essendo allora già divisi questi Principati) e partecirparli lo stato miserabile della Patria. E perche nel ritorno avea egli inteso in *Sinuessa* la barbara crudeltà di *Contardo*; ritirossi nel Castello di *Cuma*, per aspettarne notizie più distinte. Che però i Messaggi, che da lui si portarono per notiziarli la sua Elezione in nuovo Duca; colà lo ritrovarono, e lo ricondussero in Napoli, come siegue a dire lo stesso Scrittore (b).

XXXVIII. Se vi fu Duca in Napoli ben affetto alla Patria, e rispettoso della Sede Apostolica, questi certamente fu il nostro *Sergio*. Il quale oltra all'essere versatissimo nella Lingua Greca e Latina, ed assai caro all'Impera-

Bb 2
dore

(a) Gio: Diacono loc. cit. *Neapolitani siquidem, commoti de morte turpissima sui Ducis; post tres dies, unanimes irruunt in Episcopium, quò ipse manebat: & confecto feroci bello, CONTARDUM SUAMQUE CONJUGEM, ET HOMINES EJUS TRUCIDARUNT.*

(b) Lo stesso Autore loc. cit ,, *Neapolitani deinde, inito consilio, Sergium* ,, *filium Marini, & Eupraxiæ, libenti animo Ducem statuentes; veredarios* ,, *Cumas miserunt, qui eum festinarent Consulem fieri profcuum. Nam* ,, *diluculò ipsius diei, quò peremptus est Andreas Dux, direxerat eum Le-* ,, *gatum ad Sichendolfum Salernitanum Principem, obsidentem tunc Bene-* ,, *ventum. Enimverò in ipsis diebus divisus est Principatus Longobardorum.* ,, *Qui cùm reverteretur; in Sueffulano Territorio audivit occisum Contar-* ,, *dum. Ut autem ex inde veritatem resciret, perrexit ad Cumanum Castrum.* ,, *Hinc ergo, vocato illo, Magistrum Militum effecerunt.*

dore *Ludovico Pio* e fuo figliuolo *Lotario* ; come pure a Papa *Gregorio IV.*
fu anche molto follievo alla Città, in tempoche veniva minacciata da Saracini, che aveano di già occupati molti Luoghi delle noſtre Regioni : e perciò vien chiamato il SALVATORE della fua Gente da *Bonito Suddiacono*
della Chieſa Napoletana (*a*). Egli diſcacciò gli anzidetti Saracini dall'Iſola
di Ponza, dalla Licoſa, da Gaeta, e da Lidi Romani (dove ſi erano portati
per faccheggiar Roma : loche in fatti fecero nelle Baſiliche de Santi Apoſtoli
Pietro e Paolo) : eſſendo anche ſtati per Mare disfatti da *Cefario*, figliuolo d'eſſo
Duca, che colle Galee di Napoli, e di Amalfi l'inſeguì, come aſſeriſce *Gio:*
Diacono (*b*) nella ſua Cronaca. Si vuole che *Sergio* governò Napoli ſino
all' an- .

(*a*) Bonito Soddiacono in Paſſione S. Theodori Martyris : „ *Sergius* ...
„ Literis tàm Græcis quàm Latinis favorabiliter eruditus eſt : itaut Librum
„ Grecis exaratum elementis, in manibus ſumeret, & latinè hunc inoffenſe,
„ curſimque legeret ; & latinos Libros Græco expedito ſermone rimaret .
„ Tantæ namque prudentiæ & modeſtiæ, tantaque patientiæ bonitate deco-
„ ratus eſt ; ut penes Gregorium Romanæ Sedis Pontificem, ergaque Sere-
„ niſſimos Viros Ludovicum Piiſſimum, cognomento Almum, ejuſque ſobolem
„ Lotharium, invictiſſimos Cæſares, familiariſſimus eſſet, maximumque obti-
„ neret honoris locum : quoniam frequentius eorum jura regalia adiuvabat, ob in-
„ fectationem jam dictarum Gentium (Saracenorum), ſuam Gentem Urbem-
„ que impugnantium . Hinc non abſre SALVATOR PROPRIÆ GEN-
„ TIS nuncupari poteſt, per quem Populus, & Civitas ab obſidione immu-
„ nis efficitur .
(*b*) Gio: Diacono in Cronic. Epiſc. Neap. „ *In eodem* denique tempore
„ Theophilo mortuo, Filioque ejus Michaelio imperante, multorum Naves
„ Saracenorum, latrocinari per Italiam cupientium, *Pontias* ire decreverunt .
„ Tunc Sergius Conſul, non in multitudine populorum, ſed in miſericordia
„ Domini, & hujus Epiſcopi precibus confiſus, Bellum cum eis eſt aggreſ-
„ ſus. Quibus devictis, domino protegente, celeriter triumphavit . Perinde
„ porrò illorum Hiſmaelitarum victoriam adeptus eſt, qui *Licoſæ* latita-
„ bant. Propterea magnus Exercitus Panormitanorum adveniens, Caſtellum
„ *Miſenatum* comprehendit . At inde Africani in forti brachio omnem
„ hanc Regionem devaſtare cupientes, *Romam ſupervenerunt* : atque jam, la-
„ to de cœlo judicio, Eccleſias Apoſtolorum, & cuncta, quæ extrinſecus re-
„ perierunt, lugenda pernicie, & horribili captivitate diripuerunt . Idcircò
„ motus Lotharius, Rex Francorum, ferocem contra eos Populum miſit : qui
„ celeriter properantes, eos uſque *Cajetam* ſunt perſecuti . Hic autem Sara-
„ ceni, ſolitam molientes ſtropham ; in locis auguſtis & arduo colle nonnullos
„ audaciores abſconderunt . Franci verò, ignorantes callitatem eorum ; co-
„ nabantur viriliter ſuper eos deſcendere . At illi, de latibulo exilientes, irato
„ Deo, primum ipſorum percuſſerunt Signiferum : quo cadente, cunctis ter-
„ ga vertentibus, validiſſimè occidebantur . Et niſi Cæſarius, filius Sergii Du-
„ cis, qui cùm Navigiis Neapolitanorum, & Amalphitanorum venerat,
„ lictoreum cùm eis conflictum cepiſſet ; nullatenus à perſequendo recede-
„ bant . . . . . .

all'anno 842. quando finì di vivere; lasciando molti figliuoli, tutti valorosi, e benemeriti della Patria.

Gregorio I. Duca XXII. nell'Anno 842.

XXXIX. A *Sergio* succedè nella Carica *Gregorio*, suo figliuol maggiore, uomo di gentilissimi costumi, e di assai lodata bontà : ancorche egli non avesse goduto di tal Posto senonche due soli anni , a causa delle sue continue ed incurabili indisposizioni . Lasciando la Duchea (fatta già ereditaria in Napoli) a *Sergio* suo Primogenito, siccome avea deliberato col consiglio di *Attanagio* Vescovo di Napoli , di *Stefano* Vescovo di Sorrento, di *Cesario* famoso Capitano e di altri suoi Fratelli , al riferire del medesimo Autore (*a*) : non ostante che *Attanagio* secondogenito mostrasse maggiore abilità pe'l Governo . Ebbe questo Duca tante guerre co Saracini , i quali travagliavano allora le nostre Regioni ; che fu obligato *Lodovico II.* Imperadore a portarvisi di persona per soccorrerlo , come raguaglia l'anzidetto Cronista . Ed a questo riguardo , credo che fusse chiamato anche lui il *SAL-VATORE* della Patria , secondo il *Bonito* (*b*) , che fiorì in quei tempi .

Ii

(*a*) Gio: Diacono in Cronicon Neapol. ad Athanasium I. *Praeterea , mortuo Consule Sergio, & Gregorio filio ejus Ducatum regente , Saracenorum ferocitas ita in his praevaluit Regionibus, ut multarum Urbium, atque Castrorum fieret excidium. Idcirco Lodogvicus Imperator, supplicatione commotus Longobardorum, ad eorum liberationem validum commovit Exercitum . . . . Hujus autem adventui omnium circumquaque Urbium patuit introitus , solummodo Neapolitanam non est ingressus Civitatem : quia tantam iste Domnus Episcopus Athanasius familiaritatem apud ipsum habuit, ut saltem in modico ab ejus non amaricaretur potestate . . . . Interea Gregorius Dux , habito cùm suis germanis consilio , praesertim cùm Domino Athanasio Episcopo ; statuit Consulem Sergium filium suum. Nec multo post , diuturnitate aegritudinis , spiritum exalavit.*

(*b*) Bonito loc. cit. *Quidam inertes , Martyrum Passiones describentes , tanta ejus absurditate , tantaque obscuritate sensum replevere ; ut nec tempora passionis , agonumque constantiam , vel contra impios eorum victoriae intelligi queant. Verumtamen , cùm a solertissimis Chaebigetis talium figurata fuerint deprahensa , cultro suae sententiae detruncantes ; solummodo ex ipsis , ceu reliquias de naufragio sententias colligentes , ad liquidum eas convertere student ingenium. Ex quibus ergo solertissimis , ac studiosissimis viris Gregorius Partbenopensis, LOCI SERVATOR , non solùm industriam, verùm etiam originem trahens (videlicet , Nepos, & Proles , Frater , & Patruus, extans Partbenopensium Ducum) cùm quorundam Passiones Sanctorum Martyrum rustico Archiacorum Stylo digestas , in Ecclesia legi comperisset , & ex his Populus audiens , ridiculum potiùs , quam incitationem acquireret ; Christi aemulatione permotus , non est passus Dei Opus ludibrium fieri Populorum. Quapropter me Bonitum , indignum Subdiaconum Ecclesia Neapoleos , compulit , quatenùs Sancti Theodori Gesta politiori serie pertractarem.*

Il quale anche ci afficura , che effendo *Gregorio* affai perito nella Lingua Greca , e Latina ; riduffe in una dicitura più elegante le Gefta de Santi Martiri , che fi leggevano nella Chiefa Napoletana , e che muoveano molti a rifo colla loro goffagine .

XL, Quanto poi al nome di SALVATORE, che gli Autori diedero al Duca *Sergio* , ed al Confole *Gregorio* , come fovra ; debbe avertirfi , che un tal nome in quei tempi era in ufo preffo molti , come fi legge appo lo fteffo Scrittore (a) : il quale chiama *Adone* , fratello del Duca del Frivoli , SALVATORE DEL LUOGO . Dove , fotto tal Voce , fembra che venghi un *Luogotenente* più tofto , che un principal Signore , giufta l' offervazione di *Lodovico Antonio Muratori* (b) , e come fi fà noto dalla Cronaca di San *Vincenzo in Volturno* (c) : in cui *Marino* , Duca di Napoli , ordinò , che il Moniftero predetto non fuffe moleftato *ab Exactoribus noftris* , *ideft* LOCI SERVATORIBUS , *Tribuninis* , *Vicarijs* . Ma nel cafo noftro *Sergio* e *Gregorio* in altro fenfo debbono dirfi tali , cioè , per avere liberata la Patria dall' invafion de Nemici .

Sergio II. Duca XXIII. nell' Anno 884.

XLI.- Acclamato *Sergio* per Duca e Confole di Napoli , non badò punto alla condotta gloriofa di *Sergio* fuo nonno , e di *Gregorio* fuo genitore, per premerne l' orme ; nè meno volle dare orecchio alle falutevoli ammonizioni di *Attanagio* Vefcovo di Napoli fuo zio , di *Stefano* Vefcovo di Sorrento , di *Cefario* , Capitano di gran fama , e degli altri fuoi congiunti ; quali tutti non tralafciarono con amorevoli infinuazioni drizzarlo per il fentiero, che tener dovea un Principe di onore . Ma effendo egli un Giovine , rifentito , e diftratto dalle ammalianti lufinghe di fua moglie (donna perfida , e fuperba), diede in tali eccelli ; che giunfe fino a porre le mani addoffo del Santo Vefcovo *Attanagio* , racchiudendolo dentro ofcura e fetida prigione , e perfeguitando gli altri fuoi congiunti con mille ftrane violenze . Dalche nacque tanta commozione , e sì fatto tumulto nel Popolo ; che tutti di ogni genere , Regolari , Cherici , ed altri , in lagrimevole fembiante dì e notte intorno al di lui Palazzo gridavano , che fuffe loro reftituito il Padre comune , il loro fanto ed amabile Paftore . Che però atterrito *Sergio* per quefto commovimento , e temendo di mal maggiore ; rimife in libertà il Vefcovo , colla condizione però , che fortiffe di cafa foltanto per andare a' divini Uffizj in Chiefa , e non già che poteffe ufcire di Città fen

za

(a) Paolo Diacono lib. 6. de Geftis Longobard. cap. 3. *Foro Julianum Ducatum poft hæc Ado , Rodoaldi frater , LOCI SERVATORIS nomine gubernavit.*

(b) Lodovico Antonio Muratori Differt. 10. Rer. memor. Italic. LOCI SERVATORES *fuiffe eos , qui pro Comite , aut Duce Populum regebant , aut ei juftitiam miniftrabant.*

(c) Cronaca Monafterij S. Vincentis in Vulturnum , pag. 446.

za uno ſpezial ſuo permeſſo, ſecondo ſiegue a dire il lodato noſtro Autore (a).

XLII. Avea poco prima il Veſcovo *Attanagio* fabricato nell'Iſola Megareſe (dove ſi dice oggidì il Caſtello dell'Uovo) un Moniſtero a' Padri Benedittini col Titolo del *Salvatore* (onde *Eſola del Salvatore* in quei tempi fu chiamata). Quivi un giorno il Veſcovo ſi portò, accompagnato da' ſuoi Cherici, per trattenerſi alquanto (come moſtrava) con quei Padri, mercè il permeſſo ottenutone dal Duca. Ma giuntovi appena, fe ſentire a *Sergio*, che cercaſſe in ogni conto liberare dalla prigione gli altri ſuoi congiunti, altramenti non ſarebbe egli più ritornato in Città. Il Duca li riſpoſe, che non ſolo non avrebbe mai ſcarcerati gli altri, ma che di vantaggio avrebbe colla forza eſtratto lui da quell'Iſola, e rinchiuſolo di bel nuovo in orrida prigione. Intimorito *Attanagio* a queſte nuove minacce; ſpedì un ſuo Apocriſario all'Imperadore *Lodovico II.* per farli preſente lo ſtato compaſſionevole, in cui era a cauſa del Duca *Sergio* ſuo Nipote. L'Imperadore ſcriſſe ſubito a *Marino*, Duca di Amalfi, imponendoli, che luogo luogo ſi portaſſe colle ſue Galee nell'Iſola del Salvatore: che levaſſe di là *Attanagio* con ſuoi Chierici; e che lo conduceſſe ſicuro ovunque aveſſe voluto portarſi. Ubbidì *Marino* a' comandi Imperiali: e giunto all'improvviſo nel luogo, fe imbarcare ſulle ſue Navi il buon Veſcovo con quei del ſuo ſeguito, e lo menò in Sorrento dal Veſcovo *Stefano*, ſuo fratello, come ſiegue a dire nella ſua Cronaca *Gio: Diacono* (b). Vuole altresì il *Cardinal Baronio* (c), che *Sergio* fe uſcire dal Porto tutte le ſue Navi e molte altre ancora piene di Saracini, che erano colà; e fe dar la caccia alle Galee Amalfitane. Ma queſte rivolgendoli le Prore, li poſero in fuga, ed in iſcompiglio: in maniera che potè *Attanagio* giugnere a ſalvamento da *Stefano*, ſuo fratello in Sorrento.

XLIII. Adirato perciò il Duca *Sergio* nonmeno contro *Attanagio*, che contro l'Imperador *Lodovico*; ordì in modo con Salernitani e Beneventani, che queſti fecero prigione l'Imperadore coll'Imperadrice ſua ſpoſa. E
per-

(a) Gio: Diacono in Vita Athanaſii: ,, *Sergius* Conſul, inſtinctu malo-
,, rum hominum, cæpit omnes germanos patris ſui, etiam eundem Præſu-
,, lem infeſtari. Quibus ſegregatim cuſtodia mancipatis, infra ſeptimi
,, diei ſpatium, collecti omnes Monachi, Servi Dei, Sacerdotes, & Clerus
,, clamabant, lacrymis profuſi; *Sergi Conſul, redde nobis Pontificem: di-*
,, *mitte nobis Sanctum, Patrem Orphanorum, defenſorem Viduarum, totius*
,, *Regionis lumen, Conſolatorem triſtium. Solve hominem, per quem omnis*
,, *Patria pacificata marebat. Alioquin gratam ſuſcipiemus peregrinationem:*
,, *quatenus nobis abſentibus, tanti ſceleris ira in te deſaviat.* Quid age-
,, ret, quò ſe verteret, non habebat. Coanguſtiatus itaque, tandem com-
,, memoratum Antiſtitem illis dimiſit, tali ſacramento conſtrictum, ut nuſ-
,, quam ſine conſenſu ejus abiret, niſi tantùm ad Eccleſiaſticam explendam
,, *Conſuetudinem.*

(b) Gio: Diacono in Cronicon Epiſc. Neapol. ad Athanaſium.

(c) Cardinal Baronio ad Ann. 852. num. 10.

perche i Saracini in quefto mentre affalirono la Città di Salerno; i Beneve-
tani, per darli foccorfo, fi videro in obbligo di porre in libertà l'Imperadore: facendolo giurare, ch'egli non fi farebbe vendicato contro di effi
per l'affronto ricevuto. E nel mentre che egli fe ne giva pieno di mal
talento; Attanagio gli ufcì incontro, e fece in modo con effo lui, che
fcordatofi della paffata ingiuria, mandò le fue Milizie contro de Saracini,
che erano in Salerno; ed ebbe anche la forte di vincerli e di fugarli, fe-
cordo *Pietro Suddiacono* (a).

XLIV. Non contento il Duca *Sergio* di avere sì vilmente mancato a
fuoi congiunti, ed all'Imperadore; volle anche render celebre la fua perfi-
dia con una più indegna fceleragine, che fu quella di chiamare in Napoli
i Saracini, per travagliare colla loro affiftenza i Luoghi circonvicini, e lo
Stato della Chiefa. Ma effendo quefti infeguiti e pofti in fuga dall'Imperadore e da altri Preucipi Criftiani; corfero confufamente in Napoli per ri-
trovarvi lo fcampo, come lo fcriffe lo ftefso *Lodovico* a *Bafilio* in Coftantinopoli (b).

XLV. Eletto poi in Sommo Pontefice *Giovanni VIII*. nell'anno 872; quefti
niente lafciò intentato per ridurre il Duca *Sergio* e 'l Popolo Napoletano ad
un falutevole ravvedimento: efortandoli a difcacciare dalla Città i Saracini, ed a richiamarvi il perfeguitato Paftore. Cheperò in una fua Piftola
De-

(a) Pietro Suddiacono in Addit. ad Cron. Joan. Diac. *Surrento itaque
Athanafio degente; Beneventani, & Salernitani, emulatores tantæ bonitatis prædicti Imperatoris, infurrexerunt CUM CONSILIO DUCIS SERGII
contra eum. Quo capto unà cum conjuge fua, & reclufo; plurimi Franci,
amiffo paftore, luctifero ululatu reverfi funt in regionem fuam. Beneve-
tani, Salerno jam à fuperventu Saracenorum obfeffa; dimiferunt ipfum Imperatorem fub facramento diftrictum, quod nullatenùs pro tanta inhumanitate, quam ei inceffuerant, redderet eis meritum: cui Athanafius Epifcopus obviam ire fatagens, illico Surrentum egreffus . . . . . Ravennam
accurrit prædicto Imperatori . . . . multifque precibus ab eo extorfit,
ut fuæ immemor injuriæ, fuffragaret Salernitanis, Hifmaelitarum obfidione
vallatis . . . . Unde pius commotus Auguftus; armatam direxit multitudinem, ut, Domino protegente, bellum iniret adverfus illos . . . . .*

(b) Lodovico Imperadore Epift. ad Bafil. Conftantin. „ *A Neapolitanis
„ nihil exigimus, nifi falutem ipforum, videlicet, ut deferant contagia
„ perfidorum, & plebem defiftant infequi Chriftianam. Nam, Infidelibus
„ arma, & alimenta, & cætera fubfidia tribuentes; per totius Imperii no-
„ ftri litora eos ducunt, & cum ipfis totiès Beati Petri, Apoftolorum
„ Principis, Fines furtim deprædari conantur: itaut FACTA VIDEATUR
„ NEAPOLIS PANORMUM, VEL AFRICA. Cùmque noftri quòve
„ Saracenos infequuntur; ipfi, ut poffint evadere, Neapolim fugiunt; qui-
„ bus non eft neceffarium Panormum repetere: fed Neapolim fugientes,
„ ibidemque quoufque fperviderint, latitantes; rurfus improvifo ad exter-
„ minia redeunt.*

Decretale (a) minacciò di scomunica il Duca, se non si ravvedea. Ma, perche questi fecesi il sordo alle paterne voci; il Pontefice lo scomunicò infatti, secondo *Pietro Giannone* (b); e portossi contro di lui di persona in Napoli colle Milizie dell' Imperadore *Lodovico*, ad ogetto di sugarne i Saracini.

,, *Li Saracini* (dice questo Autore) insultando semprepiù le Provincie; li
,, Napoletani, Salernitani, Amalfitani cercarono al possibile capitolarsi con
,, essi loro. Ma questi non acconsentirono, se nonche col patto di dover ef-
,, si unire le loro Armi per invadere il Ducato Romano. Giovanni VIII. av-
,, visato del tutto, ricorse all' Imperadore : il quale mandogli in ajuto Lam-
,, berto, Duca di Spoleto, e Guido suo fratello. Il Papa istesso in quest'
,, anno 876. portossi con medesimi in Napoli : e fu la prima volta, che si
,, vide il Papa a testa dell' Armate ; e distaccò Gualfrido, Principe di Sa-
,, lerno, dalla Lega, non avendolo voluto fare Sergio, Duca di Napoli,
,, che avea scacciato Atanasio suo zio dal Vescovado ; onde SCOMUNI-
,, COLLO PAPA GIOVANNI, e li mosse contro *Gaufrido*.

XLVI. Venendo intanto Papa *Giovanni* in Napoli, *Attanagio* Vescovo della Città, li andò incontro per dimandarli pietà, ed ottener perdono al suo Popolo Napoletano : e l' ottenne in fatti. Ma nel mentre ritornava colla bramata assoluzione, ammalatosi in vicinanza di Monte Casino, a 15. Luglio 877. pose fine al suo travagliatissimo vivere, seppellito con molto onore in quel nobile Monistero ; e poi trasportato in Napoli in tempo di *Attanagio II.* altro suo nipote, ordinato Vescovo da Papa *Gio:* VIII. Il Duca intanto, divenuto odioso a Dio, al Mondo, ed al suo Popolo ; fu da questo violentemente diposto nell' anno 880. dopo avere tirannicamente colà regnato per lo spazio di trentasei anni.

Attanagio II. Duca XXIV. nell' Anno 880.

XLVII. Diposto *Sergio*, fu eletto in sua vece *Attanagio* di lui fratello, già Vescovo (come si disse) di Napoli. Questo nuovo Duca, sul principio diè saggio di un ottimo Principe : e per non essere maipiù inquietato dal perfido *Sergio* ; li fece cavar gli occhi, e lo mandò ligato in Roma da Papa *Gio: VIII.* Il quale, chiusolo in una carcere, fece che quivi mo-

(a) Gio: Papa VIII. in Epist. ad Sergium Ducem Neapolitanum : ,, *Se-*
,, *mel* te, tuosque admonere non abnuo, ut ab Infidelium consortio decli-
,, netis, & à tàm profano tandem fœdere recedatis. Quod si Nos audie-
,, ritis ; non solùm bona, quæ capitis, affluentiùs à Nobis habebitis ; sed &
,, magna præmia celitùs assequemini. Sin autem, non solus Nos spirituali
,, vos iterato gladio percellemus ; sed & hi qui non sine causa materiales
,, gladios portant, cum sint Sanctæ Ecclesiæ validi defensores, & fervidi
,, zelatores, cunctis adversis & prosperis conculcatis, adversùs vos proti-
,, nùs arma corripient, & vindices contra vos impugnatores ejus celeriùs
,, *properabunt* . . . . .

(b) *Pietro Giannone* lib. 7. cap. 1.

moriffe, al rapporto del Cardinal *Baronio* (*a*). Ma poi non andò guari, che *Attanagio* ancora fi unì con Saracini, dandoli alloggio in Città, ed ajuto quando ufcivano in corfo, con danno notabiliffimo de Luoghi circonvicini, e fpezialmente di Capoa, di Salerno, e di Benevento. Talche, dopo varie paterne ammonizioni, Papa *Gio: VIII.* (*b*) fcommunicò lui ancora in un Concilio Romano dell'anno 880. Allora egli, atterrito da_ quefto fulmine, difcacciò fubito i Saracini da Napoli; chiedè umiliato l'affoluzione al Pontefice: e finì di vivere in pace nell'anno 910. dopo venti anni di Governo.

Gregorio II. Duca XXV. nell' Anno 910.

XLVIII. Alla morte di *Attanagio* fu eletto in fua vece *Gregorio* di lui nipote, figlio di *Sergio II.*: il quale, deteftando le indegne procedure del padre e del zio, volle emulare la condotta di *Gregorio I.* fuo nonno: moftrandofi benaffetto alla Patria, offequiofo alla Chiefa, e nimico de Saracini: che non folo fcacciò dalle vicinanze di Napoli, ma anche da tutte le noftre Regioni; come più diftintamente diremo nel Capo 3. del Libro 8. Avendo *Lione IV.* Imperadore di Coftantinopoli mandato un valido foccorfo in Italia contro que Barbari che fi erano annidati nel Garigliano, e ne luoghi adjacenti; e fatto dare dal fuo Miniftro il Titolo di *PATRIZIO* al noftro Duca *Gregorio*, fecondo *Giulio Cefare Capaccio* (*c*).

XLIX. In occafione che i Saracini minacciavano affalire la Città di Napoli, dopo aver fatto miferabiliffimo fcempio degli altri Luoghi maritimi della

(*a*) Cardinal Baronio ad Annum 880.
(*b*) Papa Gio: VIII. in Concil. Roman. de anno 881. „ *Athanafium*, „ Neapolitanum Epifcopum, fæpiffimè admonitionibus, & multis argenti pon- „ deribus datis, ut pactum cum Saracenis habitum difrumperet, admo- „ nuimus. Ille autem idem pactum fe omnino foluturum, & ab eorum_ „ focietate feparaturum effe promittens fub ea conditione, ut fi denuo „ cùm illis qualibet modo fædus habuiffet, omni effet Sacerdotali honore „ privatus, & anathematizatus: fed hæc omnia parvipendentem, & ad per- „ ditionem Chriftianorum cùm eis pactum habentem, & Nos fæpiffimè de- „ ludentem, & de præda eorum partem recipientem; Judicio, & Autoritate „ Dei Omnipotentis, & beatorum Apoftolorum Petri, & Pauli, fimulque „ & noftra, eum cùm omnibus fequacibus fuis, omni Ecclefiaftica Commu- „ nione privamus, & quoufque ab ipfis Saracenis penitùs fe feparaverit, ve- „ luti totius Chriftianitatis inimicum, anathematizamus. Datum Menfe Apri- li, Indict. XIV.
(*c*) Giulio Cefare Capaccio lib. 1. cap. 8. *Anno* 914. *Nicolaus Patricius, cui cognomen Pacilio erat; cùm maximo Græcorum numero in Campaniam venit: atque, Imperatoris juffu,* DUCES GREGORIUM NEAPOLITA-NUM, ET JOANNEM CAJETANUM PATRITIATV INSIGNI-VIT.

della riviera Napoletana ; il Duca *Gregorio*, per togliere a medesimi ogni opportunità di porlo in effetto ; col parere di *Stefano* Vescovo Napoletano, fe abbattere e rasare il CASTELLO LUCULLANO , acciò coloro non l'occupassero: trasportando in Napoli quei Abitatori e 'l Corpo di *San Severino*, che ivi riposava, come dicono il *Summonte* (a) , e *Giulio Cesare Capaccio* (b). Dal che sempre meglio apparisce, che 'l Castello Lucullano non era in quei tempi l'*Isola Megarese*, dove oggidì è il Castello dell'Uovo, come molti Scrittori nostrali asseriscono: perche questo chiamavasi allora l' *Isola del Salvatore*, a causa del Monistero de Padri Benedittini, che vi era sotto tal Titolo, eretto da *Attanagio I.* Vescovo di Napoli, secondoche additossi più sovra nel *Num. 41.* Non essendo tampoco credibile, di essere quivi il Castello distrutto dal Duca *Gregorio* : sì perche non era capace di molti Abitatori, che abbisognasse trasportarli in Napoli ; sì anche perche , occupato che fusse da Saracini, non sà intendersi quale gran danno avessero da colà potuto essi arrecare alla Città di Napoli ; per esser quello uno scoglio spolpato, di picciolo ricinto, e di niun commodo proveduto. (E qui non entriamo ad esaminare, se in quest' Isola capitasse nell'anno 351. *Santa Patrizia*, nipote di *Costantino* il Grande, come molti altri Scrittori nostrali raguagliano, Volendo *Monsignor Falcone* (c) nella Vita di *San Gennaro*, che *Santa Patrizia* fusse stata nipote dell' Imperador *Costanzo*, Eretico Iconoclasta, e che nell'anno 655. si portasse in Napoli, menando seco molte Santissime Reliquie, perseguitate da simili Eretici in Costantinopoli).

XLI. Ebbe ancora il Duca *Gregorio* fierissime Guerre con Longobardi, e con *Atanulfo* Principe di Capoa. Alle quali fu poi posto termine con una Capitolazione stipolata tra *Landolfo IV.* Principe pur di Capoa, e *Giovanni* Duca di Napoli, successore di *Gregorio* (giusta queltanto, che rapportaremo nel Capo 7. del Libro 6.) ; peroche in quel tempo era questi già morto , dopo di aver governato trenta anni in circa la Città di Napoli.

Cc 2   Gio-

(a) Gianantonio Summonte Tom. I pag. 431.
(b) Giulio Cesare Capaccio loc. cit. „ *Antequam* id contingeret ; Sara-
„ ceni Classe Neapolim occupare velle minabantur At Neapolitani , nè
„ hostes Arcem paratam haberent, Castrum scilicet Lucullanum ; illud dex-
„ truere, & deiicere cùm Gregorio Duce & Stephano Episcopo statuerunt.
„ Id cùm rescivisset Joannes Monasterij Sancti Severini , Neapolitani Epi-
„ scopi, petijt Corpus alterius Severini, quod Barbara illustris Femina ex
„ Pannonia, annuente Pontifice, transtulerat ; ex eo Castro Neapolim tra-
„ ducere liceret, nè in Barbarorum manus deveniret : quod facile impe-
„ travit. Quò translato etiam Sancti Sosij Corpore ex Miseni promontorio,
„ inscriptum est hoc Epigramma :
        Hic Duo Sancta simul divinaque Corpora jacent :
            Sosius unanimes, & Severinus habent.
(c) Monsignor Falcone lib. 4. cap. 4. in Notis Vitæ B. Januarij.

Giovanni III. Duca XXVI. nell' Anno 940.

XLI. Il fucceffore del Duca *Gregorio* nella Signoria di Napoli fu *Giovanni III.*, il quale veniva ad effere fuo nipote, comeche nato da fuo figlio, a lui premorto. Di quefto Duca fi ha onorata memoria nelle Cronache di *San Vincenzo* in Volturno, e di Montecafino: in occafione che, (come vuole *Scipione Ammirato* nella fua Cronaca) in quei medefimi tempi venne una fpezie di Barbari in Italia, (e fi avanzò fino in quefte noftre Regioni) chiamati comunemente *Vngari*: i quali, dopo aver dato il guafto alle Campagne di Capoa, di Benevento, di Nola, e di Sarno; e faccheggiati diverfi altri Luoghi in Terra di Lavoro, fpogliarono il Monistero di Monte Cafino, di tutte i Vafi Sagri, e dell' altre fuppellettili, che vi ritrovarono, dividendofeli concordemente fra effi. Ma poi paffati nel Paefe de Marfi e de Peligni, furono da quei Popoli infeguiti e paffati a fil di fpada. Or il Duca *Giovanni*, moffo a pietà de Padri, che in quel Monistero abitavano, concedè loro varj Privilegj, e fpezialmente una Chiefa in Napoli, chiamata *Santa Cecilia* nella Piazza delle Palme; ed un altro Luogo in Sorrento, (che allora forfi appartenea al Duca di Napoli); detto *San Severo*: oltra l' efenzione da ogni Dazio e Gabella nell' anzidetta Città di Napoli, come abbiamo da *Lione Oftienfe* nella fua Cronaca (a).

XLII. Anche al Monistero di *San Vincenzo* in Volturno difpenzò quefto Duca molti Privilegj, ed Efenzioni, come fi legge nell' antica Cronaca (b) di quefto Luogo, trafcritta dal *Muratori*: in cui fi vede un Privilegio, in data dell' Anno 944., colla fofcrizione di detto Duca: e trà l'altre cofe, vi vien nominato *Marino* di lui figliuolo, il quale allora era in età minore, Collega del Padre nella Ducea; come dall'Efordio del medefimo Privilegio, che è del tenore feguente:

„ *Joannes*, & Marinus Duces Neapolis Monafterio S. Vincentij ad Vulturnum Bona, Privilegia, & Immunitates varias confirmarunt, Anno 944.

„ *In nomine* Domini Dei, & Salvatoris noftri Jefu Chrifti: imperante „ Domino noftro Conftantino magno Imperatore anno 36. fed & Romano „ magno Imperatore anno 26. die 7 Menfis Februarij. Indictione 2. Neapoli. „ Nos Joannes in Dei nomine Emenentiffimus Conful, & Dux, tàm pro vi-
„ ce

(a) Lione Oftienfe lib. 1. cap. 59. „ *Huic* Abbati Joannes Neapoleos Con- „ ful, & Dux, præcepto fuo, confirmavit Ecclefiam Sanctæ Cæciliæ intra „ Neapolim, fitam in Platea, quæ dicitur Palmarum, olim ad Monafterium „ noftrum pertinentem, cùm omnibus omninò Juribus ejus. Cellam quoque „ Sancti Severi in Surrento cùm omni pariter fubftantia, & pertinentia „ ipfius. Et ut in TOTA CIVITATE NEAPOLIS NULLUM OMNI- „ NO VECTIGAL MONACHI ALIQUANDO PERSOLVERENT, „ juffit.

(b) Cronaca S. Vincentij in Vulturnum apud Murat. Tom. II. fcrip. rer. Ital. pag. 319.

„ ce noſtra, quam & pro vice MARINI DUCIS FILIJ NOSTRI , QUI
„ INFRA ÆTATEM ESSE VIDETUR, deſiderio deſideravimus , & cu-
„ pimus permultis modis Dei Omnipotentis parere mandatis , ut de noſtris
„ fubjectionibus bonam apud admittamus Orationem. Iccirco conceſſimus , &
„ largivimus vobis Leoni, Venerabili Abbati Monaſterij Sancti Vincentij in
„ Samniæ partibus fuper Fontem Vulturni Fluminis , per compunctionem pro
„ amore Dei , & patrocinio ipſius Monaſterij: ut Nobis, Poſteriſque noſtris
„ noſtræque Civitatis, & Poteſtatis , & Subjectis per ejus interceſſionibus ſalus ,
„ & virtus efficiatur &c.

XLIII. Rattrovaſi ancora nell'Archivio di *San Severino* di Napoli un altra Conceſſione, fatta a quel Moniſtero del medeſimo Duca in Lingua Latina (barbara per altro, e corriſpondente all' ignoranza di quei tempi), e colla
ſofcrizione in Greco tanto del medeſimo Duca *Giovanni*, quanto di *Gregorio* di lui figliuolo, che v' interviene per Teſtimonio. Ella è del tenore
ſegueute.

„ *In nomine* Domini Dei Salvatoris noſtri Jeſu Chriſti, imperante Conſtan-
„ tino magno Imperatore anno 41. ſedente Romano magno ejus filio anno
„ 28. die octava decima Menſis Julii Indict. 7. Neapoli. Viſus namque fui
„ Ego Joannes Domini gratia Conſul, & Dux facere Chartulam Conceſſio-
„ nis vobis Petro Presbytero, & Abbati Monaſterij Sanctorum Severini, &
„ Soſii ubi eorum venerabilia quieſcunt Corpora, ſitum in Vico *Miſſi* , ut
„ Aqua quæ pertinet ex jure publici noſtri, decurriſſe per Terram veſtram,
„ poſitam in *Tertium* & faceretis ibidem Molina ad poſſeſſionem ſupradicti
„ Monaſterij veſtri, ad habendum in ſempiternum quantum volueritis, ſicut
„ ipſa firmiſſima Conceſſio veſtra continet, quam vos ex inde habetis . . . .
„ Iterum precaſtis Nos, ut darem, & redderem vobis Campum veſtrum, po-
„ ſitum in *Arcora* pro eum in vicem, & in campium, & à præſenti die,
„ & tempore promptiſſima voluntate commutavimus, & tradidimus nos
„ ſupradictus Joannes Domini gratia Conſul, & Dux vobis denique ſupradi-
„ cto Petro, humili Presbytero, & Abbati ſupradicti Monaſterij, & in cun-
„ cta Congregatione Monacorum . . . . . De quibus nihil Nobis ex inde
„ remanſit, aut reſervivamus in integrum, ſicut ſuperius legitur: à Nobis
„ vobis ſit commutatum, & traditum in veſtra poteſtate: quæcumque ex in-
„ de facere volueritis liberam ſemper habeatis poteſtatem abſque cujuslibet
„ anteparatione, aut invaſione, etiam ſi vos & ipſum Monaſterium ibidem
„ plus Molina facere voluerit, licentiam & poteſtatem habere: & neque à
„ Nobis ſupradicto Joanne, domini gratia Conſule, & Duce neque à no-
„ ſtris Hæredibus nec à Nobis perſonis ſubmiſſis nullo tempore unquam . . .
„ Joannes Conful, & Dux ſubſcripſi.
„ Ego Gregorius Loiſis, filius Domini Joannis Ducis, rogatus à ſupra-
„ dicto Domino, Teſtis ſubſcripſi.

XLIV. Per toglier poi le brighe inſorte trà *Gregorio* ſuo padre, ed *Atanolfo* Principe di Capoa, come ſopra ſi cennò; dove il Duca *Giovanni* ſtipula-
re lo Stromento di Concordia con *Landolfo IV.* ſucceſſore di *Atanulfo* come
più diſtintamente diraſſi nel Capo 6. del Libro 6. Si crede che *Giovanni* regnaſſe
per lo ſpazio di anni otto, ſino al 948.

Marino Duca XXVII. nell' Anno 948.

XLV. Ancorche *Gianantonio Summonte* (a) , e *Giulio Cesare Capaccio* (b), dopo *Giovanni III.* ripongano trà il novero de Duchi Napoletani *Oligano Stella* , (quello appunto che nell'anno 1009. cercò al Vescovo di Benevento il permesso di fare da colà trasportare in Napoli i viveri , de' quali scarseggiava , come fu additato nel *Numero* 31. del Capo 1.) nientedimeno, perche l'Autore della *Storia Civile* (c) ha per favoloso questo racconto , ed *Oligano* non fu vero Console , ma *Eletto della Città* , secondo che ivi fu detto; noi vi riponghiamo *Marino* , figliuolo del morto Duca *Giovanni* ; quello appunto che fu nominato *di minore età* nella Concessione fatta al Monistero di *San Vincenzo* in Volturno, come si disse più sovra al *Numero* 42. Trovandosi eziandio nella Cronaca (d) del predetto Monistero un altra Concessione, fattali propriamente da *Marino* Console nell' Anno 948. in cui dicesi :

In Nomine Domini Dei nostri Salvatoris Jesu Christi , imperante Constantino magno Imperatore anno 39. *sed & Romano magno Imperatore anno* 26. *die* 1. *Mensis Februarii , Indictione* 6. *Neapoli . Nos Marinus in Dei nomine Eminentissimus Consul , & Dux . Quia desideramus & cupimus multis modis Deo omnipotenti placere , iccirco concedimus , & largimus vobis Paulo , Venerabili Abbati Monasterij Sancti Vincentij . . . . . Idest in primis vobis concedimus , & ad firma stabilitate permanendum confirmamus vobis Paulo Reverendissimo Abbati , Cellam Sancti Vincentij , quæ est propria suprascripti vestri Monasterij , sitam in hac Parthenope & à Deo protecta Civitate nostra in Platea , quæ vocatur Furcellense , Vico qui vocatur Placitum &c.*

XLVI. Questo medesimo Duca *Marino* fu quelli , che unitosi ad *Eugenio* Stratico di Puglia , se fronte all'Imperadore *Ottone I.* , allorache egli calato in Italia , volea sottomettere le nostre Provincie , come osserva *Pietro Giannone* (e). Il quale , non avendo rincontrato nè presso *Gianantonio Summonte* , nè presso altro Scrittore Napoletano il di lui Nome ; non sa chi mai stato fusse questo *Marino* , dicendo; ,, *Marino* governava in Napoli , fautore de Greci che andarono prosperi contra gli Alemani . Però NON SI ,, SA CHI SIA QVESTO MARINO : dicendo Camillo Pellegrino che ,, non è da sperare una interrotta serie di Duchi di Napoli , come d'Amal- ,, fi : nel che ne meno ci possono giovare alcune antiche Carte date in Na- ,, poli , non esprimendo altro che i Nomi , ed i Tempi de Greci Impera- ,, dori , alla divozione de quali era questo Ducato sottoposto . . . . Si uni Ma-

---

(a) Gianantonio Summonte Tom. I. pag. 447.
(b) Giulio Cesare Capaccio lib. 1. cap. 18.
(c) Pietro Giannone Tom. I. pag. 489.
(d) Cronaca Monasterij S. Vincentij in Vulturnum apud Muratorium Tom. II. pag. 446.
(e) Pietro Giannone lib. 8. cap. 1.

,, Marino ad Eugenio Straticò , devastando il Territorio di Capua . Ma
,, venendo Ottone in Capua con Esercito ; Eugenio si ritirò in Puglia , e
,, Marino in *Napoli* . Onde per viappiù chiarire che *Marino* fu Duca di Napoli appunto in questo tempo di cui quì favelliamo ; basterà confrontare
l' Epoca degli Imperadori Latini con quella de' Greci , e troverassi , che
Costantino finì di vivere in Grecia nell'anno 959. , ed *Ottone I.* incominciò a regnare in Germania nel 962. Laonde , se *Marino* nell' anno 36. di
Costantino (che viene a cadere nel 948. di nostra salute), era peranche di *minore Età* , come dicea il di lui Padre nella su riportata Concessione ; nell'ultimo Anno di *Ottone I.* , che fù il 973. del comun Riscatto egli non
giugnea a quarant'anni di età : e però possiam dire , che questo Duca potè regnare naturalmente fino all' anno 1000. come si crede che regnasse infatti .

Giovanni IV. Duca XXVIII. nell'Anno 1000.

XLVII. Il collocar noi *Giovanni IV.* per Duca di Napoli dopo *Marino*
(contro l'opinione de Scrittori nostrali , che niuna commemorazione fanno di
lui) ; viene originato da quel che scrive *Lione Ostiense* (a) , Autore vivente
in quei tempi . Il quale nella sua Cronaca rammenta , che nell'anno 1010. ,
morto *Giovanni* Duca di Napoli , il Monte Vesuvio fè una grandissima erutta-
zione di fuoco (loche vien anche riferito da *San Pier Damiano* (b) , che allora trovavasi nella Badia di Santa Croce in Diocesi di Avellino ; in una Lettera,
che scrisse al Beato *Domenico Loricato*) : senza sapersene altro .

Sergio III. Duca XXIX. intorno all'anno 1010.

XLVIII. Con giusta ragione collochiamo quì *Sergio III.* trà i Duchi
Napoletani : attesoche egli nell'anno 1025. fu discacciato da Napoli da *Pandolfo Sant' Agata* Principe di Capoa , che si usurpò quella Duchea , e la
ritenne per lo spazio di trè anni . La cagione ne fù , secondo *Lione Ostiense* (c) , che l'Imperadore *Arrigo II.* , venuto in Italia discacciò l'adotto *Pandolfo.
Sant'*

(a) Lione Ostiense lib. 2. cap. 84. *Anno 1010. mortuo Joanne DUCE
NEAPOLITANO , Vesuvius Mons in flammam erupit : tantaque resina , sul-
phurisque congeries ex eo protinus fluxit ; ut torrentem faceret , atque decur-
rente impetu in mare descenderet* .
(b) S. Pier Damiani Epist. 5. *Ad Joannem Neapolitanum , Magistrum
Militum* .
(c) Lione Ostiense lib. 2. cap. 58. ,, *Defuncto* Augustæ memoriæ Im-
,, peratore Henrico , anno Domini 1025. & Conrado Duce , ejusdem Henrici
,, electione in Regem elevato ; precatu Guaimarii , tandem solutus à condi-
,, gnis sibi perpetuò vinculis , Princeps Pandulphus revertitur . . . Mox
,, itaque pristinos illos fautores de Apulia , una cum Bajano Catapano , Græ-
,, cos

Sant' *Agata* da Capoa, e lo mandò prigione in Germania; dando quel Principato a *Pandolfo* Conte di Tiano . Morto poi nell' anno 1025. l' Imperadore , ed eletto *Corrado* in fua vece ; quefti pofe in libertà *Pandolfo*
Sant' *Agata* a petizione di *Guaimaro*, di lui Cognato , Principe di Benevento.
Ritornato adunque il *Sant' Agata* ; coll' ajuto de Greci di Puglia , de Normanni , e di *Guaimaro* fuo Cognato , cercò ricuperare Capoa di mano del
Conte di Tiano . Il quale, fpalleggiato da *Sergio*, Duca di Napoli , li fe ful
principio un' affai brava refiftenza . Ma finalmente, dopo un lungo e continuato affedio , dovè cedere alle forze fuperiori del Rivale ; ed abbandonando
Capoa, fi ritirò in Napoli dal Duca *Sergio* . Il Sant' *Agata* però ,   non contento di aver ricuperata la fua Capitale ; fi portò ad affediar Napoli, per
vendicarfi di *Sergio* , ed aver in mano il Conte di Tiano . E benche refi-
fteffero vigorofamente i Napoletani al primo attacco ; pure prevalfero le
forze de Capoani, ed il Principe *Pandolfo* fi refe Padrone della Città : fuggito per mare in Roma il Conte di Tiano , ove poco indi finì miferamente
di vivere . Il Duca *Sergio*, portatofi in Puglia da Normanni ; coll' ajuto
di quefti, dopo lo fpazio di trè anni , ritolfe a *Pandolfo* Napoli . Ed acciocche egli non li daffe moleftia nell'avvenire; fi ftrinfe in parentela con
Raidolfo Normanno, a cui diede la Città di Averfa , acciocche quivi forti-
ficatofi; li ferviffe di riparo da qualunque infulto , che tentaffe farli il Principe di Capoa.

Sergio IV. Duca XXX. intorno all' Anno 1040.

XLIX.   Nella Cronaca di *Monte Cafino* (a) fi legge , che avendo Papa
Aleffandro II. confegrata nell' anno 1071. quella Chiefa; v' intervennero molti

  ,, ecs afcifcens, Guaimario quoque cognato fuo, cùm Normannis Rainulpho,
  ,, & Arnolino, Comitibufque Maiforum, omni conamine annitentibus, Ca-
  ,, puam per annum integrum , atque dimidium obfeffam , & expugnatam
  ,, tandem ingreditur. Pandulphus autem Teanenfis (quem Principem Ca-
  ,, puæ factum ab Imperatore prædiximus) receptus à Catapano Bojano, unà
  ,, cum Joanne filio , & omnibus fuis, Neapolim eft profectus. Sed & anno
  ,, fequenti , IPSA QUCQUE NEAPOLI A CAPUANO PRINCIPE
  ,, CAPTA , ET SERGIO MAGISTRO MILITUM INDE PULSO ;
  ,, rurfus Teanenfis Pandulphus à facie ipfius Romam fugiens, ibi exul de-
  ,, functus eft . Tenuitque Neapolim Capuanus Princeps per annos fermè tres.
  ,, Sergius, recuperata Neapoli , Rainulphum, ftrenuum virum, affinitate
  ,, fibi conjunxit, & Averfæ illum Comitem faciens ; cum fociis Norman-
  ,, nis, ob odium, & infeftationem Principis, manere conftituit . Tunc pri-
  ,, mum Averfa cepta eft *habitari.*

  (a)   Cronica Caffinenfe lib. 3. cap. 28. *Interfuere itaque tanta tunc ce-*
lebritati . . . . de Magnatibus , Richardus Princeps Capuanus cum
Joanne filio , & fratre Rainulpho : Gifulphus Princeps Salernitanus cum
fratribus fuis : Landulphus quoque Princeps Beneventanus ; & SERGIUS
Dux Neapolitanus . . . .

ti Magnati , a tra gli altri *Sergio* Duca di Napoli. Si crede che questi sia *Sergio IV.* per le ragioni che addurremo più giù; ne altro si sà di lui .

Sergio V. Duca XXXI. intorno all' Anno 1080.

L. A *Sergio IV.* si giudica che succedesse *Sergio V.* , del quale il *Summonte* (a) trascrive un Diploma in data dell' anno 1090. , in cui concede a Stefana sua zia (Badessa insieme di San Sebastiano , di San Gregorio , del Salvatore , e di San Pantaleone dell' Ordine Benedettino) varj Privilegj in tempo di *Alessio Comneno* . Si legge in questo Diploma : *In Nomine Dei* ,, Salvatoris nostri Jesu Christi. Imperante Domino nostro Alexio , magno ,, Imperatore anno 9. die 15. mensis Maii , Indit. 13. Neapoli . Nos Ser- ,, gius in Dei nomine Eminentissimus Consul , & Dux , eoque Domini gratia ,, Magister Militum. Nos autem , pro vice nostra , & pro vice JOANNIS ,, DUCIS, FILII NOSTRI , QUI INFRA ÆTATEM ESSE VIDE- ,, TUR &c. . . . Sergius Consul , & Dux , Protosebastos *subscripsi*. E perche *Alessio Comneno* fu eletto Imperadore nell' anno 1085. e la data della Concessione nell' anno 9. del suo Impero , viene a cadere nell' anno di Cristo 1090. non è credibile che tanto durasse il Ducate di *Sergio IV.* e che dopo 50. anni di dominio avesse figli di età minore : onde abbisogna , che noi diciamo *Sergio V.* Tanto più che il *Capaccio* (b) asserisce , che questo *Sergio* si ritirò a menar Vita Monastica tra alcuni Religiosi : avendo osservati certi Monumenti , in cui leggeasi : *Sergius olim Consul* , *nunc autem Monachus* . E però non può essere *Sergio IV.* il quale regnava nell' anno 1040. Sicche egli è un altro di questo nome , che viene ad essere V.

Giovanni V. Duca XXII. circa l' Anno 1110.

LI. Di questo Duca *Giovanni* non solo si fa commemorazione nella concessione sovradetta , ed appò il *Capaccio* testè rapportato ; ma di più il *Summonte* nel luogo citato vuole , che nel Registro della Regina *Giovanna I.* , dall' anno 1345. a Carte 66. della Lettera B. si vede una Concessione fatta da questo Duca fin dall' anno 1110. a' Padri dell' Isola del Salvatore con cui li dona un pezzo di Terreno di là del Ponte , ove fabbricarono una Chiesa sotto 'l Titolo della *Maddalena* . Sicche deve ancor questi essere annoverato tra i Duci e Consoli della Città di Napoli .

Tom. III.   Dd   Ser-

(a) Gianantonio Summonte Tom. I. pag. 480.
(b) Giulio Cesare Capaccio lib. 1. cap. 18. *Is forsan in majorem ætatem , provecto ejus filio Joanne , Duce jam facto , Monachum induit : cum in aliquibus Diplomatibus legatur :* SERGIUS OLIM CONSUL , NUNC AUTEM MONACHUS.

Sergio VI. Duca XXXIII. ed ultimo nell' Anno 1130.

LII. L' ultimo Confole e Duca (in tempo del quale la Città di Napoli terminò l' antica forma di Governo, paffando fotto i Re; fu *Sergio VI.*, il quale fin dall' anno 1130. venne affediato da *Ruggiero* Normanno (dichiarato Re di Sicilia dall' Antipapa *Anacleto*), per efferfi collegato con *Ruberto*, Principe di Capoa, con *Raidolfo* Conte di Airola, e con altri Baroni del Regno, che fi erano al Normanno ribellati, e poi ritirati in Napoli, allorache *Ruggiero* fi era refo padrone di quafi tutta Terra di Lavoro, a riferva di quefta Città, che non potè mai fottomettere, fpezialmente in quefta occafione, in cui *Ruberto* Principe di Capoa, portatofi in Pifa, ottenne da quella Repubblica una Squadra di ben corredate Galee, mediante le quali, diede grand'animo a'fuoi Collegati : dipoi fe calare *Lotario II.* Imperadore nel noftro Regno, come fcrive *Ramualdo Salernitano* (a) e noi più diftintamente diremo nel Tomo V. al Capo 2. del Libro 1.

LIII. Ma effendofi poi il Re *Ruggiero* impadronito di Capoa, nel giorno che ne prefe il folenne poffeffo, fe chiamare il Duca *Sergio* a preftarli omaggio. E quefti atterrito dalle di lui minaccie, andò volontariamente ad umiliarfeli, come riferifce *Aleffandro Telefino* (b) nella Vita del medefimo Monarca.

LIV. Non molto dopo però, ritornato *Ruggiero* in Sicilia, e gravemente ammalatofi con *Alberia* fua moglie, quefta tra pochi giorni morì : ed egli, forprefo da graviffimo cordoglio per la perdita di lei, fi chiufe per lungo tempo nel fuo regio Appartamento, fenza ammettere chiche foffe alla fua Udienza. E quindi fu, che non vedendofi in pubblico il Re per molti giorni : incominciò a dubitarfi, che ancor egli fuffe morto : e già la fama per tale lo pubblicò in Napoli, e ne' Luoghi convicini. In guifa tale che il Duca *Sergio* e gli altri Baroni dilui aderenti tofto fi pofero in libertà ;

Ri-

(a) Ramualdo Salernitano in Cronicon ad Annum 1130. *Tranfacto verò aliquanto temporis, cum magno Exercitu in Terram Laboris venit . . . Princeps verò Capuanus fimul cum Comite Raidulpho Neapolim fe receperunt. Sed quia Civitas illa partim fitu loci, partim militia munita erat ; eam expugnare non potuit.*

(b) Aleffandro Telefino lib. 2. cap. 67. *Cùm ergo Civitatem ipfam, jam fibi fubditam, Rex intraturus effet . . . Sergium, Magiftrum Militum praftolabatur, quatenùs citò veniens fibi fubderetur : alioquin fciret, fe fine dubio obfidione conftringendum. Verum ille, veritus, nè Rex ab eo contemptus fuper fe irrueret, Civitatemque ejus aggrederetur ; depofita mentis cervice, venit ad eum. Qui, GENIBUS FLEXIS, MANUSQUE SUAS MANIBUS EJUS IMMITTENS, SVVM EI HOMAGIUM SUBDIDIT, FIDELITATEMQUE JURAVIT. Res inquam valde ftupenda, nam Neopolis, que poft Romanum Imperium vix unquam ferro potuit fubdi, nunc autem verbo tanium vifa eft conftringi.*

firmandoſi ſicuri ne' loro Stati. Quando, ecco nel vegnente Giugno 1131. il *Re Ruggiero* con poderoſa Armata navale ſi preſentò in Salerno, e riempì tutti di ſpavento: in modo tale che, temendo i Rubelli del di lui giuſto ſdegno, ſi ritirarono in Napoli. Quindi *Ruggiero*, dopo aver ſaccheggiato *Averſa*, ſi portò a porre l' Aſſedio a Napoli; in cui ſperava prenderli tutti aſſieme. Ma perche la Città era ben fortificata, e meglio difeſa da dentro; dopo aver ſatta raſare la Campagna, ſenza laſciarvi ne pure un ceſpuglio; ſe cingere la Città con Foſſate molto profonde, acciocche gli Aſſediati vi reſtaſſero rinchiuſi, ſenza poterne più ſortire. Loche ne tampoco giovandoli, peroche la Terra, per eſſere arenoſa, toſto ſi rilaſciava, rendendo vana la fatica di tanti, che nella dura Impreſa travagliavano, e perche anche la Cavalleria molto pativa per i rigori del ſovragiunto Inverno; fu diſciolto l' Aſſedio, per ripigliarſi a tempo più proprio, come dice il *Teleſ-no* (*a*).

LV. Alla perſine, veggendo il Duca *Sergio* di non poter più reſiſtere alle continue veſſazioni di *Ruggiero*; e queſti conoſcendo, eſſerli impoſſibile non che difficile l' impadronirſi di Napoli; vennero a Concordati: appartandoſi il Duca dell' amiſtanza di *Ruberto* Principe di Capoa e di *Raidolfo* Conte di Airola, e collegandoſi col Re di Sicilia : con cui ſi portò in Puglia contro de cennati due Baroni, ſenzache il Padre *San Bernardo*, il quale era gito perciò dal Re *Ruggiero*, aveſſe potuto riconciliarli. Si attaccò dunque tra eſſi il Fatto d' Armi, e 'l Re *Ruggiero* ne riportò la peggiore, reſtandovi morto il Duca *Sergio*, come dice *Ramoaldo Salernitano* (*b*).

Dd 2 LVII.

(*a*) Aleſſandro Teleſino *lib.* 3. *cap.* 11. „ *At*, Princeps Robertus, Comeſque Rainulphus, Sergiuſque Magiſter Militum ita præ formidine illius „ intra Urbem intruduntur, ut nec de Porta, bellaturi, exire auderent „ . . . Poſt hæc, coacto in unum exercitu, Neapolim, quâ hoſtes ejus „ contra ſe ſuſcepti rebellabant, obſeſſurus Rex properat . . . Cùm „ Rex Rogerius, à parte Orientis Urbe hac obſeſſa, ejuſdem captionem „ diù differendam prævidiſſet; accidit in cor ejus, ut innumeris accitis Foſ-„ ſoribus, Caſtrum ingens Aggeris circumductione munitiſſimum ſuper „ eam firmaret: quatenus ibi inceſſanter militaribus excubiis ſufficienter „ expoſitis, ipſo quoque abſente, Neapolis vicinius indeſinenter ab ipſis con-„ ſtringeretur. Cùm ergo, poſita ſuper Neapolim obſidione, Agger pro ex-„ truendo Caſtro ipſo, terram effodiendo, ſurrigeretur; cœpit Agger ipſe „ (eo quod ex cemento arido terra egeſta labilis eſſet) huc illucque ſub-„ mergi. Propter quod, ipſum in vacuum aſſumptum fuiſſe videbatur, nec „ poterat Caſtrum ipſum inceptum, dùm Agger ſic ſubmergeretur, ad effe-„ ctum pertingere . . . . Quibus Rex auditis, juſſit obſidionem re-„ moveri; cogitans qualiter alio modo abſque ſuorum diſcrimine, ho-„ ſtibus ſuis reſiſtendum *eſſet*.

(b) Ramualdo Salernitano in Cronicon: „ *Tunc cùm Sergio*, Magiſtro „ Militum Neapolitanorum, concordatus eſt, & eum ſecum in expeditionem „ duxit . . . . Dehinc Acies ſuas verſùs Apuliam dirigens, totam „ Terram Beneventanam, & Capitanatam recuperavit. Quo audito, Comes „ Rai-

LVI. Tolto del Mondo *Sergio* ; in lui ebbe fine la Polizia de Duchi di Napoli. Concioſſiache il *Re Ruggiero* toſto paſsò ad impoſſeſſarſi di queſta Ducea, unendola a Stati ſuoi, come ſoggiunge il citato Croniſta (a). Durò il Governo de' Duchi in Napoli per lo ſpazio di 480. anni in circa ; cioè dallora che i Greci la tolfero a' Goti, fino al tempo, che 'l *Re Ruggiero* Normanno l'unì alla ſua Corona ; facendola ſemplice Feudo della ſua Monarchia. E fu ferbata agli Angioini la gloria di eligerla per loro Sede, e di farla divenire Metropoli, e Capitale del Regno, ſiccome nel Libro 8. del Tomo IV. addimoſtraremo. Onde con ragione lo *Scaligero* cantò :

> „ Parthenope varij ſtatuit diſcrimina Mundi.
> „ Quia tria diverſo tempore ſæcla dedit.
> „ Aurea Pythagoras communis commoda viæ ;
> „ Et docuit ſophiæ Græcia Magna Procos.
> „ Altera ſuccedens ſtudiorum molliter Ætas,
> „ Admiſit Muſas debiliore ſono.
> „ Tertia vulniferi quæſivit præmia Ferri,
> „ Atque Equitum potuit ſola tenere decus.
> „ Sic ex privata, & ſerva Regina ſuperſum.
> „ Roma, quod es, fueram : quæ modò ſum, quod eras.

LI.

> „ Raidulphus, qui ſe Ducem vocari faciebat ; congregato Exercitu militum,
> „ & infinita multitudine maritimorum Civium apud Ranianum ei potens oc-
> „ currit. Cumque de pace inter eos componenda mediante Bernardo Clara-
> „ vellenſi Abbate diutiùs eſſet tractatum, nec potuiſſet, peccatis exigenti-
> „ bus, conſumari ; bellum inter eos validum eſt exortum. Dux autem
> „ Rogerius, filius prædicti Regis, qui in Acie percuſſoria fuerat, oppoſitas
> „ ſibi Acies viriliter expugnavit, & Sipontum uſque fugavit. Rex verò,
> „ qui in magna, & poſtrema Acie fuerat ; laceſſentibus militibus, in fugam
> „ converſus eſt : & tunc multa millia hominum capta ſunt, & occiſa.
> „ SERGIUS QUOQUE, MAGISTER MILITUM NEAPOLITANO-
> „ RUM, GLADIO PERCUSSUS, OCCUBUIT.

(a) Ramoaldo Salernitano loc. cit. *Rex deinde, recepta Neapoli, & diſpo-ſitis, & ordinatis partibus Regionis illius, cùm Rogerio Duce, & Tancredo Principe filiis ſuis in Siciliam eſt reverſus.*

LIBRO QUINTO.

Del Dominio Greco in queſte Regioni.

ANcorche ſiaſi fatto chiaro da quel tanto abbiam detto ne due Libri antecedenti, che i *Greci* ſi refero Padroni delle Provincie noſtrali, togliendole a Goti, e poſſedendovi la Città di Napoli in forma di Duchea; nulladimeno per intendere con maggior chiarezza il tutto, fà duopo eſaminare più diſtintamente queſta materia; dividendola in quattro Capi. Primo: *Della Conquiſta, dicadimento, diviſione, e perdita totale che fecero i Greci dalle noſtre Regioni*. Secondo: *delle varie Ducee che vi poſſederono*. Terzo: *delle Guerre che vi ſofferſero*. Quarto: *della Polizia con cui le governarono, e de Nomi diverſi che loro diedero*.

CAPITOLO PRIMO.

Della conquiſta, dicadimento, diviſione, e perdita totale, che fecero i Greci delle noſtre Regioni.

I. DEſcrivendo quì le *Conquiſte* fatte da Greci in queſte parti; non intendiamo favellare de' Progreſſi che vi fecero gli Enotrj, i Pelaſgi, i Peucezj, e gli altri Popoli che da Grecia in Italia ne primi tempi pervennero; perche di queſte ne fu abbaſtanza ragionato nel Libro 4. del Tomo I. Ma ſoltanto pretendiamo far parola di quei acquiſti, che vi fecero i Greci, dapoiche fu diviſo l'Impero Occidentale dall'Orientale, eſtinto già l'Impero Latino ſotto *Momillo Auguſtolo*.

II. E riguardo a queſto Punto, tutti gli Autori convengono, che ſotto *Giuſtiniano*, portatoſi per la prima volta in Italia *Beliſario* di lui Capitano, tolſe a Goti tutte le noſtre Regioni, e le ſottomiſe alla Greca Monarchia. E quantunque in tempo del Re *Totila* con vicendevoli ſucceſſi, ora le perdeſſero, ed ora le riacquiſtaſſero; pure, partito *Beliſario* da Italia, e venutovi *Narſete* in ſua vece; vinto e morto il Re *Totila*, ſconfitto ed ucciſo il Re *Teja*, il tutto paſsò in potere de Greci, anche con buona parte del reſtante d'Italia. Sicche tutte le Provincie, delle quali ſi compone oggidì il Regno di Napoli, dall'anno 433. in poi divennero ſuddite, e tributarie dell'Imperadore di Coſtantinopoli: non eſſendovi più Goti, che ne li contraſtaſſero il dominio.

III. Durò poco bensì la Conquiſta che ne fecero i Greci: peroche, venuti poco indi i Longobardi in Italia, ſoggiacque ad un grande dicadimento

il

il loro Dominio, per avere que' nuovi Conquistatori fondata la Ducea di Benevento : la quale nella parte Occidentale si congiungea collo Stato della Chiesa : nell'Oriente arrivava fino a Taranto : a Settentrione spaziavasi per l'intiero Apruzzo : ed a Mezzogiorno si allungava fino alle vicinanze di Reggio, come meglio spiegarassi nel Libro seguente. In modo che, a riserva di pochissime Città nelle piagge maritime, che per mancanza di Armata navale i Longobardi non poterono sottomettere ; il di più da essi fu tolto a Greci, come pondera al proposito il *Muratori* (a). Ed ancorche poi ritogliessero i Greci a Longobardi la Lucania, la Puglia, ed il Paese de Bruzj ; pure non li poterono mai ritogliere Benevento, Salerno, Capoa, ed il restante del Sannio. In guisa tale che le Provincie, le quali tra noi erano soggiaciute alla sola ubbidienza de Greci ; poco indi furono divise sotto due Capi, alcune riconoscendo i Longobardi per loro superiori, ed altre i Greci.

IV.   Anche nel restante d'Italia il dominio de Greci fu da Longobardi notabilmente sminuito. Imperciocche, avendo essi collocata la loro Reggia in Pavia ; occuparono tutta la Lombardia, fondandovi le trè Duchee, del Friuli, di Spoleto, e di Jurea : con cui venne occupato quasi il restante d'Italia, a riserva dell'Esarcato di Ravenna, e della Ducea Romana.

V.   Venuto poi *Carlo Magno* in Italia, e coronato Imperadore da Papa *Lione III*. nell'anno 802. ; il dominio de Greci soffrì un nuovo detrimento in queste Regioni : avvegnache *Niceforo Logotita*, discacciata l'Imperatrice *Irene* da Costantinopoli, e fattosi coronare Imperadore : temeva molto *Carlo Magno*, che in quei tempi avea avanzati i Messaggi in Oriente per istringersi in Matrimonio con *Irene*, e riunire i due Imperj sotto il suo dominio, come fu detto nel Capo secondo dell'antecedente Libro. A tal' effetto *Niceforo* mandò ancor egli suoi Ambasciadori a *Carlo*, per trattare con esso una ferma e durevole Pace, secondo *Andrea Viennense* appo 'l *Baronio* (b) : la qua-

(a)   Lodovico Antonio Muratori diss. 2. de Regno Italiæ ejusque finibus:
,, *Postrema* portio seu nobilissima, atque amplissima Regni Italici ad Orien-
,, tem fuit Ducatus Beneventanus. Pertingebat ipse ad Occidentem Duca-
,, tum Spoletanum hinc, & inde Romanum. Complectebatur ad Boream
,, totam Apuliam simulque Civitates Barii Brundusii, & Tarenti: cum Hy-
,, druntum, magnamque Calabriæ partem, aliasque maritimas Urbes Græci à
,, Longobardorum impetu illæsas servassent. Civitates quoque Neapolis Ca-
,, jetæ, Surrenti, aliæque aut conterminæ, aut subjectæ ad Meridiem, in
,, Græcorum ditione perstiterunt. Reliquum Regionis illius, quæ nunc Re-
,, gnum Neapolitanum conficit, Longobardos Dominos agnovit Ac propte-
,, rea, quæ Provincia nunc appellatur Terra Laboris cùm præstantissima
,, Urbe Capuæ, incipiendo à Castro Aquini Nolam usque, ac inde paucis
,, maritimis Urbibus dimissis, pergendo Salernum ; tùm non interrupto iti-
,, nere per oram Maris Consentiam usque ; hæc omnia vastissimum Beneven-
,, tanum Ducatum *constituebant*.

(b)   Cardinal Baronio ad Annum 802. numer. 5. & ad Annum 803
num. 3.

quale fu conchiusa in fatti. In questa Pace, secondo *Paolo Emilio* (*a*), fu convenuto, che *Niceforo* si chiamasse Imperadore di Oriente, e *Carlo* Imperadore d' Occidente: e che l'Italia si dividesse in maniera, che la sola parte Orientale da Napoli a Siponto restasse a Greci, come nel luogo testè citato.

VI. Egli è ben vero però, che non ostante questa Divisione, *Ottone II.* Imperadore di Occidente, unitamente col Principe di Capoa, cercò nell'anno 982. involare a Greci la Puglia, e la Calabria: ed infatti si tolse delle molte Città. Loche inteso da *Basilio* Imperadore di Costantinopoli, passò con fiorito Esercito in Italia: e non solo ricuperò i Luoghi perduti, ma ne acquistò dagli altri, secondo *Giannantonio Summonte* (*b*), che così dice:
„ *Ottone II.* Imperadore dell' Occidente, successore di Ottone I., passò in Ita-
„ lia con potente Esercito contro Greci: e venuto primo a Capoa, poi a
„ Taranto, & a Metaponto, e dopo in Calabria, come nella Cronaca Cas-
„ sinense al Capo 9.: ove nell'anno 982. fe grandissimo fatto d'arme con
„ Greci, rimanendo superato, e sconfitto: morendovi trà gli altri il Princi-
„ pe Landulfo con Atenolfo suo fratello, succedutoli nel Principato Lande-
„ nolfo, pur suo fratello. Et Ottone, havendo prese alcune Terre in Ca-
„ labria, & in Puglia, passò in Roma, ove frà pochi giorni morì. Il che
„ saputo dall' Imperador Basilio in Costantinopoli; passò in Puglia con fio-
„ rito Esercito, ricuperò non solo i Luoghi perduti, ma altri ancora fino
„ nel Territorio di *Roma*.

VII. La PERDITA totale però, che fecero i Greci di queste Provincie, fu in tempo de' Normanni: i quali, portatisi in Puglia nel fine del Secolo decimo, tratto tratto ne discacciarono i Greci, come metteremo in chiaro nel Libro 9. E benche i Greci con poderosi Eserciti più volte fussero venuti in Italia per torla di mano a Normanni; pure questi Superiori nel coraggio, ancorche inferiori di numero e di forze, li posero in tale scompiglio, e tante rotte li diedero; che l'obbligarono a sortire all' intutto da Italia. Essendo rimarchevole a tal proposito quel tanto raguaglia *Gaufrido Malaterra* (*c*), Autore vivente in quei tempi. Cioè, che trovandosi in Melfi *Guglielmo Normanno* con tutti i suoi, vennero in Puglia da sessanta mila Greci, con idea di annientarli affatto. Ed avviandosi contro di essi; fecero precorrere un Araldo che li dicesse: o che pacificamente partissero da quelle Regioni, o che uscissero il dì vegnente contro i Greci in Battaglia, per decidere in una Giornata Campale di chi esser dovea in avvenire la Puglia.

Lo-

(a) Paolo Emilio de Rebus gestis Francorum pag. 73. *Nihilosecius Nicepborus, novus Augustus, in Franciam misit de renovando foedere: idque in has conditiones ictum, ut alter Occidentis, alter Orientis Augusti, Fratresque essent, dicerenturque. Simul* HINC A NEAPOLI ILLINC A SIPONTO *quicquid ulterioris Italiæ in mare percurrit, cùm suis è regione Insulis à Græco; reliquum à Franco Jure pateret. Inter duo Imperia medius tardo Venetia utriusque Imperij majestatem piè conservarent.*

(b) Gianantonio Summonte Tom. I. pag. 423.
(c) Gaufrido Malaterra lib. 1. cap. 9.

Ioche inteso da Normanni, si avvicinò all'Araldo un di loro per Nome, *Ugone Tudextifen*, e li disse, che i Normanni erano sempre pronti a combattere con Greci. E per darli un saggio di qual bravura fussero i suoi; scaricò con tal violenza un pugno su la fronte del di lui cavallo, che tosto lo gittò morto in terra: restando attonito per lo stupore il Greco Messaggiero. Il quale da Normanni di altro destriero proveduto: se ritorno al suo Comandante, riportandoli fedelmente tutto ciò, che avea udito e veduto. E'l Generale, per non porre il suo Esercito in timore; se passare in silenzio il tutto, e si dispose di venire la mattina vegnente a battaglia col Nimico. Questi lo ricevettono a piè fermo: e dopo un lungo, e sanguinoso combattimento, furono disfatti i Greci, e posti in fuga. Ma giunti al fiume Osanto, e trovatolo gonfio, in maniera che non fu possibile guazzarlo: onde inseguiti da Nemici, restaron vittima del ferro de' Vincitori: i quali carichi di spoglie ostili ritornarono al loro Campo, restando Signori della Puglia.

CAPITOLO SECONDO.

Delle varie Ducee, che ebbero i Greci in queste nostre Regioni.

I. COmeche la Polizia del Greco Governo consisteva perlopiù nel compartimento delle Ducee, come faremo chiaro nel Capo quarto; per meglio conoscere fin dove il loro dominio disteso si fosse, da poiche i Longobardi fecero quivi le loro conquiste, e gl'Imperadori Latini si divisero con quei di Grecia il restante di queste Regioni; fa mestieri descriver ora le Duchee che i Greci vi ebbero, parte con assoluto Dominio, come fu quella di Bari; e parte con dipendenza, come fu quella di Napoli. E perche della Ducea Napoletana ne fu parlato a pieno nel Libro antecedente; qui ragionaremo soltanto dell'altre di *Gajeta*, di *Sorrento*, di *Amalfi*, di *Otra*, e di *Bari*: alle quali si apparteneano gli altri Luoghi, che i Greci possedeano in queste Provincie, come si anderà toccando nel Capitolo quarto.

Gaeta.

II. Intorno a quel tanto che concerne il Sito, la Fondazione, le Guerre, e le Vicende della Città di *Gajeta*, niuna cosa ci occorre qui a notare; avendone bastantemente favellato nel Tomo I., tanto nel Capo 3. del Libro 1. quanto nel Capo 2. del Libro 6. Talche della sola di lei Ducea resta ora discorrere. Diciamo dunque, che Gaeta fu sottoposta anticamente al Dominio de Greci; e vi era un Governatore con Titolo di *Duca*, e di *Console*, a somiglianza della Città di Napoli, come alla lunga lo dimostra *Ferdinando Ugbel.*

Ugbellio (a), e da lui anche lo trascrive *Lodovico Antonio Muratori* (b). Non ebbe però il dilei Duca il Titolo di *Maestro* di *Milizia* come quello di Napoli, giusta quel tanto si disse nel Capo 4. del Libro 4.

III. Or la Ducea di Gajeta comprendea tutto quel Seno di Mare, che stendeasi a Tarracina nell'Occidente, e nell'Oriente al Promontorio Miseno, dove si congiungea colla Ducea Napoletana: avendo sotto di se nella parte del Mare *Formia*, *Minturno*, *Sinuessa*, e *Tarracina*, ed in Terra ferma *Sessa*: perche, come sovra il *Muratori* dicea, nell'anno 1105. *Riccardo* s'intitolava *Dux Cajetarum*, & *Comes Suessanus*. Vuole anche *Nicolò Carminio Falcone* (c) (oggi Arcivescovo di Santa Severina), che *Docibile* Duca di Gajeta, per sottrarsi dalle continue scorrerie del Principe di Capoa, chiamò i Saracini da Agropoli, e li diede Terreno per abitarvi nelle vicinanze del Garigliano, che anche si appartenea al suo Dominio; dicendo così: *Lione Ostiense nel Capo 43. del Libro I. segue a dire, che Docibile Duca di Gajeta nell'875. veggendosi afflitto da Pandolfo, Principe di Capoa, chiamò in suo ajuto li Saracini di Agropoli di là di Salerno, e che lor diede luogo presso al Garigliano, che abitarono fino all'anno 914. per 40. Anni.* Nel qual luogo poi *Giovanni*, figliuolo di *Docibile*, (dichiarato Patrizio dall'Imperadore di Costantinopoli, allorache questi mandò il suo Ministro in Italia per ajuto de Preacipi Cristiani, che si adopravano a scacciare da quella contrada i Saracini) fe ergere una fortissima Torre, acciò servisse di freno a que' Barbari, se *Lione Ostiense* (d) ci dice il vero. Peroche *Angelo delle Noci* (e) nelle di lui Note, vuole che questa Torre

Tom. III.   E e   re

(a) Ferdinando Ughellio in Appendice Tom. V. Ital. Sacr. ad Episcopos Cajetanos.

(b) Lodovico Antonio Muratori Differt. 5. Rer. memorab. Italic. *Ducum quoque Cajetanorum mentio est in antiquis Monumentis. Immò suos etiam Rectores Fundana Civitas Saeculo X. Ducis titulo ornabat. Refert Ughellius in Appendice ad Tomum V. Italiæ Sacræ in Episcopis Cajetanis Tabulas scriptas: Imperante Domino piissimo, perpetuo Augusto Othone, anno Imperii ejus octavo decimo: & temporibus Domini Joannis gloriosi CONSVLIS & DVCIS, filii Martini gloriosi CONSVLIS & DVCIS, filius ejus anno octavo, mense Martio Gajeta &c. Inter eos, qui adsunt, memorantur Dominus Martinus, Dux Fundanus. Anno etiam 1064. memoratum videas Raynerium Comitem, filium quondam Domini Leonis, gloriosi Consulis & Ducis. Eo anno 1105., Riccardus Dux Gajetarum, & Comes Suessanorum.*

(c) Nicolò Carminio Falcone in Vita S. Januarii lib. 5. cap. 7. in Notis.

(d) Lione Ostiense lib. 2. Histor. Cassinens. cap. 37. *Dattas, ob Henrici Imperatoris fidelitatem, à Benedicto Papa in Turre de Garigliano flumine, quam IDEM PAPA TUNC RETINEBAT, positus est. Quam videlicet Turrim, Joannes, Imperialis Patritius, Cajetanus, filius Docibilis Hypati, pro Agarenorum dissipatione, temporibus Joannis XIII. Papæ construxerat.*

(e) Angelo delle Noci in Notis ibidem: *Turris Gariliani, quæ adhuc*

re fuſſe ſtata fabbricata da *Pandolfo* Principe di Capoa: come da Verſi, che ivi ſi leggono:

> *Hanc quondam Terram vaſtavit Gens Agarena,*
> *Scandens hunc Fluvium: fieri ne poſtea poſſit;*
> *Princeps hanc Turrim Pandulphus condidit Heros,*
> *Ut fit Structori decus, & memorabile nomen.*

Si potrebbero però queſte contrarie autorità conciliare, dicendo, che *Giovanni* Duca di Gajeta la fabbricò, allorache diſcacciò da que' Luoghi i Saracini; e che poi *Pandolfo* Principe di Capoa, divenuto Padrone di Gajeta (come poco innanzi ſoggiugneremo) la perfezionò, e l'ingrandì; facendovi incidere que' Verſi.

IV. Vogliono comunemente gli Autori, che Gajeta fuſſe un tempo appartenuta alla Santa Sede, come *Lione Oſtienſe* (a) poco fa dicea; e *Camillo Pellegrino* (b) lo conferma da *Erchemberto* (c) in occaſione, che queſti ci fa ſapere, che *Atanolfo* Principe di Capoa l'occupò; inviando poi Ambaſciadori a Papa *Stefano III.* colla promeſſa di volergliela reſtituire. Ed il citato *Oſtienſe* (d) aſſeriſce, che'l Principe *Pandolfo* la dimandò di nuovo al Papa, e ſi crede che li fuſſe accordata: e che queſto Principe realmente incideſſe nella Torre i riferiti Verſi: peroche quel Luogo apparteneva allora alla Ducea di Gajeta.

V. Come però Gajeta fuſſe pervenuta in potere del Romano Pontefice, è difficile cavarne il netto. Si crede probabilmente, che ne rivolgimenti d'Italia contra l'Imperadore *Lione Iſaurico*, trà gli altri Luoghi che ſi ſottomiſero alla Protezione della Sede Apoſtolica, vi fuſſe ancora Gajeta. Oppure dir ſi potrebbe, che eſſendoſi fatta la diviſione dell'Italia trà *Carlo*

Duc ſupereſt, erecta dicitur à Joanne, Cajeta Conſule, pro Agarenorum diſſipatione: quanquam ipſa Turris Epigraphis non à Joanne Conſule, nec tempore Joannis XIII. ut voluit noſter Autor, ſed à Pandulpho Principe quà poſtea dominatus eſt, & jam exterminatis Saracenis, eam conſtructam oſtentat.

  (a) Lione Oſtienſe loc. cit.

  (b) Camillo Pellegrino differt. 4. de Finibus Ducat. Benevent. „ *Cajetam* proinde, & adjacentia ei Opida (ab oſtia ſcilicet Liris uſque Trajectum. quod Joannis VIII. aperitur Epiſt. 69 & 74.) labentibus annis, „ nec ſane multis Romano Pontifici planè, & firmiter acceſſiſſe, ex Erchemberto cognovimus, *num. 65.*

  (c) Erchemberto num. 65. „ *Per idem tempus, miſſis Legatis, idem* „ Athanulphus, Romam Majone Venerabili Abbate, & Dauſerio Diacono, ut „ ſubderetur Stephano pio Papæ, eſſeſque illis proprius familiaris; & pro- „ miſit quoque ei REDDERE CAJETANOS, QVOS PRIDEM CALL. „ DE CŒPERAT.

  (d) Lione Oſtienſe lib.x. cap 43. *Poſt hæc Pandenolphus, qui tunc Capua præerat, in Papæ fidelitate conſiſtens, rogavit eum, ut ſubderet Dominationi ſuæ Cajetam. Nam Cajetani eo tempore TANTUM PONTIFICI SERVIEBANT.*

lo Magno, e *Niceforo*; l'Imperador *Carlo* donaffe alla Santa Sede quei Luoghi, che erano trà Napoli e Roma; fra quali veniva ad effere Gajeta. Egli è vero però che quefta Città non fu mai fogetta intieramente alla Santa Sede, effendofi ella in quel tempo governata da se: e folo il Romano Pontefice n'ebbe la Protezione, come cofta da una Lettera, che Papa *Adriano* (a) fcriffe all'Imperador *Carlo Magno*: in cui li dà notizia, che i Beneventani, per toglierli quefta dipendenza, vi aveano fatto paffare il Patrizio di Sicilia.

VI. Di quefto fentimento moftra effere *Pietro Giannone*, dicendo: ,, *Li Pontefici* Romani pretefero, che la Città di Gajeta s'apparteneffe ,, allo Stato della loro Chiefa: *e fondavano quefta loro pretenzione nella* ,, *liberalità di Carlo Magno*, quando pretefe toglierla a Greci, per farne ,, un dono alla Chiefa Romana, ficcome avea fatto di Tarracina e dell'al- ,, tre de Greci. Ma effendofi in quei tempi oppofto Arechi, Duca di Be- ,, nevento; fraftornò ogni loro difegno, e procurò, che tofto quefta Città ,, ritornaffe fotto la dominazione degl'Imperadori d'Oriente, i quali vi ,, mandarono i Patrizi loro Uffiziali, per governarla. Mà non per ciò fi ,, aftennero li Pontefici Romani, quando le congiunture lo portavano, di ,, far dell'intraprefe: e quando vedeano di non poterla mantenere, ne in- ,, veftivano un Principe più potente. Così leggiamo, che Giovanni VIII. ,, la concedè a Pandolfo, Conte di Capua, che morì nell'anno 882. E ,, Lione Oftienfe fcrive, che Gajeta in quei tempi ferviva al Papa; ma ,, ritornò bentofto fotto gl'Imperadori d'Oriente: e ne tempi feguenti i Nor- ,, manni, fpogliati i Greci di ciò, che loro era rimafto in quefte noftre ,, Provincie, effi fe n'impadronirono: onde è, che s'intitolarono ancora ,, Duchi di Gajeta. A Normandi effendo fucceduti i Svevi, e poi gli An- ,, gioini, ed a quefti ora Alfonfo, e poi gli altri Aragonefi, e finalmente ,, gli Auftriaci; quefta Città fu con continuata, e non interrotta poffeffione ,, da noftri Re ritenuta, e come una Città di quefta Provincia fu fempre ,, riputata.

VII. Quindi, prendendo noi a chiarire quanto fu quefto punto gli altri Autori confufamente hanno fcritto; diciamo, che la Città di Gajeta fi governò fempre col fuo Duca e Confole dall'ora che *Belifario* e *Narfete* la tolfero a Goti, e viffe fotto il dominio Greco, fino a tempi di *Carlo Magno*. Il quale, divifafi l'Italia con *Niceforo*, affegnò quefta Città alla Sede Apoftolica. Ma vivente ancora *Carlo*, ritornò ella alla divozione de Greci per opera di *Arechi* Duca di Benevento, che v'introduffe a governarla il Patrizio di Sicilia. Poi, perche colla venuta de Longobardi, e per la poffanza degl'Im-

E e 2   pera-

(a) *Adriano* I. Epift. 73. ,, *Et hoc cognofcat a Deo protecta Excellen- ,, tia Veftra, quia aliquantas Civitates noftras Campaniæ, operantes æmuli ,, veftri atque noftri nefandiffimi Beneventani ipfi, noftro Populo perfua- ,, dentes; SUBTRAHERE A NOSTRA DEVOTIONE DECERTANT, ,, una cùm habitatoribus Caftri Cajetani, feu Tarracinenfium: obligantes ,, fe variis facramentis CUM IPSO PATRITIO SICILIÆ, QUI IN ,, PRÆDICTO CASTRO CAJETANO RESIDET.*

peradori Latini in Italia, il dominio de Greci tratto tratto andò mancando; Gajeta passò per qualche picciol tempo un altra volta alla divozione de' Romani Pontefici. A quali poco indi la ritolse *Atanulfo* Principe di Capoa; e poi l'ebbe in potere il Principe *Pandolfo* per concessione di *Giovanni XIII.* Sommo Pontefice. E perche sotto 'l Principe *Guaimaro* quei Popoli furono gravemente oppressi; cercarono scuotere 'l di lui giogo, e chiamarono *Atanulfo* Conte di Aquino per loro Duca, come soggiugne *Lione Ostiense* (a). Fu poi di nuovo soggiogata dal Principe *Riccardo* Signor di Capoa; peroche, come asserisce *Angelo delle Noci* (b), la Ducea di Gajeta perseverò sotto i Prencipi di Capoa anche quando tra noi governavano i Normanni, e da que' Principi per ereditaria successione pervenne a Svevi, e di man' in mano a gli altri Monarchi del nostro Regno.

VIII. In fatti, che la Città di Gajeta si fusse sempre pacificamente posseduta da Monarchi del nostro Regno; ne fà testimonianza il contrasto di *Federigo* II. Imperadore con Papa *Gregorio IX.* il quale, partito Cesare per la Palestina, trà le altre Imprese che fece in Regno, una fu quella di sottomettere Gajeta; non ostanche'l Castello si fusse mantenuto saldo alla divozione dell'Imperadore, come dice *Riccardo di San Germano* (c) nella sua Cronaca, scritta in quei medesimi tempi. Poi, ritornato *Federigo* da Gerusalemme, e fatta la pace colla Santa Sede; pretese il Romano Pontefice, che dovesse restare per la Chiesa Romana la Città di Gajeta con quella di Sant' Agata, come soggiugne il medesimo Cronista (d). Ma essendosi a ciò opposto l' Imperadore; a questi finalmente fu restituita, come similmente raguaglia il lodato Scrittore (e). Nel qual tempo fu ivi suppressa

(a) Lione Ostiense lib. 2. cap. 75. *Praeterea Cajetani, ob invidiam Guaimarij, Atanulphum supradictum Aquini Comitem evocant, sibique in Ducem proficiunt.*

(b) Angelo delle Noci, in Notis ibidem : *In antiquis etiam Chartulis nostris nonnulli Capuae Principes, GENERE NORMANNI, Duces quoque Gajetae inscripti reperiuntur : cùm interim eadem Vrbs peculiares suos simul Duces, seu Consules obtineret.*

(c) Riccardo di San Germano ad Annum 1229. ,, *Papalis Exercitus* ,, firmata obsidione supra Cajetam, machinis, & viribus suis vehementer ,, impugnant - Et licet occupaverint Civitatem; Arcem tamen vi capere ,, nequeunt, his qui erant in ea, se pro Caesare tuentibus contra *eum.*

(d) Lo stesso ad Annum 1230. ,, *Cardinales* qui Imperatorem praeve- ,, nire volebant; se Capuam contulerunt. Ubi penultimo Madij ad eos ve- ,, niens Imperator; cùm formam non acceptaret Concordiae, quia S. Aga- ,, tham, & Cajetam retinere volebat Ecclesia; recedentes Capua, Sues- ,, sam se conferunt *Cardinales*.

(e) Lo stesso ad Annum 1233. ,, *Civitas* Cajetae ad mandatum redit ,, Imperatoris, & Juramentum fidelitatis sibi praestat, & Conrado filio ,, ejus. Ad quam Rector de Montefusco Justitiarius Terrae Laboris acce- ,, dens; jussu Imperatoris, Dohanam institutis in ea, & CONSULATU PRI- ,, VAVIT TANDEM.

preſſa la dignità *Conſolare* , che fin a quei tempi vi ſi era conſervata in perſona de ſuoi Duci.

IX. La ſerie poi de *Duchi* e *Conſoli* di Gajeta non ſolo è difficile , ma in un certo modo impoſſibile a perſi totalmente in chiaro, ſtante l'oſcurità di quei tempi , e la ſcarſezza delle notizie de' Scrittori antichi. Soltanto *Giambattiſta Pacichelli* (a) ce ne da un barlume (cavato per altro da *Giulio Ceſare Capaccio* , e quaſi colli ſteſſi termini). Che però riferiremo le proprie ſue parole ſenza farcene mallevadori : perche ſi vede manchevole ne Duchi *Giovanni* , *Martino* , *Lione* , *Riccardo* , e *Raineria* mentovati dall' *Vghellio* , e dal *Muratori* più sù nel *Numero* 2.

" 1. GIOVANNI Magno, Patrizio nell'Anno 731. in tempo di Grego-
" rio III.

" 2. DOCIBILE , il quale nel 878. fè tregua co' Saracini a cauſa che
" Pandolfo Principe di Capua , dimandò Gajeta a Papa Giovanni VIII. nell'
" anno 893. come dall'Oſtienſe lib. 1. cap. 43.

" 3. GIOVANNI TIPACO figliuolo di Docibile , viſſe nell'anno 944.
" fatto Patrizio dell'Imperadore di Coſtantinopoli.

" 4. ALFEDANO BELLO , che diede per moglie Eba ſua figlia a Ser-
" gio Duca di Napoli nell' Anno 960.

" 5. ATENOLFO d' Aquino.

" 6. RICCARDO Padre , e GIORDANO figlio, Prencipi di Capua
" occuparono Gajeta nel 1064. come coſta da una loro Conceſſione fatta al
" Moniſtero di Monte Caſino.

" 7. GOFFREDO RIDELLO Normanno , detto LOFFREDO, il quale
" fu Duca di Gajeta nell'anno 1072. e donò la Chieſa di S. Eraſmo a' Padri
" Benedittini.

" 8. GIOVANNI e MARINO fratelli , Duchi di Gajeta.

" 9. JONATA Duca di Gajeta nel 1116.

" 10. ANDREA Conſole e Duca di Gajeta nel 1124.

" 11. RUGGIERO Normanno intorno all' Anno 1129. occupò Gaje-
" ta : chiamandoſi Duca di Gajeta in una ſua ſcrittura di detto Anno : e
" nell'anno 24. del ſuo Regno e *Ducato* .

Sorrento.

X. Anche della Città di *Sorrento* fu ragionato nel Libro 7. del Tomo I. al *Numero* 4. del Capo 5. Laonde intorno à lei non ci reſta altro da dire : (tanto più che ne parla diffuſamente *Davide Romeo* nella Vita de Santi Sorrentini). E ſoltanto quì ci occorre di avvertire , che ella pure fu un tempo Città ſottopoſta al dominio Greco, dapoiche *Beliſario* e *Narſete* ne diſcacciarono i Goti : ed ebbe il ſuo *Duca* e *Conſole* che la governò. Comprendendo nel ſuo Riſtretto , Vico , Caſtel di Stabia , Maſſa , ed altri Luoghi di quelle vicinanze . Ma perche ella non era di molto potere ; fu più volte ſoggiogata da gli altri Duchi e Prencipi vicini, ſpezialmente dal Principe di Salerno,

(a) Giambattiſta Pacichelli Tom. III. Hiſtor. Regn. Neapol. pag. 250.

lerno, come offerva il *Muratori* (a), che rapporta uno Strumento, in cui ella vien defcritta come appartenente al Principato di Salerno.

XI. Anche al Duca di Napoli fu ella un tempo fottoposta: conciossiacofache nel Capitolare di *Sicardo* (b) Principe di Benevento con *Andrea* Duca di Napoli dell'Anno 836. Sorrento, ed Amalfi si defcrivono come Città che allora appartenevano alla Ducea Napoletana. Benche poi in tempo di *Sant'Attanagio* Vefcovo di Napoli, e del Duca *Sergio*, di lui nipote, di nuovo si vide nella fua libertà. Attefoche, avendo *Sergio* (come si diffe) riftretto *Attanagio* nell'Ifola del Salvatore; quefti mandò da *Lodovico II.* in Benevento a chiederli foccorfo: e l'Imperadore fcriffe a *Marino* Duca di Amalfi, che giffe colle fue Galee a liberarlo, conducendolo dove quegli dimandaffe. Ed egli, liberato infatti, volle effer condotto in Sorrento, come dice *Giovanni Diacono* nella di lui Vita (c). Segno evidente, che Sorrento era allora Città libera, ed indipendente della Ducea Napoletana: altrimenti *Sant'Attanagio* non si farebbe ftimato colà ficuro da *Sergio* fuo nipote attuale Duca di Napoli.

XII. Quando poi *Ruberto Guifcardo* Duca di Puglia fposò *Sigilgaita*, figlia di *Guaimaro* Principe di Salerno, ed involò a *Gifulfo* fuo cognato quella Signoria; si fece anche Padrone di Sorrento, che poi lafciò a *Guidone* fuo Secondogenito, come rapporta *Giannantonio Summonte*, col dire: ,, Reberto Guifcardo ebbe per moglie Sigilgaita forella di Gifulfo Principe ,, di

---

(a) Lodovico Antonio Muratori Differt. 4. Rer. memor. Italic. *Venis nunc ad SURRENTUM, & Gajetam: quæ Vrbes & ipfæ olim Ducis nomen fuis Præfectis dedere, quo tempore fui erant Juris. Verùm finitimis Principibus potentioribus cedere coactæ; honoris tamen gradum in illorum Titulis fervarunt. Cujus rei & ego producere poffum teftes Tabulas, in queis Guaimarius IV., Salernitanus Princeps, infcribitur etiam Dux Amalphis, & Surrenti. Diplomatis hujus exemplum debeo Monafterij Cavenfis Tabulario: Donatio facta Ecclefiæ Sancti Felicis à Guaimavio IV. & Gifulfo II. Principibus Salernitanis Anno 1051. -- In nomine Domini, anno trigefimotertio Principatus domini noftri Vvimarij, gloriofi Principis, & DUODECIMI DUCATVS EJVS AMALFIS ET SVRRENTI.*

(b) Capitulare Sicardi de Anno 836. *Nos Dominus Vir gloriofiffimus Sicardus, Longibardorum Gentis Princeps, vobis Joanni electo Sanctæ Ecclefiæ Neapolitanæ, & Andreæ Magiftro Militum, vel Populo vobis fubjecto Ducatus Neapolitani, & SVRRENTINI, & AMALFITANI, & cæteris Caftellis vel Locis, in quibus Dominium tenetis, terra marique Pacem veram & gratiam noftram vobis daturos.*

(c) Gio: Diacono in Vita Athanafii Epif. Neap. *Dominus Athanafius Epifcopus fuum Apocrifarium Domino Lodogvico Imperatori deftinans; infinuavit ei quæ & quanta a fua pateretur nepote. Tunc ille, ex Vrbe Beneventana Marino Seniori Amalfitanorum, præcepit ut illum ex prædicta Infula cum omnibus fuis hominibus incolumem, quò vellet, perduceret. Marinus autem imperata complere feftinans; Surrentum illum cùm omnibus falvum perduxit.*

,, di Salerno: la quale, come vuole l' Autor Pugliese, li partorì trè figli
,, maschi, e cinque femine, cioè Rogiero, Roberto, e Guidone. Lasciò
,, a Rogiero il Ducato di Puglia, e di Calabria col Principato di Salerno:
,, a Guidone la Signoria di Amalfi e di Sorrento: Roberto morì *picciolino*. Laonde dall'ora in poi non credo che la Città anzidetta di Sorrento avesse più conquistata la sua primiera libertà.

XIII. Anche Giambattista *Pacichelli* (a) nel suo Regno di Napoli in prospettiva, trascrive da *Giulio Cesare Capaccio* un frammento de nomi di quei Duchi, che furono in Sorrento (i quali per altro sono più tosto i Forestieri, che la sottomisero, che i Patrizj i quali in pace la governarono): e sono i seguenti.

1. ANDREA, Duca di Napoli, di Sorrento, e di Amalfi nell'anno ,, 836., come dalla Pace di Sicardo.

2. GIOVANNI, Duca e Console di Napoli e di Sorrento nell'anno ,, 933.

3. GVAIMARO, Principe di Salerno e di Sorrento nell'anno 1039. ,, il quale ne investì.

4. GVIDONE suo fratello, che fu Duca di Sorrento nell'anno 1052.

5. SERGIO, Duca di Sorrento; il quale con varj altri Prencipi intervenne alla Consegrazione della Chiesa di Monte Casino nell'anno 1052.

6. SERGIO II. figliuolo del primo, come da un Privilegio di Guglielmo Duca di Puglia al Monistero della Cava, conceduto nell'anno 1117. dove egli Principe di Sorrento si sottoscrive; e fu socero di Giordano Principe di *Capua*.

Amalfi.

XIV. La Città di *Amalfi* (di cui qualche cosa fu detta nel Libro 8. del Tomo I. al *Numero* 5. del Capo 3.) non si vuole molto antica nella sua fondazione, giusta la Cronaca della medesima Città, riferita dall' *Ughelio* (b) in primo luogo, ed indi da *Francesco Pansa* (c) molto accresciuta: tra due Dissertazioni pubblicate da *Arrigo Bremmanno* (d). Non convengono però tra loro questi, ed altri Autori, in che tempo fu ella precisamente fondata, ed in quale occasione: benche concordemente dicano, che fusse popolata da una nobilissima Colonia Romana. Alcuni adunque han creduto, che allorche *Costantino* il Grande si trasferì in Oriente a fabbricarvi Costantinopoli, chiamasse da Roma molti di quei nobili Senatori, acciò si portassero a fare lor soggiorno colà. E che questi nel viaggio, trasportati da fiera tempesta nell'Isola di Ragusi, colà si fermarono. Ma perche venivano mal guardati da quei Abitatori; cercarono ritornare in Italia,

(a) Giambattista Pacichelli Tom. III. pag. 110.
(b) Ferdinando Ughellio Tom. VII. Ital. Sacr. pag. 235. antiq. Edit.
(c) Francesco Pansa in Histor. Amalfit.
(d) Arrigo Bremmanno in Dissertationibus de Republica Amalfitana,

Italia, ed approdarono in Puglia, dove fabbricarono Melfi. Poi, di là partiti, vennero nella Campagna di Eboli: e scorrendo i Luoghi vicini, trovarono che la Costiera maritima tra Salerno e Sorrento era inabitata: che però vi edificarono una Città, che dissero *Amalfi* (comeche partiti da *Melfi*) con altri Luoghi. Racconto, a mio parere, improporzionato: peroche, se l'Imperadore l'avea chiamati in Costantinopoli; una borasca di mare non potea obbligarli a fermarsi in Ragusi, senzache l'Imperadore (padrone allora quasi di un Mondo intiero) avesse avuto il modo di farli con altra Nave pervenire in Costantinopoli, dove li bramava. Tanto più che è certo, che i Patrizj colà invitati, vi giunsero felicemente e vi si fermarono, mercè le sovrafine maniere, che adoprò con essi il Monarca, come lo ragguaglia *Antonio Foresti* (a) nella di lui Vita.

XV. Altri con *Erchemberto* (b) han giudicato, che i Romani, i quali popolarono Amalfi e la Costiera; non furon quelli che andavano in Costantinopoli per ivi stanziare ; ma quelli che, saccheggiata da Goti la Città di Roma, s'imbarcarono su le Navi, per rendersi salvi in Bizanzio. E che trasportati in Ragusi da contrarj Venti ; di là ripassarono in Italia. E dopo aver fabbricato in Puglia la Città di Melfi , vennero a fondare Amalfi . Bel ritrovato in vero. Ma perche nell' Assedio di Roma fattovi da *Totila*, parte di quella Nobiltà se ne fuggì di nascosto , e parte fatta prigioniera , fu mandata nella Città di Capoa sotto buonissima custodia , come rapporta *Procopio* (c); non sò, se poterono aver tanto commodo di Navi, per andarsene in Costantinopoli ; e poi, giunti in Grecia, far ritorno in Italia. E di più , fondata la Città di Melfi , subito abbandonarla , per venirsi a confinare ne Monti alpestri della Provincia di Salerno. Sicche con più propio fondamento crederei, che i Nobili Romani, i quali popolarono Amalfi e la Costiera; fussero quei medesimi, che erano ristretti in Capoa; e che poi, liberati da *Giovanni*, nipote di *Giustiniano* Imperadore, con settanta soldati Romani s'imbarcarono per Sicilia, secondo il lodato *Procopio*. Onde è credibile, che , rispinti indietro da Venti, si ricoverassero tra que' balzi inaccessibili a' Goti : fabbricandovi Amalfi, Ravello, ed altri Luoghi vicini; come vuole *Scipione Ammira-*
                                                                                                    to

(a) Antonio Foresti in Vita Constantini paragr. 15.

(b) Erchemberto in Epitome : *Romani cùm uxoribus , & natis suaque suppellectili, venerunt in locum, qui dicitur Melphis ; ibique multo tempore sunt demorati. Postmodum vero Amalphiam condiderunt, & dicti fuerunt Amalphitani , hoc est , a Melphi.*

(c) Procopio lib. 3. Histor. Goth. cap. 26. „ *Totilas* cùm reliquis Copiis petere Ravennam intendit ; relictis in Campania nonnullis Barbaris , „ quibus illuc agentium Senatorum Romanorum custodiam demandaverat. „ . . . Jam ante concesserant ad Campaniam Milites non minus septu„ ginta, ex eorum numero, qui ad Gothos defecerant. Hi se se contule„ runt ad Joannem; qui paucos quidem Senatores, eorum verò Uxores fer„ mè omnes ibidem invenit. Etenim, capta Roma, plerique viri ex fuga „ secuti milites, portum tenuerunt. Fœminæ venerunt in manus hostium „ . . . Nec mora, Senatores cum reddititiis Militibus septuaginta in „ Siciliam misit.

to (a), le di cui parole sono : *Nelle* Guerre , che tra Goti , e Capitani Greci
„ paffarono , effendo Roma da amendue gli Eferciti or perduta , ed or ri-
„ cuperata , e non potendo perciò i Romani far più la lor abitazione in
„ Roma , molti di effi ad abitare le Marine di Terra di Lavoro ne vennero.
„ Il che dalla Storia di Procopio chiaramente fi cava . Da una parte di co-
„ ftoro non ha dubbio (ficcome quelli d'. Aquilea fecero di Venezia , ben-
„ che con minor fortuna , e felicità) fu fondata la Repubblica Amalfitana ;
„ la quale per molti Secoli , ajutandofi con induftria di mare , in libertà ,
„ benche poveramente mantennero . Ed è di ciò , fra gli altri , chiaro ar-
„ gomento , l'avere gli Amalfitani , in tempo che quafi tutto il Reame
„ de Nomi de Longobardi era ripieno ; ritennero eglino i nomi *Roma-*
„ *ni* .

XVI. Qualunque però foffe la Fondazione d'Amalfi , egli è certo , che
ella fi governò su 'l principio in forma di Repubblica ; e godè in tempo de
Greci i Titoli di DUCA , di CONSOLE , e di CONTE in perfona de
fuoi Governadori ; che alle volte diceanfi anche SENIORI , e SEBASTI ,
come dal *Muratori* (*b*) , e da *Giovanni Diacono* (*c*). Era folamente annuale su i primi tempi il loro Governo , a fomiglianza de Confoli Romani :
mai poi fi fè perpetuo , fecondo *Giannantonio Summonte* (*d*) , che dice : :
„ *Nel* medefimo tempo la Repubblica Amalfitana mutò governo : percioche,
„ in luogo del Prefetto annuale volfero un Duca in vita , al modo di
„ Venezia : per il che nell'anno 892. fu eletto da Nobili , e Popolo Manzo
„ Fufolo , figliuolo d'Orfo : il quale fu di tanta integrità , che dopo aver
„ portato il pefo del Governo anni 26. fi refe Monaco in San Benedetto
„ del Monte di Salerno , da lui edificato : al quale fuccefse , eletto per vo-
„ ti , Mafcolo Fufolo fuo figliuolo , PATRIZIO IMPERIALE , che
„ regnò anni 40. feguitando di tempo in tempo gli altri Duchi fino alla
„ ve-

Tom. III. F f

(a) Scipione Ammirato Famiglie Nobili Part. 2. pag. 58.
(b) Lodovico Antonio Muratori Differt. 4. Rer. memor. Italic. „ *Iis*
„ etiam multum fibi nominis peperit Amalphitanorum Civitas, cujus Po-
„ pulus , Navigationi & Mercaturæ in primis addiclus , FORMA REI-
„ PUBLICÆ affumpta , Præfidem fibi eligere confuevit ; cujus Titulus
„ CONSULIS, COMITIS, atque demum DUCIS fuit . . . . . .
„ Quippe in antiquiffimo Codice Monafterij Cavenfis , complectente Libros
„ Bedæ de Temporibus , hæc adnotatio in margine legitur : *Anno Domini*
„ 1096. *Rogerius , Comes Siciliæ , cum valido Exercitu Chriftianorum venit*
„ *in Campaniam , & obfedit Nuceriam XI. Kal. Junii in Vigilia Pente-*
„ *coftes , & eam debellavit. Et inde , profeclus Amalfiam , obfedit eam cùm*
„ *Rogerio Duce Apuliæ , Calabriæ , & terra marique pugnavit. Mox Amal-*
„ *fitani Marinum SEBASTOS Ducem fibi conftituerant , & Ducem ,*
„ *Comitem repulerunt : qui reverfi funt fine effectu , ficut venerant.*
(c) Gio: Diacono in Vita Athanafij Epifc. Neapol. *Tunc ille ex Urbe*
Beneventana Marino , SENIORI Amalfitanorum præcepit , ut illum a præ-
dicta Infula cùm omnibus incolumem , quò vellet , perduceret.
(d) Gianantonio Summonte Tom. I. pag. 430.

„ venuta del Rè Alfonso I. d' Aragona , il quale se ne se essolui padrone
„ come nella medesima Cronaca Amalfitana .

XVII. Questa Ducea, a mio credere, distendeasi per molti di quei Luoghi vicini, come Scala , Ravello , Tramonti , con altre Città è Terre, secondo si diduce dalla Cronaca Pisana (a) , in cui si descrive l' assedio che
in tempo del Re Ruggiero ne fecero i Normanni : benche l' Autore della
Storia Civile (b) le assegni termini più spaziosi, comprendendo in lei tutte
le Città di quella Costiera, e l' altre di quà del Monte , come Gragnano ,
Lettere , Stabia , Vico , e molti altri . Ecco le di lui parole : „ Amalfi edi-
„ ficata il 600. era unita a Napoli : poi si distaccò, si se Ducea, e Repub-
„ blica, stendendo li Confini in Oriente sino a Vico Vecchio : da Occidente;
„ al Promontorio di Minerva : e da questo lato se l' aggiunse Capri , e le
„ due Isole di Galli : e Ludovico Imperadore, prendendo la di loro difesa
„ contra de Napoletani, l' assegnò quest' Isole. Verso Settentrione , abbrac-
„ ciava Lettere , detto Castel di Stabia , con Grananio Pirio , oggi Gra-
„ gnano , Pimonzio, ed il Casale de Franchi . E da Mezzogiorno Amalfi,
„ Scala , Ravello , Minori , e Majori , Atrani , Tramonti , Agerula , Citara,
„ Prajano , Pasitano .

XVIII. Soggiacque questa Città a varie vicende : imperciocche ella un
tempo divenne Suddita di Napoli, come costa dal Capitolare di Sicardo (c)
Principe di Benevento . Ed il Summonte (d) aggiugne (se pur ci dice il
vero) , che lo stesso Sicardo l' avesse poi sottomessa . Le di lui parole sono
le seguenti : Gli Amalfitani , avendo gran discordia frà di loro ; Sicardo
facendo buon viso a tutti ; gl' invitava venire a Salerno . E quando conobbe
quel Popolo essere diminuito ; deliberò mandarui il Campo . E senza venir
a vivo atto di Guerra, la Città fu presa, e l' Abitatori mandati a Salerno,
ed in Benevento . Ciò supposto però , dovrebbe dirsi, di essere questo fatto
accaduto dapoiche Sicardo ebbe firmata la sua Convenzione con Andrea,

Du-

(a) Cronaca Pisana : „ Anno 1136. fecerunt Pisani Stolium mirabilem,
„ dominum multitudinem continentem contra Rogerium Siciliæ Comitem,
„ qui faciebat se vocari in tota Terra sua Regem Siciliæ. Hic , inquam,
„ Exercitus Pisanorum cœpit Amalfiam cùm Civitatibus circum se positis
„ quatuor . Sed, Civitatibus captis , de consilio eorundem Captivorum fa-
„ ctum est , ut irent obsidere Arcem , quæ dicitur Lafracte . . . . Post
„ biennium quoque fecerunt ijdem Pisani Exercitum non modicum contra
„ eundem Comitem, & ceperunt easdem Civitates, Amalfiam, Ravellum,
„ Ascani, Scalam, & Scalettam.
(b) Pietro Giannone lib. 7. cap. 3. part. 1.
(c) Capitulare Sicardi de Anno 836. Nos Dominus Vir gloriosissimus
Sicardus , Longobardorum Gentis Princeps , vobis Joanni electo Sanctæ Ecclesiæ Neapolitanæ, & Andreæ Magistro Militum , vel Populo vobis subjecto Ducatus Neapolitani , & Surrentini & AMALFITANI , & cæteris
Castellis & Locis in quibus dominium tenetis , terra marique pacem veram, & gratiam nostram vobis daturos .
(d) Gianantonio Summonte Tom. I. pag. 422.

Duca di Napoli nell'anno 856., peroche ivi afferifce, che Amalfi e Sorrento fi appartenevano alla Ducea Napoletana. Abbiamo altresì da una Lettera di Papa *Adriano I.* (a) all' Imperadore *Carlo Magno*, che *Arechi*, Duca di Benevento, cercò fottomettere la Città di Amalfi, e che i Napoletani andandoli incontro, molti della fua Gente uccifero, e molti ne fecero prigionieri: e poi diedero a gli Amalfitani il Privilegio di potere liberamente negoziare in Napoli, fenza pagarvi Gabelle, Dazj, e Portorj, come fù fpiegato nel Libro precedente al *Numero* 29. del Capo 2. Effendofi ancora, a mio credere, dallora in poi afcritte con indifferenza ne Seggi Napoletani le nobili Famiglie di quella Coftiera (tra quali va celebre la Famiglia *Affitta* preffo de Scrittori noftrali, comeche arricchita di tanti Feudi, adorna di tanti Titoli, ed abbondante di tanti Soggetti ragguardevoli per Armi, e per Lettere), ficcome *Carlo Maria Raoni* (b) a propofito l' afferifce.

XIX. Poi *Guaimaro* Principe di Salerno, la fottomife al fuo Dominio: e morendo, la lafciò a *Gifulfo* fuo Figliuolo. E perche quefti trattò male que' Popoli; *Ruberto Guifcardo* dilui cognato, lo pregò, che aveffe un poco più di bontà e di amore verfo i fuoi Vaffalli. E rifpondendoli afpramente *Gifulfo*, infurfero perciò delle rotture frà effi, e *Guifcardo* lo privò dello Stato, redendofene Padrone, e lafciandolo in morte a *Guidone* fuo fecondogenito, fecondo il *Summonte* (c) che cosi fcriffe: „ *Nel medefimo* „ tempo gli Amalfitani, che fi trovavano fotto il giogo del Principe di Sa„ lerno; non potendo più foffrire la fua alterigia, fi raccomandarono al Du„ ca Roberto: il quale conofcendo le loro ragioni, mandò un Ambafcia„ dore al Principe fuo cognato, pregandolo voleffe rimettere a gli Amal„ fitani il Tributo, acciò reftaffe l' amicizia antica: promettendoli volerlo „ ricompenfare in altri fervigj. Odita dal Prencipe la propofta, parendoli „ troppo ardita, e fuor di raggione; venne in sì fatto fdegno, che rifpofe „ all' Ambafciadore, che effendofi il Duca moftrato in ciò troppo arrogante, „ egli rinunziava in tutto la fua amicizia. Intefo da Guifcardo la peffima „ rifpofta; pofta da parte la parentela, deliberò privarlo del Principato ...

F f 2   „ Ro-

(a) Adriano Papa I. Epift. 28. „ *Veftræ* Regali Potentiæ innotefcimus, „ quia Arichis, Beneventanorum Dux, juftitias de hominibus fuis quærens, „ Exercitum duxit SUPER AMALFITANOS DUCATUS NEAPO„ LITANI: & undique eos circumvallans, incendit omnes poffeffiones eo„ rum, atque habitacula foris pofita. Quo audito, Neapolitani direxerunt „ in adjutorium eorum plures homines. Et vincentes eos, interfecerunt plu„ rimam multitudinem Ducatus Beneventani. Unde cùm coeteros plures, tum „ Optimates captivos apud fe *habent*.

(b) Carlo Maria Raoni, Peplus Neapolitanus pag. 12. „ *Eaimvero* nulli „ dubium eft, Neapolim antiquitus veniffe ne dum Scalentes *Afflictos*, & „ Spinos, & Ravellenfes *Friccios*, fed & Amalfitanos quoque *Alatos*, *Do*„ *nitos*, de *Duce*, de *Judice*, & *Marramandos*, aliofque plures, & planè „ illuftres, ad Patricios Nidi honores ultrò receptos; qui, utpotè ex anti„ quis Romanorum Patribus defcendentes, cùm unoquoque Magnatuum „ potuiffent de Nobilitate *contendere*.

(c) Summonte Tom. I. pag. 465.

,, Roberto fatto Prencipe di Salerno , e Signore d'Amalfi fi pofe a fortifi-
,, carli . . . . . Lafciò a Guidone la Signoria di Amalfi , e di *Sor-*
,, *rento.*

XX. Morto poi *Guidone* fenza prole , gli Amalfitani fi pofero di nuovo
in libertà , facendo una generofa refiftenza a *Ruggiero*, Duca di Puglia , e
Principe di Salerno (Fratello maggiore di *Guidone*, e primogenito di *Guifcardo*) allorache vi fi portò ad affediarla in compagnia di *Ruggiero* Conte di Sicilia , fuo zio , e fratello del Duca *Ruberto*, come fi diffe fovra nel
Numero 16. Ma perche poi il Re *Ruggiero* (figlio del Conte) s'impoffefsò
della Ducea di Puglia , e del Principato di Salerno per la morte di *Guglielmo* figlio dell'anzidetto Duca *Ruggiero*, e fi refe formidabile a tutte le
Provincie vicine , quali tratto tratto fottomife , e riduffe in forma di Regno ; toccò eziandio ad Amalfi la difgrazia di effere da lui foggiogata .
E però i Pifani , che vennero due volte contro di lui ne' noftri Mari ; a fuo
difpetto altrettante volte fecero irruzione in Amalfi , come leggefi nella
Cronaca Pifana riportata più su nel *Numero* 17.

XXI. A gloria di Amalfi trè cofe rimarchevoli rapportano i Scrittori.
La prima , che ivi fi confervarono le PANNETTE dell'Imperadore *Giuftiniano*; le quali dall'Autore della *Storia Civile* (a) fi credono effere le
originali: dicendo egli : ,, *In Amalfi* in quefto tempo furono ritrovate le
,, Pannette di Giuftiniano Imperadore , da taluni creduto , che fuffe propria-
,, mente quello ifteffo Libro da lui fatto compilare , perdutofene la memoria
,, in Italia , ed in Grecia adulterata nella compilazione de Bafilici , fco-
,, verto l'anno 1137. nell'affedio di Amalfi. Che portate da Pifani (affe-
,, diatori & predatori di Amalfi) in Pifa , furono dette Pannette Pifane : che
,, le ritennero fino all'anno 1416. quando nella Guerra Pifana furno prefe da
,, Fiorentini : e portate nella Biblioteca Medicea , fi chiamarono *Pannette
,, Fiorentine*. Loda veramente fingolare di quefta Città , fe non aveffe i fuoi
contraditori , ficcome ci riferbiamo favellarne più alla lunga nel Libro 13.
del Tomo IV. nel Paragrafo 5 del Capo 2. Nè merita alcun credito l'opinione
fingolare di *Francefco di Pieri* (b) , che fi fa lecito afferire, di efferfi ritrovate
in Napoli quefte Pannette , e da quivi trafportate in Pifa. Peroche i Pifani,
allorche vennero in Napoli , vi vennero come Amici , e non li conveniva ra-
pirne con violenza le Pandette, di cui fi parla. Molto meno poi poterono im-
pegnare le loro preghiere appo i Napoletani , acciò gliele donaffero : sì perche
effi non ne aveano contezza ; (e quando ben l'aveffero avuta, a femplici Soldati poco premer doveano cofe tali) ; sì anche perche i Napoletani non fi
farebbero disfatti a qualunque preghiera di quefta preggiata ed unica Antichità .

XXII. L'altro preggio degli Amalfitani fu (come ftimafi) che
quivi ebbe il fuo principio la cotanto Illuftre Religione de *Cavalieri Gero-
folimitani*. E febbene tanto i Padri Carmelitani , quanto gli Agoftiniani
pretendeffero per fe la gloria di aver data l'Origine a quefta Sagra Religione;

(a) Pietro Giannone lib. 11. cap. 2.
(b) Francefco di Pieri lib. 3. Lection. Feftivar. cap. 2.

ne ; pure noi colli Padri *Arnaldo Uvion* (a) *Placido Buccianelli* (b) *Rocco Pirro* (c) e *Gabriele Buccelino* (d) dobbiamo rifonderne la lode alla Religione Benedittina , ed a Mercadanti d' Amalfi nella maniera che fiegue . E fu , che effendo gli Amalfitani divenuti Traficanti affai celebri , per la perizia che aveano dal Mare , e per l' ufo della Buffola ; facilmente colle loro Merci penetrarono in Gerufalemme . E perche quefte riufcirono di piacere a' Saracini , che in quel tempo poffedeano quella Città , arricchita de più venerandi Santuarj ; ottennero dal *Califa* di Egitto il permeffo di fabbricarvi una Chiefa , per ufo de Latini , che colà capitaffero , e la intitolarono *SANTA MARIA LATINA* , per diftinguerla da un altro Tempio , che vi aveano i Mercadanti Greci . Poi , per ritrovarla in ogni tempo aperta e ben fervita ; vi conduffero dal Monistero della Santiffima Trinità della Cava , dell' Ordine di San Benedetto , un Abate per nome *Pietro* , con alcuni fuoi Religiofi : a quali ogn' anno erano portate da *Amalfi* quantità di limofine per il loro foftentamento . Non contenti di ciò ; vi fabbricarono anche un Ofpidale per i Peregrini , che da Europa fuffero giti in Palestina a vifitare i santi Luoghi : ed in quello ereffero un Altare in onore di *San Giambattifta* . La cura dell' Ofpedale fi tenea dall' Abate di *Santa Maria Latina* : il quale poi vi deftinò un tal *Girardo* di fantiffimi coftumi , acciocche colla carità più poffibile attendeffe al ricevimento de Pellegrini : obbligandolo a prendere l' abito Monaftico , ed a fare il voto di dovere colà perpetuamente fervire , come pure fu fatto con *Raimondo di Poggio* , che li fuccedè nell' anno 1118. L' Abate diede a *Girardo* per divifa , da portarla ful petto , una Croce bianca (che poi *Gelafo II.* Sommo Pontefice riduffe in forma ottangolare) , come fi offerva in Milano nella Chiefa di *San Pietro Ingeffato* de Padri Benedittini , in cui fi vede una Statua di *San Gerardo* colla Croce in petto , e con quefti Verfi al di fotto :

Hic Rector Xenodochii , ubi alba corde recepit

Signa Crucis , capiunt quam Equites Hierofolymitani .

E perche tratto tratto l' Ofpidale fi accrebbe di rendite , e di perfone , che ne aveano la cura ; fu duopo dividere quefte in due claffi ; una di Militari , che andaffero in giro , accompagnando e difendendo i Pellegrini , acciò non veniffero foverchiati da Saracini ; ed un altra di Sacerdoti Cappellani , che invigilaffero alla cura dell' Anime , ed al regolamento dell' Ofpidale . L' Istituto fu approvato primieramente da *Giovanni Limofinario* , Patriarca di Aleffandria fotto l' invocazione di *San Giambattifta* ; e poi confermato da *Anaftagio Papa IV.* nell' anno 1154. nella fua Bolla , che incomincia , *Chriftiana Fidei* , dandofeli la Regola di Sant' Agoftino .

XXIII. L' ultima gloria di quefta Città fu l' invenzione della *BUSSOLA NAUTICA* , parto del fublime ingegno di *Flavio Gioja* fuo Cittadino ,

---

(a) Arnaldo Uvion de Ligno Vitæ lib. 1. cap. 56.

(b) Placido Buccianelli Trionfo Benedittino pag. 42.

(c) Rocco Pirro in Notitia Monafterii S. Mariæ Latinorum in Hieruffalem lib. 4. Sicil. Sacr. part. 2. not. 3. pag. 248.

(d) Gabriele Buccelino in Annal. Benedict. ad Annum 1103.

no , come ſi ha da *Antonio Panormita* (a), da *Filippo Briezio* (b), e
ſopra tutto da *Gregorio Grimaldi* nella ſua Diſſertazione su queſto ſogetto.
Quale per altro , letta nell' Accademia di Cortona nel meſe di Agoſto del
1743. , non finì di piacere a quei Virtuoſi , ſol motivo che l' Autore non
avea evacuati alcuni Verſi di uno Scrittor Tedeſco , il quale fin dall' un-
diceſimo Secolo la vuole inventata in Alemagna . Però a queſta fievole
oppoſizione avea riſpoſto prima *Giacinto Gimma* (c) : dimoſtrando che la
loda dell' invenzione della Buſſola è dovuta unicamente a *Flavio Gioja*: il
quale con sì nobile ritrovato aprì il varco a poter ſicuramente navigare
a Golfo lanciato i Mari più incogniti , ſecondo 'l Padre *Partenio Giannet-*
taſio (d) : quandoche prima abbiſognava radere i Lidi , e non perdere di
veduta ne di giorno la Terra , ne di notte la Stella Polare , come cantò
Virgilio (e) . E quando o le nebbie , o le nuvole impedivano a Naviga-
ti lo ſplendore delle Stelle ; all' intutto ſi vedean perduti , giuſta lo ſteſſo
Autore (f) .

XXIV. Quindi , per la perizia che aveano gli Amalfitani nella Nautica ; conſeguirono nel noſtro Regno quella celebre prerogativa , che tutte le
controverſie , che inſorgeſſero intorno tal materia , giuſta le loro leggi ter-
minar ſi doveſſero , come afferma *Marino Frezza* (g) , e noi con maggior
di-

(a)   Antonio Panormita de Dictis , & Factis Regis Alphonſi I.
         Prima dedit Nautis uſum Magnetis Amalphis,
             Vexillum Solymis , Militiæque typum.

(b)   Filippo Briezio ad annum Mundi 10300. *Hoc anno inventa eſt Py-*
xis nautica à Flavio quodam Amalphitano : cujus beneficio novum Orbem de-
tectum habemus , & veterem accuratius.

(c)   Giacinto Gimma Ital. Letterat. cap. 40.

(d)   Partenio Giannettaſio in Nautica lib. 3. pag. 100. ,, *Flavius , na-*
,, tione Italus , Patria Amalphitanus , qui anno. 1300. mirabile ſanè , ac na-
,, vigationi opportunum inventum nauticæ Pyxidis (la *Buſſola,* Gallis Bouſ-
,, ſole) adinvenit , atque illius uſum poſteris tradidit . Unde meritò illum
,, Snellus in Epiſtola ad Lectorem Typis Batavi , & ex eo Morhfotus in Orbe
,, maritimo lib. 2. cap. 21. vocant SAGACISSIMUM NATURÆ MY-
,, STEN : cujus induſtria à ſecretioribus ejus adytis id erutum ſit . Hujus
,, enim fiducia Itali primum , inde etiam Hiſpani externa maria tentare in-
,, ſtituerunt . Huic ſententiæ ſe ſubſcripſerunt Ortelius , Blondus , Creſcen-
,, tius , Ferrarius , Philander , aliique quamplurimi : ut citra invidiam non
,, ſit hæc laus Italis deneganda .

(e)   Virgilio lib. 4. Æneid.
     . . . . . *Clavumque affixus , & hærens ,*
             Nuſquam amittebat , oculoſque ſub Aſtra tenebat.

(f)   Lo ſteſſo lib. 3.
             Erramus Pelago totidem ſine ſidere noctes.

(g)   Marino Frezza de Subfeudis pag. 27. *In Regno , non lege Rhodia ,*
Maritima decernuntur , ſed Tabula , quam Amalphitanam vocant , omnes
Controverſiæ , omnes Lites , & omnia Maris diſcrimina ea Lege , & Sau-
ctione uſque ad hæc tempora finiuntur.

distinzione: lo spiegaremo nel Tomo IV. al Cap. 4. del Lib. 23. Però ora
vi sono le Leggi proprie in Regno sotto il Titolo: *Consulatus Maris*, giusta
l'insegnamento di *Francesco Rapolla* (a).

XXV. La serie de Governadori Amalfitani, con quest' ordine viene
rapportata da *Giambattista Pacichelli* nel Tomo III. del suo Regno di Napoli in Prospettiva, a Carte 149. il quale li divide in PREFETTI, in
CONTI, ed in DUCHI.

Prefetti. 1. PIETRO primo Prefetto nell' Anno 819.

    2. SCRIPO secondo Prefetto, figlio di *Costanzo Conte*, nell' anno 830.

    3. MAVRO terzo Prefetto nell' anno 832.

    4. MARINO, ed VRSO Prefetti unassieme.

Conti.   5. VRSO, e SERGIO Conti nel medesimo tempo.

    6. LIONE, e FAVRO Conti uniti.

    7. VRSO III. Conte, e SERGIO II. Conti contemporanei.

Duchi.   8. ANDREA, Duca di Napoli, di Sorrento, e di Amalfi nel 836.

    9. SERGIO, figliuolo di *Gregorio*, Duca di Napoli.

    10. MARINO II. figliuolo di *Luciano Pulcari*, che dominò con
SERGIO III. suo figliuolo, anni 14. Ed associato *Marino*, fu mandato in esilio a Napoli, succedendo.

    11. MAVRO II. figliuolo di *Marco Cunnaccio*, nipote di *Mauro*.

    12. SERGIO IV. figliuolo di *Sergio Conte*, nipote di *Marcantonio Vicario*.

    13. MARINO III. per anni 4.

    14. VRSO IV. figliuolo di *Marino*, e nipote di *Cunnaccio*.

    15. VRSO V. *Calastante*, figliuolo di *Gio: Salvo Romanone*,
il quale dopo sei mesi fu cacciato; ed in sua vece richiamato.

    16. MARINO IV. il Cieco da Napoli: il quale regnò con *Pulcherio* suo figliuolo, che fe pace con Saracini nell' anno 877. secondoche
Papa *Giovanni VIII.* di lui lamentossi.

    17. SERGIO V. figliuolo di *Sergio Ennato*, con *Pietro* Vescovo, che
signoreggiò per un anno solamente; seguendo *Sergio* il Governo per altri quattro anni.

    18. MANSONE I. nipote di *Sergio I.* figliuolo di *Lupino I.* e
nipote di *Marco Vicario Antiocheno*; il quale fu deposto dopo dieci anni,
ed in sua vece eletto

    19. LIONE II. Napoletano, nipote di *Lione Mansone II. Fusola*
nell' anno 883. che dopo aver regnato anni 16. si fe Monaco, succedendoli.

    20. MASTALO I. figliuolo di *Mansone*: il quale tenne la Ducea
per 40. anni parte con *Mansone II.* suo Padre, e parte con

    21. GIOVANNI, figliuolo di *Mastalo*.

                    22 MA-

(a) Francesco Rapolla de Jure Regni lib. 3. cap. 10. num. 4.

22. MASTALO II. fratello di *Giovanni* con *ANDREA* altro fratello, Il quale fu ucciso, ed in fua vece eletto

23. SERGIO VI. Patrizio Imperiale, per anni 42.: difcacciato poi e carcerato da

24. ALFANO fratello di *Sergio VI.* Duca nell'anno 976.

25. SERGIO VII. figlio di *Alfano.*

26. MANSONE III. zio di *Sergio VII.* reintegrato per 16. anni.

27. SERGIO VIII. figliuolo di *Manfone III.* il quale fignoreggiò con *GIOVANNI II.* fuo figliuolo per anni quindici.

28. SERGIO IX. Duca nell'anno 1019.

29. MANSONE IV. figliuolo di *Sergio IX.* che dominò con *MAT-TA* fua Madre per anni 44. e mefi trè, poi

30. GIOVANNI III. che difcacciò *Manfone IV.* fuo fratello, e lo relegò nell'Ifole Sirenuffe dette de Galli, facendofi egli Duca.

31. GIOVANNI IV. Principe di Salerno, che difcacciato *Giovanni* da Amalfi, vi fu Duca nel 1039. per cinque anni, e fei mefi.

32. MANSONE IV. che, difcacciato come fopra da *Giovanni* fuo fratello, ricuperò la Ducea per altri dieci anni fino al 1054.

33. GIOVANNI V. fratello di *Manfone*, richiamato dagli Amalfitani nel Governo.

34. SERGIO X. figliuolo di *Giovanni V.* nel 1070. per quindeci anni.

35. GIOVANNI VI. figlio di *SERGIO X.* difcacciato poi da *Guaimaro* Principe di Salerno.

36. GUAIMARO Principe di Salerno, e Duca di Amalfi.

37. GISULFO figliuolo di *Guaimaro* Principe di Salerno, e Duca di Amalfi difcacciato indi da *Ruberto Guifcardo* di lui cognato, e Duca di Puglia.

38. RUBERTO GUISCARDO Duca di Puglia, Principe di Salerno, e Duca di Amalfi.

39. GUIDONE figlio di *Ruberto Guifcardo* Duca di Amalfi.

40. MARINO V. Amalfitano dopo la morte di *Guidone.*

41. RUGGIERO Normanno Re di Sicilia, e Duca di Amalfi, feguito in appreffo da fuoi fucceffori nel Regno di Napoli.

Oira.

XXVI. Benche fiafi ragionato di quefta Città nel Libro 7. del Tomo I. al *Numero* 43. del Capo 9., e fiafi da farne difcorfo nuovamente nel Capo 6. del Libro 9. per effer ella ftata la Capitale della Signoria, che poffedè in Italia *Boemondo*, figliuolo di *Ruberto Guifcardo*, e poi Principe di Antiochia; nulladimeno diciamo quì come di paffaggio, che ella fu una delle celebri Ducee, che ebbero i Greci nelle noftre Regioni: affegnata da *Bafilio* Imperadore di Coftantinopoli a *Gaidero* Principe di Benevento, allorché quefti fu fcacciato da quella Signoria, e fi portò in Grecia da quel Monarca;

ca; come coll'autorità di *Ercbemberto* lo dimoſtra il *Pellegrino* (a), e con
lui anche l'Autore della *Storia Civile* (b). dicendo: „ Morto Landulfo
„ in Capua l'anno 879. li Capuani ſi diviſero in fazioni per il nuovo Prin-
„ cipe, e precipitò lo Stato: perche Gaideri, fuggito da Francia, ſi ritirò
„ in Bari ſotto de Greci; poi andò in Coſtantinopoli, ed ebbe in perpetuo
„ il GOVERNO d'ORIA, da dove berſagliò i Beneventani, che l'aveano
„ diſcacciato . . . . . E Benevento caſcò in mano de Greci l'anno 899.
„ ſotto Orſo figlio di Gaidero DUCA D'ORIA in tempo di Baſilio: e_,
„ finì ivi il Principato di Longobardi, che l'aveano tenuto per 330. anni
„ da Zotone primo Duca ſino ad *Orſo*. Però, fuori di queſta ſemplice contezza, non abbiamo altro da notare intorno a queſta Ducea, mancandoci
all'intutto le notizie che ci potrebbero neceſſitare, alla riſerva di quello ſa
detto, e ſi dirà ne luoghi poco fa additati.

Bari.

XXVII. La Ducea più grande, che poſſederono trà noi i Greci, e che
governarono con aſſoluto dominio, fu certamente quella di BARI, in cui
que' Miniſtri fiſſarono la loro Sede, ſecondo la *Cronaca Bareſe* (c); e di
là diedero gli ordini per la coſtruzione di varie altre Città nella Provincia
di Capitanata, come Troja, Dragonaria, Civita, Firenzola, ed altre mentovate da *Lione Oſtienſe* (d): diſtendendoſi la Giuriſdizione del Catapano
da Bari per tutta la Puglia, per la Calabria antica, e per la Magna Grecia. E molto più ſi dilatò in tempo de Normanni, come oſſerva *Antonio
Caracciolo* (e), per avere abbracciata la Lucania ancora, il Principato di

Tom. III.   G g   Sa-

(a) Camillo Pellegrino Diſſert. 7. de Ducatu Beneventano: *Urbes ſin-
gulæ* (cioè Otranto, Gallipoli, e Roſſano) *ab cæteroque Salentini Promon-
torij latere, & quod Septentrionem, & quod Meridiem reſpicit ſite, Brun-
duſio quidem ſunt orientaliores. Quibuſcum fuiſſe quoque detentam à Græcis INTERMEDIAM ORIAM, docet Ercbembertus num. 43. eam dicens
à Græco Imperatore Baſilio dono datam ad commodum Gaiderij: qui Beneventano Principatu exutus, Conſtantinopolim profugus ſe recepit.*
(b) Pietro Giannone lib. 7. cap. 1. parag. 1.
(c) Cronaca Bareſe apud Muratorium Tom. I. Rerum memor. Italic.
pag. 51. „ *Hoc* anno 1011. obſeſſa eſt Bari a Catapano Baſilio, cognomento
„ Sardonti, undecimo die, aſtante menſe Aprilis: & completis diebus ſe-
„ xaginta unum, fecit pacem cùm ipſis, & ipſe intravit Caſtellum Bari, ubi
„ SEDES EST NUNC GRECORUM MAGNATUM.
(d) Lione Oſtienſe lib. 2. cap. 50. „ *Ea* tempeſtate, ſupradictus Boſanus,
„ Catapanus Græci Imperatoris, cùm jamdudum Trojam in capite Apuliæ
„ conſtituiſſet; Draconariam quoque, & Florentinum, & Civitatem, & re-
„ liqua Municipia, quæ vulgò Capitanata dicuntur, ædificavit: & ex cir.
„ cumpoſitis Terris Habitatores convocans, deinceps habitari conſtituit.
(e) Antonio Caracciolo in Monum. Sacroſanct. Eccleſ. Neapol. Apuliæ

Du-

Salerno, ed altri Luoghi del Sannio di Terra di Lavoro.

XXVIII. Noi però, avendo a pieno favellato della Città di *Bari* quanto alla di lei Fondazione, Magnificenza, e Vicende di Governo nel Libro 7. del Tomo I. dal *Numero* 5. in poi del Capo 10., quì foltanto foggiungiamo, che ella, frà l'altre fciagure, diede due volte in mano de Saracini, i quali vi fecero molto male. Avendoli poi di là difcacciati prima *Lodovico II. Imperadore*, giufta la *Cronaca Pifana* (a), e poi *Pietro* Doge di Venezia, fecondo la *Cronaca Barefe* (b).

XXX. La ferie de Duchi, che governarono in Bari, fù da noi riportata nel luogo anzidetto, giufta quel tanto ci lafciò fcritto *Marino Frezza*. Alla quale fi puote anche aggiugnere l'altra, che da *Lupo Protofpata* rapporta *Pietro Giannone* (c) col dire: ,, Li *Catepani* collocarono la loro Sede ,, in Bari: da dove fi fuppone nativo *Luca Protofpata*, che teffe il Cata- ,, logo de medemi: mettendo nell'anno 999. *Tracomoco*, o *Gregorio*, che ,, affediò *Gravina*, e prefe *Teofilatto*. Nel 1006. *Xifea*. Nel 1007. morto ,, in Bari Xifea, fu *Curcua*: a chi ribellatofi li Barefi, eleffero Principe ,, *Melo* Longobardo. Morto Curcua nell'anno 1010. fuccedè *Bafilio*: nel tem- ,, po di cui, dice Frezza, che *Bari facta eft Sedes magnorum Virorum* ,, *Græcorum*. Nel 1017. *Adramico*, che pugnò con Melo, e lo vinfe. Nel ,, 1018. *Bafilio Bugiano*, detto *Bagiano* da Guglielmo Pugliefe, e dall'Oftien- ,, fe *Bojano*. Quefti edificò *Troja*. Nel 1028. *Criftofaro*. Nel 1031. *Pato*. ,, Nel 1033. *Coftantino Protofpata*, che chiamoffi *Opo*. Indi *Maniaco*. E ,, nell'anno 1038. *Niceforo*, che morì in Afcoli, nel 1040. A chi fuccedè ,, *Michele*, detto anche *Ducbiano*. E nel 1042. *Efaugufta*, vinto da Nor- ,, manni.

CAPITOLO TERZO.

Delle Guerre, che ebbero i Greci in quefte nostre Regioni.

I. LE *Guerre*, che foftennero i Greci in quefte Regioni, fi poffono ridurre a fei Capi: alle Guerre con i *Goti*; con i *Greci* della loro fteffa Nazione; con i *Latini Imperadori*; con i *Longobardi*; con i *Saracini*,

e con

Ducatus Regiones quafdam etiam extra Apuliam olim complectebatur, nempe Lucanos, Salernitanos, & quofdam quoque Samnij, & Campaniæ tractus.

(a) Cronaca Pifana ad Annum 871. *Anno 871. exierunt Agareni de Bari per Francos, tertio nonas Februarii.*

(b) Cronaca Barefe ad Annum 1008. ,, *Hoc anno obfeffa eft Civitas Ba-* ,, *ri a Saphi Apoftata, atque Caiti: & perfeveravit ipfa obfeffio a menfe* ,, *Majo ufque ad 7. Calendas Octobris: & liberata eft per Petrum, Ducem* ,, *Venetiarum, bonæ memoriæ.*

(c) Pietro Giannone lib. 7. cap. 10.

e con i *Normanni*. Delle Guerre con *Goti*, già ne sù pienamente favellato nel Capo 2. e 3. del Libro 3., e non occorre dirne altro. Di quelle contro i *Saracini* ne parlaremo nel Libro 8.: e nel Libro 9. si ragionerà delle Guerre contro i *Normanni*. Siche per ora solamente descriveremo le Guerre tra Greci, e Greci; tra Greci, e Latini; e tra Greci, e Longobardi.

II. E quanto alle Guerre tra *Greci*, e *Greci*; è memorabile quella che ebbe *Giovanni Confino*, Duca di Napoli, con *Eleuterio* Esarca di Ravenna nell'anno 615. Era stato il *Confino* inviato per Duca in Napoli dall'Imperadore *Foca*. Ma, intesa egli la morte del suo Signore, si usurpò la Signoria di Napoli, rendendosene assoluto Padrone. Il che saputosi da *Eraclio* successore di *Foca*: vi spedì *Eleuterio* Patrizio (destinato già Esarca di Ravenna), acciò obbligasse *Giovanni* a ristituire quella Ducea, contro ogni ragione occupata. Ubbidì *Eleuterio*, portandosi con poderoso Esercito in Napoli, dove il *Confino* si era bravamente fortificato. Ma dopo uno strettissimo Assedio, e dopo varie Scaramuccie, attediati i Napoletani di vivere così ristretti per causa di un Tiranno della loro Patria, si arresero alle Armi Imperiali; restandovi morto il *Confino*, giusta la narrativa di *Carlo Sigonio* (a), e come ancor noi lo raguagliammo nel Libro passato al Numero 40. del Capo 5.

III. Anche in *Bari* varie furono le Guerre tra Greci, e Greci: le quali, da quel che raguaglia *Marino Frezza* (b), si possono bastantemente inferire. Essendosi da ciò similmente cagionata la totale perdita della Puglia per i Greci. Imperciocche, governando essi con sommo orgoglio quella Ducea,

Gg 2

(a) Carlo Sigonio lib. 2. de Regn. Ital. ad Annum 615. „ *Neque verò* „ *magis quietæ res in Campania, alterius Joannis Confini Ducis Neapoli-* „ *tani causa, fuere. Is, libidine dominandi incensus; fide violata, Neapo-* „ *lim occupavit, atque ibi se validis adversus Imperatorem præsidijs con-* „ *firmavit. Quibus rebus in Græciam auditis, Heraclius Eleuterium Patri-* „ *tium, & Cubicularium suum, hominem consilio virtuteque præstantem,* „ *Exarchum in Italiam destinavit. Eleutherius Neapolim adijt: eamque,* „ *cùm a Joanne excluderetur, admotis Castris, oppugnare instituit. Urbs* „ *munita aliquandiù se substinuit, demum, qui in præsidio erant, crebris* „ *præliorum contensionibus fatigati, una cùm ipso Joanne venit in deditio-* „ *nem. Joanni vita adempta, Opidanis venia data.*

(b) *Marino Frezza de Subfeudis lib. 8. num. 5. Anno 884. Indictione 2. Alo treatus est Princeps. Et sub anno 886. inter Græcos, & Trapagios magna fuit Clades . . . . Sub anno 966. Indict. 14. Marantius, & Thesalus, magni Duces, Bari combusti fuerunt, & Nitiferus Urbem ingressus est. Et 982. Indict. 14. quindecimo Februarii a Civibus Barensibus Sergius Protospatarius occisus est. Anno 1073. obsessa Bari a Basilio Catapano, & habita ea pacificè, facta est Sedes Magnatum Græcorum. Et 1042. Mense Novembri, Michael Protospatarius, a Sicilia adveniens in Apuliam, Barim ingressus est, & jussit, omnes Cives Furca suspendi in muro dicto Bituntino.*

sea, irritarono lo sdegno di due primarj Cittadini Baresi, Greci di origine; *Melo* (che *Giannone* per equivoco più sù nel *Numero* 26. del Capitolo passato vuole Longobardo di nazione) e *Dato*, cognati trà essi: i quali chiamarono i Normanni per esterminio della Greca Nazione in Puglia, come meglio spiegaremo nel Capo 1. del Libro 9.

IV. Per quanto poi tocca alle *Guerre tra Greci e Longobardi*; avendo quest' ultimi nel venire in Italia tolto a quei primi tutto quel tratto di Paese, in cui da principio aveano fondata la grandissima Duca di Benevento; non potè farsi, che i Greci non li resistessero per quanto dalle loro forze veniva loro permesso. Loche fu anche continuato per molto tempo; peroche i Longobardi tratto tratto l'involarono la Puglia, e l'antica Calabria, a riserva di Otranto, e di Gallipoli, che sempre stiedero salde nella divozione de Greci, per testimonianza di *Costantino Porfirogenito* (a).

V. I Greci adunque due Invasioni strepitose fecero a tal'effetto contro i Longobardi: una nell'anno 663. sotto *Costanzo* Imperadore, quando ripresero molte Città in Puglia, ed assediarono Benevento: l'altra nell'anno 886. sotto l'Imperadore *Lione IV.* allorche li tolsero anche quella Capitale. E riguardo al primo Fatto di *Costanzo* (da noi più volte altrove cennato, spezialmente nel Libro antecedente al *Numero* 13. del Capo 5.); è da sapersi, che morto *Ariperto* Re de Longobardi, per la discordia, che vi era tra i di lui Figliuoli; *Grimoaldo*, Duca di Benevento, che ambiva quel Diadema, si portò con poderoso Esercito in Pavia, lasciando *Romoaldo* suo figliuolo in Benevento. *Costanzo* sentendo questi ammutinamenti in Italia, si portò in Taranto con forte Armata, per indi passare in Benevento: avendo nel camino preso Lucera, ed indarno assediato Acerenza, fortificata da *Romoaldo*. Il quale nello stesso tempo mandò *Gesualdo*, suo Amico in Lombardia dal Genitore, a rappresentarli lo stato, in cui era. *Grimoaldo* intese l'angustie del Figliuolo, partì subito colle sue Squadre: e giunto ne confini di Apruzzo, fè precorrere *Gesualdo* a Benevento, acciò incoragisse *Romoaldo* a resistere generosamente, peroche egli tra brieve vi sarebbe arrivato per liberarlo. *Gesualdo*, in avvicinarsi a Benevento, diede negli aguati di *Costanzo*, e confessò queltanto occorreva. Dalche intimorito l'Imperadore, li diede ordine, che salito sù le mura di Benevento, dicesse a *Romualdo*, di non esservi speranza di soccorso; perche impegnato il Genitore nelle Guerre di Lombardia, non era in istato di porgerli ajuto. *Gesualdo* però, salito sù le mura, fece tutto l'opposto; perche, fattosi chiamare il Duca, *Stà di buon animo* (li disse) o *Romoaldo*; *perche tuo Padre trà due giorni, al più trè, sarà in Benevento. Vi raccomando la mia Famiglia, perche i Greci senza dubio mi faranno morire*; come ricavasi da *Paolo Diacono* (b). In fatti, sdegnato perciò l'Imperador *Costanzo*, li fe recidere il

Ca-

(a) Costantino Porfirogenito de Administrat. Imper. cap. 27. *Longobardi ex Benevento excursione in omnem ditionem facta, subjecerunt eam Themati Longobardiæ, & Calabriæ, excepta Hydrunte, & Gallipoli.*

(b) Gio: Diacono lib. 5. cap. 6. *Constans Jesualdum ad muros duci præcepit: mortem illi minatus, si aliquid Romualdo, vel Civibus de Grimoaldi
di*

Capo, che gittò dentro le mura di Benevento. Quale, accosto con lagrime da *Romoaldo*, fu baciato con tenerezza: ammirando in lui così grande fedeltà e costanza. E vuole il *Summonte* (a), che *Romoaldo*, toltosi il Diadema dal Capo, ne coronasse quel Teschio insanguinato, ancor palpitante. E giudica, che da costui avesse origine la FAMIGLIA GESUALDA, la quale fà per Impresa una Corona d'Oro in Campo rosso. Ancorche l'*Ammirato* la voglia dipendente da Normanni (b).

VI. Dice il Cardinal *Baronio* (c), che *Costanzo*, astretto a disciorre quell'Assedio, ed a ritirarsi in Napoli; convenne con *Romoaldo*, che questi li dasse per ostaggio la sua sorella *Gisa*, altrimenti averebbe egli dato il guasto alle Campagne, ed attaccato fuoco alla Città: rinunziando l'Oro, l'Argento, e le Gioje che i Beneventani in gran copia gli offerirono. Ma poi contuttociò ritirandosi l'Imperadore in Napoli, *Vitolo Capoano* li diede alla coda, ed uccise tutti quei che non aveano peranche passato il Fiume Calore. Avendo fatto il simile poco indi *Romoaldo* contro *Saburro* in Formia, nell'atto che questi si era ivi postato per guardar le spalle all'Imperadore, che andava in Roma, come fu detto nel Libro 7 del Tomo I. al *Numero* 17. del Capo 2.; e fu anche replicato nel Libro precedente al *Numero* 13. del Capo 5.

VII. La spedizione però, che fece l'Imperadore *Lione IV*. da Grecia per Italia sotto *Simpatico Protospatario*, ebbe miglior effetto contro i Longobardi: perche discacciogli affatto da Benevento, secondo l'Autore della *Storia Civile* (d) che dice così: ,, Benevento cascò in mano de Greci l'anno 891. sotto Orso figlio di Gaidero Duca d'Oria in tempo dell'Imperadore ,, Basilio: e finì ivi il Principato de Longobardi, che l'aveano tenuto 330. ,, anni, da Zotone primo Duca sino ad Orso. Venuta in Italia la poderosissima Armata de Greci l'anno 891. sotto il comando di Simpatico Protospatario: che, occupato Benevento, lo governò per un anno; e poi vi ,, venne Giorgio Patrizio sino all'anno 895. Volendo ancora egli (e) che i Beneventani, soffrendo mal volentieri il Governo altiero de Greci, fecero

che

di adventu nunciaret; sed potius asseveraret, eundem minimè venire posse. Quod ille promisit. Sed cùm prope muros advenisset; sic ad Romualdum locutus: CONSTANS ESTO DOMINE RAMUALDE, ET HABENS FIDUCIAM, NOLI TURBARI, QUIA TUUS GENITOR CITIUS TIBI AUXILIUM PRÆBITURUS ADERIT.

(a) Gianantonio Summonte Tom. I. pag. 400.
(b) Scipione Ammirato Famiglie Nobili Parte II. pag. 2.
(c) Cardinal Baronio in Notis Martyrologii Romani sub die 17. Februarij: Constantius, qui usque ad internecionem moliebatur Vrbem Beneventi cùm suis habitatoribus perdere, & quem nequibant ad misericordiam flectere, immensi ponderis argentum vel aurum, atque innumera multitudo pretiosorum lapidum, & margaritarum; accepta solummodo sorore Ducis Romualdi, Beneventum decessit, & Neapolim est ingressus.
(d) Pietro Giannone lib. 7. cap. 1.
(e) Lo stesso loc. cit. cap. 4.

che *Guaimaro*, Principe di Salerno, chiamaſſe *Guido* Duca di Spoleto per diſcacciare da colà i Greci, in ſoggiungendo: *Li Beneventani mal ſoffrendo i Greci, ſollecitarono Guaimaro, Principe di Salerno, à chiamare Guido III. Duca di Spoleto ſuo cognato, che paſſaſſe in Benevento: che vi ſi portò l'anno 896. nè diſcacciò Giorgio, e s'impadronì del Ducato.*

VIII. Venendo ora alle Guerre che i *Greci* ebbero co Latini Imperadori nelle Regioni noſtrali; ritroviamo che queſte furono originate da *Ottone II.* Imperadore di Occidente. Il quale, venuto con *Ottone I.* ſuo padre in Roma, penſò paſſare in Puglia contro i Greci, favorito dal Principe di Capoa in queſta ſpedizione, che peraltro ebbe un infelice ſucceſſo. Peroche unitoſi *Marino*, Duca di Napoli, ad *Eugenio* Straticò de' Greci, fu *Ottone* disfatto e 'l Principe di Capoa vi reſtò morto, come ſi diſſe nel *Numero* 6. del Capit. 1. Benche poi ritornato di nuovo *Ottone* in Puglia, e ſervito dal Duca di Napoli, e da Prencipi di Capoa e di Salerno, riportò de grandiſſimi vantaggi contro i Greci, ſecondo *Carlo Sigonio* (a). Bensì *Pietro Giannone* (b) condanna queſta unione de Napoletani all'Imperadore *Latino*, tacciandoli di ſpergiuri all'Imperador Greco, e dicendo: *Ottone II. nell'anno* 980. calò *in Italia, e nel* 981. calò *in Benevento, e fu accolto in Napoli contro il Giuramento dato all'Imperadore d'Oriente: e datali aſſiſtenza di Soldati, ſi portò verſo Taranto.* Ma, vaglia l'onor del vero, il tutto ſcuſar ſi puote da macchia di fellonia, riflettendo, che ſottrattaſi l'Italia della ſoggezione di *Lione Iſaurico* in tempo di Papa *Gregorio II.*, la Città di Napoli rimaſe ancor ella libera dalla ſervitù di quel Principe: e ſoltanto per antica affezione, non già per obbligo di vaſſallaggio, talora ſi moſtrò divota a quei Monarchi, come fu detto nel Libro precedente al *Numero* 18. del Capo 3. Laonde dall'eſſerſi unito il Duca *Marino* all'Imperadore *Ottone II.*, non debbe inferirſi in lui mancamento alcuno di ſede, ma un chiaro ſegno di libertà.

IX. Anche queſta ſpedizione di *Ottone II.* ebbe infeliciſſimo evento: perche l'Imperadore *Baſilio* (cognato di *Ottone* per averli data, *Teofania* ſua ſorella in Iſpoſa, con in dote la Puglia, e la Calabria ſecondo che *Antonio Foreſti* (b) lo dice), di perſona ſi portò in Italia e lo disfece affatto. Anzi l'avrebbe avuto anche prigioniero, ſe alcuni Marinari Greci lo aveſſero conoſciuto, quando diede nelle loro mani, e lo fecero ſcampare, come alle lunga il *Collenuccio* (c) ragguaglia il tutto. Perloche, ritornato in Roma, e ſtimandoſi tradito da Beneventani; calò ſopra di loro la terza volta, per farne vendetta. Ed allora fu che egli volle da quei Cittadini il Corpo del glorioſo Apoſtolo *San Bartolomeo*, che traſportò in Roma. Ma egli in ciò fu ingannato, peroche i Beneventani li diedero il Corpo di *San Paolino* Veſcovo

---

(a) Carlo Sigonio ad Annum 981. *Otho II. Vrbe cùm Exercitu egreſſus, Neapolim & Beneventum petiit: ibique firma Neapolitanorum, Salernitanorum, Capuanorum manu ſumpta; grave cùm Græcis, & Saracenis in Apulia bellum geſſit.*

(b) Antonio Foreſti in Othonem I. Imper. num. 10.

(c) Pandolfo Collenuccio lib. 2. Compend. Hiſtoric. Neapol.

scovo di Nola in vece di quello di *San Bartolomeo*, come faremo chiaro nel Tomo IV. al Capo 4. del Libro 4. discorrendo delle *Reliquie insigni* del nostro Regno.

CAPITOLO QUARTO.

Della Polizia, con cui i Greci governarono le nostre Regioni; e de varj Nomi che li diedero.

I. PEr compimento di quel che si promise intorno al dominio de' Greci in queste nostre Regioni, fa duopo dir quì qualche cosa intorno alla *Polizia* con cui le governarono; e de varj *Nomi* che lor diedero. Loche farassi per maggior commodo del Legitore in due Paragrafi.

PARAGRAFO PRIMO.

Della Greca Polizia in queste Regioni.

II. ALlorache queste nostre Regioni erano governate dagli Imperadori, che resideano in Costantinopoli; non aveano altra Polizia di quella, che v' introdusse l' Imperador *Costantino*. Quando poi elleno furono sottomesse da Goti, e di nuovo ricuperate da *Belisario*, e da *Narsete*; la forma dal Governo fu in esse tutta differente. Conciossiache dall'ora in poi non vi furono più *Prefetti Pretorio*, non più *Consolari*, ne *Correttori*, ne *Presidi* per le Provincie. Anzi nè pur vi era questo nome di Provincie: peroche, destinato un *Esarca* in Ravenna, che governasse l'intiera Italia; in ciascuna Città primaria, come Napoli, Gajeta, Sorrento, Amalfi, Oira fu destinato un Duca, e ne' Luoghi inferiori un Giudice, che amministrasse Giustizia: riducendosi le Provincie in semplici Ducee, siccome abbiamo dal *Blondo*, (a) e da

(a) Blondo lib. 8. Histor. *In Administratione Vrbium, quæ in Justini Imperatoris partibus cùm Roma & Ravenna duraverunt; hunc primum servavit morem, ut non Provinciæ, aut Regioni præesset Præses, sive quispiam Magistratus, sed singulæ Vrbes, singula Opida à singulis custodirentur regerenturque Magistratibus, quos appellavit Duces: paremque faciens Romam aliis Italiæ Vrbibus, vel Opidis. Hac una in re illam honoravit, quod impositum tunc Magistratum Præsidem appellavit: sed qui successerunt appellati sunt Duces, & postea per multos annos sic Romanus appellaretur Ducatus, sic Narnensis.*

e da *Natale di Aleſſandro* (a).

III. Dove poi i Longobardi involarono a'Greci quaſiche l'Italia tutta, reſtando a Sovrani di Coſtantinopoli la ſola Puglia, e la Calabria antica, queſti diedero alle noſtre Provincie il nome di *Temi*, che ſignifica *Regni*, o *Provincie* grandi. Concioſſiache l'Impero Coſtantinopolitano non fu diviſo più come prima in *Dioceſi*, ma in tanti *Temi*, giuſta quel tanto ſcrive *Coſtantino Porfirogenito* (b) nel ſuo Libro *de Adminiſtratione Imperii* (in cui dà queſto nome alla noſtra Puglia), come altresì negli altri due Tomi *de Thematibus Orientis*: nel primo de quali divide in dieciſette *Temi* le Provincie dell'Aſia, rimaſte all'Imperadore Greco dopo l'invaſione de Barbari; e nel ſecondo deſcrive i dodici altri *Temi* dell'Europa: fra quali il decimo era quello di *Sicilia*, a cui erano anneſſi Reggio, Girace, Santa Severina, Cotrone, ed altri Luoghi della Magna Grecia, e Paeſe de Bruzj, *quibus Prætor Calabriæ dominabatur*. E l'undeceſimo era quello di *Lombardia* (che noi quì dobbiamo intendere per la Puglia, come ſi farà chiaro nel Paragrafo ſeguente), in cui erano compreſi Napoli, Amalfi, Sorrento, Gajeta, Otranto, Gallipoli, Taranto, Brindiſi, Oira, e non ſo qual'altre Città della Puglia e dell'antica Calabria.

IV. Gli *Uffiziali* però, che in queſti Temi, e nelle Ducee inviavano gl'Imperadori Greci; venivano da eſſi chiamati con varj nomi, al dir di *Marino Frezza* (c): il quale pone nella Puglia i *Catapani*, nella Calabria, e ne Bruzj i *Protoſpatarj*: nella Campagna i *Ducbi*, ed i *Conſoli*: in Salerno lo *Stratico*, in Amalfi il *Seniore*, ed in varie altre Cittadi, e Regioni diverſi altri Miniſtri.

V. Quan-

(a) Natale dj Aleſſandro Sæc. IV. Differt. 25. Prop. 4. *Imperatores Græci, extinctis quippe muneribus Prefecti Prætorio, duorum Vicariorum Italiæ, Correctorum, Preſidum, & Conſularium, qui Juſtitiam in Provinciis miniſtrabant; Exarcbum Ravennæ creaverunt, qui univerſæ Italiæ præeſſet, omniaque negotia tam civilia, quàm bellica ſummo jure moderaretur, uni Imperatori ſubditus. In primariis verò Comitatibus Duces deſignatum, qui Exarcho parerent.*

(b) Coſtantino Porfirogenito de Adminiſtratione Imperii cap. 27. *Longobardi ex Benevento, excurſione in omnem ditionem facta, ſubjecerunt tam THEMATI LONGOBARDIÆ, ET CALABRIÆ.*

(c) Marino Frezza lib. 8. de Subfeudis num. 14. „ *Regna, Opida, Urbes* „ *& Regiones, atque Provinciæ, quæ ab Imperatore Conſtantino, & ejus ſuc-* „ ceſſoribus tenta, & poſſeſſa ſunt; variis nominibus Græci Rectores con- „ ſtituti ſunt: ut *Catapani* in Apulia; in Bruttiis, & Calabria *Protoſpatarii* „ in Salentinis, & Barenſi Regione *Protoſcribæ*; In Campania *Duces*, & *Con-* „ *ſules*; ut Neapoli *Dux*, & *Conſul*: Amalphiæ *Ducem*, quandoque *Patri-* „ *tium*; & Samnitibus quandoque *Ducem*, quandoque *Seniorem* conſtitutum „ legimus, dùm Græcos ibi imperaſſe conſpeximus. Sic etiam Salerni *Stra-* „ *ticoros*, quod, clari nominis Opidum Metropoliſque illuſtris Lucanis, impe- „ rabat, Græcis Autoribus, eratque Sedes primaria illius Regionis. Lego „ etiam apud antiquum Scriptorem Chroniſtam, Surrenti à Græcis *Seniorem* „ eligi, & Amalphitanis *Seniorem* præfici.

V. Quando poi i Greci fiffarono la loro Sede in Bari, e quel Tema in se abbracciava la Puglia, la Calabria, la Lucania, e 'l Paefe de Bruzj; al Miniftro, che la governava, fu dato nome di *CATAPANO*: da cui la Provincia di *Lucera*, che *Capitanata* poi fu detta; *Catapanata* dire propriamente fi dovrebbe, fecondo *Lione Oftienfe* (a) e *Carlo Sigonio* (b), cheche in contrario ne dica *Carlo Du Frefne* (c): il quale foftiene, che *Catapan us* preffo i Greci dinota lo fteffo, che *Capitaneus* in Latino: e perciò *Capitana-ta* e non *Catapanata* doveafi chiamare. Conciofiiache, oltre al chiamarfi anche oggidì nell' Ifola di *Lipari* il Governatore della Città *Catapano*, e non *Capitano*, come ancora in Napoli, ed in altri Luoghi del Regno tali fi dicono coloro, che han cura de pefi nelle cofe comeftibili, fecondo *Francefco Rapolla* (d) che pure và toccando quefta difficoltà. Anche *Guglielmo Pugliefe* (e) che in que' medefimi tempi ne fpiegò l' Etimologia in perfona di *Bagiano Ca-tapano di Puglia*; vuole che 'l nome di *Catapano* dinotaffe lo fteffo, che *JUXTA OMNES*, oppure *DISPOSITORE DEL TUTTO*.

(a) Lione Oftienfe lib. 2. cap. 50. *Ea tempeftate, fupradictus Bojanus, Catapanus Græci Imperatoris, cùm jamdudum Trojam in capite Apuleæ con-ftruxiffet; Draconariam quoque, & Florentinum, ac Civitatem, ac cætera Municipia, quæ vulgò Capitanata dicuntur, ædificavit: & ex circumpofitis Terris habitatores convocans, deinceps habitari conftituit. SANE SCIEN-DUM, QUONIAM, CORRUPTA VULGARITATE, CAPITANATA VOCATUR, CUM PRO CERTO AB OFFICIO CATAPANI, QUI EAM FECIT; CATAPANATA DEBEBAT APPELLARI.*

(b) Carlo Sigonio lib. 2. de Regno Italiæ, ad annum 1016. „ *Tenebat* „ *adhuc Imperator Orientis Provincias Apuliam, & Calabriam, paulo ante* „ *ex manibus Germanorum extortas; eafque SENIORE, quàm ante, im-* „ *perio gubernabat. Argumento eft novus Magiftratus impofitus, qui CA-* „ *TAPANUS dicebatur. Unde Regio quædam ab illo CATAPANIÆ no-* „ *men invenit. Indicant nova multa à Catapano ipfo Opida ædificata, ut* „ *Troja, quæ poft Caput Apuliæ fuit; Traconarium, Florentinum, &* „ *alia.*

(c) Carlo Du Frefne in Notis ad Alexiadem Annæ Comnenæ.

(d) Francefco Rapolla de Jure Regni lib. 2. cap. 13. num. 6.

(e) Guglielmo Pugliefe lib. 2 de Succeffibus Normannorum.
Cui Catapan facto Cognomen erat Bafianus.
Quod Catapan Græci, nos Juxta dicimus Omnes.
Quifquis apud Danaos vice fungitur hujus honoris,
Difpofitor Populi, parat omne, quod expedit illi.
Et Juxtà quod unicuique dari licet, Omne miniftrat.

PARAGRAFO SECONDO.

De varj Nomi che diedero i Greci alle nostre Regioni.

VI. Aveano i Greci posseduta l'Italia intiera colla Lombardia da allora che l'involarono a' Goti : essendoli poi ritolta da' Longobardi, ne conceptrono un dispiacere non ordinario. E perche essendo essi di lor natura amanti di gloria, e ne voleano almeno ritenere il Titolo; alla Puglia (che loro soltanto era rimasta, con pochi altri luoghi) diedero il Nome d'ITALIA, e di LOMBARDIA. E quantunque in varj luoghi di questa Istoria siasi di ciò incidentemente ragionato ; pure quì, come nel luogo proprio, per maggior commodo di chi legge, ne parlaremo con maggior distinzione, benche colla solita brevità.

VII. E per quanto riguarda al Nome d'*Italia*, già nel Libro 4. del Tomo I. al *Numero* 9. del Capo 3. fu detto, che i Greci per mantenere il loro fasto, dapoi che l'ebbero perduta, vollero conservarne il nome in un angolo, che fu la Puglia. Talche presso i Scrittori di quei tempi il Nome d'*Italia* intender si debbe, non già per tutto quel tratto di Paese che si stende dal Mar Jonio sino all'Alpi, e dal Mar Tirreno sino all'Adriatico ; ma per la Puglia solamente. Ed in questo senso dobbiamo prendere ciò che scrivono *Costantino Porfirogenito* (a), *Lupo Protospata* (b), *Falco Beneventano* (c) ed altri.

VIII. E quindi fu poi, che i Normanni, giunti in queste parti, allorche vi furono chiamati da *Melo*, si dissero arrivati in *Italia*, come si legge presso *Guglielmo Pugliese* (d), che per comando di Papa *Urbano II.* in

(a) Costantino Porfirogenito de Administr. Imper. cap. 27. *Postquam Constantinopolim translata fuit Imperii Sedes, omnis ITALIÆ DITIO in duos Principatus fuit divisa, & ex eo tempore missi sunt ab Imperatore Constantinopolitano Patritii duo : quorum unus Siciliæ, Calabriæ, Neapoli, & Amalphiæ præerat ; alter verò Benevento, Capuæ, Paviæ cum reliquis.*

(b) Lupo Protospata in Vita S. Nicolai Barensis : *Regebat utramque Provinciam, ITALIAM, & Calabriam.*

(c) Falco Beneventano in Lotharium Imperatorem : *De tali, tantaque Victoria tota ITALIA, Calabria, Siciliaque intonuit.*

(d) Guglielmo Pugliese de Successibus Normannorum.
*Postquam Gens Romam Normannica transit inermis,
Fessa labore via, Campanis dum sistit in Oris,
Fama volat : Latio Normannos applicuisse.
Melus ut ITALIAM Gallos cognovit adesse,
Ocyùs accessit : dedit arma carentibus armis.*

In quel medeſimi tempi ne ſcriſſe la Storia in Verſi. Anzi gl' iſteſsi Normanni, impoſſeſſatoſi della Puglia, preſero il Nome di DUCHI D' ITALIA, come tra gli altri fece *Ruggiero*, figlio di *Ruberto Guiſcardo*, preſſo *Ferdinando Ughellio* (a), e l'altro *Ruggiero* Re di Sicilia in un Privilegio eſiſtente nell' Archivio della Trinità della Cava (b) e preſſo l' Autore della Cronaca *Piſana* (c).

IX. A queſta ſteſſa Provincia di Puglia per la medeſima ragione i Greci diedero anche il nome di LOMBARDIA, come ricavaſi da *Coſtantino Porfirogenito* (d), da *Lupo Protoſpata* (e), e da *Camillo Pellegrino* (f). Peroche avendo i Longobardi tolta a Greci quella vaſta Regione, collocandovi la propria Reggia; eſſi per non perderne il Titolo, lo trasferirono in Puglia, chiamandola Lombardia.

X. Perduta dipoi l' antica Calabria, che fu intorno ad Otranto e Briadiſi, come abbiamo da *Dionigio Africano* (g) e da *Filippo Ferrara* (h); e rimaſte loro alcune Cittadi intorno Reggio, nella Magna Grecia, e nel Paeſe de Bruzj; quivi trasferirono il nome di CALABRIA, che a noſtri giorni anche dura, come oſſerva *Pietro Giannone* (i), dicendo: ,, *Ma poi, ,, perduta l' antica Calabria, con reſtare a loro ſolamente Gallipoli, ed ,, Otranto, compreſe ſotto il Tema di Lombardia; per non fare apparire* ,, ſmi-

Hh 2

(a) Ferdinando Ughellio Tom. IX. Ital. Sac. pag. 672. *Rogerius Dux Italiæ & Calabriæ.*

(b) Archivio della Cava ad Annum 1130. *Rogerius, Dei gratia, Siciliæ, ITALIÆ, & Calabriæ Rex, Chriſtianorum adjutor, & clypeus.*

(c) Cronaca Piſana Anno 1135. *Fecerunt Piſani Stolium mirabilem, hominum multitudinem continentem, contra Rogerium Siciliæ Comitem, qui faciebat ſe vocari in tota Terra ſua REGEM ITALIÆ.*

(d) Coſtantino Porfirogenito de Adminiſtr. Imper. cap. 27. *Longobardi ex Benevento excurſione in omnem ditionem facta, ſubjecerunt eam Themati LONGOBARDIÆ, & Calabriæ.*

(e) Lupo Protoſpata ad Annum 1010. *Eodem anno LONGOBARDIA rebellavit à Cæſare opera Meli Ducis: iſque occurrens, præliatus eſt Botunto contra Barenſes, ubi ipſi obierunt.*

(f) Camillo Pellegrino Differ. 7. de Ducatu Beneventano : ,, *Hujus nomine CALABRIÆ, recepto more, Regionem demonſtrans ad Mare Inferum ; LOMBARDIÆ . . . autem novitio vocabulo, Apuliam deſignans ad Mare Superum, quà planè latè obtinuerunt, & qui Tarentum & Brunduſium uſque ſuos fines dilataverunt.*

(g) Dionigio Africano de Situ Orbis.
At deinceps poſt hos ſequitur Calabria, ſedes Terræ, Genteſque Japygum, extenſæ uſque ad Hydram.

(h) Filippo Ferraro in Lexico Geographico : *Calabria, Regio Italiæ inter Apuliam Peucetiam ad Occidentem, & Japygiam ad Ortum in Salentinis ad Oram Borealem circa Brunduſium, & Idruntum contenta. Cujus Urbes Brunduſium, Aletium, & Hydruntum, Terra d'Otranto.*

(i) Pietro Giannone lib. 6. cap. 2.

„ fminuito il numero de Temati; 'l nome della Calabria antica pafsò a
„ Bruzj. E perche la prima lor Sede fi collocò in Reggio; ecco già il
„ nome di Calabria ivi trafportato: reſtando l'antica Calabria col nome
„ di Puglia, e di Terra d'Otranto.

XI. Nell'iſteſſo modo queſta nuova Regione di Calabria fu indi da
eſſi chiamata SICILIA CITRA PHARUM; o perche era mancata loro
la Sicilia, occupata da Saracini; o perche il Patrizio, che avea cura di
quell'Iſola, governava ancora alcune Città, che i Greci aveano nel Paeſe
de Bruzj, come fi puol didurre da Camillo Pellegrino (a); e fu anche
additato nel Libro 4. del Tomo I. al Numero 19. del Capo 2.. E però
poco indi Ruggiero volle titolarſi Comes Calabriæ, & SICILIÆ CITRA
PHARUM, come da un Privilegio della Chieſa di Santa Severina dell'anno 1115. addimoſtra Ferdinando Ugbellio (b). Eſſendoſi anche Guglielmo I. a tal'eſfetto chiamato poi Rex utriuſque Siciliæ.

XII. Egli è ben vero però, che i Greci nel tempo di loro dimora in
queſte Regioni, di molte Famiglie Nobili riempirono più di una Città,
e di un Luogo di noſtro Regno. Ancorche queſte aveſſero incontrata la
fciagura di rattrovarſi fuori della Città di Napoli, e perciò lontane da
Scrittori che hanno maneggiato l'argomento delle Famiglie Nobili del noſtro Regno: rapportando queſti per lo più quelle Famiglie, che godono ne
Seggi Napoletani, e che erano loro preſenti quando fcriſſero; ſenza curarſi
dell'altre che trovanſi per le Provincie diſperſe. E di queſte Famiglie
Greche io potrei comporne più volumi, ſe foſſe del mio iſtituto l'andarle
raccogliendo.

XIII. Con tutto queſto però, ci piace una additarne quivi, a cui pro-
feſſo tutta l'obbligazione, per averla in altri tempi conoſciuta: ed è
quella de MARCO nella Città d'Otranto: la quale, giuſta Antonio Fer-
rari (c) (detto comunemente il Galateo nella Storia d'Otranto) tradotta in
volgare da Gio: Michele Marziano, fi vuol difceſa da Toma Cantacuzano, da
cui dipendea Gio: Catacuzano Imperadore di Coſtantinopoli: sbandata poi
da colà all'entrarvi de Turchi, e ripatriata in Otranto. Dove non folo
Colangelo de Marco fe prove maravigliofe quando i Turchi aſſalirono quella Città, come rapporta il Mazzella (d); e Ladislao de Marco fu rimune-
rato dal Re Ferdinando della Capitania di Gallipoli, con efferfeli rilaſcia-
to il Jus Tapeti per munificenza Regale, fecondo fi legge ne Regiſtri

(a) Camillo Pellegrino differ. 8. de Ducat. Benev. „ Siciliæ enim
„ Thema initio diſcretum fuit a Provinciæ Calabriæ antiquioris, ad fu-
„ perum mare fitæ: fub quo quidem Calabriæ Themate erat Neapolis,
„ Amalphia, & Loca omnia minutiora; fubque Siciliæ Themate erant exi-
„ mij Bruttij ad Mare Inferum, Magnæque Græciæ Cultores, Calabri tan-
„ dem dicti. Poſtmodum verò cùm inferior hæc nova Calabria Siciliæ The-
„ mati adhuc remaneret contributa; priſca illa Superior appellata eſt Lon-
„ gobardia.

(b) Ferdinando Ughellio Tom. IX. ad Epiſcopos Sanctæ Severinæ.
(c) Antonio Galateo volgarizato pag. 14.
(d) Scipione Mazzella pag. 353.

ri (a) di quefto Monarca; ma anche il Baffà Turco, che foggiornò nel di lui
Palagio (che dallora in poi quella Contrada fi diffe per vocabolo corrotto de
Paefani la *Strada Zanfilao*) a fuo piacere lo fe paffare libero in Lecce_,
fcortato da cavalli Turchi per fua maggiore ficurità, come quefto rattrovafi nella Storia fovralodata. Ancorche *Girolamo de Marca* con altri due
fratelli fuffe ftato mandato Schiavo al Gran Signore in Coftantinopoli : oltre a coloro, che muorirono per la Fede in quel gloriofo cimento. Effendo
ftato *Simeone de Marco* Padrone della metà del Feudo di Morcone, do-
natogli dal Re *Carlo I. di Angiò* l'anno 1275. come da Regali Archi-
vj (b): *Toma* e *Ladislao* Padroni di San Caffiano, e Lequile (c), ed oggidì detti *Signori de Marco* godono i Feudi di Cafamaffella, e Vafte_.
Avendo ancora *Lillo de Marco* dato il Feudo di Cognano a *Coftanza de
Marco* fua figlia, maritata a *Baldafare del Cognao*, come da Regiftri della Regina *Gio: II.* (d) Senza ripetere i nobili Parentadi fatti da quefta_,
Famiglia con altre Cafe illuftri, così Spagnole, che Napoletane. Leggendofi in
un Marmo (e) dentro la Chiefa de Padri Minori Offervanti della Città
d'Otranto, che *Gio: Pardo della Cerda* Caftellano di quella Città, fpofaf-
fe *Silvia de Marco*. E nella loro Cappella Gentilizia dentro la Chiefa_,
Cattedrale vi è uno Epitaffio di *Ifabella Saracino*, Dama Napoletana di
Seggio di Nido, fpofata a *Giufeppe Girolamo de Marco* (f): ed in un altro
quel-

(a) Ex Regiftro Ferdinandi Regis anno 1482. pag. 134. Comma-
ne 3.

(b) Ex Regiftro Regis Caroli I. de anno 1275. litt. B. pag. 56.

(c) Ex Quaternionibus Reg. Cam. Summ. num. 32. de anno 1550.
pag. 229.

(d) Ex Regiftro Reginæ Joannæ II. de anno 1423. pag. 151.

(e) Epitaffio di Gio: Pardo della Cerda :

Excellens Dominus JOANNES PARDUS CERDENSIS, *Miles Hi-
fpanus, fideliffimus Hydruntinæ Arcis Propugnator, nec non Domina* SIL-
VIA DE MARCO *Hydruntina, ejus pientiffima Conjux, parili aut Corporis,
aut Animi præftantia, hoc in Pofteros Monumentum erexerunt, atque hujufmodi hanc majorem Templi Aram dotibus exornarunt, dummodo fingulis quaque die unica tantùm Miffa ibidem celebraretur, ut decem de proprio fumptu
Aureos quotannis perfolvendos, eidem in futurum erogarent . A. D.* 1576. X.
Cal. M. Aug.

(f) Epitaffio di Ifabella Saracino :

Regi cui omnia vivunt .

ISABELLÆ SARACINO *uxori amatiffimæ, virtutum omnium cumulo
ornatæ, D. Jofeph Hieronymus de Marco Patritius Hydruntinus fponfus, Ecclefiæ defponfatus, pro Anima fuffragia, pro Corpore Tumulum, perpetuo
fletu quamlibentiffimè præftitit . Vixit pietate, honeftate, forma, & prole fecunda, annos* XXXIII. *Non obiit, abiit cùm Domino, maximis onufta
meritis* XII. Junij 1664.

quello di *Massimilla Saracino* conforte di *Filippo di Marco* (a) . Dicendosi nel Cenotafio di questa medesima Cappella (b), che *Isabella Saracina* godea Nobiltà in Seggio di Nido . Con farsi ivi eziandio memoria di *Francescantonio de Marco* Vescovo di Castro . Avendo ancor io conosciuto Monsignor *Marcantonio de Marco* , prima Vescovo di Viesti , e poi Arcivescovo di Manfredonia , figliuolo di *Isabella Saracino* , ed il primo tra diecisette , che questa ne procreò .

LIBRO SESTO.

Della Signoria de Longobardi in queste nostre Regioni.

AL Dominio de Greci in queste nostre parti siegue la *Signoria de Longobardi* , della quale discorreremo nel presente Libro , dividendo il tutto in otto Capitoli . Primo , *Della Venuta de Longobardi , e de loro Progressi in queste Provincie* . Secondo , *Della Ducea di Benevento sotto i medesimi* . Terzo , *Della stessa Ducea sotto i Romani Pontefici* . Quarto , *Del Principato di Salerno* . Quinto , *Del Contado di Capoa* . Sesto , *Di varie altre Contee , e Feudi istituiti da Longobardi* . Settimo , *Delle Guerre sofferte da essi in queste Regioni* . Ottavo , *Delle loro Leggi , e Polizia* .

CA.

(a) Epitaffio di Massimilla Saracino:

MAXIMILLÆ SARACINÆ , Philippi de Marco conjugi superstiti , quæ & ejus Familiam prole , & virtutibus fecundavit , & Generis ornamenta & vitæ commoda jugi sanctimoniæ studio ad annum LXII. producto contempsit ; expresse ad virum pietatis adumbratum Monumentum , Justus decimusseptimus filius Parenti Optimæ P. Anno à Virginis partu 1723.

(b) Iscrizione della Cappella Gentilizia:

Quod PATRITIA DE MARCO FAMILIA ex immemorabili temporis spatio , ante Urbem à Turcis debellatam , de Jurepatronatus sub Divi Joannis dell' Hospedale Beneficium constituit ; deinde ab Illustrissimo , & Reverendissimo Petro Antonio de Capua Archiepiscopo in Dominica Resurrectionis Titulum anno 1558. mutatum , nunc ad majorem Dei gloriam Fratres de eadem Familia Franciscus Antonius Episcopus Castrensis , & Joseph Hieronymus cum amatissima conjuge Isabella Saraceno , NOBILI DE SEDILI NIDI , pari voto pietatis , augmento ditiori , Sacellum hoc , & Beneficium sibi & suis hæredibus excitandum curarunt . Anno Domini 1661.

CAPITOLO PRIMO.

Della Venuta de Longobardi, e de loro Progressi in queste Regioni.

I. CHi fossero i *Longobardi*, e come si dicessero tali? non è chiaro presso li Storici. Tutti convengono però nel dire, che venissero dalla Germania, come insegna *Velleo Patercolo* (a) ; e che fussero Gepidi di origine, secondo *Costantino Porfirogenito* (b), ed *Ugone Grozio* (c) colla scorta di *Salmasio*. Essendo capitati in Germania i medesimi dalla Scannia, al parere di *Filippo Ferraro* (d) : dalla qual Regione uscirono tutti gli altri Barbari, che inondarono l'Italia.

II. Anche rispetto all'Etimologia del *Nome* non convengono gli Autori. Alcuni han voluto, che si dicessero tali dalla *Barba lunga* che nudrivano; come furono *Paolo Diacono* (e), e *Costantino Porfirogenito* (f). Ma perchè la Barba anticamente era comune anche all'altre Nazioni, come toccammo nel Libro 11. del Tom. II. al *Numero* 2. del Capo 4., ed in tutti i Barbari che vennero nell'Italia si osserva la Barba lunga appo *Manuele Tesauro*, che nel suo Regno d'Italia ne apporta le Figure; perciò ad altri è piaciuto di nominarli tali dalle *Labarde lunghe*, che portavano per armature; come frà i molti asserisce *Angelo delle Noci* (g). Questa opinio-

(a) Velleo Patercolo lib. 2. *Trassi a Tiberio Longobardi, Gens etiam Germanica ferocitate ferior.*

(b) Costantino Porfirogenito de Administr. Imper. cap. 25. *Et Gepitet quidam, ex quibus postea Longobardi, atque Auares per successionem oriundi sunt.*

(c) Ugone Grozio in Prolegomenis. *Gepidæ qui dicuntur Longobardi.*

(d) Filippo Ferraro in Lexico : ,, *Longobardi* Ptolomæo, Longobardi ,, Tacito, Populi, qui ex Scandinavia profecti primum in Germaniam, ,, deinde in Italiam, ibi consedere : vulgò LONGOBARDI usque ad ho- ,, diernum diem. A quibus tota ferme Gallia Cisalpina Longobardia, ,, vulgò LONGOBARDIA, dicta est.

(e) Paolo Diacono lib. 1. cap. 9. *Certum tamen est, Longobardos, ab intacta ferro Barba longitudine, (cùm primum Vvinuli dicti fuerint;) ita postmodum appellatos. Nam, juxta illorum Linguam, LANG, longam, BART barbam significat.*

(f) Costantino Porfirogenito de Thematibus, Them. XI. *Longibardia, a promissa barba incolarum, dicta est.*

(g) Angelo delle Noci in Notis ad Cronicon Cassinense lib. 2. cap. 2. ,, *Quinque planissima ea probanda derivatio mihi videtur, quæ cognomi-* ,, nia

nicne però incontra la steffa difficoltà; attefoche questa fpezie di Armature fu comune a tutte le Nazioni Settentrionali, fecondo *Lucano* (a). Perciò altri han detto, che dalla *Stupidezza* foffero detti *Bardi*, giusta la frafe di *Cicerone* (b): e per effere ufciti dall' Ifola *Langla*, furon appellati *Langli*: dal che poi ne ufcì *Langlobardi*, e corrottamente *Longobardi*.

III. Checche fia però dell' origine e dinominazione de Longobardi; egli è verifsimo, che questi furono chiamati da *Narfete* in Italia nell' anno 568. (altri col *Sigonio* vogliono, che ciò accadeffe nel 567.): allorache effendo *Narfete* nel Governo d' Italia, fu malamente trattato dall' Imperadrice *Sofia*, come fu detto nel Libro 3. al *Numero* 17. del Capo 4. con *Coftantino Porfirogenito* (c). Delche fdegnato egli fecondo *Paolo Diacono* (d), chiamò *Alboino* Re de Longobardi ad affalire l' Italia. E questi vi venne volentieri nell' anno 568., in fentenza di *Lodovico Antonio Muratori* (e):

por-

,, nis hujus originem trahit ab inventione, aùt ufu illius Armaturæ, ejuf-
,, dem Gentis propriæ, quæ Theutonicis vocatur *Hellabard*, ab *Hel*, quod
,, est lucidum, & fplendens, & *Bard* fecuris, quafi tutens Securis, Flam-
,, mea, Bipennis, Italis verè *Labarda*, feù *Alabarda*. Gothorum autem
,, vetere lingua, quæ est Longobardorum, *Lang* fonat longum (& in hoc
,, rectè Paulus) *Baar*, feù *Baard* fignificat Securim, Bipennem, Afciam.
,, Unde ex utroque conflatum *Langbard*, idest longa Securis, haftata,
,, *bipennis*.

(a) Lucano lib. 1. Pharfalicorum:

. . . . *longifque leves Saxones armis*.

Et lib. 6.

Certabat exiguis, aut longis Theutonus armis.

(b) Tullio de Fato: *Stupidum effe Socratem, dixit, & BARDUM, quod jugula concava non haberet*.

(c) Coftantino Porfirogenito de Administr. Imper. cap. 17. *His auditis, Imperatrix ira accenfa, Fufum & Colum mifit cum Literis quibus fcribebat:* ACCIPE HÆC, QUÆ TIBI CONVENIUNT: NERE ENIM TE ÆQUIUS JUDICAMUS, QUAM ARMIS UTI.

(d) Paolo Diacono lib. 2. cap. 5. *Narfes* refpondit: TALEM SE EI-
,, DEM TELAM ORDITURVM, QVALEM IPSA DVM VIVERET,
,, DETEXERE NON POSSET . . . . . *Itaque Narfes*, odio metu-
,, que exagitatus, in Neapolitanam Civitatem fedens, legatos mox ad Lon-
,, gobardorum Gentem dirigit: mandans ut pauperrima Pannoniæ rura defe-
,, rerent, & Italiam, cunctis refertam divitiis, poffidendam venirent. Simul-
,, que multimoda Pomorum genera, aliarumque rerum fpecies mifit, qua-
,, tenus eorum ad veniendum animos poffit *allicere*.

(e) Lodovico Antonio Muratori Tom. V. Script. rer. Ital. pag. 252. *Fu-*
,, *rore* itaque Narfes exardefcens, dimiffo Militiæ Imperio, & Neapoli fe
,, recipiens; Longobardos ad invadendam Italiam nunciis, muneribufque
,, miffis, auxiliifque promiffis, invitavit, atque incendit. Qui, venientes
,, immenfo agmine, Italiam ingreffi funt anno 568. quarto Nonas Aprilis,
,, Feria fecunda Pafchæ, confentientibus omnibus cum Paolo Diacono lib. 2.
,, cap. 7. Eam ferè totam occupantes; propriis Legibus per annos plus mi-
,, nuíve

portando feco Popoli barbari di varie Nazioni, fecondo il lodato *Paolo Dia-*
cono (a).

IV. Venuti adunque, come fovra, quefti Popoli in Italia, tofto la occuparono, fiffando la loro Reggia in Pavia: e la tennero per lo fpazio di
anni ducentofei fotto diclanove Monarchi, che furono *Alboino*, *Cleffo*,
Flavio Autari, *Flavio Gifolfo*, *Paolo*, *Flavio Adaloaldo*, e *Tiodolinda: Fla-*
vio Arioaldo, *Flavio Rotari*, *Flavio Rodoaldo*, *Flavio Ariberto*, *Flavio Ber-*
terido, e *Flavio Gundeberto: Flavio Grimoaldo*, *Flavio Berterido folo*, *Fla-*
vio Cuiniberto, *Flavio Liniberto*, *Flavio Ragomberto*, *Flavio Ariberto II,*
Flavio Afprando, *Flavio Luitprando*, *Flavio Ildebrando*, *Flavio Rachifio*,
Flavio Aftolfo, e *Flavio Defiderio*; ficcome ne fa il Catalogo *Manuele Te-*
fauro nel fuo Regno d'Italia. Scrivendone anche le Vite l'Autore della
Storia Civile. Ciò che ci fa aftenere di far noi lo fteffo: tanto più, che nella maggior parte ciò non appartiene alla *Storia del Regno di Napoli* : e
foltanto ci piace di avvertire, che que' Monarchi quafi comunemente furono chiamati *Flavj*; come appunto gl'Imperadori Romani fi differo *Cefari*.
Effi governarono la Lombardia fino all'anno 775., quando *Carlo Magno* fè
prigioniero il Re *Defiderio* in Pavia, e lo menò nelle Gallie : eftinguendo
affatto il loro Regno in Italia, come poco fa dicea il *Muratori*.

V. I confini della Monarchia fovradetta ful principio fiaziavanfi per
la fola Longobardia : a caufa che i Greci tenevano il loro Efarca in Ravenna ; il quale non permetteva che s'inoltraffero in quefte noftre parti. Ma
Autari, loro terzo Re, dilatando fempre più il fuo Regno ; dopo avere
ftabilita la Ducea del *Frivoli*, e l'altra di *Spoleto*, fi portò nell'anno
589. improvifamente nel Sannio, e lo tolfe a Greci. Si avanzò indi nella
Lucania, e nel Paefe de Bruzj, e giunfe fino al Mare di Reggio : dove
avvicinandofi ad una antica Colonna piantata a fior d'acqua, la toccò colla
Lancia, e diffe : *Fin quì giungeranno i Confini del Regno de' Longobardi.*
Poi ritornato nel Sannio, vi ftabilì una nuova Ducea col nome di *Bene-*
vento : prefa la dinominazione dalla Città principale, che fece Metropoli
in quella Signoria, e di cui nominò Duca *Zotone*, ritornando egli in Lombardia, come afferifce *Paolo Diacono* (b). Lo fece però dipendente in qualche

„ nufve ducentos & fex in ea regnarunt ; donec Carolus Magnus Defide-
„ rium, ultimum Gentis Regem, Papiæ diù obfeffum, & ad deditionem
„ coactum cœpit, Illumque cum uxore, filiis, & propinquis omnibus,
„ uno excepto Aldagifio primogenito, qui evaferat ; abduxit in Galliam :
„ Longobardorum Regnum deftruxit, Italiam ab eorum oppreffione *libe-*
rans .

(a) Paolo Diacono loc. cit. *Certum* eft autem tunc Alboin multos fecum
„ ex diverfis (quas vel alii Reges, vel ipfe cœperat) Gentibus ad Ita-
„ liam duxiffe : unde ufque hodie eorum, in quibus habitant Vicos, Ge-
„ pidos, Bulgaros, Sarmatas, Pannonios, Suevos, Noricos, five aliis hu-
„ jufmodi nominibus *appellamus* .

(b) Lo fteffo lib. 2. cap. 31. „ *Circa* hæc tempora (cioè dall'An-
„ no 589.) putatur effe factum quod de Authari Rege refertur. Factum
„ eft

modo dalla Reggia di Pavia , come ricavasi dalle parole del Re *Pipino* contro Grimoaldo Duca di Benevento ; *Volo quidem* , *& ita potenter disponere conor , ut sicut Arichi genitor illius subjectus fuit quondam Desiderio Regi Italiæ , ita sit mihi & Grimoaldi* giusta il raguaglio di *Erchemberto* . (a). Benche poi , mancati i Re Longobardi in Italia , i Beneventani si posero in piena Libertà : e venuta meno la Monarchia de' Longobardi in tempo di *Carlo Magno* , non mancò la Ducea di Benevento : che poi si divise dal Principato di Salerno , e dalla Contea di Capoa , facendosene trè Dinastie : le quali durarono fino alla venuta de Normanni , che togliendole a proprj Signori , le ridussero in forma di Regno . Pertoche noi intraprendiamo quì soltanto a descrivere la Signoria de Longobardi in Benevento , in Salerno , ed in Capoa : niente facendo al nostro Istituto la Reggia di Pavia , e le Duchee del Frivoli e di Spoleto , perche fuori delle nostre Provincie .

CAPITOLO SECONDO.

Della Ducea di Benevento sotto i Longobardi .

I. COmeche la *Ducea di Benevento* , dopo essere stata per lunga pezza di tempo sotto i Longobardi , passò in dominio della Sede Apostolica ; perciò , a togliere da mezzo gli equivoci , che intorno alla medesima potrebbero risorgere , abbiamo stimato parlarne separamente in due Capitoli : in uno de' quali si farà discorso di ciò , che in lei avenne sotto i Longobardi ; e nell'altro , di quel che ella fu sotto i Romani Pontefici . E lasciando tutto ciò che possa appartenere alla Fondazione, ed Antichità di Benevento , per averne favellato bastantemente nel Libro 7. del Tomo I. al *Numero* 14. del Capo 14. ; solamente quì riportaremo sotto trè Paragrafi diversi tutto il di più , che intorno a questa Ducea dir si puote .

PA-

,, est enim tunc, eundem Regem per Spoletum Beneventum pervenisse ,
,, eandemque Regionem cæpisse , & usque etiam Rhegium, extremam Ita-
,, liæ Civitatem , viciuam Siciliæ , perambulasse . Et quia ibidem intra
,, Maris undas quædam Columna esse posita dicitur ; usque ad eam , Equo
,, sedens , accessisse , eamque de suæ hastæ cuspite tetigisse , dicens : USQUE
,, HUC ERUNT LONGOBARDORUM FINES. Quæ Columna usque
,, hodie dicitur persistere , & Columna Autharis *appellari* .
    (a). Erchemberto , num. 6.

PARAGRAFO PRIMO.

Delle grandi Prerogative della Ducea Beneventana.

II. A Vie più concepire *le Prerogative*, che refero cofpicua la Ducea di Benevento; ed a ben difcernere che frà le Dinaftie più celebri della noftra Italia, così de Greci che Longobardi, questa di Benevento fi lafciò dietro tutte l'altre; fa meftieri riflettere a quel tanto dicemmo nel Libro 4. al Paragrafo 2. del Capo 4., cioè che febbene appo i Greci baftava una fola Città per fondare una Ducea; preffo de Longobardi però ve ne voleano dodici per lo meno: loche vien confirmato dal *Piteo* (a) e dal *Muratori* (b).

III. Quindi, perche la Ducea di Benevento fu una delle trè, che fondarono i Longobardi in Italia, fecondo *Matteo Palmieri* (c), ed ebbe confini affai fpaziofi, incominciando dal Sannio, e per la Lucania oltrapaffando nel Paefe de Bruzj, come metteremo in chiaro nel Paragrafo feguente; fa duopo conchiudere, che ella fu la maggiore di tutte le altre due. Spezialmente che i Duchi di Benevento non folo s' intitolavano *Precipi de Longobardi* in tempo che vacava la Sede in Lombardia; ma di più, in mancanza di quei Re, effi fuccedevano alla Corona, come dice il *Muratori* (d), e non mica il Duca del Frivoli, o quello di Spoleto.

IV. Si aggiugne a ciò, che mancato il Regno de Longobardi nell' an-

I i 2 no

(a) Piteo in Append. ad Aymonem: *Pipinus, domum reverfus; Grifonem, more Ducum, duodecim Comitatibus donavit.*

(b) Lodovico Antonio Muratori Differ. 3. Rer. memorab. Italic. ,, Duces autem duplicis generis fuere, videlicet, Minores, quibus una Civitas agenda, vel defendenda tradebatur; & Majores quorum imperio fubebant plures Civitates, feù integra Provincia.

(c) Matteo Palmieri in Cronicon ad Annum 776. ,, *Regia eorum* apud Ticinum conftituta; varios preterea Principatus per Italiam habebant, quibus Gentium fuarum præponebant Duces. Inter quos præcipui, & per Succeffores obfervati funt unus apud Forum Julij in ipfo Italiæ ingreffu; alius apud Spoletum, & in medio penè Italiæ; tertius Beneventi, ad inferiorem Italiæ partem *regendam.*

(d) Lodovico Antonio Muratori loc. cit. ,, *Cum defeciffent Reges ex Longobardorum Gente; Beneventani Duces quafi eorum Succeffores, aut hæredes, fuis Titulis alterum quoque addiderunt, fe infcribentes:* GENTIS LANGOBARDORUM PRINCIPES, uti multa eorum diplomata apud Peregrinum, & Ughelliam, atque in hoc Opere fidem *faciunt.*

no 774. per la prigionia del Re *Deſiderio*; la Ducea di Benevento non ſolo non venne meno, ma moltopiù crebbe: perche *Arechi*, genero del Re
Deſiderio, da Duca divenne Principe: adoprò la Corona Regale; e ſi fe
ungere da Veſcovi a ſomiglianza degli altri Monarchi, ſecondo *Lione Oſtienſe* (a). Qual coſtumanza poi ſi perpetuò ne Duchi ſucceſſori.

V. Anche la *Corte* de Duchi di Benevento era una delle più ſuperbe.
Concioſſiache, oltra il *Maggiordomo*, il *Cavallerizzo*, il *Coppiero*, il *Conte-
ſtabile*, il *Guardarobbe*, il *Mareſciallo*, il *Siniſcalco*, il *Cancelliere*, il
Cappellano, e ſomiglievoli, comuni all'altre Corti (come ſpiegaraſſi nel
Libro 16. del Tomo IV. deſcrivendo la Corte del noſtro Re di Napoli);
vi erano di più il *Conte Palatino*, il *Protoſpatario*, il *Teſoriero*, il *Re-
ferendario*, ed altri, rammentati con iſpezialità dal *Muratori* (b). A ſegno
tale che il Duca di Benevento era come un Monarca in queſte Regioni.

VI. I tanti Miniſtri, che i Duchi di Benevento aveano nella loro Corte, e
le tante altre rimarchevoli prerogative, che godeano (fra quali era aſſai riguardevole la dignità di *Patrizio*, che il più delle volte eſſi aggiugneva-
no a' loro Titoli) furono cagione, che ſebbene l'Imperadore *Carlo Magno* aveſſe cercato ſpegnere la memoria de Longobardi nell'altre parti d'Italia; nulladimeno, coſì egli che gl'Imperadori di Coſtantinopoli, li mira-
rono con occhio benigno, e cercarono ingrandirli in Benevento; perche
ſerviſſero come di ſcudo, tanto a' Greci, quanto a' Germani loro confi-
nanti; ſiccome il lodato *Muratori* riflette (c).

PA-

(a) Lione Oſtienſe lib. 1. cap. 9. „ *Híc Arechis primus Beneventi Prin-*
„ cipem ſe appellari juſſit; cùm uſque ad illum, qui Benevento præfuerunt,
„ Duces appellabantur. Nam & ab Epiſcopis ungi ſe fecit, & Coronam
„ ſibi impoſuit: atque in ſuis Chartis, SCRIPTUM IN SACRATISSI-
„ MO NOSTRO PALATIO in finem ſcribi, *præcepit*.

(b) Lodovico Antonio Muratori Diſſert. 4. Rer. memorab. Italic.
„ *Erant* autem Principibus Beneventanis Dignitates quædam Palatinæ: quo-
„ rum nomina aut à Latinorum, aut à Græcorum Imperatorum Aula
„ mutuatæ fuerunt, uti Comitis Palatini, Protoſpatarij, Caſtaldij, Topo-
„ terios, Portarij, Theſaurarij, Referendarij, Actionarij, Veſtiarij, vel
„ Veſtatarij, Vicedomini, Pincernæ, Baſilici, Cauſidici, Strategi, aliaque
„ ejuſmodi Munera. Ita ipſi Italiæ Principes jam tunc cùm Regibus ma-
„ gnificentia *certabant*.

(c) Muratori loc. cit. „ *Jam monui*, ideo ab Auguſtis Occidentalibus
„ mitius actum cùm Ducibus, ſive Principibus Beneventi, uberiorem re-
„ linquentes dominationis menſuram tùm iis, tùm Principibus Salerni, &
„ Comitibus Capuæ; ne ſe Orientis Imperatoribus, qui finitimis in Urbibus
„ regnabant, adjungerentur, ſi quando duriùs agerentur ab Occidentalibus
„ Auguſtis. Et revera non ſemel accidit, ut, ſive Armorum vi adacti, ſi-
„ ve ſpe majoris Fortunæ allecti, Principes ij Græcis adhæſerunt. In Cro-
„ nico Sancti Vincentij ad Vulturnum habetur diploma conceſſum à Lan-
„ dulpho, & Atenulpho, Beneventi Principibus, Gedelberto ejuſdem Cæ-
„ no-

PARAGRAFO SECONDO.

De Confini della Ducea di Benevento, e della di lei Caduta.

VII. NOn fu poca gloria della Ducea di Benevento aver ella dilatati i suoi *Confini* per quasi tutte le Regioni, che compongono oggidì il Reame di Napoli, come osserva *Giovan Nicastro* (a), Arcidiacono di Benevento nella sua *Pinecoteca Beneventana*. Essendo quivì rimasti per i Greci pochissimi Luoghi, come Napoli, Gajeta, Sorrento, Amalfi, Otranto, e non sò qual altro nella Piaggia maritima, dove i Longobardi per mancanza di Armata navale non poterono penetrare. Basta dire, che, divisasi poi questa Duchea in trè Dinastie, *Benevento*, *Salerno*, e *Capoa*, furono non pertanto tutte a trè di una mediocre grandezza.

VIII. In fatti, Ella (come alla lunga la descrive *Camillo Pellegrino* (b), che meglio di ogn'altro maneggiò un tale Argomento), nella parte *Orientale* confinava colla Ducea di Spoleto; e di quà e di là, colla Romana, secondo *Lodovico Antonio Muratori* (c). Avendo quì il Duca *Gisulfo* occupato Sora, Arpino, Arce, Aquino, e qualche altro Luogo, in sentenza dell'*Ostiense* (d).

IX. A *Mezzogiorno*, questa Ducea si dilatava fino al Mar *Tirreno*, a riserva di Napoli, Gajeta, Amalfi, e Sorrento, come anche il *Muratori*

„ nobij Abbate, A. Ch. 916. Tituli, quibus illi utuntur, nempe *Anthypati*, „ & *Patricij*, duas ex potioribus dignitatibus indicant, quas olim conferebat Orientalium Augustorum Aula: satisque significant, hosce Principes „ tunc sub suprema Græcorum ditione *fuisse*.

(a) Gio: Nicastro lib. 1. cap. 6. „ *Ducatum* adeo amplum hac in Urbe „ statuerunt Longobardi anno 571., ut post Ticini Regnum, nullum „ ijdem Longobardi majus noverint Imperium, quam Beneventanum Du- „ catum, non modò Salernum, & Capuam amplectentem, verùm etiam „ Lucaniam, Apuliam, Calabriam, Aprutium, & ferè omnem Campaniam, „ minima parte Neapolitanis, qui tunc Græcorum ditione premebantur, re- „ licta.

(b) Camillo Pellegrino de Finibus Ducatus Beneventani.

(c) Lodovico Antonio Muratori Diss. 2. de Finibus Regni Italici „ *Postrema* portio, seu nobilissima, atque amplissima Regni Italici ad Orien- „ tem fuit Ducatus Beneventanus. Pertingebat ipse ad OCCIDENTEM „ Ducatum Spoletanum hinc, & inde Romanum.

(d) Lione Ostiense lib. 9. cap. 6. *Hac denique ætate, Gisulphus, Beneventanorum ductor, Soram, Romanorum Civitatem, Arpinum, Arcem, atque Aquinum, pari modo Opida, cepit.*

vi (a) lo afferma . Avendo ancora per qualche tempo i **Prencipi di Capoa**, e di **Salerno**, (che come si disse , furno porzione della Ducea Beneventana) , in quella Spiaggia or presa Gajeta , ora sottomessa Cuma , ora espugnata Napoli , ed ora vinta Amalfi , come respettivamente dimostrossi ne due Libri antecedenti .

X. Nella parte *Boreale* , tutta la Riviera di Apruzzo a questa Ducea apparteneasi : peroche di quì il Re *Autari* s' inoltrò nel Sannio , ed alla sua divozione lo sottomise , come additossi nel *Numero 5.* del Capitolo passato . Essendosele aggiunte poi tutte le Città della Riviera di Puglia , secondo *Costantino Porfirogenito* (b) . Una delle quali fu Siponto ; in cui *Ajone* , Duca di Benevento , combattendo contro i Schiavoni , di fresco capitati colà , vi restò morto , al dire di *Paolo Diacono* (c) . Anche Bari , Brindisi , e Taranto furono un tempo pertinenze della Ducea Beneventana , al rapporto del *Muratori* (d) : e soltanto Otranto fu sempre de Greci in quella Riviera .

XI. Per ultimo , verso *Oriente* ella giugnea al Mar Jonio : e toltone Otranto , Gallipoli , e Rossano , che apparteneano a Greci , come dicea poco fa *Costantino Porfirogenito* ; tutti gli altri Luoghi sino alla Colonna di Reggio erano sottoposti a Duchi Beneventani , col di più di Terraferma , che ne Limiti descritti si contenea . E quantunque l' Autore della *Storia Civile* (a) asserisca , che la Lucania , il Paese de Bruzj , la Puglia , e la Calabria in tempo di *Arechi* fussero appartenuti all' Imperadori Greci ; dicendo : ,, *Il Ducato di Benevento ubbediva al suo Duca immediatamente,* ,, e per lui al Re de Longobardi . La Puglia , la Calabria , la Lucania , ,, co i Bruzj , Napoli , Gajeta , Surrento , Amalfi , ed altri inferiori Du-

,, cati

(a) Lodovico Antonio Muratori loc. cit. ,, *Civitates* Neapolis , Gajetæ , ,, Surrenti , aliæque aùt conterminæ , aùt subjunctæ ad MERIDIEM , in ,, Græcorum ditione perstiterunt . Reliquum Regionis illius , quæ nunc Re- ,, gnum Neapolitanum conficit ; Longobardos Dominos agnovit . Ac pro- ,, pterea , quæ Provincia appellatur nunc Terra Laboris , cùm præstantissima ,, Urbe Capuæ , incipiendo a Castro Aquini Nolam usque , ac inde , paucis ,, maritimis Urbibus dimissis , pergendo Salernum , tum non interrupto iti- ,, nere Cusentiam usque ; hæc omnia vastissimum Ducatum Beneventanum ,, constituebant .

(b) Costantino Porfirogenito de Administ. Imper. cap. 27. ,, *Longobar-* ,, *di a* Benevento , excursione in omnem ditionem facta , subjecerunt eam ,, Themati Longobardiæ , & Calabriæ , excepta Hydrunte , Gallipoli , & ,, Rosciano .

(c) Paolo Diacono lib. 5. cap. 15. ,, *Venientes* Sclavi cùm multitudi- ,, ne navium , non longè a Civitate Siponto castra posuere . Super quos ,, Ajo Dux Beneventani cùm venisset ; simul cùm aliquantis Viris ex- ,, tinctus *est* .

(d) Muratori loc cit. *Pertingebat ipse Ducatus Beneventanus ad BO-* *REAM totam Apuliam , simulque Civitates Bariɩ , Brundusiɩ , & Tarenti* .

(e) Pietro Giannone lib. 4. cap. 3.

,, cati all' Efarco di Ravenna per l' Imperadore d' *Oriente* ; nientedimeno ciò non dee intenderfi riguardo a quei primi tempi, quando la Signorìa di Benevento era in fiore ; ma allorache incominciò a declinare , ed i Greci tolfero loro delle molte Provincie. Del refto poi la Ducea di Benevento nell' anno 851. abbracciava tutti i oennati Luoghi , quando fi fece la divifione tra 'l Principe di Benevento , e quello di Salerno . Effendo toccato al Principe di Salerno Taranto, Caffano , Cofenza, Laino , Pefto, Confa , Montella , la metà del Gaftaldato di Acerenza, ed altri Luoghi, che componevano in buona parte la Lucania, ed il Paefe de Bruzj, come apparifce da detto Strumento di *Divifione* (a) , che trafcriveremo per intiero nel Capitolo 4.

XII. Egli è ben vero però, che ficcome la Ducea di Benevento andò tratto tratto crefcendo fotto i primi Duchi , che la fondarono ; così dipoi cominciò pian piano a fminuirfi. Concioffiache, non folo l' Imperador *Bafilio* , (venuto da Coftantinopoli in Italia come fu detto nel Capo 3. del Libro paffato) tolfe a Longobardi buona parte della Lucania, e del Paefe de Bruzj ; ma effi medefimi, venuti in difcordia tra loro , chiamarono *Lodovico II.* Imperadore d' Occidente per comporne le differenze . E quefti ordinò , che fi dividefle la Signorìa in due Principati , uno di *Benevento,* e l' altro di *Salerno* , al dire di *Giovanni Diacono* (b). Effendofi poi anche fuddivifo il Principato di Salerno , per efferne ufcita la Contea di *Capoa,* conforme dimoftraremo nel Capo 6. e per ora l' afferma il *Muratori* (c). Formandofi eziandio dal Principato di Benevento la Contea di Chieti, fecondo *Camillo Pellegrino* (d) ed altri . E perche in appreffo anche dal Principato di Capoa , e da quella di Salerno furfero altre Contee, fecondo *Pietro Giannone* (e) , che

(a) Divifione tra Benevento , e Salerno . ,, *Tarantus* , Latinianum , ,, Caffanum, Confenfia , Lainus , Lucania , Confia, Montella, Rota, Sa- ,, lernum , Sarnum , Cimitinum , Furculæ , Capua , Teanus , & medius ,, Gaftaldatus Acerentinus, qua parte conjunctus eft cùm Latiniano , & *Confa.*

(b) Giovanni Diacono in Cronicon Epifcop. Neapolitan. ,, *Eodem* quo- ,, que anno 851. fupplicatione hujus Sergij, Principumque Longobardorum, ,, direxit Lotharius Imperator filium fuum Lodogvicum , bonæ adolefcentiæ ,, Juvenem, propter catervas Saracenorum , Apuliæ fub Rege commoran- ,, tium, & omnium Fines depopulantium . Qui adveniens , cælefti comi- ,, tatus auxilio , de illis Hifmaelitis triumphavit : Et SAGACITER OR- ,, DINATA DIVISIONE BENEVENTANI , ET SALERNITANI ,, PRINCIPUM, victor reverfus *eft*.

(c) Lodovico Antonio Muratori Differ. 2. Rer. memor. Ital. ,, *Divifa* ,, fubinde fuit portio Salernitana, ex qua efformatus Capuanus Principatus; ,, cujus Principes, Comites appellati, illuftrem locum in Hiftoria antiqua in- ,, venerunt .

(d) Camillo Pellegrino Differt. 7. de Finibus Ducatus Beneventani , ,, *Ex* eadem parte Septentrionali Finis erat Ducatus Thethenfis (vulgo ,, CHIETI) ufque ad Ortonam , & Termolim , & Tiferni *Fluvium* .

(e) Pietro Giannone lib. 8. cap. 3.

che fcrive: „ *Il Principato di Capua*, divifo nel Contado di Fondi , e di
„ Seffa , ne Contadi di Aquino , di Teano , di Alife , di Caferta, ed altro.
„ Quello di Benevento ne Contadi di Marfi , d'Ifernia , di Chieti , ed
„ altri . Quello di Salerno , in Contadi di Confa , Capaccio , Corneto , *Ci-*
„ *lento* ; da tante fuddivifioni venne più prefto ad accelerarfi la caduta di
quelle Signorie.

XIII. L'ultimo crollo però fu dato alla Ducea di Benevento da i
Greci nell'anno 891., allorache , venuto *Simbatico* Patrizio in Italia , man-
datovi da *Lione IV. il Filofofo*, Imperadore di Coftantinopoli , dopo avere
affediata per tre mefi continui la Città di Benevento , la fottomife finalmente al dominio de fuoi , in tempo del Principe *Atone* : prendendone
il governo lo fteffo *Simbatico*, che la reffe per tre anni e mefi : e fuccedeo-
doli *Gregorio* per altri due anni : fino a tanto che vi fovragiunfe da Spoleto il Duca *Guido III.*, che la ritolfe a Greci , dandola poi a Conti di
Capoa , che d'allora innanzi prefero il titolo di Prencipi . Sicche la Ducea
di Benevento ebbe principio dal Re *Autari* nell' anno 589. quando ne in-
vefti *Zotone*; e finì nell' anno 891. quando fu prefa da Greci , e poi ritolta loro dal Duca di Spoleto , che la diede a Conti di Capoa : e fu tutta
la fua durata di anni trecento .

PARAGRAFO TERZO.

De Duchi , e Prencipi , che fignoreggiaro-no in Benevento.

XIV. Tutti quei , che dominarono in Benevento , fi poffono dividere
in tre Ordini : ne' primi , che fignoreggiarono col Titolo di
Ducai; ne' fecondi , che la poffederono col Nome di *Prencipi*; e negli ultimi , che n' ebbero il dominio come *Conti* di Capoa , e che poi fi differo
Prencipi ancora . I primi vi regnarono da *Zotone* nell' anno 589. fino ad
Arechi II. nell' anno 775. I fecondi feguirono dall' anno 775. (in tempo
del medefimo *Arechi*) fino all' anno 891. quando *Simbatico* Patrizio fottomife la Città di Benevento . E gl' ultimi dall' anno 897., allorche da *Guido*
(come fopra) ne furono invefliti i Conti di Capoa , fino all' anno 1047.
quando *Arrigo II.* la tolfe a Prencipi Capoani , e la diede alla Santa Sede ,
come vedraffi più giù . Noi intanto , lafciando i terzi per il Capitolo 5. ove
difcorreremo de Conti e Prencipi di Capoa ; quì folamente ragionaremo de primi , e de fecondi , giufta la ferie , che ne rapportano *Antonio Caracciolo* (a)
e *Scipione Ammirato* (b) : non oftante che ne abbiano anche fcritto molti
de noftri Autori , come *Erchemberto* , il *Platina* , *Carlo Sigonio* , ed altri .

Zo.

____

(a) Antonio Caracciolo in Propilia.
(b) Scipione Ammirato, Duchi di Benevento.

Zotone I. Duca nell' Anno 589.

XV. Il primo Duca di Benevento, lasciato colà l' anno 589. da *Autari* Re de Longobardi, Fondatore di quella Dinastia, fu *Zotone* : il quale vi regnò per venti anni continui, secondo *Antonio Caracciolo* (·il quale per altro varia nell' incominciamento; volendolo nell' anno 571. sotto 'l Re *Alboino*, quando in fatti la Ducea di Benevento fu fondata dal Re *Autari*.) Ma perche *Zotone* fu uomo sordido ed avaro; tra l' altre sue rapine, spogliò il Monistero di Montecasino, secondo *Marino Frezza* (*a*): a segno tale che obbligò l' Abate *Bonito* a partire di colà con suoi Monaci, ed abbandonare quel Santuario, seco portando solamente alcune povere Suppellettili, con la Regola, scritta di propria mano dal Santo Legislatore, secondo ragguaglia *Gabriello Buccelino* (*b*): partiti per Roma que' Padri a ritrovare *Pelagio* Sommo Pontefice.

Arogi II. Duca nell' Anno 609.

XVI. Alla morte di *Zotone* senza figliuoli, il Re *Agilulfo* sostituì in Benevento *Arogi* (da altri detto *Arechi*), parente di *Agilulfo* Duca del Frivoli (o almeno di lui familiare, per averli allevati i figliuoli in tempo, che rimasero di pupillare età). Regnò costui fino all' anno 642. senza sapersene altro di positivo.

Ajone I. Duca III. nell' anno 642.

XVII. Fu *Ajone* figliuolo di *Arogi*, ma di poco cervello; perche andando in Pavia, e passando per Ravenna, *Isacio* Patrizio ed Esarca dell'Imperador Greco con inganno li diede una bevanda, che lo rese scimunito. Che però il Genitore, morendo, lo lasciò raccomandato a *Rodoaldo*, e *Grimoaldo* suoi fratelli minori (cugini li vuole il *Sigonio*), uomini di senno. Fu il di lui governo di un anno e cinque mesi. Restò poi morto in un fatto d' Armi, ch' ebbe con una quantità di Schiavoni, sbarcati alle vicinanze di Siponto; i quali avean fatte molte Fosse cieche intorno a quella Città, in una delle quali diede il Duca, e vi perì, secondo *Paolo Diacono* (*c*).

Tom. III.   K k   Ro-

(a) Marino Frezza de Subfeudis lib. 8. num. 18. ,, *Longobardi*, Duces ,, sibi creaverunt per annos 330., primo eorum Duce Zotone, qui Casinen- ,, se diripuit Xenodochium, dirutum incendit, incensum solo aequavit, se- ,, cundum Sabellium, Æneades 8. lib. 6.

(b) Gabriello Buccelino in Annalibus Benedictinis ad annum 586.

(c) Paolo Diacono lib. 5. cap. 15. ,, *Venientes* Sclavi cum multitudine ,, Navium, non longe à Civitate Siponto castra posuere. Super quos Ajo ,, Dux Beneventi cum venisset; simul cum aliquantis viris extinctus est.

Rodoaldo Duca IV. nell' anno 644.

XVIII. Morto *Ajone*, prese le redini del Governo il di lui fratello *Rodoaldo*, giovine di valore e di spirito: il quale, dando con empito alle spalle de Schiavoni, ne fece un macello; obbligando i superstiti a ritirarsi in Dalmazia: e così restò vendicata la morte del germano. Il di lui dominio fu di soli anni cinque.

Grimoaldo I. Duca V. nell' anno 649.

XIX. Il successore di *Rodoaldo* nella Ducea fu *Grimoaldo* suo fratello minore: il quale dopo aver fatta strage sul Monte Gargano di molti Greci, che si erano colà portati per venerare l' Arcangelo S. *Michele*, secondo *Paolo Diacono* (*a*); in sentire, che *Ariperto* Re de Longobardi era morto in Pavia, e che que' Popoli si erano divisi in fazioni; facendo buon uso dell' occasione, vi si portò di volo, e li riuscì di salire a quel Trono Regale, lasciando *Romoaldo* suo figliuolo naturale in Benevento. Ma perche *Romoaldo* venne qui assediato da *Costanzo* Imperadore di Costantinopoli; il Re *Grimoaldo* vi ripassò tosto in ajuto del figliuolo, come dicemmo nel Capo 3. del Libro passato.

Romoaldo Duca VI. nell' anno 666.

XX. Partito per Lombardia *Grimoaldo* nell' anno 666. come si disse, *Romoaldo* restò Duca di Benevento. A cui il padre per maggior sicurezza, dopo la resistenza fatta a Greci, inviò *Alzeco*, Duca de Bulgari (non so per qual cagione appo lui capitato con molti de suoi). E *Romoaldo* li assegnò Sepia, Isernia, Bovismo, ed altri Luoghi, con titolo di Gastaldo. Dal che poi surse in Apruzzo il *Contado di Molise*, come fu spiegato nel Libro 8. del Tomo I. al *Numero* 2. del Capo 11. Morì *Romoaldo* nell' anno 681. dopo aver governato per lo spazio di quindici anni.

Grimoaldo II. Duca VII. nell' anno 681.

XXI. Lasciò *Romoaldo* suo successore nella Ducea *Grimoaldo II.* suo figliuolo primogenito; il quale regnò soli anni tre: e morendo, li succedè *Gisulfo*.

Gi-

(*a*) Paolo Diacono loc. cit. cap. 46. ,, *Eo* tempore, venientibus Græ-
,, cis, ut Oraculum Sancti Michaelis Archangeli in Monte Gargano depreca-
,, rentur; Grimoaldus Dux cum Exercitu super eos veniens, ultima eos
,, cæde *prostravit*.

Gisulfo I. Duca VIII. nell' anno 681.

XXII. Fu questo *Gisulfo* fratello di *Grimoaldo II.* e regnò per anni diecisette. In tempo del suo Ducato alcuni nobili Beneventani fabbricarono il tanto celebre Monistero di *San Vincenzo Martire* alle foci del Fiume Volturno; a cui il Duca concedè moltissimi Privilegj.

Romoaldo II. Duca IX. nell' anno 707.

XXIII. Alla morte del Duca *Gisulfo* succedè *Romoaldo* di lui figliuolo, e regnò per lo spazio di anni 26. Questi appunto fu colui, che involò la Città di Cuma alla Santa Sede, che poi li fu ripresa da *Giovanni* Duca di Napoli a conforti di Papa *Gregorio II.* come fu detto nel Libro 8. del Tomo I. al *Numero* 13. del Capo 4. Egli ancora ordinò la ristaurazione del Monistero di Montecasino, facendovi ritornare i Monaci con *San Petronace* loro Abate.

Gregorio Duca X. nell' anno 733.

XXIV. Allorache morì il Duca *Romoaldo* nell' anno 733. li succedè nella Ducea *Gisulfo* di lui figliuolo, assai fanciullo, ed incapace al Governo. Cheperò alcuni Beneventani ambiziosi di quella Signoria, gli ordirono la morte. Ma scovertasi questa trama dal Popolo ben affetto al natural Signore; preferò l'armi in di lui servizio, e fecero strage de Congiurati. Fra questo mentre *Luitprando* Re de Longobardi, suo zio, passato in Benevento, lo levò di quel luogo e lo portò seco in Pavia, lasciando *Gregorio*, suo nipote al governo di quella Ducea: il quale la ritenne per il corso di sette anni, e se ne morì nell' anno 740.

Godescalco Duca XI. nell' anno 740.

XXV. Morto *Gregorio*, usurpò *Godescalco* col favore di alcuni Cittadini quella Signoria, e la ritenne per lo spazio di anni tre. Conciossiache il menzionato *Luitprando*, comeche occupato nella Guerra contro il Duca di Spoleto, non potè quivi con sollecitudine accorrere. Vinto però quel Duca *Trasmondo*, ed obbligatolo a farsi Chierico; drizzò il cammino per Benevento. Il che intesosi da *Godescalco*, pensò girsene in Grecia: e fatto imbarcare il suo bagaglio con la moglie, figli, è servi; in punto che stava per porre il piede in barca, sorpreso da parteggiani di *Gisulfa*, fu miseramente ucciso.

Gifulfo II. Duca XII. nell' anno 743.

XXVI. Non oftante la morte di *Godefcalco*, profeguì *Luitprando* la_ fua marcia per Benevento : feco conducendo il fuo menzionato *Gifulfo* , fi-glio di *Ramoaldo* , fuo nipote , e genero infieme (per averli data in ifpofa_ *Cuniberta* fua figliuola) e lo riftabilì nella fua Ducea , che governò per lo fpazio di anni quattordici : dilatandone i Confini coll'acquifto di Sora, Arpino, ed altri Luoghi enunciati nel *Numero 8.* Avendo eziandio fatto re-ftituire alla Badia di Montecafino tutti quei Luoghi , che 'l Duca *Zotone* in-volati gli avea , con aggiungervi molti fuoi proprj Terreni. Egli fimilmen-te fabbricò il nobil Tempio di *Santa Sofia* in Benevento : ancorche aveffe lafciata la gloria al fucceffore di ridurlo a perfezione .

Lùitprando Duca XIII. nell' Anno 750.

XXVII. Al morto *Gifulfo* fuccedè *Luitprando* nella Ducea per lo fpa-zio di anni otto e mefi tre : fenza faperfi , fe egli fuffe ftato figliuolo di *Gifulfo* , o d'altro . Abbiamo folo di lui, ch'egli perfezionò (come fu detto) il Tempio di *Santa Sofia* , e lo arricchì di copiofiffime rendite .

Arechi I., Duca XIV. e I. Principe nell' Anno 758.

XXVIII. Uno de Duchi più bravi , che contò Benevento, fu *Arechi* genero del Re *Defiderio* . Egli vi fu collocato dal focero , col difcaccia-mento di *Luitprando* , o fia di altro Duca, il di cui nome è ignoto a' noftri Storici (ben conto però al Pontefice *Paolo I.* (a) , il quale in una fua_ Lettera diè notizia a *Pipino* Re di Francia del dilui difcacciamento ; fenza punto efprimerne il nome) . E perche *Carlo* , figlio di *Pipino* , poco do-po portatofi in Italia vinfe ed imprigionò il Re *Defiderio* in Pavia_ , annientando il Regno de Longobardi ; *Arechi*, genero di *Defiderio*, foggiac-que a mille traverfie : berfagliato dal medefimo *Carlo Magno*, che li fpe-dì contro *Pipino* fuo figliuolo per toglièrgli la Ducea di Benevento. Ma *Arechi*, lafciando *Grimoaldo* fuo primogenito in difefa di quella Capitale, ricoveroffi in Salerno , da lui preventivamente fortificato . Ciò non oftante, perfiftendo *Pipino* nell' affedio di Benevento , obbligò *Arechi* a darli Gri-
moaldo

(a) Paolo I. Sommo Pontefice Epift. 4. „ *Appropinquante* eo Bene-„ ventum, illicò Dux Beneventanus fugam arripuit in Otrantinam civita-„ tem : & dùm diu immineret , ut ex ipfa fua Civitate exire eundem Du-„ cem fuaderet , & nequaquam in eo fuam adimpleret voluntatem ; CON-„ STITUIT DUCEM ALIUM IN BENEVENTANO DUCATU „ NOMINE AREGIS.

moaldo in oftaggio con molti altri Nobili Beneventani ; come abbiamo da *Aimone* (a).

XXIX. A questo empito di contraria forte *Arechi* non fi fmarrì; anzi, lafciando il nome di *Duca*, prefe quello *Principe*: facendofi coronare, ed ungere da Vefcovi a fomiglianza degli altri Monarchi, come fu detto nel *Numero* 4., e lo conferma il *Muratori* (b). Col tempo cercò anche fottomettere al fuo dominio gli Amalfitani, che erano allora alla divozione del Duca di Napoli. Ma occorrendo in ajuto di Amalfi i Napoletani, fecero ftrage delle Milizie di *Arechi*, al rapporto di *Papa Adriano I.* (c) in una fua Piftola diretta a *Carlo Magno*.

XXX. Intefe *Arechi* con dolore quefto colpo, che ricevette da Napolitani; ma lo diffimulò; ed ancorche avefle fermata una Capitolazione con effi; pure ne meditò la vendetta in quefto modo. Allorche *Carlo Magno* affediò *Pavia*, e vi fè prigioniero il *Re Defiderio*; il figliuolo di quefto, per nome *Adalgifo*, ebbe luogo di fuggire in Coftantinopoli. Or nel mentre che quefti traeva colà fua dimora, il Principe *Arechi* di lui cognato fe pratiche coll'Imperadore *Coftantino Copronimo* di fottoporfi a lui, e di voler vivere all'ufo Greco, con darli anche in oftaggio *Romoaldo* fuo fecondogenito, purche li mandaffe *Adalgifo* in ajuto, e li concedeffe Napoli, e gli altri Luoghi vicini. Tutto li fu volentieri accordato. Ma venuti gli Ambafciadori Imperiali in Napoli per efeguire il Concordato, finì di vivere *Romoaldo*, che dovea andare in Coftantinopoli. E morto anche poco indi di cordoglio lo fteffo *Arechi*, dopo venti otto anni e fei mefi di Governo; non fe ne fece nulla, come dice l'Autore della *Storia Civile* (d) colle parole feguenti: „ *Arechi* fcriffe all'Imperadore di Coftan-
„ tinopoli, accio li daffe il Ducato Napoletano con tutti gli altri Luoghi,
„ a lui appartenenti; con mandarli in aggiuto Adalgifo fuo cognato fi-
„ gliuo-

(a) Aimone lib. 4. Hiftor. Francor. cap. 79. „ *Arechis* armis Caroli
„ expavefactus, Salernum fe recepit. Pipinus, receptis ad fidei Sacramentum
„ Beneventanis, & Arichi Ducis obfidibus duodecim cùm Grimoaldo fi-
„ lio, Romam rediit.

(b) Lodovico Antonio Muratori Tomo II. Part. I. pag. 335 Script. rer.
„ Italic., *Princeps* ifte Arechis, præter fumma Dynaftiæ Infignia, nimi-
„ rum NOMEN, ET CORONÆ USUM: Legis etiam condendæ po-
„ teftatem, deleto *Rege Longobardorum* Defiderio, videtur ufurpaffe,
„ & poft annum Chrifti 774. hoc edidiffe Capitulare.

(c) Adriano Papa I. Epift. 19. „ *Veftra* Regali Potentiæ innotefcimus,
„ quia Arichis, Beneventanorum Dux, juftitias de hominibus fuis quærens,
„ Exercitum duxit fuper Amalphitanos Ducatus Neapolitani: & undique
„ eos circumvallans, incendit omnes poffeffiones eorum, atque habitacula fo-
„ ris pofita. Quo audito, Neapolitani direxerunt in adjutorium eorum
„ plures homines: & vincentes eos, interfecerunt plurimam multitudi-
„ nem Ducatus Beneventani. Unde cæteros plures, tùm Optimates capti-
„ vos apud fe *habent*.

(d) Pietro Giannone lib. 8. cap. 3.

„ gliuolo del Re Deſiderio, fuggito in Coſtantinopoli, che lui voler fot-
„ tometterſeli, per non dar nelle mani di Carlo Magno; obligandoſi di vi-
„ vere all'uſanza de Greci coſì nella Tonſura, che nelle Veſti. E Co-
„ ſtantino mandò i ſuoi Legati in Napoli per crearlo Patrizio; i quali li
„ recorno Veſti inteſſute d'oro, la Spada, il Pettine, e la Forbice, ac-
„ ciò di quelle ſi cuopriſſe, e ſi toſaſſe; ricevuti in Napoli con ſolenne
„ apparato. Ma perche morì Romoaldo nel meſe di Luglio 787. figlio di
„ Arechi, che dovea andare in oſtaggio in Coſtantinopoli; poco appreſſo
„ ſe ne morì Arechi iſteſſo, e non ſe ne fe nulla.

Grimoaldo III. Duca XV. e II. Principe nell' Anno 778.

XXXI. Morto Arechi, i Beneventani ſupplicarono *Carlo Magno* a darli per loro Principe *Grimoaldo* figlio di *Arechi*. E Carlo glie l'accordò,
con queſte condizioni: *Che Grimoaldo faceſſe radere la barba a tutti i ſuoi
Longobardi: Che nelle pubbliche Scritture, e nelle nuove Monete pria
poneſſe il nome di Carlo, e poi quello di Grimoaldo: e che faceſſe abbattere da fondamenti le mura di Salerno, di Acerenza, e di Conſa.* Pro-
miſe *Grimoaldo* oſſervare il tutto; ma arrivato in Benevento non volle
farne nulla, ſolito a dire:

Liber & ingenuus ſum natus utroque parente;
Semper ero liber, credo, tuente Deo.

Per la qual coſa *Pipino*, figlio di *Carlo Magno*, cercò in mille modi ber-
ſagliarlo, fino a tanto che non lo vide morto dopo anni 8. di Principato. Compianto a calde lagrime da Beneventani, che l'intagliarono ſul Sepolcro queſti verſi:

Pertulit adverſas Francorum ſæpe Phalanges;
Salvavit Patriam ſed Benevente tuam.
Sed quid plura canam? Gallorum fortia Regna
Non valuere hujus ſubdere colla ſibi.

Grimoaldo IV. Duca XVI. e III. Principe nell' Anno 807.

XXXII. Non avendo laſciato figliuoli *Grimoaldo*; dopo la ſua morte
fu occupata la Ducea da un altro *Grimoaldo* ſuo Teſoriero, cognominato *Storeſay*: il quale moſſe una fiera Guerra a Napoletani, come metteremo in
chiaro nel Capo 7. Fu finalmente ucciſo dopo undici anni di governo da
Sicone Caſtaldo di Acerenza, e da *Radelchi* Conte di Conza, come dice
l' Autore della *Storia Longobarda* (a).   Si-

(a) Storia Longobarda apud Muratorium Tom. I. Part. II. pag. 337.
„ *Interea* Radelchis Comes Conſinus, & Sico Agerentinus Gaſtaldeus,
„ (quam Grimoald dudum Proſelytum receperat) honoribus plurimis defe-
„ rentes, ſub dolo inſurgentes in eum cùm jam extremum Spiritum tra-
„ heret; gladio eum peremerunt anno 817.

Sicone Duca XVII. e II. Principe nell'Anno 817.

XXXIII. Alla morte di *Grimoaldo* fu occupata la Ducea di Benevento da *Sicone* (come si disse) uno degli uccifori del menzionato Principe : facendofi Monaco *Radelchi* Conte di Confa nel Monistero di Monte Casino. Questo *Sicone* molto travagliò la Città di Napoli a causa del Duca *Teodoro* di là discacciato, e della sostituzione in sua voce del Duca *Stefano*, come fu detto nel Capo 5. del Libro 4., descrivendo la vita di quest'ultimo. Morì dopo dodici anni, e due mesi di Governo.

Sicardo Duca XVIII. e V. Principe nell'Anno 832.

XXXIV. Fu *Sicardo* figlio di *Sicone* : fe pace con Napoletani mediante una Capitolazione, che trascriveremo nel Capo 7. Combattè infelicemente la prima volta con Saracini alle vicinanze di Brindisi : ma poi essendovi riternate con maggiori forze, li obbligò ad indi partirsi. Sottomise Amalfi : fe venire da Lipari in Benevento il Corpo di *San Bartolomeo* ; e fece acciecare *Sichenolfo* suo fratello, che col favore de Popoli aspirava a quel Principato : mandandolo prigione in Taranto. Ma ne pagò presto il fio : perche anch'egli fu ucciso da suoi Sudditi, dopo sei anni, e dieci mesi di Signoria.

Radelchi I. Duca XIX. e VI. Principe nell'Anno 839.

XXXV. Morto il Principe *Sicardo*, insursero delle discordie in Benevento. Conciossiache non avendo egli lasciati figli, *Radelchi* di lui Tesoriero occupò la Signoria. Ma perche ancora vivea *Sichenolfo* fratello di *Sicardo*, benche cieco ; fu questi da Salernitani (coll'ajuto degli Amalfitani) invitato a discacciarne l'Usurpatore. In questa divisione di partiti, i Capi della Fazione, per modo di mantenersi, spogliarono molte Chiese, e chiamarono i Saracini in ajute. E tanto fecero, che fu divisa finalmente quella Signoria per opera di *Lodovico II.* Imperadore, come fu detto sovra nel *Numero* 23. ed il *Summonte* (*) lo soggiunge colle parole seguenti : *Nell'anno 840. i Salernitani, a quali non parea stare più sotto il dominio del Duca di Benevento, si diedero a Siginulfo fratello del morto Sicardo, per opera di Dauferio suo Socero, uno de principali di Salerno. Il che fu cagione di longa guerra tra Siginulfo e Radelchi ; e per mantenerla, come segue l'Ammirato, spogliaro molte Chiese de i sacri Vasi : talche Siginulfo in quattro volte tolse al Monastero di Monte Casino LIBRE 230. DI PURISSIMO ORO IN CROCI, CALICI, E VASSELLAMI: LE- BRE*

(*) Summonte Tom. I. pag. 423.

ERE 500. DI ARGENTO, QUATTRO CENTOMILA SOLDI SICI-
LIANI D'ORO, QUATTORDICI MILA SOLDI MAZZATI, SET-
TEMILA SOLDI PERDOLATI. E Radelchi (che dal Sigonio vien detto Adelgiso) sconfidato delle proprie forze, ne chiamò i Saraceni di Africa per mezzo di Pannone, Prefetto di Bari. Il che inteso da Siginulfo,
chiamò in suo favore i Saracini di Spagna. I quali, venuti in Puglia,
presero Bari, ed ammazzarono Pannone. Ma Radelchi con presenti otte-
nuteli in suo ajuto; diedero il guasto à Capua, ed à tutto il Paese di Sige-
nulfo . . . . Finalmente stanchi, si divisero trà di loro li Stati
RESTANDO IL PRINCIPATO DI BENEVENTO A RADELCHI;
E SALERNO COL TITOLO DI PRINCIPE A SIGINULFO. Morì
poi Radelchi dopo undici anni di Governo.

Radelgerio Duca XX. e VII. Principe nell'anno 850.

XXXV. Al morto Radelchi succedè nella Ducea di Benevento Radelgerio di lui figliuolo: il quale sofferse il travaglio de Saracini in Puglia
ed in altri Luoghi del suo dominio in tre anni e tre mesi di Governo, che
vi ebbe. Morì senza lasciar figliuoli.

Adelchi Duca XXI. ed VIII. Principe nell'anno 854.

XXXVI. Adelchi, (che altri chiamano Adelgiso) fu il successore del
fratello Radelgerio : ne di cui tempi i Saracini sempre più fecero ne Stati
suoi de grandi mali. A segno tale, che l'Imperador Ludovico II. fu costretto a passar colà la seconda volta contro di questi. Ma il Principe Adelchi, fomentato da Sergio Duca di Napoli, ed unito a Salernitani, fe improvisamente arrestare questo Imperadore, come fu detto nel Libro 4. al
Numero 43. del Capo 5., astringendolo poi a partirsi con un rigoroso giuramento di non più ritornare in queste Regioni. Obligato però dalle preghiere di Attanagio Vescovo di Napoli a rimandarvi l'Esercito la terza volta
contro i Saracini, dopo essere stato da Papa Adriano II. assoluto dal Giuramento; pose tanto timore ad Adelchi, che lo astrinse a fuggire in Corsica, dove finì di vivere nell'anno 878.

Gaideri Duca XXII. e IX. Principe nell'anno 878.

XXXVII. Dopo la fuga e morte di Adelchi, come sovra, assunse quel
Governo Gaideri, figlio di Radelgerio, nipote di Adelchi. Il quale, dopo
due anni e sette mesi di Signoria, fù discacciato da Beneventani, e si
portò dall'Imperadore Basilio in Costantinopoli. E questi, compatendo la
di lui disgrazia, lo rimandò in Italia; concedendoli la Ducea d'Oira, come
coll'an-

soll' autorità di *Erchemberto* lo dimostra *Camillo Pellegrino* (a).

Radelchi II. Duca XXIII. e X. Principe nell'anno 883.

XXXVIII. Nell' affenza di *Gaideri* prefe le redini del Governo *Radelchi*, Secondo di questo nome, figlio di *Adelchi*, e cugino di *Gaideri*. Questi ritenne quella Signoria per anni tre e mesi nove : e si crede che poi ne fusse discacciato, secondo *Pietro Giannone*, che trascriveremo più giù.

Ajone II. Duca XXIV. e XI. Principe nell'anno 883.

XXXIX. Questo Principe fu fratello minore di *Radelchi II.* Egli governò Benevento per lo spazio di anni sei ; e diè mano all' altri Prencipi Cristiani per discacciare i Saracini dalle vicinanze del Gargliano.

Orso Duca XXIV. e XII. Principe nell'anno 889.

XL. Vuole *Antonio Caracciolo* (b), che alla morte di *Ajone* succedesse nella Ducea *Orso* di lui figliuolo ; e che vi regnasse un anno solo. Conciossiache, sovravenendo il Patrizio *Simbatico* da Costantinopoli con poderoso Esercito ; assediò Benevento, e se ne rese Signore colla permissione di *Lione IV.* Imperadore : ed in lui ebbe fine la linea de Prencipi Longobardi. Però *Scipione Ammirato* (c) sostiene, che in tempo di *Ajone*, e non di *Orso*, venne *Simbatico* in Benevento ; peroche *Ajone* dopo la morte dell' Imperador *Basilio* avea fatto ribellare in Puglia molte Città, che erano sogette a quell' Impero. Loche sembra più verisimile ; mentre lo stesso *Caracciolo* (d) nella Serie de Conti di Capoa con una Cronaca scritta a penna, ed esistente nel Monistero di Monte Casino, mostra lo stesso.

Tom. III.   L l   XLI. Que-

(a) Camillo Pellegrino Diff. 7 de Ducatu Beneventano. ,, *Quibuscum* ,, detentam quoque fuisse a Græcis intermediam Oiram, docet Erchember- ,, tus numero 48. Eam, dicens, a Græco imperatore Basilio dono datam ad ,, con vivendum Gaideri : qui Beneventano Principatu exutus, Constanti- ,, nopolim profugus se *recepit*.

(b) Antonio Caracciolo in Propilia : ,, *Vigesimusquintus* Ursus, Ajo- ,, nis filius, annum unum. Post dominati sunt in Principatu Beneventano ,, ex Grecis per annos quatuor, videlicet, ab anno 891. ad 895. Sabbati- ,, cus (vel Symbaticus) Stratigò ; GEORGIUS *Patricius*.

(c) Scipione Ammirato ad Duces Beneventanos in Ajonem.

(d) Cronaca Cassinese apud Caracciolum loc. cit. ,, *Eadem* hebdomada, ,, Ajo Princeps cum quodam Patricio Constantinopolitano ex utraque parte ,, certatim pugnantes, ad postremum iste Patricius victor effectus *est*.

XLI. Questi adunque furono i Prencipi Longobardi, che dominarono in Benevento. Perche dipoi questa Signoria fu sottomessa da i Greci: e vi dominarono *Simbatico Stratico* per tre anni, e *Giorgio* Patrizio per altro uno. Poi *Guido* Marchese di Spoleto ne scaccia i Greci, e la ritenne un anno, e otto mesi. Questi la lasciò a *Guaimaro* suo cognato, Principe di Salerno; il quale ne fu discacciato, e vi fu richiamato *Radelchi II*.: discacciato poi anch' egli da *Atanulfo* Conte di Capoa; siccome con queste parole rapporta il fatto l' Autore della *Storia Civile*. ,, *Li* Beneven-,, tani mal soffrendo i Greci; sollecitarono Guaimaro, Principe di Salerno ,, a chiamare Guido. III. Duca di Spoleto, suo cognato, che passasse in Be-,, nevento: che vi si portò l'anno 896. ne discacciò Giorgio, e s' impa-,, dronì del Ducato. Ritornò a Spoleto, lasciandola a Grimoaldo suo co-,, gnato. Ma questi sorpreso da Adelferio, Castaldo di Avellino, gli fur-,, no cavati gli occhi l'anno 898. e ritirossi in Salerno. Dalche offesi i ,, Beneventani, vi richiamarono Radelchi discacciato. Ma questi col mezo ,, di Vilardo suo Ministro trattando male, ed essiliando molti Beneven-,, tani; fu anch'egli discacciato di nuovo, e Atanulfo, Conte di Capua ,, se n' impadronì, unendolo a quello di *Capua*. (Riserbandoci noi a favel-lare di questo *Atanulfo* nel Capitolo Sesto, allorche parleremo degli altri Conti Capoani.)

CAPITOLO TERZO.

Della Ducea di Benevento sotto i Romani Pontefici.

I. COnsiderata finora la Ducea di Benevento nel prospetto, che riguarda il dominio de Longobardi; ci resta a rimirarla nell'altro, che rappresenta i *Romani Pontefici*, sotto il dominio de quali finalmente pervenne. Lo che faremo in tre distinti Paragrafi.

PARAGRAFO PRIMO.

Del modo, con cui la Ducea di Benevento passò alla Santa Sede.

II. MOlti Autori si sono trovati, che a caso e di inconsideratamente scrivendo; si han fatto lecito asserire, che la *Santa Sede* non per altra ragione divenne Signora di Benevento, che per la Concessione che ne le fece l' Imperadore *Carlo Magno*. Non badando essi punto ne pure alla cronologia de tempi, in cui molto ben si ravvisa, che *Carlo* morì nell' anno 813. quandoche la Ducea di Benevento durò sotto i Prencipi Lon-

gobardi infino all'anno 891., come nel Numero 40. del Capitolo paſſato ad‑
dimoſtroſſi: onde in que' tempi non potè poſſederla la Santa Sede.

III. Noi però, laſciando per il Tomo IV. al Capo 2. del Libro 12. que‑
ſta Controverſia, Se la donazione di Carlo Magno aveſſe alcun vigore riſpet‑
to a ciò (benche Anaſtagio Bibliotecario (a) voglia che sì) ; diciamo qui
ſoltanto, che eſſendo la Ducea di Benevento nell'anno 1047. ſottopoſta a
Guaimaro Principe di Salerno; Arrigo II. Imperadore, calando in Italia,
glie la tolſe; obbligandolo a farne rinunzia, ſecondo Gianantonio Summon‑
te (b) che dice: „ Nell' iſteſſo tempo Henrico II. di tal nome, impe‑
„ rando a' Germani, paſsò in Roma . . . . Poi, venuto a Capua, rice‑
„ vè la rinuncia del Principe Guaimario, che nove anni l'avea poſſeduto,
„ come ſiegue l'Ammirato. Henrico, RITENUTOSI PER SE BENE‑
„ VENTO, inveſtì di Capua Pandolfo, figliuolo del vecchio Principe,
„ che fu il quinto di tal nome, ed in Italia ritornò. Vuole però Lione
Oſtienſe (c), che, trovandoſi ancora in Capoa l'Imperadore anzidetto, ſi
portarono da lui Dragone Conte di Puglia, e Rainolfo Conte di Averſa, am‑
bedue Normanni di Nazione: a quali egli confermò il poſſeſſo de loro Feu‑
di. Volle indi paſſare in Benevento per prenderne il poſſeſſo: ma quei Cit‑
tadini con ſommo ardimento li ſerrarono le porte in faccia. E perche egli
avea ſeco in compagnia Papa Clemente II., li ſe da queſti per iſdegno
ſottoporre alle cenſure: donando a i due menzionati Conti tutto il Territo‑
rio di quella Ducea, a riſerva della Città principale.

IV. Ma perche i Normanni, ſtabilitiſi in queſte Regioni, incomincia‑
rono a maltrattare i Popoli a loro ſoggetti, e queſti ne avanzarono le
querele a Papa Lione IX.; il Pontefice pietoſo nell'anno 1052. riſolvè por‑
tarſi in Germania, a fine di eſporre a viva voce ad Arrigo le anguſtie in
cui trovavanſi queſte Regioni, come fece. Sicche nell'anno vegnente 1053.
eſſendo Lione coll'Imperadore in Vormazia, convennero tra eſſi, che Ar‑
rigo concedeva al Papa BENEVENTO; e 'l Papa rilaſciava all'Impera‑
dore il Cenſo di cento Marche annue di argento, e di un Cavallo bardato,
che Arrigo I. di lui Anteceſſore, avea promeſſo a Papa Benedetto VII. ſu le

Ll 2   ten‑

(a) Anaſtagio Bibliotecario in Adrianum I. „ Conceſſit eaſdem Civitates
„ & Territoria B. Petro, eaſdemque Beato Pontifici contradi ſpopondit, poſt
„ deſignationem Confinium, ſicut in eadem donatione contineri monſtra‑
„ tur . . . . . . Necnon & Ducatum Spoletanum & Beneventanum.
(b) Gianantonio Summonte Tom. I. pag. 459.
(c) Lione Oſtienſe lib. 2. cap. 80. „ Dragoni Apuliæ, & Rainulpho Aver‑
„ ſæ Comitibus ad ſe venientibus, & equos illis plurimos, & pecuniam
„ maximam afferentibus, univerſam quam tunc tenebant Terram, Impe‑
„ riali Inveſtitura firmavit. Inde Beneventum contendens; cum noluiſſent
„ Cives eum recipere, tam ob ſuam, quam ob Patris injuriam; totam Ci‑
„ vitatem à Romano Pontifice, qui cum illo tunc erat, excommunicari fe‑
„ cit; CUNCTAMQUE BENEVENTANAM TERRAM NORMANNIS
„ AUCTORITATE SUA CONFIRMANS; ULTRA MONTES EX‑
„ INDE EST REVERSUS.

rendite della Chiefa di *San Giorgio* nella Città di *Bamberga*, eretta già in Vefcovado, come abbiamo da *Lione Oftienfe* (*a*), e da altri antichi Scrittori, rammentati dal *Cardinal Baronio* (*b*). Ed ecco la maniera con cui propriamente la Ducea di Benevento pafsò in potere della Santa Sede, fecondo i lodati Scrittori.

V. Anche l' Autore della *Storia Civile* conviene cogli altri su quefto Punto (ancorche riguardo a' Confini di detta Ducea, egli moftri di andar lontano dall'altrui fentimento, come fi farà chiaro nel Paragrafo feguente). Dice egli adunque così : ,, *Lione IX.* portatofi in Benevento, e ,, Salerno l' anno 1051. e poi l'anno 1053., fentendo le querele di quei ,, Popoli contro de Normanni ; rifolvè portarfi in Alemagna da Errico, ed ,, implorare un Efercito per difcacciarneli. E l'avrebbe ottenuto, fe Gebe- ,, ardo, Vefcovo di Eichftat, Configliero, e Familiare di Errico (poi Ur- ,, bano II.) non n' avefse fraftornato l'Imperadore. Ma perche in Bam- ,, berga Errico I. avea fondata una Chiefa in onore di San Giorgio, e per ,, farla ergere in Catedrale da Benedetto Papa, avea promefso alla Chiefa ,, Romana un annuo Cenfo di un generofo Cavallo bianco, con tutti li fuoi ,, ornamenti, ed arredi, di 100. Marche di argento ogn' anno ; Errico ,, odiando i Beneventani, che non vollero riceverlo ; cambiò con Lione IX. ,, DANDOLI BENEVENTO , NON OCCUPATO ANCORA DA ,, NORMANNI ; e levandofi quell'annuo cenfo di Bamberga. Però DIE- ,, DE LA SOLA CITTA', PERCHE LO STATO L'AVEA DATO A ,, NORMANNI.

PARAGRAFO SECONDO.

De Confini della Ducea Beneventana fotto de Romani Pontefici.

VI. POfto in chiaro nel Paragrafo precedente il modo, con cui pafsò la Ducea di Benevento in potere de Romani Pontefici ; ci refta quì ad efaminare i *Confini*, che in tal cambiamento li furono affegnati. Concioffiache l' Autore della *Storia Civile* (come tefte intendefte) pretende, che la fola CITTA' fuffe ftata dall' Imperadore *Arrigo* conceduta al Pontefice *Lione IX.* nel tempo che ne fecero in Vormazia lo fcambio : PERO' DIEDE LA SOLA CITTA', PERCHE LO STATO L'AVEA DATO A NORMANNI. E ciò forfi, per aver detto più fovra l'*Oftienfe* che l'anzidetto Imperadore diede a Normanni la Terra Beneventana ;

(*a*) Lione Oftienfe lib. 2. cap. 85. *Tunc inter Apoftolicum, & Imperatorem* FACTA EST COMMUTATIO DE BENEVENTO, ET BAMBERGENSI EPISCOPIO, *ficut jam fupra retulimus.*

(*b*) Cardinal Baronio ad Annum 1053.

CUNCTAMQUE BENEVENTANAM TERRAM NORMANNIS AU-
TORITATE SUA CONFIRMANS.

VII. A noi però sembra probabile, che oltre della Città di Benevento,
altri luoghi ancora l'Imperadore *Arrigo* donasse alla Santa Sede : cheche in
contrario ne senta il *Giannone*. Maggiormente che egli medesimo (a),
discorrendo altrove dell'Arcivescovo di Benevento; vuole, che questi avesse la Giurisdizione sovra varj altri Luoghi, dicendo: *Un tempo l'Arcivescovo di Benevento ebbe la temporale Signoria della Città di Varano, con
molte altre Terre, e Castelli , ed esercitava Giurisdizione in molti Luoghi.*

VIII. Il motivo principale, per cui ci avanziamo ad asserire tutto ciò, si è,
che Papa *Innocenzio IV.* promettendo nell'anno 1252. a *Carlo di Angiò* il
Reame di Napoli, riservossi la Ducea di Benevento con i suoi *Fini*, e
Distretti , come da detta Convenzione, che rapporta per intiero *Gio: Cri-
stiano Lunig* (a) : in cui leggonsi per il caso nostro le seguenti parole:
*Ista sunt Conditiones petendæ in Concessione Regni Siciliæ, Ducatus Apu-
liæ , Capitanatæ , & Calabriæ , ac Principatus Capuæ , & totius Terra
quæ est citra Pharum usque ad Confinia Terrarum Ecclesiæ , in Feudum ,
EXCEPTA CIVITATE BENEVENTANA CUM JURIBUS, ET DI-
STRICTIBUS SUIS.*

IX. Poi nell'anno 1265. , avendo *Carlo* accettate le Condizioni pro-
postoli dalla Santa Sede , *Clemente IV.* Sommo Pontefice volendo darnele
l'Investitura, si spiegò, che i Confini cennati erano appunto quei medesimi, che anticamente erano stati posseduti dalla Chiesa Romana, giustache
anche presso l'Autore lodato (a) si legge : „ *Conditiones* autem sunt hæc:
„ Primum, Civitas Beneventana, quam hactenus Ecclesia Romana sibi re-
„ tinuit, & in suum Domanium, & Dominium cùm omnibus juribus , &
„ pertinentijs suis retulit , & TOTUM TENIMENTUM CIVITATIS
„ EJUSDEM CUM FINIBUS EJUS ANTIQUIS EJUSDEM ECCLE-
„ SIÆ , & in ejus proprietate liberè remanebit , nullo jure ipsi Comiti ,
„ vel cuicumque alio de Regno prædicto ibi retento , seu quomodolibet
„ reservato. Fines autem, seu Fermini, seu Districtum, aut Tenimenti Ci-
„ vitatis ejusdem, cùm de illis ad præsens constare non posset ; tempore,
„ quo Tractatus sive Negotium consumandum erit, per aliquas deputandas
„ idoneas personas *distinguentur.*

X. Ma perche in tempo del *Re Carlo* non si poterono assegnare i Confini sovradetti , Papa *Clemente VI.* nell'anno 1350. fatto riconoscere il
tutto, coll'intelligenza della Reina *Giovanna II.* ne determinò i Limiti ;
e prescrisse tutti i Luoghi, Terre, e Castelli, che si apparteneano a quella
Ducea ; come in un'altro Diploma presso il citato Scrittore similmente si legge: benche de Luoghi, divisati in quella Carta molti oggi si ap-

par-

(a) *Pietro Giannone* Tom. I. pag. 150.
(a) *Gio: Cristiano Lunig* de Re Italiæ diplomatica Tom. IV. Numero 8. col. 411.
(a) Lo stesso loc. cit. Numero, seu Codice 43. columna 946.

partengono alle Provincie del nostro Regno, specialmente al Principato Ultra. Sì perche in detta descrizione fu riservato il diritto per coloro, che
ve l'aveano; sì anche perche la Ducea di Benevento passò poi per qualche tempo in possa de Monarchi, e di altri Baroni Napoletani, come metteremo in chiaro nel Paragrafo seguente. Il Diploma è del tenore seguente:

„ *Charissimam* in Christo filiam nostram Joannam, Reginam Siciliæ
„ Illustrem, latere non potest, quod in præstatione Juramenti Fidelitatis,
„ & Homagij, nostro, & Ecclesiæ prædictæ nomine receptorum ratione
„ Regni Siciliæ, per eam præstitorum, ipsa confessa est, (prout Præde-
„ cessores sui fecerant), recognoverat, & in illis partibus tasquam in pu-
„ blicum deductam notitiam, notorium existat, quod felicis recordationis
„ Clemens IV., Prædecessor noster, in Concessione, per ipsum facta sub
„ certis pactis, modis, & conditionibus claræ memoriæ Carolo Comiti Pro-
„ vinciæ, & Andegaviæ de Regno Siciliæ, & Terris citra Pharum usque
„ ad confinia Terrarum Romanæ Ecclesiæ supradictæ, expresse, & nomi-
„ natim excepit, & a prædicta Concessione exclusit Civitatem Beneventa-
„ nam, quam in signum directi, & majoris dominij Regni, & prædicta-
„ rum Terrarum, sibi, & præfatæ Romanæ Ecclesiæ retinebat cùm TOTO
„ EJUS TERRITORIO, DISTRICTU, & PERTINENTIJS SUIS,
„ DISTINGUENDIS, ET LIMITANDIS PER ROMANUM PON-
„ TIFICEM pro ejus beneplacito voluntatis. Cujus distinctioni, & limi-
„ tationi semel bona fide faciendis, ipse Carolus, & Successores sui stare
„ deberent, absque contradictione, & refragatione quacumque, prout ipsa
„ distinctio per ipsas Apostolicas Literas apparet. Licet autem Ecclesia
„ Romana prædictam Civitatem Beneventanam pleno jure ex tunc inconc-
„ cusse possederit pacifice, & quiete; attamen, propter diversas occupa-
„ tiones, Tenimentum, seù Territorium, aut Districtus hujusmodi limita-
„ ta non fuerint, neque distincta . . . . Facta itaque Nobis per eos
„ de prædictis informationibus relatione fideli; de Fratrum nostrorum con-
„ silio, ordinamus, & declaramus, *FINES, ET LIMITES, TENI-*
„ *MENTUM, ET DISTRICTUM, SEU TERRITORIUM, CIVI-*
„ *TATIS NOSTRÆ PRÆDICTÆ BENEVENTANÆ EXISTERE,*
„ *ET ESSE DEBERE, EX CERTA SCIENTIA LIMITATA, PER*
„ *MODUM, ET TERMINOS INFRA SCRIPTAS:* In primis Castrum
„ Pontis inhabitatum, & inde ascendendo Castrum Casalbani, Castrum
„ Campi Lactari, Castrum Framenti Monfortis, Castrum Framenti Abba-
„ tis, Castrum Montis Leonis, Castrum Sancti Saverij, Castri Sancti Geor-
„ gij Molinarij, Castrum Sancti Andreæ de Molinaria, Castrum Petræ Ma-
„ joris, Castrum Padulæ cùm Suburbio, seù Casali Sancti Archangeli,
„ Castrum Montis Mari, Casale Timplani, Castrum Apicij cùm Casalibus,
„ Castrum Rufi, Castrum Altavillæ, Castrum Cappellaro, Castrum Petræ
„ Sturmini, Castrum Sancti Martini, Castrum Cemineriæ, Castrum Montis
„ Furculi, Castrum Totij cùm Casalibus, & Locis ac alijs supradictis,
„ AD JUS, ET PROPRIETATEM ROMANÆ ECCLESIÆ PERTI-
„ NENT PLENO JURE. Hoc salvo, quod *si aliqui Nobiles, vel alij*
„ *in Castris, Casalibus, Locis, & alijs prædictis, vel intra eandem Ci-*
„ *vitatem prædictam aliquas habent proprietates acquistas legitime,* per

„ hoc

,, hoc etc. non intendimus derogare . Dal che apparisce , che lo Stato di Benevento , oltra la Città principale , abbracciava degli altri Luoghi ; che ritornarono poi a Monarchi del nostro Regno .

PARAGRAFO TERZO.

Delle Invasioni, e Cambiamenti a cui soggiacque la Ducea di Benevento sotto i Romani Pontefici.

XI. Ritornato Papa *Lione IX.* da Germania dopo la Permuta di Benevento col Censo di Bamberga , come fu detto ; in segno di dominio creò Principe in quella Città *Raidolfo*, di nazione Longobardo, secondo *Antonio Caracciolo* (a). Ma il di lui governo non fu felice: perche *Onfredo* Normanno, Conte di Puglia, e fratel maggiore di *Ruberto Guiscardo*, nè l'invidò il dominio , secondo lo stesso Scrittore. La cagion fu, che avendo l'anzidetto Pontefice ottenute dall'Imperadore *Arrigo* le Milizie Germane che erano in Vercelli, e ragunatene dell'altre in Italia, pensava con queste discacciare i Normanni da Puglia, e dall'altre nostre Provincie. Ma questi prevenendo i suoi disegni , occuparono con tanta sollecitudine Benevento, che ne tampoco il Duca *Raidolfo*, a mio credere , ne potè prendere il possesso. Anzi avvicinatosi ad essi colle sue Truppe Papa *Lione*, vi restò vinto, e prigioniero: perche gl'Italiani, comandati dal Principe *Raidolfo*, subito voltarono faccia, restando solo a farli fronte *Guerniero Suevo*, che regolava le Truppe Alemane. In questo incontro bensì *Onfredo* umiliatosi al Pontefice , ricevè da quelli l'Investitura di Puglia, senza però restituirli Benevento : ma la lasciò a *Goffredo* suo figlio : ancorche dal Papa se ne dasse il titolo a *Landolfo*, figliuola di *Raidolfo* giusta il Catalogo, che ne compose il medesimo *Caracciolo*.

XII. Per quel che concerne questa celebre Investitura che Papa *Lione IX.* diede a Normanni ; con questi termini ne ragionò l'Autore della ,, *Storia Civile* (b): *Lione* intanto postosi alla testa di grossa Armata for- ,, nita di truppe Alemane, e di un gran numero di Truppe Italiane ; por- ,, tossi contro de Normanni. Ma vinto da medesimi , e FATTO PRI- ,, GIONE ; per la riverenza portatali da Normanni, DIEDE LORO L'IN- ,, VESTITURA di quella Terra e Paesi. Dicendo Gaufrido Malaterra:

,, *Omnem*

(a) Antonio Caracciolo in Propilea : *Leo Papa IX. Beneventanum Principatum Rodulpho concessit : ideoque inter bos enumeratur* 44. *Rodulphus Beneventi Princeps* 45. *Haumfridus, Tancredi Normanni filius, & Apuliae Comes. Beneventum occupat, & tenet . . . . Cui iterum succedit ex Longobardis* 46. *Landulphus Rodulphi filius.*

(b) Pietro Giannone. lib. 9. cap. 3.

„ *Omnem Terram, quam pervaſerant, & quam ulterius versus Calabriam*
„ *& Siciliam lucrari poſſent, de Sancto Petro haereditali fundo, ſibi &*
„ *haeredibus ſuis poſſidendam conceſſit.* Ma queſto non fu, che un affica-
„ rare maggiormente i Normanni della ſua amicizia, perche ſenza ſuo oſta-
„ colo proſeguiſſero le loro Conquiſte: benedicendo le loro Arme, e di-
„ chiarando perciò le loro Intrapreſe giuſte. Ciò che i Normanni come
„ religioſi bramavano, almeno per preteſto di giuſtificare così i loro Ac-
„ quiſti, e per non aver contrarj i Romani Pontefici, che ſi erano allora
„ per le Cenſure e Scomuniche reſi a Prencipi tremendi. QUESTI FU-
„ RONO I PRINCIPJ DELLE NOSTRE PAPALI INVESTITU-
„ RE: le quali ſi riduſſero poi a perfezione da Nicolò II. per quelle che
„ diede a Roberto Guiſcardo Duca di Puglia, e di Calabria, e di Sicilia
„ come *diremo.* Volendo egli (a) per lo contrario, che l' Inveſtiture ſi
appartenſeſſero all'Imperadori di Occidente, come Padroni legitimi dell' Italia; ſtanteche ivi in Paragrafo ſeparato (ſotto queſto Titolo: *Prima Inve-*
ſtitura data dall'Imperador Errico a Normanni) aſſeriſce: „ *Venuto* Errico
„ in Capua, ed accolto da Drogone, Conte di Puglia, e Rainolfo Con-
„ te di Averſa, li diè l' Inveſtitura ſecondo Oſtienſe: *Draconi Apuliae &*
„ *Rainulpho Averſae Comitibus ad ſe convenientibus & Equos illis plut-*
„ *mos, & pecuniam maximam afferentibus, univerſamquam tunc terebant*
„ *Terram, IMPERIALI INVESTITURA firmavit* . . . . . In queſt'
„ anno adunque 1047. la Regia Caſa Normanna cominciò a ſottoporſi ad
„ Inveſtiture, ad Infeudazione; non già de Romani Pontefici, i quali in
„ queſti tempi non ſognarono di pretenderlo, ma degli Imperadori d' Oc-
„ cidente, che come Re d'Italia credeano queſte Provincie appartenere al
„ loro *Imperio.*

XII. Riguardo a queſto punto però, che tocca il diritto delle *Pontifi-*
cie Inveſtiture; ci rimettiamo a queltanto che ſarem per dire nel Libro 1.
del Tomo IV. favellando delle Ragioni, che pretende avere la Santa Sede ſovra il Reame di Napoli. Qui ſoltanto ci occorre dire, che in que'
tempi gl'Imperadori di Occidente correan del pari co' Romani Pontefici:
gli uni dando a Normanni ciò che avean da conquiſtare in Sicilia, ed in
Calabria; gli altri confermando loro le Conquiſte fatte in Puglia, ed altrove. E dove gli Imperadori preſupponeano poterlo fare come a' Signori
d'Italia; i Romani Pontefici preteſero queſto diritto, come Ceſſionarj di *Car-*
lo Magno, di *Ledovico Pio*, e di altri Imperadori di Occidente. Che ſe
mi ſi oppone, che *Carlo Magno*, e *Lodovico Pio* non avendo mai conqui-
ſtate queſte Provincie, non poteano cederne il diritto a Romani Pontefici;
riſpondo, che ne meno l'Imperadore *Arrigo* conquiſtò la Puglia (appartenente allora al dominio de Greci Imperadori, giuſta la diviſione fatta trà
Niceforo Logoteta, e *Carlo Magno*); e con tutto ciò egli l' inveſtì a
Normanni. Arreca ſtupore poi il ſentire, che queſto Iſtorico, con tanta
fermezza dica, che l' Inveſtiture dalle Regioni noſtrali ſi appartenſeſſere agli
Imperadori di Occidente, e non già a Romani Pontefici; quandoche egli
di-

(a) Lo ſteſſo loc. cit. paragr. 3.

difcorrendo altrove dell'Inveftitura, che diede *Anacleto II.* Antipapa al Re *Ruggiero* della Puglia, e della Sicilia (impugnata dal Padre *San Bernardo* (a) comeche non fatta dall'Imperador *Lotario*, a chi propriamente fi appartenea); dà su la voce (b) al Santo mio; e vuole fieno mere *adulazioni* verfo *Lotario* fimili affertive, dicendo: ,, *Il fuo zelo fu tan*- ,, *to*, che in una fua Lettera, che fcriffe a Lotario, non ebbe alcun rite- ,, gno di chiamar Ruggiero USURPATORE, e che ingiuftamente aveafi ,, ufurpata la Corona di Sicilia, non altrimente che Anacleto la Sede di ,, San Pietro: *Cafaris eft* (dice a Lotario) *propriam vindicare Coronam* ,, *ab Ufurpatore ficulo* . *Ut enim conftat, Judaicam fobolem Sedem Petri in* ,, *Chrifti occupaffe injuriam; fic procaldubio omnis qui in Sicilia Regem* ,, *fe facit, contradicit Cafari* . Come fe la Sicilia Ruggiero l'aveffe ,, fottrata all'Imperio d'Occidente, o LOTARIO DOVESSE REPU- ,, TARSI COME UN ALTRO OTTAVIANO AUGUSTO RIGUAR- ,, DO DI TUTTE LE PROVINCIE DEL MONDO. Ed altrove (c) ,, foggiugne: *San Bernardo, adulando l'Imperador Lotario, diffe: Omnis* ,, *qui in Siciliam Regem fe facit, contradicis Cafari* .

XIV. Cheche fia però di quefto incidente; profeguendo noi l'incominciato racconto, diciamo, che Papa *Lione IX.* moffo a pietà de Popoli che venivano da Normanni oppreffi nella Puglia, ed in altri luoghi delle noftre Regioni; penfò primieramente ammonir quefti, accio defiftaffero da tante foverchierie: ma non baftando la voce, paffò a i fatti, come afferma *Arnolfo* (d) nella fua Storia di Milano, trafcritta dal *Muratori* al Tomo IV. E febbene al primo incontro i Normanni li fpediffero una fupplichevole Ambafcieria, chiedendoli pace; nulladimanco i Tedefchi, fprezzandoli nel vederli di picciola corporatura rifpetto alla loro molto grande; fecero forza al Pontefice *Lione* di non ammetterli a Convenzione alcuna; ma che l'obbligaffe a fgombrare da Italia, come rapporta *Guglielmo Pugliefe* (e)

Tom. III. M m *Scrit*-

(a) San Bernardo Epift. 139. ad Lotharium.
(b) Pietro Giannone Tom. II. pag. 152.
(c) Lo fteffo Tom. III. pag. 172.
(d) Arnolfo in Hiftor. Mediolan. lib. 3. cap. 3. ,, Leo Papa IX., cui ,, cùm mifericorditer difpliceret OPPRESSIO ILLA VEHEMENS, QUA ,, IMPIISSIMI NORMANNI MISERAM AFFLIGUNT APULIAM; ,, PRÆDICATIONE MISSA, PRECIBUS TENTAT, ILLOS A ,, TANTIS REVOCARE FLAGITIIS. Cumque nihil proficeret; aggre- ,, ditur ipfam compefcere feritatem, licet illi adverfus belli fuerit exitus.
(e) Guglielmo Pugliefe de Succeffibus Normannorum lib. 2.

    Theutonici, quia cafaries, & forma decoros
    Fecerat egregie proceri Corporis illos;
    Corpora derident Normannica, qua breviora
    Effe videbantur, nec eorum Nuncia curant.
    Conveniunt Papam verbis, animoque fuperbi:
    Pracipe Normannis Italas dimittere Terras,
    Abjectis armis, patriofque revifere fines.

Quod

Scrittore sincrono. Venuti dunque alla prese, il Pontefice divise le sue Squadre, dando a *Guarnerio Svevo* il Governo de Soldati Alemani, ed a *Raidolfo*, nuovo Principe di Benevento, quei d'Italia. Per contrario i Normanni si ripartirono in tre Corpi: uno de quali veniva comandato da *Riccardo*, Conte di Aversa; l'altro da *Onfredo* Conte di Puglia, e 'l terzo da *Ruberto Guiscardo*. E perchè gli Italiani incominciarono a fiaccheggiare, i Normanni furono vincitori, secondo *Lione Ostiense* (a). Ed essendosi il Papa ritirato in un Castello vicino; quivi i Normanni l'assediarono: ed egli altro far non potendo, li scommunicò. Ma poi non avendo bastevoli forze a difendersi, li assolvè; e fu da essi con sommo rispetto e venerazione condotto in Benevento, al dire di *Armando Contratto* (b). Dove lor diede l'Investitura di Puglia, per testimonianza di *Gaufrido Malaterra*, trascritto dal *Giannone* più su nel *Numero* 11.

XV. Questo principio infelice per i Romani Pontefici ebbe la Ducea di Benevento: a cagion della quale si accrebbero loro sempre più le traversie. Imperciocchè, avendosela il Conte *Onfredo* ritenuta per se, la lasciò poi a *Goffredo* suo figliuolo una colla Ducea di Puglia. Perloche

sde-

Quod si noluerint; nec fædera Pacis ab ipsis
Suscipias volumus, nec eorum Nuncia cures.
Papa licèt tumidis varia ratione renitens,
Nec animos Gentis potuit sedare superba . . .
Turbati redeunt Normanni, Pace negata;
Atque Alemannorum responsa tumentia pandunt . . .

(a) Lione Ostiense lib. 2. cap. 87. ,, *Postbæc*, Pontifex Leo, adjunctis ,, sibi ferè cunctis partium istarum Militibus, Apuliam cùm Normannis ,, dimicaturus perrexit anno Domini 1053. Et ex parte quidem Apollo- ,, lici Radulphus (in Beneventanum Principem jam electus,) & Guarne- ,, rius Svevus Signa sustollunt. Normanni verò tres de suis statuunt Tur- ,, mas: quarum unam Comes Hunfridus, aliam Comes Ricardus, tertiam ,, Robertus agebat Vviscardus. Inito autem certamine in Planitie maxima, ,, quæ juxtà Civitatem est; paulatim se subtrahentibus fugientibusque ,, nostratibus, & solis qui Vltramontes venerant remanentibus; cùm diù ,, ab his fortiterque pugnatum fuisset, omnibus tamen in Certamine truci- ,, datis, Normani extitere victores. Dehinc Hunfridus ad Papam venit: ,, & in sua illum fide suscipiens, cùm omnibus suis Beneventum perrexit; ,, promittens, ut quandocumque Romam ire disponeret, ipse illum Capuam ,, usque perduceret. Intravit autem idem Papa Beneventum in Vigilia ,, Sancti Joannis Baptistæ, & stetit ibi usque ad Festivitatem Sancti Gre- ,, gorij Papæ. Ibique infirmatus, vocato prædicto Comite, Capuam ab ,, illo adductus est.

(b) Armando Contratto in Chronicon ad Annum 1053. ,, *Ipseque Do-* ,, *minus Papa, in quodam ab eis Castello obsessus; cùm, expugnata jam* ,, *munitione, necessitate coactus, Communionem eis, prius interdictam,* ,, *reddidisset; acceptus ab eis, Beneventum cùm honore reductus est: ibi-* ,, *que tempore aliquanto detentus, nec redire permissus.*

fdegnato *Ruberto Guifcardo* di lui fratello, che afpirava a quella Signorìa, fe violenza al nipote, togliendoli i Stati paterni; e fi avanzò anche ad occupare la Città di *Troja*, fecondo *Lione Ofienfe* (*a*). La quale, febbene il *Collenuccio* (*b*) e'l *Summonte* (*c*) fuppongano, che fuffe allora della Santa Sede (e forfi per lo cambio che Papa *Lione IX.* fece in Vormazia con *Arrigo II.*, giacche *Armanno Contratto* (*d*) afferifce, che l'Imperadore li diede più Luoghi di quà de Monti); pure *Pietro Giannone* fortemente foftiene, che ciò non fia vero; ma che foltanto i Romani Pontefici la pretendeano come di lor ragione. Ecco ciò ch'egli dice: „ L'*acquifto* della Città di Troja diede su gli occhi al Pontefice: poiche i Romani Pontefici aveano in quefti tempi pretenzione, che quefta „ Città non altrimente che Benevento lor fi apparteneffe per fingolar „ diritto. Ma tutti gli Autori tacciono donde mai quefta fpecial ragione „ fia loro venuta; poiche quefta Città era nel dominio de Greci . . . „ nè della Città di Troja preffo gravi, e vecchi Scrittori fi trova memo- „ ria alcuna, che fi fuffe al Papa *reftituita*.

XVI. Qualunque fuffe però l'ufurpazione, che *Ruberto Guifcardo* fece a *Goffredo* fuo Nipote de Stati di Puglia, e di Benevento, come pure della Città di Troja; certa cofa è, che Papa *Nicolò II.*, allora regnante, fulminò contro di lui le Cenfure: onde fi turbarono grandemente le cofe tra 'l Regno e 'l Sacerdozio: che poi nella Città di Melfi l'anno 1059. reftarono pienamente terminate. Peroche effendo il tefte menzionato Pontefice gito colà per celebrarvi un Concilio Provinciale; vi fi portò anche il *Guifcardo*, con *Riccardo* Principe di Capoa. E reftituendo Benevento alla Santa Sede, ottenne egli l'Inveftitura di Puglia, e *Riccardo* quella di Capoa; come atteftano *Guglielmo Pugliefe* (*e*) l' *Oftienfe* (*f*), e *Gianantonio Summonte* (*g*) (che dice): *Dakbe, fdegnato Nicolò Pontefice, fcomunicò Roberto*.

„ Il

(*a*) Lione Offenfe lib. 2. cap. 87. . . . *Poft mortem autem fratris Humfridi, Robertus honore ipfius recepto, ex tunc capit Dux appellari. Reverfus Apuliam, cepit etiam Trojam.*

(*b*) Pandolfo Collenuccio lib. 3. Comp. Hiftor. Neapol.

(*c*) Gianantonio Summonte Tom. I. pag. 462.

(*d*) Armando Contratto ad annum 1053. *Demum Imperator plerasque in Ultramontanis partibus, ad fuum jus pertinentia, prò Cifalpinis illi quas per cambium tradidit.*

(*e*) Guglielmo Pugliefe lib. 2.
    Finita Synodo, multorum Papa rogatu,
    Robertum donat Nicolaus honore Ducali.
    Et Papa factus eft Jurejurando jure fidelis,
    Unde fibi Calaber conceffus, & Appulus omnis,
    Et locus, & patria dominantio Gentis.

(*f*) Lione Offenfe lib. 2. cap. 16. *His quoque diebus Melphi Nicolaus & Riccardo Principatum Capuanum, & Roberto Ducatum Apuliae, & Calabriae, atque Siciliae confirmavit.*

(*g*) Summonte Tom. I. pag. 462.

,, Il quale avendo ciò inteso, abboccatosi col Papa, si accordarono insieme:
,, dimodo che Roberto gli restituì Troja, e Benevento ; e fattosi Vassallo
,, di Santa Chiesa, ne fu investito di Puglia, e di *Calabria* .

XVII.   Non andò guari però che lo stesso *Ruberto Guiscardo* assediò di
nuovo Benevento per involarlo alla Santa Sede. Accausache, avendo egli
discacciato *Gisulfo* suo cognato dalla Signorìa di Salerno e di Amalfi ; questi sè ricorso a Papa *Gregorio VII.*, il quale s' impegnò a patrocinarlo.
Dalche offeso il *Guiscardo*, si portò ad investire quella Città, per far dispetto
al Papa : il quale per tal causa lo scomunicò. Ed avendo il Papa in suo ajuto *Giordano*, Principe di Capoa, obbligò *Ruberto* a disciorre quell' Assedio.
Conciossiache, *Giordano* unitosi a molti Baroni di Puglia, incominciò a
cospirare contro di lui, portandosi a tal' effetto in Benevento. E ricevuta
da quel Comune buona somma di danaro, ruinò gli Approcci, che 'l Duca
Ruberto vi avea disposti. Per la qual cosa questi si vide in necessità di
pacificarsi col Papa, mercè l' interposizione di *Desiderio*, Abate di Monte
Casino, come dice *Lione Ostiense* (a).

XVIII.   In tempo poi di Papa *Onorio II.*, governando il Duca *Ruberto*
(nipote di *Ruberto Guiscardo* per parte di sua figlia *Mabilia Curta-
lupa*) la Città di Benevento per concessione della Santa Sede ; lo
stesso Pontefice glie la ritolse, e la diede al Duca *Ruggiero* (che poi fu
Re di Sicilia) per terminare le discordie, che passavano tra essoloro,
come l' abbiamo da *Alessandro Telesino*. (b). Onde presso *Gio: Cristiano Lu-*
aig

(a)   Lione Ostiense lib. 3. cap. 44. ,, *Dux*, sociato sibi Principe, ad hoc
,, Monasterium venit : atque a Desiderio & fratribus honorificè susceptus,
,, illorumque orationibus commendans ; attentiùs Campaniam expugnandam
,, ingreditur. Talia Papæ Gregorio cum venissent ad aures ; DUCEM, ET
,, PRINCIPEM A LIMITIBUS SUPERAVIT . Quod ubi Duci nuncia-
,, tum est ; continuò unà cum Principe Capuam remeans ; DUX SVPRA
,, BENEVENTVM, PRINCEPS VERO SVPRA NEAPOLIM OBSI-
,, DIONEM FIRMAVIT . . . . .   Ex inde verò inter Ducem, &
,, Principem dissentionis ; & odii scandala orta sunt. Princeps enim favens
,, Papæ Gregorio ; acceptis à Beneventanis quatuor millibus quingentis Bi-
,, zantiis, Castra, quæ Dux ad expugnationem Beneventi firmaverat, de-
,, struens ; cum universis Comitibus Apuliæ contra eum conspirat . .
,, .   Desiderius præterea ægrè ferens, Ducem à Matris Ecclesiæ gremio
,, diù extorrem manere ; Romam adiit, & Papam Gregorium rogare cœ-
,, pit, ut Ducem ab anathematis vinculo, quo eum ligaverat, solveret.
,, Quo impetrato, pacis amator, & conservator Desiderius, cùm Cardina-
,, libus ad Ducem profectus, eum ab Excommunicationis vinculo *sol-*
vit.

(b)   Alessandro Telesino in Vita Regis Rogerii lib. 1. cap. 14. ,, *Defi-*
,, *cientibus* stipendiis, Magnates à ROBERTO DUCE BENEVENTI, di-
,, scedebant ; & Papa Honorius DUCATUM ROGERIO PROMITTIT .
,, Vnde cùm Præsul Beneventum rediisset ; ecce Rogerius adveniens, in
,, Montem Sancti Felicis, haud longè à Benevento positum, ascendit, mi-
,, li.

vig (*a*) si legge un Diploma del Re *Ruggiero* , in cui molte esenzioni si concedono a Cittadini Beneventani : ed è del tenore che siegue .

„ *In Nomine* Dei Salvatoris æterni Jesu Christi , Dominicæ Incarnatio-
„ nis anno 1137. mense Novembris , primæ Inditionis. Ego Rogerius , Dei
„ gratia , Siciliæ Rex , Christianorum adjutor , & clypeus , Rogerii I. Co-
„ mitis filius . Regalis Excellentiæ nostræ provocamur liberalitate , nostris
„ Fidelibus tanquam de nobis benè promeritis , beneficia ampliori manu de-
„ bere impendere , ut non solum fideliores inveniantur , sed ut certa spe
„ retributionis adjuti , in nostro servitio promptiores habeantur . Eaprop-
„ ter , Rosemane Beneventane Archiepiscope , qui semper in omnibus fide-
„ lis extitisti , petitionibus tuis , & Bernardi Beneventani Comestabilis , &
„ Beneventanorum Judicum , aliorumque plurimorum Civium , clementiùs an-
„ nuentes ; quia vos semper nostros fideles experti sumus , pro amore Re-
„ gis supremi , per quem subsistimus , & regnamus , & amore , & fidelita-
„ te vestra quam in Nobis habetis , & posthac habituri estis ; dimittimus ,
„ & condemnamus ea omnia vobis , quæ Nos & Prædecessores nostri Nor-
„ manni circa Civitatem Beneventanam habuerunt : Fidantias subscriptas ,
„ videlicet , Demaniorum redditus , Salutes , Angarias , Terraticum , Her-
„ baticum , Curvaticum , Calendaticum , Vinum , Olivas , & Lanam . Po-
„ stremò , omnes alias exactiones tàm Ecclesiarum , quàm Civium , & om-
„ nia prædicta , & Possessiones liberas facimus , & quietas , undecumque
„ aliquid accipere soliti fuerant . Et quandiù in nostra permanseritis fide-
„ litate , & nostrorum hæredum ; liberi , & quieti vos , & vestrorum hæ-
„ redes ab omnibus supradictis maneatis : & in vestris Prædiis venandi , pi-
„ scandi , aucupandi liberam facultatem habeatis . Et ut hoc firmiter tene-
„ re valeatis , Privilegium istud sigillo nostro regio signari *fecimus &c.*

XIX. Ma avendo *Ruggiero* seguite le parti dell' Antipapa *Anacleto
II.* ed essendo insurte nuove differenze tra lui e *Innocenzio II.* se sì, che
la Ducea di Benevento ritornò di nuovo in possa della Sede Apostolica : la
quale si ritolse a *Ruggiero* o colla forza dell' armi , o mediante l' Investitura di Puglia , che indi li diede Papa *Innocenzio II.* Morto poi il Re *Ruggiero* , e succedutoli nella Monarchia *Guglielmo il Malo* , di lui figliuolo ;
questi , sdegnato contro 'l Pontefice *Adriano IV.* perche in una Lettera non-
gli avea dato il Titolo di Re ; se porre l' assedio a Benevento : ancorche ,
dato il guasto a quei Campi , non susse stato valevole il dilui Esercito di
sottometterla , perche divisi di parere i Capitani . Laonde diluso se ne
par-

„ litaris ejus cuneo in dexterum ejusdem collocato Montis . Post diem ve-
„ rò tertium , præfatus Pontifex ab eo accitus , paululum ab Urbe progre-
„ ditur ; ipsusque , ut moris est , Hominio suscepto ; cum Vexillo Ducale
„ eidem tradidit regimen . At , Rogerius , Apostolica roboratione Dux
„ constitutus , secundum quod inter se jam propositum fuerat , Sacramentum
„ fidelitatis ei , pos omnia servandum , promittit . Quibus peractis , Papa
„ ad palatium revertitur : Dux festinus Trojam *pergit* .

(a.) Gio: Cristiano Lunig Tom. IV. Codex Italiæ diplomaticus , Numero 6. Col. 7.

partì) il di lui Generale , secondo *Ramualdo Salernitano* (a).

XX. Ma giunto appena il Re in Sicilia , si vide di nuovo ritornare in Regno, e riattaccare l'affedio a Benevento . La caufa ne fu , che effendofeli ribellati i Baroni di Puglia con *Ruberto* Principe di Capoa ; volle efferli improvifamente addoffo in Brindifi ed in Bari . Ma perche quelli erano fuggiti a porfi in falvo in Benevento ; quivi *Guglielmo* l'infeguì colla fiducia di averli nelle mani tutti infieme , fe li fuffe riufcito ; e di prendere quella Città per affalto . Trovandofi ivi però *Adriano* ; quefti dando al Re l'Invefitura di Sicilia , e di Puglia , ottenne da lui il perdono a fuggitivi : colla facoltà di andarfene liberi dal Regno , fenza arrecare nuovo travaglio a Beneventani , fecondo l'anzidetto *Ramoaldo Salernitano* (b).

XXI. Il crollo maggiore , però fu dato a Benevento dall'Imperadore *Federigo II.* : il quale , divenuto nemico della Santa Sede , nell'anno 1242. affalì quella Città ; e dopo averla fottomeffa , ne fpianò le Mura , e le Torri , con molte altre magnifiche Fabbriche , come dice *Riccardo di San Germano.* (c). E perciò , morto quefto Imperadore , Papa *Innocenzio IV.*

ad

(a) Ramualdo Salernitano ad Annum 1154. *Circa* Quadragefimam Rex ,, Guilelmus Salernum venit , & ibi ufque ad Pafcha eft commoratus. Quo ,, cognito , Adrianus Papa Henricum Cardinalem Sanctorum Nerei , & Achil- ,, lei ad eum mifit . Quem Rex recipere noluit , fed Romam redire præce- ,, pit , eo quod in Literis Apoftolicis , quas Regi portabat , Papa ipfum ,, *non Regem* , fed *Guilelmum Dominum Siciliæ* nominabat . Pro quo facto ,, Adrianus Papa , & tota Curia Romana contra Regem turbata eft , & com- ,, mota . Rex verò , celebrata Feftivitate Pafchali , Scitinio , Cathenenfi Ar- ,, chiepifcopo , quem Cancellarium fecerat , Apuliæ adminiftrationem comm- ,, fit , & ipfe cum Admirato in Siciliam rediit . Cancellarius autem , ex ,, mandato ejufdem Regis , congregato Exercitu , BENEVENTVM OB- ,, SEDIT , & eum ufque ad Mœnia devaftavit . Cumque Civitas illa ali- ,, quanto tempore fuiffet obfeffa ; quidam de Baronibus rebelles effecti , Ci- ,, vitatem ingreffi , hoftibus adhæferunt : alii vero fine licentia , relicto Exer- ,, citu , ad propriam redierunt . Sicque EXERCITVS DIVISVS EST , ET ,, CIVITAS AB OBSIDIONE LIBERATA .

(b) Lo fteffo Ramoaldo Salernitano loc. cit. ,, *Ipfe* verò recto tramite ,, Beneventum venit , ubi inimici , & rebelles ejus in adjutorium Domini Papæ ,, confugerant . Robertus verò Capuanorum Princeps , dum præ timore Re- ,, gio vellet aufugere , & jam Garilianum fluvium pertranfiret ; Richardus ,, de Aquino , Comes Fundanus , qui homo ejufdem Principis erat , pofitis ,, infidiis , ipfum cœpit , & regiis Bajulis ipfum affignavit . Sicque fub ,, hoc tempore , proditionis genere , gratiam Regis , quam perdiderat , re- ,, cuperavit . Rex verò prædictum Principem incarceratum in Siciliam ,, tranfmifit : Comitem Robertum , Andream de Rupe Candida , & reliquos ,, inimicos fuos , qui Beneventum ad Dominum Papam confugerant , ejufdem ,, Papæ precibus liberos , & illæfos , cùm rebus fuis de Regno exire per- ,, mifit . Ipfe verò , multis Nunciis intercurrentibus , & capitulis Pacis hinc ,, inde difpofitis , cum Papa conciliatus *eft*:

(c) Riccardo di San Germano in *Cronicon:* *Anno* 1241. *menfe* Janua- rio

ad onta di *Manfredi* di lui figliuolo, promise a *Carlo I. di Angiò* il Regno di Napoli; riferbandofi con ifpezialità la Ducea di Benevento, come fi diffe nel Paragrafo 2. E vi fu foggiunto, che Carlo doveffe annullare tutte quelle Leggi, che per comando di *Federigo* fi erano emanate contro la libertà di Benevento. Riferbandofi eziandio di far trafportare colà da tutte le parti del Regno pietre, calce, legname, ed altro, per la rifazione delle Muraglie e degli altri Edificj che eran neceffarj; come fi ha dalle convenzioni rapportate da *Gio: Criftiano Lunig* (a) nella fua Compilazione *de Re Italia diplomatica*. Effendofi d' allora in poi nelle Regie Invefiture del Regno mai fempre riferbata per la Santa Sede la Ducea di Benevento.

XXII. Effendo poi affediato Papa *Urbano VI.* dal Re Carlo della Pace nella Città di Nocera nell' anno 1383., liberatone da *Romanello Urfino* Conte di Nola, in fegno di gratitudine li donò la Ducea di Benevento, fe deggiamo por mente alla Cronaca del Duca di Montelione, in cui fi legge.: „ *Alli 15, di Luglio 1383.* arrivò Mifer Romanello Urfino a Noce-
„ ra con una bella Compagnia di 700. Cavalli. Poi mandò a chiamare Mi-
„ fer Tomafo Sanfeverino da Calauria; e con trè mila Cavalli, a difpetto
„ del Campo del Re Carlo, cacciarono il Papa da Nocera, e s' imbarcò
„ nelle Galee di Genova, che paffeggiavano il mare di Napoli, e fi andò
„ in Genova. Ed allora per gratitudine DONO' A MISER ROMA-
„ NELLO BENEVENTO, e li confermò il Contado di Lecce, e la
„ Baronia di *Umari*. Ed avendo di poi il Re *Ladislao* fpofata la Moglie di *Romanello* già Principeffa di Taranto; trà gli altri Feudi che ella fi portò in dote, uno fu quello di Benevento, quale a fuo tempo dalla Regina *Giovanna II.* fu donato a *Muzio Sforza Cotignola* in ricompenza di più fervizj preftati alla Corona, giufta il raguaglio di *Paolo Giovio* (b).

Ma

vio, *per totum Regnum generalis collecta exigitur. menfe Aprilis, Civitas Beneventana, qua Romana Ecclefia fuberat; arctata, & neceffitate compulfa, Imperatori fe reddidit: cujus mœnia, Imperatoris juffu, funditus everuntur, & Turres Civitatis ejufdem ufque ad folarium. Arma hominum Civitatis ipfius ad opus recipiuntur Imperatoris.*

(a) Gio: Criftiano Lunig. Tom. IV. Numero 8: col: 411. *Item, pro Civitate Beneventana, hac vice reficienda per Beneventanos, exponet pro lignaminibus omnia nemora Regni, & omnem materiam ad adificium opportunam: puta, lapides, arenam, qua Puteolina vocatur; cæmentum, & fimilia. . . . . . Privilegia quoque prædicta Civitati à Regibus, & Principibus conceffa, illibata fervabit; OMNIA STATUTA PER FRIDERICUM, SEU QUOSCUMQUE ITALIÆ REGES, FACTA CONTRA LIBERTATEM CIVITATIS EJUSDEM, REVOCABIT.*

(b) Paolo Giovio in Vita Sfortiæ lib. 1. cap. 3. *Inter tantos rerum motus, quibus modo adverfa, modo fecunda & femper inftabilis fortuna Sfortiam exercuit; obvenere ei, largiente Regina, BENEVENTUM, Manfredonia, Barolum, itemque Tranium Urbes, & fuper viginti Opida partim in Apulia & Samnio, partim in Bruttiis, atque Lucanis:*

Ma, arrestato poco indi questo *Capitano* in quella stessa Città dal Conte *Giacomo della Moreia*, nuovo sposo della Reina; la Ducea ritornò in possa della regia Corte. Checche ne dica in contrario l'Autore della *Storia Civile* (a), il quale sostiene che ciò accadde in tempo del Re *Alfonso di Aragona*, così scrivendo: ,, *Chiamato* Alfonso alla conquista del Regno per ,, l'adozione della Regina Giovanna II. , essendo insorti quei contrasti , che ,, finalmente ruppero in sanguinose Guerre; Alfonso che avea avuti con- ,, trarj due Papi, occupò Benevento, senzache pensasse di doverla mai re- ,, stituire, come avean fatti gli altri suoi *predecessori*. Essendo vero sol- tanto quelche indi soggiunge (da noi per altro toccato nel Libro 1. del To- mo I. nel *Numero* 15. del Capo 1.) ,, Ne' *Trattati* di Pace, che s'eb- ,, bero in Terracina col Legato di Papa Eugenio, fu molto dibattuto so- ,, pra la sua restituzione, la quale non fu accordata dàl Re: e sol si con- ,, venne, che insieme con Terracina dovesse tenerla in nome della Chiesa ,, per tutto il tempo di sua Vita . . . . Nè dopo la morte di Alfon- ,, so fu restituita alla Chiesa; ma Ferdinando I. suo Successore, parimen- ,, te la ritenne per lungo corso di tempo: in appresso, dopo varj trattati ,, avuti nel Pontefice Pio II., la restituì al *medesimo*.

CAPITOLO QUARTO.

Del Principato di Salerno.

1. COmeche il *Principato di Salerno* ebbe sua origine della Ducea di Benevento durante il Regno de Longobardi ; dopo avere descritta la Signoria Beneventana ne due Capitoli precedenti, fa mestie- ri, che nel presente Capitolo (diviso in due Paragrafi) diamo contezza di questa Dinastia di Salerno.

PARAGRAFO PRIMO.

Dell' Istituzione del Principato di Salerno, e della sua Divisione da Benevento.

II. ANcorche la Città di *Salerno* fusse stata ingrandita da Romani dopo la divastazione di Picenza (come fu detto nel Libro 1. del Tomo I. al *Numero* 19. del Capo 5.) divenuta indi in tempo degli Im- paradori Sede de Correttori della Lucania e de Bruzj; nulladimanco venu- ti

(b) Pietro Giannone lib. 26. cap. 6.

ti i Longobardi in Italia , e fondata in quefte noftre parti la Ducea di Benevento ; la medefima fu fogetta a Duchi e Prencipi Beneventani .
Poi calato *Carlo Magno* in Italia nell' anno 781. , e vinto in Pavia
Defiderio Re de Longobardi ; *Arechi* Duca di Benevento , e genere
dell' imprigionato Monarca , temendo che 'l Principe vincitore non ri-
volgeffe le fue arme trionfanti contro di se in Benevento (come poi *Pipino* figliuolo di *Carlo* fece in fatti); penfò avere una Città fornita alle
vicinanze del mare , in cui ricoverar fi poteffe in cafo di affalto , e da
dove li riufciffe di porfi in falvo , col paffarfene in Grecia da quei Imperadori . A tal' effetto fece a meraviglia fortificare la Città di Salerno , che
fu ftimata perciò affai al propofito , fecondo il rapporto di *Erchemberto* (a)
nella fua Giunta a *Paolo Diacono* .

III. Ed' infatti effendofi *Pipino* avanzato in Benevento , *Arechi* pafsò
a fare il fuo foggiorno in Salerno . E quantunque il primo , non oftante un
lungo e forte Affedio , non fuffe ftato valevole a fottomettere quella Città;
pure il fecondo per farlo di là partire , li diede in oftaggio *Grimoaldo* fuo figliuolo con dodici Nobili Beneventani ; redendofeli Tributario , come abbiamo da *Aimone* (b). Dopo di che , partito *Pipino* per la volta di Roma , *Arechi* con titolo di Principe ritornò a fare in Benevento il fuo foggiorno ; lafciando un foftituto a governar Salerno .

IV. Morto poi *Arechi* , il di lui figliuolo *Grimoaldo* feguitò a far fua
dimora in Benevento ; come pur fecero in appreffo tra gli altri *Grimaaldo* ,
Sicone , e *Sicardo* . E perche alla morte di queft' ultimo fuccedè nel Principato di Benevento *Radelchi* (che altri dicono *Radelchifio*) di lui Teforie-
ro ; i Salernitani mal foffrendo il Governo di coftui , fe li ribellarono ; ed
eleffero in fua vece *Sichendolfo* , fratello dell' anzidetto *Sicardo* , e genere
di *Danferio* , uno de primarj Cittadini del Luogo , come fu detto nel *Numero* 34. del Capitolo 2. E da ciò ebbe fua origine il nuovo *Principato di
Salerno* nell'anno 851. Imperciosche avendo l'uno e l'altro di quefti Com-
petitori chiamati i Saracini in propria difefa; quefti cercarono renderfi Padroni

Tom. III.　　　　　　　　　N n　　　　　　　　　droni

(a) Erchemberto num. 2. *Igitur capta atque fubiugata Italia, Carolus
Pipinum filium fuum illic Regem conftituit anno 781. Tunc ifte , ftipatus innumerabili Exercituum agmine , crebrius Beneventum abiit capeffen-
dum . Quo tempore Arichis gener jam fati Defiderij , vir clariffimus , &
valde illuftris , ac in rebus bellicis ftrenuiffimus , Beneventi Ducatum regebat . Qui , audiens eos fuper fe advenire . . . . Francorum territus
metu; inter Lucaniam & Nuceriam , Urbem munitiffimam , & præcelfam in
modum tutiffimi Caftri opere mirifico munivit , & nova fabrica repara-
vit . Quæ Civitas propter mare contiguum , quod Salum appellatur , & ob
rivum qui dicitur Lirinus , ex duobus corruptis vocabulis* SALERNUM
*appellatur: ut effet futurum præfidium Principibus exercitu fuperveniente
Beneventum . Quam Civitatem hic idem Princeps fortificavit .*

(b) Aimone in Hiftor. Franc. lib. 4. cap. 78. *Arechis , armis Caroli expavefactus , Salernum fe recepit . Pipinus , receptis ad fidei Sacramentum Beneventanis , ac Arichi Ducis obfidibus duodecim cùm Grimoaldo filio , Romam rediit .*

droni de loro Stati : ed a difcacciarneli, abbifognò che veniffe *Lodovico II.*
figlio dell' Imperador *Lotario* a darvi riparo . Il quale ful ritrovato di ri-
conciliare affieme *Radelchi* e *Sichendolfo* , fnervò la Ducea di Benevento,
formandone due Prencipati, uno di Salerno per *Sichendolfo* e l' altro di Benevento per *Radelchi* : facendofeli tributarj amendue , ficcome ricavafi dalla
Divifione anzidetta .

V. Quefta *Divifione* fu tirata lungo il giogo Appennino, dall' ingreffo
del noftro Regno nell'Occafo, infino al Promontorio Japigico all' Oriente:
dandofi la parte di Mezzogiorno al Principe di Salerno , e quella di Settentrione al Principe di Benevento . Talche la Signoria di *Sichendolfo* fu
per linea dritta da Capoa a Taranto : e comprendeva parte della Lucania, il Paefe de Bruzj , e la Campagna : appartenendofi a lei *Salerno,*
Conza , Taranto, Caffano, Cofenza, Capos , Sarno , Tiano, Sora, e molti
altri Luoghi : e il dì più, come il Sannio, la Puglia , la Calabria al Principe *Radelchi* Signore di Benevento ; giufta il tenore della cennata Divifione. La quale, quantunque fia rapportata dall' *Anonimo Salernitano*, da *Ca-*
millo Pellegrino , da *Lodovico Antonio Muratori*, e da molti altri ; nulladimeno noi da medefimi quì per intiera la trafcriveremo per maggior chiarezza della noftra Iftoria , e per piena foddisfazione di chi legge : fervendo
eziandio per elucidare molte cofe ofcure, che altrove farem per dire.

VI. CAPITULARE RADALCHISIJ PRINCIPIS BENEVENTA-
NI , QUO PACTUM DIVISIONIS PRINCIPATUS BENEVENTA-
NI FIRMAVIT CUM SICONULPHO PRINCIPE SALERNI , AN-
NO 851.

1. Ego Radelchifius Princeps concedo Siconulpho Principi Salernitano
,, firmiffimam pacem de integra parte Principatus Beneventanæ Provinciæ,
,, quæ tibi nominatim devenit, per fingula integra Gaftaldata , feu Mini-
,, fteria, quæ hic defcripta funt, & ficut hic fines Locorum defcripti funt,
,, inter Confiam, Salernum, & Capuam a parte Beneventi.

2. Ita quidem , ut amodo & deinceps nullum dolum , aut ingenium,
,, vel qualemcumque occafionem ex inde à tua poteftate fubtraham tibi, &
,, illi, qui per tuam voluntatem fuerit electus , qui poft veftrum deceffum
,, in tua portione principandi poteftatem fufceperit in Civitate Salerni.

3. Et neque cùm Populo mihi fubjecto , neque cùm Francis, neque
,, cùm Saracenis, neque cùm aliacumque Generatione ex inde de præfenti
,, vel impugnabo, aut delebo , neque fubmittam, qui talia faciunt : & talia
,, facere volentibus , ac facientibus adjutorium nullum impendam ; & per
,, meam Terram non permittam , neque dimittam aliam Generationem
,, venire ad contrarietatem Terræ, ac Populi veftræ Partis : cui Generationi
,, ego cum Populo, qui in mea Terra habitat, vel habitabit , refiftere po-
,, tero ; ficut fi in mea Terra voluerit facere damnitatem , *donec cùm Fran-*
,, *cis fidem, & pactum, ficut promififtis, obfervaveritis :* Et vos, & ve-
,, ftrum Populum liceat per Terram meam tranfire contra illos hoftiliter,
,, & cùm Scara ad vindicandum , abfque homicidio, vel incendio, & de-
,, prædatione, feu zela de Populo, & Terra mea , & oppreffione Caftel-
,, lorum, Portionifque meæ : excepta Herba, Lignis, & Aqua, quas vo-
,, bis non negabimus. Et fi contingerit effe factum ; pax ex inde non dif-
,, rumpetur, fed fit ex inde juftitia.

4. Om-

4. Omnium rerum fanctarum Ecclefiarum, Epifcopatuum, videlicet,
„ & Monafteriorum, fub Regula degentium, & Xenodochiorum, ibi Cen-
„ fus, & rationes reddentur de fingulis fuis fubftantijs, ubi Capita funt
„ earum, præter Monafteria Sancti Benedicti, & Sancti Vincentij, quæ
„ fub defenfione Domini Imperatoris Lotharij, ejufque Filij Domini La-
„ dogaici Regis funt ; ut fingulæ Ecclefiæ fuum Primatum habeant inte-
„ grum, ficut femper habuere in omni loco, quamadmodum decet, caufam
„ de exceptis Canonicis, Abbatibufque ad Palatium pertinentium. Nam
„ Abbatum res, quæ ad Palatium pertineant ; cujus Divifione res ipfæ ve-
„ nerunt, ille eos habeat, in cujus fuerant parte.

5. Et omnes Monachi, & Monachæ redeant ad fua Monafteria, ubi
„ prius habitaverunt, & habitant, & militant ibi Deo fub minifterio illic
„ præordinatorum, ficut ratio, & confuetudo eft : exceptis illis, qui per
„ virtutem aliorum illuc introjerunt, aut in Palatio ferviunt.

6. Epifcopi autem, & omnes Clerici de quocumque gradu Clericatus,
„ vel fine gradu redeant ad fuos Epifcopatus, cujufcumque Diœcefis fue-
„ rint : & fi redire noluerint, & nobis cognitum fuerit, abfque omni in-
„ jufta dilatione faciemus eos redire invitos : & fint fub poteftate Præor-
„ dinatorum in ipfis Epifcopatibus, & habitent ficut eos jufte conftituerint,
„ exceptis Clericis, qui in Palatio ferviunt, & qui per vim clericati fue-
„ rint.

7. Similiter fiat de Clericis fingulorum Abbatum : exceptis illis Clericis,
„ qui in rebus Abbatum, ad Palatium pertinentium, morantur : qui Clerici
„ in illius parte fint, in cujus forte ipfæ res venerint.

8. Et dimittam omnes homines veftræ poteftatis, ut ad Venerabilem
„ Ecclefiam Beati Archangeli Michaelis recto itinere, quomodo tempo-
„ ribus Anteceforum noftrorum illuc ibatur, fine omni contradictione, vel
„ damnitate, atque contradictione mea, & omnium hominum, qui in mea
„ Terra habitant, vel habitaverint, me vivente : & falvi vadant, & re-
„ deant a noftra parte per noftram voluntatem, excepto Divino judicio.

9. In parte veftra, quorum fupra, Sicondulpho, & qui prædicti eftis,
„ fint ifta Gaftaldata, & Loca integra cum omnibus Gaftaldatibus fuis, ex-
„ ceptis fervis, & ancillis, qui nobis, & noftris hominibus ferviunt : & fi
„ in iftis Gaftaldatibus, & Locis fubfcriptis fint aliqua Caftella, ubi veftri
„ homines habitant ; ego vos ibi mittam fine irrationabili dilatione : *Ta-*
„ *rantus, Latinianum, Caffanum, Cufentia, Lainus, Lucania, Confa, Mon-*
„ *tella, Rota, Salernum, Sarnum, Cimitinum, Furculæ, Capua, Teanus,*
„ *Sora,* & medius Gaftaldatus *Acerentinus,* qua parte conjunctus cum La-
„ tiniano, & Confa.

10. Inter Beneventum, & Capuam fit finis ad Sanctum Angelum ad
„ Cerros, perexieas ad Serram Montis Virgibis ufque ad locum, qui dici-
„ citur Feneftella. Inter Beneventum, & Salernum fit finis in loco, qui
„ dicitur ad Peregrinos, ubi ex antiquo viginti Milliaria funt per partes.
„ Inter Beneventum, & Confam fit finis ad ipfum Staffilum, ad Frequen-
„ tum, ubi ex antiquo viginti milliaria funt per partes. De omnibus au-
„ tem hominibus, qui inter partes funt ; fi à veftra parte ad noftra parte
„ fugerint ; fi potuerimus eis gratiam rogare, rogabimus : & fi non, red-
„ demus eos abfque omni injufta dilatione.

11. Si

„ 11. Si verò veſter homo in ſubſtantia in mea Terra ad habitandum
„ venerit, & plusquam veſtra voluntas eſt, ſteterit : ubi cognitum mihi
„ facietis; ego eum ſine omni injuſta dilatione tranſmittam ad vos.

„ 12. De Vvaragaangis nobilibus, mediocribus, & ruſticis hominibus,
„ qui in Terra veſtra uſque nunc fugiti ſunt; habeatis eos.

„ 13. Similiter habeatis omnes homines, qui habitant in parte veſtra,
„ & qui ſunt ſub Tributo.

„ 14. Omnes homines, qui in parte veſtra ſunt; habeant res ſuas inte-
„ gras in quocumque loco, meæ partis pertinens de illis ſubſtantijs, cùm
„ ſervis, & ancillis, & aldionibus, omnique pertinentia ſua.

„ 15. Servi quoque & ancillæ, & aldiones meæ partis fugaces, & appre-
„ henſi, ubicumque fuerint inventi in Terra noſtra, reddamus vobis abſque
„ omni dilatione, & nunquam ex noſtra voluntate per quemcumque ho-
„ minem noſtræ partis contradicentur, aùt retollentur. Et ſi ſine noſtra
„ voluntate fuerit factum; ubi nobis cognitum fuerit, faciemus ex inde
„ juſtitiam : & illos ſine injuſta dilatione reddere faciemus.

„ 16. Et ſi ſuſpicio fuerit, ut poſt Sacramentum Pacis direxerimus eos
„ quocumque, vel infugaverimus, ſi quæſiti fuerint; cui hoc crimen im-
„ minetur, de his, ſi non fuerit auſus ſatisfacere, reddat eos. Et ſi poſt
„ Sacramentum Pacis fugerit de Terra veſtra in vicinas Marchas, aùt in
„ Terra noſtræ poteſtatis, reddemus eum vobis, & ſi illi inveniri potue-
„ runt, & nos potuerimus ſine damno. Et ſi ego recolligere non potuero
„ ad prædictos locos; liceat per Terram meam ire illuc, ut aùt per pi-
„ gnorationem, aùt quomodocumque veniatis ex inde ad plenam juſti-
„ tiam.

„ 17. Similiter, ſi potueritis, faciemus & de illis, qui ante Pacis Sacra-
„ mentum in prædicto loco fugerunt. Quod ſi ſuſpicio fuerit, ut per
„ conſenſum Marchanorum noſtrorum per noſtras Marchas extra noſtras Mar-
„ chas exierint; ſatisfiat ab his Marchanis. Et ſi non reddantur ab iis;
„ aùt ſi nullo modo inveniri potuerint, reddantur ferquidi eorum. Præte-
„ rea, ſi aliquis eorum ſuam voluerit contemnere libertatem; habeat ex
„ inde judicium ſecundum legem.

„ 18. Et omnes homines, qui ſub tua poteſtate ſunt, ex quocumque ha-
„ beant prædicta munimina ſua perdita, ſi contenti fuerint de rebus, aùt
„ ſervis, aùt ancillis, ſeu aldionibus eorum : ſi aùt per conſignationem,
„ aut per pugnam approbare potuerint, quod uſque ipſum tempus, quo
„ Barbaricum exortum eſt inter nos, & vos in ſua proprietate legaliter,
„ juſtèque habuerint illa; ſine cujuſcumque injuſta contraditione habeant
„ ea in antea.

„ 19. De nullo homicidio, vel præda, atque zela, ſeu incendiis retro-
„ actis fiat aliqua requiſitio, vel vindicta per meam voluntatem : & ſi abſ-
„ que mea voluntate fuerit inde facta vindicta; dabimus illum hominem
„ in poteſtate veſtra, ut faciatis de eo quodcumque volueritis. Et ſi ſu-
„ ſpicio fuerit, quod per meam voluntatem fuiſſet facta; ſatisfaciat illud
„ per tres perſonas, quales vos quæſieritis à mea parte, & tradant ipſos
„ homicidas in poteſtate veſtra, ad faciendum de eis quodcumque volue-
„ ritis.

„ 20. Si verò amodo quicumque homines homicidium fecerint, à parte
„ DO-

noſtra in veſtra; & ſi ſuſpicio fuerit, quod per conſilium, vel collu-
dium fuerit factum per meam voluntatem ad veſtram contrarietatem,
vel damnationem; de Nobilibus ſatisfaciant id tres perſonæ, quales vos
quæſieritis à parte mea: & de Ruſticis tres perſonæ de ipſo loco, ubi
homicidium fuerit perpetratum, quales vos quæſieritis: & illos homicidas dabimus, ut prædictum eſt, in poteſtate veſtra: & ſi ſatisfacere non
fuerint auſæ; de Nobilibus componant vobis tria millia Viſantos aureos,
& de Ruſticis fiat compoſitio ſecundum legem. Et illos homicidas ſi habere potuerimus, trademus vobis ad faciendum de his quodcumque volueritis. Et quandiu eos habere non potuerimus, dabimus in poteſtate veſtra integras ſubſtantias eorum; & illorum homicidas quandocumque habere potuerimus, pariter dabimus. De homicidio ſubiti ſcandali, ſit ſicut
in lege noſtra ſancitum eſt.

21. Si ego Radelchiſius aliquid donavi de cauſa Palatii infra veſtros fines; ſit in poteſtate veſtra facere ex inde quodcumque volueritis. Et ſi
tu Siconulphus Princeps donaſti aliquid de cauſa Palatii ad illos homines,
qui prius fuerant in tua poteſtate, & modò ſunt in ea mea; quantum
ex inde ex tua poteſtate fuerit, ſit in veſtra poteſtate facere quod volueritis. Et ſi ego Radelchiſius donavi aliquid per breve, aut per præceptum ad homines, qui fuerunt mecum, & modò ſunt tecum, & illi
iterum per quæcumque munimina ex inde dederint cuicumque aliquid;
non deinde faciant juſtitiam alicui, niſi tantummodo reddant, quod proinde acceperunt. Et illud, quod ego donavi; reddant ad illos, quibus per
legem debeat pertinere. Et de omni cauſa quæ à modo ſurrexerit inter homines utriuſque partis, judicabimus ex inde ſecundum legem, &
juſtitiam abſque omni dilatione injuſta, vel fraudis argumento, excepto
homicidio, & incendio, ac zela, de quibus ſuperius definitum eſt.

22. Omnibus hominibus veſtræ partis habentibus uxores, & ſponſas
ſuas in parte noſtra; ſi eas quæſierint, & nos noverimus; reddemus eas
abſque detinentia cum filiis, & filiabus ſuis, nullam leſionem membrorum habentes à modo factam à parte noſtra, & cùm omni caſa ſua,
quam unquam habentes, voluerint ſecum portare.

23. Et omnes apprehenſos, quo modo voluerint ad vos redire, dimit-
temus ad vos redire abſque læſione membrorum.

24. Et amodo nullum Saracenum in meum, vel Populi, & Terræ mea
adjutorium, ſeu amicitiam habere quærimus, tàm de his, qui in omni
Provincia Beneventani Principatus ſunt, quàm etiam de illis, qui extra
omnem Provinciam Beneventanam ſunt: & nunquam eos contra vos ir-
ritans irritare faciam: & adjuvabo vos, abſque omni injuſta dilatione
uſque ad ſummam virtutem, ſicut melius potuero cum Populo meæ partis, ut pariter expellamus de iſta Provincia noſtra omnes Saracenos, quomodocumque potuerimus. Et amodo, ut dictum eſt, nullum Saracenum
recipiam, vel recipere permittam, præter illos, qui temporibus
dominorum Siconis, & Sicardi fuerant Chriſtiani, ſi mazarizati
non ſunt. Et præſentialiter, antequam Domnus Ludogvicus Rex cum ſuo
Exercitu exeat de iſta Terra; do in veſtra poteſtate Gaſtaldatum Montel-
lam cum omnibus Caſtellis ejus, & medium Gaſtaldatum Acerentinum,
ſicut ſupra dictum eſt, & ſi ullo valuerimus ingenio

35. Ita

25. Ita & amodo nullam læsionem faciemus ego, & Populus meus ad ipsum Populum & Terram, omnemque facultatem eorum, quantum ex inde debet venire ad vestram portionem, per meam voluntatem. Et à modo de Gastaldatu Montellæ, & medio Gastaldatu Acerentino, qua parte conjunctus cum Latiniano, & Consia, nunquam hominem recipiam, neque illuc ego hominem pro suo damno dirigam, præter cum vestra voluntate, pro vestra salvatione: & si ex inde habeo homines, reddam eos.

26. Hæc omnia vobis, sicùt supra, Siconulpho Principi, & qui per tuam voluntatem in Salerni Civitate Princeps fuerit electus, observare faciam ego Radelchisius Princeps absque omni fraude, vel malo ingenio, vel quocumque argumento, occasione, seu disceptione.

27. Si verò Populus portionis meæ cum Populo vestræ partis jerint per crementiam in Exercitu quocumque & occiderint, vel apprenderint vestros honoratos, ac vassallos, & ausæ fuerint duodecim personæ, quales vos quæsieritis, jurare ad Sancta Dei Evangelia, ut neque per consensum meum, neque per contrarietatem talia vobis facta sint; faciam vobis credere in vindictam quemcumque volueritis; solummodo qui perpetraverint, atque consenserint, si haberi potuerint. Et si ipsæ duodecim personæ non fuerint ausæ satisfacere de consensu meo, sicut prædictum est; dabimus Domno nostro Imperatori Vizanteos aureos. Eos, qui tale malum egerint, trademus ad vindictam, qualem volueritis.

28. Et cum pactum istud firmatum fuerit; reddam tibi Siconulpho præsentialiter Petrum, filium Landonis, & Poldefrit, filium Pandulphi, si mihi redderetur Adelgisum, & Ladelgisum, filios meos, & protonepotem meum.

VII. Questo è, come si disse, il Capitolare di *Radelchi* con *Sichendolfo* intorno alla Divisione del Principato di Salerno da quello di Benevento, che tanto vien mentovato appo i Scrittori, spezialmente presso l'*Anonimo Salernitano* (a) nella sua Cronaca. Il quale, dopo averlo trascritto come sovra, soggiugne, che da quel giorno in poi Salerno fu maisempre considerato come una Signoria diversa da quella di Benevento. E nota egli anche i nomi di coloro, che soscrissero quel Concordato nell' anno 851.

PA-

(a) Anonimo Salernitano ad Annum 851. *Ab illo denique tempore Salernitani peculiarem obtinent Principatum; & ipsum fœderis Scriptum in hac Salernitana Urbe adhuc hactenùs manet; & sufficienter ab Illustrissimis viris nimium firmatum: & tantum nomina illorum non prætermittam. In primis Radelchi Princeps propria manu scriptus ibi erat. Id ipsum Majelpoto, Rofrit, Bernardus, Poto, Petrus, Caida, Laitu, Gotlaci, Ermengardus, Aldechisi, Tassilo, Rodersi, Guaiferi, Comes Radoal, Radelgari, Radelfrit, Azzo, Adelricus, Adaiuarto, Saducius, Landemari, Pandenulfo, Jugobrandus.*

PARAGRAFO SECONDO.

De Prencipi, che governarono in Salerno; e della caduta di questa Signoria.

VIII. OLtre di Arechi, e delli due Grimoaldi, ed oltra di Sicone e di Sicardo, che furono Prencipi tanto di Benevento quanto di Salerno; dopo la divisione de due Prencipati, molti furono i Prencipi, che in Salerno signoreggiarono sino a Ruberto Guiscardo, come leggesi presso Antonio Caracciolo (a), presso Scipione Ammirato (b) e presso altri, nella maniera che siegue.

Sichenolfo I. Principe nell'anno 840.

IX. Morto Sicardo Principe di Benevento nell'anno 839. ed eletto in sua vece Radelchi suo Tesoriero; i Salernitani, fomentati da Danferio, socero di Sichendolfo, già fratello del morto Sicardo (che lo avea mandato prigione in Taranto, dopo averli cavati gli occhi per gelosia di stato.) acclamarono Sichenolfo per loro Principe nell'anno 840. Il quale visse nel Principato per undici anni, dopo aver fatto il Concordato con Radelchi Principe di Benevento, come fu detto nel Paragrafo antecedente.

Sicone II. Principe nell'anno 851.

X. Alla morte di Sichenolfo fu eletto Principe di Salerno Sicone, di lui figliuolo: il quale non vi durò più di un anno. Conciosiacche, venuto di nuovo Lodovico II. contro de Saracini nelle Regioni nostrali; i Salernitani, dopo averlo chiamato in soccorso, non vollero vederlo, e si nascosero al di lui passaggio: anzi ancor essi ebbero mano nella carcerazione di questo Principe, fatta da Beneventani, come fu detto nel Libro 4. al Numero 43. del Capo 5. Dalche, offeso Lodovico, prese Sicone, e lo mandò prigione in Francia: maggiormente che era fanciullo, ed incapace al Governo.

(a) Antonio Caracciolo in Propilea.
(b) Scipione Ammirato nè Duchi di Benevento.

Ademaro III. Principe nell'anno 852.

XI. Ancorche *Antonio Caracciolo* dopo *Sicone* collochi in Salerno in primo luogo *Radelchi*, e poi *Adelchi*, figliuoli del medesimo *Sicone*; pure *Scipione Ammirato* dopo *Sicone* vi vuole *Ademaro*, postovi da *Lotario*, in luogo di *Sicone* ancor vivente, e che morì fuori del suo Principato nell'anno 856., allora quando *Ademaro*, figliuolo di *Pietro* e compare di *Sichendolfo*, si dichiarò Principe di Salerno, e vi stiede sino all'anno 861. (o come vuole il medesimo *Caracciolo* sino all'anno 859.) quando fu carcerato da Salernitani, per la causa ch'or ora diremo.

Dauferio IV. Principe intorno all'anno 861.

XII. Essendo il Principe *Sicone* ancor vivente in Francia, *Ademaro*, temendo che questi non ritornasse in Salerno; cercò farlo colà avvelenare. Il che saputosi da Salernitani, lo diposero da quel Posto, carcerandolo strettamente, ed elegendo in sua vece *Dauferio*, figlio di *Majone*, parente di *Sichenolfo*, che vi regnò per un anno: discacciatone ancor egli per opera di *Guaiferio* suo cognato. Il quale o per ascender a quel Posto, o perche così veramente la sentisse; persuase *Dauferio* a diporre la Signoria, per non esser canonica la sua elezione, fatta contro le leggi del dovere. Ma perche quegli non volle dare orecchio alle di lui insinuazioni; questi istigò il Popolo a discacciarlo da quel Governo, e venire alla nuova elezione di un Principe legitimo, come in fatti seguì, dopo che ebbe regnato poco tempo, e non ancora compiuto un anno.

Gauferio V. Principe nell'anno 862.

XIII. Discacciato *Dauferio* dalla Signoria di Salerno, quei Popoli elessero in loro Principe *Gauferio*, cognato del diposto, e che avea, come sopra, esortato il Comune di quella Città a dar questo passo. Ma entrato in iscrupolo del mal oprato; dopo diecisette anni di Governo rinunziò il Principato, che fu conferito a *Guaimaro* suo figliuolo; e si fe Religioso Benedettino nel Monistero di Teano.

Guaimaro VI. Principe nell'anno 878.

XIV. Il successore di *Gauferio*, come abbiam detto, fu *Guaimaro* suo figliuolo: il quale ebbe la consolazione di riunire un altra volta i due Principati di Benevento e di Salerno. Peroche, venuto in Benevento *Guido* Duca di Spoleto, e discacciatone i Greci; al ritorno ch'egli fece nella sua Ducea, diede a *Guaimaro* suo cognato il Governo della detta Signoria. Ma, o fusse invidia di *Adelferio*, Castaldo di Avellino, ovvero zelo contro

tro

tro le male procedure di *Grimoaldo*; avutolo nelle mani, li cavò gli occhi, e l'obbligò a ritirarsi in Salerno. Dove fu parimente travagliato da *Attanagio II.* Duca e Vescovo di Napoli per mezzo de Saracini, che questi fomentò contro di quello; in modo che li divastarono lo Stato, e l'obbligarono a passare in Costantinopoli da que' Imperadori *Lione*, ed *Alessandro*, per ajuto: da quali riportò anche la conferma della Ducea di Benevento; di cui essi, dopo averla perduta, vollero in questa occasione disporne, giusta un Diploma, che sovra di ciò si conserva nell'Archivio della *Santissima Trinità* della Cava, in cui si legge; *In nomine Domini Dei, & Salvatoris Jesu Christi. Declaro ego Vvaimarius Princeps, & Imperialis Patritius, quia toncessum est mihi a Sanctissimis, & pijssimis Imperatoribus Leone, & Alexandro per verbum, & firmissimum praeceptum, bulla aurea sigillatum, integram sortem Beneventanae Provinciae, sicut decisum est inter Sichendolphum, & Radelchium Principem, ut liceret me ex inde facere omnia, quod voluerim, sicut antecessores mei omnes Principes fecerunt. Proinde concessimus in Ecclesia Beatissimi Massimi prò nostrae salute Animae quam domum Vvaiferius Princeps, pater meus, ex novo fundamine construxit intus hanc novam Civitatem Salerni*. Di qual diploma fà anche commemorazione il *Pellegrino* (a). Lasciando per il Paragrafo 2. del Capo 7. favellare intorno alle Guerre, che ebbe questo Principe con *Sergio*, Duca di Napoli.

Gisulfo VII. Principe nell'anno 920.

XV. Il Principe *Guaimaro* dopo 42. anni di Signoria, parte in governo del suo Principato, e parte fuori di esso per le consapute traversi; ove finì di vivere, e lasciò il Principato a *Gisulfo* suo figliuolo, che lo tenne per lo spazio di anni venti, e lo dipose colla morte. Si vuole che a suo tempo fusse venuto in Salerno il Corpo di *San Matteo* Apostolo.

Guaimaro VIII. Principe nell'anno 840.

XVI. Fu questo II. *Guaimaro* figliuolo di *Guaiferio* il Vecchio. Visse nel Principato di Salerno per anni ventiquattro; e diè mano con altri Prencipi al discacciamento de Saracini dal Garigliano.

Giovanni IX. Principe nell'anno 864.

XVII. Questo *Giovanni* fu figliuolo del Principe *Gisulfo*: succedè nella

(a) Camillo Pellegrino in Stemmate Principum Salerni: *Guamarius professus est in publicis Tabulis, concessum sibi, & permissum fuisse Principatum a Graecis Imperatoribus Leone, & Alexandro, sicut divisus fuerat, inquit, inter Sicoaulphum, & Radelchium Principem.*

la Signoria di Salerno a *Guaimaro*, e la ritenne per lo spazio di anni ventuno.

Guaimaro III. X. Principe nell'anno 995.

XVIII. *Guaimaro III.* di questo nome, fu figliuolo del Principe *Giovanni*, e cognato di *Corrado* Imperadore. Il quale venuto in Italia nell'anno 1038., e portatosi in Monte Casino, confermò *Raidolfo* in Conte di Aversa, e dipose *Pandolfo* dal Principato di Capoa e di Benevento, dandolo a *Guaimaro* suo cognato. Anche questi ebbe la gloria di veder riunite sotto del suo dominio le Signorie di Salerno, di Benevento, e di Capoa assieme, che ritenne sino al 1047., allorche passando appo noi l'Imperadore *Arrigo II.* li tolse il Principato di Benevento, che ritenne per se: investendo per la terza volta il diposto *Pandolfo* del Principato di Capoa. E perche *Guaimaro* avea anche sottomessi gli Amalfitani, e tirannicamente li governava; questi uniti a Salernitani miseramente con trentasei pugnalate nell'arena di Salerno l'uccisero, dopo anni 32. di Governo.

Gisulfo XI. ed ultimo Principe nell'anno 1047.

XIX. Il successore di *Guaimaro* nel Principato di Salerno fu *Gisulfo* di lui figliuolo, cognato di *Roberto Guiscardo*; il quale essendosi appo lui interposto a favore degli Amalfitani con poco buon'effetto; si sdegnò tanto, che lo spogliò affatto di quella Signoria, dopo di aver tenuta la Città di Salerno ristretta con fortissimo assedio per lo spazio di otto mesi, ed angustiati quei Cittadini con una intolerabile fame, che l'obbligò ad arrendersi, come lo raguaglia l'Autore della *Cronaca Cassinense* (a) : senzache

(a) *Cronaca Cassinense* lib. 3. cap. 45. *Italia igitur ad votum sibi Dux Robertus advenisse advertens ; immenso valde congregata Exercitu, super Salernum Castra locare disposuit. Quod Papa Gregorius VII. cùm reperisset, per Patrem Desiderium Gisulfo Principi Ducis pacem expectare monuit. Ad quod ille nec responsum quidem reddere voluit. Dux verò suum Exercitum congregans, circa Salernum tentoria fixit. Ex alia autem parte Richardus Princeps, rogatu Ducis occurrens cùm diversis bellorum machinis, illam oppugnare vehementissimè coepit. Hoc Desiderius audiens ; Richardum Principem adiit, eumque una secum ad Gisulphum venire rogavit. Quod dùm venissent, post multa verba in vacuum habita, eorum Gisulphus sprevit consilium, & cùm Duce nullo pacto se confoederaturum, jurejurando affirmat. Deficientibus tandem in Civitate is, quae ad victum sunt necessaria ; Equorum, Canuum, Asinorum, & Murium carnes ceperunt comedere. VENDEBATUR AUTEM CANIS JECUR TARENISDECEM ; GALLINA NOVEM ; OVUM VERO UNUM, NEC NON ET SEPTEMRICUS,*

zache Papa *Gregorio VII.* fuffe ftato valevole a conciliare quefti due con-giunti, con mandare in Salerno *Defiderio* Abate di Monte Cafino. Ed ecco come finì la Signoria di Salerno in quefto Principe, ultimo della linea Longobarda; paffando in poffa de Normanni, che l'unirono alla Du-cea di Puglia. Ella ebbe principio nell'anno 851. e terminò nel 1074., dopo duecentoventitre anni di poffeffo. Reftando dipoi Signoria per i figli de Monarchi Napoletani: avendola foltanto il *Re Ferdinando di Aragona* donata a *Ruberto Sanfeverino* nell'anno 1463. fino a' tempi dell'Imperador *Carlo V.* quando ritornò di nuovo al regio Fifco.

XX. Difcacciato adunque il Principe *Gifulfo* dalla Signoria di Salerno, fi portò da Papa *Gregorio VII.*, che l'accolfe teneramente, e lo fe Governadore della Campagna Romana. Del che offefo *Ruberto*; unitofi a *Riccardo* Principe di Capoa, cercarono darli adoffo anche colà. Per la qual cofa Papa *Gregorio* fcomunicogli ambidue. Onde effi irritati viepiù; *Ruberto* fi portò ad affediar Benevento, e *Riccardo* paffò ad inveftir Napoli. Ma morto quefto fotto quelle mura, e fuccedutoli *Giordano* fuo figlio nel Governo; il figlio tutto differente dal Padre, fi unì a quel Pontefice: e fciolto l'Affedio da Napoli, fi portò contro *Ruberto*, e l'obli-gò ad abbandonar l'imprefa di Benevento.

XXI. Col tempo poi, tenendo il Papa precifo bifogno dell'ajuto del Duca *Ruberto* (che in fatti lo liberò dall'anguftie in cui l'Imperadore *Arrigo IV.* pofto l'avea; trafportandolo da Roma in Salerno, dove finì di vivere), fi ftrinfe con effolui, e li diede l'Inveftitura di Puglia: nella quale per altro volle *riferbata la Signoria di Salerno, e quella di Amalfi,* che fapea fpettare al Principe *Gifulfo* come dalla Formola di detta Inveftitura (a) che più alla lunga rapportaremo nel Libro 9. al Capo e Paragrafo 3. Benche poi *Ruberto* la lafciò a *Ruggiero* figlio del fecondo Letto, e nipote del Principe *Gifulfo*: da *Ruggiero* paffò al Duca *Guglielmo*, e da effo all'altro *Ruggiero* che fu Re di Sicilia. E così divenne Principato per i figliuoli de Re di Napoli. Nacque per quefto Principato contefa nell'anno 1138. trà Papa *Innocenzio II.* e l'Imperador *Lotario II.* peroche il Pontefice pretendea che fpettaffe a lui l'Inveftitura di tal Signoria per la ceffione delle Ragioni, che 'l Principe *Gifulfo* avea fatta alla Santa Sede

Oo 2   in

CUS DUOBUS DENARIIS. Modius verò Tritici quadraginta quatuor Bizantiis. Illorum verò egeftatem Dux cum comperiiffet, intempefta noctis filentio, ftipatus Militum cuneis, ad muros Urbis veniens, & portam clau-fam lapidibus diruens, SALERNUM OBTINUIT.

(a) Inveftitura Ducis Roberti: *Ego Gregorius Papa inveftio te Rober-te Dux de Terra, quam tibi conceſſerunt Anteceſſores mei Sanctae memoriae Nicolaus, & Alexander. De illa autem Terra, quam INJUSTE TENES, SICUTI EST SALERNUS, ET AMALPHIS, ET PARS MAR-CHAE FIRMANAE, nunc te patienter fuftineo in confidentia Dei Omnipotentis, & tua bonitatis; ut tu poftea ex inde ad honorem Dei, & Sancti Petri ita te habeas, ficut & te agere, & me fufcipere decet, fine periculo animae tuae, & meae.*

in tempo di fua morte: e l' Imperadore per contrario foftenea, che Saler-no dovea confiderarfi come Feudo dipendente da Cefare, fecondo riferifce *Pietro Diacono* (a): loche meglio fpiegaremo nel Tomo V. al Capo 2. del Libro 1. trattando del Re *Ruggiero*.

CAPITOLO QUINTO.

Del Contado di Capoa.

I. ESsendofi da noi pienamente favellato della Città di *Capoa* nel Libro 7. del Tomo I. dal *Numero* 32. in poi del Capo 3., qui foltanto ci refta a dire, che quefta Città in tempo de Longobardi era un femplice Gaftaldato della Ducea di Benevento, fecondo *Marino Frezza* (b). Poi nella divifione tra *Sichenolfo* e *Radelchi* (mentovata nel Paragrafo 1. del Capitolo paffato), cadde in forte al Principe di Salerno. Vuole però il *Summonte* (c), che fin dall'anno 660. ella fuffe divenuta Contea in tempo del Re *Grimoaldo*, che dichiarò *Ramoaldo* fuo figliuolo Duca di Benevento, e *Trafimondo* fuo genero Conte di Capua. Ecco le di lui parola: *Grimoaldo avendo fatto Duca di Benevento Ramoaldo fuo figliuolo naturale, e data una fua figliuola pur naturale per moglie a Trafimondo Conte di Capua; egli in Pavia fi ritirò*. E quantunque in apprefso fi foffero chiamati *Prencipi* i Signori di Capoa; pure ciò avvenne folamente, perche col tempo divennero Prencipi di Benevento, e ritennero quel Titolo anche quando ne perderono il Dominio.

II. Per quello poi tocca alla fmembrazione di Capoa dal Principe di Salerno; ancorche *Antonio Caracciolo* (d) dica, che ciò accadeffe nell'Anno 820.; nulladimeno egli prende errore a cagione del tempo. Concieffiache Salerno non pria dell'anno 851. fi divife da Benevento; ed allora Capoa era contenuta nel Principato Salernitato, come fi vede nel Capitolare di *Radelchi* con *Sichendolfo*, trafcritto nel Paragrafo 1. del Capito-

lo

____

(a) Pietro Diacono lib 4. cap. 117. *Quæ res inter Pontificem, & Cæfarem diffentionem maximam miniftravit: Papa dicente, Salernitanam Civitatem Romanæ Ecclefiæ attinere. Imperatore è contra, non Pontifici, fed Imperatori pertinere debere, dicente.*

(b) Marino Frezza lib. 8. de Subfeudis, num. 20. *Unum tamen referre non omitto; primitus Ducem, vel Principem qui Beneventi præerat, ex Longobardis progenitum, tum Capuanis, quàm Salernitanis imperium diviffe . . . . Habebant tamen Capuani tunc quendam CASTALDEUM, qui eis præerat Domini Factorem, vel Gubernatorem Curiæ, ut notatur in Capit. 1. de Feudo Guardia.*

(c) Giansantonio Summonte Tom. I. pag. 400.

(d) Antonio Caracciolo in Propilia.

lo paſſato. Dicendoſi ivi al numero nono: *In parte veſtra ſint iſta Gaſtal-*
data . . . *Tarentus, Salernum, Sarnum, Cimitinum, Furcula, Ca-*
pua . . . Laonde dir biſogna, che dopo l'anno 851. accadeſſe la nuova diviſione della Contea di Capoa dal Principato di Salerno: e come vuole il *Giannone* (a), in tempo di *Landolfo* Conte di Capoa. Dice egli così; *Landolfo, Caſtaldo di Capoa, ſi ribellò al Principe di Salerno, a chi*
era venuto in diviſione, e fece un terzo Principato. Vale a dire ſecondo
Gianantonio Summonte (b), che ciò accadde nell'anno 858. quando da *Lo-*
dovico II. fu tolto via da Salerno il Principe *Sicone*, e vi fu collocato
Ademaro dall'Imperador *Lotario*: allorche ſi poſe in rivolta lo Stato, ed i
Salernitani ſi ribellarono a queſto, ed eleſſero in Principe *Dauferio*, come fu
detto nel *Numero* 11. e ſeguente dell'antecedente Capitolo. Laonde il Conte *Landolfo*, facendo in queſto tempo buon uſo dell'occaſione, ſi ſottraſſe
dall'ubbidienza di quel Principe, e ſi fe Signore aſſoluto di Capoa, col
ſolito ſuo titolo di *Conte*. Loche per altro non corriſponde alla Cronologia del tempo, come ſi vedrà appreſſo nel *Numero* 5.; e dovrebbe a mio
parere tutto ciò attribuirſi a *Landone* figliuolo di *Landolfo*, che in queſti
tempi vivea in Capoa.

III. I Confini di queſta nuova Contea non furono anguſti ne ſuoi principj; ma (ſecondo *Pietro Giannone* (c), anzi ſecondo *Camillo Pellegrino* (d)
che egli traſcrive) giungeano fino a Sora dalla parte di Mezzogiorno, a
Cajazza nel Settentrione, ed al mar Tirreno verſo Linterno: *Il Princi-*
pato di Capoa (ſon parole di Giannone), *in queſti tempi abbracciava da*
Caſerta a Seſſola; diſteſo fino ad Aquino; e talvolta a Sora; per lunghezza
da Cajazza infino a lidi del mar Tirreno di quà, e di là delle bocche
di Linterno, Volturno, e Liri.

IV. Col tempo però molto più crebbe queſta nuova Signoria: atteſoche
non ſolo il Principe *Pandolfo* ebbe da Papa *Giovanni XIII.* la Città di
Gaeta; il Principe *Riccardo* ſottomiſe Averſa; e 'l Principe *Giordano* conquiſtò quaſi tutta la Campagna Romana; finendo di vivere in Piperno, come diremo più appreſſo, parlando di eſſi in particolare; ma di vantaggio
il Principe *Landolfo*, ebbe ſotto di ſe la Signoria intiera di Benevento,
come poco giù ſoggiungeremo. Fu poi queſta Contea da Normanni invo-
lata a Longobardi; e per poco ſpazio di tempo anche da *Guaimaro* Principe
di Salerno fu goduta, come ſi diſſe nel *Numero* 28. dall'antecedente Capitolo.

V. La Serie de *Conti* di Capoa, che furno di Nazione Longarda, ſi
ricava da una Cronaca ſcritta a penna, eſiſtente nel Moniſtero di Monte Caſino, e rapportata da *Camillo Pellegrino* nella Storia de Prencipi Longobardi,
come pure da *Antonio Caracciolo* nella ſua Propilia: di cui ci ſerviremo nella
preſente materia. Sono dunque i ſeguenti:

Lan

(a) Pietro Giannone lib. 7. paragr. 1.
(b) Gianantonio Summonte Tom. I. pag. 435.
(c) Pietro Giannone lib. 7. cap. 3.
(d) Camillo Pellegrino in Cronicon Comit. Capuan. pag. 142.

Landolfo I. Conte di Capoa nell'anno 832.

VI. Per ben capire la Cronologia de Conti Capoani, e per non confondere l'Epoca de' tempi, in cui essi colà signoreggiarono; fia bene avertire, che la Città di Capoa ebbe delle varie mutazioni di Luoghi. Essendo stata primamente in *Santa Maria* di Capoa; indi trasferita sul *Monte Tifata*; e finalmente fabbricata al *Ponte* di *Casilino*, dove oggidì si vede. Bisogna eziandio riflettere, che questo *Landolfo* (a cui si dona il primo luogo trà Conti di Capoa) benche si dica di aver principiato a governare dall'anno 833. (in tempo che Capoa trovavasi sotto de Prencipi di Benevento, e non si era fatta peranche la divisione trà Benevento, e Salerno, come poi si fece nell'anno 851.) pure ciò debbe intendersi dal tempo, che *Landolfo* prese il governo di Capoa, colla dipendenza, pria da Signori di Benevento, e poi da quei di Salerno. Stanteche egli vien descritto nella rammentata *Cronaca Cassinese* (a) di aver governato 25. anni e 4. mesi in Capoa vecchia (che fu quella in *Santa Maria*), e un anno ed otto mesi in Capoa nova, (che fu l'altra del *Monte Tifata*). E comeche Capoa fu rifabbricata sul *Monte Tifata* nell'anno 840. e poi nel *Ponte di Casilino* l'anno 856. (come dice *Ferdinando Ughellio* (b), e noi lo rapportammo nel Libro 7. del Tomo I. al *Numero* 68. del *Capo* 3.), dandosi a *Landolfo* nella citata Cronaca 27. anni di Signoria, cioè 25. e quattro Mesi in Capoa antica, ed un anno e otto mesi in Capoa nuova; viene a cadere la dilui morte nell'anno 841. o alpiù nel 842. quando non si era peranche separato Salerno da Benevento. E perciò il Governo di questo Conte non fu assoluto, ma dipendente da Prencipi di Benevento, e di Salerno. E soltanto si potrebbe credere, che egli fusse il primo Conte di Capoa; peroche furono Gastaldi i di lui Predecessori (non ostanteche il *Summonte*, trascritto più sù nel *Numero* 1., voglia, che in tempo del *Re Grimoaldo* vi fusse il Conte

Tra-

(a) *Cronaca Cassinense* : *Landulphus senior regnavit in Capua veteri Annos 25. Menses 4. in Capua nova, ab eo construcla, Annum 1. Menses 8.*

(b) *Ferdinando Ughellio Ital. Sac. ad Episcopos Capuanos* ; *Capua sub Populi Romani potestate fuit, donec a Genserico Vandalorum Rege capta, subversa est anno 455. Ab Ostrogotis inde occupata; atque, bis pulsis, a Narsete restaurata, iterumque a Saracenis vastata; TANDEMQUE A LONGOBARDIS SUB TRIGINTA DUCIBUS DELETA ANNO 840., & in Monte Trifico, ab eo loco duobus millibus Passuum, in quo sita erat, a LONDULPHO SENIORE, VETERISQUE CAPUÆ GASTALDO, ET COMITE, sub nomine SICOPOLIS ædificata, nec multò post ob multa commorantium facinora igni tradita est. Quam ut a calamitate liberarent Lando Comes, Landulphus Episcopus, cæterique Fratres, Landulphi filij, ut Erchembertus scribit, novam Capuam, quæ hac tempestate extat, anno 856. condiderunt.*

Trasimondo suo genero, fin dall'anno 660.) a cui toccò la sorte di rifabbricare la Città di Capoa sul monte Tifata, col nome di *Sicopoli*; peroche era stata distrutta da Longobardi di Benevento l'antica Città, secondo il lodato *Ugbellio*, e forsi per qualche rivoluzione di quei Cittadini sotto il mentovato Conte *Landolfo*.

Landone II. Conte intorno all'anno 843.

VII. Per la morte di *Landolfo* succedè nel Contado di Capoa *Landone* di lui figliuol maggiore, che il Padre ancor vivente avea preso per Collega nel maneggio di quella Signoria, ed unitamente con lui fabbricò la nuova Sicopoli su 'l monte Tifata, come hassi dalla Cronica Cassinese, che dice: *Lando, illius filius, in Capua veteri cùm patre annos 13. menses 9. in Capua nova, annos 4. menses 4.* Signoreggiò in Capoa diciotto anni ed un mese, parte in compagnia del padre, e parte da se solo. E secondo la *Cronaca Cassinese* (a) a lui debbesi anche la fabbrica della terza Capoa nel Ponte di Casilino; bruciata la seconda sul monte Tifata, forsi per opera de Napoletani, con cui *Landone* ebbe fierissime guerre.

Landone III. Conte circa l'anno 858.

VIII. Ancorche *Landone* lasciasse in tempo di sua morte il Contado di Capoa all'altro *Landone* suo figliuolo; pure la Signoria di questi fu di pochissima durata, e di soli mesi sei. E perche ne fu scacciato da *Landone* suo zio, figlio del vecchio *Landolfo*; perciò aiuna cosa di rimarco abbiam, che ivi facesse.

Landone IV. Conte circa l'anno 859.

IX. Nel discacciamento del picciolo *Landone* dal Governo di Capoa, in molta confusione si videro le cose di questa Città. Peroche facendo a gara i figli del vecchio *Landolfo* per ottenerne la Signoria; *Landone* di lui secondogenito, e secondo di tal nome, discacciando *Landone* il giovane, figlio dell'altro *Landone* suo fratello maggiore, occupò quel Contado, e lo tenne per lo spazio di sedici mesi. Discacciatone ancor egli da *Landolfo* altro suo fratello, Vescovo di Capoa.

Lan-

(a) Cronaca Cassinese: *Hic, nono mense antequam moreretur, ad Pontem Theudæ, multos virili certamine Neapolitas interfecit, capitque nongentos. Cùm autem cremata esset Civitas Capuæ ab igne; venit cùm fratribus suis, idest, Landone, Pandone, Landulpho Episcopo, & Landulpho ad Pontem Casilini, & condiderunt ibi Civitatem, quæ nunc est Capua.*

Landolfo V. Conte, e Vescovo intorno all' anno 860.

X. Landolfo Vescovo di Capoa, discacciato Landone suo fratello da quella Signoria, volle unire il Regno al Sacerdozio; tenendone il dominio per tre anni continui. Ma venuto poi Lodovico II. Imperadore in queste Regioni, fu diposto, e fu sostituito in sua vece Pannone.

Pannone VI. Conte intorno all' anno 863.

XI. L' altro Conte, che regnò in Capoa dopo il discacciamento del Vescovo Landolfo, fu il di lui fratello Pannone; che ritenne per un anno, e quattro mesi quella Contea, cioè sino a tanto che si fermò in Italia l' Imperadore Lodovico: alla dicui partenza ne fu discacciato come gli altri.

Landolfo VI. Conte, e Vescovo nell' anno 865.

XII. Partito da Italia l' Imperadore Lodovico II., il Vescovo Landolfo ritornò di nuovo al Governo di Capoa col discacciamento di Pannone suo fratello; e ritenne la Contea per altri anni dodici. In qual mentre sofferse molti travagli da Attanagio Duca di Napoli, che cercò levarli la Contea, mercè l' ajuto de Saracini, come dirassi nel Capitolo 7.

Pandolfo VII. Conte intorno all' anno 877.

XIII. Alla morte del Vescovo Landolfo, succedè nella Signorìa Pandolfo di lui nipote (incerto di chi figlio); e la ritenne a parere del Caracciolo, per tre anni ed otto mesi.

Landone VIII. Conte circa l' anno 881.

XIV. Il successore di Pandolfo nel Contado di Capoa fu Landone, di tal nome, e forsi figlio del primo. Egli ne fu discacciato la prima volta dal zio, come si disse sovra nel Numero 6. e questa seconda volta vi regnò tre anni, più o meno.

Landolfo IX. Conte circa l' anno 881.

XV. Questo Landolfo, terzo di quello nome, fu fratello del predetto Landone. Tenne per poco tempo la Signorìa, e la lasciò morendo.

Ate-

Atenolfo X. Conte di Capoa, e I. Principe di Benevento intorno all' anno 897.

XIV. Tra i Conti di Capoa questo *Atenolfo* potè dirsi il più glorioso: conciossiacchè all' antica propria Contea aggiunse il Principato di Benevento: e d' allora in poi i Conti di Capoa s' intitolarono *Principi*. Il fatto andò così. Avendo *Guido Marchese* di Spoleto discacciati i Greci da Benevento, diede quella Signoria a *Guaimaro* Principe di Salerno. Indi *Adelferio* Gastaldo di Avellino, cavati a costui gli occhi, l' obbligò a ritirarsi in Salerno; ed i Beneventani richiamarono *Radelchi*. Il quale, usando con essoloro delle tirannie per mezzo di *Vilardo* suo Ministro, ancor egli ne fù discacciato, ed indi in sua vece eletto *Atenolfo* Conte di Capoa nell' anno 899. che ritenne quel Principato per lo spazio di tredici anni. Le sue Guerre col Duca di Napoli furono sanguinose, giusta il racconto, che ne faremo nel Capo 7. Tra l' altre sue lodi, fu molto benemerito del Monistero di Montecasino, quale riparò da danni, cagionateli da Saracini, che l' aveano incendiato.

Atenolfo e Landolfo XI. Conti, e II. Principi nell' anno 914.

XV. Morto *Atenolfo* nell' anno 914. lasciò a due suoi figli *Atenolfo*, e *Landolfo* la Contea di Capoa, e 'l Principato di Benevento. Questi fratelli fecero molto per il totale discacciamento de Saracini dal Garigliano: nell' anno 946. *Landolfo* regnò solo infino al 950.

Pandolfo XII. Conte, e III. Principe nell' anno 951.

XVI. Lasciò il Principe *Landolfo* la Signoria di Capoa e di Benevento a *Pandolfo* suo figliuol maggiore, il quale per sovranome chiamossi *Capo di Ferro*. Questi, avendo ricevuto in Capoa con segni di straordinaria stima il Pontefice *Giovanni XIII.*, che nell' anno 963. fu discacciato da Roma; non solo, per atto di gratitudine, ricevè da quel Papa la Ducea di Gajeta, che allora ubbidiva al Romano Pontefice (come fu detto nel Libro passato al *Numero* 7. del Capo 2.), ma ottenne di vantaggio che la Chiesa di Capua divenisse Arcivescovile in persona di *Giovanni* suo fratello. (Fu questa la prima Chiesa nel Regno, che ebbe la dignità di Arcivescovado, come altrove porremo in chiaro). Visse *Pandolfo* nel Governo per lo spazio di anni quindici.

Landolfo XIII. Conte, e IV. Principe nell' anno 966.

XVII. Fu *Landolfo* figliuolo di *Pandolfo*, a cui succedè nella Signoria

ria per lo fpazio di anni diecifette. Morì infelicemente nella Giornata Campale, che i Greci diedero in Puglia ad *Ottone II.* Imperadore nell'anno 982. con cui egli fi era colà portato.

Landenolfo XIV. Conte, e V. Principe nell'anno 982.

XVIII. Per confuolo della Principeffa *Aloara*, affai afflitta per la morte di *Landolfo* fuo marito, l'Imperadore *Ottone II.* ritornando in Capoa dopo la fconfitta, dichiarò *Landenolfo* di lei figliuolo Principe di quella Signoria: in cui volle che regnaffero unitamente la madre, ed il figlio. Ma, morta dopo otto anni la Principeffa, e *Landenolfo* vivendo con troppo libertà e ffrenatezza; i fuoi fudditi, congiurati trà effi contro di lui, dopo quattro mefi da che regnò folo, miferamente l'uccifero nella Chiefa di *San Marcella*.

Laidolfo XV. Conte, e VI. Principe nell'anno 991.

XIX. Nel tempo, che fu uccifo *Landenolfo*, era Conte di Chieti *Trafimondo*, fuo ftretto parente: il quale, a tale avvifo, giuntofi con *Rinaldo*, e *Odorifo*, Conti de Marfi, e col Marchefe *Ugo*, Inviato dell'Imperadore *Ottone III.*, fi portò di volo in Capoa: e dopo uno ftrettiffimo Affedio, avutala in fuo potere, fece impiccare fei di quei Capi ribelli, e gli altri tutti fè morire con diverfi tormenti: mettendo le redini del Governo in mano di *Laidolfo*, fratello del Principe affaffinato. Quefti non vi regnò piuche due anni: peroche venuto in fofpetto dell'Imperadore *Ottone III.* per aver anch'egli avuta fegreta intelligenza nella morte del fratello, fu mandato in efilio di là de Monti.

Ademario XVI. Conte, e VII. Principe nell'anno 993.

XX. Vacando la Signoria di Capoa e Benevento per la rilegazione del Principe *Laidolfo*, l'Imperadore *Ottone III.* vi mandò *Ademario*, figlio di un Chierico chiamato *Balfamo*, che fi era allevato da fanciullezza con effolui nella Corte: avendoli poco prima, per onorarlo, conceduto il titolo di Marchefe. Ma i Capoani, conofcendolo indegno di quella Signoria, tofto lo cacciaron via dalla Città, acclamando il figliuolo dell'affaffinato *Landenolfo*.

Pandolfo Sant'Agata XVII. Conte, ed VIII. Principe nell'anno 995.

XXI. Quefto *Pandolfo*, cognominato di *Sant'Agata*, fu figlio dell'uccifo *Landenolfo*. Egli follevato a quella Signoria, temè che l'Imperadore *Ottone III.* non l'aveffe a far de ftrapazzi per il difcacciamento di *Ademario*, creatura di Cefare: cheperò fi ftrinfe in amiftanza con *Bafilio* Imperadore

radore di Coftantinopoli. A cui, per far cofa grata, inviò *Dato*, Cavalier di Bari e cognato di *Melo* ; il quale avea prefe l' armi contro i Greci di Puglia, e poi, per averne avuta la peggio, colla protezione dell' Imperadore *Ottone III.* fi era ritirato nella Torre del Garigliano, donde lo fe levare il Principe *Pandolfo*, inviandolo a *Bojano* Catapano di Puglia : il quale, facendolo cufcire dentro un facco, ordinò che fuffe gittato in mare. Loche faputofi nell' imperial Corte di Germania, fè, che *Arrigo I.* fuccefore di *Ottone*, fpediffe contro *Pandolfo* un poderofo Efercito : ed avutolo nelle mani, lo fè nell' anno 1022. portare in catena nell' Alemagna, dopo ventiotto anni di Principato.

Pandolfo di Teano XVIII. Conte, e IX. Principe nell'anno 1022.

XXII. All' efiliato *Pandolfo Sant' Agata* fu foftituito, per ordine di *Arrigo* Imperadore, *Pandolfo* Conte di Teano per lo fpazio di tre anni. Peroche, morto poco indi l' Imperadore *Arrigo*, e fuccedutoli *Corrado II.* quefti a conforti di *Guaimaro* Principe di Salerno, fuo congionto, pofe in libertà l' imprigionato Principe *Pandolfo Sant' Agata*. Il quale dopo un lungo Affedio di un anno e mezzo, difcacciò *Pandolfo di Teano* da quella Signoria : e quefti andoffi a ricoverare in Napoli dal Duca *Sergio*. Però il *S. Agata* non contento di aver ricuperata la fua Signoria, cercò vendicarfi tanto di *Pandolfo di Teano* fuo competitore, quanto di *Sergio* di lui fautore : andando ad affediar Napoli, che ebbe in fuo potere : ancorche non li riufciffe colà ritrovare *Pandolfo di Teano*, che fuggì per mare in Roma : dove di affanno poco indi morì, come dicemmo nel Libro 4. al *Numero 10.* del Capo 2. Avendo il Duca *Sergio*, mercè l' ajuto de Normanni, dopo anni tre, ricuperata la fua Ducea, come ivi fi foggiunfe.

Pandolfo Sant' Agata XIX. Conte, e X. Principe nell'anno 1025.

XXIII. Difcacciato *Pandolfo di Teano* da Capoa, ripigliò per la feconda volta il Governo di quella Signoria *Pandolfo Sant' Agata*, e lo ritenne per lo fpazio di altri dodici anni. Ma comeche egli non finiva d' inquietare i luoghi convicini ; l' Imperador *Corrado*, attediato da tante querele, che di continuo le giungeano contro di lui, rifolvè nell' anno 1038. calare in Italia : e portatofi in Capoa, ne lo difcacciò per la feconda volta.

Guaimaro XX. Conte, e XI. Principe nel 1030.

XXIV. Il Succeffore di *Pandolfo Sant' Agata* nella Signoria di Capoa e di Benevento, giufta l' imperial difpofizione di *Corrado II.*, fu *Guaimaro*, Principe di Salerno, come fu detto nel *Numero 18.* del Capitolo antecedente ;

dente, e la ritenne per nove anni continui : obbligato poi di riftituirla a

Pandolfo XXI. Conte, e XII. Principe nel 1047.

XXV. Venuto in quefte parti l' Imperadore *Arrigo II.* nell' anno 1047. obbligò *Guaimaro* Principe di Salerno a reftituire la Contea di Capoa, ed il Principato di Benevento : e ritenendo per fe il Principato anzidetto (che poi diede a Papa *Lione IX.* in luogo del cenfo di Bamberga, come fu appieno ragguagliato nel Paragrafo 2. del Capitolo 3.), rinveftì della fola Contea di Capoa col titolo di Principato il già dipofto *Pandolfo Sant' Agata*, ed il di lui figliuolo dello fteffo nome mediante uno gra' sborzo di danaro, fecondo *Lione Oftienfe* (a). E perche il vecchio *Pandolfo*, dopo pochiffimi giorni morì ; *Pandolfo* di lui figliuolo reftò folo nel Governo di Capoa.

Pandolfo XXII. Conte, e XIII. Principe nell' anno 1047.

XXVI. Morto *Pandolfo Sant' Agata* poco dopo aver prefo per la terza volta il Governo di Capoa, reftovvi *Pandolfo* di lui figliuolo per lo fpazio di dodici anni. Ma perche la Signoria era fnervata per la divifione, che indi fi fece del Principato di Benevento ; *Riccardo* Conte di Averfa pofe a Capoa uno ftretto affedio. E *Pandolfo*, per liberarfi da quel travaglio, bifognò, che li pagaffe otto mila Fiorini d' oro ; e così lo mandò via.

Landolfo XXIII. Conte, e XIV. Principe nell' anno 1059.

XXVII. Il fucceffore di *Pandolfo* nella Contea di Capoa fu *Landolfo* fuo figliuolo : il quale vi regnò per tre anni, e poi ne fu difcacciato da *Riccardo* Conte di Averfa ; che ritornò a farne l' Affedio. E così in lui ebbero fine in Capoa i Prencipi Longobardi, allignandovifi dipoi i Normanni, Conti di Averfa, come abbiamo da *Lione Oftienfe* (b).   Ric.

(a) Lione Oftienfe lib. 2. cap. 80. *Poftbac fumpto Exercitu Imperator, ad boc Monafterium venit, inde Capuam abiit. Ibi, Guaimario renunciante Capuam, quam jam ante per novem jam annos tenuerat ; Pandulpho illam priori Principi fimul cum filio, multo ab illis auro fufcepto, reftituit.*

(a) Lo fteffo Lione Oftienfe lib. 3. cap. 15. „ *Cùm poft mortem Pandulphi,* „ *Landulphus Princeps fucceffiffet ; mox & Richardus accedens, obfidionem* „ *firmavit. Proferunt multam Capuani pecuniam : Richardus nihil appe-* „ *tit nifi Terram. Arctati demum famis penuria Cives, cèdente Landul-* „ *pho, recipiunt hominem, facrant Principem, Portas fibi dumtaxat cùm* „ *Tur.*

Riccardo XXIV. Conte, e XV. Principe nel 1062.

XXVIII. Occupata che ebbe il Conte *Riccardo* la Signoria di Capoa, la ritenne per lo spazio di anni tredici. E perche egli si unì a *Ruberto Guiscardo*, per torre a *Gisulfo* Principe di Salerno quella Signoria, Papa *Gregorio VII.* nell'anno 1074. scommunicò l'uno e l'altro. Dalche sdegnati costoro, *Ruberto* si portò a porre l'Assedio a Benevento, e *Riccardo* a Napoli: sotto le di cui mura, per un evidente miracolo del Glorioso *San Gennaro*, se ne morì: avendo pria ottenuta dal Sommo Pontefice l'assoluzione dalle Censure come asserisce lo stesso Autore (*a*).

Giordano XXV. Conte, e XVI. Principe nell'anno 1075.

XXIX. Morto come sovra il Principe *Riccardo*, li succedè nel Principato *Giordano* suo figliuolo. Il quale, alienato dal Duca *Ruberto Guiscardo*, si diede tutto alla divozione di Papa *Gregorio VII.* : e portatosi colle sue forze a Benevento, se scioglie l'assedio, che 'l Duca *Guiscardo* posto vi avea. Ma non molto dopo venuto in rottura colla Santa Sede, le occupò buona parte della Campagna Romana; giugnendo fino a Piperno, dove finì di vivere nell'anno 1093. secondo *Pietro Diacono* (*b*).

Ric-

„ Turrium fortitudine retinentes. Dissimulat hoc interim novus Princeps, „ & aptius id expetendi tempus *expectans.*
(a) Lo stesso cap. 16. „ *Talia Papæ Gregorij cùm venissent ad aures;* „ Ducem & Principem à Limitibus seperavit : collectoque Exercitu, su- „ per eos ire disposuit. Quod ubi Duci nunciatum, concitè una cùm „ Principe Capuam remeans, Dux supra Beneventum, PRINCEPS VE- „ RO SUPRA NEAPOLIM OBSIDIONEM FIRMAVIT. Neapolitani „ autem Principis terrore perculsi, Omnipotentem Deum rogabant atten- „ tiùs, quatenùs de supradicti Principis potestate miseratione sua clemen- „ tissima eos eripere dignaretur. Cumque eadem Civitas acerrimè expu- „ gnaretur; tunc *Sanctus Christi Martyr Januarius*, cùm aliis dealbatis sæ- „ pius videtur à Principe, & ejus Exercitu per Castra armati discurrere. „ Qui æstimans eum esse Archiepiscopum, mandat : *cur, contra Ordinem* „ *suum cum lancea scutatus ad pugnam procederet ?* Cui respondens Ar- „ chiepiscopus : *Ego, ut tu Vir illustrissime perspicis; à multis diebus ægro-* „ *tus in lectulo jaceo: ille armatus quis sit ? ipse videas : nam prò certo* „ *scias, quia Sanctus Januarius protegit, & defendit hanc Civitatem.* „ Princeps verò ejus dictis derogans fidem, Civitatem oppugnare non desi- „ nebat. In qua obsidione ab Excommunicatione solutus, *defunctus est.*
(b) *Pietro Diacono* lib. 4. cap. 10. *Per idem tempus Jordanus Princeps* cùm *UNIVERAM FERECAMPANIAM, A JURE SEDIS APOSTO-* *LICÆ SUBDUCTAM, IN DEDITIONEM ACCEPISSET ; apud Pi-* *pernum vita decessit.*

Riccardo XXVI. Conte, e XVII. Principe nell'anno 1093.

XXX. Alla morte del Principe *Giordano* penfarono i Capoani metterfi in libertà: e follevatifi contro *Riccardo II.* di lui figliuolo, ancor tenero di età, lo difcacciarono colla madre, e con tutti i Normanni della Città. Effi fi ritirarono in Averfa: e chiamando *Ruggiero* Duca di Puglia, e figlio del Duca *Ruberto* in ajuto; quefti fe in modo, che i Capoani loro mal grado lo riceveffero; dopo averli col ferro e col fuoco devaftata la Campagna come racconta *Pietro Diacono* (a). E perche poi infurfero delle differenze trà lui e *Ruggiero Boffo* Conte di Calabria, fratello di *Ruberto Guifcardo*, e Padre del nuovo *Ruggiero* Re di Sicilia; quefti nell'anno 1098. fi portò ad affediar Capoa; feco menando *Sergio*, Capitan delle Guardie, e di duecento Soldati Greci. Il quale perche Greco di nazione, e mancator di fede; convenne col Principe *Riccardo* uccidere il fuo Signore, e porre in isbaraglio il reftante dell'Efercito: dopo aver ricevuto una confiderabil fomma di danajo. Ma il Conte, ammonitone in fogno da *San Brunone*; non folo fi fottraffe dal pericolo, come leggefi nella Vita del Santo (b): ma anche fottomife la Città: che poi col tempo reftituì al Principe *Riccardo*: il quale vi morì nell'anno 1160., dopo aver donato il Caftello di Ponte Corvo al Moniftero di Monte Cafino.

Ruberto XXVII. Conte, e XVIII. Principe nell'anno 1106.

XXXI. Fu *Ruberto* figliuolo del Principe *Riccardo*: alla di cui morte prefe il Governo di Capoa, e lo ritenne per anni tredici. Nel qual tempo confermò al Moniftero di Monte Cafino le conceffioni fattele dal fuo Genitore.

Ric·

(a) Pietro Diacono loc. cit. „ *Capuani* autem ubi mortem Principis „ agnovere; contra Richardum Jordani Principis filium, ejufque matrem „ confpirantes, Capuanæ Civitati munitiones capiunt, Normannofque omnes „ Urbe depellunt: Richardus autem una cùm matre Averfam fecedens, „ Ducem Rogerium in fuum auxilium evocat. Qui æftivo tempore ad- „ veniens, cunëta Capuanæ Civitati adjacentia flamma ferroque confumpfit: „ & tandiù eos expugnavit, ufquequo Capuani, neceffitate coaëti, prædi- „ ëto Richardo Munitiones redderent, eumque recipientes, in Principem „ confecrarent.

(b) Breviario Romano die 6. Oëtobris: *Cùm enim Rogerius Capuam obfideret, eumque Sergius quidam excubiarum magifter prodere ftatuiffet; Bruno, adhuc in diëto heremo vivens, in fomnis illi omnia aperiens, ab imminenti periculo Comitem liberavit.*

Riccardo XXVIII. Conte, e XIX. Principe nell'anno 1119.

XXXII. Morendo il Principe *Ruberto*, lasciò *Riccardo III.* (di questo nome) suo figliuolo erede e successore del Principato di Capoa; e vi regnò per trè soli anni, al rapporto del *Caracciolo*. Avendo egli avuta la sorte nell'anno 1130. di ricevere nella Città di Gajeta Papa *Gelasio II.*, perseguitato da *Arrigo IV.* Imperadore: quale ajutò al possibile unitamente con *Guglielmo* Duca di Puglia.

Giordano XXIX. Conte, e XX. Principe nell'anno 1124.

XXXIII. Il Principe *Giordano II.* fu figliuolo di *Riccardo*, regnò per pochissimo tempo, e perfezionò il Tempio Maggiore di Aversa, a cui avea dato principio il Principe *Riccardo* suo Padre. Leggendosi su la porta piccola del medesimo questi due versi:

Princeps Jordanus, Riccardo Principe natus;
Quæ Pater incepit, prius hac implenda recepit.

Finì di vivere nell'anno 1126.

Ruberto XXX. Conte, e XXI. Principe nell'anno 1127.

XXXIV. L'ultimo Conte, e Principe di Capoa fu *Ruberto II.* di questo nome, figliuolo di *Giordano*. Egli dopo dodici anni di travaglioso Governo (a cagione di *Ruggiero* nuovo Re di Sicilia a cui si era opposto), fu alla perfine discacciato da Capoa l'anno 1139. portandosi dall'Imperadore *Corrado II.* in Alemagna, colla fiducia di essere da lui riposto nel possesso de suoi Stati. Ma ancorche l'Imperadore lo ricevesse con segni di straordinario affetto, pure non potendo allora quel Monarca calare in Italia, restò deluso il Principe *Ruberto* nelle sue speranze, giusta il racconto di *Goffredo da Viterbo* (a). E così finì questa Dinastia, già posseduta da Prencipi Longobardi per anni 406, e per lo spazio di altri 77. da Prencipi Normanni. Avendola il Re *Ruggiero* unita alla Corona Regale, e destinatala per Titolo a figliuoli de Monarchi Napoletani : (eccettane

la

(a) Goffredo di Viterbo in Pantheon apud Muratorium Tom. VII. pag. 279. „ *Anno ab Incarnatione Domini* 1139. . . . . His temporibus, „ Rogerius Siciliæ, & Apuliæ Regem se præcepit appellari. Princeps Ro- „ bertus Capuanus cùm omnibus Comitibus expulsis ad Regem Conradum „ secessit. Rex benignè omnes suscepit, & longo tempore secum in Ale- „ mania tenuit: sed in Apuliam venire non potuit, quia eum gravis Im- „ perij necessitas præpedivit.

la Regina *Giovanna II.* ed il Re *Alfonso*, che la diedero a *Braccio Pe-*
reggino, per averlo in loro ajuto, secondo *Gianantonio Campano* (*a*).

CAPITOLO SESTO.

Delle varie Contee e Feudi, che i Longobardi
fondarono nelle nostre Regioni.

I. **A**Ncorche i Longobardi nel primo loro ingresso in Italia divi-
desero le loro conquiste in tante Ducee (tra le quali tre furono le principali, quella del Frivoli, quella di Spoleto, e quella di Benevento; e le altre furono inferiori al numero di 36. : quali il Re *Al-*
boino volle che fussero diecennali, ed il Re *Autari* più appresso le fece per-
petue, colla contribuzione annuale alla Reggia di Pavia della metà delle Gabelle, che riscuotevano); nientedimeno nelle Regioni di cui si compone oggidì il Reame di Napoli; niun altra Ducea vi fu, fuorche quella
di Benevento : dalla quale si originò poi il Principato di Salerno, e da
questo l'altro di Capoa. Nel restante altri Titoli fuori dell' enunciati
non s' intesero appo noi durante il Governo de Longobardi, senonche di
CONTEE: le quali si andarono tratto tratto moltiplicando per collocarvi
i *Secondogeniti*, ed altri dipendenti da Regal Sangue, per i quali non era
luogo ne' principali Governi di Benevento, di Salerno, e di Capoa. E
perche da queste Contee inferiori ebbero origine i FEUDI nelle nostre
Provincie, perciò di esse andaremo quì brevemente discorrendo. Riserbandoci per il Capitolo ottavo di ragionare delle molte Cariche inferiori,
spezialmente de' Giudici, e de' Gastaldi : non essendo stati in uso in tempo
de Longobardi i *Marchesati*, come osserva *Lodovico Antonio Murato-*
ri (*b*). Nè parlaremo quì de *Duchi*, perche ne fu bastantemente ragionato

(a) Gianantonio Campano in Vita Bracij lib. 4. ,, *Sed* quia hæc vere-
,, cundius accipi, quàm dari videbantur; statim Brachium Fogiæ, quæ
,, est Apulorum Civitas Comitem, & Capuæ Principem declaravit . . . .
,, Initio subsequentis anni, qui fuit primus supra mille quadringentos, &
,, viginti, Nuncios mittunt, qui eum ad ferendum sibi adversus Ludovi-
,, cum Sfortiamque auxilia, magnis conditionibus invitarent. Inter eas præ-
,, cipua hæc fuit, quod Capua liberè ejus potestati cùm suis Arcibus da-
,, batur . . . . Allectus est ad has conditiones Brachius : sed non
,, ante pedem ex Umbria efferre voluit, quàm ab eo Præfectis Capuam
,, Civitatem cùm suis Arcibus deditam intellexit. Tandem, Junio mense,
,, auxiliari denso agmine instructo, ad Reginam Alphonsumque per Pe-
,, lignos *venit.*
(b) Lodovico Antonio Muratori, Differ. 6. Rer. memor. Italic. ,, *Ex-*
,, *tra* omnem dubitationem positum reor, sub Regibus Longobardis inau-
,, di-

to nel Libro 4. al Paragrafo 2. del Capo 4.

II. Intanto fia bene faperfi, che 'l nome di *Conte* preffo gli Antichi altro non dinotava, che un femplice *Compagno*, come preffo *Lucano* (a) e *Tullio* (b). Poi nella divifione delle Provincie, e nella diftribuzione delle Cariche, che fece l' Imperadore *Coftantino*, il nome di *Conte* pafsò ne primi Uffizj della Corte, non meno riguardo a quel, che toccava il Militare, che rifpetto alla Polizia del regio Palazzo, ficcome fovra nel *Numero* 19. del Capo 1. notiziofli : SEX COMITES REI MILITARIS, ... COMES SACRARUM LARGITIONUM, COMES RERUM PRIVATARUM, COMES DOMESTICORUM EQUITUM, COMES DOMESTICORUM PEDITUM. Da quali, e fpezialmente de' Conti Palatini, fpiegaremo qualche cofa nel Tomo IV. al Capo 3. del Libro 16. defcrivendo i Miniftri del regio Palazzo Napoletano.

III. Poi, appò i Goti, i Germani, e i Galli (da quali i Longobardi l' apprefero), fotto nome di *Conti* venivan coloro, i quali dopo aver fervito i lori Prencipi in Guerra, e dopo di effere divenuti efperti nel meftiero nell' Armi, fi deftinavano alla cuftodia delle Cittadi, acciocche colle loro milizie le difendeffero da nemici infulti. S' introduffe poi la coftumanza di raccomandare loro anche l' amminiftrazione della Giuftizia fopra quei Popoli, a quali ferviva di cuftodia, come và alla lunga fpiegando *Lodovico Antonio Muratori* (c).

IV. Dal nome de' Conti fi originò poi quello de' VICECONTI : i quali altro non erano, che Vicarj de' Conti tanto in amminiftrare a' Popoli la giuftizia, quanto in regolare i foldati nella milizia, allorache i Conti o per infermità, o per altro accidente non poteano da fe difimpegnare la

Tom. III. Qq pro-

,, ditum in Italia foiffe, aut certè nufquam ufurpatum nomen, nè dùm ,, munus MARCHIONIS, Regnantibus ijs, in eorum minifterio nullos ., alios invenias, nifi Duces; Comites, aut Judices, Gaftaldios, Sculda- ,, fcios, aliaque id genus *nomina.*

(a) Lucan. lib. 6.
    Scire Senatus amat, Miles te, magne, fequatur
    An Comes . . .

(b) Tull. de Amic. *Neque fe Comitem illius furoris, fed Ducem præbuit.*

(c) Muratori loc. cit. differ. 8. ,, *Comitis* nomen Urbium præfectis fub ,, hac fignificatione tribuunt Germaniæ Populis, hoc eft Gothis, & præ- ,, fertim Francis in Galliam, & Italiam progreffis. His quippe familiare ,, fuit, latina voce Comites appellare fuis Civitatibus præfectos . . . ,, Illud verò nomen inde natum videtur, quod Proceres Regi, aut Duci ,, in bello comites effent, & præftantioribus Militiæ militibus fungerentur. ,, Cum verò fingulis poftea Civitatibus præficeretur Militiarum turmarum ,, Caput, Comitibus Regis, aut Ducis hujufmodi munus committebatur; ,, qui fenfim etiam Civile munus fufceperunt . . . . . Et fanè duo præ- ,, cipuè hujufmodi Comitum munera fuere, unum, videlicet, Juftitiæ Po- ,, pulis miniftrandæ; alterum fibi Militiæ fubjectæ, quando in bellum eua- ,, dum erat educendæ, atque *regendæ.*

propria incumbenza, come fiegue a dire il *Muratori* (a).

V. L'Uffizio de Conti era di grandiffima ftima ne Secoli andati, ed uguale a quei de Prencipi. Sì perche effi erano perpetui ne loro impieghi (come fono oggidì i Governadori de Caftelli, e delle Fortezze), sì anche perche erano rare le loro Contee, e fotto di fe qualche Città principale con molte Terre e Cafali comprendeano. Ma in apprefto moltiplicate affai le Contee, e ridotte talvolta ad una femplice Città, e ad un picciolo Luogo; fe n'avvilì il decoro, come l'anzidetto *Muratore* foggiugne.

VI. Quefte Contee, non da altri, che de Longobardi furono nelle noftre Regioni intredotte; non effendo ftate in ufo appo i Goti (a riferva della *Comitiva Napoletana*, di cui favellammo nel Capo 5. del Libro 1.) e molto meno de Greci, i quali ebbero per lo più le Ducee, come nel Capo 2. del Libro 5, dimoftroffi. E febbene i Longobardi vi fondarono da principio la fola Ducea di Benevento, con un Principe quafi di fovrana autorità; pure perche abbifognava tenere le Milizie in varj altri Luoghi per cuftodia dello Stato; perciò da medefimi Duci e Prencipi erano effi diftribuiti per le Città fovradette, acciò vegliaffero alla difefa della Signoria, e teneffero gli Abitatori in freno coll'amminiftrazione della Giuftizia: dando loro il nome di CONTI, ed alle Cittadi ove rifedeano il Titolo di CONTEE. Perloche nella Divifione del Principato di Benevento da quello di Salerno l'anno 851. a *Sichendolfo* Principe di Salerno toccarono le feguenti Contee in porzione, *Taranto*, *Ladiano*, *Caffino*, *Cofenza*, *Laino*, *Lucania* (cioè *Peflo*), *Confa*, *Montella*, *Ruoti*, *Salerno*, *Sarno*, *Cimitino*, *Forca Gaudina*, *Capoa*, *Tiano*, *Sora*, e metà del Contado dell'*Acerenza*, come dell'*Articolo* 9. di detto Capitolare, da noi trafcritto nel Capitolo 4. al *Numero* 6. Reftando per *Radelchi* Principe di Benevento i Contadi di *Penne*, *Chieti*, *Alife*, *Sant'Agata*, *Bojana*, *Ifernia*, *Cajazzo*, *Aquino*, la metà di *Acerenza*, e non sò qual altro, fon quelli de *Marfi*, e di *Molife*.

VII. Tra quefte Contee la più celebre e antica fi crede effere ftata quella di MOLISE: la quale fi vuole fondata fin da tempi di *Grimoaldo* nell'anno 667. allor quando, incoronatofi quefto in Re di Lombardia, lafciò *Romoaldo* fuo figliuol naturale in Benevento. Ed effendofi in quefto mentre portato da lui (non fi sà per qual cagione) in Pavia *Alzeco* Duca de *Bulgari*, il diè ricapito in Benevento; acciò ferviffe di foftegno al figlio negl'infulti de'Greci: e li fu da *Romoaldo* affegnata per appannaggio la Contea di *Molife*, come fi pofe in chiaro nel Libro 2. del Tomo I. al *Numero* 1. del Capo 10.

VIII.

(a) Muratori loc. cit. ,, Quod in omnibus ferè Officiis accidit, contingebat etiam Comitibus, Civitatum rectoribus: nempe, ut ipfi ab ufu muneris fui interdum feriari cogerentur . . . quo tempore, nifi eorum vices quifquam alius fuftinuiffet, Urbium tutelæ, & Populorum regimini malè confultum fuiffet. Quare, mos invaluit, ut ipfis Comitibus Vicarius daretur; appellatus propterea VICECOMES: quem deinde Italica lingua appellare confuevit VISCONTE.

VIII. Dalle Ducee e da Contadi, che fondarono i Longobardi tanto appo noi, che nel restante d'Italia, ebbero origine i FEUDI. E quantunque *Carlo Molineo* (a) si sforzi di darne a' Francesi la gloria; pure *Arturo Duck* (b) in ciò fortemente se l'oppone, donandola a Longobardi: dicendo lo stesso il nostro Reggente *de Ponte* (c). Peroche, quantunque le Ducee, ed i Contadi si assegnassero da Prencipi Longobardi a loro Duci e Conti in semplice *Usofrutto*, ed in *Governo*, e non già in *Signoria e Proprietà*; nulladimeno coll' andar del tempo passarono in pieno dominio de loro possessori; i quali in nome proprio, e con piena autorità li governarono: spezialmente quando si estinse la Monarchia de Longobardi in Italia, ed *Arechi* Duca di Benevento prese il Titolo di *Principe assoluto*. Qual dritto poi passò anche in Salerno, e si diffuse in Capoa: i Sovrani de quali, per collocare in grado convenevole i loro figli, fratelli, e nipoti, li davano queste Contee in appannaggio. Essendosi diramato anche il Principato di Capoa nelle Contee di *Fondi*, di *Venafro*, di *Sessa*, di *Caserta*, ed in altre somiglievoli. Vuole *Guido Pangirolo* (d) che 'l Re *Autari* dasse le Ducee a suoi famigliari, colla facoltà di lasciarle a' loro figli maschi. Con regolarsi appresso gli altri Popoli in *Materia Feudale* alla somiglianza de Longobardi, come avvertisce *Ornio* (e); e facendosi altresì delle Costituzioni de Longobardi, un nuovo Corpo di Leggi, che *Feudali* vengon dette; e che l'Imperador *Federigo II.* fe aggiungere nell' *Autentico*, secondo *Gio. Eineccio* (f). E stanteche al cadere del Regno de Longobardi in Italia colla prigionia del Re *Desiderio*, durò la Ducea di Benevento per altri tre Secoli in appresso; perciò la Ragione Feudale de Longobardi nelle nostre Provincie più tosto, che in quella di Lombardia si andò perfezionando.

Q 1 *   CA-

(a) Carlo Molineo in Consuetud. Parigin. tit. de feudis num. 5.
(b) Arturo Duck lib. 1. cap. 6. num. 5.
(c) Reggente de Ponte in lect. feudal. 1. *Arighis*.
(d) Guido Pangirolo lib. 1. var. lect. cap. 96. *Ducibus Urbes, Dominio supremo sibi reservato, concessit; quas ad stirpes viriles tantum transmitti voluit.*
(e) Ornio Jurisprud. feudal. cap. 1. parag. 8.
(f) Eineccii Histor. Jur. Civ. Rom. lib. 1. §. 41. *Quum vero multae in Foro quaestiones etiam de feudis incidenter, de quibus nihil sancit Jus Justinianeum, & in Italia scriptae circumferrentur* CONSUETUDINES FEUDORUM LANGOBARDIAE, *à Philiberto Episcopo, Gerardo Nigro, & Ob. Ab. Orto, Coss. Mediolanensibus (qui ab Ottone Frising. de Gest. Frider. 21. 23. memorantur,) & ab aliis fortasse collectae; eas, una cum Constitutionibus Conradi III. & Fridericorum Imperatorum, sub titulo Decimae Collationis, Novellis subjecit Hugolinus Ictus Bononiensis. Quod postea* FRIDERICUM IMPERATOREM RATUM HABUISSE, *referunt Engelbus, Chron. p. 115. Pancirol. variar. Lect. 1. 90.*

CAPITOLO SETTIMO.

Delle Guerre sofferte da Longobardi in queste nostre Regioni.

I. MOlte furono le *Guerre*, alle quali foggiacquero i Longobardi per fondare la loro Signorìa nelle Regioni nostrali. Atteso che, oltre a' Greci principalmente interessati in questo affare, vi furono gli Imperadori Latini, che malamente li soffrivano in Italia. Vi furono anche i Saracini, che di continuo l'infestarono; e vi furono finalmente i Normanni, che li spogliarono de loro Stati all'intutto. Essendovi pure state delle crudeli guerre tra li stessi Longobardi: come furono quelle tra *Arechi* Principe di Benevento, e *Sichendolfo* nuovo Principe di Salerno: l'uno e l'altro de quali chiamò i Saracini in ajuto, come si disse nel Capitolo secondo.

II. Però le Guerre più sanguinose, che soffersero i Longobardi, furono quelle che ebbero con Greci: mentre, per quello riguarda gl'Imperadori di Occidente, non essendovi forze bastevoli a resistergli, bisognava senza contrasto soffrirne il comando. E toltane la prima riparata che fece il Principe *Arechi* all'armi del Re *Pipino* nelle Città di Benevento (ancor che poi per farli distogliere l'assedio, fusse costretto darli *Grimoaldo* suo figliuolo, con dodici Nobili Beneventani in ostaggio, oltre l'annuo tributo che li promise); gli altri Principi in Benevento, in Salerno, ed in Capoa, ora furono da quei privati delle loro rispettive Signorìe; ed ora, posti in catena, furono esiliati di là de Monti, siccome ne Capitoli precedenti osservossi, trattando di ciaschedun di loro in particolare. Così pure passò la cosa co' Normanni: conciossiache toltane la resistenza, che fece il Principe *Gisulfo* in Salerno al Duca *Ruberto Guiscardo*, suo cognato (da cui alla perfine fu spogliato della sua Signorìa), e quella che fece in Capoa il Principe *Landolfo* a *Riccardo* Conte di Aversa (che pur finalmente li cedè quella Contea) tutti gli altri Longobardi volontariamente a loro si resero. Le guerre poi de Saracini furono più tosto scorrerie, che altro: essendo venuti in queste parti solamente per far rapine, e per distruggere.

III. Onde con ragione le Guerre più sanguinose, che ebbero i Longobardi appo noi, come si disse, furno quelle che soffrirono da Greci: i quali non solo vollero conquistare delle Provincie nel loro dominio, ma si sforzarono di vantaggio di mantenere le conquiste e dilatarne i confini. E perche altri furono i Greci, che abitarono in Puglia lungo il Mare Adriatico, ed altri quei che soggiornarono nella sponda del Mar Tirreno (quali fra gli altri furono i Napoletani); noi qui ci asterremo di favellare delle Guerre tra Greci di Puglia e Longobardi, per averne ragionato nel Capo 3. del Libro antecedente; e soltanto rapporteremo le Guerre cogli altri Greci in tre Paragrafi: per essere stati i Longobardi altri Beneventani, altri Salernitani, ed altri Capoani.

PA-

PARAGRAFO PRIMO.

Delle Guerre, che ebbero i Prencipi di Benevento colli Duchi di Napoli.

IV. LA prima Guerra, che ebbero i Longobardi con i Greci (ch' è quanto a dire i Principi di Benevento con i Duchi Napoletani) fu quella dell'anno 715. nel Castello di Cuma: allorache avendo *Romoaldo II.* Duca di Benevento, occupato di soppiatto quella Fortezza, senza volerla restituire alle raddoppiate preghiere di Papa *Gregorio II.* ed alle molte promesse da costui fatteli; *Giovanni* Duca di Napoli, detto per sovranome il *Cumano*, a conforti del medesimo Pontefice, coll'assistenza di *Teodoro* Suddiacono della Chiesa Romana, di notte si portò in Cuma: e stringendosi all'improvviso sovra de Longobardi, che vi stavano spensieratamente alla guardia, ne passò trecento a fil di spada, e cinquecento ne condusse prigionieri in Napoli, siccome coll'autorità di *Anastagio Bibliotecario* si pose in chiaro nel Libro 7. del Tomo I. al *Numero 13.* del Capo 4. e sovra nel Libro 4. al *Numero 15.* del Capo 6.

V. Surse poi nuova Guerra tra *Arechi* primo Principe di Benevento e *Stefano I.* Duca di Napoli intorno all'anno 774. originata dall'assedio che fece *Arechi* della Città di Amalfi, la quale allora si appartenea alla Signoria Napoletana. Peroche i Napoletani portandosi in soccorso degli Amalfitani, disfecero l'Esercito Beneventano, e molti Capitani condussero prigionieri in Napoli, giusta quel tanto che a *Carlo Magno* scrivea il Pontefice *Adriano I.* nella sua Pistola, da noi trascritta nel Libro 4. al *Numero 13.* al Capo 5. Dalche acceso di sdegno contro de Napoletani il Principe *Arechi*, non tralasciò di bersagliarli in mille maniere: e tra l'altre si portò a capo del suo Esercito a porre l'assedio alla propria Città di Napoli. Quale strinse in modo, che'l Duca *Stefano* vedendosi in angustie, fu costretto cercarli Pace. E per venire a capo di essa, li diè *Cesaria* suo figliuolo in ostaggio, come rapportossi nel Libro 4. al *Numero 23.* del Capo 4. Nel qual trattato di Accordo col nome di *Capitolare*, il Principe *Arechi* la fece da Legislator sovrano, per servirmi della frase di *Lodovico Antonio Muratori* (a).

VI. Il *Capitolare* anzidetto, che *Arechi* diede al Duca *Stefano*, è del tenor che segue, come si legge presso lo stesso *Muratori* a carte 339.
DE

(a) Muratori Tom. II. Script. rer. Italic. pag. 335. *Princeps iste Arechis praeter summa Dynastiae insignia, nimirum Principis nomen, & Coronae usum, LEGIS ETIAM CONDENDAE POTESTATEM, deleto Rege Longobardorum Desiderio, videtur usurpasse; & post annum Christi* 774. *has edidisse Capitulare.*

DE PACTO ARECHIS, PRINCIPIS BENEVENTANI CUM JUDICE NEAPOLITANORUM, DE CAMPO LEBURIÆ.

1. *Item, Confuetudo Leburiæ & Pactum.*

,, *Incipit* Pactum, quod conftituit Dominus Arechifi, gloriofus Prin-
,, ceps, cum Judice Neapolitanorum, de Servis, & Ancillis, & de Ter-
,, ris, & de *Legurias*, & de *Tertiatoribus*, quæ communis eft inter Par-
,, tes.

2. In primis de Leburia : ut quantum Neapolitani per 20. annos ufque
,, modo in Dominicatu tenuerunt, nec Cenfum inde in partes Longobar-
,, dorum perfolverunt, fecuriter poffideant. Similiter, Longobardi quantum
,, per 20. annos in Dominicato ufque modo tenuerunt, nec Cenfum iifdem
,, in partes Neapolitanorum perfolverunt, fecuriter poffideant. Alia ve-
,, rò omnia Fundora fundata, five Exfundata, Homines, & Terras, qui-
,, bus folidi non funt dati, dividimus per medium. Terras autem in qui-
,, bus folidi dati funt, per fcripta firmantes ipfas Chartas per Sacramenta
,, cum tribus perfonis intus domum fuam. Si voluerimus ipfas Terras in-
,, ter partes recolligere, licentiam habeant Neapolitani reddere medieta-
,, tem ex ipfis folidis, & Longobardi fimiliter, & dividere ipfas Terras
,, per medietatem ; five autem dividantur per tres, unam partem tollent
,, Longobardi, aliam Neapolitani, & aliam, qui ipfos folidos datos habent.
,, Facientes inter utrafque partes hanc firmitatem in fcriptis, ut à tunc
,, fecuriter Longobardi tertiam partem, & Neapolitani tertiam, & ipfi ho-
,, mines, qui habitant in ipfa Fundora poffint infiduciare, vel vendere,
,, aut per qualecumque argumentum alienare in parte Neapolitanorum. Et
,, fi factum fuerit ; ipfos folidos pareant, & ipfas res revertantur in par-
,, tem Longobardorum. Similiter ex parte Neapolitanorum perficiatur. Exce-
,, ptuamus ab his omnia Fundora de Leburias, qui pertinent ad Comitatum Ca-
,, puanum, Fundora, & Exfundora, & Homines, & Terras : quæ vobis
,, per Capitularem dedimus ; quæ vos nobis aliquando relaxaftis. Et omnia
,, quæ in parte Longobardorum venerunt ; per nullum modum, aut qua-
,, lecumque ingenium, quærant habere dominationem Longobardi. Et Ter-
,, ras, feu Settos, quos Longobardi divifos habent inter fe, fi compren-
,, ferit qualifcumque Neapolitanus ; ex inde Servum ex parte Longobardo-
,, rum componat folidos 100. Et fi alias qualefcumque res ex inde pigno-
,, raverit ; componat de una caufa 9. Similiter ex parte Longobardorum
,, perficiet.

3. Si quis Longobardus habet comperatas Terras in Liburia, & Car-
,, emptionis inde oftenderit, & pars Neapolitanorum intentionem inde
,, miferit ; jurent à parte Longobardorum tres homines fex hominibus, qua-
,, les Neapolitanorum quefierit, dicentes per Sacramentum : *Quia ifta Car-
,, veraces funt* ; Et deinde pars Longobardorum retineat fibi duas fortes de
,, hifdem Terris ; una pars Longobardorum, aliam prò ipfis folidis datis :
,, tertiam verò fi confentit inde habere partem Neapolitanorum, Car often-
,, derit, quas ei quifque homo fuiffet de Terris in Liburiam. Si audet
,, prior de Capua jurare tres homines de fex, quales pars de Neapolis que-
,, fierit, dicentes per Sacramentum : *Quia ifta Terra quas emptas habe-
,, re dicitis, de illis hominibus fuerunt, qui tenfum reddiderunt in Ca-
,, pua : & fic eos habuerunt Comitens Capuanus, ficut alios Maffarios de Li-
,, buria*

,, *burta abberentur*; istæ Cartulæ à tribus hominibus de sex, quales pars
,, de Capua quesierit ; & si voluerit pars de Capua reddere med. de ipsi
,, solidi, quas ipsæ Cartulæ continent ; dividantur ipsæ Terræ pro med.
,, Et si voluerint reddere med. de ipsi solidi, dividantur ipsæ Terræ in
,, tertiam partem : unam partem tollat ex inde pars de Neapolim prò ipsa
,, Hospitatica, & aliam pro ipsi solidi ; tertiam partem tollat ex inde pars
,, de Capua.

4. Si orta fuerit intentio de Fundis exfundatis, & dixerit una pars,
,, quia ista Fundora de talibus Tertiatoribus fuerunt ; & alia pars dixe-
,, rit, quia non fuerunt de his Tertiatoriis, quos dictis, sed de istis fue-
,, rint quos nos dicimus ; non sit inde Sacramentum, ut una quælibet pars
,, in perjurium ex inde incurrat. Inquiratur diligenter, ad qualia hos Pi-
,, tatica fuerunt pertinentia antiquitus ; & tunc sine Sacramento & periu-
,, rio inde possit esse finis.

5. Si censilis homo de Liburia patitur oppressiones à parte de Neapo-
,, lim, & voluerit exfundare se de ipso Fundo, ponat post Regiam domus
,, suæ ipsam Fustem, sicut antiqua fuit consuetudo, & vadit ubi voluerit,
,, Si autem pars de Neapolim cùm pars Longobardovum potuerit revoca-
,, re ipsum Tertiatorem in ipsum fundum, & fundare illum ibi ; potesta-
,, tem habeant ; & serviat ambobus partes, sicut antea servivit. Et si hoc
,, facere non potuerint, aut non valuerint ; dividant inter se fundum, &
,, Terris ipsius.

6. Si Liburianus serbus de Longobardis mortuus fuerit, habeat ipse
,, Longobardus in potestate sua omnes res illius.

7. De servis communibus ita fiat : si exierit de ipso Fundo servus ipse,
,, & intentio de eo orta fuerit, ut ipse Longobardus inde eum mobuisset,
,, aut ad manum eum apprehendisset ; si non audet jurare ipse Longobar-
,, dus, quòd ille eum ex ipso Fundo non mobuisset, aut ad manum eum
,, non apprehendisset ; inveniat illum, & revocet eum in ipso Fundo. Alia
,, talem faciat ipse Neapolitanus ad ipsum Longobardum, si eum inde
,, quisierit. Nam si sua voluntate, sive consilio de ipso Longobardo, aut
,, de ipso Neapolitano motus fuerit ipse servus de ipso Fundo, & vadit
,, in Terram aliam ; tunc dividant ipse Longobardus, & ipse Neapolita-
,, nus ipsum Fundum per medietatem cùm omnibus pertinentibus de ipso
,, Fundo. Tamen quandocumque extra dominationem de Neapolim inve-
,, nerit ipse Longobardus eundem servum ; apprehendat eum & habeat eum
,, suæ potestatis, licut suum *propium* &c.

VII. Questa Pace, ch'il Principe *Arechi* diede a Napoletani, non fu
di molta durata. Peroche dopo la di lui morte, e dopo quella di *Grimoal-*
do di lui figliuolo, quando preso il Governo l'altro *Grimoaldo* suo Tesoriero ; questi mosse nuova guerra a Napoletani intorno all'anno 810., a causa
di *Dauferio* Salernitano : il quale dopo avere in darno cercato precipitare
Grimoaldo da un ponte che sporgea nel Mare, andò a ricoverarsi in Napoli, dove il Principe colle sue Squadre si pose ad inseguirlo. Ma uscen-
doli incontro lo stesso *Dauferio* co'l Duca *Teotisto*, e colla Gente che
a quell'improviso assalto si potè mettere in ordine ; si fe un sanguinoso
conflitto dall'una e l'altra parte ; e la peggiore toccò a Napoletani. Con-
ciossiachè *Grimoaldo*, cogliendoli in luogo stretta, ed impedendoli il riti-

ro in Città, ne uccise da cinqua mila: a grande stento salvatisi *Teolifo*, e *Daufero* dentro le mura: non senza rampogne e villanie di quelle Donne, che piangevano per morti i loro congiunti. E fu poi posto fine a tanto male collo sborzo di otto mila scudi di oro, che si diedero a *Grimoaldo*, giusta l' Autore sincrono della *Storia Longobarda* appo *Lodovico Antonio Muratori* (a).

VIII. Morto indi il Principe *Grimoaldo*, e succedutoli *Sicone*, questi ancora nell'anno 828. mosse Guerra a Napoletani; sul pretesto, che i medesimi avessero discacciato *Teodoro II*. suo Amico, ed eletto *Stefano II*. in di lui vece per Duca di Napoli: ch'egli poi fece miseramente assassinare, come fu detto nel Libro 4. al *Numero* 49. del Capo 5.: e volle che in suo luogo fusse eletto *Buono*, uno de Sicarj di *Stefano*, che li fece tributaria quella Città, come fu soggiunto nel *Numero* 32. del luogo anzidetto. Qual Censo fu chiamato *Collata*, e *Pristina*, giusta il Capitolare che *Sicardo* figlio *Sicone* diede poi a Napoletani, come si vedrà poco giù. Ed il medesimo *Sicone* si sarebbe anche impadronito di Napoli, quando la cinse di assedio, se la vigilanza del Duca *Stefano* con un soprafino stratagemma non avesse saputo ingannarlo. La cosa andò così. Vi avea il Principe anzidetto aperta già la breccia da quella parte che riguardava il Mare; a segno tale che i nimici incominciarono tratto tratto per quella a cacciarsi dentro. Quando il Duca *Stefano* li fe sentire, che essendo già sua la Città, induggiasse fino al dì vegnente, senza farvi perallora entrar Soldati, perocche egli, intento ad apparecchiare il bisognevole, ve l'avrebbe fatto entrar trionfante, accompagnato da tutta la sua milizia. E per dar un colore più vivo all' incespellatura, li mandò in ostaggio la madre e due suoi figliuoli. Si appagò a queste rimostranze *Sicone*, e fe sospendere il tutto siro alla mattina seguente, che aspettava con impazienza, per fare colà solenne l'Ingresso. Ma *Stefano* in quella notte si affaticò in modo, che il giorno appresso si vide rifabbricata per intiero la Muraglia, e que' di dentro

in

(a) Anonimo apud Muratorem Tom. I. Part II pag. 237. „ *Quo comperto* „ *Grimoaldo*, *reu segniter egit*, sed confestim iter erga Neapolim aggreditur, „ Exercitumque post se accelerare jubet. At ubi juxtà memoratam applicuit „ Urbem, continuò multæ juventutis populus ejusdem Civitatis armis evectus „ obvius illis audaciter exivit in prælium. Quod ille ut intellexit; preti- „ bus itinera eorum revertendi prius irretere molitus est, & ita demum in „ eos insurgere voluit. Tantamque denique stragem hostium cæpto bello „ mari, terræque fecit; ut Fretum adiacens vix septem, & eo amplius dies „ cruore occisorum purgaretur. Et ut ab ejus incolis referentibus comper- „ tus sum anno 814., quinque millia ferè hominum eadem tunc in Acie „ occubuere. Idem enim Dauferius una cùm Magistro Militum, soli elapsi „ fugibundi mænia illius Urbis tandem ingressi, nec ibi siquidem requiem „ capiunt. Nam egressæ conjuges virorum peremptorum, gladiis inseque- „ bantur illos, dicentes: reddite nobis ò caduci viri perditores quos æqui- „ ter interfecistis . . . . . Profuga Dux dedit in Exenium octo millia „ aureos supradicto Principi, & memoratum Dauferium ad pristinam redi- „ it gratiam.

in armi per difenderla. Dal che deluso *Sicone*, dovè sciogliere vergognosamente l'Assedio, secondo l'*Anonimo* (a) sovracitato.

IX. Quindi, acceso egli piùche mai di sdegno contra del Duca; lo fe (come si disse) miseramente assassinare: ed eletto *Buono* in sua vece, finirono le discordie. Quali alla morte di *Sicone* ripullularono più vigorose che mai, per avere il Duca *Buono* ricusato di pagare il promesso Tributo al Principe *Sicardo*, figlio e successore di *Sicone* nella Signoria di Benevento. Laonde questo nuovo Principe incominciò a bersagliarlo, come pur fece a *Lione* di lui figliuolo, e poi ad *Andrea*, altro Duca. Il quale non potendo più soffrire le di lui violenze, chiamò i Saracini in soccorso: travagliando in tal modo le Terre e gli altri luoghi della Ducea Beneventana; in guisa che *Sicardo* intimorito all'ultimo segno, cercò pacificarsi con essolui, restituendoli tutti i prigionieri, e promettendoli un nuovo Capitolare di pacificazione, come dice *Gio: Diacono* (b) nella sua Cronaca.

X. Partiti poi da Napoli e da vicini Luoghi i Saracini, il Principe *Sicardo* non volle saper altro del promesso Concordato: anzi si portò all'Assedio di Napoli, e strinse vigorosamente per ogni intorno quella Città, che era molto dalla fame angustiata. In qualmentre ricorrendosi un altra volta alle astuzie, ingannarono anche costui; e facendoli disciorre l'Assedio, ebbero la conferma del loro Capitolare. Fecero essi un gran mucchio di terra in mezzo la Città; lo cuoprirono superficialmente di Grano, e fecero con umili preghiere sentire al Principe *Sicardo*, che si compiacesse inviare dentro della medesima qualche suo Ministro; volendo capitolare la resa della

Tom. III.   R r   *Piaz-*

(a) Anonimo Salernitano loc. cit. ,, *Per idem tempus Neapolitanis*
,, *bellum à Sicone creberrimum motum est: & Civitas valde obsessa, &*
,, *fortiter scorpionibus, & jaculis oppugnata, penè capta esset, si desuis-*
,, *set ingenium. Nam juxtà oram maris muro, arietibus, & machinis*
,, *penitùs eliso; jam cùm catervatim Siconis populus Urbem ingredi cona-*
,, *retur; Dux jam dictæ Civitatis, data mox obside genitrice sua, ac duo-*
,, *bus propriis liberis, magnopere cùm valida arte efflagitans, per nun-*
,, *cios misit ita: Tua est Urbs cum universis, quæ intra se retinet. Pla-*
,, *ceat ergo Pietati tuæ jubere, ne inter prædam detur. Crastina enim die*
,, *cùm triumpho victoriæ gloriosissimè ingredere, possessurus nos, omniaque*
,, *nostra. His ergo sugestionibus fidem accomodans; diem sustinuit ventu-*
,, *rum,* SUBSEQUENTI VERO' NOCTE, INTERRUPTA URBS
,, MURO FORTISSIMO FIRMATA EST; & *crepusculo, quo se suam-*
,, *que tradere pollicitus est Civitatem; arma bellica suscipiens, contra eum*
,, *se erexit ingenti certamine.*

(b) Gio: Diacono in vita Joannis Aquaroli: ,, *Contra hunc Andream*
,, *Sicardus Beneventi Princeps filius Siconis innumerabiles molitus est ir-*
,, *ruptiones. Pro quibus commotus Andreas Dux, directo Apocrisario, va-*
,, *lidissimam Saracenorum hostem ascivit. Quorum pavore Sicardus perter-*
,, *ritus, infido cùm illo quasi ad tempus inito Fœdere, omnes ei captivos*
,, *reddidit.*

Piazza. Il Principe vi mandò *Rofrit* suo Capitano: il quale giunto nella Piazza; e vedutovi quel gran monte di Grano; addimandò quei Abitatori, che cosa mai quel Grano volesse dinotare? Risposero essi, che essendo soliti tener piene le Case di Formento, ed essendo già imminente la nuova Ricolta, aveano ripuliti i Magazini, e gittato colà il Grano d'inferior condizione. Poi dando a lui un foglio, ove promettevano voler sodisfare al Principe *Sicarda* l'annuo Tributo promesso dal Duca *Buono* al Principe *Sicone*; li diedero in dono un baritetto di Monete, acciò insinuasse al Principe di torre l'assedio da Napoli. In fatti ritornato egli nel Campo, e raccontata al Principe l'abbondanza di Grano che era in Città, e che era vano ogni suo tentativo per astringere quei Abitatori a rendersegli a forza d'Armi; li persuase a contentarsi del Tributo promessoli, e di ritirarsi in Benevento, come fece: ratificando pria il Capitolare, come dice l'*Anonimo Salernitano* (a) nella sua Cronaca. Aveano fra questo mentre i Napolitani fatto ricorso all'Imperador *Lotario*, che li spedì in ajuto *Contardo* suo fido Capitano. Ma questi giunto in Napoli, trovò morto il Principe, e fermato il Capitolare di Concordia, secondo dicemmo nel Libro 5. al *Numero* 35. del Capo 5.

XI. Questo *Capitolare* di *Sicarda*, dato a Napoletani, e che contiene molte Leggi; è del seguente tenore, secondo stà registrato appo *Lodovico Antonio Muratori* a Carte 166. del Tomo II.

CAPITULARE *Sicardi*, *Principis Beneventi*, *qui Pacem dedit Joanné electo Ecclesiæ Neapolitanæ*, *Andreæ Magistro Militum*, *& Populo illi subjecto*, *ab Anno* 836. *ad Annos quinque.*

In nomine Domini Dei, & Salvatoris nostri Jesu Christi & Beatæ &
„ Gloriosæ Dei Genitricis semperque Virginis Mariæ. Dum ea, quæ Dei
„ præcepta sunt partes obaudiunt, tunc ipsius adimplere probantur manda-
„ ta, & ad pacis concordiam prò salute Christianarum animarum perve-
„ nisse

(a) Anonimo Salernitano cap. 47. „ *Dum Rofrit Neapolim introisset*; *Civitatem ipsam undique expiavit*, *atque in ejus Plateam montuosam Terram cernere cœpit. Sed dùm sciscitaret*, *atque diceret*, *quid velit hoc esse? Illi Neapolitani nimirum talia verba prompserunt*; *Nostræ Ædes semper Tritico sunt plenæ*, *Sed Tritico remanente*, *proinde ipsum in Platea ejecimus*: *sed jam denique periit. Sed aliud non erat*, *nisi nimirum Arena*, *& parva Tritici grana super Arenam sparsa habebant*, *& jam ipsa denique renascebant. In hunc modum Virum strenuissimum illuserant*, *quia jam valida fame oppressi erant*, *& Mensis Julius ipso tempore percutiebat*: *& inchoante mense Maij*, *ipse jam dictus Princeps ipsam jam Civitatem circumdedit. Atque*, *ut ferunt*, *vas*, *quod Fiascones vocant*, *solidorum plenum dederunt Rofrit in tali ordine*, *ut citiùs regredi Principem faceret. Dum Rofrit*, *ad Dominum suum venisset*, *talibus eum est allocutus verbis*; *Mi Domine Princeps*, *hic minimè maneamus*, *& ad propria regrediamur*, *atque illis dimitte denique noxam*, *& omni anno Eminentiæ Vestræ solvent Tributum*; *quia modiorum multorum Triticum ego vidi. Proinde si placet*, *per Paginam scriptam vestræ Ditioni Tributa persolvent. His auditis*, *Princeps acquievit denique sermonibus suis*, *atque talia fieri jussit.*

„ niffe monftratur . Pro quo promittimus Nos Dominus Vir Gloriofiffi-
„ mus Sicardus , Longobardorum Gentis Princeps , vobis Joanni electo
„ Sanctæ Ecclefiæ Neapolitanæ , & Andreæ Magiftro Militum , vel Po-
„ pulo vobis fubjecto Ducatus Neapolitani , & Surrentini , & Amalphita-
„ ni , & cæteris Caftellis , vel Locis in quibus Dominium habetis , terra
„ marique pacem veram , & gratiam noftram vobis daturos ab hac quarta
„ die Menfis Julij 836. Ind. 3. ufque ad annos quinque expletos. Unde
„ pro ftabilitate promiffionis noftræ vobis fine aliqua dubitatione credere
„ poffitis , & in noftra Concordia firmius permanere ; de his Capitulis omni-
„ bus fubfcriptis de prefenti Judices noftros , qui fubtus notati funt , qua-
„ les nobis quæfiftis , jurare fecimus per noftram juffionem , quatenùs , fi à
„ parte veftra remiffio , quam nobis voluntariè fecaftis , in omnibus fuerit
„ adimpleta ; hæc , quæ à nobis parti veftræ permiffa , & fubfcripta
„ funt , impleantur tàm vobis , quàm omnibus Civibus vel Surrento , vel
„ Amalphi , & cæteris Caftellis vobis fubditis terra marique : & nullam
„ læfionem neque in hominibus veftris , neque in rebus eorum à nobis , vel
„ ab iis , qui nobifcum funt , vel fuerint , nobis volentibus , aut confen-
„ fientibus , aut per noftram voluntatem contra vos fubmiffos. Et fi con-
„ tingerit (quod minimè credimus) ut fiat hoc ; repromittimus , quod fe-
„ cundùm hujus pacti continentiam , ficut fubijcitur , confirmatum paruit ;
„ juftitiam vobis de omnibus Capitulis confervaturi per omne fumus .
„ 1. Et hoc promittimus , ut fi quis hoftis , aut Scamaras per veftros fines
„ ad læfionem contra vos venire tentaverint , & ad noftram pervenerit no-
„ titiam ; nos , fecundum poffibilitatem noftram , vobis eos lædere non
„ permittemus. Et fi cognoverimus alia die , facta Longobardorum venire
„ ad læfionem Ducatus veftri Neapolitani , vobis annunciamus ; aut certe in
„ tertia die ufque ad virtutem , & poffibilitatem noftram eis refiftere . Hoc
„ autem ftetit : ut fi aliqua *Clafma* facta fuerit in finibus veftris Ducatus
„ Neapolitani , terra marique à quocumque alia Provincia , & nulla re-
„ quifitio nobis fiat in Ducatu veftro Neapolitano ; fic tantum in finibus
„ Ducatus noftri Beneventani , nec panem , nec aquam à quopiam homine
„ bonæ voluntatis accipiat; excepto , fi brachio forti , hoftili more , tol-
„ lere potuerit . Si autem ea fufpicio fuerit , quia per loca Principatus no-
„ ftri Beneventani , aut per confilium , & confcientiam noftram aliqua *Cla-*
„ *fma* à veftris hominibus facta fuerit , ut Sacramenta perveniant à parti-
„ bus; purificantes vos per perfonas quantas , & quales volueritis , quia
„ neque confilium nec panem , nec aquam cum veftra voluntate de veftris
„ finibus perceperunt ; & fit caufa finita . Si autem approbatum fuerit ,
„ quia cum confilio Principatus noftri ipfa læfio facta eft in Ducatu veftro
„ Neapolitano ; tunc fubjaceat pars noftra parti veftræ Romanorum ipfum
„ damnum in duplum reddere ; poftquam defiderantes , concordiam Pacis ,
„ Domino permittente , à nobis Domino Viro gloriofiffimo Sicardo Prin-
„ cipe meruiftis dignè , & voluntariè , nullo contradicente ex veftris Ci-
„ vibus.
„ 2. Sed ad firmandam vobis libertatis & Pacis caritatem , per quam vos
„ creditis illæfo gubernari ; fpopondiftis nobis cui fupradicto eximio Prin-
„ cipi Sicardo à modo ideft quarta die menfis Junii , Indictione 14. per
„ unumquemque Annum dare nobis *Collatam* & *Priftinam* ; quam confueti

„ fuiftis dare . Si verò ante quinque annos expletos , ficut fuperiùs fcri-
„ ptum eft , Pactum noftræ Gloriæ irritum feceritis; Nos licentiam habe-
„ mus omnibus modis pignorare infra Civitatem . Et fi anteftare noftris
„ hominibus præfumpferitis, antequam tanta pignora apud nos habeamus,
„ per quæ ad noftram plenam Juftitiam pervenire poffimus dum de iftius
„ Pacti corruptione noftri , ante quinque annos expletos ; vel fi ante pi-
„ gnus fteteritis , de iftis fupradictis Capitulis componere nobis debetis
„ fecundum veftrum promiffionem auri folidos Beneventanos numero
„ tria millia ; & infuper per Scameratores , feu Curfas , & publicam
„ Exercitum oppreffionem facere ufque ad noftram fatisfactionem . Quod
„ fi, Domino juvante , & noftra Gratia concitante , in his quæ nobis
„ pacti eftis , iinmobiles fteteritis ufque ad prædictos quinque annos exple-
„ tos ; hoc repromittimus, ut fecuri , & illæfi à noftra parte in veftris
„ finibus permaneatis .

„   3. Hoc ftetit, ut Longobardorum nullatenus comparetis , nec fuper ma-
„ re venundetis . Quod fi factum fuerit; ipfa perfona nobis tradatur, qui
„ comparavit , cum illo quem comparavit : ut fimul , qui comparavit ,
„ quam etiam qui venundavit , ambo nobis tradantur . Et fi non hæc
„ dilatio pervenerit ; componat folidos ducentos qui hoc malum perpe-
„ travit .

„   4. Et hæc permittimus de Tertiatoribus , ut fi à Longobardo venditi
„ fuerint ; comparentur , & nullatenus in Nave imponentur , aut trans
„ Mare venundentur : excepto, fi homicidium fecerit, aut facere voluerit,
„ habeat fibi licentiam eum vendere : ita tamen, ut quinque perfonæ præ-
„ beant Sacramentum, quod ipfe homicidium fecerit, aut facere voluerit .
„ Et fi ipfa Sacramenta minimè deducere aufus fuerit; ipfa perfona trada-
„ tur, & componat folidos centum .

„   5. De Negotiationibus verò ambarum partium ftetit : ut liceat per fines
„ noftros Principatus noftri Beneventani negotium fuum peragere : & pro
„ quo vis acceffu, quod inter partes pervenerit , non debeantur lædi , vel
„ detineri , aut pignorari ; fed illæfi abfque aliquo damno ad propria re-
„ vertatur. Si enim pro qualibet occafione pignorati fuerint ; ut ipfum pi-
„ gnus in integrum reftituatur eis , & componat qui hoc facere præfum-
„ pferit , cui injuriam fecit, folidos viginti quatuor .

„   6. De Fugacibus ita ftetit : ut fi liberi, vel liberæ fugerint à partibus ve-
„ ftris , & , vobis fuafcentibus, res alienas fecum detulerint . Servi verò,
„ & ancillæ fi à partibus fugerint ; à præfenti die reddantur cum rebus
„ fuis in integrum , quæ fecum detulerunt , accipiente Judice loci per
„ unamquemque perfonam auri folidum unum , juxtà antiquam confuetu-
„ dinem : nam non habeat Judex licentiam ampliùs accipere ; reddat quod
„ tulit in dubium . Si autem cognitus fuerit fervus à Domino fuo , & ve-
„ nerit cum Epiftola , & noluerit eum reddere Judex loci , & effugerit ,
„ aut mortuus fuerit ipfe fervus; tunc ille Judex loci, qui noluit eum
„ reddere, det pretium ejus folidos viginti quatuor : fic tamen ut fi quo
„ tempore ubique in Principatu noftro inventus fuerit ipfe fervus , & ille
„ Judex , vel alia perfona ejus pretium dedit , recipiat quod dedit , &
„ fervus revertatur ad antiquum Dominum fuum. Si enim & aliquis vene-
„ rit, fervos, & ancillas quærendo , & Judex loci illius dixerit , non ibi-
„ dem

„ dem esse ; tunc tres personæ præbeant Sacramentum, , quia nec susce-
„ pit , nec in conscientia habet , ut ipse servus est , & sit ipse solu-
„ tus.

„ 7. De *Homicido* verò ita statuit : ut si quis Exercitalem aut Militem ,
„ vel quamlibet aliam personam simpliciter ambulantem præsumpserit
„ occidere tempore pacis ; ipsa persona modis omnibus tradatur : auditâ
„ causâ, infra triginta dies non audeat pugnare.

„ 8. De *Justitia* autem, ita statuit : ut si quiscumque homo causam habue-
„ rit pro qualibet re, ut vadat semel, & bis cum Epistola Principis, vel
„ Judicis sui, & si minimè ei Justitia fuerit facta, pignoraret infra Civi-
„ tatem : & si sic ei justitia sit minus , nec tunc habeat licentiam foris
„ Civitatem, qualiter pignus facere eas in Longobardos, quàm in Inqui-
„ linos , vel cuilibet persona prætendere potuerit , excepto Negotiatore ,
„ non habeat licentiam pignorandi : & si factum fuerit ; componat , sicut
„ superius afflictum est . De aliis verò personis , vel rebus , habeat sicut
„ proprium suum mandatum , & gubernium , usque ad menses tres. Et si
„ neglexerit Judex loci justitiam facere ; habeat iterum Quæstor licentiam
„ pignorandi de loco, ubi causa quæritur . Et si contigerit ante justi-
„ tiam factam , ut ipsum pignus moriatur, aut perierit ; non calumnie-
„ tur ille , qui justitiam facere neglexerit : tamen ille , apud quem pignus
„ fuerit , præbeat Sacramentum , quia nec ipse donavit, nec alienavit , sed
„ tanquam suum proprium , habere , & gubernare voluerit ; & quid fa-
„ ctum sit , nescio : & sit causa finita. Si vivum , & sanum fuerit in-
„ ventum ipsum pignus , in integrum reddatur Domino suo : ita tamen ,
„ ut resideant Judices à partibus in loco, ubi ea causa quæritur ; & si
„ claruerit , quod justè pignoravit ; accipiat justitiam suam , & componat
„ ei debitor solidos sex pro eo quod & injustè pignoravit ; componat so-
„ lidos sex , & pignus salvum reddat .

„ 9. Si autem quispiam Militem , vel quamlibet aliam personam simplici-
„ ter ambulantem *ligare*, aut *battere* præsumpserit tempore pacis ; compo-
„ nat cui injuria facta fuit solidos centum. Si autem ad servi quispiam
„ personam hoc facere præsumpserit ; componat solidos vigintiquatuor .

„ 10. Et si quispiam homo super *Furtum* inventus fuerit ; non requiratur :
„ tamen tres personæ de loco, ubi factum fuerit, quales quæsierint pa-
„ rentes, aut patronus mortui, dent Sacramentum , quia mortuus ille in
„ furto inventus est , & non dedit manum ad ligandum se , & amplius
„ non quæratur , minus nec homicida ipse tradatur. Quod si vivus de-
„ prehensus fuerit ipse Fur; in hoc modo sicut superius legitur, tres per-
„ sonæ dent Sacramentum , quia super Furtum deprehensus est ; & de
„ præsenti tollantur ei oculi , & post datam sententiam , recipiant ejus
„ parentes , aut dominus ejus .

„ 11. De *Fugiente* verò, & *Homicida*, item stetit : ut si quiscumque homo
„ Homicidium , aut Furtum in sua patria facere præsumpserit , & fuga
„ lapsus fuerit ; modo de præsenti à partibus reddantur .

„ 12. De *Actionariis* verò ambarum ita stetit ; ut illæsi debeant ambula-
„ re per Actiones suas , utilitates suas peragendo , & nullus præsumat ei
„ injuriam , vel læsionem facere. Si enim injuriatus fuerit verbo tantùm ;
„ componat solidos duodecim. Quod si manus super eum miserit : compo-

„ nat

,, nat folidos centum. Si quis autem præfumpferit Actorem occidere, uti-
,, litatem fuam peragentem ; ipfa perfona omnibus modis tradatur.

,, 13. Item ftatuit de *Fluminibus*, qui in fine Capuana funt, hoc eft, Pa-
,, tria, Volturnus, atque Menturnus; ut in ipfa Trajecta fit licentia tran-
,, feundi tàm Negotiatoribus, quàm etiam Responfalibus, vel Militibus,
,, feu aliis perfonis de Ducatu veftro Neapolitano, falva confuetudine, il-
,, læfi debeant tranfire. Barcas enim quæ ibidem ad ora pervenerint, vel
,, pro tempeftate fubduxerint, aut applicaverint per totam ipfam Plagiam,
,, vel ubicumque in fine Principatus noftri venerint; fecuræ, & illæfæ,
,, ficut fuperius legitur, debeant effe. Si autem voluerint negotiare ibi-
,, dem, perfolvant fecundum antiquam confuetudinem tantum. Ut fi,
,, peccato faciente, Navis rupta fuerit; res, quæ in ea inventæ fuerint,
,, ei reddantur, cujus fuerint, & cujus funt: Homines verò fani, & illæfi
,, ad propria fua revertantur. Et hoc ftetit, ut deinceps pro quavis oc-
,, cafione Navigia veftra in partibus Lucaniæ, vel ubicumque in finibus no-
,, ftris non detineantur,

,, 14. De *Tertiatoribus* verò hoc ftatuit: ut nulla nova vis à partibus Rei-
,, publicæ imponatur, excepta antiqua confuetudine, hoc eft, Responfa-
,, ticum folum, & Angarias, & Calcarias, fimul & ad Dominos Angarias,
,, & Penfiones, fecundum antiquam confuetudinem, necnon & Exenium,
,, ad invicem unum femel in anno, quod fecit prifca confuetudo. Nam,
,, nulla alia nova imponantur à parte Reipublicæ ad eos, qui fe dividunt,
,, nifi Responforium, & Angarias fupraferiptas. Et fi quis hoc præfumpfe-
,, rit facere Reipublicæ, ut ad Tertiatores amplius imponatur, nifi fu-
,, praferipta Capitula; componat folidos vigintiquatuor, & quod fumpfit,
,, reddat.

,, 15. Item, ftatuit, ut non habeat licentiam quifpiam a partibus foris
,, Civitatem *Cavallum*, aut *Bovem componere*, nifi infra Civitatem, vel
,, in Mercato in præfentia de Judicibus, ut ab eis ipfe venditor cogno-
,, fcatur. Et fi venditor a Judicibus cognitus non fuerit; nullatenùs ha-
,, beat licentiam componendi. Si autem comparavit foris Civitatem, vel
,, in Mercato, vel in Civitate fimul in præfentia de Judicibus, ficut di-
,, ctum eft, & venditor non fuerit cognitus; fit ipfe fur, & reddat Ca-
,, vallum, aut Bovem. Si autem venditor liber fuerit; abfcindatur ei
,, manus; aut certè, fi voluerit, det pretium de ipfa manu folidos vigin-
,, tiquatuor. Si autem venditor negaverit, ut non ipfum Cavallum, aut
,, Bovem vendidiffet; & illi, in quorum præfentia venditur, fuerint per-
,, fonæ utiles, quibus credatur abfque crimine; non habeat licentiam ven-
,, ditor negandi. Sed illæ tres, fi non fuerint perfonæ dignæ fide; præ-
,, beant Sacramenta, quia in noftra præfentia vendidiftis, & tantum pre-
,, tium tuliftis: tunc reddat, quod tulit, & illi tradatur, cujus Cavallus,
,, aut Bos fuerit; fic tantum, ut non eum fanum apud fe detineat. Et
,, fi voluerint parentes, aut domieus eum liberare; dent pretium ejus,
,, ficut fuperiùs afflictum eft: & ille cujus Cavallus, aut Bos fuerit; res
,, fuas recipiat. Si verò contigerit, ante juftitiam factam, ipfum Caval-
,, lum, aut Bovem mori; det pretium prò Cavallo folidos octo, & prò
,, Bove folidos quatuor. Et prò hoc Capitulo nihil accipiat Judex loci il-
,, lius.

16. Sed

"	16. Sed hoc promittimus, ut non pro quovis excessu *Barbaricum* fa-
"	cere, aut *Cursas* mittere ante primam, secundam, tertiam, & quartam
"	contestationem : & si homicidium a partibus pervenit, ut minimè justi-
"	tia a partibus infra trigesimo die facta fuerit, sicut superius scriptum
"	est, sit in hoc pacto solutum. De alijs verò Capitalis, quæ infrà hoc
"	pactum afficta est, minimè dissolvatur, sed firmus, & stabilis usque in
"	præfinitum tempus debeat permanere, si ea, quæ in hunc pactum affi-
"	cta sunt, inviolabiter conservatum fuerit.

"	17. Sed hoc Petit; ut si quis a partibus pro pignore *pignoraverit*
"	ante justitiam factam; reddat pignus, & solvat solidos duodecim.

"	18. Sed hoc placuit, atque convenit; ut nullus homo *Causam pro Cau-
"	sa interponat*: sed, ubi priùs causa quæritur, faciat justitiam quæsitori si-
"	ne ulla oppositione: nam non habet licentiam dicendi : quia si non red-
"	dis, non facio tibi injuriam. Et si quis pro tali occasione injustitiam
"	facere distulerit; tunc districtus justitiam faciat, & componat Negotiator
"	justitiam quærentibus solidos sex.

"	19. Et hoc promittimus; ut ubi *volueritis exercitare* in alio Ducatu,
"	pertinenti Ducatui vestro Neapolitano per Terram nobis subjectam;
"	nullam læsionem a Principatu nostro Beneventano Ducatui vestro Nea-
"	politano, vel in cunctis Finibus terra, marique, pro quavis alia occasione
"	ab hominus *perturbemini*, &c.

PARAGRAFO SECONDO.

Delle Guerre, che ebbero i Prencipi di Salerno co' Duchi di Napoli.

XII.	Ancorche la Città di Salerno fusse stata in dominio de Longo-
bardi: pure perche in dicorso di tempo fu Principato distinto da
quello di Benevento, come fu detto nel Capitolo quarto; per togliere da mezzo
gli equivoci, che potrebbero insorgere trà gli uni, e gli altri Prencipi, abbiamo stimato convenevole favellare separatamente delle Guerre che i Salernitani ebbero co Napoletani, Greci di origine e di costume, e nimici
de Longobardi.

XIII.	Intorno a che due Fatti nobili nella Storia antica si rammentano
trà questi due Popoli, degni di essere qui riferiti: in uno de quali i Napoletani restarono vinti, e nell'altro vincitori. Il primo fu nell'anno 860.
in tempo di *Sergio II.* Duca di Napoli, e di *Gauferio* settimo Principe
di Salerno: il quale con sole diciotto persone disfece da duecento Napoletani. La cosa passò in questo modo. In tempo di Ricolta, facendosi il
trasporto de Grani da Capoa a Salerno per l'Annona di quella Città, molti
Napoletani si fecero innanzi a Carri, che li trasportavano in Salerno, e
togliendoli per forza a coloro che li guidavano colà, li menarono in Napoli. Avisato di ciò il Principe *Gauferio*, ed offeso del torto; cavalcò
tantosto con *Guaimaro* suo figliuolo: e seguito da sole diciotto persone, si
av-

avviò alla volta di Napoli: dove si stava perciò in Armi, e da ducento persone si custodiva la Città da quella parte da cui potea temersi qualche insulto. Essi intento veggendo un picciolo drappello di soli venti Armati, li stimarono Messi più tosto del Principe, per avanzarne le lagnanze al Duca *Sergio*, che Soldati per assalirli. Ma *Gauferio* stringendosi loro alle spalle, e levandosi la visiera per maggiormente atterrirli col suo aspetto, diè tali pruove del suo valore in quel cimento; che obligò i nimici a lasciar la preda e fuggire: conche vendicò abbastanza l'offesa da essi ricevuta, siccome l'*Anonimo Salernitano* (*a*) alla lunga ne registra il Fatto.

XIV. Nell'anno poi 885., regnando in Salerno il Principe *Guaimaro* in luogo del defunto genitore, ed in Napoli il Duca *Attanagio*; oltra i Saracini, che essi l'un l'altro si stuzzicaron contro, come a suo luogo nel Libro ottavo dirassi; il Duca tolse al Principe il Castello di Avella, e vi fece molti Nobili prigionieri. In quel tempo però il Principe *Guaimaro* si era portato in Costantinopoli; perloche non fu in istato di vindicarne l'oltraggio, come raguaglia l'Autore sovradetto (*b*).

P A-

(*a*) Anonimo Salernitano in Cronicon cap. 129. *Sed ut comperiit audax ille Longobardorum Princeps Gaiferius; illico ex sua Urbe cùm paucis, scilicet, decem & octo egressus est, & agiliter illuc profectus est. Sed dùm a longè cernerent Neapolitani Salernitanos, cæperunt inter se promere: Legati sunt isti. Sed dùm eis approximassent; continuò Princeps Gaiferius suo filio Grimoaldo talia verba deprompsit:* Vide fili, ubi ego super Neapolitanos irruo; statim ex adverso forti ictu percute. *Et protinùs galeam ex suo capite exilivit, & magnam vocem emisit:* Ego sum, inquit, Gauferius; & continuò super eos irruit, ultimaque cæde eos vastavit: QUI FUERUNT FIRMITER DUCENTI, *aliquanti comprehensi. Et sic magno cùm gaudio Salernum regressus est.*

(*b*) Lo stesso Anonimo Salernitano cap. 137. *Per idem tempus dùm Princeps Guaimarius Constantinopolim adhuc degeret; Athanasius, dolo concepto, in opus erumpens; Græcos, & Neapolitanos suos, super Avellanum misit Castellum, cui tunc præerat Landulphus Svessanus. Mox autem ut illic supervenit Exercitus; fraude illorum, qui intùs erant, captum est: apprehenso in eo Landulpho & filio ejus juniore, nuruque illius, uxore videlicet Landonii; qui cùm Guaimario profectus fuerat.*

PARAGRAFO TERZO.

Delle Guerre, che ebbero i Conti di Capoa co' Duchi di Napoli.

XV. ANche i Conti di Capoa (pur Longobardi di nazione) ebbero varie Guerre co Greci, che erano in Napoli. Tra le quali la prima fu in tempo del Conte *Landone*, figliuolo di *Landolfo Seniore*: e ne fu la cagione, che essendosi bruciata la seconda Capoa sul Monte Tifata, che *Sicopoli* chiam. vali; vi fu sospetto, che ciò socadesse per opra de Napoletani, e del Duca *Sergio II.*, che ivi dominava. E da ciò si crede che si originasse tra loro questa Guerra: in cui i Napoletani ne riportarono la peggiore, se dobbiamo credere ad una Cronaca antica scritta a penna, che si conserva nell' Archivio di Monte Casino, e vien rapportata da *Antonio Caracciolo* (a) nella sua Propilia. Volendovisi morti moltissimi Napoletani, e da novecento fatti prigionieri.

XVI. *Attanagio* poi Duca, e Vescovo di Napoli, intorno all' anno 880. dopo avere indarno tentato col mezzo de Saracini, che erano nel Garigliano, sottomettere Capoa, cercò alla svelata farne egli la sorpresa. Ma trovatavi resistenza per opera del Conte *Landone*, Vescovo anche di questa Città, vi perdè da 300. Soldati nella scalata delle Mura: e ciò per via di miracolo, al rapporto dell' *Anonimo Salernitano* (b).

XVII. Anche intorno all' anno 915., regnando in Napoli il Duca *Gregorio II.*, ed in Capua il Principe *Atenulfo*, fu tra essi una Guerra fierissima: in cui i Napoletani vi restaron vinti, secondo la *Cronaca Cassinese*

Tom. III. S s *Se*

(a) Cronaca Cassinese apud Antonium Caracciolum: *Lando illius filius, uno mense antequam moreretur, ad Pontem Theuda multos virili certamine Neapolitas interfecit, capitque nongentos.*

(b) Anonimo Salernitano cap. 134. ,, *Tùm Athanasius, cernens se superatum, callidam cùm Capuanis pacem fecit: & tempore Vindemiæ, unà* ,, *cùm Græcis supra Capuanos irruit: apprehensis multis, & præstantissimis* ,, *Viris, pecudibusque non modicis. Ab illo igitur tempore omnia circum-* ,, *quaque devastans, Liburiam vendicabat sibi . . . . Itaque ille prout* ,, *mente conceperat, novis & inauditis machinis insurgebat adversùs Capua-* ,, *nos: adeout tempore Quadragesimali cùm omnis Plebs Christicola & præ-* ,, *terita dellet mala, & poscit a Deo, ut deflenda minimè committat;* ,, *ipse, mediante Festo Dominico, subsequente crepusculo, collectis Græcis,* ,, *Materentibus, Agarenis, & Neapolitibus, Capuam tentavit invadere,* ,, *ascensis muro quasi 300. viris, armatis diversorum generibus armorum.* ,, *Sed cumens, Domino adjuvante, alii ex eo spontè desilierunt; quidam cer-* ,, *vice tenùs, muris jacti sunt; nonnulli verò gladio occubuerunt.*

fe (*a*) più sù rammentata . Onde il Duca *Gregorio* fe pace con *Atenulfo*
intorno all' anno 911. : ſtabilendoſi trà eſſi un *Capitolare* per via di Concordato : quale verſo l' anno 933. fu ratificato da *Giovanni* , nipote del
Duca *Gregorio* , e da *Landolfo* , nipote di *Atanulfo* , come ſi legge appo
Lodovico Antonio Muratori (*b*) .

XVIII. Il CAPITOLARE predetto è del ſeguente tenore :

*Pactum à Gregorio , Duce Neapolis in Indictione 14. , hoc eſt , Anno
Chriſti 911. & à Duce Joanne , ejus nepote non ante annum 933. rurſùs
initum cùm Principibus Beneventi Landulpho , & Atenulpho. Fratribus .*

1. Repromittimus , & juramus , & jurare facimus nos Joannes Conful,
,, & Dux vobis Dom. Landulpho , & Dom. Atenulpho Principibus &
,, filiis & nepos Dom. Athenulphi Principibus , quia à modo & ſemper
,, erimus vobis veri amici abſque omni mala deceptione , & abſque omni
,, dolo , & fallacia , & malo ingenio ; & nullam contrarietatem , aut inju-
,, riam faciemus vobis in toto Principatu veſtro Beneventano cùm omni-
,, bus ſuis pertinentiis , nec in toto Comitatu Capuano , nec in Theano
,, cùm pertinentiis ſuis , nec in hominibus veſtris nec nos , nec homines no-
,, ſtros per noſtram voluntatem , nec per qualemcumque ſubmiſſionem no-
,, ſtram . Et ſi factum fuerit abſque noſtra voluntate , judicabimus vobis
,, ſecundùm legem Romanorum , aut Longobardorum abſque maliciofa
,, occafione .

2. De *Saracenis* autem hoc vobis promittimus , quia ſic per omnia , &
,, in omnibus plano animo vos , & Terram veſtram contra eos adjuvavi-
,, mus ubi neceſſarium fuerit tanquam noſmetipſos , & Terram no-
,, ſtram .

3. De *Liburias* autem hoc vobis promittimus , ut Terras , Servos , &
,, Ancillas , ſeù Fundora per conceſſionem habetis vos , & homines veſtri
,, in Liburias à ſingulis divibus Neapolitanorum , quæ poſſidetis tempori-
,, bus Domini Landolphi , patrui veſtri , & Domini Sergij abij noſtri , ſi
,, parte noſtra Neapolitanorum ex inde acquiſitionis habueritis intentionem
,, vos aùt homines veſtri ; ſi auſi fueritis inde jurare ; jurent à parte ve-
,, ſtra Longobardorum ſex homines veſtri , quales nos voluerimus , ad San-
,, ɛ̃a Dei Evangelia , dicentes : *Quia iſtæ Ceſſiones , quas oſtendimus , ve-
,, races ſunt* ; & tunc fiet nobis ex parte noſtra firmitatis ſcriptio . Ex in-
,, de , ut amplius non ſit vobis requiſitionis cauſatio de ipſis rebus , & ſer-
,, vis , & ancillis , quos & quas prædicti continent Conceſſiones à Parti-
,, bus.

(*a*) Cronaca Caſſineſe :: *Secundo anno , quo factus eſt , Comes Capuæ Dominus Atenulphus ; factum eſt prælium inter Capuanos , & Neapolitas in
Liburia ad Sanctum Carſium. Sed ita interfecti ſunt Neapolita a Capuanis,
ut valde pauci remanſerunt ex eis : inter quos Neapolitas Græci , & Saraceni fuerunt pro adjutorio eorum . Indictione 6. poſt dies undecim capitur Bexelais a Domino Atenulpho.*

(*b*) Lodovico Antonio Muratori Tom. I. Script. rer. Ital. Part. II.
pag. 345.

„ bus noſtris Neapolitanorum, & liceat vos eas habere ſecuriter. Et quam
„ Car Emptionis ſeu Convenientiæ, vel Diviſionis habetis, & homines
„ veſtris à parte noſtra Neapolitanorum; ſi à parte noſtra Neapolitanorum
„ ex inde requiſitionis intentionem habueritis vos, & homines veſtri; ſi
„ auſi fueritis inde jurare, jurent à parte veſtra Longobardorum tres homi-
„ nes veſtris de ſex hominibus quales nos vobis quærimus, ad Sancta
„ Evangelia dicentes: Quia iſta Cartula, quæ oſtendimus, veraces ſunt,
„ & ipſas Terras, quas ipſa Cartula continent, poſſidemus eas; & tunc
„ fiet vobis ex inde à parte noſtra firmitatis ſcriptio de cunctis rebus il-
„ lius, quæ prædictæ Emptionis, ſeu Convenientiæ, & Diviſionis continent,
„ & poſſideatis eas ſecuriter.

„ 4.   De omnibus verò aliis Cauſſis unde intentionem habueritis, aut ho-
„ mines veſtris nobiscum, aut cùm noſtris hominibus, judicavimus vobis
„ ex inde, abſque omni dilatione ſecundùm Legem Romanorum, aut Lon-
„ gobardorum, abſque omni malitioſa occaſionem. Si verò veſtris homi-
„ nibus intentionem habuerit cùm noſtris hominibus Neapolitani, aut aliis
„ hominibus noſtris in Terris in Liburias, quam comparatas habent, oſten-
„ dentes eis homines noſtris Cartulas, quo modo comparatas habent eandem
„ Terras à Longobardos, & Autor paruerit; ſi manifeſtum fuerit, & ven-
„ ditio ipſa vera ſit, & venditor illa juxtà textum Cartulæ defendere po-
„ tuerit; pars noſtra habeat Terram illam. Et ſi defendere non potuerit
„ ſecundum ipſa Carta, aut non valuerit, & negaverit, quod ipſe eam
„ non feciſſet, & pars noſtras Terras poſſederit à triginta autem ſol. in
„ ſuper; juret pars noſtra cùm ſex hominibus quales vos volueritis ad San-
„ cta Evangelia, dicentes: Ut Car ipſa vera ſit. A triginta verò ſolidis
„ in ſubtus jurent tres, quales vos quæſieritis, & deſtringat pars veſtra il-
„ lum venditorem juxtà textum ipſius Cartulæ. Nos verò omnem com-
„ poſitionem, & legem, & juſtitiam, quæ parti veſtræ Longobardorum
„ per Launagilt recaptum à vobis exiguum, & faciendum omnia ex inde,
„ quæ volueritis: & Autor ille defendat parti noſtræ Terram illam abſque
„ omni requiſitione. Et ſi pars noſtra Terras illas poſſiderit per ipſa Car, &
„ Autores non paruerit, & aliquis nos ex parte veſtra quæſierint; compa-
„ remus parti veſtræ Car ipſa cùm ſex hominibus noſtris, quales vos no-
„ bis quæſieritis; & ipſas Terras habeamus abſque omni intentione. Hæc
„ autem omnia ſuperſcripta qualiter continent in quantum ex inde appa-
„ ruerit; per omnia ita vobis obſervabimus, & ita vobiscum in antea
„ ſedebimus ſicut ſedit Dominus Gregorius abius meus vobiscum: ex quo
„ cùm illa ſupraſcriptam Capitularium feciſtis à 2. die Menſis Junii (An-
„ ni 911.) Inditione 14. uſque in obitum ejus: unde ſolummodo nomina
„ mutabimus. Hæc omnia vobis obſervabimus ſalva Felicitate Sereniſſimorum
„ Imperatorum.

„   Dom. Joannes Conſul. & Dux, Gregorius Thius ejus. Landolpus. Gre-
„ gorius Fil. Dom. Joan. Sergius Fil. Dom. Aligerni. Aligernus. Johs.
„ Sergius. Gregorius. Gregorius. Joannes. Gregorius. Sergius. Petrus. Ali-
„ gernus.

   XIX.   Egli è ben vero però, che a ſoli Capuani, e non già a Beneventani o a Salernitani toccò la ſorte di ſottomettere la Città di Napoli
in tempo del Principe Pandolfo Sant'Agata, e di ritenerla per tre anni

continui, come fu detto nel Libro 4. al Numero 10. del Capo 2. a causa che 'l Duca Sergio avea colà ricettato Pandolfo di Teano, da Arrigo II. Imperadore fatto Principe di Capoa, allorche il Sant'Agata fu mandato prigione in Alemagna, e da Corrado fattovi ritornare, come fu detto sovra del Numero 22. del Capo 5., e Lione Ostiense (a) alla longa lo raguaglia. Ancorche Gio: di Ceccano (b) nella sua Cronaca di Fossanova, appo Ferdinando Ugbellio nell'Appendice del Tomo I. dell'Italia Sagra, voglia che solamente per un anno, e cinque mesi Pandolfo Sant'Agata ritenesse Napoli dopo che l'ebbe presa.

XX. Si vuole che questo Pandolfo Sant'Agata fusse Longobardo di Nazione; ma non fu tale il Principe Riccardo, il quale in tempo di Papa Gregorio VII. assediò Napoli, quando nello stesso tempo Ruberto Guiscardo andò ad assediar Benevento: peroche questo Riccardo fu Normanno: e perciò cotanto stretto con Ruberto Duca di Puglia. Riccardo adunque, come fu detto altrove assediò Napoli, una senza frutto; perche, difesa la Città da San Gennaro visibilmente, egli finì di vivere sotto quelle Mura.

CA-

(a) Lione Ostiense lib. 2. cap. 85. Defuncto augustæ memoriæ Imperatore Henrico anno Domini 1025. & Conrado Duce in Regem elevato; precatu Guaimarii tandem, solutus à condignis sibi perpetuò vinculis Princeps Pandulphus revertitur . . . . . Mox itaque pristinos illos suos fautores de Apulia asciscens . . . Capuam per annum integram atque dimidium obsessam, & expugnatam tandem ingreditur. Pandulphus autem Theanensis (quem Principem Capuæ factum ab Imperatore prediximus) receptus à Catapano. Bojano, una cùm Joanne filio, & omnibus suis Neapolim est profectus. Sed & anno sequenti, ipsa quoque Neapoli à Capuano Principe capta, & Sergio Magistro Militum pulso; rursus Theanensis Pandulphus à filiis ipsius Romam aufugiens, ibi exul defunctus est. TENUIT-QUE NEAPOLIM CAPUANUS PRINCEPS PER ANNOS TRES. Deinde Sergius, recuperata Neapoli, Rainolphum strenuum virum affinitate sibi conjunxit.

(b) Gio: di Ceccano in Cronicon Fossæ novæ: Anno 1022. Indictione 6. Henricus Imperator venit in Italiam, & creavit Principem Theobaldum, qui fuit Comes Theani, & Pandulphum Principem Capuæ. secum portavit. Sed mortuo Imperatore, iterum solutus rediit. Unde obsedit Capuam cùm Græcis, & vi recepit eam. Idem aggressus est Neapolim, & obtinuit eam ANNO UNO ET MENSIBUS QUINQUE.

CAPITOLO OTTAVO.

Delle Leggi e Polizia de Longobardi in queste nostre Regioni.

I. PEr compimento di ciò, che finora detto abbiamo intorno a Longobardi in tempo, che dominarono in queste parti, resta a soggiugnere qualche cosa delle loro *Leggi*, e della loro *Polizia*; lo che faremo in due Paragrafi.

PARAGRAFO PRIMO.

Delle Leggi, che di tempo in tempo diedero i Longobardi a queste nostre Provincie.

II. AVendo tutti i Barbari, che si portarono in Italia, avuto disegno di estinguere affatto la memoria dell' Impero Romano, come dice *Valentino Forstero* (*a*); pensarono far lo stesso delle Romane Leggi, introducendovi le proprie. Loche pure si fece da Longobardi, all' affermare di *Marino Frezza* (*b*): onde duopo fu, che essi vi ponessero in uso le proprie, come fecero in fatti.

III. Bisogna però sapere, che (come *Carlo Sigonio* (*c*) asserisce, e dall'Edit-

(*a*) Valentino Forstero Histor. Jur. Civil. Rom. lib. 3. cap. 5. num. 2. *Justiniani temporibus, Italia misere à Gothis, Unnis, & Vandalis afflicta est. In quibus moribus, ut ferè fieri solet, omnia Studia suppressa sunt. Juris autem Professio præ cæteris disciplinis cessavit omnino, & obmutuit. Voluerunt enim Barbari, una cùm Imperii Romani amplitudine & nomine, Leges quoque Romanas delere, suasque denique supplantare, & ingerere.*

(*b*) Marino Frezza lib. 8. de Subfeudis num. 16. *Decreverunt bi Longobardi (potentia celebres effecti post Narsetis mortem) Majestatem delere Romani Populi, NOVAS CONDERE LEGES, quæ hodie leguntur cum Glossis Caroli Longobarda. Ex quibus mutatio fiebat morum Populorum, & Lingua etiam immutatio facta est, & vocabulorum antiquarum Legum, tam Romanorum, quam Cæsarum.*

(*c*) Carlo Sigonio lib. 2. de Regn. Ital. ad Annum 643. *Erat annus post.*

dall' Editto del Re *Rotari* (*a*) ricaviamo, i medesimi Longobardi da principio non ebbero Leggi scritte, ma a *voce* le formavano i Prencipi: e da Popoli secondo il bisogno si poneano in esecuzione. Ma *Rotari*, veggendo che da ciò nasceano molti abusi; compilò in uno tutte quelle Leggi, facendone un Corpo separato, che *Leggi Longobarde* in dicorse di tempo furono dette.

IV. Anche i Duchi di Benevento (estinto già il Regno de Longobardi in Italia) molte *Leggi Municipali* promulgarono ne Luoghi ad essi sottoposti. Loche spezialmente fecero il Principe *Arechi*, ed il Principe *Sicardo* ne due Capitolari, che diedero a' Duci di Napoli, siccome nel *Numero* 6 e 11. del Capitolo passato si vide. Ed ebbero invero què Capitolari forza di vere Leggi : trattandosi in essi non solo di *Terreni* controvertiti, ma anche di *Mercanzie*, di *Gabelle*, di *Furti*, di *Omicidj*, e di cose somiglievoli, siccome dalla lettura de medesimi apparisce; e come anche il *Muratori* (*b*) a proposito l' afferma, e *Pietro Giannone* (*c*) con ispecialità lo và notando, col dire : ,, *Nel Codice Cavese*, altre volte riferito, fra gli Editti de Re Longobardi se ne legge anche uno di questo ,, Principe Arechi, contiene diecesette Capitoli . . . . L' Esempio d' ,, Arechi seguirono da poi gli altri Principi, come Adelchi, Sicardo, Radelchisio, ed altri, come si vede da loro Capitolari. Onde in queste ,, nostre Provincie alle Leggi de Longobardi si accrebbero quelle de Preacipi di Benevento.

V. E comeche la Ducea di Benevento abbracciava anticamente quasi tutte le Regioni, che compongono oggidì il Reame di Napoli (come fu dimostrato nel Capitolo 2.) ; per tutti questi Luoghi furono comuni le Leggi, che in Italia i Re di Lombardia, ed i Prencipi di Benevento promul.

postquam Longobardi in Italiam venerunt, septuagesimus sextus ; quam ad diem sic ipsi vixerunt, ut LEGIBUS NULLIS SCRIPTIS, verum veteribus Scitis, usu quotidiano, & reposita memoria conservatis, observabant. Huic igitur incommodo occurrere Rotharis cupiens ; omnia Scita collegit, ac multis novis decretis, Reipublicae salutaribus aucta, in Tabulas retulit, quas EDICTUM vocavit, ac hoc anno, decimo Kalendas Decembris Papiae publicavit.

(*a*) Editto Regis Rotharis . . . *Incipit EDICTUM quod renovavi cum Primatibus meis Judicibus ego in Dei nomine Rotharis . . . necessarium esse perspeximus praesentem corrigere, & componere Legem, quae priores omnes removeat, & emendet, & quod deest, adiiciat; quod superfluum est, abscindat ; in uno pravidimus Volumine complectendum, quatenus liceat unicuique, salva lege, & justitia quiete vivere.*

(*b*) Lodovico Antonio Muratori Tom. II. pag. 335. Script. rer. Italic. *Princeps iste Arechis, praeter summa Dynastiae insignia, nimirum, Principis nomen, & Coronae usum, LEGIS ETIAM CONDENDAE POTESTATEM, deleto Rege Longobardorum Desiderio, videtur usurpasse ; & post annum Christi 774. hoc edidisse Capitulare.*

(*c*) Pietro Giannone Tom. I. pag. 394.

mulgarono. Quali Leggi fono ftate di man in mano da varj Autori compilate, e nel Volume dell' *Autentico* poi racchiufe, come avverte lo fteffo *Pietro Giannone* (*a*), fotto quefto Titolo: *Prime Raccolte delle Leggi Longobarde, e loro Chiofatori*: foggiugnendo: ,, La prima Raccolta
,, delle Leggi Longobarde fu fatta da un Capuano ignoto, come cofta dal-
,, l' Archivio della Trinità della Cava de Padri Benedittini verfo l' anno
,, 1001. Appreffo fu fatta un altra volgata Compilazione, divifa in tre Li-
,, bri, che ora fi legge inferita nel Volume dell' *Autentico*. E vario l'
,, Autore, e forfi incerto: volendo alcuni, fuffe ftato *Pietro Diacono*.
,, Gloffatore di quefti tre ultimi Libri furono *Carlo di Tocco*, nato nella Ter-
,, ra di Tocco, preffo Benevento, che fiorì fotto Guglielmo I. Re di Na-
,, poli; e nell' anno 1162. fu creato Giudice di Vicaria, fecondo Niccolò
,, Toppo, *De Origine Tribunalis Magnæ Curiæ*, *cap.* 10. Appreffo *Andrea*
,, *Bonello* di Barletta, Avvocato Fifcale fotto Federico II. lodato da An-
,, drea d' Ifernia nella Coftituzione *Minoribus de Jure Bajuli*. Poi *Biafo*
,, *di Morcone* fotto il Re Roberto, fecondo Ciarlante nel Lib. 4. del Sannio
,, al Capo 16. e *Nicolò Boerio*. E poi *Gio: Battifta Neuma* di Bari fotto
,, Carlo V. fecondo il Beatillo nella Storia di Bari al libro quarto.

VI. E vi fu sì comune l' ufo di quefte Leggi appo i noftri; che la
fteffa Città di Napoli, che in quei tempi fi ferviva delle Leggi Greche
fotto nome di Romane (fecondo queltanto, che fi dirà nel Tomo IV. al
Capo 2. del Libro 3. trattando delle Leggi Napoletane); il più delle
volte fi ferviva di quefte Leggi Longobarde; non meno fecondo i riferiti
Concordati del Principe *Arechi* e del Principe *Sicardo*, che giufta le altre
che il Duca *Gregorio*, e 'l Duca *Giovanni* diedero a' Prencipi di Capoa,
trafcritte al *Numero* 18. del Capitolo antecedente: Leggendofi in effe nel
Paragrafo primo: *Et fi factum fuerit abfque noftra voluntate, judicavimus vobis ex inde fecundum Legem Romanorum, aut Longobardorum.* Il
che pure fi replica nel Paragrafo quarto. Ragguagliando altresì *Lione
Oftienfe* (*b*), che infurto litiglio nell' anno 1017 tra l' Abate di Monte
Cafino, 'l Duca di Gaeta (dove fenza dubio vivafi colle Leggi Greche),
e 'l Conte di Trajetto; i Giudici fentenziarono a favore dell' Abate,
tam ex Romanis Legibus, quam ex Longobardis.

VII. All' enunciate Leggi fi poffono aggiungere le *Feudali*; che anche
da Longobardi ebbero loro origine, come dicemmo nel *Numero* 8. del Capitolo 6. Maggiormente che nelle Regioni noftrali vi furono i Prencipati
di Benevento, di Salerno, e di Capoa, con molte altre Contee, dove
furfe detta Ragion Feudale, che fecondo l' infegnamento di *Giacomo Cujacio* (*c*) ebbe origine dalle varie coftumanze de Luoghi: difformi alle volte

(*a*) Pietro Giannone lib. 10. cap. 11. par. 1.
(*b*) Lione Oftienfe lib. 2. cap. 35.
(*c*) Giacomo Cujacio lib. 2. de Feud. in principio: ,, *Qui plerumque*
,, *fuere diverfi, ut ecce Cremonæ, Ticini, Mediolani, Vaffallus Feudum*
,, *poterat alienare fine voluntate Domini. Mantuæ, Veronæ, & aliis qui-*
,, *bufdam locis exigebatur confenfus Domini. Rurfus, Placentiæ, qui mi-*
,, li-

te tra effe, ed altramenti praticate in una Città che in un altra. E da
effe poi furono compilate le Confuetudini per il Regno di Napoli e di Sicilia fotto nome corrotto di Defetarj intorno all'anno 1170. fecondo l'
Epoca appurata de tempi, quale fu quefto argomento publicò il dotto
Francefco di Andrea (a) nella fua celebre Differtazione Feudale. Benche
poi dalla venuta de Normanni in Italia, e molto più da Carlo I. di Angiò
in poi, vi fu introdotta la coftumanza de Franchi in *Materia Feudale*:
con riftringerfi ne foli Primogeniti la fucceffione ne Feudi: andato in di-
fufo quella de Longobardi.

PARAGRAFO SECONDO.

Della Polizia Longobarda intorno a lo-
ro Uffiziali.

VIII. PEr quello poi riguarda la *Polizia* de Longobardi rifpetto a'
Miniftri, che deftinavano al governo de Luoghi; fia bene
primieramente faperfi, che ficcome i Greci, impadronitifi d'Italia, tolfero via il Prefetto Pretorio, ed iftituirono in fua vece l'*Efarco*; ed in
luogo de Confolari, de Correttori, e de Prefidi per le Provincie (giutta
l'antica Polizia introdottavi da *Augufto*, da *Adriano*, e da *Coftantino*, come fovra) vi forrogarono i *Duchi*, come fi diffe nel Libro antecedente
al Paragrafo 1. del Capo 4., così pure i Longobardi, a riferba del loro
Re in Pavia, altri Uffiziali non ebbero in tutta Italia, fe nonche i *Duchi*;
come eziandio addiceffi nel Capitolo primo. Conche fu fpenta effatto appo loro la memoria delle antiche Provincie; e foltanto nelle noftre Regioni fu fondata la Duces di Benevento: la quale talvolta veniva anche
chiamata col nome di *Provincia*, come ricavafi da *Erchemberto* (b), e dal
Capitolare (c) tra *Radelchi*, e *Sichendolfo*, da noi rapportato più su nel
Numero 6.   IX. Effi

„ litem inveftierat de feudo hac lege, nè in fuccefforem tranfiret; non
„ poter eo vivo, fine ejus voluntate, alium de eodem feudo invefti-
„ re. Mediolani, & Cremonæ *fecus*.
   (a)   Francefco di Andrea Difputat. Feudal. cap. 2. par. 9. num. 43.
   (b)   Erchemberto in Addit. ad Paul. Diacon. num. 14. *In ejus Electione*
omnis, ut ita dicam, BENEVENTI PROVINCIA confenfit.
   (c)   Capitulare Radelchi Parag. 14. „ *Et à modo nullum Saracenum*
„ in meum, vel Populi, ac Terræ meæ adjutorium, feù amicitiam habe-
„ re quærimus, tàm de his, qui in omnia PROVINCIA BENEVEN-
„ TANI PRINCIPATUS SUNT, quàm etiam de illis, qui extra om-
„ nem BENEVENTANAM PROVINCIAM SUNT . . Et adjuvabo
„ vobifcum cum Populo meæ partis, ut pariter expellemus de ifta PRO-
„ VINCIA noftra omnes Saracenos, quomodocumque *potuerimus*.

IX. Effi dipoi, oltra i Duchi, introduffero anche i *Prencipi* in Bene-vento, in Salerno, ed in Capoa, come fu detto ne Capitoli antecedenti. E perche i Prencipi, e i Duchi non poteano da per fe badare alla cuftodia de Luoghi lontani dalla loro Metropoli; ne potevano amminiftrarli, come fi dovea, una pronta giuftizia; in tratto di tempo v'introduffero i *Conti*, i *Vice Conti*, i *Marcheſi*, i *Giudici*, i *Meſſi Regj*, i *Gaſtaldi*, i *Scabini*, ed altri di quefta fatta, che a dovere faceſſero giuftizia a que Popoli. Di quefti adunque ci refta a favellare nel prefente Paragrafo; a riferva de *Conti*, e de *Vice-Conti*, baftantemente defcritti più sù nel Capitolo fefto.

X. E cominciando da i MARCHESI; quefti in fentenza di *Lodovico Antonio Muratori* (a), furono così detti da i *Confini*, che aveano in cuftodia, che *Marche* anticamente erano detti. E febbene foggiunga lo fteſſo Autore (b), che 'l Nome di *Marchefe* fu maiſempre ignoto a Longobardi; nulladimanco, fe dalle Marche derivoſſi il nome de Marcheſi in di lui fentenza, ed in tempo de Longobardi vi erano quefte Marche, come la Marca di *Ancona*, e la Marca *Triviggiana*; probabilmente dir poſſiamo con *Marino Frezza* (c), che i Longobardi aveſſero anche i *Marcheſi* per la cuftodia de loro Confini: fpezialmente nelle Marche Anconitana, e Triviggiana.

XI. Cheche fia però del femplice nome de Marcheſi, fe fia ftato antico, o nò in quefte Regioni; egli è certiſſimo, che almeno il loro Uffizio debbe averfi per antico, tanto riguardo a Romani, quanto rifpetto a Goti, che precedettero i Longobardi. Concioſſiacofache nella Vita di *Aleſſandro Severo* (d) leggiamo, che egli deftinò taluni *in Duces Limitaneos*: vale

Tom. III.   T t   a di-

(a) Lodovico Antonio Muratori Diff. 6. de Marchionibus Italiæ: ,, *Ante* ,, Caroli Magni tempora, difficile reperias in ufu, aùt a cæteris fcriptori-,, bus memoratum MARCHIONIS nomen, a Marcha, five Marchia deri-,, vatum, voce Theutonica, qua fignificantur Confinia, & Limites Pro-,, vinciæ alicujus Regni, & Agri.

(b) Lo fteſſo loc. cit. ,, *Extra* omnem dubitationem pofitum reor, fub ,, Regibus Longobardis inauditum in Italia fuiſſe, aùt certè nufquam ,, ufurpatum nomen ne dùm munus MARCHIONUM. Regionibus ijs in ,, eorum Miniſterio nullos alios invenias, nifi Duces, Comites, aùt Judices ,, Gaſtaldios, Sculdaſcios, aliaque id genus *Nomina*.

(c) Marino Frezza de Subfeudis, lib. 8. num. 17. ,, *Ex hac* caufa ftatue-,, runt in Italia Magiftratus: quorum quatuor eſſent Ducatus, DUO AU-,, TEM MARCHIONATUS. Ducatus autem hi, Spoleti, Purini, Fo-,, rum Julij, & Beneventi, de quibus nulla erat inter hæredes fucceſſio, ,, fed inter eofdem Longobardos refidebat poteftas difpenfandi. Marchio-,, natus erant ANCHONÆ, & TRIVISIJ, qui poterant ex Teftamento ,, hæredes in his iftituere, fecundum Albertum Bononienfem in 13. Italicæ ,, defcriptionis.

(d) Lampridio in Alexandrum Severum cap. 58.

a dire in Cuſtodi de Limiti. Lo ſteſſo abbiamo nella Vita di *Aureliano* (a).
Nella notizia dell'Impero Orientale appo 'l *Pancirolo* (b), ſi trovano re-
giſtrati ſei Conti, e tredici Duchi, a tal impiego deputati. Il medeſimo ſi
legge nella Formola di *Caſſiodoro* (c) riguardo al Regno de Goti. Riſerbandoci noi di favellare de Marcheſi del noſtro Regno nel Libro 20. del
Tomo IV. al Paragrafo 5. del Capo 3.

XII. Anche i *GIUDICI* furono comuni appo i Longobardi, tanto ai Giudici, che con Autorità ſovrana terminavano le Controverſie, quanto a quei
che con facoltà delegata componevano le differenze, che tra Popoli inſorgevano.
Del primo genere erano i *Conti Palatini*, che appreſſo il Principe dimoravano,
e con Autorità aſſoluta, e dipendenti dal ſolo anzidetto Sovrano, determinavano le Controverſie di Stato (come ſogliono fare oggidì i *Primi Miniſtri*
de Monarchi, ſecondo queltanto ſi dirà nel Tomo IV. al Capo 2. del Libro 16., allorche parlaremo del Primo Miniſtro del Regio Palazzo). Chia-
mavanſi queſti ne Secoli di mezzo *Giudici Palatini*, ſiccome *Caſſiodoro* (d)
ſcriveva di ſe al Pontefice *Giovanni*, allorache fu preſcelto dal Re *Teodorico* a quello Impiego.

XIII. Nelle Provincie poi ſoleano i Longobardi deſtinare i *Conti* per
far giuſtizia a Popoli, come fu detto nel Capitolo 6. Benche, per ſentimento di *Onofrio Panvinio* (e), i Duchi ed i Giudici nella Città di Roma ebbero principio in tempo degl' Imperadori Greci, dapoiche i Goti vi
aſſiaſero il nome de Senatori: e perciò givan del pari nelle Città primarie il Nome di Duca e quello di Giudice. In guiſa tale che *Arechi*, Principe di Benevento, donando il ſuo Capitolare a *Stefano*, Duca di Napoli,
li diede il Titolo di Giudice: *De Paſto Arechis, Principis Beneventani,
cùm JUDICE Neapolitanorum.*

XIV. Simili a Conti Palatini, ed a Giudici delle Regioni primarie erano
i MES-

(a) Vopiſco in Aurelianum : *Saturninus, Scythici LIMITIS DUX,
& Trypho, Orientalis LIMITIS DUX.*

(b) Guido Pancirolo in Not. Imper. lib. 2. cap. 20. *In LIMITIBUS
verò Orientis erant Comites rei militaris duo, & Duces treſdecim, qui
plures Equitum, Peditumque copias ex his, qui Magiſtris Militum parebant, & alias ſecum habebant.*

(c) Caſſiodoro lib. 7. Variarum cap. 4. *Ducatum tibi credimus Rheti-
num, ut Milites in pace regas, & cùm eis FINES noſtros ſolemni alacri-
tate circumeas.*

(d) Lo ſteſſo lib. 11. Epiſt. 2. *Sum quidam Judex Palatinus, ſed veſter non deſinam eſſe diſcipulus : nàm tùm iſta verè gerimus, ſi a veſtris
regulis mìnime diſcedamus.*

(e) Onofrio Panvinio . . . . . *Senatus, qui & ampliſſimus Ordo dicebatur, Roma uſque ad Imperatorem Juſtinianum, & Bellum Gothicum Italiam perduravit : in quo omnis ferè Nobilitas Romana, atque in primis Viri Senatores omnes a Gothis exciſi ſunt . . . . . Duce, & IN-
DICIBUS aliquot, Urbem pro Imperatore Conſtantinopolitano adminiſtran-
tibus.*

i MESSI REGJ: anzi di Autorità maggiore di quella de Conti e de Giudici delle Città principali, da i quali non poteano essere impediti ne loro Impieghi; ed essi poteano riconoscerli nel proprio Uffizio, sè aveano amministrato, o nò con dovuta rettitudine la giustizia. Erano questi destinati per le Provincie da i Sovrani, acciocche colla loro plenaria Autorità riconoscessero gli andamenti degl'altri Ministri, come alla lunga il *Muratori* (a) lo và ragguagliando. Ed erano soliti perlopiù i Monarchi dispensare questo Impiego a Nobili primarj del Regno, scarsi però di beni di Fortuna, per darli da vivere. Ma perche poi costoro non adempivano a proprj doveri, rendendo venale la giustizia: furono causa che i Prencipi dassero a Vescovi ed agli Abati somiglianti Impieghi, come leggesi nella Vita di *Carlo Magno* (b).

XV. Nelle stesse primarie Città, e ne Luoghi più cospicui vi erano anche i Giudici inferiori, chiamati GRAFFIONI: i quali, comeche versati nella ragion Civile, servivano di Consultori a Comiti ed a' Messi Regj (come ora si costuma nelle Regie Udienze Provinciali, in cui a Presidi si donano gli Uditori Forenzi in Comitiva). Supplivano questi a ciò che a Comiti mancava di Giurisprudenza: studiando i Processi, regolando gli Atti, e facendo tutto ciò che necessitava a rendere valido il Giudizio. V'intervenivano ancora i NOTAJ, per registrare il tutto (che erano come i

Tt 2   Ma-

(a) Lodovico Antonio Muratori Dissert. 9. de Missis Regijs: ,, Recte consultum olim fuerat Reipublicæ incolumitati, servandæque inter Populum ,, Justitiæ, constitutis tot Judicibus, nempe, Comite Sacri Palatij, Ducibus, Marchionibus, Comitibus, alijsque ejusmodi Magistratibus. Sed, ,, præter ordinarios Populi Judices, subsidium alterum inventum est nimirum ex Regum, & Augustorum latere, non nunquam etiam ex ipsis ,, Provincijs, electi alij Judices extra ordinem, sive extraordinaria autoritate ,, præditi, in Provincias mittebantur, qui Populi querimonias audirent, & ,, oppressam justitiam restaurarent: contributa ijs potissimum facultate, Comites, cæterosque Judices emendandi. MISSI REGIJ, MISSI DISCUR-,, RENTES, MISSI DOMINICI, REGIJ LEGATI ij appellabantur ,, ... Missos profecto Regios in usu fuisse apud Reges Longobardos, ,, exploratum habeo . . . . . Et Missis quidam hujusmodi tanta tribuebatur potestas; ut a Ducibus, Marchionibus, & Comitibus, ordinarijs videlicet, perpetuis Provinciarum, ac Urbium Rectoribus, nullum impedimentum eorum Autoritati objiciebatur.

(b) Lambecius in Annalibus, ,, Anno 802. Carolus Magnus, recordatus ,, misericordiæ suæ de pauperibus, qui de Regno suo erant, & justitias ,, suas pleniter habere non poterant; noluit de infra Palatio pauperiores ,, Vassallos suos transmittere ad Justitias faciendas, propter munera: sed elegit in Regno suo Archiepiscopos, & reliquos Episcopos, & Abbates cùm ,, Ducibus, & Comitibus, qui jam opus non habebant super innocentes ,, munera accipere: & ipsos misit per universum Regnum suum, & Ecclesijs, Viduis, & Orphanis, & Pauperibus, & cuncto Populo justitiam facere.

Maſtrodatti di oggidì), ſiccome alla lunga lo raguaglia lo ſteſſo *Murato-*
ri (*a*).

XVI. Oltra i Graffioni, che ſi aggiungevano a Giudici maggiori nelle
Contee, e negli altri Luoghi principali ; vi era un altra ſorta di Miniſtri, detti SCABINI. I quali (a ſomiglianza di quei della *Corte della*
Bagliva, che ſono in molti Luoghi del noſtro Regno) erano eletti dalle
Comunità de' Luoghi, come abbiamo nelle Leggi de Longobardi (*b*) pro-
mulgate dall' Imperador *Lotario I*. Da queſti ſi determinavano le Controverſie Civili di minor momento, che tra Cittadini e Cittadini inſorgevano,
come appunto ſi pratica oggidì nella menzionate Corti della Bagliva.

XVII. Per i Caſtelli, per le Ville, e per i Luoghi di inferior condizione vi erano i SCULDASCHI, o SCALDABI ſecondo *Paolo Dia-*
cono (*c*) : i quali facevan giuſtizia a quei Popoli, come pure aſſeriſce
il *Muratori* (*d*).

XVIII. Vi erano per ultimo i GASTALDI, che a ſomiglianza de
Perdettori raccogtievano le Rendite del Regio Fiſco, ed avean cura delle Selve, delle Bandite, delle Ville, degli Animali, e di coſe ſomiglievoli, che al Fiſco ſi appartenevano, come ricavaſi dalle medeſime Leggi Longobarde (*e*). E dove inſorgeva difficoltà riguardo alle coſe predette;

(a) Muratori Diſſert. 10. de Minoribus Juſtitiæ Miniſtris: *Cùm Comi-*
tis munus illi tantùm gererent, qui Sanguinis ſplendorem fortunis multis
adjungerent, atque ij Militiæ potiùs, quam Litteris ſtuderent ; facilè conij-
cere poſſumus, non eam fuiſſe Magiſtratibus ejuſmodi peritiam legum, &
ſcientiam, quam exigit Criminalium, & Forenſium ardua provincia. Verùm,
huic diſcrimini conſuluere antiqui: quippe Comitibus quoties agendæ, &
dirimendæ Lites erant, ad conſilium, & opem adjunxere minores alios
Judices, Juris nempe peritos illorum temporum, quos æque ac Comites,
GRAPHIONES *Teutonica voce Veteres appellabant . . . . . Ii Pro-*
ceſſum, & examen facti, & juris inſtituebant . .   Demum ubi ſen-
tentia erat pronuncianda ; nihil agebat Comes abſque conſilio, & conſenſu
eorundem, qui cùm ea conſidebant, NOTARIO *teſtante, quicquid illic de-*
cernebatur.

(b) Legge 48. Longobardor. lib. 4. *Ut Miſſi noſtri ubicumque malos* SCA-
BINOS *invenerit eijciant, & cùm totius Populi conſenſu, in eorum lo-*
co bonos eligant. Et cùm electi fuerint, jurare faciant, ut ſcienter inju-
ſtè judicare non audeant.

(c) Paolo Vvarnefrido lib. 6. de Geſt. Longobard. cap. 24. *Rector loci*
illius, quem SCALDABIS *lingua propria dicunt.*

(d) Muratori loc. cit Scabinis SCULDASCOS *adjungimus, quorum celebre*
eſt nomen in Longobardorum Legibus, & in antiquis Chartis . .   Id ho-
minum genus fuiſſe Judices Pagorum, Judices Caſtellorum : nos appellamus
Rectores Rurales.

(e) Legge 6. lib. 4. *Si quis Gaſtaldius, aut Actor Regis, Curtem regiam*
habens ad gubernandum, & ex ipſa Curte alicui ſine juſſione Regis Caſam
tributariam, vel Terram, Silvam, vel Prata auſus fuerit donare ; duplum
ſexponat.

te ; essi le giudicavano , e terminavano , secondo il sovente lodato *Muratori* (a). Perloche divennero molto potenti costoro : in modo tale che *Adelferio* Gastaldo di *Avellino* giunse fino a cavar gli occhi a *Guaimaro* Principe di *Benevento* , come fu detto nel *Numero* 14. del Capitolo 4. E *Landolfo* Gastaldo di *Capoa* ardì di sottrarsi dell'ubbidienza del Principe di *Salerno* , ed a formare una Dinastia separata , come pure additossi nel *Numero* 5. del Capitolo 5.

LIBRO SETTIMO.

Della Rinovazione dell' Impero Latino.

ANcorche la Materia , di cui intraprendiamo a trattare in questo Libro , non sia cosa che propriamente si appartenghi al nostro Istituto , e sembri di non avere connessione colla Storia Napoletana ; nientedimeno non è così lontana , che non si debba in questa nostra Istoria inserire , se si attende al cambiamento che da ciò avvenne all' Italia , ed al passaggio di molti Imperadori Latini appo noi . Tanto più , che anche l' *Autore della Storia Civile* molte cose intorno a questo argomento ci và dicendo : laonde noi , che ci siamo prefisso sin dal principio di togliere da mezzo quei sbagli , che incontrar si possono nell'Opera di questo Autore ; anche per questo fine abbiam stimato convenevole di non passarcene in silenzio , per maggiormente illuminare chi la legge . Divideremo adunque il tutto in tre Capitoli . Primo , *se la Rinovazione dell'Impero Latino fusse nata dal Popolo Romano , o dal Sommo Pontefice ?* Secondo , *se i Papi avessero qualche diritto nell' Elezione e Coronazione dell' Imperadori Latini ?* Terzo , *degl' Imperadori Romani , che vennero in queste nostre Regioni .*

CA-

(a) Lodovico Antonio Muratori loc. cit. *Quale fuerit sub Longobardis Regibus GASTALDORUM munus ; sine ullo negotio ex ipsorum Legibus intelligimus: scilicet , Ministri , Procuratores , ac Œconomi Regis fuere : præfecti eorum Curtibus , sive Prædiis , Silvis & aliis Patrimonij sive Fisci Regij Redditibus . . . . Hinc babes , non modicam Gastaldiis autoritatem traditam , simulque Fiscalium rerum aliam curam fuisse commissum . Sed parum hoc fuit : Jus autem dicebant , & lites Populi dirimebant ; . . . Si quid tamen conijcere licet ; non de omnibus Caussis judicandi facultas eis data est , sed tantum de Litibus ad Fiscum , & Patrimonium sibi commendatum pertinentibus.*

CAPITOLO PRIMO.

Se la Rinovazione dell'Impero Latino fusse nata dal Popolo Romano, o dal Sommo Pontefice?

I. È Sentenza comunemente abbracciata da tutti i Scrittori, così ecclesiastici come profani, che dopo la morte di Teodosio il Grande, diviso l'Impero Romano in *Orientale* ed *Occidentale* (o con altri termini; in *Greco* e *Latino*) tra *Onorio* ed *Arcadio* fratelli; colla venuta de Barbari in Italia sotto *Odoacre*, Re degli Eroli, in tempo che nel regnava *Momillo Augustolo*, si spense affatto la memoria dell'Impero Latino: dandoli i Goti ed i Longobardi il nome di *Regno d'Italia*, e non più di *Impero Latino*, o sia *Occidentale*. Essendosene rinovato il nome solamente in tempo di *Carlo Magno* Re di Francia, e di Papa *Lione III.* come rapporta *Carlo Sigonio* (a). Il quale con adequata proprietà di favellare, si serve del termine di *Rinovazione*: meglio che non fece il Cardinal *Baronio*, seguito da molti; il quale lo spiegò col vocabolo di *Traslazione*. Peroche non solo in alcune Medaglie, coniate in tal occasione da *Carlo Magno*, si legge queste Epigrafe; RENOVATIO IMPERIJ; ma anche perche come osserva *Antonio Paggi* (b), la Traslazione presuppone esistente l'Impero, e da uno lo trasferisce in un altro (come in fatti avvenne in tempo di Papa *Gregorio V.* e dell'Imperadore *Ottone III.*, allorche da Francesi l'Impero fu trasferito a Tedeschi). Per l'opposto poi la Rinovazione lo presuppone all'intutto annientato e distrutto, come accadde sotto i Barbari: risor-

to

(a) Carlo Sigonio lib. 4. Italiæ ad Annum 800. *Hunc dignitatis Imperatoriæ Titulum cùm in Momyllo Augustulo, ultimo Occidentis Imperatore, ante trecentos fermè annos sub Regum Gothorum defecisset in Occidente, Pontifex RENOVAVIT.*

(b) Antonio Paggi in Critica Baronij ad Annum 800. *Non rectè doctissimus Cardinalis scribit, TRANSLATUM tunc fuisse à Leone III. Imperium ad Carolum, aut ut Bellarminus lib. 1. de Translat. Imper. cap. 4. loquitur, TRANSLATUM FUISSE ORIENTALE A POTESTATE GRÆCORUM AD DITIONEM FRANCORUM. Vox enim Translationis rem gestam non benè explicat: quia Irenes Imperatrix Orientis nihil de jure suo aut remisit, aut amisit. Præterea, Imperium Occidentale extinctum erat: ideoque in alium Principem transferri non poterat, sed tantum renovari. Quod & præstitit Leo; & denotant Numismata Caroli, quæ adhuc supersunt: in quibus legitur, RENOVATIO IMPERIJ.*

to nuovamente fotto *Carlo Magno*. Non effendo vera la fentenza di molti, che Papa *Lione III.* lo tolfe a Greci, e lo diede a Latini. Peroche, effendofi divifa la Monarchia Romana in due Imperi, pria in tempo di *Onorio* ed *Arcadio*, e poi fotto *Valente* e *Valentiniano*; i Greci mantenendo intero il loro Impero Orientale, non ebbero più ragione alcuna fopra l'Impero Latino. E quantunque dipoi *Giuftiniano* per mezzo di *Belifario* e di *Narfete* fuoi Capitani, *Jure Belli*, e colla fpada alla mano togliefse a' Goti tutto ciò, che aveano in Italia, pure *Alboino* Re de Longobardi nella medefima maniera l'involò a Greci, e la cofa andò del pari : con che i Greci vi perderono ogni diritto.

II. Quindi, fono parole inutili quelle, che rifpetto al Re *Teodorico* và combinando a quefto propofito l'Autore della *Storia Civile* (a) dicendo : ,, *Se fuvi* Principe nel Mondo, in favor del quale nell'acquifto de' fuoi Regni concorfero tanti giufti titoli; certamente dovrà reputarfi Teodorico (ancorche non gli fuffe piaciuto l'affumere il nome d' *Imperadore* :) ,, era in realtà da tutti i fuoi Popoli tenuto per tale . . . . . . Non ,, volle giammai affumere il nome d' Imperadore d' Occidente come fece ,, dapoi Carlo Magno. E pure o fi riguardi l'eftenfione del Dominio, o ,, l'eminenti virtù, che l'adornavano; non meno che Carlo Magno farebbe ,, be ftato meritevole di tal onore . . . Non ancora in Occidente ,, erafi introdotto quel coftume, che i Re s'ungeffero ed incoronaffero per ,, mano da Vefcovi dalle Città Metropoli. In Oriente cominciava già a ,, praticarfi quefta cerimonia : ed in quefti medefimi tempi leggiamo, che ,, Lione il Trace dopo effere ftato dal Senato di Conftantinopoli eletto ,, Imperatore, fu incoronato da Anatolio, Patriarca di quella Città. Se ,, quefta ufanza fi foffe trovata introdotta in Italia, o foffe piaciuto a ,, Teodorico portarfi in Roma, e farfi coronar Imperadore da Papa Gelafio, ficcome fece Carlo Magno con Papa Lione III. certamente che ,, oggi pure fi direbbe *transferito l'Impero d'Occidente, da Romani a Goti per autorità della Sede Apoftolica Romana*. Sono, diffi tutte parole fparfe al vento : peroche (tralafciandofi, che noi qui favelliamo di *Rinovazione*, e non di *Traslazione* d'Impero; e tacendo che pria di *Lione Trace* Papa *Giovanni I.* avea coronato *Giuftino* Imperadore in Oriente, e *San Remigio* il Re *Clodoveo* in Francia); egli non fi fa carico della difficoltà, ne riflette dove confifte il punto di quefta Rinovazione : riducendola foltanto all' Unzione ed alla Coronazione per mano de' Vefcovi : quando noi, fuor di quefto, qualche cofa di meglio vi ricerchiamo, come or ora farem per porre in chiaro. Loche fe fi fuffe praticato da Papa Gelafio col Re *Teodorico*, certamente ancor quefti farebbe ftato Imperadore di Occidente : non avendo avuta Carlo Magno la privativa in ciò rifpetto agli altri Monarchi dell'Orbe : ancorche fi fuffe refo egli affai degno di quefto onore, e meglio del Re *Teodorico*. Peroche Carlo Magno fu perpetuo difenfore della Cattolica Chiefa; fu di religiofi coftumi; e finì i fuoi giorni da Santo. Laddove il Re *Teodorico* (Eretico Arriano di profeffione)

(a) Pietro Giannone lib. 3. cap. 2.

ne) fu crudele perfecutore della Cattolica Religione ; viffe da Tiranno ; e morì da reprobo, come preffo *San Gregorio Magno* (a) e preffo *Carlo Sigonio* (b) meglio quefta comparazione chiarir fi puote.

III, Quindi noi, per meglio fondare il noftro Argomento, divideremo in due Paragrafi il prefente Capitolo : cercando nel primo, fe la Rinovazione dell'Impero Latino fi fuffe fatta dal Sommo Pontefice, o dal Popolo Romano? E nel fecondo, fe Papa *Lione III.* eliggendo *Carlo Magno* in Imperadore di Occidente, li daffe qualche dritto di più della femplice Coronazione?

PARAGRAFO PRIMO.

Chi fuffe il primo a rinovare l'Impero Latino.

IV. Varie fono le Sentenze de Scrittori intorno alla *Rinovazione del Romano, o fia Latino Impero*. Vuole l'*Abate Uspergefe*, come pure *Ottone di Frifinga*, il *Baronio*, il *Bellarmino*, e fomiglievoli, che il folo Romano Pontefice fuffe ftato l'autore di quefta Rinovazione. Altri con *Sigeberto*, *Mariano Scoto*, ed *Anaftagio Bibliotecario*, han foftenuto, che fuffe ftato il Popolo Romano, e non già il Sommo Pontefice. Vi fono ftati degli altri, che con *Enea Silvio* han difefo, che unitamente il Papa ed il Popolo Romano aveffero a quefto affare data ugualmente la mano. Ed altri con *Paolo Emilio* e col *Blondo* al Papa ed al Popolo Romano aggiunfero di più i Magnati d'Italia, ficcome preffo *Michele Rouffel* (a) offervar fi puote.

V. L'*Autore della Storia Civile*, entrando ancor egli in quefta controverfia, non folo fi appiglia alla fentenza del *Blondo* e di *Paolo Emilio*, che 'l Papa, il Popolo Romano, ed i Magnati d'Italia rinovaffero nella perfona di *Carlo Magno* la Dignità Imperiale di Occidente ; ma di vantaggio con *Luigi Maiburgo* foggiunge, che anche i Francefi e i Tedefchi ebbero mano in quefta imprefa, come quelli che erano al fervigio di *Carlo*. Ecco le di lui parole : ,, *Carlo* Magno niente ricevè dal Papa, fenonche ,, l'Unzione, che è una mera Cerimonia : ma il Popolo, i Soldati, i Baro- ,, ni, precife quei Grandi che l'aveano accompagnato in Italia, fecondo Ma- ,, imburgo, gridarono Imperadore Carlo, ed il Papa concorrè con effo lo- ,, ro . . . . . Moltomeno potranno li Papi foftener le loro pretenzioni ,, per la Coronazione, ed Unzione, che Carlo ricevè per Lione : perche ,, crediamo oggimai effere a tutti notiffimo, effer quefte pure Cerimonie, ,, che

(a) San Gregorio Magno lib. 4. Dialog. cap. 30.
(b) Carlo Sigonio ad Annum 526. Regni Italiæ.
(c) Michele Rouffel Hiftor. Pontif. Jurifd. lib. 7. cap. 3.

,, che non si appartengono punto alla sostanza dell' *Impero*,

VI. Noi però, pria di manifestare il nostro sentimento su ciò, dobbiamo premettere molte cose, che conducono al punto, e sono necessarie ad illuminare l' oscurità di questo labirinto. E primieramente fa duopo avvertire, che quantunque i Longobardi colla loro venuta appo noi, involassero a' Greci quasi tutta l' Italia; nientedimeno la Ducea Romana non venne mai loro nelle mani, ancorche avessero sottomesso l' Esarcato di Ravenna, ed avessero in più modi tentato di sorprender Roma. Bensì, allorche *Lione Isaurico* (banderajo dell' Eresia Iconoclasta) cercò porre le mani addosso a Papa *Gregorio II.* acerrimo difensore delle Sagre Immagini; i Popoli d' Italia, sottraendosi dalla di lui ubbidienza, si sottomisero al Romano Pontefice, eliggendo lui per loro Capo nella Ducea Romana, siccome il Padre *Orsi* Domenicano, con una sua dotta e ben lunga Dissertazione (*Dell' Origine, del Dominio, e della Sovranità de Romani Pontefici sopra li Stati loro temporalmente soggetti*) ha cercato ultimamente porre in chiaro. *Pietro Giannone* (a) però, dopo di aver deriso il Padre *Giannettasio*, che nella sua Storia Napoletana ebbe per vero il tutto, si scaglia contro dell' anzidetto Pontefice, con tanta rabbia, che giugne a far passare il Papa per un *Anticristo*. Dice egli così: ,, *Scuoten-*
,, *do* i Romani il giogo di Lione Isaurico, s' impadronirono del Ducato di
,, Roma, e ne fecero lor Capo Gregorio II., perseguitato da Lione, e
,, poco appoggiato a Luitprando . . . . Alcuni nostri Scrittori coll'
,, autorità di Teofane, Cedreno, Zonara, e Niceforo, Autori Greci, ap-
,, portano, che i Romani scossero il giogo Greco; elessero Gregorio per lo-
,, ro Principe, dandoli il giuramento di fedeltà; e che il Papa, accettato
,, il Prencipato di Roma, ordinasse a' Romani, ed a tutto il resto d' Italia
,, che non pagassero più Tributo all' Imperadore: e che di più assolvesse
,, dal Giuramento i Vassalli dell' Impero, e lo privasse non pur del do-
,, minio avea in Italia, ma anche di tutto l' Impero . . . . Li Scrit-
,, tori Francesi, fra quali l' Arcivescovo di Parigi, Pietro di Marca, e
,, que' due celebri Teologi Natale, e Dupino, niegano, che Gregorio, sag-
,, gio Pontefice, avesse dato in tali eccessi. I nostri moderni Scrittori La-
,, tini, tratti dall' autorità di quei Greci, riceverono come vere le loro
,, favole . . . . Ma essi in tanto, voglion che sian veri, per farne
,, un tal confronto tra Cristo Signor Nostro, ed il Papa Romano. Cristo,
,, volendo quella innumerabil Turba farlo Re, tosto fuggì, e lor rispose,
,, che il suo Regno non era di questo Mondo. Il Papa, avendo i ribellati
,, Romani scosso il giogo di Lione, ed offerto il Principato a Gregorio,
,, tosto acconsentì, e ne divenne Principe. Cristo espressamente comandò,
,, che si pagasse il Tributo a Cesare; il Papa ordinò, che non si pagasse-
,, ro più Tributi a Lione. Per queste e simili antitesi, perche con queste
,, vie non tenne ne modo, ne misure; han prodotto poi in quella be-
,, stemia, di aver il Papa per *Anticristo*.

VII. Or mentre in queste turbolenze eran le cose nella Ducea Roma-

_____

(a) *Pietro Giannone* lib. 5. par. 4.

na ; accadde, che *Rachis* Re de Longobardi , paffando allo ftato Religiofo colla Moglie e co' figliuoli, al dire del Padre *Natale di Aleffandro* (a) , rinunziò la Corona ad *Aiftulfo* fuo fratello . Il quale , avendo prefe le redini del Governo, nell' anno 752. fi portò ad affediar Ravenna : e difcacciatone *Eotimo* , ultimo Efarca , fi refe , *jure belli* , di quelle Cittadi Signore . Poi cercò far lo fteffo colla Città di Roma : ma Papa *Stefano II.* col mezzo di *Paolo Diacono* , fratello di *Aiftulfo* , e di *Ambrogio Primicerio* , che deftinò fuoi Oratori preffo il Re , ottenne da lui una Tregua di quarant' anni . Tra quefto mentre *Coftantino Copronimo* , Imperadore di Coftantinopoli , per mezzo di *Gio: Silenziario* fe iftanza al Re *Aiftulfo* che li reftituiffe l' Efarcato di Ravenna , ma *Aiftulfo* sì fattamente fprezzò quefta Ambafcieria , che ne pur le diede orecchio . Papa *Stefano* , che ne anche era ficuro della di lui fede ; fe rapprefentare a *Pipino* Re di Francia , in qual timore egli era a cagione del Re *Aiftulfo* . Il Re *Pipino* fe paffare un fuo Miniftro in Roma , a cui impofe , che conduceffe ficuro in Francia il Pontefice , ad ogetto di concertare a voce ciò che per lui far fi poteffe . E nel mentre che 'l Papa fi accingeva al viaggio , li fovragiunfe la feconda Legazione dell' Imperadore Coftantinopolitano ; acciò fi framezzaffe col Re *Aiftulfo* per la reftituzione dell' Efarcato di Ravenna . Cheperò il Pontefice , accompagnato dall' uno e l' altro Ambafciadore , s' avviò alla volta di Pavia . Ma il Re *Aiftulfo* , avendone avuto fentore , gli avanzò anch' egli un fuo Legato , che li diceffe che ogni e qualvolta li piaceffe di portarfi nella fua Reggia , non li parlaffe d' intereffi di Stato , fe non volea arrecarli difgufto . Dalche , fatto cauto *Stefano* , licenziò l'Ambafciador Greco , e con quello del Re *Pipino* con tutta follecitudine fe ne pafsò in Francia . Dove anche il Re *Aiftulfo* fe arrivare *Carlo Manno* da Montecafino , acciò s' interponeffe appo 'l Re *Pipino* fuo fratello di non far moffa veruna per l' Italia ad iftanza di Papa *Stefano* . Ma *Pipino* , niente badando alle preghiere del fratello , fpinfe tantofto un poderofo Efercito in Italia : conche intimorito *Aiftulfo* , promife di reftituire al Papa tutti i Stati , che , *jure belli* , avea tolti a Greci : inviando perciò quaranta Nobili del fuo Regno per oftaggio in Francia .

VIII. Con quefta fiducia *Stefano* fè fuo ritorno in Roma . Ma il Re *Aiftulfo* , in vece di adempire a ciò , che avea promeffo ; ragunate le fue forze , fi portò ad affediar Roma . Del che avifato il Re *Pipino* , calò di volo in Italia , ed accampatofi fotto Pavia , non folo aftrinfe *Aiftulfo* a difciorre l' Affedio di Roma , per foccorrere la propria Reggia ; ma di vantaggio l' obligò a cederli l' Efarcato di Ravenna ; quale donò alla *Sede* Apoftolica , fecondo *Anaftagio Bibliotecario* (b) : niente curando le querele

dell'Im-

(a) Natale di Aleffandro Sæcul. IV. differt. 25. Propof. 4.
(b) Anaftagio Bibliotecario in Vita Stephani Papæ II. „ *De quibus* „ omnibus receptis Civitatibus donationem , omnibus in perpetum Pontifi- „ cibus Apoftolicæ Sedis mifit poffidendam . . . . Et Legati Coftantino- „ politani nequaquam firmiffimum Pipini Regis Francorum inclinavere „ cor, ut efdem Civitates, & Loca Imperiali tribueret Ditioni.

dall' Imperadore di Coſtantinopoli, che pretendea eſſer ſuo. Ed ecco come il *Dominio Temporale* ſi introduſſe, e crebbe ne Romani Pontefici. I Popoli della Ducea Romana acclamarono primamente in loro Principe il Pontefice *Stefano II.*; e poi *Pipino* Padre di *Carlo Magno* li donò l' Eſarcato di Ravenna, che a forza di Armi avea tolto a Longobardi.

IX. Papa *Stefano* poi, per moſtrarſi grato col Re *Pipino*, li diede il titolo di *Patrizio*, che gli Eſarchi Imperiali goder ſoliano: loche pure fece Papa *Adriano I.* con *Carlo Magno* di lui figliuolo. E certo però che queſti Pontefici diedero a *Pipino* ed a *Carlo* queſto onore con autorità delegata, non già con aſſoluto dominio, come l' Abate *Gio. Vignoli* (a) nell'anno 1709. cercò porre in chiaro in un Opera, che diede alla luce contro *Leblanc* Autor Franceſe; il quale ſi era forzato moſtrare in una ſua Diſſertazione Iſtorica (fondato ſù di alcune Monete di *Carlo Magno*, di *Lodovico Pio*, di *Lotario*, e de loro Succeſſori coniate in Roma) che queſti Imperadori aveſſero eſercitata colà la ſovrana Giuriſdizione. Allorche il *Vignoli* fà vedere, che anche Papa *Adriano I.* e Papa *Lione III.* coniarono Monete in Roma, conche moſtraveno il loro Sovrano Dominio. Riferendone una tra le molte, in cui da un proſpetto ſi vede la Croce con queſta Epigrafe: HADRIANUS PAPA; e dalla parte oppoſta la Croce, con queſte altre Parole: SANCTI PETRI. Non oſtanteche'l noſtro *Giannone* (b) entrando ancor egli in queſta Conteſa, la tenghi col *Leblanc* più toſto, che col *Vignoli*, dicendo: *Chechè ne ſia, l' Opera di Leblanc fà vedere quanto poco ſicura ſia l' Opinione del Vignoli, e molto più fondata quella de Franzeſi.*

X. Il Padre *Natale di Aleſſandro* (c) non però un altra via tenne ſù que-

---

(a) Gio. Vignoli, *Antiquiores Pontificum Romanorum denarij*, in Præfatione: ,, *His* verò, ut pote extra omnem prorsùs ſuſcipionem poſitis, ſa- ,, tis inſtrui, & certior fieri quiſque poterit, Senatum Populumque Roma- ,, num poſtea quam ab Imperatorum obedientia ſe ſubtraxit, neque Fran- ,, corum Regibus, neque poſtea ejuſdem Sedis Apoſtolicæ autoritate, Oc- ,, cidentis Imperatoribus creatis ; ſed ſummis Pontificibus, ipſis ſuos faſces ,, ſuppoſuiſſe. Teque ſubinde rem non minùs falſam eſſe docebunt, Leo- ,, nem III. (ut iſti ſentiunt) ſuprema Urbis dominatione (ſibi utili tan- ,, tùm retentà) ſe ſpoliaſſe, illamque in novum Occidentis Imperatorem ,, Carolum Magnum tranſtuliſſe. Quandoquidem non utile tantum illud, ſed ,, SUPREMUM ETIAM JUS MONETÆ CUDENDÆ, quod a Præ- ,, deceſſoribus ſuis acceperat, ad ſuos etiam ſucceſſores traduxit ; eodem ,, Carolo Magno in ſimili Urbis, ejuſque Ducatus Præfectura, loco Patri- ,, tij adſcito, & quæ per ipſum, vel per illius Legatos, qui Miſſi di- ,, cebantur, acta ibi fuerè, non obſcurè *declarant*.

(b) Pietro Giannone Tom. I. pag. 343.

(c) Natale di Aleſſandro Sæcul. IV. Diſſert. 25. Propoſ. 6. *Supremi Dominij conſortium fuit inter Gallorum Reges & Pontifices Maximos in Romana Civitate uſque ad Carolum Calvum : qui ſolidum Jus in Urbe Joanni VIII. ejuſque ſucceſſoribus conceſſit.*

questo : e fù il dire , che 'l sovrano Dominio nella Ducea di Roma e nell'
Esarcato di Ravenna fù comune trà Romani Pontefici , ed i Rè di Francia ; e che durò questa Polizia di Governo fino a *Carlo Calvo* : il quale
poi rinunziò ogni sua ragione a Papa *Giovanni VIII.* Da qual tempo in_
poi incominciarono ad essere soli i Romani Pontefici a godere quella sovrana Signoria. Loche vien convinto di falso : accausache Papa *Nicolo I.*
Antecessore di *Adriano II.* , e di *Giovanni VIII.* avea tempo prima usata
la Corona sul Camauro , *in signum temporalis Principatus* , come nella di
lui Vita afferisce *Anastagio Bibliotecario.* Tantopiù , che *Carlo Magno* ,
eletto Imperadore, rinunziò alla Carica di Patrizio, dalla quale potea venire
questa autorità , come poco appresso soggiugneremo .

XI. Accadde poi , che nell' Anno 800. molti Nobili Romani congiu-
rando contro Papa *Lione III.* , li troncarono la lingua , li cavarono gli
occhi , e lo lasciarono quasi morto . Ma risanato miracolosamente , secondo
Anastagio (a); coll' ajuto del Duca di Spoleti si sottrasse da Roma , e si
portò in Francia dal Re *Carlo Magno.* Il quale, dopo averlo accolto con
vivi segni di tenerezza e di stima , lo fè con onor grande ritornare in Roma : dove poco dopo egli lo seguì col suo Esercito , ad ogetto di vendicare
l'attentato di quei sacrileghi . Loche poi li fu vietato dal mansueto Pontefice , che anzi impetrò a suoi offensori il perdono : essendosi intanto *Carlo*
trattenuto per qualche tempo in Roma , al dire di *Eginardo* (b). Ed allora fu , che *Lione* , per porre freno a Tumultuanti , e per mostrarsi grato
a questo Monarca , il dì del Natale di nostro Signore celebrando Ponti-
ficalmente , lo coronò Imperadore di Occidente tra gli applausi e voci giulive del Popolo , che ivi occorso era . E quantunque l' Autore (c) anzidetto ci dica, che *Carlo* , se avesse penetrato l' intenzione del Papa , non
sarebbe gito quel giorno in Chiesa , tanto era lontano da simile pretenzione;
pure *Carlo Sigonio* (d) ci assicura , che egli fin da tempi di Papa *Adria-*
                                                                    no

(a) Anastagio Bibliotecario in Vita Leonis III. „ *Lingua* ejus præcisa
„ est : & ut ipsi tunc arbitrati sunt , cæcum eum , & mutum in media_
„ platea dimiserunt . . . . Verè eum Dominus a tenebris eripiens,
„ lumen redijt , & linguam ad loquendum *restituit* .

(b) Eginardo in Vita Caroli Magni : *Ultimi* adventus sui non solùm
„ hæ fuere causæ ; verum etiam quòd Romani Leonem Papam , multis
„ affectum injuriis , erutis oculis , linguaque amputata , fidem Regis implo-
„ rare compulerunt . Idcircò Romam veniens , ibi totum hyemis tempus
„ *pertraxit* .

(c) Lo stesso loc. cit. „ *Quo* tempore , etiam Augusti , & Imperatoris
„ nomen accepit . Quod primò IN TANTUM ADVERSATUS EST ;
„ ut affirmaret , se eo die quamvis præcipua res esset ; Ecclesiam non in-
„ traturum fuisse , si Pontificis consilium scire potuisset .

(d) Carlo Sigonio lib. 4. Regni Italiæ ad Annum 800. „ *Quod &*
„ Carolus vivente Adriano EUM TITULUM AFFECTASSE VIDE-
„ TUR. Siquidem cùm Beneficia Eccleliis indulgeret , ita præfari con-
„ suevit : *Carolus Dei grotia Rex Francorum , & Longobardorum , & Pa-*
                                                                    „ *tri-*

ao I. avea ambita questa dignità ; e con tal concerto la mattina del santo
Natale si portò nella Basilica di San Pietro, dove dal Papa fu fatta la de-
stinata Cerimonia . Ed allora fu che dipose il Titolo di *Patrizio*, per l'addietro posseduto, prendendo quello d'*Imperadore de Romani*, secondo il favellare di *Ottone da Frisinga* (a) .

XII. Ora stante la cennata assertiva di *Carlo Sigonio*, che Papa *Lione III.* dichiarò *Carlo Magno* in Imperadore di Occidente, a fine di dare
un potente Protettore alla Chiesa ; si debbe in oltre presupporre, che
quantunque da principio il nome d'*Imperadore* si fusse dato a Condottie-
ri di Eserciti, come si disse nel Libro 8. del Tomo II. al *Numero* 24. del
Capo 4., e poi si fusse usurpato da coloro, che si resero assoluti Padroni della Romana Monarchia, distinguendosi con tal vocabolo da *Regi*, cotanto
in Roma odiati, come abbiamo da *Sisilino* (b), e da *Livinio Ussio* (c)
nella Vita *Giulio Cesare*; pure preso nel senso de sagri Scrittori, ed anche secondo l'idea che ebbe il Pontefice *Lione* quando diede a *Carlo Magno* un tale onore; questa voce d'*Imperadore* altro non importa, se non
                                                                    che

„ *tritius Romanorum*, *si Ecclesiarum Dei servis munificentiam nostram im-*
„ *partimus eorumque studiis libenter obsequimur* ; ID NOBIS AD AU-
„ GUSTALIS EXCELLENTIÆ CULMEN PROFICERE CREDI-
„ MUS . . . . His igitur sic habentibus ; quod Adrianus facere
„ prætermiserat ; Leo arrepta ex Romanorum turbis occasione, sibi ex-
„ plendum existimavit, ut Catholicum tandem & potentissimum Regnum
„ FIRMUM SIMUL AC FIDUM CHRISTIANIS, AC IPSI RO-
„ MANÆ ECCLESIÆ TUTOREM AC PATRONUM PARERET,
„ ipsumque Imperatorio titulo insigniret . . . Ubi dies Natalitiorum
„ advenit ; Carolus summo mane Vaticanam Basilicam adiit ; atque Con-
„ fessionem progressus, Dei obsecrationem inivit . Qua peracta ; Pontifex
„ QUI EX COMPOSITO ADERAT ; Clamydem Augustalem, & Co-
„ ronam auream pretiosissimam, quam de industria comparaverat, ei im-
„ posuit . Quo facto, Populus universus ter, voce clarissima, lætissimus
„ acclamavit : *Carolo Augusto à Deo coronato*, *magno*, *& piissimo Impe-
„ ratori Romanorum Vita & Victoria* . Deo inde Divisque in auxilium
„ invocatis, Imperatoris illi Titulus à Populo confirmatus est . Populari
„ inde acclamatione sedata ; Pontifex Patrem, & Filium adstantes, illum
„ Imperatorem Romanorum, hunc Regem Italiæ Oleo sancto perun-
„ *xit* .

(a) Ottone Frisigense lib. 5. cap. 32. *Carolus Rex à Summo Pontifice*,
ab lato Patritij nomine, *Imperator coronatus est* .

(b) Sisilino in Augustum : *Descriptum publicè fuit*, *ut Cæsar Imperator nominaretur* : *non quemadmodum Imperatores dicuntur ij* , *qui ex magno Prælio victoriam reportaverunt* ; *sed quomodo ij* , *qui summum Imperium habent* .

(c) Livinio Ussio in Julium Cæsarem : *Nomen autem Imperatoris à
Julio*, *quemadmodum & Cæsaris*, *tamquam peculiare summi Imperij cognomento*, *ad omnes deinde Imperatores dimanavit* .

che DIFENSORE DELLA CATTOLICA CHIESA, e PROTETTO-RE DELLA CRISTIANA RELIGIONE: siccome ricavasi dal Giuramento, che fece in quell'atto il medesimo *Carlo Magno*, e che è registrato nel Pontificale Romano, serve di norma a tutti gli altri Imperadori in tempo della loro Coronazione, che è del tenore seguente:

In Nomine Christi, spondeo, atque polliceor ego N. Imperator coram Deo & Beato Petro Apostolo, me PROTECTOREM, & DEFENSOREM *fore hujus Sanctæ Romanæ Ecclesiæ in omnibus utilitatibus, quatenus divino fultus fuero adjutorio, prout sciero poteroque.* Leggendosi appo *Graziano* (a) similmente la Formola del Giuramento, che prestò *Ottone II.* a Papa *Giovanni XII.* con riferire eziandio *Gio: Seldeno* (b) la Formola del Giuramento dell'Imperadore *Carlo V.*

XIII. Si conferma tutto ciò da quello, che scrisse Papa *Giovanni VIII.* (c) al Duca *Sergio II.* in Napoli, allorche questi si era unito con Saracini: minacciandolo di volerlo pria assalire coll'Armi spirituali, e poi farlo travagliare dal *Difensore della Chiesa* coll'Armi temporali (volle intendere dall'Imperadore di Occidente). Il che pure fu risposto da *Lodovico* secondo (d) a *Basilio* Imperadore di Costantinopoli, quando questi lo rampo-

po-

(a) Graziano cap. *Tibi Domino*, dist. 63.

(b) Gio. Seldeno de Titulis Honorum, cap. 7. num. 3.

(c) Gio: Papa VIII. in Ep. ad Sergium II. Ducem Neapolitum; ,, *Semel* te, tuosque admonere non abnuo, ut ab Infidelium consortio de-,, clinetis, & à tam profano fædere recedatis. Quod si nos audieritis, non ,, solum bona quæ capitis affluenter à nobis habebitis, sed & magna ,, præmia cælitus consequemini: sin autem, non solum nos spirituali vos ite-,, rato gladio percellemus; sed & hi, qui non sine causa materiales gla-,, dios portant, cùm sint SANCTÆ ROMANÆ ECCLESIÆ VALI-,, DI DEFENSORES, ET FERVIDI ZELATORES; adversùs vos pro-,, tinus Arma corripient, & vindices contra vos impugnatores ejus cele-,, rius *properabant*.

(d) Lodovico II. Apologia ad Basilium apud Baronium ad Ann. 871. ,, *Et ipsi Patrui nostri gloriosi Reges absque invidia* IMPÉRATORES ,, NOS VOCITANT: ATTENDENTES AD UNCTIONEM, ET ,, SACRATIONEM, QUA PER SUMMI PONTIFICIS MANUS ,, SUMUS AD HOC CULMEN PROVECTI. Præterea mirari se ,, Fraternitas tua significat, quod non Francorum, sed Romanorum Impe-,, rator appellamur. Sed scire te convenit, quia nisi Romanorum Impe-,, rator essemus; utique nec Francorum. A Romanis enim hoc nomen, ,, & dignitatem assumpsimus: QUARUM GENTEM, ET URBEM DI-,, VINITUS GUBERNANDAM, ET MATREM OMNIUM ECCLE-,, SIARUM DEI DEFENDENDAM, ATQUE SUBLIMANDAM ,, SUSCEPIMUS; ex qua & regendi priùs, & postea imperandi autori-,, tatem Prosapiæ nostræ seminarium sumpsit. Nàm Francorum Principes ,, primò Reges deinde verò Imperatores dicti sunt. Nonnulli verò nec sic, ,, sed tantùm à Militibus sunt clamati, & in Imperio stabiliti, aut alio

,, mo-

pognò di averfi ufurpato il Nome d' *Imperadore de Romani*, effendo femplice Re di Francia. Onde li fe fentire, che egli adoprava quel Nome
come Difenfore della Cattolica Religione, e Protettore della Romana
Chiefa, a cui i Greci Imperadori aveano voltate le fpalle.

XIV. Per ultimo fia bene avvertire, che avendo Papa *Lione III.* eletto *Carlo Magno* in Imperadore di Occidente; con queft'atto niuna autorità a lui diède fovra la Francia, e la Germania, di cui allora quegli era
Re. Conciofiiache que' Regni con altro titolo da *Carlo* fi poffede-
vano, e giammai perladdietro all' Imperial dominio furono fottopofti. Loche pure intender fi debbe del Regno di Italia, il quale fu
diftinto dall' Impero. A fegno tale che Papa *Lione III.* nel giorno medefimo, che dichiarò *Carlo* Imperador de Romani, unfe in Re d' Italia *Pipino* di lui figliuolo, come dice *Carlo Sigonio*, trafcritto più fu nel *Numero* II. Volendo pure *Lodovico Muratori* (a), che avendo *Lotario* Imperadore creato *Ludovico II.* fuo figliuolo Re d' Italia; mandandolo in Roma nel 844. per farlo coronare da *Sergio II.*, pretefero i Francefi, che perciò il Popolo Romano li doveffe preftare omaggio di fedeltà: il che li fu
proibito dal Pontefice: volendo che a *Lotario* folamente, come Imperadore, li daffe l' ubbidienza, e non a *Lodovico*.

XV. Dal-

" modo ad Imperij Romani Sceptrum promoti funt. Porrò SI CALUM-
" NIARIS ROMANUM PONTIFICEM, QUOD HOC GESSIT; ca-
" lumniare & Samuelem, quod, fpreto Saule quem ipfe unxerat, David
" in Regem ungere non renuerit. Sed interim fi paginas revolueris Græ-
" corum Annalium, & fi quæ à veftratibus Romani Pontifices pertulerunt,
" perfcruteris; profectò invenies, unde illos jufte non valeas redarguere.
" Unde merito, APOSTATIS DESERTIS, ADHESERUNT GENTI
" ADHERENTI DEO, & ipfius Regni fructus *facienti*.

(a) Muratori Differt. 3. de Imperatorum Romanorum, & Regum Ita-
licorum Electione: " *Romani* Imperii renovatio fub Carolo Magno nihil au-
" toritatis peperit Occidentalibus Auguftis in Regna Galliarum, atque Ger-
" maniæ; multa funt quæ fuadent. Et fane Provinciæ illæ, per tot Sæ-
" cula a Romano Imperio fciffæ, nihil præterea fuæ libertatis, ac juris
" deperditum voluerint; ac in iis dominari, fuccedere, ac cuncta agere
" perrexerunt Reges jure proprio, ac fi nullus Romæ legem diceret Impe-
" rator . . . . Nonnulli quidem, procedente tempore, fuerunt Italiæ
" tantum Reges, non autem Romanorum Imperatores . . . . Explo-
" ratum pariter eft, NULLUM JUS ITALICIS OLIM REGIBUS
" FUISSE IN URBEM ROMAM, EJUSQUE DUCATUM. Creatus
" Italiæ Rex Ludovicus II. a Patre fuo Lothario Augufto Romam profe-
" ctus eft anno 844. ibique a Sergio II. Sacro Oleo inunctus, & regio
" Diademate redimitus, Anaftafio Bibliothecario tefte in Vita Sergii II. *Tunc
" petierunt Franci, ut omnes Principes Romani fidelitatem ipfi Ludovico
" Regi per Sacramentum promitterent: quod prudentiffimus Pontifex fieri
" nunquam conceffit. Permifit ille dumtaxat, ut Romani Fidelitatis Iu-
" ramentum Lothario Augufto præftarent, non ejus filio *Ludovico*.

XV. Dalle tante cose premesse (peraltro tutte necessarie, ed al nostro Istituto confacenti) facendo ora ritorno all' intrapreso quesito ; diciamo , che *il solo Pontefice fu causa della Rinovazione dell' Impero Latino* , estinto per la venuta de Barbari in Italia ; e non mica il Popolo Romano , o li Magnati d' Italia , co' Baroni di Francia , e di Germania , come pretende l' *Autore della Storia Civile* con altri Scrittori mentovati più su nel *Num.* 5. non ostante che così il Popolo Romano , come i Magnati ed i Baroni anzidetti avessero colle loro voci giulive approvata una tale Ordinazione; e che fu pensiero solamente di Papa *Lione III.* e non di altri. Peroche le acclamazioni Popolari sono atti secondarj , e consecutivi a tutte le elezioni così d' Imperadori, come di Papi , e di Regi ; e non influiscono nell' atto dell'Elezione , come osserva *Costantino Roncaglia* (a) . Avendo noi da *Carlo Sigonio* (trascritto nel *Numero* 11.) , che dopo di avere Papa *Lione III.* vestito col regal Manto *Carlo Magno* , ed ornatoli il Capo col Diadema imperiale , il Popolo tre volte gridò *Viva Carlo Imperadore*: ciò che prima del *Sigonio*, ci lasciò scritto *Anastagio Bibliotecario* (b). Voler poi , che nelle semplici acclamazioni de Popoli fusse appoggiata la Rinovazione dell' Impero Latino , e non già nell'atto della Coronazione; non è cosa , che difender si possa dapoiche *Lodovico II.* Imperadore , Pronipote di *Carlo Magno* , riferì a' Romani Pontefici , e non a Popoli e Magnati d'Italia l' Imperiale Elezione: *Imperatores nos vocitant , attendentes ad Unctionem , & Sacrationem , qua per summi Pontificis manus sumus ad hoc culmen provecti* , come sovra nel *Numero* 13. additossi E ciò con una ragione assai fondata. Peroche , essendo l' Imperadore per suo proprio uffizio , secondo quella elezione, il Difensore della *Cristiana Religione* e 'l *Protettore della Chiesa Cattolica* , come addimostrossi nel *Numero* 12. lo eligere e destinare questo Difensore e Protettore , unicamente si appartiene al Romano Pontefice , a cui Cristo presso *San Matteo* (c) e *San Giovanni*

(a) Costantino Roncaglia in Addit. ad Natal. Alexand. Sæcul. IX. Differ. 1. ,, *Meminere* omnes festivarum acclamationum , sed postquam ,, Corona Carolum a Leone redimitum viderunt . Quod quamvis sit pro ,, prij consensus , ac gestientis animi signum exhibere ; sane non est , ali ,, quem ad Regiam , vel Imperialem dignitatem evehere . Ita nullum ,, habet vox Populi locum in Pontificis , Regumque electione , eo quod ,, festivis acclamationibus plaudat Pontifici , vel Regi , quem in signum ,, jam adeptæ dignitatis , videt *coronatum* .

(b) Anastagio Bibliotecario in Vita Leonis Papæ III. ,, *Tunc* Vene ,, rabilis almificus Pontifex , manibus suis propriis pretiosissima Corona ,, coronavit eum . Tunc universi fideles Romani videntes eandem defen ,, sionem & dilectionem , quam erga Sanctam Romanam Ecclesiam , & ejus ,, Vicarium habuit ; unanimiter altisona voce , Dei nutu , atque Beati Pe ,, tri clavigeri Regni cœlorum , exclamaverunt: *Carolo PIISSIMO AV* ,, *GVSTO , A DEO CORONATO , Magno , Pacifico Imperatori , Vita ,* ,, *& Victoria .*

(c) Matthæi 16. vers. 18. *Tu es Petrus , & super hanc Petram ædifi cabo Ecclesiam meam .*

...... (a) raccomandò la sua Chiesa.

XVI. Si aggiunge a tutto questo, che in sentenza di *Eginardo* (rapportato più su nel *Numero* 11.) quando Papa *Lione III.* coronò Imperadore *Carlo Magno*, la cosa andò con tal segretezza, che quasi ne pure quel Monarca ne ebbe sentore: *Quod primò in tantum adversatus est; ut affirmaret se eo die, quamvis praecipua res esset, Ecclesiam non intraturum fuisse, si Pontificis consilium scire potuisset.* E benche *Carlo Sigonio* dica all'oppoſto, che'l tutto avvenne per segreta intelligenza trà Papa *Lione* e'l Re *Carlo*; pure quando ciò sia, non si deve da ciò inferire, che vi fusse preceduto un pubblico Parlamento del Papa co'l Popolo, colli Magnati d'Italia, e colli Baroni di Germania e di Francia; conche dir si possa, che costoro, uniti co'l Pontefice, fussero concorsi ugualmente alla Rinovazione dell' Impero Romano in persona di *Carlo Magno*. Onde bisogna conchiudere, che'l Papa solamente fu l'Autore di queſt' opera.

XVII. Ne mi si dica, che importando l'Uffizio d' Imperadore non meno il governo del Popolo Romano, che la difesa della Cattolica Religione, come *Lodovico II.* scrivea a *Basilio* Imperadore di Coſtantinopoli: (*A Romanis enim hoc nomen, & dignitatem assumpsimus, quorum Gentem, & Vrbem divinitus GVBERNANDAM, & Matrem omnium Ecclesiarum DEI DEFENDENDAM, atque sublimandam suscepimus*) solamente l'autorità che riguardava la difesa della Cattolica Religione *Carlo* potè ricevere dal Papa, e quella che concerneva il governo temporale di Roma, la dovè riconoscere da Popoli. Tutto bene; ma rispondo, che l'autorità temporale nella Città di Roma, e nell'Esarcato di Ravenna *Carlo Magno*, pria di essere Imperadore aveala avuta dal Pontefice *Adriano I.* allorche ne fu dichiarato *Patrizio*, come si disse nel *Numero 9.* e soltanto in queſta Coronazione fu mutato il nome di Patrizio in quello d' Imperadore, giuſtache *Ottone di Frisinga* sovra nel *Numero 11.* dicea; e lo conferma *Carlo Sigonio* (b). Cheperò i Popoli niente di particolare a *Carlo Magno* in queſta funzione conferirono. Tanto più, che anche l'autorità di Patrizio in *Carlo* fu dipendente, e subordinata a quella del Romano Pontefice a tenore di ciò che dicemmo sopra nel *Numero 9.* Ed alla peggior lettura, secondo la riferita sentenza del Padre *Natale di Aleſsandro*, dir si potrebbe, che ella fu comune a i Papi ed agl' Imperadori, fino a' tempi di *Carlo Calvo*, e di *Giovanni VIII.*

XVIII. Molto meno fa al caso quel tanto che l'*Autore della Storia Civile* asserisce, di esserſi con ciò fatta ingiuſtizia a Greci Imperadori, dandoſi à' Franceſi quel Titolo; come quelli se ne querelarono in fatti. *Non merita* (dice egli) „ que' rimproveri del Pellegrino l' Anonimo Salernita„ no, se nella sua Storia dica . . . *non può in niun conto chiamarſi* „ *Imperadore, se non colui, che presiede nel Regno Romano, cioè Conſtan-*

(a) Joannis 21. verſ. 17. *Petre amas me? pasce oves meas.*

(b) Carlo Sigonio lib. 4. Regn. Ital. ad Annum 800. *His actis, Carolus, abjecto Patritii titulo, Imperatorem Romanorum, atque Auguſtum se inſcripſit.*

,, tinopolitano, e che i Re di Francia, allora si usurparono quel Nome,
,, che essi prima non aveano mai avuto. Nome che per lunga serie d'an-
,, ni su sempre contrastato a successori di Carlo, dagl'Imperadori d'Orien-
,, te . . . . I successori di Niceforo, rompendo tutti i precedenti
,, Trattati, mossero a, di lui successori non solamente Guerra per le Pro-
,, vincie tolte al Greco Imperio, ma anche per questo nome d' Imperado-
,, re. Non fa al caso, in dissi: peroche oltre la risposta che Lodovico II.
diede a Basilio di Costantinopoli (come sovra al Numero 13.); ciò si fece da Romani Pontefici a fine di avere un valevole Protettore nella
Chiesa; del che si erano resi indegni gl'Imperadori d'Oriente: loche pure
da Carlo Sigonio (a) si asserisce. Maggiormente che Niceforo Logoteta
nella Pace che conchiuse con Carlo Magno nell'anno 802., contentossi, che
Carlo si chiamasse Imperadore di Occidente, come si ha da Paolo Emilio (b);
e che 'l Papa non togliesse a Greci il Titolo d'Imperadori d'Oriente, a
loro dovuto, dandolo a Francesi. Infatti il Papa in Carlo Magno volle
solamente rinovare l'Impero Latino, spento già per la venuta de Barbari
in Italia, in cui i Greci non aveano diritto alcuno, come spiegossi più
sovra nel Numero 2., e non inferir pregiudizio a Greci.

PARAGRAFO SECONDO.

Se Papa Lione III. eligendo Carlo Magno in Imperatore, li comunicasse qualche special diritto?

XIX. UNa delle più gagliarde opposizioni, che sogliono farsi da Padroni delle contrarie opinioni, si è, che Papa Lione III. niun
diritto speciale comunicò a Carlo Magno, il quale avea a forza d'Armi
conquistata l'Italia, togliendola a Longobardi; ed avea ricevuta da Papa
Adriano IV. la dignità di Patrizio nella Ducea Romana. Udite l' Autore

(a) Carlo Sigonio lib. 4. Reg. Ital. ad Ann. 800. ,, Hunc dignitatis
,, Imperatoriæ titulum cum in Momyllo Augusto, ultimo Occidentis
,, Imperatore ante trecentos ferme annos sub Regum Gothorum defecisset
,, in Occidente, Pontifex renovavit, UT HABERET ECCLESIA RO-
,, MANA ADVERSVS INFIDELES, HÆRETICOS, ET SCHISMA-
TICOS TVTOREM : CVIVS OFFICIVM JAM PRIDEM IMPE-
,, RATOR ORIENTIS REPVDIASSE VIDEBATVR.
(b) Paolo Emilio de Rebus gestis Francorum pag. 73. Nihilominus Ni-
cephorus novus Augustus in Franciam misit de renovando fœdere, idque
has conditiones ictum : ut ALTER OCCIDENTIS, ALTER ORIENTIS
AVGVSTI, FRATRESQVE ESSENT, DICERENTVRQVE.

,, della Storia Civile come difcorre su quefto fatto ; ;. Molto meno
,, potranno foftener le loro pretenzioni per la Coronazione ed Unzione,
,, che Carlo ricevè per Lione: perche crediamo oggimai effere a tutti no-
,, tiffimo, quefte effere pure Ceremonie che non s'appartengono punto al-
,, la foftanza dell' Imperio . . . . . . Quefte Cerimonie adunque non dan-
,, no Imperi e Regni, ma fuppongono colui, che li vuole, Imperadore.
,, Ne Carlo affunfe altro che uno fpeciofo Titolo, che fpettava agli Impe-
,, radori di Oriente, e non li fu dato dagli altri Prencipi di Europa. E
,, li Stati già l'avea conquiftati in Italia, primache Lione lo coronaffe, e
,, l'ungeffe.

XX. Noi però diciam all'oppofto, che quantunque i Stati di Francia, di Germania, e talora anche quei d'Italia fuffero ftati degl'Imperadori, coll' indipendenza del Papa, uniti all' Impero, e lafciati in Teftamento da Padri in
figli; nulladimeno Lione III. creando Carlo Magno Imperadore de Romani, non ne li diede già il femplice e nudo Titolo; ma col Nome d'Imperadore li communicò de' diritti che lo controdiftinfero da i Re di Francia,
di Germania, e d'Italia. In primo luogo li diede il Titolo di Difenfore della
Cattolica Chiefa, e della Crifiana Religione, in cui propriamente confifte oggidì l'effenza d'Imperadore, come fu moftrato più su nel Numero 12.
Indi li concedè la Giurifdizione fovra la Ducea di Roma, e fovra l'Efarcato di Ravenna. E febbene quefta fi fuffe goduta innanzi da Carlo come a
Patrizio; pure dallora fi mutò, lafciando egli d'intitolarfi Patrizio, e chiamandofi Imperadore, come fovra dicea il Sigonio al Numero 17. Finalmente Carlo, come Imperadore, credè di poterfi arrogare un non sò che
di autorità sù gli altri Prencipi, come difendono i Canonifti (a), e lo
conferma il Romaglia (b). (Loche effendo ftato a lui ed a fuoi fucceffori
contraftato dalle Potenze intereffate, col tempo affatto fi abolì). Lo
fteffo Giannone ne adduce un efempio nell'Imperadore Arrigo VII.;
il quale a 25. Aprile dell' anno 1313. con fua fentenza dichiarò deca-
duto il Re Roberto dal Regno per non averli preftato l'Omaggio: Errico VII. (dice egli) il primo Imperadore, che fu dell' Illuftre Cafa
di Lucemburgo, citò Roberto Re di Napoli e Conte di Provenza,
avanti il fuo Tribunale in Pifa, perche pretendeva, che il Regno di Napoli foffe Feudo dell'Imperio: come in fatti lo bandì, e lo dipofe dal Reame del quale inveftì Federico Re di Sicilia.

XXI. Ne vale il dirfi, che anche gli altri Prencipi e Monarchi, oltre
gl' Imperadori, fiano tenuti alla difefa della Cattolica Religione, come infegna Sant' Ifidoro (c). Imperciocche, gli altri Prencipi fono a quefto tenuti

X x 2

(a) Canonifti in Cap. Ad Apoftolica de re judicata lib. 6
(b) Coftanzo Roncaglia ad Natal. Alex. Sæc. IX. & X. Differt. 1. Et
quidem obfervant tunc temporis fcriptores Imperatorem etiam Regibus quandoque impraffe . . . . Et id confequutum effe Carolum Magnum cum
Imperatoria Majeftate dicunt: ut fao, Imperio ea quoque addere poffet,
quæ ad ipfum pertinebant, & non dum in fuam ditionem redegerat.
(c) Sant' Ifidoro de Summo Bono lib. 3. cap. 3. Cognofcant Principes
Sæculi, Deo debere fe reddere rationem propter Ecclefiam, quam à Chrifto

nuti folamente per il ben compne ; acciocche il Regno e 'l Sacerdozio ſi porgano tra di loro la mano ; giuſta il ſentimento di San *Lione Papa* (a). O, come foggiugne lo ſteſſo *Sant'Iſidoro* (b), acciocche quello che non può far da ſe l' *Autorità Eccleſiaſtica*, lo adempiſca il *Braccio Secolare*. Gl' Imperadori all' oppoſto ſi obbligano a ciò fare con ſolenne Voto nel giorno di loro Coronazione, come dicemmo nel *Numero 12*. E riferiſce al propoſito il *Saldeno* il giuramento che fece l' Imperadore *Carlo V*. in tempo di ſua aſſunzione all' Impero ; del tenore ſeguente : *Ego Carolus, Romanarum Rex, Dei gratia, futurus Cefar, per Deum, Divumque Petrum, promitto, polliceor, teſtificor, atque juro, me impoſterum, pro viribus, ingenio, & facultatibus meis, Pontificia dignitatis, ac Romana Ecclefia perpetuum fore defenforem, nec ulla Ecclefiaſtica dignitate vim illaturum ; fed Poteſtatem, Jurifdictionemque ipſius, quoad fieri poteſt, confervaturum, & protecturum. Cujus rei teſtem voco Deum ipſum, & hac Sancta Dei Evangelia.*

CAPITOLO SECONDO.

Se il Papa ebbe anticamente Dritto alcuno nella Coronazione, ed Elezione degl' Imperadori ?

I.   A Ncorche la *Coronazione* degl' Imperadori ſia un atto confecutivo alla loro *Elezione* ; ciò non oſtante, perche pria d' introdurſi gli Elettori dell' Imperio, colla ſola coronazione ſi eligevano i Ceſari ; perciò non ſia maraviglia, ſe quì pria intraprendiamo a ragionare della Coronazione, e poi dell' Elezione degl' Imperadori. Ed a chiarire il tutto, divideremo il preſente Capitolo in due Paragrafi.

PA-

ſo tuendam ſuſcipiunt. Nam five augeatur pax & diſciplina Eccleſia per fideles Principes, five ſolvatur ; ille ab eis rationem exiget, qui eorum poteſtati ſuam Ecclefiam credidit.

(a) San Lione Papa Ep. 185. ad Comitem Bonifacium : Res humanas aliter tutas eſſe non poſſe, nifi qua ad divinam confeſſionem pertinent ; & Regia, & Sacerdotalis defendat autoritas.

(b) Sant' Iſidoro loc. cit. Sepe per Regnum terrenum caleſte Regnum proficit : ut qui intra Ecclefiam poſti, contra fidem, & diſciplinam Eccleſia agunt ; rigore Principum conterantur. Ipfamque diſciplinam, quam Ecclefia humilitas exercere non poteſt, cervicibus ſuperborum poteſtas principalis imponat.

PARAGRAFO PRIMO.

Del Dritto che aveano i Papi nella Coronazione degl' Imperadori.

II. PRiache venghiamo a determinare il nostro argomento, fa duopo premettere molte cose, che possono illuminarci. E primieramente abbisogna presupporre, che l' *Unzione* e la *Coronazione* sono per lo più germane tra di loro, venendo per una istessa cosa presso i Scrittori, così sagri, che profani. E benche l' *Autore della Storia Civile* asserisca, che fusse una mera Cerimonia l' ungere e 'l coronare i Monarchi, come si riportò nel *Numero* 29. dell' antecedente Capitolo; pure il Pontefice *San Gregorio* (a) le ha per molto misteriose; acciocche i Prencipi ricevano una pienezza di ajuti spirituali, per ben adempire il loro obbligo. Arrecando ancora queste funzioni una somma venerazione ne' Sudditi riguardo a' medesimi Sovrani, come asserisce *Ottato di Millevi* (b). Laonde il Re *Davidde* (c) maledicendo i Monti di Gelboe nell' Epicedio di *Saulle*, per esser ivi stato ucciso dagl' Amalaciti un Monarca unto e coronato; se dar morte a colui, che li tolse gli ultimi respiri, ponendo le mani su di un Principe, che avea ricevuta l' Unzion sacra.

III. Secondariamente notar si debbe, che giusta l' appurata opinione del Padre *Natale di Alessandro* (d), l' Imperadore *Costantino* fu colui, che
ado-

(a) San Gregorio in lib. 1. Regum cap. 10., *Hoc* profecto in hac Unctione exprimitur, quod in Sancta Ecclesia nunc materialiter exhibetur: quia qui in culmine ponitur, Sacramenta suscipit Unctionis . . . . Ungitur ergo Caput Regis, quia spiritali gratia mens est replenda.

(b) Ottato Milevitano lib. 2. contra Parmenionem: Oleum suum defendit Deus : quia si peccatum est hominis ; Unctio tamen est Divinitatis. Ne tetigeris, *inquit*, Unctos meos, *Ideo*, nè dum peccatum hominis percutitur ; Oleum, quod Dei est, feriatur. Judicio suo Deus servavit rem suam.

(c) 1. Reg. 1. vers. 14. *Quare non timuisti mittere manum tuam, ut occideres Christum Domini ? Montes Gelboe nec ros, nec pluvia veniant super vos, quia ibi abjectus est clypeus Saul, quasi non esset unctus Oleo.*

(d) Natale di Alessandro Saecul. IV. Differ. 25. Propos. 1., *Nec apud Graecos, & Romanos Corona tunc utebantur Reges, & Imperatores, sed Diademate tantum, quod erat Fasciola candida vel purpurea, Caput cingens. NEC DIADEMA, NEC CORONAM ROMANI IMPERATORES GESTARUNT AD CONSTANTINUM USQUE: quod Romanis Regiae Majestatis insignia exosa essent. Primus omnium Con-*
fla-

adoprò la prima volta la Corona gemmata : soliti gli altri Cesari suoi Predeceſſori portare il Diadema in vece di Corona. Eſſendo ſtata odioſa queſta diviſa nell' Impero Romano dopoiche ne furono diſcacciati i Regi . Ed ancorche rapporti *Michele Rouſſel* (a), che *Eliogabolo* ed *Aureliano* eziandio adoprata l' aveſſerò ; pure, queſti la uſarono per ſola boria ; rendendoſi con ciò odioſi e biaſmevoli in quella Monarchia. Se pure non vogliam dire in ſenſo del medeſimo *Padre Natale*, che i due predetti Monarchi adoprarono la Corona come ornamento del loro Capo, non come Inſegna dell' Imperiale Maeſtà.

IV. Riguardo a' Gréci Imperadori, *Marziano*, Spoſo dell' Imperadrice *Pulcheria*, fu il primo che nell' anno 450. la preſe per mano del Patriarca di Coſtantinopoli, al dire del *Zonara* (b) : e l' Imperadore *Giuſtino I.* volle eſſere unto e coronato da *Giovanni I.* Romano Pontefice : con aver poi gli altri Patriarchi di Coſtantinopoli compiuta da per loro queſta Cerimonia ne' ſuſſeguenti Imperadori, ſecondo il *Rouſſel* (c) ſovracitato.

V. Non tralaſciando in terzo luogo di aggiugnere, che eſſendo ſtata l' Italia ſoggiogata da Barbari, ſtiede per molto tempo ſenza Imperadori : ed eſſendoſi queſto Impero rinovato in perſona di *Carlo Magno*, per opera di *Lione III.* Sommo Pontefice (come ſi diſſe) ; da *Carlo*, nell' anno 800. ſino a *Ridolfo di Abſpurg* nel 1275., tutti gli Imperadori paſſarono in Roma per eſſere unti e coronati dal Sommo Pontefice. E quantunque l' Imperadore *Carlo Magno* aveſſe in Aquiſgrana aſſunto per Collega dell' Impero *Lodovico Pio* ſuo figliuolo ; pure queſto dipoi fu coronato in Fran-

„ ſtantious Diademate, gemmis intexto, Caput ornavit, non Corona au-
„ rea, aut ex alia materia . Quæ NON FUIT INSIGNE MAJESTA-
„ TIS, niſi duobus circiter Sæculis poſt Conſtantinum, ut ex antiquis Au-
„ toribus, & vetuſtis Numiſmatibus facilè poteſt oſtendi.

(a) Michele Rouſſel lib. 7. Hiſtor. Pontif. cap. 2. num. 8. „ Corona ve-
„ rò Imperialis aſſumptionem quamquam pauci meminerint, non eſt du-
„ bium quin eam Imperatores jam pridem ſibi impoſuerunt ; tradito, vide-
„ licet ritu vel ab *Heliogabolo*, quem Diademate gemmato, ut pulchrior
„ appareret, & magis in feminarum cultum aptus ſe ornari ſolitum, re-
„ fert Lampridius ; vel ab *Aureliano*, qui primus Diademate caput cinxit
„ gemmiſque, & veſte pretioſa uſus dicitur ab Aurelio *Victore*.

(b) Zonara ad Annum 450. *Martianus à Pulcheria, Theodoſi defuncti*
Sorore, conſenſientibus Patriarchis & Senatoribus, coronatus eſt.

(c) Michele Rouſſel loc. cit. „ Hoc certum eſt, primos Imperatores
„ Pontificibus Romanis Coronam vel Unctionem non ſuſcepiſſe uſque ad
„ Juſtinum I. : qui à Joanne I. coronari voluit, ut ſcribit Anaſtaſius, quip-
„ pe iſte Pontifex ſolus ex prædeceſſoribus Pontificibus Conſtantinopolim
„ venit . . . . . Atque tandem ſubiit opinio, ut non bene coronatus
„ cenſeretur Græcorum Imperator, niſi à Patriarchâ Conſtantinopo-
„ no..

eia da Papa *Stefano IV.*, secondo il dotto *Muratori* (*a*).

VI. Si averta parimente, che effendo divifo il Regno d'Italia dall'Impero (come fi diffe nel *Numero* 14. del Capitolo paffato,) altra era la *Corona di Ferro*, che fi prendea in Milano; ed altra quella *di Oro* che fi riceyea in Roma. La prima era una Infegna particolare del Regno d'Italia, che fi poffedè da Longobardi; e l'altra era una Divifa del Romano Impero, rinovato in perfona di *Carlo*. Avertendo *Agoftino Paradifo* nel fuo *Uomo Nobile* (*b*), che la Corona del Regno d'Italia fi dice effere ftata di *Ferro*, non che tale propriamente ella fuffe (peroche era un Cerchio d'oro fenza raggi, rinforzato da un pezzo di Ferro dalla parte di dentro); ma riguardo alla Dignità Imperiale, fuperiore alla Reale, quefta Corona fu detta di Ferro: cioè inferiore alla Corona Imperiale. E tutti gl'Imperadori che venivano in Roma per prendere la Corona Imperiale, pria pigliavano quella di Re di Italia in Milano, per iftituto di *Carlo Magno*, come dice il *Sigonio* (*c*).

VII. Per ultimo deggiamo premettere, che la Coronazione degl'Imperadori Romani altro vigore avea ne Secoli di mezzo, di quello che gode a noftri tempi. Peroche da principio la fola Unzione e Coronazione aveano forza di Elezione: e chi era unto e coronato dal Romano Pontefice, quegli era nel tempo iftefo eletto Imperadore. In quella guifa, che *Samuele* (*d*) ungendo *Saulle* in Re d'Ifraele, quefti reftò anche eletto Monarca di quel Popolo, fenzache altri concorreffe a tal Elezione. Cosl fu praticato da Papa *Lione III.* coll'Imperadore *Carlo Calvo*, e così fecero gli altri feguenti Pontefici con *Lodovico Pio*, con *Lotario*, con *Lodovico II.*, con *Carlo Calvo*, con *Lodovico Balbe*, e con *Carlo Craffo*, in cui finl la Linea di *Carlo Magno*: fenza verun altra Elezione o de Popoli, o di altro che fuffe.

VIII. Pei

(*a*) Lodovico Antonio Muratori Differ. 3. „ *Neceffe* quoque fuit, ut „ quicumque poft Carolum Magnum Romanorum Imperator dicendus erat; „ prius auream Coronam Romæ de manibus Pontificis Maximi reciperet. „ Unus excipiendus videtur Ludovicus Pius, cui anno Chrifti 813. idem „ Carolus Magnus Diadema Imperii impofuit, & Imperatoris nomen contu- „ lit Aquifgrani: minimè expeclata Coronatione Romani Pontificis. Et quod „ certiffimum eft, anno 816. idem Ludovicus à Stephano IV. Papa, in Gal- „ lias profecto, fe coronandum *curavit*.

(*b*) Agoftino Paradifo Tom. III. Part. II. Cap. 2. Num. 25.

(*c*) Carlo Sigonio lib. 4. Reg. Ital. fub initio: „ *Victo* captoque De- „ fiderio, & Longobardis omnibus in fidem, & devotionem acceptis; Carolus „ Regnum Italiæ fibi jure Victoriæ vindicavit. Quod ut novo præterea „ jure fanciret vetus, ut putabatur, Pontificis Gregorij decretum adhibuit. „ Quippe, fe per Archiepifcopum Mediolanenfem Corona redimiri ferrea „ voluit; atque ut ita apud Pofteros obfervaretur, *inftituit*.

(*d*) 1. Reg. 10. ver. 1. *Tulit autem Samuel lenticulam Olei, & effudit fu- per caput ejus, & deofculatus eft eum, & ait; Ecce unxit te Dominus fu- per hæreditatem fuam in Principem.*

VIII. Poi, ne Secoli della baſſa Etade, traſferito l'Impero da Franceſ a Germani; queſti introduſſero gli *Elettori*, come chiariremo nel Paragrafo ſeguente: e dall'ora in poi ſi cominciò a premettere l'Elezione de Prencipi di Germania alla Coronazione che dovea farne il Romano Pontefice. Ed ancorche ſul principio, eſſendovi ſciſſura di voti tra gli Elettori, aveſſ per Imperadore colui, che venia dal Papa coronato; nonperò i Stati Generali di Germania, ed i Circoli dell'Imperio nella Dieta di Francofort dell'anno 1338. ed in quella di Colonia del 1339., non oſtante i Proclami della Sede Apoſtolica, determinarono, che la ſola Elezione baſtava a coſtituire il loro legitimo Imperadore, ſenzache vi fuſſe più biſogno di prendere la Corona di Ferro in Milano, e quella di Oro in Roma. In guiſatale che dallora in poi la *Coronazione* dell'Imperadore ſi riduſſe ad una pure Cerimonia, come oſſerva il *Muratori* (a): e non già che tale fuſſe ſtata da principio. Però, in queſto caſo viene eletto ſolamente l'Imperadore di Germania (come gli altri Imperadori ſono eletti, ne loro Dominj), e non mica l'Imperadore de Romani, come anticamente faceaſi: cioè a dire il Protettore della Cattolica Chieſa, e'l Difenſore della Criſtiana Religione, giuſtache ſi pratticò ne Secoli di mezzo. Peroche, come ſi diſſe, avendo Criſto raccomandata la ſua Chieſa a *San Pietro*, ed a ſuoi Succeſſori; al Romano Pontefice, e non agli Elettori di Germania ſi appartiene il deſtinare un Difenſore per la medeſima: giacche ora il nome d'Imperadore altro non importa, ſe non che un Protettore delle ragioni ed autorità della Chieſa.

IX. Ed eccoci ſul punte di porre in chiaro il Diritto, che vantava anticamente la Sede Apoſtolica intorno all'Unzione e Coronazione de Romani Imperadori. Ed è, che importando la Dignità Imperiale un obbligo di difendere la Cattolica Chieſa, e la Criſtiana Religione; al Papa, e non agli Elettori di Germania ſi appartiene l'eligere l'Imperadore: per eſſere queſto un diritto della Chieſa, ſù cui i Prencipi di Germania non hanno ragion veruna: appartenendo ad eſſi l'eligerſi ſoltanto il loro Monarca, che per ſola antica coſtumanza ſi chiama oggidì *Imperadore de Romani*; eſſendo in fatti ſolamente Imperador di Germania.

X. In conferma di che, ſenza che, quì traſcriviamo la Decretale di *Innocenzio III.* (b), la Bolla di *Aleſſandro IV.* (c) e la Determinazione di

Papa

(a) Lodovico Antonio Muratori Diſſ. 3. Rer. memor. Italic. „ *Verùm*, „ ſplendidiſſimus ille Ritus, ita ferente rerum viciſſitudine, jam diù in de- „ ſuetudinem, ut omnes norunt, abijt; cùm a paucis Sæculis, Electione, „ & coronatione Germanica peracta, continuò Electus incipit non ſolùm „ titulo Cæſaris uti, ſed integram exercere Imperatoriam dignitatem, non „ ſecùs in Germania, atque in Italia: parum curans, immò ne neceſſariam „ quidem putans reliquas duas Coronationes ad ampliſſimi honoris integrita- „ tem. Quare tùm Italicam, tùm Romanam Coronam ad umbratilem po- „ tiùs pompam, noſtris temporibus redactam, non injuria *dicas*.

(b) Cap. *Venerabilem*, ext. de Electione.

(c) Conſtitutio *Firma*, die 16. Julij 1256. in Tom. I. Bullar. Rom. pag. 111.

Papa *Clemente V.* (a) nel Concilio di Vienna; acciò non fi dica, che effi abbino voluto vantaggiare le loro Ragioni con fimili decreti.): ramentiamo folamente l'Iſtanze, che fecero i Prencipi Italiani a Papa *Adriano III.* nell'anno 884. allorquando ritrovandofi *Carlo Craffo* in eſtremo di fua Vita, e difperato di Prole, l'obligarono a decretare, che dopo la di coſtui morte doveſſe eligerſi in Imperadore un Italiano, per aver cura maggiore della_ Chieſa Romana, come fcrive *Carlo Sigonio* (b). E fe ciò non baſta, vi è la coſtumanza de ſteſſi Tedeſchi (c): preſſo de quali vi era Legge eſpreſ- fa, di non averſi appo loro per vero Imperadore, chi non era coronato dal Romano Pontefice. Ilche pure ſi afferma da *Glabero Ridolfo* (d). E nella *Cronaca Ricerſpergeſe* (e) ſi legge la fupplica, che in nome de Prencipi di Germania in prefenza di *Federigo I.* fece il Vefcovo di Bamberga a Papa *Adriano IV.*, acciò ſi degnaſſe eliggere Imperadore lo ſteſſo *Federigo*; per

Tom. III.   Yy   eſſere

(a) Clementina unica *de Jurejurando.*

(b) Carlo Sigonio de Reg. Ital. ad Annum 884. ,, *Hiſ* rebus . . . ,, Adrianum Pontificem adeunt; eumque ut ſalutari decreto impoſterum ,, Reipublicæ caveat, orant. Adrianus, ſive proximo Joannis exemplo, ſi ,, negaret, deterritus; ſive Romæ, atque Italiæ laude ſaluteque permotus; ,, facilè petentium in poteſtate fuit, ac ſtatim decrevit, ut MORIENTE ,, REGE CRASSO SINE FILIIS, REGNUM ITALICIS PRINCIPI- ,, BUS UNA CVM TITVLO IMPERII TRADERETVR.

(c) Speculum Saſſonicum lib. 3. lege 21. REGEM ELIGERE THEU- TONICOS DEBERE; ET TUNC HABERE ILLUM REGALEM DI- GNITATEM ET NOMEN, CUM AB APOSTOLICO, IDEST RO- MANO PONTIFICE, CORONATIONEM ACCEPERIT.

(d) Glabero Ridolfo lib. 1. Hiſtor. cap. 5. ad ann. 1045. ,, *Nimium con-* ,, *decens*, ac perhoneſtum videtur, atque ad pacis tutelam optimum decretum, ,, fcilicet, ut nè quiſquam audacter Romani Imperij Sceptrum præproperus ,, geſtare Princeps audeat, ſeù Imperator dici, aùt eſſe valeat; niſi quem ,, Papa Sedis Romanæ, morum probitate elegerit aptum Reipublicæ, eique ,, commiſerit Inſigne *Imperiale.*

(e) Cronica Ricerſpergenſe ad Annum 1189. *Defuncto Conrado II.,* *Romani Proceres Fredericum I. exceperunt: eoque Romam profecto, Adria-* *num IV. Bembergenſis Epiſcopus, præſente Frederico, & juſſu illius, Prin-* *cipumque, ſic allocutus eſt:* Notùm tibi ſit, Beatiſſime Pater, quemadmo- dùm hæc ex finibus terrarum collecta Eccleſia Principem huac ſuum ad tuam Beatitudinem adduxit, ut PER TE, CVLMEN IMPERIALIS HONORIS ASCENDAT. Virum nobilitate prudentem, fortitudine, vi- ctoriaque præſtantem, rectæ Fidei obſervatorem, pacis cultorem, imprimiſ- que Sanctæ Romanæ Eccleſiæ ſtudioſum, quam ipſe amplectatur ut Matrem. Cujus rei certo eſſe argumentum poteſt humanitas modò erga te adhibita; cùm Te venientem lætus fuſceperit; & ſolemne Officium ad pedem incli- natus præſtiterit. Quare petimus, ut & TU QVÆ TUA SUNT PERA- GAS, IDEST, IPSUM IMPERATORIA QVÆ DESIDERATUR, CORONA EXORNES.

essere questo un diritto della Santà Sede. Dicendo similmente *Michele Roussel* (a), di essere stata pratica ben fondata ne' Secoli di mezzo, il non averli per Imperadore chi non veniva eletto, e coronato dal Romano Pontefice. Laonde se un invecchiata costumanza di più Secoli ha vigore di Legge; un tal diritto negar non si puote alla Sede Apostolica, così per il possesso di lungo tempo, come per il giusto Titolo di prescegliere un Difensore alla Chiesa, ed un Protettore alla Cattolica Religione.

PARAGRAFO SECONDO.

Se il Papa abbia goduto alcun Diritto nell' Elezione degl' Imperadori.

XI. Considerata da un verso nell'antecedente Paragrafo la ragion Pontificia in ciòche riguarda la Coronazione degl' Imperadori; resta ora a considerarla dall' altro prospetto, in ciò che concerne l' *Elezione* de medesimi. Che sebbene colla sola Coronazione questi anticamente restavano eletti a quella suprema Dignità, come addimostrossi nello stesso precedente Paragrafo; nientedimeno perche poi s' introdusse il Collegio degli Elettori, i quali anche a' nostri giorni godono il privilegio di eligere il nuovo Imperador di Germania; soltanto ci resta qui a vedere, se questi Elettori fussero stati dalla Santa Sede destinati, o nò? acciocche da questo inferir si possa, se la loro autorità sia derivata da Romani Pontefici, e se l'Elezione de' medesimi, come a' causa primaria debba rifondersi ne' Pontefici istessi. Intanto vi noteremo di passaggio alcune cose che concernono l'Elezione, per mera soddisfazion di chi legge.

XII. E rispetto a questo punto, sono varie l'opinioni de Scrittori, tanto riguardo all' *Autore*, che istituì gli Elettori dell'Imperio, quanto riguardo al *Tempo* in cui furono istituiti. E per quello che tocca all' *Autore*, trà i molti Scrittori, che potressimo addurre (i quali niegano alla S. Sede

qua-

_____

(a) Michele Roussel lib. 7. Jurisd. Pontif. cap. 5. num. 1. ,, Sic igitur
,, in primis Imperatoribus Jus Coronationis valuit, sed longe plenius in po-
,, sterioribus, ut Dignitas Imperialis AB ILLA SOLA CORONATIO-
,, NE, QUÆ ROMÆ FIEBAT, PENDERE CREDITA SIT....
,, Sed & Ludovicus, Lotharij filius, a Sergio coronatus, Epistola ad Basi-
,, lium Græcorum Imperatorem, quam refert Baronius ad annum 871.
,, se Imperialem Dignitatem a Pontificibus Romanis assumpsisse dicebat,
,, scribens enim: FRANCORUM PRINCIPES, PRIMUM REGES,
,, DEINDE IMPERATORES DICTOS FUISSE, EOS DUMTAXAT,
,, QUI A ROMANO PONTIFICE AD HOC OLEO SANCTO PE-
,, RUNCTI FUERUNT. Quibus verbis, eam Dignitatem ab isto Pon-
,, tifici tribui, satis indicat.

qualunque Ragione sù di ciò, e'l tutto rifondono a Popoli e Magnati di Germania); basta quì trascrivere l'*Autore della Storia Civile* (a), che la và discorrendo così ",, *Dal che si conosce ancora la sanità del Bellar-*
,, *mine in questo proposito, e de' suoi seguaci, non essere inferiore a quell'*
,, *altra della Traslazione dell'Impero a Franzesi in persona di Carlo Magno,o*
,, *ne' Germani in quella di Ottone; in volere all'autorità del Papa attri-*
,, *buire questa Istituzione. Poiche nè il Papa, nè l'Imperadore stesso, sen-*
,, *za il consenso de Prencipi di Germania, del cui pregiudizio trattavasi,*
,, *poteano restringere questa facoltà, e spogliarne l'altri.*

XIII. Per quanto poi si appartiene al *Tempo*, in cui fu istituito il Collegio degli Elettori; dopo avere lo stesso *Giannone* (b) nel luogo anzidetto soggiunto, che ciò accadesse in tempo dell'Imperadore *Ottone*; col dire: *Ottone trascelse trà tanti Principi sette Uffiziali dell'Imperio per Elettori, forse per consiglio del Papa, ma principalmente per consiglio de Principi, che cederono alla loro ragione; ed il Pontefice Gregorio V. approvò lo stabilimento fatto per consenso de Prencipi. Tantoche tal Istituzione non al Papa, ma più tosto all'Imperadore, e sopra tutto a Prencipi stessi della Germania dee attribuirsi; poi in un altro luogo* (c) *egli stesso fa vedere, che tanto l'Autore,quanto il Tempo in cui furono istituiti,sono incerti;dicendo: Sitcome è incerto il modo, e l'Autore da chi fusse stato questo Collegio istituito, ed inventato; così ancora è più incerto il Tempo nel quale fu introdotto tal costume.*

XIV. Noi però riguardo al primo punto diciamo, che gli Elettori dell' Impero ebbero da Romani Pontefici la loro origine; e con esso la loro autorità rifonder si debbe alla S. Sede. E benche tutto ciò sia chiaro nella ragion Canonica, spezialmente per la Decretale di *Innocenzio III.* (d), e per la Conciliare determinazione del Pontefice *Clemente V.* (e); pur non passando in silenzio queste Apostoliche Determinazioni, acciò non si dica che i Pontefici abbiano fatta la causa propria; comproviamo il tutto colla Confessione che se

Y y 2

se-

<hr>

(a) Pietro Giannone lib. 3. cap. 4.
(b) Lo stesso loc. cit.
(c) Lo stesso loc. cit. pag. 5.
(d) Cap. *Venerabilem* de Elect. *Illis Principibus Jus & potestatem eligendi Regem, postmodum in Imperatorem promovendum, recognoscimus ut debemus: ad quos de jure, & antiqua consuetudine noscitur spectare, PRÆSERTIM CUM AD EOS JUS ET POTESTAS HUJUSMODI AB APOSTOLICA SEDE PERVENERIT.*
(e) Clement. unic. de Jur. Jur. ,, *Romani Principes Orthodoxæ Fidei*
,, *professores Romano Pontifici sua submittere Capita non reputant indi-*
,, *gnum; seque illi, & eidem Ecclesiæ (quæ a Græcis Imperium transtu-*
,, *lit ad Romanos, & A QUA AD CERTOS EORUM PRINCIPES*
,, *JUS, ET POTESTAS ELIGENDI REGEM, IN IMPERATOREM*
,, *POSTEA PROMOVENDUM, PERVENIT) astringere vinculo ju-*
,, *ramenti &c.*

fecero preffo del *Rainaldo* (*a*) i medefimi Elettori al Pontefice *Nicolò* III.
nell'anno 1279., e dal Giuramento dell'Imperadore *Alberto* , fatto a Papa
Bonifacio VIII. nel 1303. preffo Benunciato Scrittore (*b*) , dichiarano,
che tal facoltà fuffe ftata loro comunicata dalla Santa Sede . In guifatale
che il Padre *Natale di Aleffandro* (*c*) , attendendo a quefti incontraftabili
documenti , dove , fuo mal grado , confeffarè una verità da lui altrove con-
traftata .

XV. La ragione primaria di tutto ciò è quella appunto da noi più volte infinuata ; cioè che , confiderandofi l'Imperadore come Protettore della
Chiefa Cattolica e della Criftiana Religione , la di lui Elezione unicamente deve conofcere fua origine dal Capo vifibile di effa Chiefa , che è il Romano Pontefice . Altramenti , voler dare agli Elettori Tedefchi una facoltà indipendente dal Vicario di Crifto , farà fempre eligere un Monarca
in Germania , come fi eligge il Re in Polonia , in Inghilterra , ed in altre
Monarchie elettive , e non già dare un legitimo Difenfore alla Chiefa .

XVI. E per qualche fperta all' *Autore* particolare , e al *Tempo* di tale iftituzione , non è dubio che varie fieno le fentenze de Scrittori . Peroche il *Cardinal Baronio* (*d*) con fuoi feguaci , aggiudica quefto fatto al Pontefice *Gregy-
rio*

(*a*) *Rainaldo* ad annum 1259. num. 6. ,, *Nos Principes Imperij* , uni-
,, verfis præfentem paginam infpecturis...Complectens ab olim fibi Romana
,, Mater Ecclefia quadam quafi germana caritate, Germaniam illam eo terrena
,, dignitatis Nomine decoravit , quod eft fuper omne Nomen , corporaliter tan-
,, tùm præfidentium fuper Terram, PLANTANS IN EA PRINCIPES,
,, TANQUAM ARBORES PRÆELECTAS, & rigans gratia fingulari ;
,, illud eis dedit incrementum gratiæ fingularis , ut , IPSIUS ECCLESIÆ
,, AUTORITATE SUFFULTI , VELUT GERMEN ELECTUM PER
,, IPSORUM ELECTIONEM, ILLUM, QUI FRÆNA ROMANI TE-
,, NERET IMPERIJ, GERMINARET.

(*b*) Lo fteffo ad Annum 1303. num. 10. ,, *Recognofcimus* , quod Ro-
,, manorum Imperium per Sedem Apoftolicam de Græcis translatum eft in
,, perfonam Magnifici Caroli in Germaniam : & quod IUS ELIGENDI
,, ROMANORUM REGEM , IN IMPERATOREM POSTMODVM
,, PROMOVENDUM, CERTIS PRINCIPIBVS ECCLESIASTICIS
,, ET SÆCVLARIBVS EST AB EADEM SEDE conceffum : a qua
,, Reges , & Imperatores , qui fuerunt & erunt prò tempore , recipiunt tem-
,, poralis gladij *poteftatem* .

(*c*) Natale di Alexandro Sæc. IX. & X. Differt. 17. ,, *Non negandum*
,, tamen , quin Jus eligendi Imperatorem à Sede Apoftolica quodam modo
,, emanaverit . Id Innocentius *III.* in cap. *Venerabilem* de Elect. ; Cle-
,, mens V. in Concilio Viennenfi in Clemen. *Romani Pontifices* , de Jurejuran-
,, do ; Electores ipfi in Epiftola ad Nicolaum *III.* Pontificem Maximum
,, data anno 1279. ; & Juramentum fidelitatis ab Alberto Imperatore Bo-
,, nifacio VIII. præftitum , diferte & luculenter *oftendunt* .

(*d*) Cardinal Baronio ad Annum 996.

rio V. in tempo di *Ottone III.* Quando *Onofrio Panvinio(a)* vuole, che ciò fi faceffe da Papa *Gregorio X.* Altri con *Natale di Aleffandro (b)* afferifcono,
che accadeffe in tempo di Papa *Giovanni XII.*; ed altri altramenti.
Laonde, trà il bujo di tante contrarie opinioni, fembra difficile rinvenirne
il vero. Ad ogni modo, lafciando noi da parte la contrarietà di quefte
fentenze, e cercando di conciliarle al poffibile; diciamo primamente col
Baronio, che Papa *Gregorio V.* (il quale finì di vivere a' 18. Febbraro
999.), Tedefco di Nazione, nell'anno 996. con fua fpezial Coftituzione
ordinò, che l'Elezione del nuovo Re de Romani fi faceffe da Prencipi di
Germania. Egli però non riftrinfe gli Elettori al novero di fefe; come fi
raccoglie con maggior chiarezza dal *Platina (c).*

XVII. Quefta determinazione di Papa *Gregorio V.* difpiacque agl'Italiani, a Francefi, ed alle altre Nazioni, perche vedevano in ciò pregiudicato il loro dritto come dice il *Puteano (d).* E perciò, morto *Ottone
III.* nell'Anno 1002.; dove i Germani eleffero *Arrigo I.* per loro Imperadore, gli Italiani prefcelfero *Arduino,* Marchefe di Jurea, per loro Cefare,
giufta la teftimonianza di *Carlo Sigonio (e).* Onde fi originò uno fcifma
trà Prencipi e Baroni di Occidente per quefto affare.

XVIII. Non avendo avuto pòi gli Italiani polfo baftevole a faftenere la Dignità Imperiale in Italia contro la forza de Tedefchi, continuò in Alemagna l'Elezione del nuovo Imperadore per mezzo di tutti i Prencipi,
e Ma-

(a) Onofrio Panvinio in Vita Gregorij X.
(b) Natale di Aleffandro Saec. IX. & X. Differ. 17.
(c) Platina in Vita Gregorij V. *Gregorius* undecimo menfe, quo pul-
fus fuerat, reftituitur. Is autem, cognita Imperij imbecillitate, varieta-
teque fortunae; quò diutius apud Germanos fumma poteftas remaneret,
illeque caeteris praeeffet, qui virtute & dignitate caeteris praeftaret;
Sanctionem retulit (haud abnuente Othone) de Imperatore eligendo:
videlicet *SOLIS GERMANIS LICERE PRINCIPEM DELIGERE,*
qui Caefar, & Romanorum Rex appellatus; tùm demum Imperator &
Auguftus haberetur, fi eum Romanus Pontifex confirmaffet.
(d) Puteano in Comment. ad Addit. Alciati de forma Romani Imperii
pag. 348. *Tulerunt hanc Conftitutionem iniquiffimè Itali. Eum nihil facientes Tranfpadani: tuleruntque iniquo animo Galli, quibus adempta
fpes omnis fummi Apicis quondam potiundi videbatur.*
(e) Carlo Sigonio in Regno Italiae ad Ann. 1002. *Arduinus aequum
effe exiftimans, Othone tandem fine filiis, & fine legitimo haerede
Regni defuncto, fplendidiffimum Regiae Dignitatis, atque Imperatoriae
Titulum, quem Germani per annos 40. continuata in eadem Familia
dignitate tenuerant, denuò ad Italos, antiquo hereditatis jure recedere,
omnes Italiae Principes adiit: atque eis Autorem fe ad vetus temperan-
dum decus profeffus; plurefque in fuam fententiam, propriae laudis dul-
cedine captos adduxit. Itaque Conventu fuper ea re Papiae, antiquo
Longobardorum more, indicto; Rex Italiae ut crearetur, omnium con-
fenfione decernitur.*

e Magrati della Nazione: i quali per lo più fceglievano il figlio del morto, o fpirante Imperadore, ficcome di *Arrigo IV.* afferma l'*Abate Ufpergenfe* (*a*), e di *Arrigo V.* lo foggiunge *Ottone di Frifigna* (*b*). Che però, a dar rimedio a quefto difordine, Papa *Gregorio VII.* ordinò, che l'Elezione non fi rendeffe ereditaria, ma che fi fcegliesse il più idoneo a quell'onore. Poi *Innocenzio IV.* riftrinfe a *Sette* fole perfone il dritto di quefta Elezione, come vuole *Michele Rouffel* (*c*): fe pur non fu *Gregorio X*, come afferifce il *Panvinio* (*d*). Effendofi folo da Papa *Gio: XII.* (il quale viffe prima di *Gregorio V.* nell'anno 955.) conferita la prima volta a Tedefchi in perfona di *Ottone I.* la Dignità Imperiale; (che fu ereditaria negli *Ottoni*, al dire di *Martino Poleno* e di altri), ed unita al Regno di Germania. In guifa tale che colui, che venia eletto Re di Germania era anche eletto Imperadore, come afferifce *Natale di Aleffandro* (*e*). Loche potea farfi fenza determinato numero di Elettori.

XIX. Quanto poi alla contefa tra *Onofrio Panvinio*, che attribuifce a Papa *Gregorio X.* tale iftituzione, e *Michele Rouffel*, che la riferifce ad *Innocenzio IV.*, anche dir fi puote, che *Innocenzio IV.* nel Concilio I. di Lione l'anno 1245. determinò per Elettori Ecclefiaftici l'Arcivefcovo di Magonza, quello di *Colonia*, e l'altro di *Salifburga*: e per Elettori Secolari il Duca d'*Auftria*, il Duca di *Baviera*, il Duca di *Saffonia*, e 'l Duca del

Bre-

(a) Abate Ufpergenfe In Cronicon ad Annum 1056. *Henricus III, anno 1056. morti proximus, filium fuum Henricum IV., ROMANI PONTIFICIS, CUNCTORUMQUE PONTIFICUM ET PRINCIPUM REGNI ELECTIONE,* Imperatorem conftituit.

(b) Ottone Frifigenfe lib. 8. cap. 11. „ *Ad Henricum V.* Optimates „ Imperialia infignia detulerunt: eumque, primò à Patre electum, per im- „ pofitionem manus Apoftolicæ Sedis Legatorum, *CUNCTORUMQUE* „ *ELECTIONE*, Regem creaverunt anno 1106.

(c) Michele Rouffel, Hiftor. Pontif. Jurifd. lib. 7. cap. 2. num. 33. „ *Ut creditur*, à Gregorio V. Imperatoris eligendi folidum jus, non ad „ aliquos tantum Germanos Proceres, verum ad omnes, tàm Ecclefiafticos, „ quàm Laicos fuiffe tranflatum; inducunt Gregorii VII. lib. 4. Epift. 3. „ & Innocentii III. in cap. *Venerabilem* de Elect. refcripta ad illos „ omnes Proceres pro electione Imperatoris. Atque Gregorius VII. fanxiffe „ dicitur, ut Regia Poteftas nulli per hæreditatem, ficut ante confuetudo „ fuerat, cederet; fed filius per fpontaneam electionem potius, quàm per „ fucceffionem fuccederet, fi effet dignus. Si non effet; Populo foret li- „ bertas alium eligendi, ut refertur in Hiftoria Saxonici Belli lib. 3. art. „ 52. Itaque certorum Electorum inftitutio Innocentio IV. tribuenda eft.

(d) Onofrio Panvinio in Vita Gregorii X.

(e) Natale di Aleffandro Sec. IX. & X. diff. 17. , *A Joanne autem* „ XII. illud Jus videtur conceffum Principibus, & Optimatibus Imperii, „ cum Othonem I. Romæ Imperatorem coronavit. Dignitate namque Im- „ periali Germaniæ Regem indivulfum effe cœpit.

Brabante. Confideratofi poi, che la Chiefa di *Treveri* era ftata la prima a ricevere la Criftiana Fede in Germania; e che i Duchi d'Auftria, di Baviera, e del Brabante erano Perfonaggi da effere più tofto eletti, che da eliggere l'Imperadore; *Gregorio X.* nel Concilio II. di Lione l'anno 1274. ordinò, che gli Elettori Ecclefiaftici fuffero l'Arcivefcova di *Magonza*, l'Arcivefcovo di *Colonia*, e l'Arcivefcovo di *Treveri*; e gli Elettori fecolari il *Conte Palatino del Reno*, il *Marchefe di Brandeburgo*, il *Re di Boemia*, e 'l *Duca di Saffonia*. Dandofi all'Arcivefcovo di Magonza il Titolo di *Cancelliere di Germania*, a quello di Colonia, di *Cancelliere d'Italia*, ed a quello di Treveri di *Cancelliere di Francia*: al Marchefe di Brandeburgo il titolo di *Gran Camerlingo dell'Imperio*; al Conte Palatino di Dapifero; al Duca di Saffonia di *Marefciallo*; ed al Re di Boemia di Coppiero, giufta il rapporto di *Martino Polono* (a).

XX. Poi nell'anno 1648. fotto l'Imperadore *Ferdinando III.* vi fu aggiunto il Duca di *Baviera* per ottavo Elettore: in occafione che, effendo ftato il Conte *Palatino* incolpato e convinto di fellonia, fu dipofto dal fuo Grado, ed in fua vece foftituito Baviera. E perche poi il Conte Palatino ritornò in grazia dell'Imperadore; quefti per non privare il Duca di Baviera del Jus quefito nell'Elezione, con provido temperamento difpofe, che ambedue continuaffero in quell'Uffizio: cioè il Duca di Baviera col titolo di *Dapifero*, e 'l Conte Palatino con quello di *Maggiordomo*. A quali poi l'Imperadore *Liopoldo* nell'anno 1692. aggiunfe il nono in perfona del Duca di *Annover Bransvic*, per non farfi parità di voti nell'elezioni, dandoli il titolo di *Confaloniero*. Ed ecco come fono nove oggidì gli Elettori dell'Impero: cioè gli Arcivefcovi di *Magonza*, di *Colonia*, di *Treveri*; il Re di *Boemia*, il Duca di *Baviera*, il Conte *Palatino del Reno*, il Duca di *Saffonia*, il Marchefe di *Brandeburgo*, e 'l Principe di *Annover*.

XXI. Quefti Elettori, giufta la Coftituzione di *Carlo IV.* Imperadore, emanata in Nieremberga l'anno 1356., e detta *Balla d'Oro*, hanno l'obbligo di eliggere il folo Re de Romani; il quale poi, unto, e coronato, diviene Imperadore, fecondo la coftumanza di oggidì. Ancorche anticamente vi abbifognaffe l'approvazione del Romano Pontefice per dirfi tale,

le,

(a) Martino Polono in Cronicon. Friderici II. ,, *Et* licet hi tres Othones per fucceffionem Generis regnaverint; tamen poftea fuit inftitutum,, ut per Officiales Imperii Imperator eligeretur: qui funt feptem, videlicet primi tres Cancellarii, Moguntinus Germaniæ, Trevirenfis Galliæ, Colonienfis Italiæ. Marchio Brandeburgenfis Cameracius eft; Palatinus Dapifer, Dux Saffoniæ Enfem portat, Rex Boemus Pingernam agit. Unde Verfus.

> *Moguntinenfis, Trevirenfis, Colonienfis,*
> *Quilibet Imperii fit Cancellarius horum,*
> *Et Palatinus Dapifer; Dux pottitor Enfis:*
> *Marchio Præpofitus Cameræ, Pincerna Boemus.*
> *Hi ftatuunt Dominum cunctis per fæcula Summum.*

le , giufta queltanto fu detto nel Capitolo I. e nell'antecedente Paragrafo. In guifatale, che eligendofi uno di effi *Re de Romani*, vivente ancora l' Imperadore ; quegli alla morte di quefto non ricerca nuova elezione, ma la femplice Confegrazione, e Coronazione. Confiderandofi gli eletti *Re de Romani*, viventi ancora gl'Imperadori, come *Vicarj dell'Impero*, colla facoltà di fare, e di dire a fomiglianza de medefimi Imperadori : falve folo il Jus di formare Diplomi, ftabilire Leggi, e promulgare Statuti, che è del folo Imperadore. Effendofi préfa quefta coftumanza dall'antica Polizia Romana; in cui, chi era dichiarato *Principe della Gioventù* dall'Imperadore, era ancora detto *Cefare*, e *Succeffore alla Monarchia*, fecondo *Cornelio Tacito* (a), e come al cafo noftro *Gio: Rofino* (b) afferma.

CAPITOLO TERZO.

Degl'Imperadori di Occidente, che vennero nelle noftre Regioni.

I. COmeche nel Capo 4. del Libro 5. dicemmo, che *Coftanzo II.*, e *Bafilio II.*, Imperadori di Coftantinopoli, da Grecia fi portarono nelle Provincie noftrali, per riacquiftare que Luoghi, che i Longobardi ed *Ottone II.*, rifpettivamente involati gli aveano; fà anche meftieri dir quì qualche cofa di quei Imperadori Latini, che vi vennero con mano armata : ancorche fiafi fatta di effi qualche commemorazione ne Libri antecedenti ; e fe n' abbia anche a far parola ne feguenti, fecondo efigerà il bifogno. Niuno però di effi ebbe la gloria di conquiftar Napoli, a riferva di *Arrigo VI.*, Spofo della Reina *Coftanza*: la quale, come ultimo rampollo de Normanni, avea il Diritto nel Reame delle due Sicilie, come diremo nel Tomo V. defcrivendo la Vita de noftri Monarchi. Effendovi venuti da Padroni, e non da Conquiftatori *Federigo II.* e *Carlo V.*. *Ferdinando III.* poi vi

(a) Cornelio Tacito in Annalibus ad Auguftum : ,, *Genitos* Agrippa ,, Cajum & Lucium in Familiam Cæfarum induxerat ; necdum pofta ,, puerili Pretexta, *Principes Juventutis* appellari, deftinari Cæfares, fpecie ,, recufantis, flagrantiffimè cupiebat. Quod deinde reliqui Imperatores re- ,, tinuerunt, ut quem vellent Succefforem habere, adoptarent, & PRIN- ,, CIPEM JUVENTUTIS nuncuparent . . . . Sic Nero Princeps Ju- ,, ventutis à Claudio dictus *eft*.

(b) Gio: Rofino lib. 7. Romanor. Antiquit. cap. 13. *Fuerunt tunc Principes Juventutis, Cæfares : & nobiliffimi Cæfares ii, qui hodie REGES ROMANORUM SUNT.*

vi capitò nell' anno 1452., in occafione della fua Coronazione in Roma; da
dove volle paffare in Napoli, per vedere il Re *Alfonfo* fuo zio, da cui
era ftato preventivamente invitato.

Carlo Magno.

II. L' Imperadore *Carlo Magno*, che fu il primo a dominare in Occidente, ancorche non veniffe propriamente appò noi; pure vi fpinfe due
volte da Roma *Pipino* fuo figliuolo: la prima fiata nell'anno 775., allorache vi affediò Benevento, e vi ebbe *Grimoaldo* figliuolo del Principe *Arechi*, con dodici Nobili Beneventani in oftaggio, come afferifce *Aimone* (a);
e la feconda nell' anno 800., quando vi prefe Chieti, Ortona, e Lucera,
fecondo *Pandolfo Collenuccio* (b), che dice: ,, *Pipino* pofe il Campo in-
,, torno a Benevento : e fatto ogni pruova per efpugnarlo, vedendo, che
,, impoffibil era d'ottenerlo per forza, affediò Teate, cioè Civita di Chie-
,, ti, la quale era governata da un Longobardo, chiamato Rofelmo, e la prefe
,, per forza, e pofela a faccomanno e bruciolla; talche poi per accordo
,, hebbe Ortona; ed in Lucera lafciò per guardia Vinigifio, Duca di Spo-
,, leti, ed andoffene a *Roma*.

Lodovico Pio, e Lotario I.

III. Premorto il Re *Pipino* al Padre *Carlo Magno*, ed invece di lui
fuccedutoli *Ludovico Pio*; quefti, col fuo figliuolo *Lotario I.* mandò *Contardo* in Napoli, in tempo del Duca *Andrea*, che veniva travagliato da
Sitardo Principe di Benevento, come fi diffe nel Capo 5. del Libro 6.
al *Numero* 35. Avendo ancor egli mandato uno de fuoi Eferciti contro i
Saracini in Gajeta, come ivi fi foggiunfe.

Lodovico II.

IV. L' Imperadore, che di perfona portoffi la prima volta in quefte
Regioni, fu *Ludovico II.*, figlio di *Lotario I.*: il quale da Re di Italia
venne contro de Saracini in Benevento, ed in Salerno. Ed allora fu che
divife nell'anno 851. la Ducea di Benevento in due Principati, in quello di Benevento, che diede a *Radelchi*; e nell' altro di Salerno, che affegnò a *Sichendolfo*, come dicemmo nel precedente Libro, al *Numero* 4. del Capo 4.

Tom. III.   Z z   V. La

(a) Aimone lib. 4. cap. 78. *Arechis, armis Caroli expavefactus, Salernum*
fe recepit. Pipinus, receptis ad fidei Sacramentum Beneventanis, & Arechi
Ducis obfidibus duodecim, cùm Grimoaldo filio Romam redit.

(b) Pandolfo Collenuccio pag. 45. Tom. I.

V. La feconda volta, e propriamente nell'anno 867., egli vi ritornò da Imperadore. E dopo aver nuovamente trionfato de Saracini; perche avea liberato il Vescovo *Attanagio* dal Moniftero dell'Isola del Salvatore, *Sergio* Duca di Napoli, che perseguitava quel Vescovo suo zio si adoprò in modo co Beneventani e Salernitani, che lo fè restar prigioniero, unassieme coll'Imperadrice sua moglie. Nè sarebbe mai stato posto in libertà, se non fussero ritornati in Salerno i Saracini, come dice *Gio: Diacono* (a) nella Cronaca Napoletana. E quantunque l'*Autore della Storia Civile* (b) voglia, che *Lodovico* vi ritornasse per la terza volta, col dire: *Assoluto poi dal Giuramento da Adriano II., ritornò di nuovo in Capua, Taranto, e Benevento, fuggenda Aldeghisa in Corsica: vinse i Saracini, e ritornò in Francia;* pur, se male non mi oppongo, ciò non avvenne: peroche, secondo l'anzidetto *Gio: Diacono* (c), vi mandò delle Milizie, e non già vi calò di persona. Refe questo Monarca nella prima sua venuta celebre ed eterno il suo Nome appo noi colla Fabbrica veramente Imperiale del Muniftero di *San Clemente in Pescara* nella Diocesi di Chieti, l'anno 752., come veder si puote presso *Ferdinando Ughellio* (d) nella sua Italia Sagra.

Carlo Calvo.

VI. Alla morte di *Lodovico II.* fu eletto Imperadore *Carlo Calvo* di lui figliuolo. Il quale mandò *Lamberto* e *Guidone* suoi Capitani in compagnia di

(a) Gio: Diacono in Vita Athanasii : „ *Surrento* itaque Athanasio degente , Beneventani & Salernitani , æmulatores tantæ bonitatis prædicti Imperatoris insurrexerunt cùm consilio Ducis Sergij contra eum. QUO CAPTO VNA CVM CONJVGE SVA , ET RECLVSO; multi Franci, amisso Pastore, luctifero ululatu, reversi sunt in Regionem suam. Postmodum verò Beneventani , Salerno a superventu Saracenorum obsesso, dimiserunt ipsum Imperatorem , sub Sacramento districtum, quod nullatenùs prò tanta inhumanitate, quam ei incesserant , redderet eis meritum.
(b) Pietro Giannone lib. 7. parag. 2.
(c) Gio: Diacono loc. cit. „ *Cui* Athanasus Epifcopus obviam ire fatagens, illicò Surrento egressus, Romam properavit, ibique detentus est paulisper ab Adriano Papa. Ac deinde egressus, Ravennam occurrit prædicto Imperatori; sicque cùm eo reversus in eandem Vrbem; multis precibus ab eo exoravit, ut suæ immemor injuriæ, Salernitanis suffragaret, Hismaelitarum obsidione vallatis . . . : . Vnde pius commotus Augustus, ARMATAM DIREXIT MVLTITVDINEM , ut, Domino protegente, Bellum iniret adversùs illos. Qui, CELERITER VENIENTES, atque plurima cæde Saracenos proftantes; triumpho de cælo donato, VICTORIOSISSIMI REPED ARVNT.
(d) Ferdinando Vghellio Tom. VI. Ital. Sac. pag. 1191. antiq. Edit.

di Papa *Gio. VIII.*, per atterrire i Napoletani, i Salernitani, e gli Amalfitani, che uniti a Saracini, apportavano un travaglio grandissimo allo Stato della Chiesa; come ricavasi dall' *Anonimo Salernitano* (a).

Ottone I. II. e III.

VII. Tutti trè gli *Ottoni* si portarono nelle nostre Regioni contro i Greci. *Ottone I.* il Grande vi capitò nell'anno 962., allorache, coronato in Roma da Papa *Giovanni XII.*, volle passare in Puglia. Ma opponendoseli *Eugenio Straticò* unassieme con *Marino Duca* di Napoli, *Ottone* restò disfatto. Onde adirato perciò, pose l'Assedio a Napoli, benche senza niun prospero evento, come l' *Autore della Storia Civile* asserisce (b): *Marino si unì ad Eugenio Straticò, divastando il Territorio di Capua. Ma venendo Ottone in Capua con Esercito, Eugenio si ritirò in Puglia, e Marino in Napoli. Assediata poi indarno la Città da Ottone, che ne devastò la Campagna, conquistò la Puglia, e disfece in Ascoli li Greci.* Essendo, a mio credere, equivoco di *Matteo Gizio* (c) il dire: *Ottone il Grande cacciò i Saracini di Puglia, e di Calabria.*

VIII. *Ottone II.* di lui figliuolo, coronato in Roma nell'anno 973., volle ancor egli passare in Puglia. E capitato in Napoli, vi fu accolto con atti di stima da quel Commune: e provedutosi colà di Soldati, come pure in Capoa, ed in Benevento, si avviò contro i Greci. Ed ancorche nel primo incontro fusse stato di quelli vincitore; pure nel secondo attacco ne riportò la peggio. Che però, credendo egli di essere stato da Beneventani tradito, contro quella Città volle sfogare suo sdegno: e dopo averli fatti de danni tanti, li tolse il Corpo di *San Bartolomeo* (ancorche quei Cittadini un altro in iscambio ne li donassero), quale portò in Roma, come fu detto nel Libro 5. al *Numero* 9. del Capo 3.

IX. *Ottone III.* si portò anch'egli appo noi per vendicare contro de Beneventani e Capoani il torto che fecero ad *Ottone II.* suo Padre (che per errore il *Summonte* (d) chiama dilui fratello). Ancorche il *Collenuccio* (e) ci dica, che egli passasse nel Monte Gargano per visitare la Chiesa dell'Arcangelo *San Michele.* Ecco come parla questo Autore: *Fu creato dopo lui Imperadore suo figliuolo Ottone IV. l'anno 984. Il qua-*

Zz 2   „le

(a) Anonimo Salernitano cap. 123. „ *Tunc* Salernum, Neapolis, Gajeta, „ Amalphia, pacem habentes cùm Agarenis, navalibus incursibus, Romam „ gravi angustiabant depopulatione. Sed cùm Carolus, Ludovici filius, Scep „ trum insigne Roma suscepisset; Lambertum, & Guidonem germanum „ illius, Joanni Papæ, qui tunc in tempore aderat, in adjutorium dedit; „ cùm quibus Capuam, & Neapolim *profectus est.*

(b) Pietro Giannone lib. 8. cap. 1.

(c) Matteo Gizio in Notis Cronologicis ad annum 968.

(d) Gianantonio Summonte Tom. I. pag. 439.

(e) Collenuccio pag. 50.

,, le venendo in Italia potente ; altro contro il Regno di Napoli non
,, fece, fenonche coftringere per forza i Capuani e Beneventani a far pace
,, co' Romani , e non moleftarli , come per adietro avean fatto : & per
,, Voto andò a vifitare la Chiefa di San Michele, e tornò in Roma .

Arrigo I.

X. L'Imperadore *Sant'Arrigo I.*, da Duca di Baviera affunto alla dignità Imperiale nell'anno 1014. , dopo la morte di *Ottone III.* fi portò fubito in quefte parti , per punire l' ingiuria fattali da *Pandolfo Sant' Agata* Principe di Capoa ; che, unito a *Bafilio* Imperadore di Coftantinopoli,
avea fatto arreftare il Principe *Dato* fuo amico, il quale, per isfuggire
le perfecuzioni de Greci di Puglia, fi era ritirato nella Torre di Garigliano : dandolo nelle mani di *Bojano*, Catapano di Puglia, che cufcitolo
in un facco, lo fe gittar nel mare, come toccofsi nel precedente Libro al
Numero 22. del Capo 5. , e come da *Lione Oftienfe* trafcrive il *Summonte* (*a*). Laonde *Arrigo* , fatto prendere il Principe *Pandolfo* , lo mandò
prigione in Alemagna, deftinando *Pandolfo di Teano* per Principe di Capoa . Indi pafsò in Puglia, e prefe a Greci la Città di *Troja*, come dicemmo nel Libro 8. del Tomo I. al *Numero 11.* del Capo 10. Ancorche il
Breviario Romano (*b*) voglia, che egli togliefse loro la Puglia intiera.
Nel qual viaggio, pafsando per Monte Cafino, fu miracolofamente rifana-
to dal Patriarca *San Benedetto* di un fiero dolore di fiaco , che per molti anni travagliato lo avea.

Corrado II.

XI. Anche *Corrado II.* fucceffore di *Arrigo I.* fi portò a Capoa, donde difcacciò *Pandolfo Sant'Agata* , per il gran male che facea a' Luoghi
contermini: non oftante che egli ve l' avefse fatto ritornare da Germania,
a conforti di *Guaimaro* Principe di Salerno, a cui donò la Signoria di
Capoa, come fu detto nel Libro precedente al *Numero 18.* del Capitolo 5.

Ar-

(*a*) Summonte Tom. I. pag. 445.
(*b*) Breviario Romano die 15. Julij: ,, *Henricus* cognomento Pius,
,, è Duce Bavariæ Rex Germaniæ , & poftmodum Romanorum Impera-
,, tor . . . . in Monafterio Caffinenfi gravi detentus infirmitate , à
,, Sancto Benedicto, infigni Miraculo fanatus . . . . Bellum adverfus
,, Græcos fufcepit , & Apuliam, diù ab illis poffeffam, *recuperavit* .

Arrigo II.

XII. Dopo *Corrado* venne in Capo a *Arrigo II.* il quale tolſe a *Guaimaro* quel Principato, e lo diede a *Pandolfo* figliuolo del Principe *Pandolfo Sant'Agata*. Fece lo ſteſſo col Principato di Benevento: quale pria ritenne per ſe, e poi lo cambiò con Papa *Lione IX.*, facendoſi rilaſciare il Canone del Veſcovado di Bamberga, ſecondo fu detto nel Libro precedente, al Paragrafo 1. del Capo 3. Mandò poi un poderoſo Eſercito per diſcacciare i Normanni da Italia; ma fu da queſti disfatte alle vicinanze di Benevento, reſtandovi prigioniero il Pontefice *Lione IX.* che colà pure portato ſi era; come ivi nel Paragrafo terzo fu ſoggiunto.

Lotario II.

XIII. Per le diſcordie, che inſurſero trà Papa *Innocenzio II.* e *Ruggiero I.* Re di Sicilia, *Lotario II.* venne in Regno col mentovato Pontefice, e preſe al *Re Ruggiero Salerno*: dando in Sanſeverino l'inveſtitura di Puglia a *Raidolfo* Conte di Airola, come lo rapporta *Ramoaldo Salernitano* (a).

Ottone IV.

XIV. L'ultimo Imperador Romano che con Eſercito portoſſi nel noſtro Regno, fu *Ottone IV.*; il quale, non oſtante il Giuramento che a Papa *Innocenzio IV.* tutore del picciolo *Federigo II.* fatto avea; nell'anno 1210. ſi gittò ſu queſte parti: e trà le molte Città che li preſtarono ubbidienza, vi fu anche Napoli. Ed avrebbe forſe ſottomeſſo tutto il Regno alla ſua divozione, ſe non ſe li ribellava la Germania, e ſe Papa *Innocenzio* colle Scomuniche non l'aveſſe obbligato a ſortire da quelle Regioni, come alla lunga lo raguaglia *Riccardo da San Germano* (b) nella ſua Cronaca.

XV. Que-

(a) *Ramoaldo Salernitano* ad annum 1133. „ *Imperator* verò, Salerni
„ Civitate potitus, ac cœptis ab ea prò pecunia Obſidibus; a Civitate
„ recedens, apud Sanctum Severinum ſua Caſtra locavit: ibique, habito
„ Apoſtolici & Baronum Conſilio, Comitem *Raynulphum* Ducem Apu-
„ liæ ordinare *diſpoſuit*.

(b) *Riccardo di San Germano* ad Annum 1210. „ *Otho* dictus Impera-
„ tor, ſuadente ſibi Diopuldo, & Petro Cælani Comite, qui cùm ipſo
„ Diopuldo contraxerat: quorum alter Capuam, alter Salernum tradidit;
„ ſpreto Juramento, quod Romanæ Eccleſiæ fecerat, Regnum intrat per
„ Reatinas partes ſub ducatu eorum; qui ei fidelitatem præſtiterant . . .

XV. Quefti adunque furono gli Imperadori Latini, che coll'Armi alla mano fi portarono nelle noftre Regioni. E quì non parliamo di quei antichi Imperadori Romani, che fino a *Coftantino il Grande*, e in varj tempi vi vennero per diporto: de quali noi baftantemente favellammo nel Libro 4. del Tomo II. per l'intiero Capo 6. Quefti ultimi adunque, ora conquiftandovi una Città, ed ora rendendovi tributaria un altra; or diponendo quefto Principe, ed ora inveftendo quell'altro, perche mai intieramente debellarono i Longobardi, i Greci, e i Normanni, nè fecero di quefte Provincie una totale conquifta; non vi ftabilirono niuna polizia, nè vi efercitarono Governo pofitivo, che meritaffe di effere qui con diftinzione notato. Che però bafterà averne data a chi legge una brieve e fucciata notizia, fenza trattenerci in altro.

LIBRO OTTAVO.

Della venuta de Saracini in Italia, e delle loro Conquifte nelle noftre Regioni.

TRà le altre barbare Nazioni, che in varj tempi affalirono le noftre Provincie, devono anche annoverarfi i *Saracini*. Anziche dove fi confidera, che quefti col *Ferro* e col *Fuoco* divaftarono innumerabili Città delle più antiche e più nobili, che farebbero Corona oggidì al noftro Regno; ad effi più che ad altri convien dare il nome di Barbari. Laonde per raggionarne con proprietà, compartiremo in quattro Capitoli il prefente Libro. Primo, *dell'origine de Saracini, della loro venuta nelle noftre Regioni, e del danno immenfo che vi cagionarono*. Secondo, *delle Guerre, e delle Tregue che ebbero co' Napolitani*. Terzo, *delle Guerre che ebbero co' Longobardi, con i Greci, cogl'Imperadori di Occidente, e co' Normanni*. Quarto, *del totale loro Efterminio dal noftro Regno*.

CA.

„ Civitas Neapolim, in odium Averfæ, ipfi Othoni fe reddidit. Qui, ad
„ inftantiam Neapolitanorum, Averfam obfidet. Quæ, facta cùm eo com-
„ pofitione, remanfit indemnis. Dictus Otho fines Apuliæ ingreditur, cer-
„ tis ibi colla flectentibus tùm voluntate, tùm caufa metus. Anno 1111.
„ Innocentius Papa, in die Sancti Joannis Excommunicationem latam in
„ Othonem & ejus fequaces, confirmat . . . . Dictus Otho, cùm
„ ferè totam fibi Apuliam fubjugaffet, audito quod quidam Alemanniæ
„ Principes fibi rebellaverant, Mandato Apoftolico Regnum feftinus egre-
„ ditur menfe Novembri, ac menfe Martio in Alemanniam remeavit.

CAPITOLO PRIMO.

Dell'origine de Saracini, della loro venuta nelle nostre Regioni, e del Danno immenso che vi cagionarono.

I. I Saracini, che per altro nome *Arabi*, *Ismaeliti*, ed *Agateni* presso di varj Scrittori vengono chiamati; secondo l'opinion comune
degli Autori, furono que' Popoli, che nell'Arabia ebbero la loro origine
da *Agar* Concubina di *Abramo*, e da *Ismaele* di lei figliuolo, discacciato dalla Casa paterna, acciocche non contaminasse *Isaacco* con i suoi corrotti costumi, come si legge nella Sagra *Genesi* (a), e presso *San Paolo* (b). Questi adunque, avendo a vergogna poi di essere chiamati *Agareni*, e pro-
cedenti da una concubina; vollero esser nominati più tosto *Saracini*, da *Sara* vera moglie del Patriarca, secondo *Gio. Bunone* (c): oppure dalla loro Regione antica nell'Arabia, che *Sarac* vien detta. Laonde *Gianantonio
Sergio*, sotto nome di Autore del Supplemento a principj della Storia dell'
Abate *Langlet* (d), dicea: *Essi venivano dall'Arabia: e presso gli Arabi
rinomata era quella parte del Paese che chiamavasi Sarac.*

II. Questi Popoli, avendo militato sotto l'Imperadore *Eraclio*, furono
indi, a causa delle loro pretese paghe, maltrattati dal Tesoriere di quel
Monarca: cheperò, ammutinati tra essi, scelsero *Maometto* per loro Capo.
Il quale, colla direzione di un tal *Sergio* Monaco, fingendo Miracoli, e
componendo l'*Alcorano* a' suoi seguaci, si acquistò la fama d'Uomo grande. In guisa tale che ebbe poco dopo un seguito sì numeroso di forsciti e
malcontenti, che per mezzo di essi potè soggiogare buona parte dell'Impero Orientale; e spezialmente la Media, la Siria, la Giudea, l'Egitto, ed
altre

(a) Genesis 21. vers. 10. *Eiice ancillam hanc, & filium ejus; non
enim erit heres filius ancilla cum filio meo Isaac.*
(b) Ad Galatas 4. ver. 22. ,, *Abraham* duos filios habuit, unum de
,, ancilla, & unum de libera . . . . Hæc enim sunt duo Testamen-
,, ta. Unum quidem, in Monte Sina, in servitutem generans, quæ est Agar.
,, Sina enim Mons est in *Arabia*.
(c) Giò: Bunone in Notis ad Cluerium lib. 5. cap. 24. ,, Saraceni, prius
,, sunt dicti Agareni, ab Agar Abraham Serva; & postea Ismaelitæ. De-
,, mum Mahumedo auctore, voluerunt Saraceni appellari, vel à Sara
,, Uxore Abrahæ, vel à SARACA REGIONE, quam Stephanus partem
,, facit *Arabiæ*.
(d) Autore della Giunta al Langlet pag. 266.

altre di quelle Regioni. Coll'andar degli anni poj fortirono nomi diverfi: peroche i Nobili e Graduati, dilatandofi verfo l'Afia e la Perfia,
fi chiamarono *Turcomanni*. Quei che abitavano la Soria, la Giudea, e l'
Egitto, fi differo *Saracini*. Quei dell'Africa e della Mauritania, fi appel-
larono *Mori*. E quei che, albergando in luoghi diferti, viveano di ladro-
necci, depredando la Giudea, l'Arabia, l'Egitto, ed altro, furono chiamati *Arabi* comunemente.

III. E ftanteche *Eraclio* (fotto del quale militò con fuoi Soldati *Maometto*) fu coronato nell'anno 610.; e finì di vivere nel 641.; da quefto
tempo incominciò la loro Epoca. Effi adunque, priache s'ingroffaffero ne'
loro Paefi, e poi di man in mano penetraffero nelle Spagne, in Sicilia, e
finalmente nelle Regioni noftrali, ebbero bifogno di molto tempo, e nel Secolo
IX. folamente poterono arrivare appo noi. Volendo l'Autore della *Cronaca
Caffinefe* (*a*), che effi, nell'anno 820. del comun Rifcatto, prendeffero in
Sicilia la Città di Palermo: confumando fei anni alla conquifta di quell'
Ifola, al dire di *Angelo delle Noci* (*b*). E quantunque *Giulio Cefare Capaccio* (*c*) li voglia in Napoli fin dall'anno 778., nulladimanco ciò vien
contradetto da i citati Autori, che affai più tardi li vogliono in Sicilia, e
poi in quefte noftre parti. Laonde dir bifogna, che veniffero qui tra noi
nell'anno 817.; effendovi ftati chiamati da *Andrea* Duca di Napoli,
contro *Sicardo* Principe di Benevento, come l'abbiamo da *Gio: Diacono* (*d*). E comeche il Duca *Andrea* fi vuol morto nell'anno 836. come
fu detto nel Libro 4. al *Numero* 34. del Capo 5., intorno a quefti tempi noi
li deggiamo credere qui giunti per la prima volta.

IV. Qualunque però fia ftata la prima venuta de Saracini nelle noftre
Provincie, egli è certiffimo, che più delle volte ve li chiamarono li fteffi

Pren-

(*a*) Cronaca Caffinefe lib. 1. cap. 21. „ *Hujus* Abbatis tertio anno, Sa-
„ raceni, à Babylonia & Africa venientes, Siciliam ingreffi funt, & Pa-
„ normum cœperunt anno Incarnationis Dominicæ octingentefimo & tri-
„ cefimo.

(*b*) Angelo delle Noci in Notis ibidem: *Siciliam occupaverunt annis
fex.*

(*c*) Giulio Cefare Capaccio lib. 1. cap. 20. Anno 788. „ *Bellum* Sarace-
„ norum cum Neapolitanis commemoratur fub Theophilo Duce: cum Sa-
„ raceni ex Africæ Hifpaniæque littoribus, Neapolim maxima Claffe adve-
„ cti venerunt, atque inde fumma virtute expulfi funt à dicto Duce *Theo-
„ philo.*

(*d*) Gio: Diacono in Cronic. Epifc. Neapol. ad Tiberium: „ *Contra*
„ hunc etiam Andream, Sicardus Beneventanorum Princeps, filius Siconis,
„ innumerabiles molitus eft irruptiones. Pro quibus commotus Andreas
„ Dux, directo Apocrifario, validiffimum Saracenorum Hoftem afcivit.
„ Quorum pavore Sicardus perterritus, infido cum illo quafi ad tempus
„ inito fœdere, omnes ei captivos reddidit. Nec multo poft, repeten-
„ tibus ipfis Saracenis, difrupit pacem, & ampliavit adverfus Neapolim
„ infidias.

PreNcipi Nazionali. Così, per ragion di esempio, *Andrea* Duca di Napoli li chiamò contro *Sicardo*, come poco fa dicemmo. *Attanagio II.* Duca e Vescovo della stessa Città, per vendicarsi di *Guaimaro* Principe di Salerno, ve li chiamò nell'anno 880. secondo l' *Anonimo Salernitano* (*a*). Lo stesso fecero *Radelchi* Principe di Benevento, e *Siebendolfo* Principe di Salerno, allorache essendo in gara tra essi, ve li fecero venire dall'Africa e dalle Spagne, come afferisce il *Summonte* (*b*), dicendo: ,, *Radelchi*, sconfidato delle proprie forze, vi chiamò i Saracini d'Africa, per mezzo di ,, Pannone Prefetto di Bari. Il che inteso da Siginulfo, chiamò in suo ,, favore i Saracini di Spagna: i quali, venuti in Puglia, presero Bari, & ,, ammazzarono Pannone. Ma Radelchi con presenti ottenùtoli in suo aju- ,, to, diede il guasto a Capua, ed a tutto il Paese di *Siginulfo*. Il Duca di Gaeta *Docibile* praticò lo stesso contro *Pantenolfo* Principe di Capua, facendoli per molti anni annidare nelle vicinanze del Garigliano, al dire di *Lione Ostiense* (*c*). Avendoli eziandio inviati nelle nostre Provincie *Romano*, Imperadore di Costantinopoli, per vendicarsi di quei Popoli, che si erano a lui ribellati, se pure debbesi prestar fede al *Collenuccio* (*d*), che dice: ,, *Essendo* in Costantinopoli le cose in tumulto, i

Tom. *III.*   A a a   ,, *Ca-*

(*a*) Anonimo Salernitano ad annum 885. *His diebus, Athanasius, Praesul Neapolitanus, missis Apocrisariis in Siciliam, Agarenis in radicem Montis Vesuvii residentibus, Sicanum Regem exposcit : & illis, veniens, praefecit.*

(*b*) Summonte Tom. I. pag. 423.

(*c*) Lione Ostiense lib. 1 cap. 37. ,, *Post haec*, Pantenulphus, qui tunc ,, Capuae praeerat, in Papae fidelitatem confidens, rogavit eum, ut subde- ,, ret dominatui suo Cajetam. Cajetani eo tempore Romano tantum Pon- ,, tifici serviebant. Quod praedictus Papa dum concessisset ; coepit idem ,, Pantenulphus ita acriter Cajetanos incursare, ut usque ad Molas illis ,, egredi non daretur. Docibilis quidem tunc illis in Ducem praeerat : qui ,, tantum dedecus sibi suisque illatum minimè ferendum ducens, misit ,, Agropolim, & Saracenos ibi degentes asciscens, primò conduxit eos ma- ,, ximo itinere ad Lacum Fundanum, in locum ubi Sancta Anastasia voca- ,, tur : & inde per Fluvium ascendentes usque Fundos ; ibi, quasi de vagi- ,, na gladius, Scaphis egressi, & cuncta in circuitu depopulantes, tandem ,, Cajetam devenerunt, & in Formianis collibus sua Castra componunt. His ,, Papa auditis, illicò poenitentia ductus, blandis alloquiis, & epistolis, ,, necnon & pollicitationibus multis coepit convenire Cajetanos, quatenùs ,, sibi reconciliarentur, & à Saracenis sequestrarentur. Cujus demum mo- ,, nitis Docibilis obsecundans, rupto foedere, cum Saracenis bellum intulit : ,, in quo bello, multi Cajetanorum caesi & capti sunt. Rursus tamen Sa- ,, raceni à Docibile foedus postulantes accipiunt : redditisque captivis, in ,, Gariliano ad habitandum à Docibile directi sunt. Ubi per quadraginta ,, ferme annos degentes, innumera circumquaque bella gesserunt, mul- ,, tumque Christianorum sanguinem *fuderunt.*

(*d*) Pandolfo Collenuccio pag. 47.

„ Calabreſi e Puglieſi ſe li ribellarono . Il perche, Romano, Uomo di peſ-
„ ſima natura, induſſe il Re de Saracini d' Africa a mandare in Italia,
„ per vendicarſi de Calabreſi , e de Puglieſi . Laonde i Saracini , naturali
„ nemici de Criſtiani , con grandiſſima moltitudine nell' anno 914. entra-
„ rono in Italia : e non ſolo i Calabreſi e Puglieſi , ma tutta quella par-
„ te d'Italia, che è dalla Punta d'Otranto , e vienſi allargando tra due
„ Mari, cioè il Tirreno, & il Seno Adriatico, ſcorſero, e ſaccheggiarono .
E dopo eſſerſi da noi allontanati , Federigo II. di belnuovo li conduſſe
da Sicilia in Puglia, come meglio ſpiegaremo nel Capitolo quarto.

V.   Il danno che queſti Barbari arrecarono alle noſtre Regioni , non può
ſpiegarſi da lingua umana . Peroche vi fecero infiniti Schiavi, traſportandoli
in Africa : diedero il fuoco a tutte le noſtre Provincie : diſtruſſero e brucia-
rono tutte quaſi le Città più coſpicue, ſpezialmente quelle della Piaggia
maritima ; e vi fecero de mali innumerabili per ogni verſo. Furono diſtrutte da loro nel Mar Tirreno *Formia*, *Minturno*, *Sinueſſa*, *Miſeno*, *Volturno*, *Literno*, *Cuma*, *Picenza*, *Peſto*, *Velia*, *Agropoli*, *Buſento*, *Ciſtel-
la*, *Clampezia*, *Temſa*, *Terina* , *Ubona Valenza*, *Tauriano*, *Medama*,
ed altre. Nel Mare Jonio, *Caulonia*, *Locri*, *Turio*, *Leuternia*, *Eraclea*, e
Metaponto. E nel Mare Adriatico *Lupia* , *Egnazia*, *Siponto*, *Salpi*, *Iſto-
nio*, ed *Aterno* , con molte altre .

VI.   Oltre le Città Maritime, devaſtarono molti altri Luoghi in Terra-
ferma. Mancano perciò in Terra di Lavoro la Città di *Caſino*, e l'altra di
Atella, col celebre Moniſtero di *San Vincenzo a Volturno*. Nel Principato
Citra mancano *Marcina*, e l'antica *Nocera*. Nella Lucania *Marcellina*, *Gru-
mento*, *Blanda*, *Tebe*, *Pandoſia* , e *Petilia*. Nella Puglia *Canne*, *Canoſa*,
Gerione, *Arpi*, *Ardona*, ed *Eccana*. Nell' Apruzzo *Albi*, *Carſoli*, *Corfinio*,
Peltonio, ed *Amiterno*. Nel Principato Vltra, *Ecotutico*, *Morganzia*, *Aqui-
lonia*, e *Frigento* : ed in molte altre Regioni diverſe Città coſpicue , da
noi deſcritte nel Libro 3. del Tom. I. : le quali per lo più ſi vogliono da
Saracini o mal ridotte o annientate, giuſta il *Blondo* (a).

VII. Delle Città eſiſtenti, molte anche aſſaggiarono il lor furore. Concioſſiache , oltra la Città di *Napoli* (delle dicui diſgrazie favellaremo nel
Capitolo ſeguente), anche la Città di *Gaeta* ſoſtenne da eſſi duriſſimi aſſalti.
Dicendo *Monſignor Falcone* (b), che ella fu tre volte da medeſimi aſſedia-
ta : „ E noto che li Saracini dal 846. al 915. infeſtarono le noſtre Marem-
„ me fino a Gajeta . Il primo aſſedio che fecero queſti di Gajeta fu nel 846.
„ ſudetto. Coſì Gio: Diacono nella Vita di S. Gio: Acquarolo , e Lione
„ Oſtienſe lib. 2. cap. 27. Il ſecondo Aſſedio fu nel 850. quando ritornarono,
„ e diſtruſſero la Città di Miſeno . Coſì Gio: Diacono in S. Atanaſi . Il
„ terzo fu nel 874. quando da due anni era Veſcovo e Duca di Napoli
„ *Atanaſi II.*

                                                            VIII. La

---

(a) Blondo lib. 2. decad. 2. *Ea Gens Calabres, Apulos, Salernitanos,*
& Lucanos non demſit modo, & Græco Imperatori ſubjecit ; verum etiam,
commiſſis cædibus, rapinis, & incendiis pene ad internetionem delevit.

(b) Monſignor Falcone in Vita S. Januarij lib. 5. cap. 7.

VIII. La Città di *Salerno* , per opera di *Radelchi* Principe di Benevento, fu da medesimi cinta di assedio, come sopra : in modo tale che *Attanagio* , Vescovo di Napoli, si portò a pregare l'Imperador *Lodovigo* II. , acciò si compiacesse soccorrerla, al dire di *Gio: Diacono* (a). Anche *Taranto* e *Bari* soggiacquero alla medesima sciagura secondo l'*Autore della Storia Civile* (b). Lo stesso di *Brindisi* ci dice il *Summonte* (c). Lo stesso si ha di *Cosenza* nella Cronaca di Bari (d), come pure presso del *Muratori* (e). Lo stesso di *Bitonto*, di *Gravina*, di *Montescaggioso*, di *Montepiloso*, e di *Girace* rapporta il *Summonte* (f); e lo stesso avvenne di *Matera*, come nella precennata *Cronaca Barese* (g). Insomma le Città primarie del nostro Regno o furono da essi distrutte, o prese, o assediate almeno.

CAPITOLO SECONDO.

Delle Guerre e delle Tregue, che ebbero i Saracini co Napoletani.

I. L'Ignoranza dell'Arte Critica de Scrittori de Secoli passati, siccome fu cagione, che i Storici riempissero di varj pregiudizj i loro Volumi, così fece, che gli incauti Leggitori prestassero una cieca credenza alle loro false assertive. Laddove gli Autori più moderni, versati in una scienza cotanto utile alla Repubblica Letteraria; siccome sono più avveduti nelle loro Composizioni, così difficilmente all'altrui detti aderiscono, senza che pria ravvisino in essi una verisimilitudine almeno, E come-

Aaa 2

(a) Gio: Diacono in Vita Athanasij I. *Cui Athanasius Episcopus obviam ire satagens . . . . . multis precibus ab eo exoravit, ut suae immemor injuriae, Salernitanis suffragaret, Hismaelitarum obsidione vallatis.*

(b) Pietro Giannone lib. 6. cap. 6 par. 2.

(c) Gianantonio Summonte Tom. I. pag. 421.

(d) Cronaca Barese ad Annum 902. *Hoc anno descendit Hibraymus Rex Saracenorum in Calabriam, & mortuus est in Consentia, in Ecclesia Sancti Pancratij.*

(e) Lodovico Antonio Muratori in Notis Ibidem : *Anno 903. perijt prope Consentiam, in loco ubi Ecclesia in Sancti Pancratij Memoriam Deo sacrata erat.*

(f) Summonte Tom. I. pag. 439.

(g) Cronaca Baresa ad Annum 996. *Hoc anno obsessa est Materies tribus Mensibus currentibus ab iniqua Gente Saracenorum, & in quarto, idest, Decembri, per vim inde eam comprehenderunt. In qua quaedam femina filium suum comedit.*

meche un tal diffetto In varj Autori Napoletani si scorge perlopiù in ciò che tocca il Punto della venuta de Saracini in Napoli; perciò a chiarirne l'inganno, abbiamo stimato convenevole trattare questa materia in un Capitolo separato.

II. La prima venuta adunque de Saracini in Napoli, si vuole da essi, nell'anno 573., in tempo di *Santo Agnello* Abate, come da più Scrittori Napoletani l'afferisce il *Summonte* (a), col dire : „ *Nel* medesimo tempo „ Napoli fu assediata da una grossa Armata di Saracini: i quali in pochissimi giorni con gran forza entrarono nella Città per la Porta, all'hora „ detta *Ventosa*, (come scrive il *Falco*) con molto spargimento di sangue. „ E gionti nella Piazza, oggi detta Montagna, miracolosamente ne furono „ cacciati dal Beato Agnello Abbate, hora celebrato per Santo Protettore „ della Città; peroche, orando egli, intese il clamore de Cittadini : e giudi- „ cando la Città essere in mano degl'Infedeli; tolto lo Stendardo della „ Santa Croce, corse contro i nimici. I quali, oprando il Divino ajuto, si „ posero in fuga, parendoli havere tutto il mondo contra : e fuggendo verso „ il mare, la maggior parte si sommerse, e gli altri fugirono via. Libera- „ ti i Napolitani da questo Assedio; in memoria di ciò, posero un *Chio- „ do di Metalle* in una Pietra marmorea nel piano della Strada al proprio „ luogo, fin dove quei Saracini erano gionti. Qual segno fino a nostri tem- „ pi si scorge appresso il Seggio Montagna, avanti la Chiesa che anco per „ ciò edificarono essi Napoletani, ammoniti dall'Angelo (come nota il *Sor- „ gento*,) chiamata *Sant'Angelo a Segno*. Tuttociò si cava dalla *Leggen- „ da del glorioso Sant'Agnello*, seguita da Monsignor *Paolo Reggio*. Dal- „ che *Contarino* prende occasione di dire, che trovandosi Napoli assediata „ da Saracini, di modo che i Cittadini erano necessitati rendersi; quando un „ Signor *Brancaccio*, o *Capece* di Capuana, mandò per soccorso al Signor „ di Serino di Casa della *Marra* : il quale, essendo ricco e potente, e „ nell'armi valorosissimo, venne con gran moltitudine di Soldati, e liberò „ Napoli dall'*Assedio*.

III. Anche *Pompeo Sarnelli* ed il Canonico *Carlo Celano* nelle loro rispettive Descrizioni della Città di Napoli per il regolamento de Forestieri, ci dicono lo stesso, e trascrivono il Marmo, che in fatti oggidì si osserva innanzi la Porta della Chiesa di *Sant'Angelo a Segno*, in cui si legge:

> *Clavum Aereum, Strato Marmori infixum, dum Jacobus de Marra, cognomento Tronus, è suis in Hyrpinis Samnioque Oppidis, collecta Militum manu, Neapolim, ab Africanis captam, succurrit: Sanctoque Agnello tunc Abbate, Divino nutu à Michaele Archangelo, miro inter Antesignanos prefulgentibus, Victoriam victoribus extorquet; fusis, atque ex Urbe ejectis primo impetu Barbaris, Anno Salutis 574. cælesti Patrono dicato Templo, & Liberatoris gentilitio Clypeo Civitatis Insignibus decorato, ad rei gestæ memoriam, ubi fuga ab Hostibus capta est, more majorum, ex S. C. PP. P. CC.*
>
> *Denuo Philippo IV. regnante, antiqua Virtuti præmium grata Patria P.*

IV. Noi

IV. Noi però, priache ci accingiamo alla difcuffione della prefente, Narrativa; per intelligenza di chi legge, riguardo a quel Chiodo ficcato nel Muro, ci piace premettere, che il *FIGERE CLAVUM* in due modi fu in ufo preffo gli antichi. Primo, perchè non effendovi ftata in quei tempi l'Era degli anni; per averfi di quefti una contezza efatta, ogni anno fi ficcava un Chiodo nel Campidoglio; e dal loro novero faceano poi il computo di quefti anni, all'infegnare di *Tito Livio* (a) e di *Fefto Pompeo* (b). Coftume che poi rimafe per lunga pezza di tempo appo i Villani, al cantare di *Petronio Arbitro* (c). In un altro modo, fi usò fiffar quel Chiodo nel Muro, per memoria di qualche difgrazia a cui erano foggiaciuti; oppure per qualche faufto evento, che meritava effer eternato nella mente de Pofteri; come l'abbiamo dal detto *Paduano* (d), e da *Marco Tullio Cicerone* (e). Ed in quefto fecondo fenfo fi vuole da Scrittori ficcato il Chiodo nella Piazza di Montagna, dove oggidì fi dice *Sant'Angelo in Segno*.

V. Tutto ciò prefuppofto: per quello tocca alla *Venuta de Saracini*, come fopra, molte fono le improporzioni ed anacronifmi, che la moftrano falfa. E, lafciando da parte il volerfi da i riferiti Autori le Famiglie *Brancaccio*, *Capece*, e della *Marra* in Napoli, fino dal 574, quandoche quefti Cognomi ebbero principio intorno al Secolo XI. come fi diffe nel Tomo II. al Capo 2. del Libro 13.; come pure l'affermarfi, che *Giacomo della Marra* fu Barone di Sizino e di altri Feudi; allorche i Feudi incominciarono fotto di Longobardi nel Secolo VIII. e feguente (come pur dicemmo fopra nel

---

(a) Tito Livio lib. 7. cap. 3. ,, *Lex* fuit vetufta prifcis Litteris, Verbifque fcripta, ut qui Prætor Maximus fit, Idibus Septembribus Clavum ,, pangat. Fixus fuit dextero lateri Ædis Jovis Opt. Max. ex ea parte qua Minervæ Templum eft. Eum Clavum, quia raræ per ea tempora Literæ erant, NOTAM NUMERI ANNORVM FVISSE FERVNT.

(b) Fefto Pompeo V. Clavus Annalis : *Clavus Annalis appellabatur, qui figebatur in parietibus Sacrarum Ædium per annos fingulos, ut PER EOS NUMERUS COLLIGERETUR ANNORUM.*

(c) Petronio Arbitro cap. 49.
Et paries circa paleas fatiatus inani
Fortivoque luto Clavis numerabat agreftis.

(d) Tito Livio loc. cit. ,, Gn. Genucio, L'Æmilio Mamerto II. Cofs. ,, cùm Piaculum magis conquifitio, quàm corpora morbi afficerent; re,, pertum ex feniorum memoria dicitur, peftilentiam quondam CLAVO ,, A DICTATORE FIXO fedatam. Ea religione adductus Senatus, Dictatorem Clavi figendi caufa dici juffit: dictufque eft L. Manlius Imperiofus.

(e) Marco Tullio Orat. 7. in Verrem: *Ut hoc beneficium (nempe illud, quod Verres Mamertinos detulerat), quemadmodum dicitur, trabali Clavo figere, ut* IMMORTALI, ET INEXTINGUIBILI MEMORIÆ COMMENDARET.

nel Capo 8. del Libro 6.); merita in primo luogo particolare riflessione ciò che dicono, che Santo Agnello occorresse al Tumulto nel detto Anno 574. quando il medesimo Summonte (a) lo vuol morto fin dall'Anno 546., come dall'Iscrizione che si trascrive dal di lui Avello in questa guisa:

Hujus Corpus sub hac Ara conditum,
Pie veneratur a Neapol.
Anno CCCCCXXXXVI. VIII. Kal. Januarij, regnante Mauritio Tiberio Aug. & Beato Gregorio Romanæ Sedis Pon. Max. necnon Fortu-
nato Episcopo Neapolitano, Beatus Anellus ad cælestia Regna
migravit.

E sovra tutto si debbe avvertire, che Maometto, Capo de Saracini, visse intorno all'anno 610., come apportossi nel Numero 5. del Capitolo precedente, ed i Saracini non capitarono appo noi pria dell'anno 827. come ivi si soggiunse. Laonde volerli in Napoli nell'anno 574.; e una opinione molto impropria; e sarebbe come un dire:

Antequam Abraham fieret ego sum.

VI. La seconda venuta de Saracini in Napoli si vuole nell'anno 788. in tempo del Duca *Teofilo*, in sentenza di *Giulio Cesare Capaccio* (b) e di *Gianantonio Summonte* : il quale colla scorta di *Gio: Villani*, in questa guisa ne rapporta il successo: ,, Nell' anno 788. come racconta Gio: ,, Villani nella Cronaca di Napoli al Capo 32. del Libro 1. la Città di ,, Napoli fu assediata da una grossa Armata de Saraceni, venuta dall' Afri- ,, ca, e da Spagna, ed havendo presi molti Luoghi intorno alla Città, non ,, perdonò nè ad età, nè a sesso. Nell' ultimo di Giugno assediarono la Città ,, per mare, e per terra. . . . Era allora, secondo l'Autore predetto, Du- ,, ca della Città uno strenuo Uomo chiamato *Theofilo* . . . . . . che ,, opponendosi insieme col Popolo a nemici, fu percosso da una lancia, e
,, sa-

(a) Summonte Tom. I. pag. 291.
(b) Giulio Cesare Capaccio lib. 8. cap. 12. & 20. ,, *Theophilus*, vel ,, Theophilactus Dux XIII. Hunc Ducem memorat Joannes Villanus in ,, suis Cronicis Neapolitanis, qui Gregorie II. Papa imperante, advenien- ,, tibus Neapolim Saracenis, in pugna ab eis occiditur: precibus Beati Agnel- ,, li Civitas ab his liberatur. Clavo in muro fixo, ubi adjungere *Saraci* ,, *ni* . . . . *Anno* 788. *Bellum Saracenorum cum Neapolitanis com-* ,, *memoratur sub Duce Theophilo, cùm Saraceni ex Africa Hispaniaque* ,, *littoribus Neapolim maxima Classe advecti, venerunt: atque inde summa* ,, *virtute expulsi sunt à dicto Duce Theophilo.*

ftri unirfi ad effi, per invadere lo Stato della Chiefa, come l'*Autore del-*
la Storia Civile (a) con quefti termini và dicendo : *Li Saracini infultan-*
do fempre più le Provincie , li Napoletani , Salernitani , Amalfitani cerca-
rono al poffibile capitolarfi con effoloro. Ma quefti non confentirono , fe
nonche col patto di dover effi unire le loro armi per invadere il Ducato
Romano , come dice Erchemberto al numero 39. E falfa poi la fentenza
del *Blondo* , il quale vuole, che in quefta occafione i Saracini fi fuffero im-
poffeffati di Napoli , e per trent'anni l'aveffero tenuta , giuftache il *Sum-*
monte (b) lo riferifce, col dire : *Però il Blondo vuole, c'havendo i Sara-*
ceni conquiftato tutta la Marina da Gajeta fino a Reggio; di tanti Luoghi
Napoli ne fuffe ftata da quelli 30. anni poffeduta. E' falfa diffi , peroche,
come altrove additoffi , i Napolitani furono folamente in lega co Saracini:
e per tal caufa davan loro ricetto nel Porto, e li fomminiftravano Viveri,
ed Armi: con accoppiarfeli talvolta nelle Scorrerie che facevano per la
fpiaggia Romana, fecondo quel tanto che *Lodovico II.* Imperadore di Occidente (c) , fcrivendo a *Bafilio* Imperadore di Coftantinopoli , afferiva.

XI. Quindi il Pontefice *Gio: VIII.* (eletto nell' anno 872.) con una
fua zelante Decretale (d) ammonì il Duca *Sergio*, di dover abbandonare
quefta fua amiftanza con i Saracini: minacciandolo, in cafo contrario, di volerlo fottoporre a gli Anatemi, e di farlo affalire dall' Imperadore de Romani . E perche *Sergio* fi fe fordo alle Appoftoliche Ammonizioni, il Pa-

pa

(a) Pietro Giannone lib. 7. cap. 1.
(b) Gianantonio Summonte Tom. I. pag. 432.
(c) Lodovico II. apud Anonimum Salernitanum cap. 22. „ *Poftrema*
„ Neapolitanis nobis in Chrifto Fraternitas tua monuit . . . . Nos ab
„ ejus Civibus, præter folitas functiones nihil exigimus, nifi falutem ip-
„ forum : videlicet, ut deferant contagia perfidorum , & plebem definant
„ infequi Chriftianorum. Nam INFIDELIBUS ARMA, ET ALIMEN-
„ TA, ET CÆTERA TRIBUENTES SUBSIDIA ; PER TOTIUS
„ IMPERIJ NOSTRI LITTORA EOS DVCVNT , & cùm ipfis to-
„ ties Beati Petri Apoftolorum Principis fines furtim depredari conantur:
„ itaut facta videatur Neapolis Panormum, vel Africa. Cumque noftri qui-
„ que Saracenos infequuntur ; ipfi, ut poffint evadere, Neapolim aufugiunt.
„ Quibus non eft neceffarium Panormum repetere, fed Neapolim fugien-
„ tes, ibidem quoufque perviderint, latitantes ; rursùs improvifo ad ex-
„ terminia *redeunt*.
(d) Decretale Joannis VIII. „ *Semel* te, tuofque admonere non abnuo,
„ ut ab Infidelium confortio declinetis , & à tàm prophano tandem fædere
„ recedatis. Quod fi nos audieritis, non folum bona quæ capitis affluen-
„ tius à nobis habebitis; fed & magna præmia cælitus affequemini. Sin
„ autem, non folum nos fpirituali vos iterato gladio percellemus ; fed &
„ hi, qui non fine caufa materiales gladios portant ; cùm fint Sanctæ Ec-
„ clefiæ validi defenfores, & fervidi zelatores; cunctis adverfis & profpe-
„ ris conculcatis, adverfus vos protinùs arma corripient, & vindices con-
„ tra vos Imperatores ejus *preparabunt*.

CAPITOLO TERZO.

Delle Guerre che ebbero i Saracini in queste nostre Regioni con i Greci, con i Longobardi, cogl' Imperadori Latini, e ca' Normanni.

I. COmeche i Saracini da varie parti vennero nelle nostre Regioni, non fu possibile mai sgombrarneli ad un tratto, vincendoli e dissipandoli in una sola Giornata campale; ma vi bisognarono di molte Battaglie per estirparneli affatto. Spezialmente perche essendosi essi per ogni parte annidati, in diversi luoghi ebbero diverse Sedi; come in Bari, in Agropoli, nelle radici del Vesuvio, e nel Gariliano. Laonde per darne a' Leggitori una contezza più accurata, anderemo qui brevemente toccando le Guerre che ebbero appo noi, o con i nostri Greci, o con i Longobardi, o cogl' Imperadori Latini, o co' Normanni, e con altre Nazioni. Riserbandoci favellare nel Capitolo seguente del loro totale discacciamento dalla riva del Gariliano, dove per molti anni si mantenner in armi, e per vincerli abbisognò che si giuntassero le forze di più Prencipi Cristiani.

II. La prima Guerra adunque che i Saracini soffersero nelle nostre Regioni, fu quella che loro mosse *Sergio I.* Duca di Napoli nell' anno 842. allorache furono discacciati dall' Isola di Ponza, dalla Licosa, e dalle vicinanze di Gajeta; ove si portarono dopo avere saccheggiata in buona parte la Città di Roma colle famose Basiliche degli Apostoli *San Pietro e Paolo*; senzache fussero stati valevoli a debellarsi i Soldati dell' Imperador

Lo-

,, equos, & arva, quo erat involutus, à se & Urbe sua expelleret; Guai-
,, marum, Principem, cum omni suo Exercitu validissimo Salernitanorum,
,, Cunsinos quoque, necnon & Capuanos, seu etiam cætera Castra in adju-
,, torium advocavit, & Saracenos ab eodem loco vi repulit. Hoc facto,
,, non multo post, prædictus Præful, (erat enim Dux post expulsum ob-
,, cæcatumque Sergium fratrem suum) à Guaimaro Principe, qui eum ab
,, Agarenorum oppressione eripuerat, liberatus est. Agareni namque in
,, unum sunt coacti, & Garisianum properarunt, & ibi prolixa tempora
,, nimium morantur; & undique Capuam, Beneventum, Salernum, Nea-
,, polim affligebant. Sed Athanasius, ad solitam vergens fallaciam, CUM
,, AGARENIS PACEM INIENS, SALERNITANORUM FINES FOR-
,, TITER AFFLIGEBAT.

IV. Anche i Veneziani diedero un affalto a' Saracini per mare, allorche quefti nell'anno 1002. affediavano la Città di Bari: e l'obbligarono a partire di là, come ricavafi dalla *Cronaca* (*a*) antica di quella Città.

V. I Longobardi poi, perche divifi di forze nel ripartimento della Signoria di Benevento col Principato di Salerno; non poterono far Guerra pofitiva a Saracini; ma affaliti da quelli, fecero ricorfo agl' Imperadori Latini. E però, quefti propriamente ebbero fanguinofi Attacchi con que' Barbari: fpezialmente quando *Sichendolfo* Principe di Salerno, e *Radelchi* Principe di Benevento, per diftrugerfi fcambievolmente, ciafcun di efsi chiamò quelli in fuo ajuto, come fi diffe nel Capitolo 1.

VI. Riguardo poi a Romani Imperadori; oltre la battaglia infelice, che la prima volta fe dare l'Imperadore *Lotario* a quei Infedeli nelle vicinanze di Gaeta, come raguagliofsi nel *Numero 2.*; trè volte *Lodovico II.* figliuolo di *Lotario* di efsi trionfò: due volte di perfona, e la terza per mezzo de fuoi Soldati. La prima fu nell'anno 852. del comun Rifcatto: allorche, ancor giovanetto e Re d'Italia, vi fu mandato dal Genitore per difcacciarli quando vi furono chiamati da *Radelchi* e da *Sichendolfo*, come fopra: ancorche non fi fappia dove propriamente fuffe accaduto quefto Attacco. Dicendo folamente *Gio: Diacono* (*b*), che trionfò di efsi mentre da Puglia fi diftendevano per ogni dove ad infeftare le noftre Regioni.

VII. La feconda fiata fu nell'anno 867., chiamati parimente da Beneventani e Salernitani: allorquando *Ludovico* per quattro anni continui dimorò coll'Imperadrice fua moglie in quefte Regioni: e difcacciando da *Bari* i Saracini, con farvi prigione *Seodam* loro Re; prefe *Canofa*, *Matera*, *Taranto*, ed altre Cittadi, come ricavafi da *Gio: Diacono* (*c*). Ancorche poi

,, comminantem. Unde perterriti; à Cæfario fibi dari pactionem petierunt, ,, quatenùs Naves ad terram fubducerent: acceptaque ferenitate, ad fua ,, repedarent. Hoc è veftigio nunciato Sergio Duci; juffit illud fub jure ,, jurando fieri: pavens nè, navibus allifis, terram caperent. Quo pe ,, racto, & ferenitate reddita, ire cæperunt. Sed Pelagi vaftitatem fulcan ,, tibus, excitavit Dominus Auftrum: quo diffipati atque demerfi, paucif ,, fimi ex eis ad Sedes reverterunt *fuas*.

(a) Cronaca di Bari ad annum 1002. *Hoc anno obfeffa eft Civitas Bari à Saphi Apoftata, atque Caitis; & perfeveravit ipfa obfeffa à menfe Majo ufque ad X. Calend. Octobris: & liberata eft per Petrum Ducem Venetiarum bonæ memoriæ.*

(b) Gio: Diacono in Vita Joannis Aquæroli: *Eodem quoque anno, fupplicatione hujus Sergij, Principumque Longobardorum, direxit Lotharius Imperator filium fuum Lodovicum, bonæ adolefcentiæ juvenem, propter catervas Saracenorum, Apuliæ fub Rege commorantes, & omnium fines depopulantes. Qui adveniens, cælefti comitatus auxilio, de illis Hifmaelitis triumphavit. Et fagaciter ordinata divifione Beneventani & Salernitani Principum, victor reverfus eft.*

(c) Lo fteffo Gio: Diacono in S. Athanafium: ,, *Mortuo Sergio Confule, & Græ* ,, *80·*

zio di tre mesi. Il che propriamente accadde nell'anno 915. secondo il lodato Cardinal *Baronio*.

III.   Questo fu il decantato discacciamento de Saracini dal Garigliano, ed in conseguenza dalla Campagna, e da Terra di Lavoro; ma non già da tutte le Provincie nostrali, e dall'Italia intiera, come il *Blondo* presso del *Summonte* (a) afferisce. Peroche una porzione de medesimi, fuggendo dal Garigliano, si portò su 'l Monte Gargano, secondo *Pietro Giannone* (b), che dice: *I Saracini si disfecero nel Gariglianol'anno 916. secondo Luca Proto-Spata. Da donde fuggiti, si ritirarono in Puglia, e si fortificarono.* Ed essendo poi intorno all'anno 980. *Basilio* Imperadore passato in Italia, vi ricondusse gli altri dall'Isola di Creta, secondo il *Collenuccio* (c) che dice: „ *Doppo molti anni, essendo morto Ottone I. ed occupato Ottone II. nella* „ *Guerra contro a Lotario Re di Francia; Basilio e Costantino, figliuoli di* „ *Giovanni lor Padre, già morto nell'Imperio di Costantinopoli, deliberaro-* „ *no ricuperare le Provincie perdute in Italia, e prima riacquistarono per* „ *forza l'Isola di Creta, che era stata occupata da Saracini. Poi, per non* „ *lasciarsi gli Nimici dietro; condussero gran parte di detti Saracini a loro* „ *stipendij, e con essi vennero in Italia, e presero Bari.* Apportando anche il *Summonte* (d) i travagli che in appresso i Saracini arrecarono alla Puglia ed all' antica Calabria; col dire: „ *Nel tempo di questo nuovo* „ *Principe, la Calabria e la Puglia furono molto travagliate dalle scorrerie* „ *de Saracini, usciti dall' Isola di Sicilia, come si cava dal predetto Libro* „ *del Duca d'Andri: ove si legge, che nell'anno 1003. assediarono Bari,* „ *e l'haverebbero preso, se i Veneziani non l'havessero dato soccorso. E* „ *nel 1004. predaro Montescaggioso, e non molto dopo presero Cosenza;* „ *e nel 1014. s'impadronirono di Cassano, amendue luoghi in Calabria,* „ *come nel predetto Libro del Duca.* Laonde abbiamo nella Lucania e nella Calabria molti Luoghi che da Saracini dipesero, come *Cassel Sora-cino* in Basilicata; la *Saracena* in Calabria, e simili.

IV.   L' ultimo esterminio però de Saracini si deve a Normanni: i quali, oltre l' averli tolta la Sicilia, donde passavano nel nostro Regno, *Raidolfo* Conte di Aversa li discacciò dal Monte Gargano ancora, come il *Summonte* (a) ce ne fà fede, col dire: *Non contento Raidolfo del dominio di Aversa; circa il 1032. passatone in Puglia con buon Esercito, levò a Saracini Siponto con il Monte Gargano. Che perciò poi nella divisione de dominij conquistati con suoi Normanni, gli fu a cagion di honore attribuito quel Titolo.* Laonde, da Normanni in poi più non s'intesero essi appo noi.

V.   Egli è ben vero però, che avendo essi peranche qualche picciolo ricovero nella Sicilia; perche questa era vicina all' Africa, *Federigo II.* volendoli estirpar di là, acciò cogli altri Africani non si porgessero la mano;

no;

(a)   Summonte Tom. I. pag. 432.
(b)   Pietro Giannone lib. 7. cap. 1. par. 1.
(c)   Collenuccio pag. 49.
(d)   Summonte Tom. I. pag. 441.

ballardo di *Federigo* affermar fi debbe . Il quale alla venuta di *Carlo I. di Angiò* , fi fervì anche de Saracini , al foggiungere di *Matteo Spinel-li* (a) .

VII. Divenuto poi *Carlo* Signore affoluto del Regno per la morte di *Man-fredi* , disfatto ed ucciso fotto Benevento ; i Saraceni sbandati in quella baruffa , fi ritirarono nella Città di Lucera . Onde *Carlo* pensò impadro-nirfi anche di quefto Luogo , discacciandoli affatto . Egli vi spedì primie-ramente nell' anno 1267. *Filippo Monforte* fuo Capitano a farne l' Affedio: ma trovatovi una refiftenza più che ordinaria , la tenne bloccata per molto tempo ; fino a tanto che nell' anno 1269. vi andò di perfona l' ifteffo Re *Carlo* , dopo avere disfatto il Re *Corradino* , come cofta da un fuo Diplo-ma (b) conceffo a Frà *Pietro di Nicaftro* , Rettore dell'Ofpedale di San. Gio: Gerofolimitano di Barletta.

Carolus &c. Ex parte Religiofi Viri Fratris Petri de Nicaftro , Prioris Hofpitalis S. Joannis Hierofolymitani in Barulo , fuit Nobis humiliter fupplicatum &c. DATUM IN OBSIDIONE LUCERIÆ , 11. Julii XII. Indictionis .

Bensì , trovandovi egli la fteffa refiftenza , che v' incontrò gli anni paf-fati il fuo Generale , altro non potè ottenere da quei Barbari , che il darli nelle mani la Regina *Sibilla* , moglie del morto *Manfredi* ; e 'l di lui fi-gliuolo *Manfredino* : lasciando loro in pace quella Città , come dice il *Col-lenuccio* (c) colle feguenti parole : ,, *Carlo* Duca di Augiò , e Conte di ,, *Provenza* , primo Re di Napoli di quefto nome , rimafto vincitore , eb-,, be in pochi dì tutto il Reame di Napoli e di Sicilia l' anno 1265. fuor-,, chè *Lucera de Saracini* . Alla quale , effendo andato a Campo , nè po-,, tendo efpugnarla , fattele intorno molte Baftie ben guardate , la lasciò ,, affediata , e non l' ebbe fe non paffata la Guerra di Corradino : ed eb-,, be la poi per accordo , con patto , che li Saracini rimaneffero in effa , e ,, daffero prigioni a Carlo tutti quelli , ch' erano in Lucera d' altra Nazio-,, ne che Saracenefca ; ed appreffo la MOGLIE E FIGLIUOLO DI ,, MANFREDI : il quale carcerato nel Caftel dell' Uovo , ed in quello , ,, divenuto cieco , miferamente morì . Volendo altresì il *Flaccio* (d) , che

il

(a) Lo fteffo loc. cit. *Anno Domini 1264. fub fine Maii refcitum fuit, quod Comes Provinciæ , nomine Carolus (Andegavenfis) Exercitum duceret in Italiam , ad fervitium & honorem Papæ , qui fecerat illum Senatorem Romanum . Tunc Rex Manfredus dejectus eft animo , prævidens fibi ruinam imminentem . Die 18. Octobris equitavit Manfredus cum novem millibus Sa-racenorum Marchiam ; & totum Regnum a fe rebellavit .*

(b) Ex Regiftro Regis Caroli I. de Anno 1269. lit. B. fol. 148.

(c) Collenuccio pag. 110.

(d) Flaccio lib. 8. ,, *Carolus* Romam , & inde Apuliam petit , conti-,, nuavitque Luceriæ obfidionem , paulò ante per Legatos incohatam . Quo ,, tempore Copiæ ex Apulia funt reductæ , duraque & pertinax hinc oppu-,, gnatio , inde refiftentia fuit . Rex potentiffimus omnia adhibuit tormen-,, torum genera . . . . . Quare , ut fuorum parceret fanguini , & cæ-,, di-

sue mani quella Città, e ricuperare quei nobili Prigionieri. Essendo in_ fatti riuscito alli Consoli L. *Papirio Cursore*, e *L. Pablilio Filone* di sotto-metterla, ponendo quei Nobili in libertà, e facendo passare similmente_ sotto del Giogo tutti i Sanniti, che dentro vi erano. Divenne poi questa Città *Colonia* di Romani fin dall'anno 440. di Roma, come si disse nel detto Libro 2. del Tomo II. al *Numero* 21. del Capo 3. Con aver ella in ap-presso goduta la sorte di dare a questa Monarchia l'Imperadore *Vitellio*, che da Lucera colla sua nobil Famiglia *Vitellia* ebbe origine: col di più che ella lunga fu da noi rapportato nel *Libro* 7. del Tomo I. al *Numero* 17. e seguenti del Capo 2. Dove pur si soggiunse la distruzione, che ne fece *Co-stanzo*, Imperadore di Costantinopoli nell'anno 663.

X. Bensì, il torto che li fece l'Imperadore *Federigo II.* in destinarla per *Sede de' Saracini* (dando motivo che fino a' nostri giorni fusse chiama-ta *Lucera de' Saracini*), su un principio di renderla più chiara ne' tempi presenti. (Benche ella fin dal suo principio fu dal proprio splendore chia-mata *Lucera*, giusta la derivazione, che dopo *Pietro Razzano* (a) Vesco-vo di detta Città, ne và mostrando *Ferdinando Ughellio* (b) nella sua Ita-lia Sagra). Peroche l'anzidetto *Federigo*, dandola a' Saracini, li rifece_ quelle Mura, che *Costanzo* Imperadore divastate le avea nell'anno 663. del comun Riscatto: e glie le fortificò in modo, che poterono fare valida re-sistenza al Re *Carlo I.* per due volte che colà portossi, come sopra. E se dobbiamo prestar fede al citato *Ughellio* (c); ella comprendea un ricin-to di cinque miglia di circuito. Tenendo sovra una Collina un Castello assai forte con dentro una antica Rocca, da cui con Ponte si passava in Cit-tà, fabbricatovi da Romani, come sinoggi se ne veggono in piedi le reliquie, con una Lapida, dagli anni corrosa, con queste sole parole intelligibili:

> Aurelio F.
> Lenhoquae
> I Viro q. q. cur
> Vocu El copati
> Coloniae secu
> Siama Benefi
> ta innumera
> us provocatus
> versus vor. Luer
> am NE

V'era eziandio in mezzo la Città un Pozzo molto grande (detto oggidì il

(a) Pietro Razzano de Laudibus Urbis Luceriæ.

(b) Ferdinando Ughellio Ital. Sacr. Tom. VIII. nov. Edit. pag. 313. *Sed & Luceriam denominatam fuisse, quod in APULIA LUCEAT; ob loci, in quo sedet, antiquitatem.*

(c) Lo stesso loc. cit. *Civitas ista adhuc antiquitatem ostentat, & ma-gis ampla est, quam populosa. Siquidem Mænia QUINQUE MILLIA PASSUM ambiunt.*

XIII. Quando poi i Saracini ebbero il permeſſo dal detto Re *Carlo* di poter dimorare in Lucera (come dicemo più sù nel *Numero* 7), in ſegno del ſuo dominio ſè ergervi una belliſſima Torre di Pietre quadrate, che anche oggidì vi ſi vede, colla ſeguente Iſcrizione:

Anno Domini MCCLXXII. die 1. Lunæ
Julij. XIII. Indictionis fecit fundari
Iſtud Opus Karolus Rex Siciliæ
Filius Regis Franciæ.

Si vuol pure, che lo ſteſſo *Carlo*, in mezzo al Caſtello dell' Imperador *Federigo* faceſſe ergere un Tempio in Onore del Glorioſo *San Franceſco di Aſſiſi*.

XIV. La Gloria però di rimettere nell' antico pregio tanto nello ſpirituale quanto nel temporale la Città di Lucera, tocò al Re *Carlo II.*, il quale, con avere diſcacciati da colà i Saracini, mercè il valore di *Gio: Pipino*, come ſi diſſe; la Città anzidetta reſtò vuota di Abitatori, giuſta quel tanto ſi legge nel Regiſtro (*a*) dello ſteſſo Monarca : eſſendone uſciti da ventimila Saracini, al dire di *Ferdinando Ughellio* (*b*). Egli adunque, per dar ſeſto alle coſe; di_vaſtando una grande Meſchita, che quei Barbari aveano fabbricata al loro impoſtore *Maometto*, la convertì in Chieſa Cattedrale, dedicata alla Vergine, col Titolo di SANTA MARIA, con cui anche volle che fuſſe chiamata la Città : la quale di là innanzi fu detta *Lucera di S. Maria*, come lo teſtimonia il medeſimo *Ughellio* (*c*). Egli contuttocciò và errato in volere, che il Re *Carlo II.* ergeſſe da fondamenti quel magnifico Tempio; quandoche coſta dal Regiſtro (*d*) ſopra citato,

---

(*a*) Ex Regiſtro Caroli II. Anno 1300. fol. 211. a tergo : *Joannes Pipinus de Barulo Miles, Magiſter Rationalis Curiæ, deſtinatus ad debellationem Luceriæ : cujus induſtria, coadjuvante divinæ potentiæ dextera, confuſa eſt Saracenorum præcogitata nequitia, conculcata protervia, & IPSIUS TERRÆ DEPOPULATIO SVBSECVTA.*

(*b*) Ughellio loc. cit. *Sed recepta à Carolo II. Rege, ſuper 20. Militibus Saracenis ejectis, Chriſto nomen dare recuſantibus.*

(*c*) Lo ſteſſo loc. cit. *SANCTÆ MARIÆ DE VICTORIÆ Civitatis Nomen invectum eſt. Sed priſtinùm Saracenorum hucuſque prævaluit ... Epiſcopus extra mœnia in veteri Cathedrali pauper, & penè exauctoratus permanſit, donec per Carolum II. Regem, debellatis ad unum Saracenis, recepta, & expugnata Civitate, in eam ſe recepit, ad novam incolendam Cathedralem, quam tunc EX VETERI LAPIDE CAROLUS ÆDIFICAVERAT: ampla nimis, & regiæ magnificentiæ opus; Titulo ab eo impoſito SANCTÆ MARIÆ DE VICTORIA: quo Titulo ſimul decoravit Epiſcopum : adeout in Pontificali Romano nuncuparetur EPISCOPUS SANCTÆ MARIÆ DE VICTORIA: hodie Lucerinus.*

(*d*) Ex Regiſtro Caroli II. anni 1302. die 14. Januarij.

„ trem Stephanum, Episcopum Civitatis ejusdem, tam pro se, quàm pro
„ successoribus *suis* . . .

XVI. Anche a Canonici e Preti di quella Cattedrale egli assegnò le
proprie Rendite. Peroche essendo il Capitolo composto di *Decano*, di *Ar-*
chidiacono, di *Tesoriere*, di *Cantore*, di otto *Canonici*, e di otto *Chie-*
rici, o sieno *Abati*; al Decano ed all' Arcidiacono assegnò quindici onze
d'Oro per ciascheduno ogni anno: al Tesoriere ed al Cantore dodici: a
Canonici ed agli Abati quattro onze per cadauno, da esiggersi dalla Bagliva, e da regj Proventi de Sali. Per la qual cosa *Benedetto XI.* Sommo Pontefice, con una sua Bolla particolare, che incomincia *Sincerum*, colla data de 25. Novembre 1303. racchiusa in Diploma del Re *Ruberto* nell'anno
1331. e rapportata da *Ferdinando Vgbellio* (*a*), donò al medesimo Monarca il
Privilegio di nominare il *Decano,* l'*Arcidiacono,* il *Tesoriere,* e'l *Cantore,* colla
metà degli altri Canonici e Prebendati. Come pur volle, che l'Elezione di
quel Vescovo (quale in quei tempi faceasi dal Capitolo) confirmar si dovesse dal Re, e da suoi Successori.

Vt ex hoc tu, & successores prædicti magis teneamini dictæ Ecclesiæ, ejusque
„ Ministris regium favorem impendere; temporibus opportunis PRÆSENTAN-
„ DI PERSONAS IDONEAS EIDEM EPISCOPO AD DECANATUM,
„ ARCHIDIACONATUM, THESAURATUM, ET CANTORATUM,
„ AC CONFERENDI VICE APOSTOLICA MEDIETATEM PRÆ-
„ BENDARUM EJUSDEM ECCLESIÆ cùm vacaverint, Personis si-
„ militer ad eas obtinendas idoneis, Constitutionibus quibuscumque contra-
„ riis nequaquam obstantibus, tibi & successoribus tuis in perpetuum au-
„ toritate Apostolica concedimus . . . . *Quodque* quoties Electionem
„ Episcopi Sanctæ Mariæ per ipsum Capitulum contigerit vacationis in-
„ currente tempore celebrari, teneatur ipsum Capitulum, priusquam ejus-
„ dem Electionis confirmatio postuletur, TUUM ET EORUNDEM SUC-
„ CESSORUM TUORUM ASSENSUM REQUIRERE; nec possit ea-
„ dem Electio, nisi prius hujusmodi Assensus requisitus fuerit, confirma-
„ ri . . . . Datum Laterani 6. Calendas Decembris Pontificatus no-
„ stri *anno* 1.

XVII. Acciò poi si rendesse più popolata la Città; oltre all' esservisi
fondati nove Conventi di Frati con due di Monache, tre Parocchie, ed
un Ospedale; ed oltra di esservisi situato il Regio Tribunale della Provincia di Capitanata; furono concessi molti Privilegj a tutte le Persone che
gissero ad albergare colà da qualunque luogo: e spezialmente fu loro data quella stessa Franchizia, che *Federigo II.* avea conceduta a Saracini circa la coltura de' Terreni, come si disse sopra nel *Numero* 12.; ampliandola
sino a dichiarare tutti que' Terreni franchi a lor benefizio: però con una
certa graduazione trà Conti, Baroni, Militi, Dottori, Giudici, Nobili, e
Popolari, nel modo che si legge in molti Privilegj, che si conservano nel
pubblico Archivio della detta Città (*b*): uno de quali è del tenore seguente:

Item

(a) Ferdinando Ughellio loc. cit. pag. 324.
(b) Ex Concessione Regis Caroli II. die 10. Januarij 1302. ut in
Archivio Civit. Luceriæ à fol. 84. à tergo ad fol. 89.

Spazio di sei mesi non burano ripatriarsi, & restano esclusi da loro dritti.) Dandosi a cadauno i Terreni in tante salme, (ogni salma di dieci moggia in circa:) giusta la graduazione prescritta da sovradetti Monarchi. E nel caso di qualche proclamo di Cittadini malcontenti, la Maestà del Principe suole delegarvi qualche suo principal Ministro, per farne a dovere la divisione, come più volte ne sono successi i casi.

XX. Una tale importante distribuzione di Terreni, fu, come si disse, introdotta dal Re Carlo II. di Angiò, ed indi successivamente ratificata dagli altri Monarchi del nostro Regno. Peroche il lodato Carlo II., con suo special Diploma sotto il dì 22. Agosto 1301., eresse in regio Demanio quella Città, assegnandole un vastissimo Territorio, con ordine, che si fusse distribuito a coloro, che si fossero ivi portati a far Domicilio. A quali concedè eziandio per dieci anni continui le Franchigie, ed Immunità da qualunque Dazio, Colletta, e Funzione Fiscale. Ciocche poi confermò nell'anno veguente 1302. a 10. Gennajo: ordinando la distribuzione e compartimento de' Termini, come sopra; e soggiungendo, che ciascuno di que' nuovi Cittadini avesse colà Casa franca, proporzionata ad abitarvi colla sua Famiglia: In primis, quod quilibet habitator dictæ Civitatis Sanctæ Mariæ, qui observaverit, & observare promiserint infrascripta; HABEAT IN CIVITATE IPSA DOMUM PRO SE, ET PRO SUA FAMILIA COMPETENTEM, attenta Familiæ, & condictionibus singulorum. Il Re Ruberto poi confermò lo stesso sotto il dì 4. Luglio 1337. come pur fece, pria da se sola la Reina Giovanna I. il dì 7. Agosto 1345.; e poi unassieme col Re Lodovico suo Sposo il dì 4. Gennajo 1353., giusta la formola trascrittane più sù nel Numero 18. Poi il Re Ladislao, a 14. Novembre 1403. con altro suo Diploma ordinò a Deputati di Lucera, che a tenore delle mentovate Decretazioni del Re Carlo II., del Re Ruberto, e del Re Lodovico colla Reina Giovanna, compartissero agli Abitatori di Lucera i Terreni che colà venissero a vacare per morte o assenza de' Possessori.

XXI. Anche la Reina Giovanna II., con suo regal Diploma, sotto i dì 27. Gennajo 1421. (Il che fece pure il Re Rinato a 15. Ottobre 1438.) ebbe per rato e fermo tutto ciò che i suoi Predecessori avean concesso a quella Città riguardo al regio Demanio, e divise tra que' Cittadini, franc e libero da qualsivoglia peso, pagamento, o altra risposta, che fusse. ,, Et ad majoris cautelæ suffragium, jam dictam divisionem ipsorum Territoriorum dictæ Civitatis Luceriæ, ejusque pertinentiarum & districtus, ,, per dictos Commissarios, nostri parte, factas husque in totum, vel in ,, partem, ac faciendas in antea quomodocumque, & qualitercumque eisdem ,, Civibus, & hominibus præfatæ Civitatis Luceriæ, eorumque hæredibus, ,, & successoribus, ejusdem nostri Privilegij tenore, ac de ipsa scientia certa ,, nostra, ac motu proprio, confirmamus, & ratificamus, acceptamus, ,, & approbamus, nostræque confirmationis, ratificationis, acceptationis, & ,, approbationis munimine roboramus, ad habendum quidem pro dictis Ci- ,, ves, eorumque hæredes & successores dicta Territoria, tenendum, pos- ,, sidendum, locandum, dislocandum, illisque dominandum, ac utifruen- ,, dum SINE SOLUTIONE JURIS TERRAGIORUM PRÆDICTO- ,, RUM, ac eo modo & forma, quibus ipsi & eorum prædecessores ,, tenus dicta Territoria tenuerunt, & possiderunt, ac illis usi, & gavisi

,, sui-

cera fu arricchità da' Sereniſſimi Monarchi; coll'andare degli anni molte, Perſone di riguardo ſi portarono a far domicilio colà, ed a farſi aſcrivere a quella Nobiltà: la quale oggidì è fioritiſſima, e non poco riluce in Puglia (anche per i Perſonaggi celebri in lettere; de quali ſono uſciti in varj tempi oltre i Miniſtri, eziandio degli Avvocati di ſtima; come tra gli molti è in oggi il Signor D. *Giuſeppe Lecce* mio amico). Non avendo iſdegnato gli anni addietro due principaliſſime Famiglie del noſtro Regno, e coſpicue nell'Italia, di farſi annoverare tra l'altre Patrizie di Lucera (ove per altro fin dal tempo di *Alfonſo di Aragona* erano aſcritti i di loro Maggiori, come poco innanzi ſoggiungeremo). Una delle quali è la Famiglia SPINELLI de Prencipi di San Giorgio; e l'altra la CARACCIOLO di due diſcendenze, cioè, quella di Buccino de Duchi di Martina, e della famoſa Caſa di Borgenza, Cavezza de Caraccioli *Piſquiti*; e l'altra di *Don Nicolò Caracciolo*, germano dell'odierno Principe di Avellino, della Cavezza de Caraccioli *Roſſi*. Cheperò noi, per fare ſempre più rilucere i pregi di queſta antica Città, ridurremo in due Claſſi le di lei primarie Famiglie Patrizie: In quelle che vi viſſero con iſplendore, e poi ſi eſtinſero; e nell'altre che di preſenti colà ſoggiornano, o vi ſono aſcritte. Senza andar qui rammentando quei nobili Perſonaggi che nell'anno 1442. vi erano, allora quando il Re *Alfonſo di Aragona* fece di quella Città l'aſſedio; e che ſi veggono deſcritti nella Capitolazione, che ſi fece con quel Monarca; come furono *Franceſco e Gio: di Sanſeverino* fratelli: *Antonello di Sanſeverino*, figlio di *Franceſco*: *Gatto della Gatta*; *Urſillo Caraffa* (tutti Nobili di Seggio di Nido, e Patrizj di Lucera): *Nicolò Falcone*, Barone di Viſceglieto e di Palmori grande: *Gitolamo Spinelli* (pur Nobile di Nido), e *Donato Santo Maſſimo*, ambedue Signori delle Gabelle di Lucera. *Giacomo Corrado*, Barone di Montelongo; *Marco de Attendolis Cotognola*, e *Feſchino de Attendolis* con i loro figli: *Antonello Brancaccio*, Militi Lucerini; Frà *Nicolò Tomaſſino*, Rettore di S. Antonio; Frà *Andrea della Candida*, Priore della Religione di S. Gio: in Barletta: come pure *Pietro, Franceſco*, e *Floridaſſo Seripanno*, eredi de Feudi e degli Averi del nobile *Petruccio Corrado* di Lucera, dicaduto della grazia del cennato Re *Alfonſo*.

XXV. Si tralaſciano parimente que' Militi che erano in Lucera in tempo del Re *Ferdinando I. di Aragona*, e di *Alfonſo* di lui padre, de quali, o ſono eſtinte le Famiglie, ove ne ſono i rampolli: come a dire Meſſer *Giudice Jacobuzzo*, Meſſer *Gorono Spinello*, Meſſer *Galiotto Caraffa*, Meſſer *Luiſe Seripanno*, Meſſer *Carlo di Nicaſtro* di Manfredonia, Meſſer *Angelo de Battola*, Meſſer *Jacobbo Medila*, Meſſer *Antonello Sanſeverino*, *Nicolo de Auria*, *Menelao de Mobilia*, *Bartolomeo Corrado*, *Falcone di San Martino*, *Puteo Fórmica*, *Giovanni de Mobilia*, *Agoſtino di Scaſſa*, *Ramundo da Battola*, *Franceſco de Iſaja*, *Troilo Caracciolo*, *Bartolomeo di Scaſſa*, *Antonio de Maſe*, *Nicolò de Candida*, *Jaſone della Beſtia*, ovvero Baſtia; *Bartolomeo de Toraldo*, *Colantonio e Lillo di Strangia*, *Gabriele di Matteo de Corrado*, *Marco Spinello*. *Coluccio Pinto*, *Loiſe Lopes*, *Pietro d'Oyra*, *Petruccio Pomentaro*, *Jacobbo del Seſto*; ed altri, che ſtanziarono in Lucera in tempo de Monarchi anzidetti di Aragona, e che laſciarono de Diſcendenti.

XXVI. E per quanto ſi appartiene alle Famiglie Nobili eſtinte di detta Città, le quali o col nome di *Patrizj* o di *Militari* ſi ritrovano regiſtrate ne Quinternioni, ove ſi notano coloro che vi hanno i Terreni (giuſta la proprietà delle loro perſone, ed a tenore dell'aſſegnamento

ponendosi corrose le due prime Lettere C O, e volendo dinotare ∞, che ne secoli di mezzo rappresentava il Millesimo. Questa Famiglia faceva anticamente sua dimora in Barletta: ed era padrona de Feudi di Binetto, del Casale di Ceglie, della Città di Viesti, di Firenzola, e di molti altri Luoghi. Ma perche quivi venne in contesa colla Famiglia della Marra, e soll'armi totalmente la distrusse, a riserva di un fanciullo, di nome Eligio, miracolosamente salvatosi; le Reine Gio: I. e II. la spogliarono di tutti i feudi, e la dispersero per il Regno: alcuni andando in Messina, altri in Rossano, chi in Giovinazzo, chi in Trani; ed il Ceppo maggiore in Manfredonia, onde poi passò in Lucera. Ove, portatosi il Re Alfonso I. di Aragona, per toglierla a Renato di Angiò, che occupata l'avea; Giovannello di Nicastro, che era colà dentro, cooperò in modo con quei Cittadini, che li fece ritornare alla dovuta ubbidienza del Re Aragonese. Laonde quel Monarca, in atto di gratitudine, lo reintegrò nell'Alboraggio di Manfredonia, nel Passo di Candelaro, ed in tutti gli altri beni burgenfatici e feudali, che erano esistenti, a riserva de Feudi, investiti dalla Reina Giovanna alla Famiglia della Marra. Avendo ancora posseduto in Manfredonia li Salini, la Dogana, la Portolania, li Pantani, e l'Uffizio di Secreto della medesima Città, con altri molti feudi nella Montagna dell'Angelo: e s'ammirano oggi colà in diversi Palazzi l'Armi Gentilizie di questa Famiglia. Veggendosi in un loro nobilissimo Palagio in Giovenazzo l'Impresa suzidetta inquartata a quella de Capeci Zurlo, ed in un altro Quarte l'Insegne Aragonesi: Passata indi in Lucera, vi ha maisempre vissuto con sommo splendore, come pure oggidì vi si mantiene da D. Francesco Paolo Nicastro, Marchese di Villabianca. Trovandosi quasi in ogni Chiesa di Lucera un Monumento, che fa onorata testimonianza di questa Famiglia. La quale ha vantato, e vanta come ereditarie le Insegne di varj Ordini in più Cavalieri; i Bastoni di Comando in diversi Capitani; ed ha la gloria di essersi in Puglia, in Napoli, ed altrove avvinta con ligami di parentela a tante Famiglie illustri, come sono la Lombarda de Conti di Gambatesa, la Gentile, l'Antinori, l'Insula, la Marulli, la Longo de Marchesi di Vinchiaturo, la Boccapianola, la Gisulfo, l'Arcamone in Napoli, la Caracciola, la Pignatelli, la Macedonia, la Marra, la Capece Galeota, la Zurla, l'Afflitta, la Torres, colla Famiglia di Borgenza, oggi de Duchi di Martina, e Conti di Boccino, coll'Orsini, ed altre somiglievoli. Peroche, quando il Re Alfonso si rese padrone di Manfredonia, mercè il maneggio di Giovannello Nicastro, dichiarò quelli Nobile di Seggio Capoano. Trovandosi pure nella Storia antica, che fin da tempi di Papa Urbano II. (il quale visse nell'anno 1088.) il Cardinale Ottone di Nicastro, Vescovo d'Ostia, era Ministro del Re di Francia presso la S. Sede. E' parimente fatto incontrastabile, che Ferrante Gonzaga, Duca di Mantova, e Generale dell'Imperadore Carlo V. in questo Regno, volendo contrarre Sponsali con Isabella di Capoa, figliuola di Ferrante Duca di Termoli, e Principe di Molfetta; inviò Giovanni Nicastro, nipote del primo suo confidente, da Cesare, per ottenerne il permesso. Onde poi li donò il suo Palazzo, e la Gabella dello Scannaggio nella Città di Giovinazzo, il Feudo di Girone, e la Mastrodattia di Molfetta. Tenendo oggi lite col Seggio Capoano, di essere reintegrato alla Nobilà del medesimo ove era anticamente ascritta, imparentata anche colla Michele di Venezia.

PAGANO. Ancorche la Famiglia Pagano de Duchi di Terranova sia mancata in Lucera, come dicemmo nell'antecedente Numero; pure inoggi vi esiste

gente, di Prefidente del Sagro Regio Configlio, e di Delegato della Regal Giurifdizione). Avendo avuto molti Cavalieri di Malta.

SCASSA . Fin da tempi degli Aragonefi fi ritrova queft' antica Famiglia *Scaffa* in Lucera : effendovi ftati nell'anno 1545. *Giamaria* e *Cefare Scaffa*, ftrenui Militi nella Compagnia di *D. Camillo Colonna* : facendo di lei teftimonianza una Cappella Gentilizia, ed un fuperbiffimo Avello nella Chiefa Cattedrale di detta Città . Sono ftati ancora fpecchiati e celebri i parentati di quefta Famiglia colli Pagani de Duchi di Terranova , colla Lombardo de Conti di Gambatefa , colla Pofta de Duchi di Civitella , e di Grotta Minarda , colla Mobilia , colla Candida , colla Famiglia del Vecchio colla Tontoli di Manfredonia , e con altre fomiglievoli . Vien ella ugualmente rapprefentata dal Configliero di Santa Chiara *D. Onofrio Scaffa* (Miniftro per dottrina , per maneggio , e per fapere molto lodato) ; e da fuoi nipoti *D. Francefcantonio* e *D. Giufeppe Scaffa*, che trovanfi fotto l'educazione di *D. Terefa Pappalettere* , Dama principale di Barletta di loro madre.

SCOPPA . Quefta Famiglia , Patrizia di Lucera , nell'anno 1545. era molto ricca di beni di fortuna : avendo perciò contratta parentela con molte Famiglie Napoletane , colla Monaco Caraffa , coll'Auria , colla Moccia di Portanova , colla Petraffo Spagnuola , colla Cito , e con altre ; come pure colla Scaffa , colla Secondo , colla GIORDANO (ancor quefta nobil Famiglia Lucerina di cui è *D. Giufeppe Giordano* , marito di *D. Anna Siliceo* , e *D. Elia* fratello , conforte di *D. Giulia Muzzogrugno* , e *D. Francefco Giordano* , fpofo di *D. Aurelia di Canio* della Città di Trani : arricchita di nobile Avello nella Chiefa de PP. Conventuali) e con fomiglievoli Lucerine . Rapprefentata oggidì da *D. Giacinto Scoppa* , e da altri fratelli . Avendo il fuo Avello nella Chiefa di S Francefco.

SEVERINO . Famiglia antica Lucerina , cofpicua per qualità di Feudi e per nobiltà di Sangue . E febbene gli anni paffati ella fi eftinfe colà in perfona di *D. Pietro Severino* ; pure efifte in Napoli nella perfona di *D. Domenico Severino Longo* , Marchefe di Gagliati , e Cavaliere di Seggio di Porto : che preggiafi conofcere dall'antica Roma propriamente fua orgine , giufta gli antichi Monumenti , che in fua Cafa egli ne conferva.

SILICEO . Famiglia Spagnuola , pria allignata in Troja , ed indi in Lucera : ove viene oggidì rapprefentata dai figli di *D. Antonio Siliceo* , e di *D. Caterina Quarto* de Duchi di Belgiojofo . Conta ella de nobili parentati colle Famiglie Mobilia , Arrieta , Scaffa , Giordana , Campana , Boccapianola di Bari colla Storrente di Gaeta , e con molte altre.

STRANGIA . Quefta Famiglia è antichiffima nella Città di Lucera , effendovi ftato *Salvatore Strangia* fin da tempi de Re Aragonefi : e viene oggidì rapprefentata da *D. Giacinto Strangia* , imparentato colla Famiglia Scaffa , colla Framarino , ed altre.

TORRES Quefta nobile Famiglia , Spagnuola di origine (e perciò molto rinomata nella Storia di Spagna e per nobiltà di fangue , e per bravura militare , e per multiplicità di Feudi , come pure per i ragguardevoli parentati , e regj impieghi) non è molto che paffò in Lucera da Napoli con *D. Tommafo de Torres* , Marchefe del Sagro Romano Impero , figlio del Marchefe *D Nicola Torres* , e di *D. Camilla Gatta* , nobile di Seggio di Nido . Il quale andato colà con titolo di Prefide della Provincia , vi fposò *D. Prudenzia de Nicaftro* ancor vivente : da cui ebbe due figliuoli , *D. Antonio* , e *D. Nicola Torres* . Si
è di-

anzidette Provincie. Terzo, *di Ruberto Guiscardo, e sue Gesta. Quarto, di Boemondo, di Ruggiero, di Tancredi, ed altri Figli, e Nipoti del Guiscardo. Quinto, del Conte Ruggiero, fratello di Ruberto Guiscardo; e del Re Ruggiero suo figliuolo. Sesto, della loro Polizia, Contee, e Famiglie.*

CAPITOLO PRIMO.

Dell'origine, e venuta de Normanni in queste nostre Regioni.

I. Siccome tutte le altre barbare Nazioni, che ingombrarono l'Italia (a riserba de Saracini) dalle parti Settentrionali conobbero loro Origine; così pure i Normanni, venuti dall'Isole di *Scandia* nel Mare del *Nort*: onde *Nortmanni* furono anche detti, secondo l'Autore della *Cronaca Cassinese* (a): e però questa voce *Normanna* vale lo stesso, che *Uomo Boreale*, al dire di *Guglielmo Gimmaticense* (b). E comeche questi Popoli, prìache capitassero appo noi, erano già approdati in Francia; diedero perciò il nome di *Normannia* a quella Regione, in cui si fermarono, e donde quivi pervennero; giusta il rapporto di *Gaufrido Malaterra* (c), e della sovradetta *Cronaca Cassinese*.

II. Ciò supposto; non entriamo nella disputa di *Pietro Giannone* col *Padre Paoli* intorno al tempo in cui i Normanni giunsero in Francia. Volendo il primo, che fusse stato sotto *Carlo Crasso*, il quale diede la sua figlia *Gilsa* al Duca *Rollone* Normanno per Isposa: e sostenendo l'altro, che fusse stato in tempo di *Carlo Calvo*. Il *Giannone* però, a mio credere, di discorrere con fondamento più proprio: e perciò nella sua arguta Risposta al *P. Paoli*, stabilì assai bene la propria opinione, difesa anche da *Andrea Du-Chesne* nel Libro secondo de Scrittori, che trattarono la Storia de Nor-

---

(a) *Cronaca Cassinese* lib 3. cap. 21. „ *Normanni*, vel pleniore scriptura, NORTMANNI, a NORT, quod est SEPTENTRIO, & MANU, VIR: qua *Septentrionibus Viri*: Hæc enim Gens ex Insula Scandiana, sive ex Norvergia, & Svetia exiens, in Galliam irrupit; eamque Regni partem occupavit, quæ Neustria, vel potius Vvestria dicitur, quasi Regnum Occidentale: aut Na-Austria, hoc est, Post-Austriam. Na enim est Post, & quæ ab ipsis vocata est Normannia continens quicquid à Parisiis, & Aurelianis interjacet inter Ligerim, & Sequanam.

(b) *Guglielmo Gimmaticense* lib. 2 Histor. Normann. cap. 4. *Normanni dicuntur, qui Lingua eorum Boreas NORTH vocatur. Homo vero MAN. Boreales per denominationem nuncupantur.*

(c) *Gaufrido Malaterra* lib. 1. cap. 1. Histor. Sicul. „ *Normannia, Patria quædam est in partibus Galliæ, quæ quidem non semper Normannia dicta fuit, sed generali nomine Francia nuncupabatur, usquequo Rholo Dux, fortissimus Pirata, à Dacia, vel Norvegia, coadunata sibi plurima fortium manu militum, navali Exercitu se pelago credentium; in Porto, quo Sequana Fluvius in mare defluens intrat, appulsus est ...* „ *Ex nomine itaque suo Terræ nomen indiderunt.*

In guisa tale che nè furono di Sangue regale , come vogliono gli Autori della prima sentenza ; nè di Sangue tanto vile , come li descrivono i Padroni della seconda opinione . (Riserbandoci per il Capo terzo a dimostrare donde in *Ruberto* avesse origine il cognome di GUISCARDO) . Furono dunque Nobili de primi del lor Paese , come pur li chiama l' Autore della Cronaca di *San Bartolomeo di Carpineto* (*a*) del nostro Ordine Cisterciense , che scrisse intorno all'anno 1190. sotto *Celestino* Papa III.

V. Ed acciocche non apparisca contradizione tra questi due rapportati Scrittori (volendo il *Malaterra* , che *Tancredi* avesse cinque figliuoli ; ed affermando il nostro Cronista , che ne ebbe sette) , è da riflettere , che *Gaufrido* discorre della prima moglie per nome *Moriella* : allorche *Esandro* glie ne dà successivamente più di una. Anziche il *Malaterra* , dopo avere descritti i primi cinque figli di *Tancredi* , che furono , *Guglielmo Braccio di ferro* , *Drogone* , *Onfrido* , *Gaufrido* , e *Sorbone* ; soggiunge , ch'egli passò a seconde nozze con *Fransendi* : da cui ebbe altri sette figliuoli , che furono *Ruberto Guiscardo* , *Malgerio* , *Guglielmo* , *Alverada* , *Omberto* , *Tancredi* , e *Ruggiero* . De quali in primo luogo vennero appo noi *Guglielmo Braccio di ferro* , *Drogone* , ed *Onfrido*. Indi , alla fama de loro progressi , vi capitò *Ruberto Guiscardo*. Ed in ultimo luogo vi venne *Ruggiero* , che poi fu Conte di Sicilia , e Padre del Re *Ruggiero* , come soggiunge l' Autore anzidetto (*b*) .

VI. Intorno poi al *Tempo* , ed al *Motivo* per cui i Normanni si portarono nelle Regioni nostrali ; varie sono le sentenze degli Autori. Il *Collenuccio* (*c*) fin dall'anno 900. vuole *Tancredi* con suoi figli in Italia , dicendo : *Tancredi adunque era passato in Italia intorno agli anni di Cristo 900. con questi dodici figliuoli sotto varj stipendj nell' esercizio degli Armi.* Per contrario *Lione Ostiense* (*d*) (seguito dal *Summonte* (*e*) , e dal

Gian-

& genere splendidam mulierem , nomine MORIELLAM : ex qua , legali successione annorum , quinque filios , postea futuros Comites , suscepit .

(a) Esandro Monaco in Cronicon S. Bartholomæi de Carpineto apud Ughellium Tom. X. nov. Edit. pag. 398. „ *Inter quos fuere duo nobiles* „ *viri , Vnfredus , & Drogo , cæteris prælati Comitibus , fratres Roberti* „ *Guiscardi fortissimi Ducis , filii Tancredi de Altavilla , Vice Provinciæ* „ *Normanniæ. Octo enim fratres , uno genitore , diversis matribus propa-* „ *gati , inter reliquos Normannos , qui Regnum istud occuparunt , locum* „ *tenuerunt .*

(b) Malaterra loc. cit. „ *Primi filii Tancredi , Guilielmus , & Drogo ,* „ *& Humfridus , à Normannia digredientes , Apuliam venerunt . . . .* „ *Juniores verò fratres , quos ætas adhuc domi immorari cogebat ; præce-* „ *dentes Seniores , apud Apuliam fortiter agendo , altioris culmen honoris,* „ *& dominationis ascendisse , fama referente , cognoscentes ; quam citò per-* „ *misit , ipsi quoque subsecuti : duobus tantum in Patria relictis , ne hære-* „ *ditas , vel competens stirps alienaretur .*

(c) Collenuccio pag. 53.
(d) Lione Ostiense lib. 2. cap. 37.
(e) Gianantonio Summonte Tom. I. pag. 444.

Greci in Puglia con troppo feverità , difcacciarono (tra gli altri) da
Bari *Melo* , e *Dato* , primarj Cavalieri di quella Città . I quali , efuli dalla
loro Patria , non lafciarono di fare le pratiche più fine contro di quelli
or preffo gl' Imperadori Latini , ora appo i Prencipi di Capoa , ed ora con
altri Potentati d' Italia . E perche in quei tempi era affai frequente la
Peregrinazione de Luoghi Santi ; pervennero da Paleftina ful Gargano alcuni
Normanni , in tempo che ivi ritrovavafi *Melo* : che , agitato da mefti pen-
fieri , paffeggiava innanzi l' Atrio di quel Santuario . E vedendolo i Normanni veftito alla Greca , di buon afpetto ; e di portatura maeftofa , di-
mandarono chi fuffe ? ed avutane la contezza , fi ftrinfero in amicizia con
effolui . Allora *Melo* , aprendo loro i fegreti del fuo cuore , li fe noti tutti i
torti , che i Greci fatti gli aveano ; e nell'atto di ragionamento gli animò a
fare prefto ritorno ne loro Paefi , per poi ripaffare in Puglia con maggior
numero di Compagni : poiche egli , efibendoli l' opra fua , l' avrebbe fatti
divenir Padroni di quella fertile ed amena Regione . I Normanni , veduta l'abbondanza del Paefe , e conofciuta la proprietà degli Abitatori , che
lo poffedeano ; promifero a *Melo* , che folleciti fi farebbero portati in
Normannia , per far ritorno quanto prima in numero competente : come
in fatti fecero nell' anno 1016. Conciossiache , avendo defcritto al vivo a
loro Compaefani le qualità di quella Regione ; animarono molti a portarvi-
fi , per farne acquifto . E quindi , avutone il permeffo da *Riccardo II.*
Duca di Normannia ; una grande moltitudine di quella Gente pervenne in
Puglia : andando loro incontro lo fteffo *Melo* fino a Capoa , e provedendoli
di Armi , di Cavalli , e d'ogn'altro bifognevole , per accingerfi all'Imprefa : avendo effi dovuto paffare alla sfilata e fenz'armi per tante ftraniere
Regioni , che li bifognò attraverfare . Ed ecco la venuta de Normanni in
Italia per la conquifta di Puglia a'confolti di *Melo* nell' anno 1016.

VIII. Lo fteffo abbiamo da *Guglielmo Pugliefe* , il quale nell'anno 1088.
ad iftanza di Papa *Urbano II.* , compofe in verfi la Storia ed i Succeffi de
Normanni in quefte Regioni . E defcrivendone la Venuta nel Libro primo,
(fenza mentovar Salerno , *Guaimaro* , o altri) dice cosi ;

> *Horam nonnulli Gargani culmina Montis*
> *Confcendere : tibi Michaël Archangele voti*
> *Debita folventes. Ibi quendam confpicientes*
> *More virum Græco veßitum nomine Mellum :*
> *Exulis ignotam veftem , capiteque ligato*
> *Infolitos mithra mirantur adeße rotatus.*
> *Hunc diu confpiciunt , quis fit , & unde , requirunt.*
> *Se Longobardum natu civemque fuiffe*
> *Ingenuum Bari , patriis , refpondit , & effe*
> *Finibus extorrem , Graca feritate coactum .*
> *Exilio cujus , dùm Galli compaterentur ;*
> *Quàm facilè reditum , fi vos velletis , haberem ,*
> *Nos aliquot veftra de Gente juvantibus , inquit !*
> *Teftabatur enim , citò Græcos effe fugandos ,*
> *Auxiliis horum facili comitante labore .*
> *Illi donandum , patriæ munimine Gentis ,*
> *Hæc celeri fponeant , ubi forti redire licebit.*

Ad

II. Partito *Melo* per Germania, i Normanni che fovraviffero in quell'ultima Battaglia, fi ritirarono verfo Capoa, come fi diffe: fervendo, or ad uno, or ad un altro Principe nel meftiero dell'Armi. E perche *Pandolfo Sant'Agata*, Principe di Capoa, nell'anno 1025. tolfe a *Sergio III.* la Città di Napoli; quefti, coll'ajuto de detti Normanni, ricuperò la fua Signoria: e poi a difpetto del Principe di Capoa, apparentatofi con *Raidolfo*, Duce Normanno, li diede Sant'Arpino per abitazione. Dove fabbricarono la Città di Averfa: in cui fervirono di antemurale a Napoli, in cafoche i Capoani la voleffero attaccar di nuovo, come dicono *Lione Oftienfe* (a) e *Guglielmo Pugliefe* (b), che ne decanta l'abbondanza ne' fuoi Verfi.

III. Avuto quefto ricovero i Normanni; chiamarono altra Gente da Normannia, che vi venne ben volentieri. Ed allora fu, che capitarono in quefte parti *Guglielmo*, *Drogone*, e *Onfredo*, figli di *Tancredi*, e fratello di *Ruberto Guifcardo*, con altri trecento Normanni. Sicche quefti non vi vennero la prima volta, ma la feconda, quando *Raidolfo* Conte di Averfa, e loro primario Condottiere, a conforti di *Guaimaro*, Principe di Salerno, li fe paffare in Sicilia a militare fotto *Maniaco*, Generale dell'Imperadore di Oriente, che voleva di là difcacciare i Saracini, come foggiunge l'*Oftienfe* (c).

IV. Terminata la Guerra di Sicilia, ritornarono i Normanni in Averfa carichi di glorie e di prede. In quella Efpedizione avea anche milita-

juxtà Fortorium fluvium æquali eventu; fecundò cum Tervitio, Catapano Græcorum, pugnantes, vicerunt. Sequenti anno cum Bafilio Catapano, miffo ab Imperatoribus Bafilio & Conftantino pugnantes, victi funt ad Aufidum juxtà Cannas.

(a) Lione Oftienfe lib. 2. cap. 59. ,, *Deinde* Sergius, recuperata Neapoli, Rainulphum, ftrenuum virum, affinitate fibi conjunxit: & Averfæ illum Comitem faciens; cùm Sociis Normannis, ab odium, & infectationem Principis, manere conftituit. Tunc primum Averfa cœpta eft *babitari*.

(b) Guglielmo Pugliefe lib. 1. Hiftor. Normann.
Poft annos aliquot Gallorum Exercitus Urbem
Condidit Averfam, Ranulpbo Confule: tutus
Hic opibus plenus locus, plenus eft, & amœnus,
Non fata, non fructus, non prata, arbuftaque defunt,
Nullus in Orbe locus jucundior: bunc generofi
Confulis elegit prudentia præmemorati.

(c) Lione Oftienfe lib. 2. cap. 87. ,, *Per idem tempus Maniacus Dux ab Imperatore Conftantinopolitano cùm Exercitu ad debellandos Saracenos in Siciliam tranfmiffus; cùm Apuliæ, atque Calabriæ milites afcivilfet, ad Guaimarium quoque Legatos direxit, ut Normannorum illi fuffragium mitteret. Qui ejus precibus annuens, GULIELMUM, DROGONEM, UMFRIDUM, TANCREDI FILIOS, QUI NOVITER A NORMANDIA VENERUNT, cùm trecentis aliis Normannis illi in auxilium mifit.*

co, che andò ad intimarli o la partenza da Italia, o la Battaglia; tosto lo privò di vita.

VI. Diede nelle furie l'Imperadore in Coftantinopoli all'avifo di quefta confiderabile perdita; ed avanzò a *Ducliano* altre maggiori Truppe. Ma i Normanni che ebbero l'avifo preventivo di quefta feconda Spedizione, fcelfero *Atenolfo*, fratello del Principe di Benevento e di Capea, per loro Generale, ad oggetto di renderfi con tal Capo benaffetti i Popoli di Puglia. Laonde, venuti la feconda volta alle mani, furono parimente i Greci vinti e disfatti: con efferfene annegati buona parte nel Fiume Ofanto, che fi gonfiò nell'atto, che fi dava la Battaglia, come foggiunge l'Autor fovradetto (*a*).

VII. Quefta nuova fconfitta affliffe affaipiù della prima l'Imperadore di Coftantinopoli: e giudicando, che la poca buona condotta di *Ducliano* aveffe cagionata quefta perdita a' Greci; fu mandato in Italia un altro Capitano, detto *Exauguflo*, con Efercito più copiofo, e con una banda di Saracini. Ma dove nell'altre due Battaglie reftarono fconfitti gli Eferciti, falvandofi 'l Comandante; in quefta terza, (accaduta alle vicinanze di Montepilofo) sbaragliate le Milizie, vi reftò anche prigionero il nuovo Duce, che i Normanni ftimarono donarlo ad *Atanolfo* loro Capitano, il quale cercò farvi un buon guadagno: peroche, lafciando i Normanni in Puglia, fi ritirò con coftui in Benevento: dove a gran prezzo li diede la libertà. Intanto i Normanni eleffero per nuovo lor Cape *Argiro* (figlio di *Melo*, che la prima volta l'avea chiamati in Puglia); e fotto la di lui direzione fottomifero tutte le altre Città di quella Regione. E perche in quefti nuovi progreffi *Guglielmo Braccio di ferro* die fegni di gran valore; lo acclamarono Conte di Puglia, come foggiunge il *Cronifta* (*b*).

VIII. In-

_____

(*a*) Lione Oftienfe loc. cit. *Perturbatus Imperator, iterum Ducliano potiorem delegat Exercitum. Normanni interea, ut incolarum animos ad fe inclinarent; Atenulphum, Beneventi Principis fratrem, fibi Ducem conftituunt. Rurfumque convenientes in prælium; Græcos eventu mirabili petunt. Fluvium namque, qui Aufidus dicitur, cùm in ipfo belli præcinctu penè ficcum Greci tranfiffent; ita, Dei judicio, redundantem, ripafque tranfgredientem fugientes reperiunt; ut plures fuerint aquis abforpti, quàm gladiis interempti. Normanni caftris, & fpoliis maximis Græcorum potiti, difcefcunt.*

(*b*) Lo fteffo Oftienfe: „ *Iterum in Pugnam circa Montem cui Pilofo* „ *nomen eft, utrinque concurritur. Tandem, ruentibus Guaranis, cadenti-* „ *bus Calabris, fugientibus, qui evaferant, Græcis,* EXAUGUSTUS CA- „ PITUR: *Normanni victores, & alacres revertuntur. Dehinc, habito* „ *confilio Græcorum Ducem Duci fuo contradunt. Quo illo accepto, fpe-* „ *rant fe multis ab eo divitiis locupletandum; relictis Normannis, Bene-* „ *ventum reverfus eft, eumque non parva pecunia vendidit. Normanni* „ *autem Argirum, Meli fupradicti filium, fibi præficientes; cæteras Apuliæ* „ *Civitates partim vi capiunt, partim fibi tributarias faciunt . . . .* „ POSTHÆC GUILIELMO, TANCREDI FILIO, COMITATUS „ HONOREM TRADENTES, *ad Guaimarium conveniunt.*

il di più, niente ci dica delle Città che toccarono ad *Ardoino*). Indi, in contrasegno di stima, assegnarono *Siponto*, col Monte Gargano adjacente, e con suoi Luoghi contermini a *Raidolfo* Conte di Aversa; non ostante che questi non si fusse da colà mosso per portarsi con essi alla conquista della Puglia. Essendosi da ciò chiamata poi quella Contea LA SIGNORIA DELL' ONORE DI MONTE SANT'ANGELO, a cagion dell'Onore che fecero al loro Capo *Raidolfo*. Poi assegnarono a *Guglielmo Fortebraccio* la Città d'Ascoli; a *Drogone* Venosa, ad *Arnolino* Lavello, ad *Ugone Antobuono* Monopoli, a *Pietro* Trani, a *Gualtiero* Civita (o sia Tiano di Puglia), a *Ridolfo* Canne, a *Tristano* Montepiloso, ad *Asclettino* Acerenza; ad un altro *Ridolfo* Sant'Arcangelo, ad *Onfredo* Minervino, e ad *Erveo* Frigento. E questi furono i dodici Capitani che conquistarono la Puglia, giusta il lodato *Ostiense*: i quali Conti ancora si dissero, al parlare di *Guglielmo Pugliese* (a).

X. E perche gli anzidetti Normanni non eran all'intutto sicuri dalle nuove Incursioni che potevan fare in Puglia i Greci dopo la divisione cennata; una nuova forma di Governo introdussero, somiglievole a quella dell'Impero Germanico: in cui sono dieci Circoli (o sieno Provincie), ne' quali si comprendono più Signorie e Prencipati di assoluta sovranità; sù cui l'Imperadore, a riserba de Feudi Gentilizj, ed ereditarj di sua Casa, non ha dominio diretto, ma soltanto una spezie di sovranità, in convocarli in tempo di Pace, di Guerra, o d'altro. Così appunto passò la cosa in Puglia ne' primi tempi de Normanni. Onde, divise quelle Cittadi frà i dodici mentovati Capitani, ciascun di essi avea la sua Contea indipendente da altri; ed anche *Guglielmo Braccio di Ferro*, benche acclamato Conte di Puglia, ebbe la propria Contea in Ascoli. Però siccome fu riserbata la Città di Melfi per farvi i pubblici Parlamenti, e per ragunarvisi in tempo di Guerra, di Pace, e simili; così anche diedero a *Guglielmo* la sovrintendenza generale in tutta la Puglia; acciò egli ragunasse i Comizj, disposesse gli affari di pace e di guerra, e vegliasse aldipiù che abbisognava per benefizio della Nazione. E perciò fu egli chiamato *Conte di Puglia*; senza che vi avesse altro Feudo, fuori che Ascoli. Benche poi in tempo del governo di *Ruberto Guiscardo* e de' suoi Successori, molte altre Città

di

,, placitum dividunt. Statuunt itaque Guilielmo Asculum, Drogoni Venu-
,, iam, Arnolino Labellum, Ugoni Autoboni Monopolim, Petro Tranim,
,, Gualterio Civitatem, Rodulpho Caunim, Tristano Montepilosum, Herveo
,, Frigentum, Asclittino Acerentiam, Rodulpho Sanctum Archangelum,
,, Haumfrido Monorbinum. Arduino autem, juxtà quod sibi juraverant,
,, parte sua contradita: Melphim primam illorum Sedem communiter pos-
,, sidere decernunt. Hoc itaque modo a Normannis acquisita Apulia est.
(a) Guglielmo Pugliese, de successibus Normannorum:

　　Omnes conveniunt, & bis sex Nobiliores,
　　Quos genus, & gravitas morum decorabat, & alas,
　　Elegere Duces, provectis ad COMITATUM
　　His, alii parent . . . . .

CAPITOLO TERZO.

Di Ruberto Guiscardo e sue Gesta.

I. IL celebre valoroso *Ruberto Guiscardo*, venuto in Italia dopo i suoi Fratelli *Guglielmo*, *Drogone*, ed *Onfredo*, in tempo che questi erano già Signori di Puglia; non solo di questa Signoria divenne col tempo Padrone, ma anche della Calabria, e dalla Sicilia. Laonde per non confonderne le azioni, e per meglio ravvivarne a leggitori la memoria, divideremo il presente Capitolo in più Paragrafi.

PARAGRAFO PRIMO.

Come Ruberto sortì il cognome di Guiscardo: e de Progressi da lui fatti in Calabria.

II. ALlorche questo famoso Guerriero da Normannia pervenne in Puglia, *Drogone*, che ne era allora il Conte, lo spedì per Calabria, a fine di mantenere in freno que' Popoli. Ed egli, unendo alla fortezza il consiglio, di cui era a maraviglia fornito, non poco travagliò i Cusentini, colle altre Città di quella Provincia; come siegue a dire *Malaterra* (a).

III. Essendo quivi addunque *Ruberto*, e dilatando i confini del suo dominio, si vide in qualche strettezza di danaro per soccorrere le sue Milizie. E comeche ivi vicino rattrovavasi *Pietro*, Signor di Bisignano, Cavaliero molto ricco, egli gli fe intendere, che dovea parlarli di affare di somma importanza. E quantunque *Pietro* vi avesse avuta della ripugnanz su 'l principio, pure, temendo di violenza, andò nel luogo da lui prefissoll. Dove portatosi *Ruberto*, e fattolo arrestare, li disse, che volea da lui venti mila scudi di oro inprestito; nè in libertà lo rimise, se pria non li ebbe sborzato il danaro. Poi discorrendo con un suo parente, e confidandoli lo

che

(a) Malaterra lib. 1. cap. 16. *Robertus verò Guiscardus cùm apud Scriblam moraretur, Calabros fortiter impugnans, cùm viveret suos propter infirmitatem loci, & aeris diversitatem languescere, salubriorem locum expetens; non quidem hostes devitando, ut timidus retrorsum vadens longius recessit, sed potiùs quasi in hostem hians, in viciniorem se conferens Castrum, quod Sancti Marci dicitur, firmavit.*

che, ritornato *Ruberto* in Calabria, finì di conquiſtare quella Provincia, unitamente col ſovradetto *Gerardo*: il quale li diede *Alverada* ſua zia per moglie, giuſta lo ſteſſo Scrittore (*a*).

PARAGRAFO SECONDO.

Degli altri Progreſſi di Ruberto Guiſcardo in Sicilia ed in Puglia, e del ſuo Titolo di Duca.

V. NEl mentre che *Ruberto* era in Calabria, avendo inteſo che *Onfredo* ſuo fratello era morto in Puglia, vi ſi portò con ſollecitudine, e ne fu dichiarato Conte da quei Signori, come fu detto ſovra nel *Numero 22.* del Capitolo precedente. Fra queſto tempo giunſe da lui *Ruggiero* ſuo fratello minore, che era rimaſto in Normannia. Egli lo accolſe con tenerezza di affetto, ſecondo *Gaufrido Malaterra* (*b*); e lo dichiarò poi Conte di Calabria e di Sicilia, le quali in progreſſo di tempo ſoggiogò. Concioſſiache, divenuto Ruberto quaſi Signore aſſoluto della Puglia, tutti gli altri Normanni di quella Provincia riduſſe alla ſua ubbidienza, a riſerva di *Riccardo* Conte di Averſa, come dice l'Autore della *Cronaca Coſſinenſe* (*c*): prendendo perciò il Titolo di DUCA, e laſciando quello di CONTE, all'aſſerire del medeſimo Autore.

VI. Egli è ben vero però, che *Ruberto*, pria d'impoſſeſſarſi di tutta la Puglia, e pria di chiamarſi Duca della medeſima, fece il primo paſſaggio

"venit, & in ſua illum fide ſuſcipiens, cùm omnibus ſuis Beneventum
" perduxit.

(*a*) Lo ſteſſo lib. 3. cap. 16. *Gerardus de loco Alipengo (Roberto) oc-currens; primus omnium illum Guiſcardum, quaſi per jocum, appellavit: ejuſque miles demum effectus, Alveradam illi, amitam ſuam, in Matrimonium junxit. Sicque ſimul ingreſſi Calabriam, brevi tempore univerſas ferè illius Urbes ceperunt.*

(*b*) Gaufrido Malaterra lib. 1. cap. 19. " *Rogerius verò, minor frater,
" quem adhuc domi juvenilis ætas, & amor parentum detinuerat, ſubſequu-
" tus, in Apuliam venit. De cujus adventu Guiſcardus non minimum gavi-
" ſus, honore quo decebat eum ſuſcepit.*

(*c*) Lione Oſtienſe lib. 2. cap. 87. " *Honore ipſius recepto, ex tunc
" cœpit Dux appellari . . . . . . Reverſus in Apuliam, cœpit etiam
" Trojam: & jam paulatim, diverſis licet temporibus, totam Terram,
" univerſoſque PARTIUM ILLARUM NORMANNOS, PRÆTER RI-
" CHARDUM, SUO SUBDIDIT DOMINATUI.*

„ gò con lui, dandoli speranza di farlo Imperadore di Roma. E perciò forse,
„ edificato che ebbe il Duomo di Salerno nel 1080. quando fu trovato il Cor-
„ po di *San Matteo* dal Vescovo Alfano, fece nella facciata scrivere, ROBER-
„ TUS GUISCARDUS IMPERATOR MAXIMUS, come vi si legge
„ anche di *presente*.

X. Il tenore della *Investitura* e del Giuramento del Duca *Ruberto* (come si legge nel terzo Volume delle Pistole decretali di questo Pontefice,
appo il *Cardinal Baronio* nell'anno 1080., e presso *Gio: Cristiano Lunig*, a
carte 843. del Tomo II. del suo Codice Diplomatico) è appunto come
siegue.

Ego Robertus, Dei gratia & Sancti Petri, Apuliæ, Calabriæ, & Si-
„ ciliæ Dux, ab hac hora & deinceps ero fidelis Sanctæ Romanæ Ecclesiæ,
„ & Apostolicæ Sedi, & tibi Domino meo Gregorio, Universali Papæ. In
„ consilio, vel facto, unde Vitam, vel Membrum perdas, vel captus sis,
„ mala captione, non ero. Consilium, quod mihi credideris, & è contra
„ dixeris ne illud manifestem; non manifestabo ad tuum damnum, me
„ sciente. Sanctæ Romanæ Ecclesiæ, tibique adjutor ero ad tenendum,
„ acquirendum, & defendendum Regaliam Sancti Petri, ejusque Possessores
„ pro meo posse : EXCEPTA PARTE FIRMANÆ MARCHÆ, ET
„ SALERNO, ATQUE AMALPHI, UNDE ADHUC FACTA NON
„ EST DEFINITIO. Et adjuvabo te, ut securè & honorificè teneas
„ Papatum Romanum. Terram Sancti Petri, quam nunc tenes, vel habi-
„ turus es, postquam scivero tuæ esse potestatis; nec invadere, nec ac-
„ quirere quæram, nec etiam deprædari præsumam absque tua, tuorumque
„ Successorum, qui ad honorèm Sancti Petri ordinati fuerint, certa licen-
„ tia, præter illam, quam tu mihi concedis, vel tui concessuri sunt Suc-
„ cessores, Pensionem de Terra Sancti Petri, quam ego teneo, aut tenebo,
„ sicut statutum est, recta fide studebo, ut illam annualiter semper ha-
„ beat Ecclesia. Omnes quoque Ecclesias, quæ in mea præexistunt domi-
„ natione, cum illarum possessionibus dimittam in tua potestate, & defen-
„ sor ero illarum ad fidelitatem S. R. E. Et si tu, vel tui Successores ante
„ me ex hac vita migraveritis; secundum quod monitus fuero à melio-
„ ribus Cardinalibus, Clericis Romanis, vel Laicis, adjuvabo, ut Papa eli-
„ gatur, & ordinetur ad honorem Sancti Petri. Hæc omnia suprascripta
„ observabo S. R. E. & tibi cum recta fide. Et hanc fidelitatem obser-
„ vabo tuis successoribus, ad honorem S. Petri ordinatis, qui mihi, (si
„ mea culpa non remanserit) firmaverint Investituram, à te mihi concessam.
Actum Ciperani 3. *Kal. Julii.*

Ego Gregorius Papa investio te, Roberte Dux, de Terra quam tibi
„ concesserunt Antecessores mei sanctæ memoriæ Nicolaus & Alexander.
„ DE ILLA AUTEM TERRA, QUAM INJUSTE TENES, SI-
„ CUT EST SALERNUS, ET AMALPHIA, ET PARS MARCHIÆ
„ FIRMANÆ; nunc te patiens sustineo in confidentia Dei Omnipoten-
„ tis, & tuæ bonitatis : ut tu postea ex inde, ad honorem Dei, & Sancti
„ Petri, ita te habeas, sicut & te agere, & me suscipere decet, sine pe-
„ riculo Animæ tuæ, & meæ. *Actum ut supra.*

P A.

Nulla remittuntur, nec rustica despiciuntur:
Sed prodesse querant, quæ jam despecta fuerant.
Ligni cæsores mandantur in arte priores:
Undique terrarum conducitur ars tabularum.
Robora cæsa cadunt, referantur, sectaque radunt:
Artifices ligni ferrum faber applicat igni.
Anchora conflatur, clavorum forma paratur.
Compago Navis tegitur, superaddita clavis.
Obducunt imas, alij lanugine rimas.
Atque picem liquidam properant superaddere quidam
Vela suunt isti, studium dant funibus isti.
Classis adaptatur non Navis sola paratur . . . .
Per liquidum Pontum, Classis conflatur Hydruntum.

XIII. Così disposta da *Ruberto Guiscardo* la sua Armata, e proveduta di tutto il bisognevole, nel principio di Maggio del 1081. vi s'imbarcò egli con *Boemondo* suo figliuol maggiore (quello appunto che viene cotanto dal *Tasso* lodato nella sua Gerusalemme liberata): restando *Ruggiero* suo figliuol minore al governo di Puglia; e l'altro *Ruggiero* suo fratello al governo della Sicilia. Intanto egli, con vento propizio velegiando, la notte seguente fu nell'Isola di *Corfù* (il *Malaterra* (a) và nominando anche *Carofo*, nome incognito oggidì nelle Parte geografiche), dove prese molti Castelli, e finalmente l' *Avalona* ivi vicina con molti altri Luoghi intorno quell' Isola, al rapporto dell' anzidetto Autore.

XIV. Dopo queste prime conquiste, passò *Ruberto* all' Assedio di *Durazzo*: dove incontrò una più che ordinaria resistenza. Peroche avutasi in Costantinopoli la notizia del suo passaggio in Grecia, tutta quella Corte si pose in moto, per ragunar Soldati, e farli fronte: invitando ancora i Veneziani, acciocche uscissero in mare colla loro Armata navale. Laonde i Greci, che erano nella Città di Durazzo, affidati non meno alla robustezza delle loro mura, che all' imminente soccorso che speravano, con grande coraggio resisterono agli assalti del Nimico. Infatti giunse poco indi in quella vicinanza *Domenico Silvio* Doge di Venezia colla sua Armata navale; e quattro giorni dipoi vi arrivò *Alessio Comneno*, novello Imperadore,

(a) Gaufrido Malaterra lib. 3. cap. 24. ,, *Igitur famosissimus Apulorum* ,, *& Calabriæ Dux Robertus, dietim se, instante Michaele, qui ad se transfu-* ,, *gerat, versùs Romaniam animum intendens; Anno Dominicæ Incarna-* ,, *tionis 1081. mense Majo apud Hydruntum venit* . . . . *Inde vela* ,, *ventis committentes, de noctu apud Carofon applicant* . . . *Et Dux* ,, *Castrum, quod Casopolis dicitur, in Insula Carofi oppugnans capit: & aliud* ,, *Castrum quod ex Insula ipsa Carofium nomen accipit, & cum tota Insula* ,, *suæ mancipat servituti. Inde progrediens, Urbem, quæ Avalona dicitur,* ,, *juxtà Amathios campos, quia Corfinio, quo applicuerat adjacens erat,* ,, *oppugnatum vadit. Porrò, Cives, adventu Ducis audito, præsentiaque* ,, *nimium territi; viribus suis ignaviter defendentes, deditione ab ipsis fa-* ,, *cta, ejus ditioni cùm ipsa Urbe subduntur.*

Alessio, Comneno. Ritornata poi in Puglia *Sichelgeita* con *Ruggiero* suo figliuolo, portò seco il cadavere del Consorte, e lo seppellì in Venosa nel Tempio della Trinità, fabbricato da 7 di lui fratelli maggiori, e da lui, ristaurato, come da una Lapida mal formata, che ivi si scorge, del seguente tenore:

> **Drogoni, Comitum Comiti, Ducum Duci, hujus Sacri Templi Instauratori, Guillelmo, Regi Roberto Guiscardo Normanno Restauratori, Fratribus, ac eorum Successoribus: quorum Ossa hic sunt:**

e come anche alla lunga il *Malaterra* (a) l'afferisce. Chiamata perciò da *Gugliema Pugliese* (b) *Venosa, Città decorata da tanti nobili Sepolcri*.

XXIII. Vuole l'Autore del Supplemento a' principj della Storia dell'Abate *Langlet*, che 'l Duca *Ruberto* avesse avuto tre Mogli, così dicendo: *Ebbe Ruberto Guiscardo tre Mogli: la prima fu ALBERADA, sorella del Principe di Capua: l'altra sua Donna fu SIGALGEITA, figliuola del Principe di Salerno. . . . . L'ultima sua Moglie fu ISABELLA figlia d'Ugone I. Re di Cipro, che li diede in dote il Principato d'Antiochia*. Egli però in questo fu ingannato da chi prima di lui lo scrisse (credo che fusse l'Autore della *Storia Civile*: non avendolo io però in questo Autore osservato); peroche *Ruberto* ebbe solamente due Mogli, *Alverada*, che fu zia, non già del Principe di Capua, ma di *Girardo di Alibergo*: quella appunto, che la prima volta lo chiamò col nome di *Guiscardo*, come afferisce *Lione Ostiense* (c): e la seconda fu *Sichelgeita*, figliuola di *Guaimaro* Principe di Salerno, e sorella di *Gisulfo*, che restò superstite alla morte del Duca, come poco fa dicea il *Malaterra*. Laonde non sappiamo donde fusse uscita la terza Moglie, per nome *Isabella*, e figliuola di *Ugone* Re di Cipro.

XXIV.

(a) Gaufrido Malaterra lib. 3. cap. 42. ,, Anno 1085. Venerabilis Papa Gregorius obiit. Dux, Julio mense, & formossimus Rex Anglorum, & Normannorum Dux Guilielmus, nona die Septembris moriuntur. Ducis vero Exequias Uxor Sichalgeita, cum filio Rugerio, qui tunc cum ipso apud Bulgaros morabantur, & cæteri Barones ejus, debito honore, non tamen sine justitia, exequentes Fumus transmeatum, Venusiam humatum præferunt. Græcia, hostibus præferentibus, libera, læta quiescit: Apulia tota, sive Calabria turbatur.

(b) Guglielmo Pugliese de successibus Normannorum lib. 2.
Urbs Venusina nitet tantis decorate Sepulchris,

(c) Lione Ostiense lib. 3. cap. 16. Huic ad fratrem pergenti, Gerardus de loco Alipengo, occurrens, primus omnium illum Guiscardum, quem per jocum appellavit; ejusque Miles demum effectus, ALVERADAM ILLI, AMITAM SUAM, IN MATRIMONIUM JUNXIT.

fi crede morta giovane. Benche *Rocco Pirro* (*a*) riguardo alle Donne la
difcorra diverfamente. Peroche vuole la prima maritata in Coftantinopoli;
la feconda in Barcellona ; la terza a *Guglielmo Grandemafcuglio*, nobile
Normanno, con quindici Caftelli per dote in Puglia ; la quarta in Lombardia (che, ripudiata da *Ugone* fuo fpofo, fi rimaritò con *Raimondo* Conte
de Marfi, da cui poi nacque la Moglie di *Ruggiero* Re di Sicilia): e la
quinta fu maritata a *Ruberto di Baffavilla*, Conte di Converfano. Avendo
il medefimo *Guifcardo* lafciata la Sicilia e la Calabria a *Ruggiero* fuo fratello.

CAPITOLO QUARTO.

Di Boemondo, di Ruggiero, di Tancredi, e di altri Figli, e Nipoti di Ru- berto Guifcardo.

I. PEr dare una più compiuta notizia della Genealogia Normanna
in quefte parti; e per ben intendere come la Puglia, la Calabria,
il Principato di Salerno, e le Ducee di Amalfi e di Sorrento paffarono poi
in poffa di *Ruggiero* (primo figlio dell'altro *Ruggiero*, fratello di *Ruberto
Guifcardo*, e che riduffe il tutto in forma di Monarchia), fa meftieri in
quefto Capitolo trattare de Figli e Nipoti del Duca *Ruberto*, che per Linea
dritta da lui difcefero: e poi nel Capo feguente difcorrere degli altri due
Ruggieri, che per Linea collaterale furono del fangue fuo.

II. E come che *Ruberto* ebbe quattro mafchi (come fi diffe), *Boemondo* Principe di Macedonia, *Ruggiero* Duca di Puglia e Principe di Salerno, *Guido* Signore di Amalfi e Sorrento, e *Ruberto*, morto in età pupillare ; per quel che riguarda a *Guidone* terzogenito, foggiungiamo, che egli
fe ne morì fenza figliuoli poco dipoi del padre : ed allora appunto gli
Amalfitani ed i Surrentini cercarono porfi in libertà ; come fi diffe nel Libro

(*a*) Rocco Pirro in Cronologia Regum Siciliæ : „ *Quinque* fuerunt ejus
„ Filiæ. Prima Michaeli Imperatori Conftantinopolitano nupfit. Secunda
„ *Almayda* Raymundo VIII. Barcinonenfi Comiti. Tertia *Mabilia* cogno-
„ mento *Curfalupa* nupfit Vvillelmo de Grantemefcuillo, nobiliffimo Nor-
„ manno, cùm dote quindecim *Caftellorum* in Apulia : quorum hæredes re-
„ liquit filios Vvillelmum & Robertum, ex Ordorico lib. 8 fol. 677 692.
„ & 714. Quarta *Garab*, ab Ugone Cenomanenfi Comite Normanno viro igna-
„ vo repudiata, nupfit Raynaldo ex Comitibus Marforum, qui ex fua
„ Familia Rogerio Regi Uxorem dederat. Quinta N. nupfit Roberto de
„ Baffavilla, qui è Comitatu, de Converfano cognominatus eft, fuitque
„ Dux *Brundufi*.

nella Macedónia nel Páese de Bulgari, ed altrove. Peroche passato in Italia *Boemondo* per caldeggiare le sue pretenzioni su la Ducea di Puglia, que Popoli a poco a poco si sottrassero dal di lui dominio, ritornando alla divozione dell'Imperadore di Costantinopoli. E quantunque il *Collenuccio* (a), il *Summonte* (b), ed il *Giannone* (c) variamente descrivano le Guerre di questi due fratelli, ed il modo tenuto da Papa *Urbano II* per conciliarli; pur noi, senza punto appigliarci ad alcuna delle loro tre varie opinioni, diciamo col *Malaterra* (d), che *Boemondo*, partendo da Bulgaria, passò in Otranto all'improviso, donde portossi ad occupare la Città di Oria. Ed il fratello *Ruggiero* senza opporseli colle Armi (colle quali era senza dubio superiore, ancorche *Boemondo* fusse un Capitano più valoroso); chiamatolo a se, amorosamente lo accolse: e non solo spontaneamente li cedè la Città di Oria, da lui occupata; ma di vantaggio vi aggiunse Taranto, Gallipoli, ed altri Luoghi contermini: rendendoli eziandio feudatario *Gaufrido* Conte di Conversano. Onde egli ebbe quivi un competente Principato.

VI. Non andò guari però, che *Boemondo* fece in Oriente ritorno. Conciossiache, avendo Papa *Urbano II* nella Città di Chiaromonte di Francia pubblicata in un Concilio Provinciale dell'anno 1096. la Crociata per la conquista di Terra Santa, verso dove *Goffredo Buglione* con molti Capitani così Francesi che di altre Nazioni, avviavansi; *Boemondo*, raccommandati i suoi Stati di Puglia e dell'antica Calabria al Sommo Pontefice, risolvè di essere a parte di quella gloriosa Spedizione. E ragunando delle Milizie sotto le sue Bandiere (a quali diede la Croce rossa su'l petto, ad imitazione degli Oltramontani, che pure per colà s'avviavano); li venne fatto trarre alla sua seguela quasi tutti i Soldati di *Ruggiero* Conte di Sicilia, suo zio, che allora trovavansi in Terra di Lavoro: e con essoloro s'imbarcò per la Palestina, come dice il Continuatore di *Lione Ostiense* (e). Essendo favola tutto

(a) Collenuccio Tom. I. pag. 54.
(b) Summonte Tom. I. pag. 471.
(c) Giannone lib. 10. parag. 2.
(d) Malaterra lib. 3. cap. 41. ,, *Dux autem Rogerius Boemundum fra-*
,, *trem suum, ambitione Ducatus à se discedentem (qui jam Urbem,*
,, *quæ Oria dicitur, traditione Civium adeptus erat, per quam Provinciam*
,, *Tarentinam, & Hydruntinam, spe prædæ, compluribus undequaque sibi alliga-*
,, *tis infestabat) minus adversum se proficere videns (non quod Miles elegantis-*
,, *simus non fuerit; sed quia sumptus, ad id negotij necessarij, minus sup-*
,, *petebant)* FRATERNA PIETATE COMMOTUS, ACCITO AD SE
,, ET RECONCILIATO, PARTEM PATERNÆ HÆREDITATIS
,, CONTULIT: *annuens ei ipsam Oriam Urbem, quam pervaserat: adji-*
,, *ciens Tarentum, & Hydruntam, sive Gallipolim cum omnibus Appen-*
,, *diciis, & quicquid Gaufridus de Conversano sub ipso habebat, cum ta-*
,, *mulatu ejusdem.*
(e) Lione Ostiense lib. 4. cap. 1. *Itaque Boemundus, filius bonæ memo-*
,, *riæ Ducis Roberti cognomento Guiscardi, qui primo tum patre, dein-*
,, ,, *de*

Malaterra (a).

VIII. Bisogna però sapere, che oltre a questo *Tancredi di Conversano*, vi fu *Tancredi*, figliuolo di *Marchese*, il quale andò in fatti con *Boemondo* in Palestina, come pure molti Signori primarj di Puglia, che ad uno ad uno raguaglia *Pietro Diacono* (*b*); ma non si sa se questi, oppure quello di *Conversano* sia il decantato dal *Tasso* nella sua *Gerusalemme*. Qualunque di loro però si fosse, egli è verissimo che *Tancredi Marchese* non fu Nipote di *Boemondo*, ma suo Capitano, come dice l'Autor predetto: nè *Boemondo* ebbe fratelli o cognati che si chiamassero *Marchese*, per credere che di uno di questi fosse figlio l'altro *Tancredi*, siccome fu quelli di *Conversano* essendosi quello così cognominato per riguardo del di lui genitore, che *Marchese* chiamavasi, in sentenza di *Pietro Tubebono* nel suo Viaggio di Terra Santa, rapportato da *Andrea Du-Chesne* (*c*) nella Storia di Francia. E quantunque *Rocco Pirro* (*d*) lo dica figlio del Duca *Ruggiero*, nato

to

„ tum perveniens, Civibus sese dedentibus, mox eam obtinuit. Cujus post
„ obsidionem, Hydruntini Cives pertimescentes, Civitatem & ipsi seseque ei
„ submittunt. HÆ QUIPPE URBES BOEMUNDI JURIS FUERANT;
„ QUAS IPSE, OMNEMQUE TERRAM SUAM, CUM AD PO-
„ TIENDUM PRINCIPATUM ANTIOCHIÆ TRANSMARINUM
„ PETERET ITER; APOSTOLICÆ PRIUS FERTUR TUTELÆ
„ COMMISISSE. Verum ille ejusdem Civitatis decoratus Infula; brevi
„ intercapedine posita, in loco, quo se tutò cum suis omninò putabat, subi-
„ to à Turcarum interclusus acie, cùm multis aliis digladiatus, glorio-
„ sum finem vitæ dedit. Deinde super Brundusium URBEM TANCRE-
„ DI DE CONVERSANO, veniens, eam nimio obsidionis rigore tandiù
„ oppressit; donec Urbicolæ, non diù tolerantes, Civitatem ei seseque
„ dederunt.

(a) Gaufrido Malaterra lib. 4. cap. 21. TANCREDVS DE CONVER-
„ SANO, *soluta sibi pecunia, Terras suas sibi renunciat, Jerosolymam pro-*
fecturus.

(b) Pietro Diacono lib. 4. cap. 11. *Mox Boemundus, ad sua regressus,*
„ ad præfatum iter aggrediendum se præparavit. Perrexerunt autem cum
„ eo Capitanij hi: TANCREDVS MARCHESII FILIVS, Robertus fi-
„ lius Gerardi, Richardus de Principatu, & Rainulphus frater ejus, Ro-
„ bertus de Ansa, Hermannus de Cannis, Robertus de Surda Valle, Ro-
„ bertus filius Comitis Rainulphi, Goffridus Comes de Ruscilione, & Epi-
„ scopus Gerardus frater ejus, Episcopus de Ariano, Boellus Carnotensis,
„ Albertus de Caniano, Jofridus de Monte Scajoso, & plures alij, quorum
„ ad præsens non *reminiscimur.*

(c) Andrea Du-Chesne Tom. IV. pag. 777. *Tandem transfretantur mare*
Boemundus, & cum eo PRVDENTISSIMVS TANCREDVS, MAR-
CHISII FILIVS, & alii plures.

(d) Rocco Pirro ad Rogerium Apuliæ Ducem: „ Rogerius, Apuliæ
„ Dux, & Salerni Princeps H. ex uxore Halam (Adalam appellat Fazel-
„ lus fol. 438.) Roberti Frisonis Flandriæ Comitis filia, Philippique
„ Fran.

in Puglia , come vuole *Orderico Vitale* (a) nella Storia Normanna , se-
guitato in ciò dal *Ducancio* (b) . Il di lui Cadavero fu trasportato in Terra di Bari , e seppellito in Canosa nella Chiesa di *San Sabino* , dove vedesi
oggidì un bellissimo Avello con questa Iscrizione :

> *Unde Boemundus ? Quantè fuerit Boemundus ?*
> *Grecia testatur , Syria dinumerat .*
> *Hanc expugnavit , illam protexit ab hoste .*
> *Hinc rident Graci : luget Syria damna sua .*
> *Quod Gracus ridet , quod Syrus luget , uterque*
> *Juste : vera tibi sit Boemunde salus .*

Al che allude anche il Sepolcro di *Alverada* sua Madre , esistente in Venosa nella Chiesa della Trinità , in cui si legge :

GUISCARDI CONJUX ALBERADA HAC CONDITUR ARCA ,
SI GENITVM QVÆRIS ? HVNC CANVSINVS HABET .

Accadde la sua morte nell' anno MCXI. secondo l' Autore della Cronaca
Barese (c) , senza lasciare eredi , o successori ne' suoi Stati .

XI. Dopoche *Boemondo* passò in Grecia , il di lui fratello *Ruggiero*
restò libero Signore di Puglia ; e ne ebbe da Papa *Urbano II.* l' Investitura , come dice il *Summonte* colle parole seguenti : *Fatta la pace ,
il Duca Ruggiero andò a Melfi a visitare il Pontefice , e li giurò fedeltà
nel 1089. facendosi Huomo ligio di Santa Chiesa , secondo la Cronica di Goffredo Malaterra .* Il che pure si diduce dall' *Anonimo Salernitano* presso
del *Muratori* , il quale trascrive l' Investitura di *Guglielmo* di lui figliuolo , fattali da Papa *Gelaso II.* ; dentro di cui si fa commemorazione
anche di questa , dicendo : *Quemadmodum Gregorius Papa tradidit Guiscardo , avo tuo ; & sicut URBANUS PAPA CUM ROGERIO PATRE
tuo prius , & postea egit ; sic & ego trado tibi eandem Terram cùm
honore Ducatus , per illud idem donum , & consensum .* Morì *Ruggiero* nello
stesso tempo che finì di vivere *Boemondo* suo fratello , come poco fa dicea l' Autore della Cronaca *Barese* . Egli ebbe per moglie *Ala* , figlia del
Conte di Fisadra , secondo *Rocco Pirra* , trascritto più su nel *Numero 8.* :
e con lei procreò *Guglielmo* , e *Tancredi* , al soggiungere dello stesso Autore . (Però questo *Tancredi* non si ritrova presso gli altri Scrittori , come fu detto ivi). Fu seppelito nella Chiesa di *San Matteo* in Salerno , secondo *Gioanantonio Summonte* , che dice : *Circa l' anno 1104. Roggiero di
Puglia passò nell' altra Vita , avendo regnato anni 19. e vissuto circa 40.
anni .* Benche l' *Ammirato* voglia , morisse nel 1107. Fu sepelito nella
Maggior Chiesa di Salerno , edificata da *Guiscardo* suo padre .

XII. Al

(a) Orderico Vitale lib. 11. Anno ab Incarnatione Domini 1111. Indict. 4. *Marcus Buemundus , post multos Agones & triumphos , in nomine
Jesu , ANTIOCHIÆ OBIIT .*
(b) Ducancio in Notis ad librum 14. Annæ Comnenæ .
(c) Cronaca Barese : *Anno 1111. Indict. 4. mensæ Februarii obiit
Rogerius Dux : & eo anno , mense Martii , OBIIT FRATER EJUSDEM
DUCIS BOEMUNDUS .*

CAPITOLO QUINTO.

Del Conte Ruggiero, fratello di Ruberto Guiscardo; e dell' altro Ruggiero di lui figliuolo.

I. IL Conte *Ruggiero* (per soprannome *Bosso*), di cui intendiamo favellare, fu fratello di *Ruberto Guiscardo*. Egli restò in Normannia, col Padre, quando gli altri fratelli vennero in Puglia; e vi capitò poi quando *Ruberto* ne era il Padrone: e perciò a lui molto caro, al dire di *Gaufrido Malaterra* (a). E quindi fu che *Ruberto* poi li diede la Sicilia, e porzione della Calabria, secondo l' Autore della Cronaca *Cassinese* (b). E perche *Ruggiero*, figlio di *Ruberto*, fu da lui difeso contro *Boemondo* suo fratello, per impossessarsi della Ducea di Puglia; questi poi li donò il restante della Calabria, al soggiugnere del *Malaterra* (c).

II. Ambizioso intanto questo *Ruggiero* di dilatare o per se, o per il nipote *Ruggiero* l' ottenuta Signoria; unitamente si portarono all' assedio di Nocera l'anno 1098., come pure a quello di Amalfi. Ma siccome li venne fatta di soggiogar la prima, così non fu possibile sottomettere la seconda, come abbiamo da un Codice scritto a penna nell' Archivio della *Trinità della Cava* (d). Anziche, avendo pubblicata *Boemondo* la sua Spedizione, per Terra Santa, la maggior parte de Soldati di Ruggiero si diede alla seguela del detto *Boemondo*, come fu detto nel *Numero 6.* dell'antecedente Capitolo.

III. Egli

(a) Gaufrido Malaterra lib. 1. cap. 19. *Rogerius verò minor frater, quem adhuc domi juvenilis ætas, & amor parentum detinuerat; subsecutus, in Apuliam venit. De cujus adventu Guiscardus non minimum gavisus, honore quo decebat, eum suscepit.*

(b) Cronaca Cassinense lib. 3. cap. 16. *Robertus fratrem Rogerium DE TOTA INVESTIENS INSULA, & medietatem Panormi, ac Demana, & Messanæ sibi retinens, Calabriam venit.*

(c) Malaterra lib. 3. cap. 42. „ *Rogerius tandem adjutorio avunculi sui* „ *Siculorum Comitis Rogerij, qui vivente fratre, id sibi promiserat, Dux* „ *efficitur. Omnia Castella Calabriæ, quorum neq dum medietatis cujusquam* „ *Comes Rogerius habebat, à nepote AD PLENUM SIBI CONCESSA,* „ *consignantur.*

(d) Cronaca Cassinense; „ *Anno Domini 1096. Rogerius Comes Siciliæ,* „ *cum valido Exercitu Christianorum & Saracenorum, venit in Campaniam,* „ *& obsedit Nuceriam 11. Kal. Junij, in Vigilia Pentecostes, & eam de-* „ *bellavit. Et inde, profectus Amalphiam, obsedit eam cum Rogerio Duce* „ *Apuliæ, & Calabriæ & terra, & mari pugnavit. Mox Amalphitani Ma-* „ *rinum*

Malaterra fono le feguenti ; „ *Papa* , quia Ducem & Comitem Salernum
„ feceffiffe audivit ; nolens Comitem , antequam fibi loquatur , versùs Si-
„ ciliam recedere , illorfum accelerat . Venienfque ; cum Archiepifcopis apud
„ Sanctum Matthæum , ut cum debito honore eum acciperet , cum Procef-
„ fione præftolatur . . . . . in craftinumque convenientes ; alter al-
„ terius colloquio cum maximâ delectatione fruuntur . Sed quia ipfe Apo-
„ ftolicus jamdudum Robertum Epifcopum Trajanenfem , Comite inconful-
„ to , Legatum in Sicilia ad exequendum Jus Sanctæ Romanæ Ecclefiæ po-
„ fuerat ; perpendens , Comitem hoc grave ferre , & nullo modo ut fta-
„ biliter permaneret , affentire ; cognofcens etiam ipfum Comitem in omni-
„ bus negotiis Ecclefiafticis exequendis zelo divini ardoris exfervefcere ;
„ caffato quod de Epifcopo Trajanenfi fecerat , LEGATIONEM BEA-
„ TI PETRI SVPER COMITEM , PER TOTAM SICILIAM , ET
„ SVI IVRIS CALABRIAM , HABITAM VEL HABENDAM , HÆ-
„ REDITALITER PONIT : ea difcretione , ut dum ipfe Comes advixe-
„ rit , vel aliquis hæredum fuorum zeli paterni Ecclefiaftici executor fue-
„ rit , Legatus alius à Romana Sede , ipfis invitis nullus fuperponatur .
„ Sed fi qua Romanæ Ecclefiæ jura , in Siciliam vel Calabriam directa ;
„ per ipfos , confilio Epifcoporum earundem Provinciarum , authenticè de-
„ finiantur . Quod fi Epifcopi ad Concilium invitati fuerint ; quot , &
„ quos ipfi Comiti , vel fuis futuris hæredibus vifum fuerit , illuc diri-
„ mantur : nifi forte de aliquo in Concilio agendum fit , quod in SICILIAM,
„ VEL CALABRIAM in præfentia fui authenticè definiri *nequiverit* .

IX. In conferma di che, rapporta ancor egli il Diploma concedutoli
a quefto effetto dallo fteffo Pontefice ; che è del tenore feguente :

Urbanus Servus Servorum Dei . Dei chariffimo filio Rogerio , Comiti
„ Calabriæ & Siciliæ , Salutem & Apoftolicam benedictionem .

　Quia prudentiam tuam Supremæ Majeftatis dignatio multis tritu chis
„ & honoribus exaltavit ; & probitas tua in Saracenorum finibus Ecclefiam
„ Dei plurimùm dilatavit , Sanctæque Sedi Apoftolicæ devotè fe multis mo-
„ dis femper exhibuit ; Nos in fpecialem , atque chariffimum filium ejuf-
„ dem univerfalis Ecclefiæ te affumpfimus . Idcirco de tuæ probitatis fin-
„ ceritate plurimùm confidentes ; ficut verbis promifimus , ita etiam Lite-
„ rarum auctoritate firmamus, quod OMNI VITÆ TUÆ TEMPORE ,
„ VEL FILII TUI SIMONIS , AUT ALTERIVS , QVI LEGITIMVS
„ TVVS HÆRES EXTITERIT , NVLLVM IN TERRA POTESTA-
„ TIS VESTRÆ , PRÆTER VOLUNTATEM , AUT CONSILIVM
„ VESTRVM , LEGATVM ROMANÆ ECCLESIÆ STATVEMVS.
„ QVINIMMO , QVÆ PER LEGATVM ACTVRI SVMVS , PER
„ VESTRAM INDVSTRIAM LEGATI VICE EXHIBERI VOLV-
„ MVS , quando ad vos ex Latere noftro miferimus , ad falutem videlicet
„ Ecclefiarum , quæ fub veftra poteftate exiftunt , ad honorem Beati Pe-
„ tri , Sanctæque ejus Sedis Apoftolicæ , cui devotè hactenùs obedifti , quam-
„ que in opportunitatibus fuis ftrenuè & fideliter adjuvifti . Si verò cele-
„ brabitur Concilium , tibi mandavero , quatenus Epifcopos , & Abbates tuæ
„ Terræ mihi mittas , quot & quos volueris mittere : alios ad fervitium
„ Ecclefiarum , & tutelam retineas , Omnipotens Deus actus tuos in benepla-
„ cito fuo dirigat , & te à peccatis abfolutum „ ad Vitam æternam perducat.

„ Da-

da una Piftola (a) di quefto medefimo Pontefice , in cui fi dice : che il Clero di Reggio ottenne dall'anzidetto Cardinal Legato un Affenfo in nome del Re . E quando mai egli vi avelfe deftinati i Legati Apoftolici , per affari Ecclefiaftici ; ciò avvenne , perche egli ftelfo fe rinunziare all'Imperadrice *Coftanza* tutti i dritti della Monarchia , pria di dare al di lui figliuolo l'Inveftitura ; come con termini affai chiari lo teftimonia *Stefano Baluzio* (b) nella di lui Vita , colle parole feguenti : ,, *Poft* mortem Henrici
,, Imperatoris , Imperatrix Conftantia direxit incontinenter Nuncios cum
,, muneribus ad Dominum Innocentium , devotiffimè poftulans , ut Regnum
,, Siciliæ , Ducatum Apuliæ , & Principatum Capuæ , cum cæteris adjacen-
,, tiis fibi , & filio fuo concedere dignaretur , fecundum formam , qua Præ-
,, decelfores ejus concelferant illa Prædecelforibus fuis . Ipfe verò fagaciffi-
,, mus Pontifex , diligenter attendens , quod privilegium concelfionis , indul-
,, tum primò ab Adriano , & renovatum à Clemente fuper quatuor Capi-
,, tulis , videlicet , ELECTIONIBUS , LEGATIONIBUS , APPELLA-
,, TIONIBUS , & CONCILIIS, derogabat non folum Apoftolicæ Sedi , ve-
,, rum etiam Ecclefiafticæ libertati ; mandavit Imperatrici , ut illis CAPI-
,, TULIS RENUNCIARET OMNINO , cum ea non eflet aliquatenùs
,, concelfurus . Tentavit illa muneribus propofitum ejus immutare : quod ,
,, cum efficere nequilfet ; millis honorabilibus Nunciis , Anfelmo Neapolitano
,, Archiepifcopo , Aimærico Syracufanenfi Archidiacono , Thoma Juftitiario ,
,, & Nicolao Judice ; qui poft tractatum diuturnum obtinuerunt Concelfionis
,, privilegium (CAPITVLIS ILLIS OMNINO REMOTIS) fub Cenfu ,
,, Fidelitate , & Homagio *confuetis* .

XV. E perche poi *Federigo II.* , venuto in età perfetta , pretefe dalla Sede Apoftolica il poflelfo di quei Privilegj , che Papa *Innocenzio III.* avea fatti rinunziare all'Imperadrice *Coftanza* fua madre ; non folo da ciò nacquero delle rotture colla Chiefa , ma anche fi originò , che Papa *Innocenzio IV.* promettendo a *Carlo I. di Angiò* il Reame di Napoli e di Sicilia , nell'anno 1253. , glie l'offerì colla condizione efprelfa di dover rinunziare agli antichi Dritti della Monarchia : *Vt Electiones , Provifiones , Poftulationes , & Confirmationes Cathedralium Ecclefiarum , Monafteriorum , & aliorum locorum Religioforum , tam in Prælatis , quam in Clericis , & aliis Perfonis Ecclefiafticis liberè fiant , fecundam quod Canones mandant ;* come fi legge prelfo *Gio: Criftiano Lunig* (c) . Laonde , tolto in quefta guifa a Monarchi di Sicilia il Privilegio della Monarchia , fi fpenfe per qualche tempo la memoria del Breve Apoftolico di Papa *Vrbano II.* , e fe ne ravvivò la rimembranza allorquando in tempo del Rè *Ferdinando il Cattolico* fi fe in
quel-

____

(a) Innocenzio III. lib. 2. Epift. 233. *Cumque ad prædicti Cardinalis præfentiam adveniffent , & ab eo tàm Affensùm , quam Confirmationem obtinuiffent , ipfe ASSENSVM EI , REGIA VICE , CONCEDENS , ET ELECTIONEM EXAMINANS ; cum eandem inveniffet canonicè faEtam &c.*
(b) Stefano Baluzio in Vita Innocentii III. paragr. 22.
(c) Gio: Criftiano Lunig. Tom. IV. Cod. Ital. Dipl. pag. 411,

che avendolo eletto Pontefice in quel Conclave il Sagro Collegio, i Cardinali del Partito Spagnuolo lo protestarono, e l'esclusero dal Papato.

XVII. Queste turbolenze, insorte in tempo del Re *Filippo III.* col Cardinal *Baronio* a causa della Monarchia di Sicilia, ripullularono con maggior veemenza nell'anno 1713. in quell'Isola, allorche vi entrò nel possesso il Serenissimo Duca di *Savoja*, a tenore della Pace conchiusa in Utrech sotto il dì 11. Aprile frà le Potenze belligeranti di Europa. Essendo stati perciò discacciati a 13. Ottobre 1713. da colà *Giuseppe Migliaccio*, Arcivescovo di Messina, *Andrea Regio*, Vescovo di Catania, *Francesco Ramirez*, Vescovo di Agrigento; e poi a 7. Settembre 1714. *Nicolò Tedeschi*, Vescovo di Lipari: il quale, portatosi in Roma, e dichiarato da Papa *Clemente XI.* Vescovo Titolare di Apamea, e Segretario della Sagra Congregazione de Riti; compose nell'anno 1715. in Lingua Italiana l' *Istoria della pretesa Monarchia di Sicilia*: Stampata in Roma in due Tomi, e dedicata all'Imperadore *Carlo VI.* A cui affidato Papa *Clemente XI.*, il dì 10. Marzo 1715., con una sua Bolla speziale, che incomincia *Romanus Pontifex* (come nel Bollario di questo Pontefice, e presso *Gio: Cristiano Lunig* a Carte 1273. del Tomo IV.), estinse, ed abolì affatto quel Tribunale: dichiarando erronea, e sorrettizia la Bolla di Papa *Urbano II.* Dicendo ivi, tra le altre cose: *Non obscuris indiciis deprehendendo, Privi-*
„ *legium illud, quo saeculares Ministri Monarchiam Siculam suffultam esse*
„ *contendunt, quandoque dudum Rogerio Siciliae Comiti, à fel. record. Ur-*
„ *bano II. Praedecessore nostro concessum fuerit; vel OMNINO FICTUM,*
„ *ET COMMENTITIUM ESSE, VEL SALTEM INSIGNIS ALICU-*
„ *JUSVE VETERATORIS FRAUDE CORRUPTUM, ET DEPRA-*
„ *VATUM . . . . . . Praetensam Apostolicae Siciliae Legationem, ac*
„ *Monarchiam nuncupatam, ejusque assertum Tribunal, unà cum illius Judi-*
„ *cis, Notariorum, Scribarum, Ministrorum, aliorumque Officialium quo-*
„ *rumlibet, quovis nomine nuncupatorum Dignitatibus, Officiis, & Ministe-*
„ *riis quibuscumque, omnique eorum Titulo, Essentia, ac Denominatione,*
„ *tenore praesentium PERPETUO EXTINGUIMUS, SUPPRIMIMUS*
„ *ET ABOLEMUS.*

XVIII. Succeduto poi l'Imperadore *Carlo VI.* nel dominio della Sicilia, fece le pratiche più soprafine nella Corte di Roma per avere la ratifica, e rinovazione dall'annientata Monarchia: ma perallora non li riuscì di otte-

„ *ronius, espresso Libro, questus est, quasi commentitia haec fuerit, vel*
„ *non legitima. Eo Libro adeo infensus fuit Rex Hispaniae, ut cum, Leo-*
„ *ne XI. defuncto, de creatione alterius ageretur, & plurimi Baronium*
„ *nominarent, ut sanè meritissimum, sive doctrina, sive pietate;*
„ *HUIC DOMINATIONI SUMMA CONTENTIONE CONTRADI-*
„ *XERUNT LEGATUS HISPANIAE, ET CARDINALES AD-*
„ *DICTI FACTIONI HISPANIAE. Quod rectè sciens Baronius, &*
„ *prorsus ab ambienda tanta dignitate alienus; conversus ad Imaginem*
„ *Deiparae: Haec, inquit, partem hujus negotii mihi constituet. Sic Rela-*
„ *tio Cardinalis Jojosae, ac Aimon lib. 3. cap. 33.*

,, nostra hac perpetuò valitura Constitutione , vim & effectum Concor-
,, diæ habente , hæc quæ sequuntur decernimus , & sancimus , & inviola-
,, biliter ab his , ad quos spectat , & in futurum spectabit , observari man-
,, damus &c. Ed ecco un' altra volta posta in piedi col permesso della
Santa Sede la *Monarchia di Sicilia* : dove il nostro Serenissimo Monarca
suol da Napoli mandare per Giudice qualche insigne Consigliero , o Capo
Ruota della Regal Camera di Santa Chiara : Come già a nostri giorni vi
sono andati primamente l'Illustre Marchese *D. Nicolò Fraggianni* (di presenti spettabile Delegato della Regal Giurisdizione :) indi il Signor Marchese
D. Carlo Danza (oggidì degnissimo Presidente del Sagro Regio Consiglio:)
appresso il Consigliero *D. Onofrio Scassa* ; poi il fu Consigliero *D. Vincenzo
Quattromani* ; e presentemente il Consigliero *D. Giambattista Jannuz-
zo.*

XX. Per quello poi che concerne l'*Autorità* di questa Monarchia ; diciamo, che ella si distende in tutto ciò che anticamente poteva un Legato Apostolico, come dicemmo sovra nel *Numero* 7., giusta il Privilegio
conceduto da *Urbano II.* Sommo Pontefice al Conte *Ruggiero* ; e confirmato da' Pontefici successori ad altri de nostri Monarchi , come fu additato più su al *Numero* 11. , e con maggior distinzione si mostrerà nel
Tomo IV. al Capo 1. del Libro 11. , trattando de *Legati Apostolici della
Santa Sede in questo nostro Regno* : senza abusarci perora della pazienza
di chi legge. Tantopiù che lo stesso *Cardinal Baronio* (a) , nell' atto di
impugnare questa Monarchia , ne và descrivendo i *Diritti* , col dire : *Sed*
,, & quæ sibi Jura eadem vindicet Monarchia , dicendum . Quod enim au-
,, toritate Urbani Papæ diplomatis ipsum Rogerium Siciliæ Comitem , atque
,, ejus Legatos à latere constitutos omnino velint ; omnes pariter succes-
,, sores Reges in Siciliæ Regno Legatos natos esse contendunt : eosdem, om-
,, nia quæ sunt Legatorum à latere , efficere posse confirmant : immò &
,, substituendi potestatem habere cum eadem autoritate : nimirum , ut ju-
,, dicare , & punire possint , absolvere , & excommunicare quos velint Lai-
,, cos , Monachos , Clericos , etiam Ecclesiastica dignitate Prælatos , Abba-
,, tes , Episcopos , Archiepiscopos ; immo & S. R. E. Cardinales ibi de-
,, gentes , eidem Monarchiæ subditos esse volunt . Ejusdem quoque Monar-
,, chiæ esse facultatis Appellationes ad Sedem Apostolicam impedire ; Nun-
,, tios ejusdem S. Sedis non admittere ; atque demum respectu Ecclesia-
,, sticæ Jurisdictionis neque ipsam Apostolicam Sedem recognoscere , & ha-
,, bere superioritatem , nisi in casu præventionis . Illa sunt , quæ Urbani
,, autoritate diplomatis Reges in Sicilia volunt sibi *licere* .

C A.

(a) Cardinal Baronio ad Annum 1097. num. 5.

giore di *Ruberto Guiscardo*) al Vescovo di Nicastro l'anno 1101. come
presso *Ferdinando Ughellio* (a): in cui lo stesso *Riccardo* si chiama *Dapi-*
fero tanto del Duca *Ruberto* suo zio, quanto del Duca *Ruggiero* suo cugino:
e di essi parla con tutta la venerazione, dicendo: *Ego* Richardus, Comitis Drogonis filius, & Roberti Guiscardi, totius Calabriæ; & Apuliæ ac Siciliæ Ducis incliti, atque filii ejusdem Rogerii & ipsius hæredis DAPIFER
„ . . . . consilio, assensu, & auxilio Domini mei Ducis Rogerii, ob
„ memoriam patris mei Drogonis, necnon mei etiam patrui Roberti Gui-
„ scardi bonæ memoriæ Ducis, filiique ejus Domini mei Rogerii, dilectissi-
„ mi, ipsiusque Roberti Ducis reverendissimi *hæredis &c.*

IV.   Venendo poi alle *Signorie* de primi Normanni; queste furono molte: conciossiache vi furono le dodici Contee, ripartite tra i primi dodici
Capitani; le quali col tempo si moltiplicarono ne' loro figli, e nipoti col-
l'acquisto di nuovi Feudi, e Titoli, de quali poi tratto tratto si è ripieno
il Regno, come è ben conto nell' Istoria Napoletana. Quindi noi, per compimento di questa materia, soggiungeremo quì la contezza delle primarie
Signorie Normanne, e di qualche particolare riguardevole Famiglia, che
da Normanni trae l'origine: per le quali ci assiste un obbligazione precisa
di non passarcene in silenzio.

Ducea di Puglia.

V. La Signoria più vasta, che ebbero appo noi i Normanni, fu la *Ducea*
di Puglia, dalla quale ebbe principio il Reame di Napoli. Ella spaziavasi
per l'intiera Puglia, per tutto il Capo d' Otranto, per la Lucania, per
l'Apruzzo fino alla Marca di Fermo, e per buona parte della Campagna,
in cui, a riserba di Napoli, Capoa, e di Averfa, tutto il restante si apparteneva
a quel Ducato: come furono Salerno, Amalfi, Sorrento, ed altri Luoghi,
da queste primarie Città dipendenti. Divenne ella poi Signoria de Primogeniti de Monarchi Napoletani, come meglio spiegaremo nel Libro 20. del
Tomo IV. al Paragrafo 3. del Capo 3.

VI.   I Personaggi, che in questa Signoria dominarono pria con Titolo di
Conte, e poi con quello di *Duca*, furono i seguenti, come fu ragguagliato
nelle loro rispettive vite:

1. *Guglielmo Fortebraccio* dal 1044. all' anno 1046.
2. *Drogone*, secondo Fratello dal 1046. al 1049.
3. *Onfredo*, terzo Fratello dal 1049. al 1060.
4. *Ruberto Guiscardo*, quarto Fratello, pria col Titolo di Conte, e
poi con quello di Duca, dal 1060. al 1085.
5. *Ruggiero*, figlio di *Ruberto*, dal 1085. al 1111.
6. *Guglielmo*, figlio di *Ruggiero* dal 1111. al 1127.
7. *Ruggiero*, figlio di *Ruggiero Bosso*, e nipote di *Ruberto Guiscardo*
per parte di *Ruggiero* suo fratello, pria Conte di Sicilia e di Calabria, poi
Duca di Puglia, ed indi Re di Sicilia.

Con-

_____

(a) Ugh ellio Tom. IX. Ital. Sac. pag. 402. novæ Editionis.

Nicolosio (a) nel suo Ercole Siciliano. *Ruberto Guiscardo* la donò a *Tancredi* suo nipote, figlio naturale del Duca *Ruggiero* suo Secondogenito: quello appunto che fu fatto Re di Sicilia dopo la morte del Re *Guglielmo II.* senza eredi, come abbiamo da *Riccardo di San Germano* (b); e che poi, ancor vivente, fece coronare Re di Sicilia *Guglielmo III.* suo figlio. La di cui figliuola *Albiria*, maritata a *Gualtiero*, Conte di Brenna, fu Contessa di Lecce. Qual Contea, per linea feminile, passò fino a *Giovantonio Ursino del Balzo*: dopo la morte del quale, pervenuta al *Re Ferdinando di Aragona*, fu incorporata al Regio Fisco, come rapporteremo nel Tomo IV. al Capo 3. del Libro 20.

Contea di Converfano.

XII. Ogni qualvolta *Tancredi* (quel Guerriere tanto dicantato dal *Tasso*) sia stato di Converfano, come dicemmo nel Capitolo 4. al *Numero* 7., non ha dubio, che la Contea di *Converfano* debbe annoverarsi trà le principali, che ebbero appoi noi li Normanni: divenuta cospicua per le gesta di sì glorioso Capitano. Maggiormente che ella allora abbracciava eziandio la Città di Brindisi, con quella di Caftro, ed altri Luoghi, che poi al medesimo *Tancredi* furono involati dal *Re Ruggiero*, secondo *Alessandro Telesino* (c).

Contea di Oira.

XIII. La Contea di *Oira* nonperò fu molto più rimarchevole di quella di Converfano: sì perche fu la Signoria del Conte *Boemondo*, figliuolo primogenito di *Ruberto Guiscardo*; a cui indi *Ruggiero* suo fratello aggiunse Taranto, Otranto, e Gallipoli, con molti altri Luoghi; sì anche perche il Conte di Converfano, per difposizione del medesimo Duca *Ruggiero*, divenne tributario del Conte di Oira, come abbiamo da *Gaufrido Malater-*

ra

(a) Giambattista Nicolosio in Hercule Siculo: *Normanni hanc Urbem (Licii) vastaverunt. Iidem Normanni in Comitatum erexerunt: quam semper regnantis Domus Principes obtinuere.*

(b) Riccardo di San Germano ad Annum 1189. *Post Guilielmi Regis obitum,* VOCATUS PANORMUM TANCREDUS COMES LICII . . . . TANCREDUS ISTE . . . . DUCIS ROGERIJ FILIUS FUERAT NATURALIS.

(c) Aleffandro Telefino lib. 1. cap. 14, „ *Deinde Rogerius supra Brundusium, Urbem Tancredi de Converfano, veniens; eam nimio Obfidionis rigore tandiù oppreffit, donec Urbicolæ non diù tolerantes, Civitatem ei seseque dederunt. Quo facto, ad Opidum, quod vocatur Caftrum, festinat. Quod quidem fine dilatione capitur.*

Contea di Sanseverino.

XV. La Contea di SANSEVERINO, che intraprendiamo quì a descrivere, non tanto fu celebre perche istituita da Normanni, quanto perche diede il suo nome ad una delle illustri Famiglie Normanne, a cui toccò in sorte, giusta la costumanza di quei tempi (come fu rapportato nel Libro 13. del Tomo II. al *Numero* 7. del *Capo* 2.): e questa appunto fu la Famiglia *Sanseverina*, come rapporta eziandio *Marino Frezza* (a): chechein contrario ne dica *Scipione Ammirato* (b), il quale vuole questa Famiglia originata da Conti de Marsi, dipendenti da Longobardi : equivocando egli forsi tra Conti de *Marsi*, e Conti di *Marsico*, che per l'addietro maisempre furono di questo nobil Casato, come or ora ci sforzaremo chiarire. Quando, al vedere, la Famiglia Sanseverina non ebbe mai Feudi nella Provincia di Apruzzo superiore, ma l'ebbe bensì nella Provincia di Salerno, e spezialmente fu padrona dell'anzidetta Contea di Sanseverino : dove arricchì di varie Concessioni il Monistero Benedittino della *Santissima Trinità della Cava*, giusta i documenti, che in detto Monistero si conservano, e che *Gianantonio Summonte* (c) trascrive. Da i quali si raccoglie donde i *Sanseverini* si originassero, e chi fussero tra loro i primi, che vennero tra noi. Era intanto non disprezzevole in quei tempi la Città di Sanseverino, e ben fornita di Palazzi : poiche *Lotario II.* Imperadore, ed *Innocenzio II.* Sommo Pontefice, venuti in queste nostre Regioni contro del Re *Ruggiero* Normanno ; in Sanseverino convocarono un pubblico Parlamento, in cui nell'anno 1133. investirono della Ducea di Puglia *Raidolfo* Conte di Airola, per testimonianza di *Ramoaldo Salernitano* (d).

XVI. Il primo adunque, che diede il nome alla Gente Sanseverina in Italia, fu *Torgisio* Cavaliere Normanno. Il quale, venuto a ritrovare *Ruberto Guiscardo*, Duca di Puglia ; ebbe da lui in dono la Contea di Sanseverino, sita dentro il ristretto del Principato di Salerno, al rapporto di *Gianantonio Summonte* (e) che dice : *Nell'* istesso tempo ebbe origine l'Il-

         „ lu-

(a) Marino Frezza de Subfeudis lib. 3. num. 51. *Extat penès me Nobilium Familiarum Libellus, in quo ex Normannia Familia Sanseverina in Regno deveniße describitur. Quod accidit post annum Domini nostri Jesu Christi millesimum. Quod ego verius credo, & ex nominis Oppido, cujus Dominium erat Familiæ.*

(b) Scipione Ammirato, Famiglie Nobili Napolitane pag. 5.

(c) Gianantonio Summonte Tom. 1. pag. 468.

(d) Ramoaldo Salernitano in Cronicon. ad annum 1133. „ *Imperator* „ verò Civitate Salerni potitus, & captis ab ea pro pecunia obsidibus, a „ Civitate recedens, apud *Sanctum Severinum* sua Castra locavit ; ibique, „ habito Apostolici, & Baronum Consilio, Comitem Raidulfum Ducem Apu- „ liæ ordinare *constituit.*

(e) Gianantonio Summonte loc. cit.

XVIII. Oltre a *Ruggiera*, ebbe ancora il Conte *Torgifio* altri due , figliuoli ; uno chiamato *Silvano* , e l' altro detto come il Padre *Torgifio*. Del primo fi legge in un altro Diploma : ,, *Anno* Domini 1087. tempori-,, bus Domini noftri Rogerij gloriofiffimi Ducis, Menfe Februario, 10. In-,, dictionis , Silvanus filius quondam Torgifij de Caftro Sancti Severini ... ,, donat Sacro Monafterio *Cavenfi* &c. E del fecondo leggefi in un' altra Conceffilone : ,, *Anno* Domini Dei , & æterni Salvatoris noftri Jefu Chrifti, ,, ab Incarnatione ejus 1104. temporibus Domini noftri Guilielmi , glorio-,, fiffimi Principis , & Ducis, Menfe Augufti, 12. Indictionis . Ego Tor-,, gifius , filius quondam Torgifij de Caftello Sancti Severini . . . . ,, concedit Monafterio *Cavenfi*, &c. Laonde, per effere ftati trè i figliuoli di *Torgifio* , poterono in breve dilatarfi i *Sanfeverini* per il Regno. Effen-dovi ftato *Ruggiera Sanfeverino* Conte di Martorano in tempo del Re *Ruggiero I.* , che intervenne alla dì lui Coronazione in Palermo . Ed in tempo del Re *Guglielmo* il Malo vi furono *Ruggiero Sanfeverino* Conte di Avellino , e *Ruberto Sanfeverino* Conte di Caferta , al dire di *Ugon Fal-cando* (*a*): dal qual *Ruberto* nacque poi *Ruggiero* Conte di Martico.

XIX. In tempo de Svevi , e fpezialmente di *Federigo II.* , affai po-tenti fi fecero i Sanfeverini nel noftro Regno , fino a caldeggiare il partito de Romani Pontefici contro lo fteffo Imperadore . Onde *Federigo* pensò affatto efterminarli ne fuoi ftati , come fece in verità nell' anno 1244. allor-che , moffoli contra il fuo Efercito nel piano di Canofa , dove quefti fi erano uniti per farli fronte ; parte di effi furono uccifi , e parte vi reftarono prigio-nieri : effendofi per miracolo falvato *Ruggiera* Conte di Venofa . Il quale per effere fanciullo ; in quelle anguftie , e garbuglio di cofe fu di foppiatto mandato in Celano dalla Conteffa *Polifena* fua zia ; che come donna accor-ta , ed affai affezzionata al fuo fangue , lo fè tofto pervenire in poffa di Papa *Innocenzio IV.* , accio con maggiore ficurezza lo faceffe confervare in Roma . Il Pontefice poi (morto già l' Imperadore *Federigo*), venendo in Napoli, lo conduffe feco , e lo reintegrò de fuoi Stati, come alla lunga lo rapporta *Matteo Spinelli da Giovenazzo* (*b*) , che in quei tempi fcriveva i fuoi Giornali ; e da cui con fomiglievoli parole lo raguaglia *Gianantonio Summonte* (*c*) nel dire : ,, *Succeffe* poi per la nemicizia concepita tra ,, l' Imperadore Federico , e gli Romani Pontefici , che molti Baroni del Re-,, gno fi fcoverfero , quali in favor del Pontefice , e quali dell' Imperadore ,, intantochè quelli della Famiglia Sanfeverina . . . . prefero l'armi per ,, Santa Chiefa. E dopò molti avvenimenti ora con pubbliche , ed ora con ,, private forze della loro fola Famiglia , finalmente nel piano di Canofa in ,, Puglia furno dall' Imperiali rotti , e la maggior parte di effi morti , e gli ,, altri fatti prigioni. Trà i quali , come narrano il Colennuccio , ed il Fa-,, zello , furono Teobaldo, Francefco, e Guglielmo Sanfeverino ; Pandolfo, Ric-,, cardo , e Ruberto di Fafanello ; Giacomo , e Goffredo da Morra , e Gi-,, ful-

---

(a) Ugone Falcando.
(b) Matteo Spinelli in Ephemer. Neapolit. ad Ann. 1244.
(c) Gianantonio Summonte Tomo 2. pag. 69.

Hic jacet Corpus Magnifici , ac Potentis Domini
Thomaſij de Sancto Severino , Comitis Marſici,
Baroniarum Cilenti , Lauriæ , et Sancti Se-
verini , ac Caſtri Sancti Giorgij Domini,
& Regni Siciliæ Magni Comeſtabilis
obijt Anno Domini 1358.

Da queſto *Tommaſo* nacque *Antonio Sanſeverino*, V. Conte di Marſico ; il
quale , avendo impalmata *Iſabella del Balzo*, ſorella di *Franceſco* Duca
d'Andri , ebbe da lei tre figliuoli, *Tomaſo*, *Antonio*, e *Ruberto*. Il primogenito *Tommaſo*, VI. Conte di Marſico, fu marito di *Franceſca Orſna*;
da cui nacquero *Luigi*, e *Giovanni* : de quali , *Luigi* il Maggiore fu il
VII. Conte di Marſico ; e morendo ſenza figliuoli, laſciò lo Stato al fratello minore *Giovanni*, VIII. Conte di Marſico: da cui, e da *Giovanna*
Sanſeverino nacquero *Luigi* (morto fanciullo), e *Ruberto*, IX. Conte di
Marſico, e I. *Prencipe di Salerno* , nell' anno 1463. per munificenza del
Re *Ferdinando di Aragona* , mercè i ſervigj da lui preſtati alla Corona.
Succedè poi a *Ruberto* nell' anno 1474. *Antonello Sanſeverino* per X. Con-
te di Marſico, e II. Principe di Salerno : il quale morì in Senogaglia
nell' anno 1397. , obbligato a partire dal Regno in tempo del Re *Federigo*
di Aragona, come rapportammo nel Libro 7. del Tomo II. al *Numero* 59.
del Capo 6. Dove per abbagliamento fu detto, che egli *ritornaſſe in Regno*
col partito degli Angioini : mà in verità vi venne *Ruberto*, XII. Conte di
Marſico, e III. Principe di Salerno, ſuo figliuolo, natoli da *Coſtanza*
Montefeltro . Il quale ebbe per Iſpoſa *Maria di Aragona* , figliuola naturale di D. *Alfonſo di Aragona* (fratello del Re Cattolico ; da cui ebbe lo
Stato di Villaformoſa in Iſpagna) : e da lei ebbe *Ferrante*, XII. Conte di
Marſico, e IV. Prencipe di Salerno . Il quale in tempo dell' Imperadore
Carlo V. , per le traverſie avute con D. *Pietro di Toledo*, Vicerè del Regno, fu in obbligo di partire da ſuoi Stati , e dal Reame di Napoli , ſenza
mai più ritornarvi : eſtinta in lui la linea Sanſeverina de Conti di Marſico, e
de Prencipi di Salerno ; perche da *Iſabella Villamarina*, ſua moglie , non procreò figliuoli .

XXIII. Quanto poi all'altra Famiglia Sanſeverina , da cui provennero
i *Prencipi di Biſignano* ; e da ſaperſi , che *Tommaſo*, II. Conte di Marſico , e figliuolo di *Ruggiero il Grande*, ebbe dalla ſeconda moglie *Sueva*
Avezzana Conteſſa di Tricarico , quattro figliuoli (come dicemmo), *Giaco-*
mo, *Guglielmo*, *Ruberto*, e *Ruggiero*; mediante i quali ſi dilatò aſſai più
la Famiglia Sanſeverina per il noſtro Regno, non oſtante che *Ruberto*, ſtato Conte di Corigliano, non aveſſe figliuoli : toccando la ſorte a *Giacomo*,
a *Guglielmo* , ed a *Ruggiero* di propagare la loro Gente : onde di coſtoro,
per maggior diſtinzione favellaremo ſeparatamente.

XXIV. *Giacomo Sanſeverino*, figlio di *Tommaſo*, e Nipote di *Ruggie-*
ro il Grande per parte di *Sueva Avezzana* ſua madre , fu il I. Conte di
Tricarico . Egli ſpoſò *Margherita* Conteſſa di Chiaromonte : dalla quale ebbe

Luca e da *Mandella Gaetana* sua moglie nacquero *Girolamo*, VIII. Conte di Tricarico, e II. Principe di Bisignano, *Carlo* Conte di Mileto, e *Gianantonio*, Barone di Santo Chirico, e Possessore di Fiume Freddo e di Vingianello. Da *Girolamo* e *N. Ruffa* nacque *Berardino*, VIII. Conte di Tricarico, e III. Principe di Bisignano, che da *Dianora Piccolomini* generò *Pietrantonio Sanseverino*, IX. Conte di Tricarico, e IV. Principe di Bisignano: quello che ricevè con tanta splendidezza ne' suoi Stati l'Imperadore *Carlo* V. al ritorno che fece da Algieri, e fu dichiarato Cavalliere del Toson d'Oro.

XXVII. Questo Principe *Pietrantonio*, ebbe per moglie *Giulia Orsino* (sono parole di *Filiberto Campanile* (a) che ci bisogna trascrivere), „ il „ quale li partorì due figliuole, la Primogenita delle quali, chiamata Elio- „ nora, maritò egli al Primogenito di D. Pietro Gonsalez Mendozza, „ Marchese della Valle Siciliana, con patto che, morendo esso Prencipe „ senza figliuoli maschi, fosse quella succeduta a tutti i suoi Stati : con „ che il Primogenito di lei si fosse cognominato *Alarco Sanseverino* : e „ facendo più figliuoli, la successione fosse andata al Secondogenito, il qua- „ le si fosse cognominato solamente *Sanseverino*. L'altra si chiamò Felice, „ la quale fu maritata al Duca di *Gravina*. Morta poi *Giulia Orsini*, pas- „ sò il Prencipe Pietrantonio alle seconde nozze con *Erina Castriotta*, „ che li portò in dote lo Stato di San Pietro in Galatina, e da costei nac- „ que Nicolò Berardino con due altre *femine*.

XXVIII. *Nicolò Berardino Sanseverino*, X. Conte di Tricarico, e V. Principe di Bisignano, sposò la figliuola del Duca di Urbino *Isabella della Rovere* : dalla quale ebbe un figlio di nome *Francesco Teodoro*, il quale premorì al padre *Nicolò Berardino* in età di quattordici anni, ed in concetto Santità : e non essendovi altri Eredi, dopo la morte di questo Principe *Nicolò Berardino*, si estinse in lui la Linea diretta de' Prencipi di Bisignano. Restando nella di lui morte, secondo *Scipione Ammirato* (b), i seguenti Feudi : In *Calabria* quattro Città, Bisignano, S. Marco, Cassano, e Strongoli, e 22. Castella, Corigliano, Castrovillari, Acri, Altomonte, la Regina, Saracina, Malvito, Luzzi, Rose, Ruggiano, Tarsia, Terranova, Casalnuovo, Trebisaccie, Morano, Mormanno, Abatemarco, Grisolia, Belvedere, Sanguineto, Bonifati, e S. Agata. In *Basilicata*, la Città di Tricarico, ed undici Castella, Miglionico, Albano, Calciano, Crachi, S. Martino, Montemurro, Armento, Chiaromonte, Senise, la Rotonna, e Latronico. In *Terra d' Otranto*, San Pietro in Galatina, Soleto, e *Gagliano*.

XXIX. Quivi però, priache vediamo i nuovi Possessori del Principato di Bisignano, ci necessita dare un passo in dietro, e considerare, che *Tommaso Sanseverino*, oltre a *Giacomo*, sposo di *Margherita di Chiaromonte*, ebbe ancora da *Sveva Avezzana* due altri figliuoli, *Guglielmo*, e *Ruggiero*. De quali, *Guglielmo* fu Conte di Montesano e della Padula. Ebbe per moglie *Margherita Scocco*, da cui nacquero *Tommaso*, *Giacomo*, e *Fran-*

Jacet hic Sigifmundus Sanfeverinus, veneno
  Impiè abfumptus: qui eodem fato, eodem
  Tempore peremptos germanos Fratres
  Nec alloqui, nec cernere potuit.

Nell' **Avello** della loro Madre fi leggono quefte parole:

Hofpes miferrimè
Miferrimam defleas orbitatem,
Et in illa Hippolitam Mōtiam
Poft natas Feminas infeliciff.
Quæ, Ugo Sanfeverino Conjugi
Treis maximæ expectationis filios peperi:
  Qui venenatis poculis
Vicit in Familia, proh scelus!
  Pietatem impietas,
Timorem audacia, & rationem amentia!
  Una in miferor. complexib. Parentum
  Miferabilitèr illicò expirarunt:
Viro ægritudine fensìm obrepente,
Paucis poft annis, & in his etiam manibus expiravit
  Ego tot fuperftes Funeribus
  Cujus requies in tenebris,
  Solamen in lacrymis
Et cura omnis in morte collocat,
Quos vides feparatìm Tumulos,
Ob æterni doloris argumentum,
Et in memoriam pofui illorum fempiternam
    Anno 1547.

Giacomo fratel maggiore, pria di morire, fposò *Beltrana Mirta*, da cui nacque *Violante Sanfeverina*, Erede, e Conteffa della Saponara.

XXXII. Per ultimo fia bene premettere, che da *Luca Sanfeverino*, VI. Conte di Tricarico, e I. *Principe di Bifignano*, oltra *Girolomo* fuo Primogenito, e II. Prencipe di Bifignano; nacque *Gianantonio Sanfeverino*, Duca di Somma: il quale ammogliatofi con *Errichetta Caraffa*, procreò *Alfonfo*, II. Duca di Somma. Egli avendo per moglie *Maria Diafcarlone*, oltre a *Giamberardino*, III. Duca di Somma, e Cavaliere del Tofon d'oro, ebbe *Antonio* (che fu Cardinale del Titolo di Santa Sufanna), e *Giovanni*, ammogliato con *Aurelia Sanfeverina*. Da Giovanni nacque *Ferrante Sanfeverino*, che fposò *Violante Sahfeverino*, figlia unica dell' avvelenato *Giacomo Sanfeverino*, Conte della Saponara. Da quefto *Ferrante* e *Violante* nacque *Giangiacomo Sanfeverino*, altro Conte della Saponara: il quale, fpofando

moglie *Margherita d' Aragona*, figlia del Conte di Terranova, belliffima, Dama, che morì infeconda) fuccedè *Carlo Sanfeverino* fuo pronipote, e figlio di *Giovanni* : il quale fu figlio di *Carlo* Conte di Chiaromonte. E perche premorì al Padre (le di cui ceneri fi confervano nella Chiefa de Padri Domenicani d' Altomonte in Calabria, dove terminò la fua vita, a cagion del male contratto nella Terra di Roggiano in tempo di mutazione, effendofi ivi portato per applicare alla compra di quello Stato ; poi non effettuata per la morte fopravenutagli) perciò in fuo luogo venne D. *Carlo* di lui figlio, chiariffimo lume della Cafa Sanfeverina. Egli nacque da D. *Delia Sanfeverina*, e da Gio: Conte di Chiaromonte : imperocche, come, divifato abbiamo, *Gio: Jacopo Sanfeverino* Conte della Saponara, figlio di *Ferdinando*, e di *Violante Sanfeverino*, IV. Conteffa di detta Città, procreò tre figli mafchi, che furono *Ferdinando*, *Fabrizio*, e *Luzio*. Da Ferdinando nacque il fudetto *Luigi*, VI. Principe di Bifignano, che morì fenza prole alcuna ; e ne nacque parimenti *Carlo Sanfeverino*, che fu Conte di Chiaromonte. Da *Fabrizio* nacque una figlia, che fu D. *Delia*. Il fudetto *Carlo* procreò *Gio*: Conte di Chiaromonte : il quale avendo impalmato la fudetta D. *Delia* fua congionta, procreò *Carlo*, che fu Conte di Chiaromonte, e della Saponara, e Settimo Principe di Bifignano. Il quale fpofando *Maria Fardella*, ebbe in Sicilia lo Stato di Pacecco per dote : con avere anche comprato la Terra di Sanza. Da loro, nacquero *Giuseppe Leopoldo* (che fu il fucceffore ne Feudi) : *Nicolò*, ancor vivente in Napoli, impiegato nella Milizia, e gito col Re *Filippo V*. nelle Spagne ; e *Giovanni* applicato allo ftato Ecclefiaftico. Il Principe *Giuseppe Leopoldo* (che fu fatto Gran Giuftiziere dall' Imperadore *Carlo VI*.) fpofò *Stefania Pignatelli* figlia del Duca di Monteleone : da cui nacquero tre figliuoli mafchi ancor viventi, *Luigi*, *Carlo*, e *Nicolino*. *Luigi* è l' odierno Signor Principe di Bifignano, Colonnello del regnante Monarca *Carlo di Borbone* nel Reggimento Provinciale di Calabria Citra (di cui è anche Tenente Colonnello *Don Nicolino* fuo fratello, che prima militò col fratello D. *Carlo* in Germania, fotto dell' Imperadore *Carlo VI*. indi feguì il noftro Monarca, e nel fatto di Armi di Velletri, da una palla di fchioppo, fu fpezzata una gamba, e l' altra paffata dall' una all' altra parte). Per le dotì materne ebbe la Terra di Colobraro dal Duca di Montilione fuo avo : ed ha impiegato del danaro nella compra di Cirella ; come altresì di S. Demetrio, e fuoi Cafali in Calabria. Egli impalmò primamente D. *Ippolita Spinelli* colla dote della Terra di Grottola, Montemalo, del Buonalbergo, e del Lago di Salpi in Puglia : da cui ebbe D. *Pietro Antonio* Primogenito, oggidì Conte di Chiaromonte. Alla morte poi di colei, fpofò D. *Cornelia Capece Galeota*, che pure gli ha partoriti finora molti figliuoli.

Contea di Pietrafesa.

XXXVI. Trà le altre Famiglie Normanne, che nobilitarono il noftro Regno, fi puote fenza dubio annoverare quella de Conti di *Pietrafesa*, cotan-

gnome l'antica Famiglia NICASTRO. Avendo noi da *Ferdinando Ugbel-*
lio (a) un chiaro documento, in cui apparisce, che Nicastro, nell' anno
1101. era in possa de Normanni : peroche in quel tempo *Riccardo*, figlio
del Conte *Drogone*, nipote del Duca *Ruberto Guiscardo*, e cugino di Ruggiero Duca di Puglia (di cui era anche Dapifero) confermò alla Chiesa
di quella Città tutto e quanto le avea conceduto di privilegj *Amburga*
di lui sorella (che anche la rifece da fondamenti, dapoiche i Saracini l'
ebbero divastata e distrutta, giusta l' Epigrafe, che in lei si legge). Il
Diploma è del tenor seguente :

» Ego Riccardus, Comitis Drogonis filius, ac Roberti Guiscardi totius
» Calabriae, & Apuliae, & Siciliae Ducis incliti, atque filij ejusdem Ro-
» gerij, & ipsius hæredis Dapifer . . . . Anno 1101. ab Incarnatio-
» ne Domini nostri Jesu Christi, Indict. 9 Henrico, ipsius Ecclesiæ Ca-
» thedræ præsidenti, omnibusque ejusdem Successoribus : quæ Ecclesia
» sub Neocastro in honorem, & nomine Beati Petri à sorore mea Amburga
» fundata est . . . . Quam Terram, & quos Vassallos soror mea
» Amburga vivens tenuit, ac ego, post ejus obitum in Neocastro & de
» Neocastri Territorio possidebam, Neocastrensi Episcopatui in perpetua
» hæreditate possidenda . . . . .

» Ego Riccardus Dapifer, hujus supradictæ Donationis largitor manu
» mea propria hoc signum feci.

» Ego Rogerius, Comes Calabriæ, & Siciliæ, hujus doni adjutor, &
» testis, hoc signum *feci*.

XXXIX. A tutto ciò non solo si aggiugne, che fin dall' anno 1111.
Pietruccio di Nicastro, era già seppellito nell' antica Chiesa di Siponto,
giusta il Cenotaffio (di cui si disse nell' antecedente Libro, al *Numero* 27.
del Capo 4.) nel tempo appunto che signoreggiavano i Normanni in Puglia;
ma anche nell' Archivio della Chiesa Collegiale di Barletta si conserva
uno Stromento in pergameno colla data de 13. Gennajo 1198., regnante l' Imperadrice *Costanza*, figliuola del Re *Ruggiero I.* Normanno, in cui
Ruggiero, e *Nicolò di Nicastro*, discendenti da un altro *Ruggiero*, Milite
Castellano di Barletta, diedero un Supportico al Monastero di Monte Sagro. Dal
che chiaramente si vede, che questa Famiglia fu antica, fin da tempi de
Normanni, siccome haffi dallo Stromento predetto, del tenore seguente :

» *Anno* ab Incarnatione Domini nostri Jesu Christi millesimo centesimo
» nonagesimo octavo, tertio decimo die instantis mensis Januarij, Indi-
» ctione prima, Regni verò Dominæ nostræ Constantiæ Romanorum Impe-
» ratricis semper Augustæ, & Reginæ Siciliæ, anno quarto. Nos ROGE-
» RIUS DE NEOCASTRO Miles, olim filius Rugerij de Neocastro Militis,
» & CASTELLANI, & *Nicolaus* filius ejusdem Rogerij, pater, & filius,
» Baroletani Cives, coram viris, aliàs testibus subscriptis, ad hospitalita-
» tem convocatis, tibi Stephano Militi, olim filio Alexandri Militis, Ad-
» vocato Monasterij Montis Sacri, suscipienti vice ejusdem Monasterij, valde

za , de quali andò fempre gloriofa quefta Famiglia : come pure di un' Ambafciadore , e di un Cappellano familiare del Re *Ladislao* ; ficcome dalla
ferie di detto Diploma , che abbiamo ftimato quì letteralmente trafcrivere;
che è del tenore che fegue .

   Ladislaus &c. Sanè pro parte nobilium Virorum Matthæi de Neocaftro
,, de Barulo , Domini Terrarum BINETTI , CELIÆ , aliorumque Cafa-
,, lium de Provincia Terræ Bari , Militis noftri fidelis dilecti , ac etiam
,, filiorum Johannis , aliàs Jannarelli , Thomæ , & aliorum , ac etiam An-
,, tonij , Johannis , Mazziotti , Petrucij , Flavij , Cæfaris , Pyrrhi , aliorum-
,, que de Neocaftro Militum noftrorum dilectorum de dicta Terra Baroli fuit
,, nobis fuper expofitum , quod olim claræ memoriæ Sereniffimus Caro-
,, lus I. Andegavenfis , tempore quo vivebat , gratia conceffit nobilibus
,, Viris Guilielmo , Afclettino , Friderico , Rogerio , Domino FLOREN-
,, TIÆ in Capitanata , & alijs de dicta Familia de Neocaftro , etiam pro
,, fuis hæredibus , & fucceffforibus , cuilibet de propria Familia PER DIEM
,, AURUM UNIUS PONDERIS GENERALIS , quod debebat corref-
,, pondi à Juftitiarijs , Actorum Notarijs , & alijs Officialibus dictæ Ter-
,, ræ Bari de pecunia proventuum fpectantium ad dictum officium Jufti-
,, tieratus , & de alijs exactionibus fifcalibus , debitis Regiæ Curiæ : &
,, quod VICTUALIA cujufcumque fpeciei facta in eorum refpectivis Maf-
,, farijs , five in Tenimentis dictæ Terræ Baroli , Bari , Manfredoniæ , to-
,, tius Apuliæ , & alibi hujus noftri Regni , & ubicumque incolatum fe-
,, ciffet dicta Familia , quoties contigerit eadem Victualia transferri de
,, Portibus Apuliæ , aut alijs hujus Regni , HOMINES DICTÆ FAMI-
,, LIÆ ESSENT IMMUNES AB OMNI SOLUTIONE FISCALI ,
,, DEBITA NOSTRÆ CURIÆ . Et hoc , ob fervitia præftita , & fi-
,, delitatem dictorum de Neocaftro , & eorum Anteceffforum , facta prædicto
,, Sereniffimo Carolo I. Andegavenfi , ac etiam , ad contemplationem fplen-
,, doris dictæ Familiæ , nè tam generofa Soboles vilefceret , uti defcendens à
,, PRINCIPIBUS LIBERIS DE NORMANNIA ; cujus homines vene-
,, runt cum Principibus Normannis, eorumque confanguineis in hoc Regnum, &
,, EX DOMINIO OPPIDI NEOCASTRI IN CALABRIA DICTI FU-
,, ERUNT DE NEOCASTRO ; DESCENDENTES EX OTHONE ,
,, ROGERIO DE NEOCASTRO , ET PETRO NORMANNO , Comite
,, Trani , Baroli , & aliorum Feudorum , & ASCLETTINO , ut eorum
,, ANTIQUA INSIGNIA , etiam teftificantur , quæ funt Banda nigri
,, coloris formata ex quinque Lanceis acuminatis , feu potiùs à quinque
,, Lapidibus adamantinis , Fortitudinis , Invicibilitatis , Conftantiæ homi-
,, num dictæ Familiæ fignacula : & prædicta Banda pofita in campo albo,
,, feu argenteo , finceram Fidelitatem dictæ Familiæ declarans , uti erant In-
,, fignia in Campo albo , vel argenteo ex fafcia nigri coloris formata
,, Principum Normannorum , Ducum Calabriæ , dictorum de Neocaftro con-
,, fanguineorum ; ac etiam Raftrum , feu Raftellum rubei coloris ex quin-
,, que dentibus integram Coronam præpoftere indicans ; pofitum fupra eadem
,, Infignia prædictæ Familiæ . (Idem quod videtur ex quinque dentibus in
,, regiis Infignibus Sereniffimæ Domus Andegavenfis) . Et Bafilium feu
,, Draconem , Serpentium regulum , cum gladio evaginato fuper Galeam
,, apertam prædictæ Familiæ de Neocaftro , conceffum ab eifdem Principi-
           ,, bus

dolfo Conte di Canne, *Tristano* Conte di Montepiloso, *Erveo* Conte di Frigento, *Asclettino* Conte di Acerenza, *Ridolfo* Conte di Sant'Arcangelo, ed *Orfredo* Conte di Minervino. E siccome di essi, *Guglielmo* Conte d'Ascoli, *Drogone* Conte di Venosa, ed *Ounfredo* Conte di Minervino furono fratelli germani, come pur lo furono *Ruberto Guiscardo* (che poi fu Duca di Puglia) e *Ruggiero Bosso* indi Conte di Sicilia; così *Pietro* Conte di Trani, ed *Asclettino* Conte di Acerenza poterono probabilmente essere fratelli ancora; ed essere loro germani *Ottone*, e *Ruggiero*. Dequali, Ruggiero fu poi Signore di Nicastro, donde trasse il cognome, e l'origine l'odierna Famiglia Nicastro.

XLIII. E quantunque più su si fusse detto, che la Città di Nicastro nell'anno 1101. era di *Amburga* e di *Riccardo*, figli di *Drogone*, Conte di Venosa; pure, se si và a riflettere; pria *Amburga* e poi *Riccardo* ne obte il possesso. Peroche *Amburga* antecedentemente dotò la Chiesa Vescovile di quella Città; e poi *Riccardo* di lei fratello ne confermò la concessione a quel Vescovo *Arrigo*. Dopo di che, noi soggiungiamo, essere facile cosa, che *Ruggiero*, primo Conte e Signore di Nicastro, prendesse *Amburga*, figlia di *Drogone* per moglie, e la dotasse colla Terra di Nicastro. Essendo stata Legge trà Normanni, che gli Uomini dotavano, le Donne come n'abbiamo l'esempio in *Ruberto Guiscardo*, che dotò *Sichelgaita* sua moglie col Feudo del Cedraro, (la quale poi lo donò al Monistero di Monte Casino) secondo *Lione Ostiense* (a) e giustache *Lodovico Antonio Muratore* (b) colle sue Note assai dotte nel luogo anzidetto lo testimonia. Alludendo forsi a tutto ciò quel tanto, che si dice nello strumento di *Ruggiero di Nicastro* sotto dell'Imperadrice *Costanza* dell'anno 1198. (rapportato sovra nel *Numero* 39.) cioè, che egli era figlio di *Ruggiero* Milite e Castellano: *Ego Rogerius de Neocastro, olim filius Rugerij de Neocastro Militis, CASTELLANI:* con dinotare forsi quella parola *Castellani* SIGNORE, E PADRONE DEL CASTELLO DI NICASTRO: non mettendosi il figlio quel Titolo che avea il padre.

XLIII. A vedere poi che *Ruggiero Nicastro*, il primo ceppo di questa esistente Famiglia Nicastro, fusse stato fratello, o stretto parente di *Pietro* Conte di Trani (anche congiunto con *Guglielmo, Drogone*, e *Ruberto Guiscardo*) ci induciamo da due forti motivi: primo, perche *Pietro* fabbricò

Bar-

(a) *Lione Ostiense lib. 3. cap 38. Anno sequenti eadem Ducissa Sicalgeita per consensum filij sui Rugerij obtulit Beato Benedicto per Cartam, aurea bulla signatam, Locum qui Cetrarius dicitur in Calabria cùm toto Portu suo, atque universis Colonis ibidem habitantibus, quod videlicet IN DOTEM à praedicto conjuge suo Duce Ruberto dudum receperat.*

(b) *Ludovico Antonio Muratori in Notis ibidem: Quicquid tamen causa Matrimonij datur, Dos dici consuevit. Vide Leges Longobardorum lib. 2. tit. 4. l. 1. Solon, & Licurgus sponsas viris dotem dare, legibus prohibuerant. Germanorum verò fuit vetus constitutum, ut viri uxoribus dotes dare dicantur. Idem Cantabris.*

XLVII. Nel 1291. regnando *Carlo II.* trovafi annotato ne Regiſtri della regia Zecca (a) *Riccardo di Nicaſtro*, *Capitano*, ed *Aſſeſſore* della Città dell' Aquila. Lo ſteſſo *Riccardo*, leggeſi altrove (b) *Erario* del Re *Carlo. II.* in Provincia di Terra di Bari. Ed (c) in altro luogo ſi rincontra *Normagno di Nicaſtro* tener l' Uffizio di *Segreto* nella Calabria. Avendo l'anzidetto Re *Carlo II.* conceduto a *Sicelgaita di Nicaſtro*, moglie del Milite *Raimondo Dattilo* quattro oncie d' oro ogni anno ſovra la Bagliva di Melfi. Con molti altri Privilegj di queſti Monarchi, diſpenzati alla detta Famiglia di *Nicaſtro*, che per brevità ſi tralaſciano.

XLVII. Poi, perche quei dell' anzidetta Famiglia eſtinſero in Barletta quanti colà trovavanſi della Famiglia della *Marra*; non ſolo furono privati de loro Feudi dalla Regia Corte; ma anche furono diſperſi per varie Città del Regno, e ſpezialmente per la Sicilia, e Meſſina (ove ebbero l' Uffizio di *Segreto*; come lo goderono pure in Calabria.): ritiratoſi però il Ceppo maggiore in Manfredonia, donde poi ſi diramò in Lucera, come dicemmo nel Libro 8. al *Numero* 27. del Capo 2. E perche nell' Aſſedio che fece il Re *Alfonſo* della Città di Manfredonia, *Giovannello di Nicaſtro* ſi adoprò in modo con quel Comune, che ſi ſottomiſe alla di lui ubbidienza; queſti in contraſegno di gratitudine, l' aſcriſſe tra *Nobili di Seggio Capuano* in Napoli una con tutti i ſuoi diſcendenti, come da un regio Diploma dell' anzidetto Monarca ſotto la data in Barletta 13, Decembre 1443.

   Alfonſus . . . . . Pateat quibuſcumque noſtrorum Regnorum, qua-
,, liter pro parte nobilis Viri Johannis de Neocaſtro de Manfredonia fuit no-
,, bis expoſitum, quod cum aggregare voluiſſet in Nobilitatem Plateæ
,, Capuanæ Civitatis noſtræ Neapolis, recuſant quidam ex Nobilibus ejuſ-
,, dem, ipſum inter eos admittere, & recipere; allegantes, ipſum ne-
,, que domos habere circa Plateam prædictam, neque incolatum facere
,, in illa noſtra Civitate: ideo preces dedit Celſitudini noſtræ, è cujus
,, fonte omnis Nobilitas, provenit; ut idipſum in præfata Platea, & ad
,, honores eoſdem admittere faciamus. Nos igitur de certa noſtra ſcien-
,, tia, & animi matura deliberatione, atque conſilio, perpendendo præ-
,, clara ſervitia, quod nobis Johannes prædictus præſtitit, *PRÆSER-*
,, *TIM QUIA DEDIT OPERAM, UT IMPORTANS CIVITAS NO-*
,, *STRA MANFREDONIÆ NOSTRÆ DEVOTIONI REDDERE-*
,, *TUR*; volentes reddere ſuæ fidelitati præmium; dum bene nobis in-
,, noteſcat, *pervetuſta Normandica Nobilitas in toto noſtro Regno bene ſa-*
,, *tis comperta ſuorum Majorum*, & quod ſemper decorati vixerunt cum
,, Armis, & Equis, Nobilibuſque conjuncti; ac etiam quia ad præſens
,, eſt ſua conjux Maria Boccaplanula ejuſdem Capuanæ Plateæ; hac de
,, cauſa omne tollentes obſtaculum, & virtute noſtræ Serenitatis Imperio,
,, hortamur, atque mandamus omnibus Nobilibus dictæ Plateæ, ut in
,, numero aliorum Nobilium dictum Virum nobilem Johannem de Neocaſtro,
                                                    ,, ejuſ-

(a) Regiſtro Caroli II. de Anno 1291. fol. 73. lit. A.
(b) Ibidem fol. 307. à terga.
(c) Ibid. fol. 383.
(d) Ibid. Ann. 1302. fol. 389. lit. E.

,, nia fidelis noſtri fuit expoſitum . . . . Deinde cum præfatam Civi-
,, tatem Manfredoniæ ipſe Johannes cum Thoma ejus fratre reduxiſſet ad fi-
,, delitatem, & obedientiam Sereniſſimi Regis Alfonſi, patris, & Domini
,, noſtri colendiſſimi; idem Dominus Rex confirmavit præfatam Gabellam
,, Alboragij dicto Johanni, & ſuo fratri . . . . Nos verò volentes
,, ipſa ſervitia aliqua remuneratione, & gratia proſequi ; tenore præſen-
,, tium præfatam Gabellam damus, donamus &c. itaut multa majori re-
,, muneratione prædictus Joannes dignus ſit, ob magna ſervitia, præſtita
,, etiam Majeſtati noſtræ. Datum *Venuſii &c.*

LI. Anche il Gran Capitano *Fernando de Cordoa* in nome, e parte del
Re *Ferdinando il Cattolico*, e della Reina *Iſabella* agli Eredi di *Giovannello* confermò lo ſteſſo il dì 20. Gennajo del 1502. mentre era col Campo
ſotto di Taranto : ,, *Nos* Conſalvus . . . Sanè pro parte nobilium
,, Virorum Petrutij, Caroli, Sigiſmundi, Joannis, & fratrum de Neocaſtro de
,, Civitate Manfridoniæ Militum de Neapoli dictarum Majeſtatum fidelium
,, dilectorum fuit nobis expoſitum . . . . Nos verò annuentes veſtris
,, ſupplicationibus, tenore præſentium, nomine prædictarum Majeſtatum &
,, autoritate qua fungimur, vos prædictos *Petrucium* ; . . . . in poſ-
,, ſeſſione dicti Juris Alboragij, juxtà dictorum veſtrorum Anteceſſorum pri-
,, vilegia, ac veſtrarum confirmationum conſervamus, *protegimus &c.*

LII. Nella medeſima Città di Manfredonia ebbero i Signori di Nicaſtro i *Salini*, la *Dogana*, la *Portolania*, li *Pantani*, e l'Uffizio di *Secreto*, come
l'atteſtarono il Sindaco, e gli Eletti della medeſima Città fin dall'anno 1630.
in occaſione che alcuni di detta Famiglia dovean pretendere la Croce di
Malta (il che fugli confermato con ſomiglievoli dichiarazioni in Giovenazzo, in Barletta, ed in Lucera) come dalla formola ſeguente :

   Noi infraſcritti Sindico, ed Eletti al Governo, e Regimento della
,, fedeliſſima Città di Manfredonia nel preſente anno XIII. Indictione, fac-
,, ciamo piena, & indubitata fede a chi la preſente ſpetterà vedere, o ſa-
,, rà in qualche modo preſentata, come la Famiglia de Signori di Nicaſtro
,, è nobile e delle prime di queſta Città da tempo immemorabile, & ſem-
,, pre ſi è mantenuta, come ſi mantiene con gran ſplendore, & tiene &
,, poſſiede in queſta Città la Gabella dell'Alboraggio, conceduta a Gio: di
,, Nicaſtro dalli Re di queſto Regno, come ſi legge chiaramente nelli Pri-
,, vilegj originali, che ſi conſervano dalli Signori Marcello, & Proſpero di
,, Nicaſtro. Li quali tengono ancora la Conceſſione fatta a Gio: di Nicaſtro
,, loro Anteceſſore di poter godere Nobiltà nel Seggio Capuano di Napo-
,, li. Et ſempre abbiamo ſentito dire, che queſta Famiglia godeva in tal
,, Seggio : che poi per loro traſcuragine ne perderono il poſſeſſo, & così ci
,, dicevano li noſtri Padri, e Cittadini vecchi. Anzi nelli tempi paſſati
,, poſſedevano le perſone di detta Famiglia molti Feudi, & preciſe *Binetto*,
,, *Ceglie*, & ſono ſtati Signori di *Rodi*, *Cagnano*, *Iſchitella*, *Veſti*, Pa-
,, droni delli *Salini*, *Dobana*, *Portolania* di queſta Città di Manfredonia,
,, come ancora del *Paſſo di Candelaro*, e delli *Pantani*, & di altri beni. Ha-
,, vendo imparentato ſempre nobilmente, e poſſeduto più volte l'Abito di
,, Malta. Et in ſede &c. Manfredonia li 7. Luglio 1630. Lorenzo Motto-
,, la Sindico, Ludovico d'Aprile Eletto : Franceſco Cileo Eletto, Gio: Grif-
,, fo Eletto, Domenico Telera Cancelliero, Gio: Vincenzo Coppola No-
,, taro.

                                               LIII. De

INDICE

DELLE COSE NOTABILI.

INDICE.

Ita-

INDICE.

P

Q

R

ERRORI   CORREZIONI

Fol. 11. lin. 6.	Samnium	Bruttij.	
Fol. 18. lin.16.	Giulio	Guido.	
Fol. 64. lin.12.	Gezá	Gaza.	
Fol. 81. lin.19.	maximo	maxime.	
Fol. 87. lin.69.	Vvernefrid	Vvarnefrido.	
Fol. 88. lin. 4.	Vvernefrido	Vvarnefrido.	
Fol. 91. lin.42.	uegotium	negotium.	
Fol.108. lin.22.	e Napoli	in Napoli.	
Fol.109. lin.24.	fine Rex fine Principes,	five Rex, five Princeps.	
Fol.112. lin. 8.	privileg	privilegio.	
Fol.140. lin.20.	portús	potius.	
Fol.154. lin.26.	Caopolitani	Neapolitani.	
Fol.176. lin.27.	fuperavit	feparavit.	
Fol.413. lin.71.	della Conquifte	delle Conquifte.	

Lightning Source UK Ltd.
Milton Keynes UK
UKHW030726050521
383174UK00009B/664